Dittmann · Haderer · Happe

Steuer 2020

für Arbeitnehmer, Beamte und Kapitalanleger

MIT ARBEITS HILFEN ONLINE

Exklusiv und kostenlos zum Steuerhandbuch

Ihre Arbeitshilfen online:

- Einkommensteuertabellen 2019
- Weiterführende Informationen zu wichtigen steuerlichen Einzelthemen von Abfindung bis Umsatzsteuervoranmeldung
- Arbeitshilfen (Kopiervorlagen, Checklisten, eine Übersicht über anhängige Gerichtsverfahren, die wichtigsten Einkommensteuertipps auf einen Blick und der Steuerkalkulator – so ermitteln Sie besteuerungsrelevante Rechengrößen)
- Aktualisierungsservice

Und so geht's:

- Einfach unter **http://mybook.haufe.de** den Buchcode eingeben
- Oder direkt über Ihr Smartphone bzw. Tablet per **QR-Code** auf die Website gehen

Buchcode: YHO-6019

Für Arbeitnehmer, Beamte und Kapitalanleger

Steuer 2020

Ihre Einkommensteuererklärung 2019

von

Willi Dittmann

Dipl.-Finanzwirt (FH), Dozent bei der Oberfinanzdirektion Karlsruhe

Dieter Haderer

Dipl.-Finanzwirt (FH), Dozent bei der Oberfinanzdirektion Karlsruhe

Rüdiger Happe

Dipl.-Finanzwirt, Betriebsprüfer,
Dozent der IHK und führender Weiterbildungsinstitute

Haufe Group

Freiburg · München · Stuttgart

Vorwort

Wir hoffen, dass es uns auch dieses Jahr wieder gelungen ist, eine interessante Mischung zu den **wichtigsten Änderungen im Bereich der Einkommensteuer** zusammenzustellen. Auf folgende Neuerungen möchten wir besonders hinweisen:

Formularänderungen für die Steuererklärung 2019

Der bisher vierseitige Hauptvordruck („Mantelbogen") wurde auf zwei Seiten reduziert. Die übrigen Sonderausgaben (außer Versicherungsbeiträge und kindabhängige Sonderausgaben) sind jetzt in der neuen **Anlage Sonderausgaben** einzutragen. Auch die früher auf Seite 3 abgefragten Aufwendungen sind jetzt in der jeweils eigenständigen **Anlage Außergewöhnliche Belastungen** und **Anlage Haushaltsnahe Aufwendungen** anzugeben.

Zudem sind vor allem in den Anlagen Vorsorgeaufwand, N (Lohneinkünfte) und R (Renten) **bestimmte Eintragungen grundsätzlich nicht mehr erforderlich**, da diese Daten der Finanzverwaltung direkt elektronisch gemeldet werden. Die betroffenen Zeilen sind in den amtlichen Formularen mit einem „e im Kreis" markiert. Wir haben sie in den Ausfüllhinweisen mit einem „e" gekennzeichnet.

Baukindergeld

Das bereits im Jahr 2018 mit großem Medienecho angekündigte Vorhaben, Familien mit Kindern durch einen Zuschuss beim Kauf einer eigengenutzten Immobilie zu unterstützen, wurde erst im Mai 2019 finalisiert – allerdings mit Rückwirkung. Damit werden Alt- und Neuimmobilien, die zwischen dem 1.1.2018 und dem 31.12.2020 notariell erworben oder für die in diesem Zeitraum die Baugenehmigung erteilt wurde, mit dem sog. Baukindergeld gefördert.

Förderung von Mietwohnungsneubau

Um die Schaffung von Wohnraum zu forcieren, wurde zur Umsetzung der seit Jahren diskutierten Sonderabschreibung für neu errichtete Mietwohnungen (vier Jahre bis zu max. 5 % der – gedeckelten – Kosten zusätzlich zur „Normal"-AfA) im August 2019 der neue § 7b EStG eingefügt. Der Förderzeitraum – auch hier mit Rückwirkung – erstreckt sich vom 1.9.2018 bis zum 31.12.2021.

Sonstige Neuerungen

Weitere Änderungen betreffen die **Höhe des Kindergeldes**, des **Kinderfreibetrags**, des **Grundfreibetrags** und des **Unterhalts**, die an die gestiegenen Lebenshaltungskosten angepasst wurden. Auch für den Einsatz von **Elektroautos** und **bestimmten Hybridfahrzeugen** wurden günstigere Privatnutzungsregelungen geschaffen. Durch die Verbesserung der Rahmenbedingungen für die **Überlassung von Jobtickets und Elektrofahrrädern durch den Arbeitgeber** werden nun auch alternative Verkehrskonzepte verstärkt steuerlich gefördert.

Weitere **wichtige Hinweise zur Arbeit mit diesem Buch** sind gleich im Anschluss abgedruckt.

Wir freuen uns mit unseren Lesern über jeden Euro, den diese vom Finanzamt erstattet bekommen ... und hoffen auf ein Wiedersehen in unserem nächsten Steuerratgeber für das Steuerjahr 2020.

Freiburg, im September 2019 Das Autorenteam

Hinweise zur Arbeit mit diesem Buch

Zur **Schnellorientierung** haben wir eine Handling-Übersicht für die optimale Arbeit mit diesem Buch erstellt.

Das bietet das Buch

Teil I enthält den Schnelleinstieg in die Steuerveranlagung:

- **Aktuelle steuerliche Abgabefristen**
- **Komprimierte Übersicht zu den wesentlichen einkommensteuerlichen Gesetzes- und Vordruckänderungen gegenüber dem Vorjahr 2018**
- Der **Formularwegweiser** ermöglicht es, auf einen Blick zu erkennen, welche neuen Vordrucke in diesem Jahr benötigt werden.
- Der **Belegcheck** hilft, die Belege sofort dem richtigen Formular zuzuordnen.

Ab diesem Jahr wichtig zu wissen:
Da bestimmte Daten der Finanzverwaltung direkt elektronisch gemeldet werden, sind in den Steuerformularen **einige Eintragungen grundsätzlich nicht mehr erforderlich.** Die betroffenen Zeilen haben wir – wie bereits im Vorwort erwähnt – mit einem „e“ gekennzeichnet. **Wenn die Steuererstattung mit einer Steuersoftware berechnet werden soll, müssen diese Daten allerdings weiterhin erfasst werden.**

Das **Herzstück** dieses Buches ist unverändert das Steuerlexikon in **Teil II**:

Hier erhält der Leser ausführliche **Hintergrundinformationen zu aktuellen Steuerthemen und viele geldwerte Tipps zum Steuernsparen**, die für Arbeitnehmer, Beamte, Vermieter und Kapitalanleger besonders relevant sind. Und natürlich auch: **Der Steuerbescheid** – wie prüfe ich meinen Bescheid und wie wehre ich mich gegen Veranlagungsfehler?

Im **Anhang** haben wir **„Die wichtigsten Einkommensteuertipps auf einen Blick“** zusammengetragen sowie **Kopiervorlagen**, die bei der Zusammenstellung der Kosten die Arbeit erleichtern.

Das bietet das Online-Portal

Unter http://mybook.haufe.de haben wir unser Leistungsangebot nochmals deutlich erweitert. Neben der Download-Möglichkeit von **Steuertabellen** und weiteren **Kopiervorlagen** enthält unser Arbeitshilfenportal eine Übersicht über **anhängige Gerichtsverfahren** sowie zahlreiche **weiterführende steuerliche Informationen**: angefangen von „Nießbrauch" über „Solaranlagen & Co." bis hin zu „Wohnriester". **Neu: Der Steuerkalkulator** – so ermitteln Sie besteuerungsrelevante Rechengrößen.

Der hierfür erforderliche Zugangscode ist auf der zweiten Seite dieses Buches zu finden.

Inhaltsübersicht

Inhaltsverzeichnis

Anhang

Abkürzungsverzeichnis

35a	Anlage Haushaltsnahe Aufwendungen
Abs.	Absatz
Abschn.	Abschnitt
ADAC	Allgemeiner Deutscher Automobil-Club
AK	Anschaffungskosten
AfA	Absetzung für Abnutzung
AfS	Absetzung für Substanzverringerung
AG	Aktiengesellschaft
agB	Anlage Außergewöhnliche Belastungen
AltZertG	Gesetz über die Zertifizierung von Altersvorsorge- und Basisrentenverträgen
Anm.	Anmerkung
AO	Abgabenordnung
a. o.	außerordentlich
ATE	Auslandstätigkeitserlass
Az.	Aktenzeichen
BA	Betriebsausgaben
BAföG	Bundesausbildungsförderungsgesetz
BdF	Bundesministerium für Finanzen
BE	Betriebseinnahmen
BFH	Bundesfinanzhof
BGB	Bürgerliches Gesetzbuch
BGBl	Bundesgesetzblatt
BGH	Bundesgerichtshof
BKGG	Bundeskindergeldgesetz
BMF	Bundesministerium für Finanzen
BStBl	Bundesgesetzblatt
BUKG	Gesetz über die Umzugskostenvergütung und das Trennungsgeld für die Bundesbeamten, Richter im Bundesdienst und Soldaten (Bundesumzugskostengesetz)
BZSt	Bundeszentralamt für Steuern
ca.	circa
DBA	Doppelbesteuerungsabkommen
dgl.	dergleichen
d. h.	das heißt
EDV	Elektronische Datenverwaltung
Ekm	Entfernungskilometer
ELStAM	Elektronische Lohnsteuerabzugsmerkmale
ELSTER	Elektronische Steuererklärung
ErbStG	Erbschaftsteuer- und Schenkungsteuergesetz
Erl.	Erläuterungen
ESt	Einkommensteuer
EStDV	Einkommensteuer-Durchführungsverordnung
EStG	Einkommensteuergesetz
EStH	Hinweise zu den Einkommensteuer-Richtlinien
EStR	Einkommensteuer-Richtlinien
f.	folgende Seite
ff.	folgende Seiten
FG	Finanzgericht
FinV	Finanzverwaltung
FW	Förderung des Wohneigentums
GbR	Gesellschaft bürgerlichen Rechts
gem.	gemäß

GewStG	Gewerbesteuergesetz
ggf.	gegebenenfalls
GmbH	Gesellschaft mit beschränkter Haftung
GoB	Grundsätze ordnungsgemäßer Buchführung
GrS	Großer Senat
GrSt	Grundsteuer
H	Hinweisabschnitt zu den Einkommensteuer-Richtlinien
HGB	Handelsgesetzbuch
HK	Herstellungskosten
hrsg.	herausgegeben
i. d. F.	in der Fassung
i. d. R.	in der Regel
i. Z. m.	im Zusammenhang mit
Kfz	Kraftfahrzeug
KG	Kommanditgesellschaft
KiSt	Kirchensteuer
km	Kilometer
LSt	Lohnsteuer
LStDV	Lohnsteuer-Durchführungsverordnung
LStR	Lohnsteuer-Richtlinien
lt.	laut
MwSt	Mehrwertsteuer
NV	Nichtveranlagungsbescheinigung
OFD	Oberfinanzdirektion
Pb	Pauschbetrag
Pkw	Personenkraftwagen
qm	Quadratmeter
R	Richtlinienabschnitt in den Einkommensteuer-Richtlinien
Rspr.	Rechtsprechung
s.	siehe
S.	Seite
sog.	sogenannte
s. u.	siehe unten
u.	und
u. a.	unter anderem
u. Ä.	und Ähnliches
UStAE	Umsatzsteuer-Anwendungserlass
Verf.	Verfügung
VaSt	vorausgefüllte Steuererklärung
V+V	Einkünfte aus Vermietung und Verpachtung
Vz.	Veranlagungszeitraum
WK	Werbungskosten
ZASt	Zinsabschlagsteuer
z. B.	zum Beispiel
ZfA	Zentrale Zulagenstelle für Altersvermögen
z. v. E.	zu versteuerndes Einkommen
zzt.	zurzeit

Teil I: Steuerformulare

1 Rund um die Einkommensteuererklärung

In diesem Kapitel lesen Sie alles Wissenswerte zu den **Neuerungen für das Steuerjahr 2019;** alle für den Steuerpflichtigen relevanten Gesetzesänderungen im Bereich der Einkommensteuer und die wesentlichen Veränderungen in den Erklärungsvordrucken. Außerdem – hilfreich für das Verständnis der Vordrucke – sind eine Darstellung der Berechnung des zu versteuernden Einkommens und ein Formularwegweiser enthalten, aus dem Sie auf einen Blick erkennen können, welche Vordrucke Sie benötigen.

1.1 Digitalisierung – Finanzamt 4.0

Digitalisierung beim Finanzamt

Auch in der Finanzverwaltung spielt das Thema Digitalisierung eine immer größere Rolle, auch zwecks Verwaltungsvereinfachung. Automationsgestützte Bearbeitung durch verstärkten IT-Einsatz mit dem Ziel der Kostenersparnis (weniger Personal) und gleichzeitig eine effizientere Bearbeitung, indem fehleranfällige Sachverhalte – insbesondere bei großer steuerlicher Auswirkung – ausgesteuert und durch die Finanzbeamten persönlich bearbeitet werden, stehen im Vordergrund. Die rechtlichen Rahmenbedingungen dazu wurden durch das Gesetz zur Modernisierung des Besteuerungsverfahrens v. 18.7.2016 (BGBl 2016 I S. 1679) geschaffen. Die einzelnen Bestimmungen treten nach und nach bis 2022 in Kraft. Entsprechend erfolgte die praktische Umsetzung durch die Finanzverwaltung in die tägliche Arbeit – auch abhängig von den technischen Fortschritten – schrittweise seit 2017. Vertiefend siehe → Steuermodernisierungsgesetz. Dies hat erstmals auch zu einer fundamentalen Neugestaltung der Erklärungsvordrucke für 2019 geführt. Einzelheiten siehe unter Punkt 2.

1.1.1 Belege und Nachweise

Belegvorhaltung

Es besteht **keine gesetzliche Pflicht mehr, Belege zusammen mit der Steuererklärung einzureichen.** Der Verzicht auf Belege wird von den Finanzämtern sogar gewünscht, denn damit entfallen Belegsichtung und Rücksendung – und das spart

Kosten. Der Belegverzicht gilt auch für Steuerbescheinigungen zur Anrechnung von Kapitalertragsteuer (§ 36 Abs. 2 Nr. 2 Satz 3 EStG) oder für Nachweise über steuerbegünstigte Zuwendungen (Spenden und Mitgliedsbeiträge, § 50 Abs. 8 EStDV). Soweit Zuwendungsbestätigungen durch den begünstigten Empfänger elektronisch an die Finanzverwaltung übermittelt werden, müssen auch keine Belege in Papierform vorgehalten werden. Eine Sonderregelung gilt für den Nachweis einer Behinderung. Wird der Pauschbetrag wegen Behinderung erstmals geltend gemacht oder ändern sich die Verhältnisse (insbesondere der Grad der Behinderung oder Merkzeichen), ist die Vorlage einer Kopie des Schwerbehindertenausweises weiterhin vorgeschrieben (§ 65 Abs. 3 EStDV) – zumindest so lange, bis die erforderlichen Programmierarbeiten zur elektronischen Datenübermittlung der für die Feststellung des Grads der Behinderung bzw. der Merkzeichen zuständigen Stelle abgeschlossen sind (§ 65 Abs. 3a EStDV).

Die **Belege** müssen aber (zumindest bis zum Abschluss der Steuerveranlagung) **aufbewahrt** und auf Anforderung des Finanzamts eingereicht werden. Für bestimmte Belege (z. B. Spenden) ist die Aufbewahrung bis zum Ablauf eines Jahres nach Bekanntgabe der Steuerfestsetzung vorgeschrieben. So lange sollten zur Sicherheit auch alle anderen Nachweise aufbewahrt werden. Für betriebliche Unterlagen gilt eine zehnjährige (§ 147 Abs. 3 AO), für andere Unterlagen eine sechsjährige Aufbewahrungsfrist, wenn die Summe der nichtbetrieblichen Einkünfte (Überschusseinkünfte gem. § 2 Abs. 1 Nr. 4–7 EStG) mehr als 500.000 € beträgt (§ 147a AO). Im Fall der Anforderung sollte man die Belege auch vorlegen können. Andernfalls ist damit zu rechnen, dass die Bearbeiter die Kosten nicht nur streichen, sondern auch einen entsprechenden Risikobearbeitungshinweis für die Folgejahre speichern, sodass künftig mit einer intensiveren Prüfung zu rechnen ist. Darüber hinaus können wissentlich und willentlich gemachte falsche Angaben in der Steuererklärung als versuchte bzw. ggf. vollendete Steuerhinterziehung gewertet werden.

1.1.2 Bearbeitungsgrundsätze/Datenabruf

Durch das o. a. Gesetz wurden in der Abgabenordnung (§ 88 AO) die rechtlichen Möglichkeiten geschaffen, die Fallbearbeitung automationsgestützt unter Einsatz von Risikomanagementsystemen (§ 88 Abs. 5 AO) durchzuführen. Damit soll zum einen die Bearbeitung risikoarmer Fälle beschleunigt und zum anderen prüfungsrelevante Fälle mit ausreichender Sicherheit erkannt werden. Ziel ist vorrangig die – ohne jegliches Eingreifen des Finanzbeamten (§ 155 Abs. 4 AO) – vollautomatische Steuerfestsetzung einer möglichst über ELSTER eingegangenen Steuererklärung bis zur Erteilung des Steuerbescheids. Der Steuerpflichtige hat aber über sog. „qualifizierte Freitextfelder" die Möglichkeit, eine persönliche Bearbeitung zu veranlassen (§ 150 Abs. 7 AO), z. B. wenn er eine nähere Prüfung eines bestimmten Sachverhalts wünscht bzw. eine besondere Rechtsfrage geklärt haben möchte oder in der Steuererklärung Angaben gemacht hat, die auf einer abweichenden Rechtsauffassung beruhen. Die technische Umsetzung der Freitexteingabe erfolgt für 2019 auf der Rückseite des (neuen) Formulars Hauptvordruck in Zeile 40 durch Eintragung einer „1" in Kennzahl 175. Damit wird dem Bearbeiter angezeigt, dass weitere Angaben außerhalb der Steuererklärungsvordrucke auf einer eigenen Anlage zur Steuererklärung gemacht wurden.

Konsequent wurde ebenso gesetzlich geregelt, dass Verwaltungsakte (z. B. Steuerbescheide) künftig elektronisch **wirksam** bekannt gegeben werden können, indem sie (mit Einwilligung des Betroffenen) zum Datenabruf bereitgestellt werden (§ 122a AO). Als Bekanntgabedatum gilt der dritte Tag nach Absendung der Benachrichtigung, dass der Datenabruf möglich ist. Zur Umsetzung sind aber noch technische Vorarbeiten notwendig, sodass bis dahin allein die Papierversion des Steuerbescheids zählt. Vertiefend siehe → Steuermodernisierungsgesetz.

1.1.3 Elektronisch übermittelte Informationen

Datenübermittlung

Wesentliches Element der neuen Bearbeitungsgrundsätze ist, dass die Finanzverwaltung über die Identifikationsnummer des Steuerpflichtigen sehr viele Besteuerungsgrundlagen und Informationen auf elektronischem Weg übermittelt bekommt bzw. über einen Datenabruf darauf Zugriff hat und dies mit den erklärten Angaben automatisiert abgleichen kann. Zu diesen Daten zählen im Wesentlichen:

- sämtliche Angaben der Lohnsteuerbescheinigung wie Bruttolohn, Steuerabzugsbeträge, Beiträge zur gesetzlichen Sozialversicherung, Arbeitgeberanteile zur gesetzlichen Sozialversicherung, steuerfrei geleisteter Arbeitgeberersatz für Reisekosten und doppelte Haushaltsführung, Mahlzeitengestellung anlässlich von Auswärtstätigkeiten und bei doppelter Haushaltsführung, pauschal besteuerte Arbeitgeberleistungen

(z. B. bei Überlassung von Firmenwagen für Wege von der Wohnung zur ersten Tätigkeitsstätte, Jobticket), vom Arbeitgeber ausgezahlte Lohnersatzleistungen sowie Zeiträume ohne Bezug von Arbeitslohn

- von anderen Stellen (z. B. Bundesagentur für Arbeit, Krankenversicherung) gezahlte Lohnersatzleistungen (z. B. Kranken-, Arbeitslosen-, Kurzarbeitergeld, Zuschuss zum Mutterschaftsgeld, Erziehungsgeld) und Insolvenzgeld
- von öffentlichen Einrichtungen (z. B. öffentlich-rechtliche Radio- und Fernsehanstalten, Volkshochschulen, Universitäten, IHK) gezahlte Honorare an freiberuflich dort Tätige (z. B. unterrichtende oder vortragende Dozenten)
- Beiträge zur Krankenversicherung und Pflegepflichtversicherung (sofern der Datenübermittlung zugestimmt wurde, was Abzugsvoraussetzung ist) und Beitragserstattungen
- gezahlte Beiträge in einen Riester- oder Rürup-Versicherungsvertrag
- von Rentenversicherungsträgern ausgezahlte Renten (einschließlich Riester- und Rürup-Renten) sowie Zuschüsse zur Krankenversicherung und aus der Rente abgeführte Kranken- und Pflegepflichtversicherungsbeiträge
- für und von berücksichtigungsfähigen Kindern geleistete Kranken- und Pflegepflichtversicherungsbeiträge
- Einkünfte und Bezüge von steuerlich berücksichtigungsfähigen Kindern, für die eine Lohnsteuerbescheinigung ausgestellt wurde oder die eine Rente bezogen haben
- Einkommensverhältnisse von Angehörigen, für die Unterhaltsleistungen als außergewöhnliche Belastungen geltend gemacht werden
- von Banken vom Kapitalertragsteuerabzug freigestellte Zinsen, insbesondere wenn insgesamt höhere Zinsen freigestellt worden sind als in der Höhe des Sparer-Pauschbetrags von 801 €/1.602 € und bei einer erteilten Nichtveranlagungsbescheinigung
- ausgezahlte Lebensversicherungsleistungen

Im Regelfall bekommt der Steuerpflichtige von der übermittelnden Stelle eine Information über die Weitergabe der Daten an die Finanzverwaltung oder er hat der Datenübermittlung gegenüber der meldenden Stelle ausdrücklich zugestimmt.

Weitere Datenübermittlungen (z. B. über Kapitalerträge aus dem Ausland) sind teilweise bereits rechtlich zulässig, bedürfen aber noch der technischen Umsetzung.

Auf Wunsch ist es für jeden Steuerpflichtigen möglich, eine mit den dem Finanzamt elektronisch übermittelten für die Steuererklärung relevanten Daten vorausgefüllte Steuererklärung (VaSt) abzurufen, die nur noch um die fehlenden Angaben ergänzt werden muss. Dazu ist es aber notwendig, sich über das ELSTER-Online-Portal anzumelden und ein relativ aufwendiges Authentifizierungsverfahren zu durchlaufen. Ist dies erfolgt, kann sowohl die Steuererklärung mit elektronischer Signatur über das Internet übermittelt als auch auf Verlangen als Vorabinformation eine Bescheidausfertigung abgerufen werden, sobald die Steuerveranlagung durchgeführt wurde.

1.2 Einkommensteuerliche Rechtsänderungen und Vordruckänderungen 2019

Gesetzliche Änderungen

- **Kindergeld, Kinderfreibetrag, Grundfreibetrag, Unterhalt**
  Durch das Familienentlastungsgesetz wurden Kindergeld und entsprechend die Kinderfreibeträge sowie der Grundfreibetrag und der für Unterhaltungszahlungen abzugsfähige Höchstbetrag an die gestiegenen Lebenshaltungskosten angepasst.
- **Dienstwagenbesteuerung, Jobticket, E-Bikes**
  Im Jahressteuergesetz 2018 (Gesetz zur Vermeidung von USt-Ausfällen und zur Änderung anderer steuerlicher Vorschriften) wurde die Dienstwagenbesteuerung überarbeitet. Für Elektro- und bestimmte Hybridfahrzeuge gelten bezüglich der privaten Nutzung günstigere Regelungen.
  Zuschüsse des Arbeitgebers für Wege zur ersten Tätigkeitsstätte wurden bei Nutzung öffentlicher Verkehrsmittel (z. B. Jobticket) ebenso steuerfrei gestellt (§ 3 Nr. 15 EStG) wie die Überlassung betrieblicher (Elekro-)Fahrräder (§ 3 Nr. 37 EStG).
- **Sonderabschreibung Mietwohnungsneubau**
  Im Gesetz zur steuerlichen Förderung des Mietwohnungsneubaus (BGBl 2019 I S. 1122) wurde die seit Jahren diskutierte Sonderabschreibung (vier Jahre bis zu max. 5 % der Kosten zusätzlich zur „Normal"-AfA) für die Anschaffung oder Herstellung neuer Wohnungen (§ 7b EStG) geregelt.

Vordruckänderungen

WICHTIG

Neu: Elektronische Daten müssen nicht mehr zwingend ausgefüllt werden

Für das Steuerjahr 2019 wurde in den Erklärungsvordrucken erstmals berücksichtigt, dass viele steuerlich relevante Daten der Finanzverwaltung elektronisch gemeldet werden und somit bekannt sind. Deshalb ist in diesen Bereichen (in den Vordrucken erkennbar daran, dass die entsprechenden Vordruckzeilen dunkelgrün unterlegt und mit einem **e** gekennzeichnet sind) das Ausfüllen im Regelfall nicht notwendig, es sei denn, die übermittelten Daten sind fehlerhaft. Dies betrifft vor allem die **Anlagen Vorsorgeaufwand** (Versicherungsbeiträge), **N** (Lohneinkünfte), **R** (Renten) und Teilbereiche der **Anlage Kind.**

Wenn Sie anhand Ihrer ausfüllten Steuererklärung eine Prüfberechnung mit einer Steuer-Software durchführen möchten, müssen Sie die Daten allerdings erfassen.

Außerdem sind in den Formularen folgende **wesentliche** Veränderungen vorgenommen worden.

Hauptvordruck

Der bisherige vierseitige Hauptvordruck (Mantelbogen) wurde auf zwei Seiten reduziert. Hier werden nur noch die allgemeinen persönlichen Angaben (wie bisher Seite 1) verlangt und auf der Rückseite im Wesentlichen Angaben zu nicht vom Arbeitgeber übermittelten Lohnersatzleistungen wie Arbeitslosengeld oder Elterngeld sowie die Unterschrift. Außerdem muss dort vermerkt werden, wenn zusätzliche Angaben oder Erläuterungen außerhalb der Erklärungsvordrucke gemacht wurden.

Für die anderen bisher auf dem Hauptvordruck abgefragten Angaben wurden jeweils eigene Anlagen geschaffen.

Anlage Sonderausgaben

Die übrigen Sonderausgaben außer Versicherungsbeiträge und kindabhängige Sonderausgaben (bisher Seite 2 des Hauptvordrucks) sind jetzt auf der **Anlage Sonderausgaben** zu erfassen. Die bisherige Reihenfolge der abgefragten Angaben wurde entsprechend der Häufigkeit des Auftretens (Kirchensteuer, Spenden) neu geordnet.

Anlage Außergewöhnliche Belastungen (agB) Für die bisher auf Seite 3 des Hauptvordrucks abgefragten Angaben (Steuervergünstigungen für behinderte Menschen und allgemeine außergewöhnliche Belastungen wie Krankheits-, Pflege-, Bestattungskosten) gibt es die neue **Anlage Außergewöhnliche Belastungen**. Die Reihenfolge der abgefragten Daten entspricht im Wesentlichen der bisherigen Reihenfolge im Hauptvordruck.

Anlage Haushaltsnahe Aufwendungen (35a) Die Anlage betrifft alle nach § 35a EStG steuerlich begünstigten Aufwendungen rund um den eigenen Haushalt: Arbeitsverhältnisse, haushaltsnahe Dienstleistungen, Pflege- und Betreuungskosten, Haushaltsleistungen bei Heimunterbringung und Handwerkerleistungen. Die Angaben wurden bisher in der unteren Hälfte der dritten Seite des Hauptvordrucks abgefragt.

Anlage Sonstiges Die abgefragten Angaben standen bisher auf Seite 4 des Hauptvordrucks und sind nur **für sehr wenige Steuerbürger relevant.**

Anlage Vorsorgeaufwand Der Vordruck ist inhaltlich im Wesentlichen unverändert. Nachdem aber so gut wie alle relevanten abzugsfähigen Versicherungsbeiträge, insbesondere Renten-, Kranken-, Pflegepflicht- und Arbeitslosenversicherungsbeiträge, elektronisch gemeldet werden, wird die Anlage nur noch in wenigen Fällen zur Eintragung von Berufsunfähigkeits-, Unfall-, Haftpflicht- und Risikoversicherungen benötigt und im Regelfall auch nur dann, wenn durch Kranken- und Pflegepflichtversicherungsbeiträge der abzugsfähige Höchstbetrag von max. 2.800 € nicht bereits überschritten ist.

Anlage V Für die Sonder-AfA (§ 7b EStG) für Mietwohnneubauten wurde auf Seite zwei eine (neue) zusätzliche Zeile eingefügt.

TIPP

Vereinfachte Erklärungsvordrucke für Arbeitnehmer und Nur-Rentner

Für Steuerbürger, die ausschließlich Arbeitslohn bezogen haben, oder Personen, die nur Renten, Betriebsrenten bzw. eine Pension beziehen, hat die Finanzverwaltung zwei vereinfachte Steuererklärungsvordrucke, die nur aus jeweils zwei Seiten bestehen, aufgelegt.

Erklärung zur Veranlagung von Alterseinkünften

Für Rentner und Pensionsempfänger, deren Daten über die erhaltenen Einnahmen elektronisch übermittelt wurden und die **keine weiteren Einkünfte** haben, ist der Vordruck **„Erklärung zur Veranlagung von Alterseinkünften"** vorgesehen. Als steuermindernde Tatbestände können dort allerdings außer den elektronisch übermittelten Versicherungsbeiträgen nur Spenden, bezahlte Kirchensteuer, Pauschbeträge für behinderte Menschen, allgemeine außergewöhnliche Belastungen wie Krankheits-, Pflege- und Bestattungskosten sowie haushaltsnahe Dienstleistungen und Handwerkerleistungen in Zusammenhang mit dem eigenen Haushalt erklärt werden. Der Vordruck ist zurzeit allerdings nicht in allen Bundesländern und nur in Papierform verfügbar.

Vereinfachte Steuererklärung für Arbeitnehmer

Arbeitnehmer, die außer Arbeitslohn keine anderen Einkünfte haben, können eine **vereinfachte Steuererklärung** (Vordruck **ESt1V**) abgeben, wenn sie bei den Werbungskosten keine Aufwendungen wegen beruflich veranlasster doppelter Haushaltsführung absetzen wollen. Als steuermindernde Tatbestände können dort allerdings außer den elektronisch übermittelten Versicherungsbeiträgen nur Spenden, bezahlte Kirchensteuer, Pauschbeträge für behinderte Menschen, allgemeine außergewöhnliche Belastungen wie Krankheits-, Pflege- und Bestattungskosten sowie haushaltsnahe Dienstleistungen und Handwerkerleistungen in Zusammenhang mit dem eigenen Haushalt erklärt werden.

1.3 Rund um die Steuererklärung

1.3.1 Abgabepflicht – Abgabefristen – Vordrucke

Wichtiges zu den Themen, wer eine Steuererklärung abgeben muss, bei wem die freiwillige Abgabe einer Steuererklärung (Steuerveranlagung auf Antrag) sinnvoll ist, welche Möglichkeiten es gibt, die Steuererklärung an das Finanzamt zu übermitteln, und welche Fristen zu beachten sind, finden Sie auch auf http://mybook.haufe.de unter „Weiterführende steuerliche Informationen".

1.3.2 Welche Vordrucke müssen Sie ausfüllen?

Formularwegweiser

Einen Überblick, welche Vordrucke Sie benötigen, können Sie sich anhand des folgenden Formularwegweisers verschaffen.

Allgemeine Vordrucke

Hauptvordruck (2 Seiten)	Persönliche Angaben (Name, Adresse, Familienstand, Bankverbindung) Unterschrift
Anlage **Sonderausgaben** (1 Seite) (übrige **Sonderausgaben**)	Kirchensteuer, Spenden/Mitgliedsbeiträge, Kosten der (ersten) eigenen Berufsausbildung, Unterhalt an Ex-Ehegatten
Anlage **A**ußer**g**ewöhnliche **B**elastungen (**agB**) (1 Seite)	Pauschbeträge für behinderte Menschen, Pflegepauschbetrag, Krankheits-, Pflege-, behinderungsbedingte und Bestattungskosten
Anlage Haushaltsnahe Dienstleistungen (**35a**) (1 Seite) (Ermäßigung nach § **35a** EStG für Haushaltsaufwendungen)	Haushaltshilfen, haushaltsnahe Dienstleistungen, Pflege- und Betreuungskosten, Haushaltsleistungen im Heim, Handwerkerleistungen
Anlage **Sonstiges** (1 Seite)	Anträge zur Kostenverteilung bei Einzelveranlagung von Ehegatten
Anlage **Vorsorgeaufwand** (2 Seiten) (**Vorsorge**aufwendungen)	Beiträge zu Renten und berufsständigen sowie Rürup-Rentenversicherungsverträgen, Kranken-, Pflege-, Arbeitslosen-, Haftpflicht-, Berufsunfähigkeits-, Unfall-, Risikoversicherungen
Anlage **AV** (1 Seite) (**A**lters**V**orsorgeaufwendungen)	Einzahlungen in Riester-Rentenverträge
Anlage **Unterhalt** (4 Seiten) (**Unterhalt** an Angehörige)	Unterhaltsleistungen an Angehörige
Anlage **Kind** (3 Seiten) (Kinderberücksichtigung, Vergünstigungen für Kinder Anlage **K** notwendig zur Übertragung von Freibeträgen auf die Großeltern	Kinderfreibetrag, Betreuungsfreibetrag, Entlastungsbetrag Alleinerziehende, Freibetrag wegen auswärtiger Unterbringung, Schulgeld, Kinderbetreuungskosten

Vordrucke zu den Einkünften

Vordruck	Anwendungsbereich
Anlage **L** (4 Seiten) (**L**and- und Forstwirtschaft)	Bauernhof, Gärtnerei, Tierzucht Beteiligung an derartigen Betrieben
Anlage **G** (2 Seiten) (**G**ewerbebetriebe) zusätzlich Gewinnermittlung (Bilanz, EÜR)	Handel, Handwerk, Dienstleistung, Produktion Beteiligung an derartigen Betrieben
Anlage **S** (2 Seiten) (**S**elbstständige Arbeit)	Freiberufler Beteiligung an derartigen Unternehmen
Anlage **EÜR** (4 Seiten) (**E**innahme-**Ü**berschuss-**R**echnung)	Zusätzlich zu den Anlagen L, G und S, wenn Gewinnermittlung nach § 4 Abs. 3 EStG durch Einnahme-Überschuss-Rechnung
Anlage **34a** (1 Seite) Ermäßigte Besteuerung § **34a** EStG	Zusätzlich zu den Anlagen L, G und S für nicht entnommene Gewinne nur bei Buchführung (Bilanz)
Anlage **N** (3 Seiten) (**N**ichtselbstständige Arbeit)	Arbeitnehmer (nicht Minijob), Pensionäre, Betriebsrentner (eventuell Anl. **N-GRE** für Grenzgänger bzw. **N-AUS** für Auslandslohn)
Anlage **KAP** (2 Seiten) (**KAP**italvermögen)	Zinsen, Dividenden, Gewinne aus Wertpapierverkäufen und Börsengeschäften **(Anlage nur in Ausnahmefällen notwendig!)**
Anlage **V** (2 Seiten) (**V**ermietungseinkünfte)	Miete/Pacht aus Grundstücken (Häuser, Wohnungen, Zimmer, Garagen)
Anlage **R** (2 Seiten) (**R**enten)	Gesetzliche Renten, private Renten (einschließlich Rürup- und Riester-Renten), Renten aus betrieblicher Altersversorgung (VBL, Direktversicherungen, Pensionfonds), **nicht Betriebsrenten**
Anlage **SO** (2 Seiten) (**So**nstige Einkünfte	z.B. erhaltene Unterhaltsleistungen von Ex-Ehegatten, Gewinne aus privaten Veräußerungsgeschäften
Anlage **AUS** (2 Seiten) (**AUS**ländische Einkünfte)	Anrechnung ausländischer Steuer bzw. Anwendung des Progressionsvorbehalts auf die inländischen Einkünfte (Anlage gilt nicht für Arbeitslohn)

Eine Kurzübersicht über die auf dem jeweiligen Vordruck notwendigen Eintragungen finden Sie jeweils vor den ausführlichen Erläuterungen zum Ausfüllen des jeweiligen Vordrucks.

1.3.3 Wie werden die Vordrucke ausgefüllt?

Den maschinell lesbaren Vordrucken sind Ausfüllhinweise beigefügt. Eine maschinelle Erfassung und Bearbeitung der Steuererklärung ist nur möglich, wenn Sie diese Ausfüllhinweise beachten.

TIPP

Name und Steuernummer sind auf jeder Anlage sinnvoll

Tragen Sie unbedingt in der Kopfzeile jeder Anlage Ihren Namen und Ihre Steuernummer ein. Sie verhindern so, dass Anlagen nicht zugeordnet werden können und verloren gehen.

In den grünen Bereichen der Vordrucke sollten Sie keine Eintragungen oder Erläuterungen machen. Soweit Sie Ihre Angaben erläutern wollen oder der in den Vordrucken vorgesehene Platz nicht ausreicht, verwenden Sie dafür ein gesondertes Blatt und weisen Sie durch eine entsprechende Eintragung in Zeile 40 auf der Rückseite des Hauptvordrucks darauf hin. Eine saubere Aufstellung Ihrer Kosten und sortierte Belege erleichtern und beschleunigen die Bearbeitung, insbesondere die Prüfung Ihrer Angaben auf Schlüssigkeit und rechnerische Richtigkeit.

1.4 Wie ordne ich meine Belege und welche Kosten kann ich wo eintragen?

Belegcheck

Die folgende, in alphabetischer Reihenfolge sortierte Tabelle mit häufig vorkommenden Kosten ermöglicht Ihnen, Ihre Belege zu ordnen, und gibt an, wo in der Steuererklärung Sie die zugrunde liegenden Ausgaben eintragen können. Weitere Informationen zu den Kosten und dem steuerlichen Abzug finden Sie bei Bedarf in den Erläuterungen zu dem jeweiligen Vordruck.

Kostenbeleg	Steuererklärung	Abzug
Abflussrohrreinigung • selbst genutztes Haus/ Wohnung • vermietetes Haus/Wohnung	 Anlage Haushaltsnahe Aufwendungen Anlage V	 Steuerermäßigung Werbungskosten
Arbeitsmittel/Fachliteratur	Anlage N, S. 2	Werbungskosten
Arbeitszimmer	Anlage N, S. 2	Werbungskosten
Ausbildungskosten • eigene Ausbildung/Ehegatte • eines Kindes	 Anlage Sonderausgaben Anlage Kind, S. 2	 Sonderausgaben außergewöhnliche Belastungen
Bestattungskosten	Anlage Außergewöhnliche Belastungen	außergewöhnliche Belastungen
Erhaltungsaufwendungen/ Instandsetzung/Reparatur • selbst genutztes Haus/ Wohnung • vermietetes Haus/Wohnung	 Anlage Haushaltsnahe Aufwendungen Anlage V, S. 2	 Steuerermäßigung Werbungskosten
Fahrtkosten • beruflich • vermietetes Haus/Wohnung • Behinderung	 Anlage N, S. 2 Anlage V, S. 2 Anlage Außergewöhnliche Belastungen	 Werbungskosten Werbungskosten außergewöhnliche Belastungen
Fortbildungskosten (vgl. auch Reisekosten)	Anlage N, S. 2	Werbungskosten
Führerschein (behinderte Menschen)	Anlage Außergewöhnliche Belastungen	außergewöhnliche Belastungen
Gartengestaltung • selbst genutztes Haus/ Wohnung • vermietetes Haus/Wohnung	 Anlage Haushaltsnahe Aufwendungen Anlage V, S. 2	 Steuerermäßigung Werbungskosten
Gartenpflege • selbst genutztes Haus/ Wohnung • vermietetes Haus/Wohnung	 Anlage Haushaltsnahe Aufwendungen Anlage V, S. 2	 Steuerermäßigung Werbungskosten
Hausarbeit/Hausreinigung durch Fremdfirma (putzen, kochen, waschen, bügeln)	Anlage Haushaltsnahe Aufwendungen	Steuerermäßigung
Hausaufgabenbetreuung Kind	Anlage Kind, S. 3	Sonderausgaben

Kostenbeleg	Steuererklärung	Abzug
Haushaltshilfe/Haushälterin (angestellt/Minijob)	Anlage Haushaltsnahe Aufwendungen	Steuerermäßigung
Heimkosten	Anlage Haushaltsnahe Aufwendungen Anlage Außergewöhnliche Belastungen	Steuerermäßigung außergewöhnliche Belastungen
Kinderbetreuungskosten	Anlage Kind, S. 3	Sonderausgaben
Kindergartenbeitrag	Anlage Kind, S. 3	Sonderausgaben
Kontoführung • beruflich • vermietetes Haus/Wohnung	 Anlage N, S. 2 Anlage V, S. 2	 Werbungskosten Werbungskosten
Krankheitskosten (Eigenanteil Arznei, Brille, Hörgerät, Zahnersatz, Kur)	Anlage Außergewöhnliche Belastungen	außergewöhnliche Belastungen
Krankenversicherung • eigene bzw. Ehegatte • Kind • Ex-Ehegatten (bzw. getrennt) • andere unterstützte Personen	 Anlage Vorsorgeaufw. Anlage Kind, S. 2 Anlage Sonderausgaben Anlage Unterhalt, S. 1	 Sonderausgaben Sonderausgaben Sonderausgaben außergewöhnliche Belastungen
Mitgliedsbeiträge • Verein, Partei • Gewerkschaft, Berufsverband • Haus-/Grundbesitzerverein • Lohnsteuerhilfe	 Anlage Sonderausgaben Anlage N, S. 2 Anlage V, S. 2 Anlage N, S. 2	 Sonderausgaben Werbungskosten Werbungskosten Werbungskosten
Pflegekosten	Anlage Außergewöhnliche Belastungen Anlage Haushaltsnahe Aufwendungen	außergewöhnliche Belastungen Steuerermäßigung
Reisekosten (beruflich)	Anlage N, S. 2	Werbungskosten
Renovierung • selbst genutztes Haus/Wohnung • vermietetes Haus/Wohnung • Arbeitszimmer	 Anlage Haushaltsnahe Aufwendungen Anlage V, S. 2 Anlage N, S. 2	 Steuerermäßigung Werbungskosten Werbungskosten
Reparatur • Haushaltsgeräte • Fahrzeug (berufliche Fahrt)	 Anlage Haushaltsnahe Aufwendungen Anlage N, S. 2	 Steuerermäßigung Werbungskosten

Kostenbeleg	Steuererklärung	Abzug
Riester-Versicherungsbeiträge	Anlage AV	Zulage/ Sonderausgaben
Rürup-Versicherungsbeiträge	Anlage Vorsorgeaufwand, S. 1	Sonderausgaben
Schulgeld • eigene Schulausbildung • für Kind	 Anlage Sonderausgaben Anlage Kind, S. 2	 Sonderausgaben Sonderausgaben
Spende	Anlage Sonderausgaben	Sonderausgaben
Steuerberatungskosten	Anlage N, R, V, S. 2	Werbungskosten
Steuerbescheinigung • Zinsen	 Anlage KAP, S. 2	 Steueranrechnung
Studiengebühr • eigenes Studium	 Anlage Sonderausgaben	 Sonderausgaben
Telefonkosten • berufliche Telefonate • Mieter	 Anlage N, S. 2 Anlage V, S. 2	 Werbungskosten Werbungskosten
Umzugskosten • privater Umzug • beruflich bedingter Umzug	 Anlage Haushaltsnahe Aufwendungen Anlage N, S. 2	 Steuerermäßigung Werbungskosten
Unfallkosten • berufliche Fahrt	 Anlage N, S. 2	 Werbungskosten
Unterhaltszahlungen • getrennt lebender/ geschiedener Ehegatte • nicht steuerlich berücksichtigungsfähige Kinder • andere Personen	 Anlage Sonderausgaben Anlage Unterhalt Anlage Unterhalt	 Sonderausgaben außergewöhnliche Belastungen außergewöhnliche Belastungen
Versicherungen • beruflich (z. B. Berufshaftpflicht) • vermietetes Haus/Wohnung • privat (außer Rechtsschutz und Sachversicherungen)	 Anlage N, S. 2 Anlage V, S. 2 Anlage Vorsorgeaufwand	 Werbungskosten Werbungskosten Sonderausgaben

Kostenbeleg	Steuererklärung	Abzug
Wartung (Heizung, Tankreinigung, Sanitäranlagen, Fahrstuhl, Feuerlöscher) • selbst genutztes Haus/ Wohnung • vermietetes Haus/Wohnung	 Anlage Haushaltsnahe Aufwendungen Anlage V	 Steuerermäßigung Werbungskosten
Zweiter Haushalt (beruflich)	Anlage N, S. 3	Werbungskosten

1.5 Praktische Tipps

Behalten Sie für sich von jedem ausgefüllten Formular, jeder eingereichten Kostenaufstellung und jedem Schreiben an Ihr Finanzamt ein Doppel zurück bzw. speichern Sie die gemachten Angaben auf Ihrem Rechner und drucken Sie sich die Steuererklärung ggf. aus.

Legen Sie die Unterlagen jahrgangsweise, am besten durch Trennblätter geordnet, in einem Ordner „Finanzamt" oder „Steuern" ab. Sie erleichtern sich so die Überprüfung Ihres Steuerbescheids und das Ausfüllen der Steuererklärung für die Folgejahre.

Falls das Finanzamt Belege anfordert: Vermeiden Sie zu Ihrer Sicherheit, sofern es nicht zwingend erforderlich ist (wie z. B. bei Steuerbescheinigungen von Banken), Verträge oder Schriftstücke im Original an das Finanzamt zu schicken. Eine Fotokopie genügt in den meisten Fällen als Nachweis.

1.6 Wie berechnet sich das zu versteuernde Einkommen?

Machen Sie sich kurz mit der Einkommensteuerberechnung vertraut. Es lohnt sich, denn so werden Sie den grundsätzlichen Aufbau der Steuererklärung besser verstehen. Dies wird Ihnen das Ausfüllen der Steuererklärung erleichtern.

Grundlage für die Steuerberechnung ist das zu versteuernde Einkommen (z. v. E). Von Ihrem Bruttolohn, Ihrer Rente bzw. Ihren Miet- oder Betriebseinnahmen bis zu Ihrem z. v. E. ist es ein weiter Weg. Die Berechnung des z. v. E. ist in § 2 EStG geregelt bzw. in R 2 EStR 2012 dargestellt.

Sieben Einkunftsarten

Das Einkommensteuergesetz (EStG) unterscheidet zwischen sieben im Gesetz abschließend aufgeführten **Einkunftsarten**. Diese unterteilt § 2 Abs. 2 EStG in drei (betriebliche) Gewinneinkunftsarten (§ 2 Abs. 1 Nr. 1–3 EStG)

- **Einkünfte aus Land- und Forstwirtschaft** (§ 13 EStG)
  z. B. Bauernhof, Wein- und Obstbau,
- **Einkünfte aus gewerblichen Betrieben** (§ 15 EStG)
  z. B. Einzelunternehmen, Beteiligungen an gewerblichen Betrieben,
- **Einkünfte aus selbstständiger Arbeit** (§ 18 EStG)
  z. B. Freiberufler wie Rechtsanwälte, Ärzte, Architekten, Ingenieure etc.

und vier Überschusseinkunftsarten (§ 2 Abs. 1 Nr. 4–7 EStG)

- **Einkünfte aus nichtselbstständiger Arbeit** (§ 19 EStG)
  z. B. Lohneinkünfte als Arbeitnehmer, Pensionär, Betriebsrentner,
- **Einkünfte aus Kapitalvermögen** (§ 20 EStG)
  z. B. Zinsen aus Geldanlagen, Fondsanteilen, Dividenden aus Beteiligungen, Aktienverkäufe,
- **Einkünfte aus Vermietung und Verpachtung** (§ 21 EStG)
  z. B. Miete, Pacht aus bebauten und unbebauten Grundstücken und Grundstücksteilen und
- **sonstige Einkünfte** (§ 22 EStG)
  im Wesentlichen Renten sowie Veräußerungsgewinne aus dem Verkauf von privaten Grundstücken und Wertgegenständen.

Einkommen, das nicht unter diese sieben Gruppen fällt (z. B. Erbschaft, Schenkung, Spiel- und Lotteriegewinne), unterliegt nicht der Einkommensteuer.

Steuerfreies Einkommen

Nach § 3 EStG wird bestimmtes Einkommen (z. B. Lohnersatzleistungen wie Arbeitslosen- oder Kurzarbeitergeld, Trinkgelder, Kinder-, Eltern-, Pflegegeld) steuerfrei gestellt. Steuerfreies Einkommen kann aber den Steuersatz des steuerpflichtigen Einkommens erhöhen (Progressionsvorbehalt) und wird deshalb teilweise in der Steuererklärung abgefragt.

Ermittlung der Einkünfte

Zur Ermittlung des z. v. E. wird zunächst – getrennt für jede Einkunftsart – der Nettoertrag, die sog. **Einkünfte,** ermittelt. Dabei werden von den jeweiligen **Betriebseinnahmen** bei den

Gewinneinkunftsarten bzw. **Einnahmen** bei den Überschusseinkunftsarten (z. B. Bruttoarbeitslohn, Rente) sämtliche damit in Zusammenhang stehenden Ausgaben, die Betriebsausgaben bzw. **Werbungskosten** (z. B. Ausgaben für Arbeitskleidung), abgezogen. Eine Sonderregelung gilt für die Kapitaleinkünfte. Diese werden durch den Einbehalt der Kapitalertragsteuer in den meisten Fällen abschließend besteuert (Abgeltungsteuer) und müssen in der Steuererklärung deshalb i. d. R. nicht mehr aufgeführt werden (§ 43 Abs. 5 EStG).

Summe der Einkünfte

Danach fasst man die Einkünfte aus allen vorhandenen Einkunftsarten zur **Summe der Einkünfte** zusammen. Bei einer gemeinsamen Steuerveranlagung von Ehegatten bzw. eingetragenen Lebenspartnern (Zusammenveranlagung) werden die Einkünfte und die Summe der Einkünfte zunächst für jeden Ehegatten/Lebenspartner getrennt ermittelt und erst danach addiert.

Gesamtbetrag der Einkünfte

Nach Abzug des **Altersentlastungsbetrags** (§ 24a EStG) und des Entlastungsbetrags für **Alleinerziehende** (§ 24b EStG) von der Summe der (gemeinsamen) Einkünfte, erhält man den **Gesamtbetrag der Einkünfte.** Ab da wird bei Zusammenveranlagung von Ehegatten/Lebenspartnern für beide gemeinsam gerechnet.

Einkommen

Nach dem Abzug von zwei weiteren Ausgabearten, die die private Lebensführung betreffen, zuerst die **Sonderausgaben** (§§ 10–10c EStG), wie z. B. private Versicherungsbeiträge, gezahlte Kirchensteuer, eigene Berufsausbildungskosten, Kinderbetreuungskosten, Schulgeld an Privatschulen, Spenden, und anschließend die **außergewöhnlichen Belastungen** (§§ 33–33b EStG), wie z. B. Krankheits-, Pflege-, Beerdigungskosten, Unterhaltsleistungen, behinderungsbedingte Aufwendungen, Heimkosten, Ausgaben infolge von Naturkatastrophen (Orkanschäden usw.) erhält man das **Einkommen.**

Zu versteuerndes Einkommen

Vom Einkommen können u. U. noch **Freibeträge für Kinder** abgezogen werden, bis sich das z. v. E. ergibt.

Berechnungsschema

Nachfolgend ein vereinfachtes Grundschema zur Berechnung des z. v. E. Damit können Sie auch nachvollziehen und prüfen, wie das Finanzamt in Ihrem Steuerbescheid das z. v. E. berechnet hat.

Gewinneinkünfte	**Überschusseinkünfte**
Einkünfte aus Land- + Forstwirtschaft	Einkünfte aus nichtselbstständiger Arbeit
Einkünfte aus selbstständiger Arbeit	Einkünfte aus Kapitalvermögen
Einkünfte aus Gewerbebetrieb	Einkünfte aus Vermietung + Verpachtung
	Sonstige Einkünfte nach § 22 EStG

= Summe der Einkünfte

./. Altersentlastungsbetrag

./. Entlastungsbetrag Alleinerziehende

= Gesamtbetrag der Einkünfte

./. **Sonderausgaben**
(z. B. private Versicherungsbeiträge, Kirchensteuer, Kinderbetreuungskosten, Ausbildungskosten, Schulgeld, Spenden)

./. **Außergewöhnliche Belastungen**
(z. B. Krankheits-, Beerdigungkosten, Pflegeaufwendungen, Aufwendungen behinderter Menschen, Unterhaltsleistungen)

= Einkommen

./. Freibeträge für Kinder

= zu versteuerndes Einkommen

Anhand dieses Betrags wird mithilfe der maßgebenden Steuertabelle (Grund- oder Splittingtabelle) die **tarifliche Einkommensteuer** ermittelt. Davon werden mögliche Steuerermäßigungen (z. B. für Handwerkerleistungen im eigenen Haushalt oder Zuwendungen an politische Parteien) abgezogen und man erhält danach die im Steuerbescheid **festgesetzte Jahreseinkommensteuer**.

BEISPIEL

Aufwendungen mindern zunächst die Einkünfte und das zu versteuernde Einkommen

Wenn Sie z. B. für ein Arbeitsmittel 300 € aufgewandt haben, bedeutet das nicht, dass sich Ihre Einkommensteuer um diesen Betrag vermindert. Die Kosten werden lediglich von Ihrem Arbeitslohn abgezogen, mindern so die Einkünfte und damit auch entsprechend Ihr z. v. E. mit der Folge, dass die Steuer in der Steuertabelle beim um 300 € geringeren z. v. E. abgelesen wird. Je nach persönlichem Steuersatz (zwischen 15 und 45 %) beträgt die Steuerersparnis im Beispiel zwischen 45 und 135 €.

2 Hauptvordruck (ESt1A, Mantelbogen)

2.1 Allgemein

WICHTIG

Hauptvordruck muss immer ausgefüllt werden

Der **Hauptvordruck** mit den **persönlichen Daten** und der **Bankverbindung**, muss immer ausgefüllt werden. Außerdem ist die **eigenhändige Unterschrift** auf Seite 2 notwendig. Welche weiteren Formulare Sie außer dem Hauptvordruck noch benötigen, sehen Sie im **Formularwegweiser** auf einen Blick. Vertiefend siehe → Rund um die Einkommensteuererklärung.

Bitte beachten Sie, dass bisherige Inhalte aus dem Hauptvordruck ab der Steuererklärung 2019 in neuen Anlagen (Anlage Sonderausgaben, Anlage Außergewöhnliche Belastungen, Anlage Haushaltsnahe Aufwendungen, Anlage Sonstiges) ausgegliedert wurden.

Überblick

Im Bedarfsfall ausfüllen	
Seite 1	**Angaben zur Person (Zeilen 7–14 und 16–23), zum Familienstand (Zeile 15), zum Ehegatten bei Zusammenveranlagung (Zeilen 16–23) und zur Ehegattenveranlagung (Zeile 24) sowie zur Bankverbindung (Zeilen 25–28)**
Seite 2	**Einzelempfangsvollmacht (Zeilen 31–36)** Hier sind die Angaben zu der Person zu machen, der der Einkommensteuerbescheid 2019 **zugesandt werden soll.** **Sonstige Angaben und Anträge (Zeilen 31–40)** Hier geht es im Wesentlichen um die Festsetzung der Arbeitnehmer-Sparzulage, um **Einkommensersatz** (z. B. Eltern-, Kranken-, Mutterschaftsgeld), der **nicht** i. Z. m. entgangenem Arbeitslohn (vgl. **Anlage N**) steht. Weitere Angaben über die Steuererklärungsvordrucke hinaus können über „Ergänzende Angaben zur Steuererklärung" gemacht werden (Zeile 40).

2.2 Grundangaben (Seite 1)

→ ZEILEN 1–5, 7, 16
Art der Erklärung, Steuer nummer, Identifikationsnummer

Kreuzen Sie in den Zeilen 1 und 2 an, ob Sie neben der Veranlagung zur Einkommensteuer weitere Anträge stellen (z. B. Erklärung zur Feststellung des verbleibenden Verlusts). Tragen Sie in Zeile 3 Ihre Steuernummer sowie in den Zeilen 7 und 16 Ihre steuerliche Identifikationsnummer ein. Die Steuernummer und Ihren Namen sollten Sie zur Sicherheit außerdem in der auf jeder Anlage vorhandenen Kopfzeile vermerken.

2.3 Persönliche Angaben

→ ZEILEN 6–23
Persönliche Angaben

Tragen Sie Ihre persönlichen Daten ein. Die Angaben zur Ehefrau haben Bedeutung für die Art der Steuerveranlagung und den anzuwendenden Steuertarif.

Bei **gleichgeschlechtlichen Ehen** (Ehe für alle) und bei **Lebenspartnern,** die **nach dem Lebenspartnerschaftsgesetz** (LPartG) eine Lebenspartnerschaft begründet und nicht in eine Ehe umgewandelt haben, muss sich im Falle der Zusammenveranlagung in den Zeilen 7 bis 14 als **Person A** die Person eintragen, die nach alphabetischer Reihenfolge des Nachnamens an erster Stelle steht; bei Namensgleichheit nach alphabetischer Reihenfolge des Vornamens; bei Gleichheit des Vornamens nach dem Alter der Personen (ältere Person).

Hinweis: Wichtiges zum Thema „Altersentlastungsbetrag" für Personen, die vor dem Vz. 2019 das 64. Lebensjahr vollendet haben, finden Sie auch auf http://mybook.haufe.de unter „Weiterführende steuerliche Informationen".

→ ZEILE 15
Familienstand

Ihre Angaben zum Familienstand bestimmen, ob eine Einzel- oder eine Ehegattenveranlagung zur Einkommensteuer durchgeführt wird und haben damit Bedeutung für den anzuwendenden Steuertarif. Wenn Ihr Ehegatte im Vorjahr (2018) verstorben ist, führt das Finanzamt für 2019 zwar eine Einzelveranlagung durch, berechnet aber die Steuer (letztmals) nach dem für Sie günstigeren Splittingtarif.

→ ZEILE 24
Veranlagungsarten

Ehegatten, die beide im Inland wohnen und nicht getrennt leben, können zwischen den in Zeile 24 genannten Ehegattenveranlagungsarten durch Ankreuzen wählen. Vertiefend siehe → Ehegattenveranlagung.

2.4 Bankverbindung

→ ZEILEN 25–28
Bankverbindung

Die Finanzämter erstatten nur unbar. Bei fehlender oder unvollständiger Bankverbindung verzögert sich die Steuerrückzahlung. Bitte beachten Sie, dass der bargeldlose Zahlungsverkehr und damit die Erstattung nur möglich ist, wenn dem Finanzamt die IBAN und bei Auslandsüberweisung zusätzlich die BIC bekannt sind.

WICHTIG

Kontoänderung mitteilen

Teilen Sie dem Finanzamt unverzüglich, auch zwischen den Steuererklärungen, schriftlich mit, wenn sich die von Ihnen angegebene Bankverbindung geändert hat, damit eine Erstattung schnell durchgeführt werden kann.

2.5 Vollmacht (Seite 2)

→ ZEILEN 31–36
Empfangsvollmacht

Hier können Sie z. B. Ihren Steuerberater zur Entgegennahme Ihres Steuerbescheids bevollmächtigen oder sich den Steuerbescheid an eine von den Eintragungen in den Zeilen 11–13 abweichende Anschrift (z. B. Zweitwohnsitz) schicken lassen. Beachten Sie, dass die Eintragungen nur für den Einkommensteuerbescheid und eventuelle Änderungsbescheide des Jahres 2019 gelten (Einmalvollmacht). Möchten Sie, dass Bescheide und andere Schreiben immer an Ihren Steuerberater gerichtet werden, benötigt das Finanzamt eine Dauerzustellungsvollmacht.

2.6 Sonstige Angaben und Anträge

→ ZEILE 37
Festsetzung der Arbeitnehmer-Sparzulage

Liegen eine oder mehrere vermögensbildende Anlagen vor, kann hier die Festsetzung der Arbeitnehmer-Sparzulage durch Eintragung einer „1“ beantragt werden. Die notwendigen Daten werden von Ihrem Anbieter durch eine elektronische Vermögensbildungsbescheinigung (Anlage VL) an das Finanzamt übermittelt. Anspruch auf Arbeitnehmer-Sparzulage besteht aber nur wenn bestimmte Einkommensgrenzen nicht überschritten sind.

→ eZEILE 38 UND ZEILE 39
Einkommensersatzleistungen

Die als Ersatz von Einkommen gezahlten Beträge (z. B. gezahltes Eltern-, Kranken-, Mutterschaftsgeld bei Gewerbetreibenden und Freiberuflern), die nicht durch den Arbeitgeber ausbezahlt wurden, sind zwar steuerfrei, bewirken jedoch, dass die steuerpflichtigen Einkünfte mit einem höheren Steuersatz (Progressionsvorbehalt) besteuert werden. In die eZeile 38 gehören steuerfreie Einkommensersatzleistungen aus dem Inland, in die Zeile 39 solche aus den EU-/EWR-Staaten oder der Schweiz. Haben Sie als **Arbeitnehmer** derartige Leistungen (z. B. Kurzarbeitergeld) durch den Arbeitgeber erhalten, müssen Sie deren Höhe nicht hier, sondern auf der **Anlage N**, angeben.

→ ZEILE 40
Ergänzende Angaben zur Steuererklärung/qualifiziertes Freitextfeld

Möchten Sie ergänzende Angaben zu anderen Vordrucken Ihrer Steuererklärung machen (z. B. Anlage Vorsorgeaufwand – eigene Versicherungsbeiträge für mehrere andere Personen), weil dort keine entsprechenden Eintragungsmöglichkeiten vorgesehen sind oder Sie ergänzende Angaben für den Bearbeiter für notwendig erachten, tragen Sie hier die „1" ein und fügen der Steuererklärung in Papierform eine formlose Anlage mit der Überschrift „Ergänzenden Angaben zur Steuererklärung" hinzu.

Bei elektronisch übermittelten Einkommensteuererklärungen (ELSTER) öffnet sich im Elster-Formular ein Textfeld, in dem die entsprechenden abweichenden Angaben, Sachverhalte oder die von der Verwaltungsauffassung abweichende Rechtsauffassung eintragen können.

Bitte beachten Sie: Wenn Sie ergänzende Angaben zur Steuererklärung abgeben, wird Ihre Steuererklärung auf jeden Fall persönlich von einem Finanzbeamten überprüft. Damit verbunden sind oft Rückfragen und eine längere Bearbeitungszeit.

Eine Überprüfung erfolgt sonst nur noch, soweit Ihre Steuererklärung mit einem Hinweis vom maschinellen Risikomanagementsystem zur personellen Bearbeitung ausgewählt wurde. Vertiefend siehe → Steuermodernisierungsgesetz.

Anlage WA-ESt – Auslandswohnsitz und ausländische Einkünfte

Hatten Sie in 2019 zumindest zeitweise keinen Wohnsitz im Inland oder wohnt Ihr Ehegatte im EU-Ausland, müssen Sie die **Anlage WA-ESt** dem Hauptvordruck beifügen und ggf. ausländische Einkünfte erklären.

→ ZEILEN 41–42
Unterschrift und Mitwirkung Steuerberater

Die Einkommensteuererklärung muss eigenhändig unterschrieben werden; bei Zusammenveranlagung von Ehegatten müssen beide unterschreiben. Bei über das Internet versandten Erklärungen (ELSTER-Erklärung) ist die Unterschrift auf der ausgedruckten („komprimierten") Steuererklärung zu leisten, es sei denn, Sie haben eine Erklärung mit Authentifizierung (digitale Unterschrift) gewählt.

In Zeile 41 ist eine „1" einzutragen, wenn ein Steuerberater die Erklärung erstellt hat.

Checkliste Hauptvordruck

Folgende Abzugsmöglichkeit geprüft? Vgl. Ausfüllhinweise zur Zeile!	
Haben Sie Ihren Anspruch auf Arbeitnehmer-Sparzulage geprüft? (Zeile 37)	☐
Haben Sie von Dritten steuerfreie Zahlungen erhalten? (Zeilen 38–39)	☐

3 Anlage Sonderausgaben

3.1 Allgemein

Sonderausgaben werden in Vorsorgeaufwendungen (Versicherungsaufwendungen) und andere Sonderausgaben unterteilt. Die als Sonderausgaben abziehbaren Versicherungsaufwendungen sind in der **Anlage Vorsorgeaufwand** einzutragen. Zu den Sonderausgaben, die keine Vorsorgeaufwendungen sind, gehören auch Kinderbetreuungskosten und Schulgeld für den Besuch von Privatschulen. Diese Aufwendungen tragen Sie bitte in die Anlage(n) Kind ein. Die anderen Sonderausgaben gehören hier in die **Anlage Sonderausgaben**. Vertiefend siehe → Sonderausgaben, → Versicherungen, → Altersvorsorgeaufwendungen und → Spenden.

Überblick

Im Bedarfsfall ausfüllen	
Seite 1	**Sonderausgaben** Zu den abziehbaren Sonderausgaben – ohne Vorsorgeaufwendungen sowie Kinderbetreuungskosten oder Schulgeld – gehören: • gezahlte Kirchensteuer • Zuwendungen (Mitgliedsbeiträge und Spenden) an politische Parteien, unabhängige Wählervereinigungen oder steuerbegünstigte Organisationen. Diese werden teilweise durch eine Steuerermäßigung steuerlich gefördert. • Kosten für die Berufsausbildung des Steuerpflichtigen oder des Ehegatten • gezahlte Versorgungsleistungen bei Vermögensübergabe und • Unterhaltsleistungen an den geschiedenen oder dauernd getrennt lebenden Ehegatten • Versorgungsausgleichszahlungen bei geschiedenen Ehegatten

3.2 Abziehbare Sonderausgaben

Sonderausgaben-Pauschbetrag

Haben Sie keine oder nur ganz geringe in der Anlage Sonderausgaben aufgeführten Aufwendungen, wird für diese Sonderausgaben ein Pauschbetrag von 36 €, bzw. 72 € bei Zusammenveranlagung von Ehegatten, berücksichtigt.

→ ZEILE 4
Kirchensteuer, Kirchgeld

Hier tragen Sie alle im Veranlagungsjahr von Ihnen oder Ihrem Ehegatten tatsächlich gezahlten Kirchensteuern (siehe Lohnsteuer-Bescheinigung, Vorauszahlungen, Nachzahlungen für

Vorjahre) und das Kirchgeld ein. Die von Banken einbehaltene Kirchensteuer auf Kapitalerträge ist nicht als Sonderausgabe abzugsfähig, wenn die Kapitalerträge mit dem Abgeltungsteuersatz i. H. v. 25 % besteuert werden. Vertiefend siehe → Kapitalanlagen und → Sonderausgaben. Werden Kapitalerträge mit der tariflichen Einkommensteuer (Steuersatz unter oder über 25 %) besteuert, gehört die bezahlte Kirchensteuer zu den Sonderausgaben. Freiwillig gezahlte Gelder an Kirchengemeinden gehören zu den abzugsfähigen Spenden (Anlage Sonderausgaben, Zeile 5).

→ ZEILEN 5–12
Zuwendungen, Spenden, Mitgliedsbeiträge

Der Vordruck unterscheidet zwischen vier Arten von Zuwendungen: Parteizuwendungen (Zeile 7), Zuwendungen an unabhängige Wählervereinigungen (Zeile 8), Spenden in den Vermögensstock einer Stiftung (Zeilen 9-12) und Zuwendungen für gemeinnützige, mildtätige und kirchliche Zwecke (Zeile 5). Begünstigt sind ggf. auch Zuwendungen an gemeinnützige Organisationen im EU-Ausland (Zeile 6). Haben Sie mehrfach gespendet, listen Sie die Beträge mit Angabe des jeweiligen Empfängers auf einem gesonderten Blatt einzeln auf. Einzelheiten: Vertiefend siehe → Spenden. Ein verbleibender Spendenvortrag aus dem Vorjahr kann in der Anlage Sonstiges, Zeile 6, geltend gemacht werden.

→ ZEILEN 7–8
Zuwendungen an Parteien und unabhängige Wählervereinigungen

Für Spenden und Mitgliedsbeiträge an politische Parteien oder unabhängige (freie) Wählervereinigungen wird eine Steuerermäßigung berechnet, die direkt von der Einkommensteuer abgezogen wird. Für hohe Parteispenden kann zusätzlich ein Sonderausgabenabzug in Betracht kommen. Vertiefend siehe → Spenden.

→ ZEILEN 9–12
Stiftungsspenden

Spenden in den Vermögensstock einer Stiftung können bis zu 1 Mio. € (bei Zusammenveranlagung bis 2 Mio. €) auf bis zu zehn Jahre beliebig verteilt als Sonderausgaben geltend gemacht werden. Den 2019 bezahlten Betrag tragen Sie bitte in die Zeile 9 ein. In Zeile 11 bestimmen Sie, welchen Anteil davon Sie im Jahr 2019 abziehen. In Zeile 12 können Sie den Abzug entsprechender noch nicht berücksichtigter Zuwendungen aus Vorjahren für 2019 geltend machen. Andere (nicht in den Vermögensstock eingebrachte) Stiftungsspenden gehören in die Zeile 5.

→ ZEILEN 13–14
Eigene Berufsausbildungskosten

Abzugsfähig sind alle Aufwendungen i. Z. m. der Erstausbildung oder dem Erststudium des Steuerpflichtigen oder seines Ehegatten bis maximal 6.000 € (pro Person). Einzelheiten zum Sonderausgabenabzug, insbesondere zur Abgrenzung gegenüber Betriebsausgaben und Werbungskosten: Vertiefend siehe → Ausbildung und Studium und → Fortbildung/Fachtagungen.

→ ZEILEN 15–16
Gezahlte Versorgungsleistungen, Renten, dauernde Lasten

Zahlen Sie eine Versorgungsleistung, z. B. Rente oder eine sog. dauernde Last (rentenähnliche Zahlungen) aufgrund einer vertraglichen Verpflichtung (im Regelfall als Gegenleistung für die Übertragung von (Betriebs-)Vermögen im Rahmen einer Vermögensübergabe oder vorweggenommenen Erbfolge), können Sie unter bestimmten Voraussetzungen die gezahlten Beträge als Sonderausgaben geltend machen. Vertiefend siehe → Renten. Wenn Sie den Sonderausgabenabzug erstmals geltend machen, legen Sie Ihrer Steuererklärung eine Kopie des der Zahlung zugrunde liegenden Vertrags bei.

→ ZEILEN 17–18
Unterhalt an den geschiedenen oder dauernd getrennt lebenden Ehegatten/ Lebenspartner

Unterhaltsleistungen an den geschiedenen oder dauernd getrennt lebenden Ehegatten sind mit dessen Zustimmung (amtlicher Vordruck **Anlage U**) und unter Angabe dessen steuerlicher Identifikationsnummer bis zu 13.805 € als Sonderausgaben abzugsfähig. Vertiefend siehe → Unterhaltszahlungen. Wegen einer möglichen Erhöhung des Höchstbetrags sind die Beiträge zur (Basis-)Kranken- und Pflegeversicherung des unterhaltenen Ehegatten gesondert anzugeben, und zwar unabhängig davon, wer Versicherungsnehmer ist und wer die Beiträge zahlt. Stimmt der Empfänger der Unterhaltsleistungen dem Sonderausgabenabzug **nicht** zu, ist der Abzug der Unterhaltszahlungen als außergewöhnliche Belastungen (**Anlage Unterhalt**) zu prüfen. Der Abzug ist dabei nur bis zu einem jährlichen Höchstbetrag i. H. v. 9.168 € (Jahr 2019) zuzüglich Basiskranken- und Pflegepflichtversicherungsbeiträgen der unterhaltenen Person möglich. Dieser Höchstbetrag vermindert sich, wenn der unterstützte Ehegatte eigene Einkünfte und Bezüge hat.

→ ZEILEN 19–21
Versorgungsausgleich – Ausgleichszahlungen

Zum Versorgungsausgleich: Vertiefend siehe → Altersvorsorgeaufwendungen.

Name und steuerliche Identifikationsnummer der empfangsberechtigten Person sind zu benennen.

Nur bei Ausgleichsleistungen zur **Vermeidung** eines Versorgungsausgleichs muss eine von beiden Ehegatten unterschriebene **Anlage U** mit der Steuererklärung eingereicht werden.

Checkliste Anlage Sonderausgaben

Folgende Abzugsmöglichkeit geprüft? Vgl. Ausfüllhinweise zur Zeile!

Haben Sie alle Arten von Sonderausgaben geprüft? ☐
Abzugsfähig sind Aufwendungen für Unterhalt und den Versorgungsausgleich des Ehegatten, Kirchensteuer, Kinderbetreuung, Berufsausbildung, Schulgeld sowie Spenden und Mitgliedsbeiträge.

4 Anlage Außergewöhnliche Belastungen

4.1 Allgemein

WICHTIG

Außergewöhnliche Belastungen

Die **Anlage Außergewöhnliche Belastungen** benötigen Sie in folgenden Fällen:
Sie möchten

- Pauschbeträge als behinderter Mensch oder Hinterbliebener
- Einen Pauschbetrag wegen unentgeltlicher Pflege eines hilflosen Menschen
- Aufwendungen wegen Krankheit, Pflege, Behinderung, Verlust von Hausrat aufgrund einer Naturkatastrophe oder Gebäudesanierung wegen Schadstoffbelastung oder andere außergewöhnliche Belastungen, z. B. Bestattungskosten

steuerlich geltend machen.

Überblick

Im Bedarfsfall ausfüllen	
Seite 1	**Behindertenpauschbetrag (Zeilen 4–9)** Zusätzlich zum Pauschbetrag sind Fahrtkosten und behinderungsbedingte Hausumbaukosten, abhängig vom Grad und der Art der Behinderung abzugsfähig Vertiefend siehe → Behinderte Menschen. **Pflegepauschbetrag (Zeilen 11, 12)** Begünstigt ist die unentgeltliche Pflege eines hilflosen Menschen (Merkzeichen H oder Pflegegrade 4 bzw. 5) **Andere Aufwendungen (Zeilen 13–19)** Andere außergewöhnliche Belastungen allgemeiner Art sind z. B. Kur-, Krankheits-, Pflege- und Bestattungskosten, Kosten einer Heimunterbringung, Fahrtkosten von behinderten Menschen, Wiederbeschaffung von durch eine Naturkatastrophe verloren gegangenen Hausrat, Aufwendungen zur Sanierung eines schadstoffbelasteten selbstbewohnten Hauses oder behinderungsbedingte Hausumbaukosten. Vertiefend siehe → Außergewöhnliche Belastung, → Krankheitskosten und → Pflegekosten/Heimunterbringung.

4.2 Außergewöhnliche Belastungen

→ ZEILEN 4–19
Außergewöhnliche Belastungen

Außergewöhnliche Belastungen werden in zwei Gruppen unterteilt. Die **Aufwendungen allgemeiner Art** nach § 33 EStG (s.o.) z.B. Krankheitskosten werden im EStG nur mit den allgemeinen Abzugsvoraussetzungen und nicht einzeln benannt. Sie sind in die Zeilen 13–19 einzutragen. Derartige Aufwendungen sind nur abzugsfähig, soweit sie eine bestimmte Höhe (zumutbare Eigenbelastung) übersteigen und kein Anspruch auf eine Kostenerstattung besteht. Außerdem kennt das Gesetz sog. **typisierte Einzelfälle** nach den §§ 33a bis 33b EStG (z.B. Pauschbetrag für behinderte Menschen oder Pflege-Pauschbetrag). Die Angaben dazu gehören in die Zeilen 4–12. Vertiefend siehe → Außergewöhnliche Belastung, → Krankheitskosten und → Pflegekosten/Heimunterbringung.

Zu den typisierten Einzelfällen zählen auch der Freibetrag wegen auswärtiger Unterbringung eines volljährigen Kindes in Berufsausbildung (Ausbildungsfreibetrag), zu beantragen auf Seite 3 der → Anlage Kind und die Zahlung von Unterhalt; siehe → Anlage Unterhalt.

Sämtliche außergewöhnliche Belastungen werden vom Finanzamt **nur auf Antrag** (d.h. mit Eintragung im Vordruck) berücksichtigt.

→ ZEILEN 4–9
Behinderte Menschen

Behinderte Menschen können auf Antrag neben einem Pauschbetrag zusätzliche steuerliche Vergünstigungen (z.B. bei den Fahrtkosten zwischen Wohnung und erster Tätigkeitsstätte; siehe Anlage N, Zeilen 35–38) oder Privatfahrten erhalten. Vertiefend siehe → Behinderte Menschen.

Die Steuervergünstigungen (Pauschbetrag, abzugsfähige Fahrtkosten) hängen vom Grad der Behinderung und den Merkzeichen im Schwerbehindertenausweis ab. Deshalb müssen Sie bei erstmaliger Antragstellung oder Änderung den Grad der Behinderung nachweisen. Vertiefend siehe → Behinderte Menschen.

Die behinderten Kindern zustehenden Vergünstigungen können auf die Eltern übertragen werden. Die Übertragung muss auf der **Anlage Kind** beantragt werden. Vertiefend siehe → Kinder.

Statt des Pauschbetrags können die tatsächlichen behinderungsbedingten Mehraufwendungen auch (auf Nachweis) als allgemeine außergewöhnliche Belastungen (Zeile 15) geltend gemacht werden.

→ ZEILE 10
Hinterbliebene

Als Hinterbliebener gelten Sie, wenn Sie laufende Hinterbliebenenbezüge (z. B. aufgrund des Bundesversorgungsgesetzes oder aus der gesetzlichen Unfallversicherung) erhalten.

→ ZEILEN 11, 12
Pflege-pauschbetrag

Einen Pflegepauschbetrag von 924 € jährlich können Sie hier beantragen, wenn Sie **persönlich** einen hilflosen Menschen (**Merkzeichen „H", Pflegegrad 4 oder 5** erforderlich) unentgeltlich in Ihrer oder in dessen Wohnung im Inland oder im EU-/EWR-Ausland pflegen. Vertiefend siehe → Pflegekosten/Heimunterbringung und → Behinderte Menschen.

→ ZEILEN 13–19
Andere außergewöhnliche Belastungen

Anders als bei den Sonderausgaben sind die außergewöhnlichen Belastungen im Hauptvordruck mit Krankheitskosten (Zeile 13), Pflegekosten (Zeile 14) behinderungsbedingte Aufwendungen (Zeilen 15, 16), Bestattungskosten (Zeile 17) nur beispielhaft aufgeführt. Die Rspr. hat in vielen Einzelentscheidungen weitere Kostenarten anerkannt. Infrage kommen z. B. auch Aufwendungen der Heimunterbringung, Sanierungskosten für die eigengenutzte Wohnung bzw. das selbst bewohnte Haus, wenn von ihm eine konkrete Gesundheitsgefährdung ausgeht, der krankheits- bzw. behinderungsbedingte Umbau des eigenen Heims oder auch die Wiederbeschaffung von Hausrat und Kleidung nach Naturkatastrophen wie z. B. Orkan oder Hochwasser (Zeile 18). Vertiefend siehe → Außergewöhnliche Belastung, → Krankheitskosten und → Pflegekosten/Heimunterbringung.

Bereits erhaltener oder zu erwartender Kostenersatz (auch wenn erst in späteren Jahren gezahlt) von dritter Seite (z. B. durch eine Versicherung) mindert die abzugsfähigen Kosten und wird deshalb in den Zeilen 13–18 entsprechend abgefragt. Reicht die Vordruckzeile 18 nicht für alle Aufwendungen aus, stellen Sie die Kosten auf einem gesonderten Blatt zusammen.

Die Aufwendungen wirken sich steuerlich nur aus, soweit sie die sog. **zumutbare Eigenbelastung** übersteigen. Deren Höhe hängt vom Gesamtbetrag der Einkünfte und den persönlichen Verhältnissen (Familienstand, berücksichtigungsfähige Kinder) ab. Vertiefend siehe → Außergewöhnliche Belastung und → Krankheitskosten.

TIPP

Kosten beinhalten Pflegeleistungen und Handwerkerleistungen und haushaltsnahe Tätigkeiten

Soweit in den beantragten Kosten Aufwendungen für haushaltsnahe Beschäftigungsverhältnisse, Pflegeleistungen oder Handwerkerlohn (z. B. bei behindertengerechtem Wohnungsumbau) enthalten sind, können Sie für den wegen der zumutbaren Eigenbelastung nicht als außergewöhnliche Belastung abzugsfähigen Teil eine Steuerermäßigung nach § 35a EStG beantragen, indem Sie die entsprechenden Aufwendungen nochmals gesondert in den Zeilen 20–22 angeben. Die entsprechenden Beträge dürfen **nicht** zusätzlich in die **Anlage Haushaltsnahe Aufwendungen** eingetragen werden.

Checkliste Anlage Außergewöhnliche Belastungen

Folgende Abzugsmöglichkeit geprüft? Vgl. Ausfüllhinweise zur Zeile!	
Hatten Sie in größerem Umfang z. B. Krankheitskosten (Arztrechnungen, Medikamente, medizinische Hilfsmittel z. B. Brille, Zahnersatz oder Beerdigungskosten selbst getragen? (Zeilen 13, 17, 18)	☐
Sind Sie pflegebedürftig oder leben Sie in einem Heim? Machen Sie Ihren Eigenanteil an den Pflegekosten steuerlich geltend (Zeile 14).	☐

5 Anlage Haushaltsnahe Aufwendungen

5.1 Allgemein

Erstmals gibt es für den Veranlagungszeitraum 2019 eine eigene **Anlage Haushaltsnahe Aufwendungen** für Steuerermäßigung bei Aufwendungen für haushaltsnahe Beschäftigungsverhältnisse, haushaltsnahe Dienstleistungen und Handwerkerleistungen gem. § 35a EStG. Steuerliche Änderungen sind damit nicht verbunden.

Überblick

Im Bedarfsfall ausfüllen	
Seite 1	**Angaben zum Steuerpflichtigen (Zeilen 1–3)** **Haushaltsnahe Beschäftigungsverhältnisse, Dienst-, Pflege- und Handwerkerleistungen (Zeilen 4–6)** Beantragen Sie hier die Steuerermäßigung für Haushaltshilfen, Heimunterbringung sowie Dienstleistungen (z. B. Pflege, Betreuung, Garten-, Reinigungsarbeiten) und Handwerkerleistungen rund um Ihren Privathaushalt. Vertiefend siehe → Haushaltsnahe Tätigkeiten/Dienstleistungen und → Pflegekosten/Heimunterbringung.

5.2 Haushaltsnahe Tätigkeiten

→ ZEILEN 4–6
Haushaltshilfen, Pflege, Heimkosten, Dienstleistungen, Handwerkerleistungen

Sie können eine Steuerermäßigung (direkter Abzug von der Steuer) beantragen, wenn die Tätigkeiten im **eigenen Haushalt ausgeführt wurden. Auch die Pflege in der eigenen Wohnung oder der Wohnung der zu pflegenden Person** und die Unterbringung in einem Heim zur dauernden Pflege oder aus Altersgründen sind begünstigt. Vertiefend siehe → Haushaltsnahe Tätigkeiten/Dienstleistungen.

! WICHTIG

Konkurrenzregelung bei der Betreuung von Kindern und bei Pflegekosten

Für die Betreuung von Kindern, die das 14. Lebensjahr noch nicht vollendet haben, im eigenen Haushalt gibt es keine Steuerermäßigung, sondern den Sonderausgabenabzug (**Anlage Kind**, Seite 3). Vertiefend siehe → Kinder.

Für **Pflegekosten** geht der Abzug als außergewöhnliche Belastungen nach § 33 EStG (**Anlage Außergewöhnliche Belastungen**) vor. Ein insoweit nicht abziehbarer Teil der Aufwendungen in Höhe der zumutbaren Belastung) kann zu einer Steuerermäßigung für haushaltsnahe Dienstleistungen oder für die Heimunterbringung führen. Vertiefend siehe → Pflegekosten/Heimunterbringung. Die Aufwendungen sind in der **Anlage Außergewöhnliche Belastungen** in den Zeilen 20–21 und **nicht** in der Anlage Haushaltsnahe Aufwendungen einzutragen.

→ ZEILE 4
Minijob im eigenen Haushalt

Sind Sie selbst Arbeitgeber und beschäftigen eine Haushaltshilfe im Rahmen eines **Minijobs** im eigenen Haushalt (Teilnahme am **Haushaltsscheckverfahren**), tragen Sie die Gesamtaufwendungen (ausgezahlter Lohn und alle an die Minijob-Zentrale abgeführten Beiträge) sowie die Art der Tätigkeit (z. B. Reinemachefrau, Küchen-, Haushaltshilfe, Kinderfrau) ein. Die am Jahresende von der Minijob-Zentrale erstellte Bescheinigung über die abgeführten Sozialabgaben ist aufzubewahren. Vertiefend siehe → Minijobs und → Haushaltsnahe Tätigkeiten/Dienstleistungen.

→ ZEILE 5
Reguläres Beschäftigungsverhältnis

Erfolgte die Anstellung im Rahmen eines regulären Arbeitsdienstverhältnisses, bei dem Pflichtbeiträge zur Sozialversicherung abgeführt werden, erfassen Sie hier die Art der Tätigkeit und die gesamten Lohnaufwendungen einschließlich Sozialversicherungsabgaben. Vertiefend siehe → Haushaltsnahe Tätigkeiten/Dienstleistungen.

→ ZEILE 5
Haushaltsnahe Dienstleistungen

Wenn Sie hauswirtschaftliche Tätigkeiten, z. B. die Reinigung Ihrer Wohnung, Gartenpflegearbeiten, einen privat veranlassten Umzug etc. von einem externen Dienstleister (Fachbetrieb) erledigen lassen, können Sie hier die Kosten der reinen Dienstleistung **ohne Material** (Lohnanteil, Fahrt und Maschinenkosten und Umsatzsteuer) eintragen.

→ ZEILE 5
Pflegeleistungen, Betreuung, Heimkosten

Pflege- und Betreuungsleistungen (Grundpflege) können geltend gemacht werden, unabhängig davon, ob die Leistungen in einem Heim, bei Ihnen zu Hause oder im Haushalt der zu pflegenden Person erbracht werden. Leben Sie oder Ihr Angehöriger krankheits- oder behinderungsbedingt in einem Heim (z. B. mit Pflegegrad oder Merkzeichen „H“, „BL“), ist ein höherer Kostenabzug bei den außergewöhnlichen Belastungen (Anlage Außergewöhnliche Belastungen) möglich. Vertiefend siehe → Pflegekosten/Heimunterbringung, → Krankheitskosten und → Behinderte Menschen.

→ ZEILE 6
Handwerkerleistungen

Aufwendungen für Handwerkerleistungen (**keine Materialkosten**; nur Arbeitslohn, Fahrt- und Maschinenkosten zzgl. Umsatzsteuer) i. Z. m. dem eigenen Haushalt (eigene oder gemietete Wohnung) sind begünstigt. Dazu zählen sämtliche Renovierungs-, Erhaltungs- und Modernisierungsmaßnahmen ebenso wie alle Wartungen und Reparaturen rund ums Haus, z. B. auch die Reparatur von Haushaltsgeräten vor Ort oder die Wartung der Heizung sowie die Kosten für den Schornsteinfeger. Auch Aufwendungen für einen Anbau oder den Dachgeschossausbau bei einem bereits vorhandenen Haushalt sind begünstigt. Vertiefend siehe → Haushaltsnahe Tätigkeiten/Dienstleistungen.

WICHTIG

Überweisung ist zwingend

Eine Steuerermäßigung für haushaltsnahe Dienst- und Handwerkerleistungen (Zeilen 5–6) ist nur möglich, wenn Sie eine **Rechnung** besitzen **und** der Rechnungsbetrag **nicht bar** (Zahlung durch Überweisung oder Lastschrifteinzug etc.) bezahlt wurde. Eine Belegvorlage ist nur notwendig, wenn Sie vom Finanzamt dazu aufgefordert werden.

Unterschiedliche Höchstbeträge nebeneinander nutzen

Die richtige Zuordnung der unterschiedlichen Aufwendungen zu den Zeilen 4–6 ist wegen unterschiedlicher Höchstbeträge zu beachten. Allerdings können Sie die Höchstbeträge nebeneinander in Anspruch nehmen. Vertiefend siehe → Haushaltsnahe Tätigkeiten/Dienstleistungen.

→ ZEILEN 7–12
Aufteilung der Höchstbeträge

Die Höchstbeträge sind haushaltsbezogen und ggf. auf mehrere Personen zu verteilen. Deshalb müssen Sie in Zeile 7–8 die Namen der Mitbewohner benennen.

Leben zwei Alleinstehende in einem gemeinsamen Haushalt, können sie die Höchstbeträge des § 35a EStG insgesamt nur einmal (einer allein, jeweils hälftig oder auf gemeinsamen Antrag beliebig verteilt) in Anspruch nehmen (Zeilen 9–11).

→ ZEILE 12
Einzelveranlagung von Ehegatten/Lebenspartnern

Die Steuerermäßigung nach § 35a EStG wird im Rahmen einer Einzelveranlagung von Ehegatten auf Antrag nach § 26a EStG demjenigen Ehegatten zugerechnet, der sie wirtschaftlich getragen hat. Auf übereinstimmenden Antrag sind diese steuerlichen Vergünstigungen jeweils zur Hälfte abzuziehen.

Die Ehegatten können jedoch auf gemeinsamen Antrag die Höchstbeträge anders verteilen. Hier tragen Sie jeweils Ihren prozentualen Anteil ein. Vertiefend siehe → Ehegattenveranlagung.

Checkliste Anlage Haushaltsnahe Aufwendungen

Folgende Abzugsmöglichkeit geprüft? Vgl. Ausfüllhinweise zur Zeile!	
Haben Sie in Ihrem eigenen oder gemieteten Haus bzw. Haushalt (einschl. Garten) Arbeiten durch Beschäftigte, Dienstleister oder Handwerker ausführen lassen?	☐

6 Anlage Sonstiges

6.1 Allgemein

Erstmals gibt es für den Veranlagungszeitraum 2019 eine eigene Anlage Sonstiges. Steuerliche Änderungen sind damit nicht verbunden. Die meisten Angaben fanden sich bis 2018 im Hauptvordruck (Mantelbogen).

Überblick

Im Bedarfsfall ausfüllen	
Seite 1	**Steuerermäßigung bei Belastung mit Erbschaftsteuer (Zeile 4)** **Steuerbegünstigung für schutzwürdige Kulturgüter (Zeile 5)** **Spendenvortrag (Zeile 6)** **Verlustabzug, Vorjahresverluste, Verlustrücktrag (Zeilen 7–8)** **Freibetrag für bestandsgeschützte Altanteile an Investmentfonds (Zeile 9)** **Antrag zur Aufteilung der Abzugsbeträge bei Einzelveranlagung von Ehegatten/Lebenspartnern (Zeile 10)**

6.2 Sonstige Angaben und Anträge

→ ZEILE 4
Steuerermäßigung bei Belastung mit Erbschaftsteuer

Hier erfolgt nicht der Abzug der normalen Erbschaftsteuer. Die Steuerermäßigung kommt nur in **Ausnahmefällen** in Betracht, insbesondere bei:

- Forderungen des Rechtsvorgängers, die beim Erbfall der Erbschaftsteuer unterliegen und nach Übergang auf den Erben von diesem bei Zufluss als steuerpflichtige Einnahmen oder Betriebseinnahmen nochmals der Einkommensteuer unterliegen
- privaten Veräußerungsgeschäften i. S. d. § 23 EStG (z. B. Kauf und Verkauf privater Immobilien, die nicht eigenen Wohnzwecken gedient haben, innerhalb von 10 Jahren)

Die Steuerermäßigung kommt nur bei Erbschaft und nicht bei **Schenkung** in Betracht.

→ ZEILE 5
Steuerbegünstigung für schutzwürdige Kulturgüter

Aufwendungen für Herstellungs- und Erhaltungsmaßnahmen an eigenen schutzwürdigen Kulturgütern (z. B. Baudenkmäler, geschützte Gebäudegruppen, Gartenanlage sowie Sammlungen, die mindestens 20 Jahre im Eigentum der Familie stehen), die der wissenschaftlichen Forschung oder der Öffentlichkeit (ggf. auch entgeltlich) zugänglich gemacht werden, können teilweise wie Sonderausgaben abgezogen werden. Die Steuerbegünstigung gilt nur für Kulturgüter, die **weder zur Einkünfteerzielung noch zu eigenen Wohnzwecken genutzt** werden und nur, soweit sie nicht durch öffentliche oder private Zuschüsse gedeckt sind. Die Voraussetzungen sind durch eine Bescheinigung der zuständigen Behörde nachzuweisen.

→ ZEILE 6
Spendenvortrag

Liegt Ihnen zum 31.12.2018 ein gesonderter Feststellungsbescheid über vortragsfähige Spenden vor, kreuzen Sie dies bitte hier getrennt für den Steuerpflichtigen bzw. den Ehegatten an. Die vortragsfähigen Spenden werden von Amts wegen im Rahmen der Höchstbeträge in der Veranlagung 2019 als Sonderausgaben abgezogen.

→ ZEILEN 7–8
Verlustabzug, Vorjahresverluste, Verlustrücktrag

Sind Ihnen in den Vorjahren Verluste entstanden, die bisher nicht ausgeglichen und vom Finanzamt in einem gesonderten Verlustfeststellungsbescheid ausgewiesen wurden, können Sie diese im aktuellen Jahr berücksichtigen.

Sind im aktuellen Jahr neu entstandene negative Einkünfte nicht oder nicht vollständig mit positiven Einkünften ausgeglichen worden, können Sie den negativen Gesamtbetrag ins Vorjahr zurück- oder in künftige Jahre vortragen lassen Bitte geben Sie in Zeile 8 an, ob und in welcher Höhe ein Rücktrag ins Jahr 2018 erfolgen soll.

TIPP

Jetzt noch Einkommensteuererklärung für Vz. 2016–2018 bei negativen Einkünften abgeben

Haben Sie für die Jahre 2016–2018 bisher keine Steuererklärung abgegeben und war die Summe Ihrer Einkünfte negativ (weil Sie z. B. arbeitslos waren und Ihnen nur Ausgaben i. Z. m. Bewerbungen oder Verluste aus Vermietung entstanden sind), dann beantragen Sie für 2016 (Abgabe bis 31.12.2020) bis 2018 (Abgabe bis 31.12.2022) noch die Veranlagung zur Einkommensteuer bzw. die Feststellung eines Verlustvortrags, indem Sie eine Steuererklärung abgeben. Damit sichern Sie sich die Möglichkeit der Verlustverrechnung in den Folgejahren.

→ ZEILE 9
Freibetrag für Altanteile an Investmentfonds

Beinhaltet Ihr Steuerbescheid 2018 einen entsprechenden Freibetrag, müssen Sie dies hier durch Ankreuzen deutlich machen. Der Freibetrag wird nicht automatisch berücksichtigt.

→ ZEILE 10
Antrag zur Aufteilung der Abzugsbeträge bei Einzelveranlagung von Ehegatten/Lebenspartnern

Sonderausgaben, außergewöhnliche Belastungen und die Steuerermäßigung nach § 35a EStG werden im Rahmen einer Einzelveranlagung von Ehegatten auf Antrag nach § 26a EStG demjenigen Ehegatten zugerechnet, der sie wirtschaftlich getragen hat.

Wollen Sie diese steuerlichen Vergünstigungen jeweils zur Hälfte abzuziehen, stellen Sie hier den übereinstimmenden Antrag dazu durch Eintragung einer „1". Vertiefend siehe → Ehegattenveranlagung. Eine abweichende Verteilung der Steuerermäßigung für haushaushaltsnahe Beschäftigung oder Dienstleistungen bzw. Handwerkerleistungen nach § 35a EStG können Sie auch auf der **Anlage Haushaltsnahe Aufwendungen** in den Zeilen 9–11 beantragen. Die abweichende Aufteilung in einem anderen Verhältnis als je zur Hälfte bei einem Kinderfreibetrag bzw. dem Behinderten-Pauschbetrag eines gemeinsamen Kindes stellen Sie in der Anlage Kind, Zeilen 64 und 72.

✔ Checkliste Anlage Sonstiges

Folgende Abzugsmöglichkeit geprüft? Vgl. Ausfüllhinweise zur Zeile!

Haben Sie den Sonderausgabenabzug früherer Spenden geprüft? ☐
Liegt Ihnen zum 31.12.2018 ein Bescheid über die gesonderte Feststellung vortragsfähiger Spenden vor (Zeile 6)?

Haben Sie den Verlustabzug negativer Einkünfte des Jahres 2019 geprüft? ☐
Konnten nicht alle negativen Einkünfte, die im Jahr 2019 entstanden sind, mit positiven Einkünften im Jahr 2019 ausgeglichen werden steht Ihnen ein Verlustrück- oder -vortrag in andere Jahre zu (Zeilen 7–8).

Haben Sie in Ihrem eigenen oder gemieteten Haus bzw. Haushalt (einschl. Garten) Arbeiten durch Beschäftigte, Dienstleister oder Handwerker ausführen lassen und werden Sie und Ihr Ehegatte nach § 26a EStG jeweils einzeln zur Einkommensteuer veranlagt (Zeile 9)? ☐

7 Anlage Vorsorgeaufwand (Vorsorgeaufwendungen)

7.1 Allgemein

Anlage Vorsorgeaufwand ist für bestimmte private Versicherungen erforderlich

Vorsorgeaufwendungen (Versicherungen) sind Teil der Sonderausgaben (siehe auch Anlage Sonderausgaben). Vertiefend siehe → Sonderausgaben und → Spenden.

Die **Anlage Vorsorgeaufwand** benötigen Sie, wenn Sie im Gesetz abschließend aufgezählte Vorsorgeaufwendungen (Versicherungsbeiträge) als Sonderausgaben steuermindernd geltend machen wollen. Ehegatten, die zusammen veranlagt werden, geben eine gemeinsame Anlage Vorsorgeaufwand ab.

Für Beiträge zu Riester-Verträgen benötigen Sie die **Anlage AV.**

Überblick

Im Bedarfsfall ausfüllen	
Seite 1	**(Alters-)Vorsorgeaufwendungen (Zeilen 4–10)** Hier sind alle Versicherungsbeiträge zu erfassen, aus denen sich ein späterer Rentenanspruch ergibt, z. B. der gesetzliche Arbeitnehmer- und Arbeitgeberanteil zur gesetzlichen Rentenversicherung oder Einzahlungen in private (Rürup-)Rentenversicherungen oder berufsständische Versorgungseinrichtungen.
Seiten 1 und 2	**Kranken- und Pflegeversicherungen (Zeilen 11–44)** Die Beiträge sind, je nachdem ob Sie in einer gesetzlichen Krankenversicherung pflicht- oder freiwillig versichert sind (z. B. Arbeitnehmer bzw. Selbstständige oder Rentner im Ausland) oder einer privaten Krankenversicherung (z. B. Beamte, Richter, Selbstständige) angehören, in unterschiedlichen Zeilen einzutragen. Hier können Sie auch die Krankenversicherungsbeiträge für andere Personen (z. B. nicht bei Ihnen berücksichtigungsfähige Kinder oder Eltern) eintragen, wenn Sie der Versicherungsnehmer sind.
Seite 2	**Weitere sonstige Vorsorgeaufwendungen (Zeilen 45–50)** Tragen Sie hier alle anderen begünstigten Versicherungsbeiträge, z. B. für Wahlleistungen bei Krankheit, Arbeitslosen-, Haftpflicht-, Unfall-, Risiko- oder Berufsunfähigkeitsversicherungen ein. **Ergänzende Angaben (Zeilen 51–57)** Die Eintragungen haben Bedeutung für die Berechnung der abzugsfähigen Altersvorsorgeaufwendungen und eine Günstigerprüfung nach der Rechtslage 2004, die von Amts wegen letztmals für 2019 durchgeführt wird und zu einem höheren Abzug führen kann.

7.2 Vorsorgeaufwendungen

ACHTUNG

Elektronisch gemeldete Daten müssen nicht eingetragen werden

Daten, die elektronisch an die Finanzverwaltung gemeldet wurden, z. B. durch Versicherungen oder durch den Arbeitgeber, müssen nicht mehr in die Steuererklärung eingetragen werden. Nur bei abweichenden Werten ist eine Eintragung erforderlich. Achten Sie bitte auf die unterschiedliche Einfärbung der einzelnen Zeilen in der Steuererklärung.

Die Unterteilung der Vorsorgeaufwendungen in **Altersvorsorgeaufwendungen, Basiskranken- und Pflegepflichtversicherungsbeiträge sowie sonstige Vorsorgeaufwendungen** ist wegen der unterschiedlichen steuerlichen Berücksichtigung notwendig. Vertiefend siehe → Versicherungen und → Altersvorsorgeaufwendungen.

→ eZEILEN 4, 7–9, ZEILEN 5, 6, 10
Altersvorsorge

Die Altersvorsorgeaufwendungen setzen sich aus mehreren Komponenten zusammen, die im Folgenden dargestellt werden.

→ eZEILEN 4, 9
Gesetzliche Rentenversicherung

Arbeitnehmer, die in der gesetzlichen Sozialversicherung versichert sind, tragen in eZeile 4 den Arbeitnehmeranteil zur gesetzlichen Rentenversicherung (ersichtlich aus Nr. 23a/b der Lohnsteuerbescheinigung) ggf. getrennt für die Ehegatten ein. In eZeile 9 gehört der Arbeitgeberanteil bzw. dessen Zuschuss zur gesetzlichen Rentenversicherung (Nr. 22a/b der Lohnsteuerbescheinigung). Haben Sie als Arbeitnehmer Beiträge zu einer landwirtschaftlichen Alterskasse oder einer berufsständischen Versorgungseinrichtung geleistet und sind die Beiträge auf der Lohnsteuerbescheinigung ausgewiesen, tragen Sie bitte Arbeitnehmer- und Arbeitgeberanteil ebenfalls in die eZeilen 4 und 9 ein.

→ ZEILE 5
Landwirtschaftliche Alterskasse und berufsständische Versorgungseinrichtung

Sind Sie nicht Arbeitnehmer oder hat der Arbeitgeber entsprechende Beiträge nicht in der Lohnsteuerbescheinigung ausgewiesen, tragen Sie die Beiträge zur landwirtschaftlichen Alterskasse und zur berufsständischen Versorgungseinrichtungen (Pflichtversicherung für Freiberufler und vergleichbare Personen, z. B. angestellte und selbstständig tätige Ärzte, Apotheker, Architekten etc.) hier ein, wenn die Einrichtung den gesetzlichen Rentenversicherungen vergleichbare Leistungen erbringt. Die entsprechenden steuerfreien Arbeitgeberzuschüsse (Nr. 22b der Lohnsteuerbescheinigung) sind von den Gesamtaufwendungen abzuziehen, aber auch zusätzlich in Zeile 9 einzutragen.

→ ZEILE 6
Freiwillige gesetzliche Rentenversicherung, einschl. Minijob-Beiträge

Arbeitnehmer, die (z. B. wegen der Höhe des Arbeitslohns) von der gesetzlichen Rentenversicherungspflicht befreit sind, aber freiwillig versichert oder als Nichtarbeitnehmer (z. B. selbstständiger Handwerker) pflichtversichert sind, tragen ihre Beiträge in Zeile 6 ein. Dasselbe gilt für Arbeitnehmeranteile, die im Rahmen einer geringfügigen Beschäftigung (Minijob) vom Arbeitnehmer gezahlt wurden (sog. Aufstockungsbeträge; vgl. aber Erläuterungen zu Zeile 10).

→ eZEILE 7
Erstattete Beiträge und steuerfreie Zuschüsse

Hier sind die erstatteten Beiträge und/oder steuerfreien Zuschüsse zu den in den Zeilen 4 bis 6 zu erklärenden Beiträgen einzutragen. Ausgenommen sind die direkt von den Beiträgen laut Zeile 8 abzuziehenden Zuschüsse zu zertifizierten Basisrentenverträgen und Arbeitgeberanteile/-zuschüsse laut den Zeilen 9 und 10.

→ eZEILE 8
Rürup-Verträge

In eZeile 8 gehören Versicherungsbeiträge für eine private kapitalgedeckte Rentenversicherung, sog. Rürup-Verträge. Einzutragen sind die saldierten Beträge, d. h. Beiträge abzüglich erhaltener steuerfreier Zuschüsse/Erstattungen. Derartige Verträge werden nur anerkannt, wenn sie staatlich genehmigt (**zertifiziert**) sind. Vertiefend siehe → Altersvorsorgeaufwendungen. Der Sonderausgabenabzug setzt voraus, dass Sie gegenüber Ihrem Anbieter des Basisrentenvertrags eingewilligt haben, dass dieser Ihre Vertragsdaten und die Höhe Ihrer Beiträge unter Angabe Ihrer Identifikationsnummer der Zentralen Stelle für Altersvorsorge übermittelt. Die Einwilligung gilt auch für die nachfolgenden Beitragsjahre.

→ ZEILE 10
Minijob

Haben Sie im Rahmen einer geringfügigen Beschäftigung (450-Euro-Minijob) gearbeitet, sind Sie im Regelfall rentenversicherungspflichtig und müssen pauschale Arbeitnehmerbeiträge zur Sozialversicherung entrichten. Ihr Arbeitgeber hat ebenfalls (pauschale) Arbeitgeberbeiträge gezahlt. Der Arbeitnehmerbeitrag ist in Zeile 6, der Arbeitgeberbeitrag in Zeile 10 einzutragen. Der Minijobber kann sich aber jederzeit von der Versicherungspflicht und der Zahlung des Eigenanteils befreien lassen, dann sind keine Eintragungen in den Zeilen 6 und 10 vorzunehmen. Vertiefend siehe → Minijobs.

→ ZEILEN 11–50

Sonstige Vorsorgeaufwendungen

Die sonstigen Vorsorgeaufwendungen werden in Kranken- und Pflegepflichtversicherungsbeiträge für eine Grundvorsorge (Basisabsicherung) und andere sonstige Vorsorgeaufwendungen unterteilt.

Basisabsicherung	Beitrag/Zusatzbeitrag/Zuschuss/Erstattung zur **gesetzlichen** inländischen Kranken- und Pflegepflichtversicherung durch • gesetzlich pflichtversicherte Arbeitnehmer • freiwillig versicherte Arbeitnehmer, bei denen der Arbeitgeber die Beiträge abführt (Firmenzahler)	→ Zeilen 11–15
	• freiwillig **gesetzlich** versicherte Arbeitnehmer und Selbstständige (Selbstzahler) • Rentner	→ Zeilen 16–21
	Beitrag/Zusatzbeitrag/Zuschuss/Erstattung zu einer **privaten** inländischen Kranken- und Pflegepflichtversicherung und Beiträge zu einer freiwilligen zusätzlichen Pflegeversicherung	→ Zeilen 23–26
	Beitrag/Zusatzbeitrag/Zuschuss/Erstattung zu einer **ausländischen** gesetzlichen oder privaten Krankenversicherung	→ Zeilen 31–36
	Als Versicherungsnehmer **für andere Personen** übernommene Beiträge zur Basiskranken- und Pflegepflichtversicherung. Beiträge, die über die Basisversicherung hinausgehen, sind nicht als Sonderausgabe abziehbar.	→ Zeilen 40–44
Weitere sonstige Vorsorgeaufwendungen	Beitrag zur eigenen Kranken- und Pflegeversicherung, soweit nicht Basisabsicherung, Arbeitslosenversicherung, Erwerbs- oder Berufsunfähigkeitsversicherung, Unfall-, Haftpflicht-, Risikolebensversicherung, bestimmte Rentenversicherungen	→ Zeilen 22, 27–28, 36 → Zeilen 45–50

TIPP

Grundsätzlich alle Versicherungsbeiträge vollständig eintragen

Tragen Sie sämtliche Versicherungsbeiträge auch dann ein, wenn Ihre Basiskranken- und Pflegepflichtversicherungsbeiträge den Höchstbetrag übersteigen. Von Amts wegen erfolgt bei den Vorsorgeaufwendungen letztmals für 2019 eine Günstigerprüfung, ob sich nach der bis 2004 geltenden Rechtslage ein höherer Sonderausgabenabzug ergibt. Dabei werden alle Versicherungsbeiträge einbezogen.

→ eZEILE 11, 13–15, ZEILE 12
Gesetzlich pflichtversicherte Arbeitnehmer und Firmenzahler

Die Zeilen 11 bis 15 sind für in der gesetzlichen Krankenversicherung pflicht- oder freiwillig versicherte Arbeitnehmer, bei denen der Arbeitgeber die Beiträge abführt (sog. Firmenzahler), vorgesehen. Die verlangten Angaben können i. d. R. der Lohnsteuerbescheinigung (Nr. 25, 26) entnommen werden.

Mit den Beiträgen zur gesetzlichen Krankenversicherung (eZeile 11, Eintragung 100 %) erlangt der Steuerpflichtige grundsätzlich einen **Anspruch auf Krankengeld**. Dieser gehört nicht zur Basisabsicherung und führt zu einer pauschalen Kürzung der abziehbaren Beiträge i. H. v. 4 % im Rahmen der Veranlagung.

Soweit in den Krankenversicherungsbeiträgen Beitragsteile enthalten sind, die keinen Anspruch auf Krankengeld begründen (z. B. bei Bezug einer Betriebsrente, bei pflichtversicherten Praktikanten, Studenten, Erwerbslosen, Personen in Elternzeit oder die Elterngeld beziehen), müssen Sie diese entsprechenden Krankenversicherungsbeiträge ein zweites Mal angeben (Zeile 12), um eine Kürzung zu vermeiden.

Beitragsrückerstattungen mindern die abzugsfähigen Beträge des laufenden Jahres und werden gesondert abgefragt (eZeilen 14–15).

Einzelne Krankenkassen erheben von ihren Mitgliedern einen individuellen einkommensabhängigen **Zusatzbeitrag** zur gesetzlichen Krankenversicherung. Dieser gehört zu den begünstigten Aufwendungen der Basisvorsorge. Bei sozialversicherungspflichtigen Arbeitnehmern und Firmenzahlern wird der Zusatzbeitrag vom Arbeitgeber einbehalten und elektronisch der Finanzbehörde gemeldet. Er ist bereits in eZeile 11 enthalten.

Beiträge zu Wahlleistungen oder Zusatzversicherungen in der gesetzlichen Krankenversicherung gehören in die Zeile 22.

→ eZEILE 16, 18, 19, 21, ZEILE 17, 20
Freiwillig gesetzlich versicherte Arbeitnehmer, Selbstständige, Rentner

In die Zeilen 16–21 tragen Rentner ihre selbst gezahlten Beiträge ein. Bei Rentnern sind die Beiträge zur Krankenversicherung (eZeile 16) und Pflegeversicherung (eZeile 18) regelmäßig im Rentenbescheid/in der Rentenbezugsmitteilung ausgewiesen.

Die Zeilen 16–21 sind auch für Arbeitnehmer vorgesehen, die sich freiwillig in der gesetzlichen Krankenversicherung versichert haben und die Beiträge in voller Höhe selbst überweisen und ggf. einen Zuschuss ihres Arbeitgebers auf ihr Konto erhalten (sog. Selbstzahler), sowie für Selbstständige, die in der gesetzlichen Krankenversicherung pflichtversichert sind bzw. sich freiwillig versichert haben, und für pflichtversicherte Künstler. Ein unbegrenzter Abzug für Basisbeiträge zur Kranken- und sozialen Pflegeversicherung ist nur möglich, wenn in die elektronische Datenübermittlung der Krankenkasse eingewilligt oder dieser nicht widersprochen wurde. In die eZeile 16 gehört ggf. auch der Zusatzbeitrag.

Beiträge, aus denen sich ein Anspruch auf Krankengeld ergibt, müssen in Zeile 17 nochmals eingetragen werden, weil daraus der Kürzungsbetrag von 4 % errechnet wird. Rentner mit ungekürzter Altersrente haben keinen Krankengeldanspruch; ihre Beiträge werden nicht um 4 % gekürzt.

Auch erstattete Beiträge sind auszuweisen (eZeile 19 und Zeile 20). Die Erstattungshöhe kann der Bescheinigung der Krankenkasse entnommen werden.

Achten Sie als betroffener **Arbeitnehmer** darauf, dass Sie in den eZeilen 16 und 18 den gesamten von Ihnen gezahlten Versicherungsbeitrag (100 % inkl. Teil, den Ihr Arbeitgeber Ihnen steuerfrei erstattet hat) eintragen. Der vom Arbeitgeber erstattete Teil der Kranken- oder Pflegeversicherung (Nr. 24 a/b/c der Lohnsteuerbescheinigung) ist in den eZeilen 37–39 des Vordrucks anzugeben. Er mindert den abzugsfähigen Betrag (eZeile 16 bzw. 18).

→ ZEILE 22
Wahlleistungen

Sie sind in der gesetzlichen Krankenkasse pflicht- oder freiwillig versicherter Arbeitnehmer, Selbstständiger oder Rentner. Neben den Beiträgen zur Basisabsicherung (Zeilen 11–21) können Sie alle darüber hinausgehenden Beitragsanteile für Wahl- oder Komfortleistungen sowie für andere zusätzliche Krankenversicherungen (z. B. Auslandsreise- und Krankenhaustagegeldversicherung) hier eintragen. Diese Beiträge sind nur begrenzt abzugsfähig (vgl. Anmerkungen zu den Zeilen 45–50).

→ eZEILEN 23–26, ZEILEN 27, 28
Private Kranken-/Pflegeversicherungen

Die Zeilen 23–28 sind für in einer privaten Krankenversicherungen Versicherte bestimmt. Das sind in erster Linie Selbstständige, Beamte, Richter, Berufssoldaten und Amtsträger. Kranken- und Pflegepflichtversicherungsbeiträge an private Krankenkassen sind im gleichen Umfang wie gesetzliche Beiträge abzugsfähig, d. h. soweit sie die Basisabsicherung ohne Wahlleistungen abdecken in voller Höhe, soweit sie Wahlleistungen oder einen Anspruch auf Krankengeld abdecken nur begrenzt. Der Bescheinigung Ihrer Krankenversicherungsgesellschaft können Sie die Beitragsteile, die jeweils auf Basis- bzw. auf Wahlleistungen entfallen, entnehmen. Der unbegrenzte Kostenabzug für Basisbeiträge ist nur möglich, wenn Sie in die elektronische Datenübermittlung durch die Versicherung eingewilligt oder dieser nicht widersprochen haben. Rückerstattete Beiträge sind gesondert anzugeben, denn sie mindern den abzugsfähigen Betrag (eZeile 25). Steuerfreie Zuschüsse Dritter, z. B. der Rentenversicherungsanstalt bei pensionierten Beamten, die für eine frühere Tätigkeit auch in der gesetzlichen Rentenversicherung versichert waren, gehören in eZeile 26. In Zeile 27 sind die Beitragsteile der Krankenversicherung zu erfassen, die nicht der Basisabsicherung dienen (Krankengeldanspruch, Wahlleistungen). In Zeile 28 tragen Sie Beiträge zu einer **freiwilligen** zusätzlichen Pflegeversicherung ein.

→ ZEILEN 31–36
Ausländische Krankenversicherung

Haben Sie Beiträge in eine ausländische Krankenversicherung, die einer inländischen Pflichtversicherung vergleichbar ist (nicht Auslandsreisekrankenversicherungen), eingezahlt, können Sie die Beitragsanteile für die Basisabsicherung (ohne Beitragsteile für Krankengeldanspruch und Wahlleistungen) hier eintragen und wie inländische Beiträge geltend machen.

→ ZEILEN 40, 44 eZEILEN 41–43
Andere Personen, geschiedene oder dauernd getrennt lebende Ehegatten, Kinder

Kranken- und Pflegepflichtversicherungsbeiträge für andere Personen, z. B. für den nicht dauernd getrennt lebenden Ehegatten, wenn die Einzelveranlagung von Ehegatten beantragt wurde oder für Vater oder Mutter bzw. für Kinder, die keine Kinder i. S. d. EStG sind, können Sie hier eintragen Voraussetzung ist, dass **Sie Versicherungsnehmer sind**, d. h. die Beiträge selbst schulden, und die Beiträge bezahlt haben. Haben Sie für mehr als eine Person als Versicherungsnehmer entsprechende Beiträge geleistet, machen Sie die Angaben bitte in einer formlosen Anlage mit der Überschrift „Ergänzende Angaben zur Steuererklärung" und tragen in **Zeile 40 des Hauptvordrucks** eine „1" ein.

Zahlen Sie Basiskranken- und Pflegeversicherungsbeiträge für ein bei Ihnen steuerlich nicht mehr berücksichtigungsfähiges Kind oder z. B. für einen Elternteil und **sind diese selbst Versicherungsnehmer**, erfolgt die Eintragung in der **Anlage Unterhalt**.

Beiträge für den dauernd getrennt lebenden oder geschiedenen Ehegatten/Lebenspartner sind hier nicht einzutragen, wenn die Unterhaltsleistungen als Sonderausgabe abgezogen werden können. Haben Sie die Beiträge zur Basisversicherung für Ihren unterhaltsberechtigten Ehegatten bezahlt, können Sie die Aufwendungen evtl. als Unterhaltsleistungen als Sonderausgaben (**Anlage Sonderausgaben**, Zeilen 17–18) oder außergewöhnliche Belastungen (**Anlage Unterhalt**) steuerlich geltend machen. Vertiefend siehe → Unterhaltszahlungen.

TIPP

Eigene Kranken- und Pflegepflichtversicherungsbeiträge für Kinder mit Anspruch auf Kindergeld

Kranken- und Pflegepflichtversicherungsbeiträge für Kinder, die bei Ihnen steuerlich berücksichtigt werden, können Sie auf der **Anlage Kind** (Zeilen 31–40) als Sonderausgaben geltend machen, wenn Sie dem Kind (Versicherungsnehmer) die Beiträge (ggf. im Rahmen der Unterhaltsleistungen) ersetzt haben.

→ eZEILEN 45, ZEILE 46
Arbeitslosenversicherung

Tragen Sie als Arbeitnehmer die im gesetzlichen Arbeitnehmeranteil zur Sozialversicherung enthaltenen Beiträge zur Arbeitslosenversicherung (Nr. 27 der Lohnsteuerbescheinigung) in eZeile 45 ein. Haben Sie eine freiwillige (private) Arbeitslosenversicherung abgeschlossen, gehören die Beiträge in Zeile 46.

→ ZEILEN 47–48
Berufs-/Erwerbsunfähigkeits-, Unfall-, Haftpflicht-, Risikoversicherungen

In Zeile 47 erfassen Sie Beiträge zu einer freiwilligen privaten Berufs- und Erwerbsunfähigkeitsversicherung (ohne Rürup-Versicherung). In die Zeile 48 gehören Beiträge zu allen Arten von privaten Unfallversicherungen (z. B. Kfz-Insassenunfallversicherung) und die Haftpflichtversicherungsbeiträge (Privathaftpflicht-, Kfz- oder Tierhalterhaftpflichtversicherung). Auch

Beiträge zur Grundstückshaftpflichtversicherung des zu eigenen Wohnzwecken genutzten Grundstücks können Sie hier eintragen. Maßgebend sind die tatsächlichen Beitragszahlungen, also nach Kürzung um den Schadenfreiheitsrabatt und um Beitragsrückerstattungen. Haben Sie zur Absicherung für den Unterhalt von Kindern und Ehepartner eine Risikolebensversicherung abgeschlossen, so sind die Beiträge in Zeile 48 anzugeben.

TIPP

Bestimmte Versicherungsbeiträge sind Betriebsausgaben bzw. Werbungskosten

Stehen die vorgenannten Versicherungsbeiträge i. Z. m. der Erzielung von Einkünften (z. B. Berufshaftpflicht, Haftpflicht für das vermietete Grundstück), sind die Beiträge als Betriebsausgaben oder Werbungskosten und nicht als Sonderausgaben abziehbar. Beiträge zu Unfallversicherungen, die **auch** berufliche bzw. betriebliche Unfälle einbeziehen, können pauschal zur Hälfte als Werbungskosten (**Anlage N**) oder Betriebsausgaben abgezogen werden. Eine berufliche Haftpflichtversicherung wird ebenfalls bei den Werbungskosten bzw. den Betriebsausgaben erfasst.

Zu den abzugsfähigen Risikolebensversicherungen können auch Beiträge zu Witwen-, Waisen- und Sterbekassen zählen.

Nicht begünstigt als Sonderausgabe sind Beiträge zu Sachversicherungen wie z. B. Kfz-Kaskoversicherungen, Versicherungen gegen Elementarschäden, Diebstahl-, Hausrat- sowie Rechtsschutzversicherungen. Der Anteil auf Arbeitsrechtsschutz gehört zu den Werbungskosten.

→ ZEILE 49
Rentenversicherungen mit Kapitalwahlrecht oder Einmalauszahlung

Hier tragen Sie Rentenversicherungsbeiträge (mit Laufzeitbeginn und erster Beitragszahlung vor 2005) ein, die für die Auszahlung der Versicherungsleistung in einem Betrag erfolgt oder die ein Kapitalwahlrecht (Einmalauszahlung oder regelmäßige Zahlungen) vorsehen. Die zugrunde liegenden Kapitallebensversicherungen müssen eine mindestens zwölfjährige Laufzeit vorweisen. Begünstigt sind auch Beiträge zu Ausbildungs-, Aussteuer- und Erbschaftsteuerversicherungen. Diese Beiträge sind zu 100 % einzutragen. Steuerlich werden sie aber nur in Höhe von 88 % in die Beurteilung des Sonderausgabenabzugs einbezogen.

→ ZEILE 50
Rentenversicherungen ohne Kapitalwahlrecht

Hierher gehören Beiträge zu **Renten- und Lebensversicherungen** (mit Laufzeitbeginn und erster Beitragszahlung vor 2005), bei denen die Auszahlung nicht in einem Betrag, sondern in Form einer regelmäßigen Zahlung („Rente") erfolgt.

7.3 Ergänzende Angaben zu Vorsorgeaufwendungen

→ ZEILE 51
Steuerfreie Zuschüsse oder Arbeitgeberbeiträge und Beihilfen

Für sämtliche sonstigen Vorsorgeaufwendungen (Basiskranken-, Pflegepflicht- und andere Versicherungen) gibt es insgesamt einen Höchstbetrag von 2.800 € oder 1.900 € je Person. Grundsätzlich wird im Standardfall vom **Höchstbetrag** von **1.900 €** ausgegangen.

Haben Sie Ihre Krankenversicherungsbeiträge insgesamt selbst bezahlt und **keine steuerfreie Zuschüsse** erhalten (z. B. steuerfreier Arbeitgeberzuschuss zur Sozialversicherung oder Zuschuss der gesetzlichen Rentenversicherung zur Krankenversicherung des Rentners) und haben Sie auch **keinen Anspruch auf Erstattung oder Übernahme von Krankheitskosten ohne** dafür **eigene Beiträge** entrichten zu müssen (z. B. Beihilfeanspruch von Beamten, Richtern, Berufssoldaten und Geistlichen) steht Ihnen der Höchstbetrag von 2.800 € zu. Bitte tragen Sie in diesem Fall in Zeile 51 eine „2" ein. Eine „2" tragen insbesondere Selbstständige, Gewerbetreibende und Freiberufler ein.

Bei **Ehegatten**, die zusammen veranlagt werden, ist die Beurteilung des Höchstbetrags getrennt vorzunehmen.

→ ZEILEN 52–57
Beamte, GmbH-Gesellschafter-Geschäftsführer

Die Angaben sind für die Höhe des steuerlichen Abzugs von Vorsorgeaufwendungen (Versicherungen) im Rahmen der Günstigerprüfung nach § 10 Abs. 4a EStG (alte Rechtslage vor 2005) und für die Berechnung von Altersvorsorgeaufwendungen (Zeilen 4–10) von Bedeutung. Eintragungen sind bei Beamten (Zeilen 52, 55, 56) und bei beherrschenden Gesellschafter-Geschäftsführern (Beteiligung > 50 %) mit Anwartschaft auf eine Altersversorgung ohne eigene Beitragsleistung, die sozialversicherungsrechtlich als Selbstständige behandelt werden, erforderlich.

Checkliste Anlage Vorsorgeaufwand

Folgende Abzugsmöglichkeit geprüft? Vgl. Ausfüllhinweise zur Zeile!

Haben Sie an alle Versicherungen gedacht? ☐

(Zusatzkranken-, Reisekranken-, Privat-, Kfz-, Tierhalterhaftpflicht-, Kfz-Insassenunfallversicherung)
Abzugsfähig sind auch Abschlussgebühren und Versicherungssteuer (Zeilen 46–50).
Tragen Sie (auch als Arbeitnehmer) zur Sicherheit alle Ihre Versicherungsbeiträge ein, denn es wird, anders als beim Lohnsteuerabzug, bei der Steuerveranlagung keine Vorsorgepauschale berücksichtigt.

Sie haben Krankenversicherungsbeiträge für Ihre Kinder, Ihren geschiedenen Ehegatten oder einen bedürftigen Angehörigen bezahlt bzw. deren Kosten ersetzt? ☐

Die entsprechenden Eintragungen sind, je nachdem wer Versicherungsnehmer ist und um welche Person es sich handelt, auf unterschiedlichen Formularen (Anlage Vorsorgeaufwand, Anlage Kind, Anlage Unterhalt, Hauptvordruck) zu machen.

8 Anlage AV (Altersvorsorgebeiträge, Riester)

8.1 Allgemein

WICHTIG

Anlage AV bei Riester-Versicherung

Die **Anlage AV** benötigen Sie, um für Altersvorsorgebeiträge (= Beiträge zu Riester-Rentenversicherungen) einen **zusätzlichen Sonderausgabenabzug** zu beantragen.

Zusammen veranlagte Ehegatten geben jeweils eine Anlage AV ab, wenn jeder Ehegatte einen Altersvorsorgevertrag abgeschlossen hat.

Überblick

Im Bedarfsfall ausfüllen	
Seite 1	**Altersvorsorgebeiträge (Zeilen 4–15)** Einzutragen sind im Wesentlichen die Vorjahreseinkünfte und ob Sie eine unmittelbar (Zeile 5) oder mittelbar (Zeile 15) begünstigte Person sind. **Angabe zu Kindern (Zeilen 16–20)** Aus den Angaben wird die Kinderzulage berechnet.
Seite 2	**Verträge, für die kein Sonderausgabeabzug beantragt wird (Zeilen 31–48)**

Altersvorsorgebeiträge (Riester-Rentenversicherungsbeiträge)

Sonderausgabenabzug

Haben Sie Beiträge zu einem anerkannten (zertifizierten) **Riester-Vertrag** geleistet, können Sie die Versicherungsgesellschaft bevollmächtigen, eine Altersvorsorgezulage (Grundzulage und ggf. Kinderzulage) für Sie zu beantragen. Wenn Sie für die eingezahlten Beiträge und die gewährte Zulage (darüber hinaus) den Sonderausgabenabzug prüfen lassen wollen, müssen Sie die Anlage AV ausfüllen. Während Sie nur für bis zu zwei Verträge eine Zulage erhalten können, ist der Sonderausgabenabzug für alle Verträge möglich. Das Finanzamt prüft dann, ob ein Sonderausgabenabzug für Sie zu einem günstigeren Ergebnis führt als die Zulage allein. Ist das der Fall, wird eine zusätzliche Steuerminderung durch den Sonderausgabenabzug berücksichtigt und im Steuerbescheid gesondert ausgewiesen.

Begünstigt sind sowohl die eingezahlten Beiträge als auch die gewährte Altersvorsorgezulage (Zeile 7). Vertiefend siehe → Altersvorsorgeaufwendungen.

Bei mehreren Verträgen ist ein zusätzlicher Sonderausgabenabzug grundsätzlich für alle Verträge bis zum Förderhöchstbetrag von insgesamt 2000 € vorgesehen. Die zusätzliche Förderung durch den Sonderausgabenabzug entfällt auf alle Verträge verhältnismäßig.

Auf Seite 2 (Zeilen 31-48) kann für einzelne Verträge – getrennt für steuerpflichtige Person und Ehegatte – der Sonderausgabenabzug ausgeschlossen werden. Der Verzicht auf den Sonderausgabenabzug ergibt nur Sinn, wenn Sie für die hier genannten Verträge bewusst keinen Sonderausgabenabzug in Anspruch nehmen wollen, um für andere Verträge den Förderhöchstbetrag von 2.000 € auszuschöpfen. Der Vorteil des Verzichts auf jegliche staatliche Förderung besteht darin, dass die spätere Rente aus diesem Vertrag nicht in voller Höhe, sondern nur teilweise (mit dem Ertragsanteil) versteuert werden muss.

TIPP

Zulage und Sonderausgabenabzug immer geltend machen

Nehmen Sie so weit wie möglich für die Beiträge die gesamte staatliche Förderung, also Zulage und Sonderausgabenabzug, in Anspruch. Die später aus der Rente zu zahlende Steuer wird den finanziellen (Steuer-)Vorteil bis zur Rentenauszahlung im Regelfall nicht erreichen.

8.2 Angaben

→ ZEILEN 5–14
Unmittelbar begünstigte Person

Zum unmittelbar begünstigten Personenkreis gehören im Wesentlichen Arbeitnehmer. Dies sind vor allem Personen, die in der gesetzlichen Rentenversicherung pflichtversichert oder Beamte (z. B. auch während der Zeit des Erziehungsurlaubs) sind, oder Personen, die Lohnersatzleistungen beziehen. Vertiefend siehe → Altersvorsorgeaufwendungen. Die Angaben dienen der Berechnung der Grundzulage. Um die volle Zulage von 175 € zu erhalten, muss ein Mindesteigenbeitrag eingezahlt werden.

Maßgebend sind dabei immer die Vorjahreseinkünfte und -bezüge, also für den Sonderausgabenabzug 2019 die Werte aus dem Jahr **2018.** Lohnersatzleistungen (z. B. Arbeitslosengeld, Arbeitslosenhilfe, Kurzarbeitergeld) sind ebenfalls einzubeziehen (Zeile 12).

Ist das der inländischen Rentenversicherung zugrunde gelegte Entgelt höher als das tatsächlich erzielte Entgelt (z. B. bei Menschen, die in Behindertenwerkstätten oder Blindenheimen arbeiten oder die unentgeltlich andere Menschen pflegen), wird das tatsächliche Entgelt (ggf. 0 €) für die Berechnung der Grundzulage berücksichtigt (Zeile 13). Erfüllen beide Eheleute die Voraussetzung und haben sie jeweils einen eigenen Vorsorgevertrag abgeschlossen, sind beide unmittelbar begünstigt. Bei Ehegatten/Lebenspartnern ist der Zulagenanspruch beider im Rahmen der Günstigerprüfung anzusetzen.

→ ZEILE 15
Mittelbar begünstigte Person

Gehört bei (nicht dauernd getrennt lebenden) Eheleuten/Lebenspartnern nur einer zum unmittelbar begünstigten Personenkreis, kann der andere trotzdem einen begünstigten eigenen Altersvorsorgevertrag auf seinen Namen abschließen. Er ist dann (über den Ehegatten) mittelbar begünstigt. Das gilt aber nur, wenn der unmittelbar begünstigte Ehegatte ebenfalls einen (eigenen) Vertrag abgeschlossen hat. Die mittelbar begünstigten Personen müssen **mindestens 60 € im Jahr** als eigene Beiträge auf ihren Vertrag einzahlen, wenn sie die Zulage bzw. den Sonderausgabenabzug beantragen möchten.

→ ZEILEN 16–20
Kinderzulage

Für jedes Kind, für das ein Anspruch auf Kindergeld besteht, erhalten Sie zusätzlich eine Kinderzulage von 185 €. Für Kinder, die nach 2007 geboren sind, erhöht sich die Kinderzulage auf 300 €. Deshalb sind unterschiedliche Spalten vorgesehen. Bei verheirateten Eltern, die nicht dauernd getrennt leben und ihren Wohnsitz in der EU/im EWR haben, wird die Kinderzulage für die steuerlich berücksichtigungsfähigen Kinder grundsätzlich der Mutter zugeordnet (Zeile 16). Auf gemeinsamen Antrag der Eltern (Zeilen 17–18, Unterscheidung nach Veranlagungsarten) wird die Zulage auf den Vater bzw. bei gleichgeschlechtlichen Eltern auf Person A übertragen.

Bei Eltern, die die Voraussetzungen für die Ehegattenveranlagung nicht erfüllen (nicht verheiratete oder dauernd getrennt lebende bzw. geschiedene Eltern), steht die Kinderzulage dem Elternteil zu, dem das Kindergeld erstmals im Kalenderjahr (i. d. R. Januar oder späterer erster Anspruchsmonat) ausgezahlt wurde (Zeilen 19–20). Diese Kinder dürfen nicht in den Zeilen 16–18 enthalten sein.

Checkliste Anlage AV

Folgende Abzugsmöglichkeit geprüft? Vgl. Ausfüllhinweise zur Zeile!

Sie haben als Arbeitnehmer noch keinen Riester-Vertrag abgeschlossen? ☐
Aus steuerlicher Sicht ist der Abschluss, insbesondere, wenn bei Ihnen Kinder zu berücksichtigen sind, sehr interessant.

Sie sind im Erziehungsurlaub? ☐
Überlegen Sie den Abschluss eines Riester-Vertrags. Schon mit 60 € Eigenbeitrag im Jahr haben Sie Anspruch auf die mehr als doppelt so hohe volle Grundzulage und die volle Kinderzulage!

Sie haben als nicht verheirateter Mann (z. B. in nicht ehelicher Lebensgemeinschaft) mit Kind einen Riester-Vertrag abgeschlossen? ☐
Die Kinderzulage steht grundsätzlich der Mutter zu und geht verloren, wenn diese keinen Vertrag abschließt. Der Vater kann die Kinderzulage aber „retten", wenn an ihn im Januar des jeweiligen Jahres (für Monat Januar ausreichend) Kindergeld ausgezahlt wird. Dies muss bei der Kindergeldkasse (mit Zustimmung der Mutter) beantragt werden (Zeile 17).

9 Anlage Kind (Kinderberücksichtigung)

9.1 Allgemein

WICHTIG

Anlage Kind/steuerliche Vergünstigungen für Kinder

Die **Anlage Kind** ist in folgendem Fall auszufüllen:

Sie wollen Kinder bzw. damit zusammenhängende Vergünstigungen steuermindernd berücksichtigt bekommen.

Für jedes Kind ist eine eigene Anlage notwendig.

Überblick

Im Bedarfsfall ausfüllen	
Seite 1	**Angaben zum Kind (Zeilen 4–15)** Hier werden die persönlichen Angaben zum Kind, Verwandtschaftsverhältnis und Kindergeldanspruch eingetragen. **Volljähriges Kind (Zeilen 16–20)** Volljährige Kinder können nur in den im Vordruck aufgeführten Fällen berücksichtigt werden. **Angaben zur Erwerbstätigkeit bei volljährigen Kindern (Zeilen 21–25)** Die Angaben sind nur von Bedeutung, wenn das Kind bereits eine Berufsausbildung abgeschlossen hat.
Seite 2	**Übernommene Kranken- und Pflegeversicherungsbeiträge für Kinder (Zeilen 31–42)** Derartige Beiträge sind bei den Eltern abzugsfähig, wenn sie das Kind nicht geltend macht. **Übertragung des Kinderfreibetrags und Betreuungsfreibetrags (Zeilen 43–48)** Eine Übertragung auf einen Elternteil, Stiefelternteil oder Großeltern ist nur in Ausnahmefällen möglich. **Entlastungsbetrag (Zeilen 49–54)** Hier beantragen Alleinerziehende den steuerlichen Entlastungsbetrag. **Sonderbedarf bei Berufsausbildung (Zeilen 61–64)** Der Freibetrag ist nur für auswärtig untergebrachte volljährige Kinder möglich.

Überblick

Im Bedarfsfall ausfüllen	
Seite 3	**Schulgeld (Zeile 65–67)** Der Abzug ist möglich, wenn das Kind eine Privatschule mit anerkanntem Schulabschluss besucht. **Übertragung des Behindertenpauschbetrags des Kindes (Zeilen 68–72)** Dieser kann hier auf die Eltern übertragen werden. **Kinderbetreuungskosten (Zeilen 73–79)** Abziehbar sind die Kosten für im Haushalt lebende Kinder unter 14 Jahren oder behinderte Kinder.

9.2 Kinderberücksichtigung

Ob ein Kind steuerlich berücksichtigt werden kann, hängt im Wesentlichen vom Kindschaftsverhältnis und dem Alter des Kindes ab. Vertiefend siehe → Kinder.

9.3 Kindschaftsverhältnis und Alter (Seite 1)

→ ZEILEN 4–9
Persönliche Angaben

Für jedes Kind ist eine eigene Anlage Kind auszufüllen, unabhängig davon, ob das Kind bereits als Lohnsteuerabzugsmerkmal (ELStAM) beim Lohnsteuerabzug berücksichtigt wurde. Die Angaben zum Kind (Identifikationsnummer, Name, Vorname, Geburtsdatum, Wohnort, Familienkasse, die das Kindergeld auszahlt) sind für jedes Kind, das berücksichtigt werden soll, notwendig.

→ ZEILE 6
Kindergeld

Einzutragen (in Kennzahl 15) ist die Höhe des Kindergeld**anspruchs**, denn dieser (nicht das gezahlte Kindergeld!) wird in die Vergleichsberechnung mit den steuerlichen Freibeträgen einbezogen. Rechtlich hat jeder Elternteil, unabhängig von der Auszahlung, Anspruch auf das halbe Kindergeld. Tragen Sie den vollen Kindergeldanspruch ein, wenn Sie den verdoppelten Kinderfreibetrag beanspruchen (s. u.). Vertiefend siehe → Kinder.

→ ZEILEN 8–9
Auslandskinder

Für Auslandskinder werden, abhängig vom Wohnsitzstaat, u. U. nur niedrigere Freibeträge berücksichtigt. Kinder, die nur zur Berufsausbildung im Ausland sind, aber weiterhin zum inländischen Haushalt der Eltern gehören oder im Inland einen eigenen Haushalt haben, gelten als im Inland wohnhaft.

→ ZEILEN 10–15
Kindschaftsverhältnis

Geben Sie bei gemeinsamer Veranlagung für jeden Ehegatten getrennt an, in welchem Kindschaftsverhältnis das Kind zu Ihnen bzw. Ihrem Ehegatten steht. Werden die Eltern nicht gemeinsam veranlagt, sind die Angaben in den Zeilen 11–15 zum anderen Elternteil notwendig. Lebt der andere Elternteil im Ausland, ist er verschollen oder verstorben, wird der verdoppelte Freibetrag berücksichtigt. Dasselbe gilt für die Mutter eines Kindes, wenn der Vater amtlich nicht feststellbar ist .

→ ZEILEN 16–20
Volljährige Kinder

Volljährige Kinder können ab dem Monat nach Vollendung des 18. Lebensjahres bis maximal zum Monat der Vollendung des 25. Lebensjahres für die Monate bei den Eltern berücksichtigt werden, in denen sie eine der im Vordruck (Zeilen 16–18) genannten Bedingungen (z. B. in Ausbildung, freiwilliges Jahr usw.) erfüllen. Geben Sie an, welcher Tatbestand für Ihr Kind in welchem Zeitraum erfüllt ist. Dabei werden angefangene Monate zu Ihren Gunsten mitberücksichtigt. Auch in den Zeiten zwischen zwei Ausbildungsabschnitten bzw. zwei Ausbildungen oder zwischen Freiwilligendiensten und Ausbildung kann das Kind berücksichtigt werden, wenn der Zeitraum vier Monate nicht überschreitet (Zeile 16). Bei der Bundesagentur für Arbeit als Arbeit suchend gemeldete Kinder können, solange sie nicht voll erwerbstätig sind, bis zum 21. Lebensjahr berücksichtigt werden (Zeile 18). Leistet das Kind einen der in Zeile 16 genannten Freiwilligendienste (z. B. auch Bundesfreiwilligendienst), wird es ebenfalls berücksichtigt. Ein Kind, das den freiwilligen Wehrdienst macht, ist für die ersten vier Monate in jedem Fall berücksichtigungsfähig, weil diese Zeit als Ausbildung gilt, danach normalerweise nicht mehr. Vertiefend siehe → Kinder.

Hat ein Kind den gesetzlichen Grundwehr- oder Zivildienst geleistet (nur möglich bis zum 1.7.2011), kann dies die Altersgrenze um die Dauer des geleisteten Dienstes hinausschieben. Deshalb wird in Zeile 20 nach Beginn und Ende des abgeleisteten gesetzlichen Grundwehrdienstes bzw. Ersatzdienstes gefragt. Vertiefend siehe → Kinder.

→ ZEILE 19
Behinderte Kinder

Kinder, die infolge einer Behinderung außerstande sind, für ihren Unterhalt zu sorgen, können unabhängig vom Alter berücksichtigt werden. Voraussetzung ist, dass die Behinderung vor Vollendung des 25. bzw. u. U. 27. Lebensjahres eingetreten ist.

→ ZEILEN 21–25
Erwerbstätigkeit des Kindes

Ob ein Kind erwerbstätig ist oder nicht, spielt bis zum Abschluss der ersten Berufsausbildung keine Rolle. Deshalb sind Eintragungen in diesen Zeilen nur erforderlich, wenn das volljährige Kind bereits eine Berufsausbildung abgeschlossen hat (Zeile 21). Soweit ein Kind in diesem Fall (weiterhin) einen der oben genannten Berücksichtigungstatbestände erfüllt (z. B.

zweite Ausbildung), kann es für Zeiträume, in denen es voll erwerbstätig (regelmäßige Arbeitszeit durchschnittlich mehr als 20 Stunden/Woche) ist, nicht mehr berücksichtigt werden (Zeilen 22, 24, 25).

Eine Vollerwerbstätigkeit im Rahmen eines Ausbildungsdienstverhältnisses, z. B. betriebliche Ausbildung, duales Studium an einer Berufsakademie (Zeile 22 „2") oder **ein** Minijob (Zeile 23), ist keine „schädliche" Tätigkeit. Vertiefend siehe → Kinder.

9.4 Steuerliche Vergünstigungen für Kinder (Seite 2)

Erfüllt ein Kind alle Voraussetzungen für eine steuerliche Berücksichtigung, erhalten die Eltern in jedem Fall **Kindergeld** oder einen **Kinderfreibetrag** und zusätzlich einen **Freibetrag für den Betreuungs- und Erziehungs- oder Ausbildungsbedarf** des Kindes. Weitere Vergünstigungen sind zusätzlich möglich. Vertiefend siehe → Kinder.

→ eZEILEN 31–33, ZEILEN 34–42
Kranken-/Pflegepflichtversicherung des Kindes

Der Abzug von Kranken- und Pflegepflichtversicherungsbeiträgen für berücksichtigungsfähige Kinder bei den Eltern setzt voraus, dass der Versicherungsgesellschaft erlaubt wurde, die Daten der Finanzverwaltung elektronisch zu übermitteln. Deshalb dürfen Sie hier auch nur in diesem Fall Eintragungen vornehmen.

Sind Sie im Versicherungsvertrag, durch den Ihr Kind versichert ist, als **Versicherungsnehmer** (Schuldner der Beiträge) aufgeführt, können Sie **alle** Kranken- und Pflegepflichtversicherungsbeiträge (Basisbeiträge – eZeilen 31, 32) – in voller Höhe, solche für Wahlleistungen oder Krankengeldanspruch in Zeile 34 nur bis zum Höchstbetrag), als eigene Sonderausgaben geltend machen. Wurden Kranken- und Pflegepflichtversicherungsbeiträge zurückerstattet, mindern diese den abzugsfähigen Betrag (eZeile 33).

War das **Kind Versicherungsnehmer,** kann es seine Versicherungsbeiträge, unabhängig davon, wer gezahlt hat, in seiner eigenen Steuererklärung angeben (**Anlage Vorsorgeaufwand**). Nur wenn das Kind auf den Sonderausgabenabzug für seine Basiskranken- und Pflegepflichtversicherungsbeiträge verzichtet, z. B. weil es nur geringe eigene Einkünfte hat, können die Eltern diese wie eigene Beiträge geltend machen. In Zeile 35 werden nur die Basiskrankenversicherungsbeiträge erfasst, in

Zeile 37 die Pflegepflichtversicherungsbeiträge des Kindes. Soweit sich aus den Beiträgen zur Krankenversicherung ein Anspruch auf Krankengeld ergibt z. B. regelmäßig beim gesetzlichen Arbeitnehmeranteil zur Krankenversicherung ist dies in Zeile 36 zu erklären. Diese Beitragsteile kann nur das Kind als Vorsorgeaufwendungen geltend machen. Erstattete Beiträge oder Zuschüsse von Dritten mindern die abzugsfähigen Beträge (Zeilen 38, 40). Beiträge für eine vergleichbare ausländische Krankenversicherung für das Kind sind gesondert (Zeile 41) zu erfassen, weil hier kein elektronischer Datenaustausch erfolgt.

→ ZEILEN 43–48
Übertragung der Freibeträge

Die Übertragung des Kinderfreibetrags ist bei geschiedenen, dauernd getrennt lebenden Eltern oder Eltern nichtehelicher Kinder möglich, wenn ein Elternteil nicht unterhaltsverpflichtet ist (zu niedrige Einkünfte) oder seiner Unterhaltspflicht im Jahr nicht ausreichend (d. h. zu weniger als 75 % des festgelegten Betrags) nachkommt (Zeile 43). Eine Übertragung ist nicht möglich, wenn Unterhaltskosten nach dem Unterhaltsvorschussgesetz gezahlt worden sind (Zeile 44). Mit der Übertragung verliert der Elternteil ohne Freibetrag auch sämtliche anderen vom Kind abhängigen Steuervergünstigungen.

Sobald der verdoppelte Freibetrag beantragt wird, ist in Zeile 6 der volle Kindergeldanspruch einzutragen.

Die Übertragung des Freibetrags für Betreuung, Erziehung und Ausbildung auf einen Elternteil (Zeile 45) ist nur bei minderjährigen Kindern möglich, vorausgesetzt, das Kind ist **nur** bei diesem Elternteil gemeldet. Hat der andere Elternteil Betreuungskosten getragen oder das Kind zeitweise betreut, kann er der Übertragung seines Freibetrags widersprechen.

Die Zeilen 46–48 sind für die Fälle vorgesehen, in denen das Kind bei Stief- oder Großeltern berücksichtigt werden soll, weil das Kind in deren Haushalt lebt und ihnen bereits das Kindergeld ausgezahlt wurde. In diesen Fällen müssen Sie zusätzlich die **Anlage K** (erhältlich beim Finanzamt oder aus dem Internet abrufbar) ausfüllen und unterschreiben.

→ ZEILEN 49–54
Alleinerziehende

Alleinerziehende, die mit steuerlich berücksichtigungsfähigen Kindern eine Haushaltsgemeinschaft bilden, können hier den Abzug eines Entlastungsbetrags von 1.908 € im Jahr für das erste bzw. 240 € für jedes weitere Kind beantragen. Vertiefend siehe → Kinder.

Dazu geben Sie in Zeile 49 an, in welchem Zeitraum das Kind bei Ihnen mit Wohnsitz (Haupt- **oder** Nebenwohnsitz) gemeldet war, und ergänzen Sie in Zeile 50 die Aussage zum ausgezahlten Kindergeld. Lebte in Ihrem Haushalt eine weitere (volljährige) Person, für die kein Kindergeldanspruch bestand, mit Ihnen und Ihrem Kind in Haushaltsgemeinschaft (Zeilen 51–54), ist regelmäßig kein Entlastungsbetrag möglich.

→ ZEILEN 61–64 **Ausbildungsfreibetrag/ Freibetrag zur Abgeltung eines Sonderbedarfs bei Berufsausbildung**

Den Ausbildungsfreibetrag von 924 € jährlich können Sie nur für volljährige Kinder und für Zeiten erhalten, in denen das Kind in Ausbildung und auswärts untergebracht (Zeile 61) ist. Bei längerfristigen Auslandsaufenthalten (Zeile 62) gilt u. U. ein gekürzter Freibetrag.

Geschiedene, dauernd getrennt lebende Eltern oder Eltern nichtehelicher Kinder können einvernehmlich statt der üblichen hälftigen Berücksichtigung bei beiden, eine andere Verteilung des Freibetrags, z. B. der gesamte Betrag bei einem Elternteil, schriftlich beantragen (Zeile 64). Vertiefend siehe → Kinder.

TIPP

Unterstützungszahlungen an Kinder über 25 Jahre – Anlage Unterhalt ausfüllen

Hatten Sie Aufwendungen für den Unterhalt und/oder die Berufsausbildung eines Kindes, das nicht bei Ihnen berücksichtigt werden kann, z. B. weil es über 25 Jahre alt ist oder den freiwilligen Wehrdienst ableistet, dann können Sie Ihre Unterstützungsleistungen auf der **Anlage Unterhalt** geltend machen.

9.5 Schulgeld, Behinderung, Betreuungskosten (Seite 3)

→ ZEILEN 65–67 **Schulgeld**

Schulgeld ist abzugsfähig, wenn es sich um eine (Privat-)Schule in Deutschland, im EU- bzw. EWR-Ausland (Island, Liechtenstein, Norwegen) oder eine deutsche Schule im Ausland handelt. Begünstigt sind nur Schulen, deren Schulabschluss in Deutschland anerkannt ist, sowie Einrichtungen, die auf einen anerkannten Schulabschluss vorbereiten. Vertiefend siehe → Sonderausgaben.

Einzelheiten zu den Steuervergünstigungen für behinderte Menschen siehe Erläuterungen zur **Anlage Außergewöhnliche**

→ ZEILEN 68–72
Behinderte Kinder

Belastungen (Zeilen 4–9). Vertiefend siehe → Behinderte Menschen.

Die Übertragung der einem behinderten oder hinterbliebenen Kind zustehenden steuerlichen Vergünstigungen auf die Eltern ist dann möglich, wenn sich beim Kind die Vergünstigungen nicht auswirken, weil es keine oder nur geringe Einkünfte hat. Geschiedene, getrennt lebende oder unverheiratete Eltern können (notwendig ist ein gemeinsamer formloser Antrag mit Unterschrift) statt der üblichen hälftigen eine andere Verteilung des Pauschbetrags angeben (Zeile 72). Wurde der gesamte Kinderfreibetrag auf einen Elternteil übertragen, kann auch nur dieser Elternteil den Behindertenpauschbetrag des Kindes übertragen bekommen (vgl. Erläuterungen zu den Zeilen 43, 47 der Anlage Kind).

→ ZEILEN 73–79
Kinderbetreuungskosten

Kosten für Betreuungsleistungen (Zeile 73, ohne Kosten für Unterkunft, Verpflegung, Unterricht) für bei Ihnen berücksichtigungsfähige und in Ihrem Haushalt lebende Kinder (Zeilen 75–77) unter 14 Jahren bzw. behinderte Kinder sind als Sonderausgaben abzugsfähig. Werden die Eltern des Kindes nicht als Ehegatten zusammen veranlagt, kann nur der Elternteil die Kosten geltend machen, der sie getragen hat (Zeile 78). Die Angaben zum Haushalt der Elternteile (Zeilen 75–77) und zur Aufteilung der Kosten (Zeile 79) haben Bedeutung für den beim jeweiligen Elternteil abzugsfähigen Höchstbetrag. Vertiefend siehe → Kinder.

Checkliste Anlage Kind

Folgende Abzugsmöglichkeit geprüft? Vgl. Ausfüllhinweise zur Zeile!

Haben Sie für bei Ihnen berücksichtigungsfähige Kinder Kindergeld beantragt? ☐
Stellt sich erst bei der Steuerveranlagung heraus, dass die Berücksichtigung möglich ist, können Sie nachträglich Kindergeld erstmals oder erneut beantragen (Zeile 6).

Ist Ihr volljähriges Kind erwerbstätig? ☐
Eine Erwerbstätigkeit schließt eine Kinderberücksichtigung bis zum Abschluss der ersten Berufsausbildung nicht aus. Aber auch danach ist eine Erwerbstätigkeit des Kindes nicht immer steuerlich „schädlich“ (Zeilen 21–25).

Folgende Abzugsmöglichkeit geprüft? Vgl. Ausfüllhinweise zur Zeile!

Hat Ihr Sohn die Altersgrenze (21 bzw. 25 Jahre) erreicht? ☐
Prüfen Sie, ob eine Verlängerung der Berücksichtigungszeit möglich ist, weil in früheren Jahren der gesetzliche Grundwehr- oder Zivildienst geleistet wurde (Zeile 20).

Kann Ihr Kind nicht mehr berücksichtigt werden? ☐
Kosten für Unterhalt und Berufsausbildung des Kindes können Sie u. U. als außergewöhnliche Belastungen geltend machen (Anlage Unterhalt, Zeile 37).

Sind für Ihr Kind Basiskranken- oder Pflegepflichtversicherungsbeiträge angefallen? ☐
Diese können Sie als (eigene) Sonderausgaben abziehen (Zeilen 31–42), wenn Sie Versicherungsnehmer sind oder das Kind die Beiträge nicht steuerlich geltend macht. Der steuerliche Abzug bei den Eltern ist regelmäßig günstiger als beim Kind.

Kann das Kind beim anderen Elternteil nicht berücksichtigt werden, weil dieser verstorben ist, im Ausland lebt oder seiner Unterhaltsverpflichtung nicht nachkommt? ☐
Ihnen stehen die verdoppelten Freibeträge zu (Zeilen 13, 14, 43).

Sind Sie alleinerziehend? ☐
Haben Sie daran gedacht, den Entlastungsbetrag zu beantragen (Zeilen 49–54)?

Ist Ihr volljähriges Kind während der Berufsausbildung auswärtig untergebracht? ☐
Beantragen Sie den Ausbildungsfreibetrag (Zeilen 61 –64).

Hatten Sie Kosten für die Betreuung eines über 14 Jahre alten Kindes? ☐
Dafür kommt eine Steuerermäßigung infrage (Anlage Haushaltsnahe Aufwendungen, Zeile 5).

Ihr Kind besucht eine Privatschule? ☐
Sie können Schulgeld (Zeile 65), Betreuungskosten (Zeilen 73 ff.) sowie Spenden (und Mitgliedsbeiträge) an die Schule oder den Schulförderverein (Anlage Sonderausgaben, Zeile 5) absetzen.

Folgende Abzugsmöglichkeit geprüft? Vgl. Ausfüllhinweise zur Zeile!

Haben Sie ein behindertes Kind? ☐
Sie können den Pauschbetrag des Kindes übertragen bekommen (Zeilen 68–72).
Zusätzlich sind Fahrtkosten i. Z. m. behinderungsbedingten Fahrten bzw. Privatfahrten sowie eigene Pflege- und Betreuungskosten für das Kind abzugsfähig (Eintragung Anlage Außergewöhnliche Belastungen, Zeilen 13, 14, 16).

10 Anlage Unterhalt

10.1 Allgemein

WICHTIG

Unterhaltszahlungen an Angehörige

Die **Anlage Unterhalt** benötigen Sie in folgenden Fällen: Sie haben z. B.

- einen Angehörigen (insbesondere Ihre Eltern oder erwachsenen Kinder),
- den Ex-Ehegatten oder Ex-Lebenspartner nach aufgelöster Lebenspartnerschaft,
- den Partner in einer eheähnlichen Gemeinschaft,
- die Mutter Ihres unehelichen Kindes oder
- Personen mit Aufenthalts-/Niederlassungserlaubnis nach § 23 AufenthG (Kriegsflüchtlinge)

finanziell unterstützt, weil die Person kein oder nur geringes eigenes Einkommen und Vermögen hat.

Haben Sie in **verschiedenen** Haushalten lebende Personen unterstützt, müssen Sie haushaltsbezogen jeweils eine eigene **Anlage Unterhalt** abgeben.

Für jede (im jeweiligen Haushalt) unterstützte Person muss auf der entsprechenden Anlage Unterhalt eine eigene Vordruckseite mit den verlangten Angaben zur Person ausgefüllt werden. Vertiefend siehe → Unterhaltszahlungen.

Überblick

Im Bedarfsfall ausfüllen	
Seite 1	**Angaben zum Haushalt der unterhaltenen Person und den Unterhaltsleistungen (Zeilen 4–16)** Die Angaben (Anschrift, Wohnsitzstaat, Personen im unterstützten Haushalt, Höhe des Unterhalts sowie der (Basis-) Kranken- und Pflegepflichtversicherungen der unterstützten Person) sind für die Berechnung des abzugsfähigen Betrags notwendig. **Auslandsunterhalt (Zeilen 17–26)** Für Unterstützungsleistungen ins Ausland gelten strenge Nachweisregelungen über die Zahlungen. Unter Umständen werden die abzugsfähigen Höchstbeträge je nach Wohnsitzstaat gekürzt.
Seite 2	**Angaben zur ersten im Haushalt lebenden Person (Zeilen 31–44)** Anhand der Angaben wird geprüft, ob die unterstützte Person die Abzugsvoraussetzungen erfüllt. **Angaben zum eigenen Einkommen der unterstützten Person (Zeilen 45–54)** Eigenes Einkommen und Bezüge der unterstützten Person bewirken eine Kürzung des abzugsfähigen Höchstbetrags.
Seiten 3, 4	**Angaben zu weiteren im Haushalt lebenden Personen** Die Seiten entsprechen inhaltlich der Seite 2.

10.2 Angaben zum Haushalt der unterstützten Person(en) (Seite 1)

→ ZEILEN 4–6
Haushalt der unterstützten Person

Tragen Sie ein, wo die unterstützte(n) Person(en) lebt bzw. leben (Zeile 4). Soweit sich der Haushalt im Ausland befindet (Zeile 5), gelten strengere Nachweisregelungen und je nach Land eventuell gekürzte abzugsfähige Höchstbeträge (vgl. Erläuterungen zu den Zeilen 17–26). Leben im Haushalt der unterstützten Person mehrere Personen (Angaben in Zeile 6), werden die Unterhaltszahlungen auf alle im Haushalt lebenden Personen gleichmäßig aufgeteilt. Für jede Person ist in diesem Fall eine eigene Seite auf der Anlage Unterhalt (Seite 2–4) auszufüllen. Für jede Person wird getrennt geprüft, ob der auf sie entfallende Unterhalt abzugsfähig ist.

→ ZEILEN 7–16
Unterhaltsleistungen, Unterstützungszeitraum

Leben im Haushalt mehrere Personen, sind sämtliche Zahlungen für den laufenden Lebensunterhalt (Wohnung, Kleidung, Nahrung), die an die Haushaltsmitglieder geleistet wurden, einzutragen. Der gesamte Betrag wird nach Köpfen gleichmäßig verteilt. Ein Abzug der Unterhaltsleistungen ist nur für Monate möglich, in denen eine Unterstützung (Zeilen 7, 9) stattgefunden hat, d. h. grundsätzlich ab dem Monat der **ersten Zahlung** (Zeilen 8, 10). Bei Ehegattenunterhalt wird unabhängig vom

Zahlungszeitpunkt immer Unterhalt für das gesamte Jahr angenommen. Die Zahlungen müssen Sie grundsätzlich anhand geeigneter Unterlagen belegen (Ausnahme: Person lebte bei Ihnen im Haushalt, vgl. Zeile 36). Erfolgte die Unterstützung nur für einen Teil des Jahres, wird ggf. der Jahreshöchstbetrag gekürzt. Die Höhe der (Basis-)Krankenversicherung oder Pflegepflichtversicherung der unterstützten Person, für die sie selbst Versicherungsnehmer ist, tragen Sie in die Zeilen 11, 13 bzw. 15 ein. Um diese Beiträge erhöht sich der bei Ihnen berücksichtigungsfähige Abzugshöchstbetrag. Nicht abzugsfähig ist der Beitragsanteil, aus dem sich ein Anspruch auf Krankengeld ergibt (ersichtlich aus der Bescheinigung der Krankenkasse). Deshalb sind – soweit zutreffend – die Eintragungen in den Zeilen 12, 14 bzw. 16 notwendig. Vertiefend siehe → Unterhaltszahlungen. Haben Sie als Versicherungsnehmer eine der genannten Versicherungen für eine unterstützte Person abgeschlossen, können Sie die Beiträge auf der Anlage Vorsorgeaufwand geltend machen.

→ ZEILEN 17–26
Unterstützte Person lebt im Ausland

Wenn die unterstützte Person im Ausland lebt, benötigen Sie zusätzlich aus dem Wohnsitzstaat eine in mehreren Sprachen (über die Formularverwaltung der Internetseiten des BMF abrufbar oder beim Finanzamt in Papierform erhältlich) sog. **Unterhaltserklärung** über die persönlichen Verhältnisse, das eigene Einkommen und das Vermögen der unterstützten Person (Eintragung in Zeilen 34, 64, 94). Diese müssen Sie auf Verlangen des Finanzamts vorweisen können. Ist die Person nicht Ihr Ehegatte und in erwerbsfähigem Alter (unter 65 Jahre), ist der Abzug von Unterhaltszahlungen im Regelfall nicht möglich (**Erwerbsobliegenheit**). Vertiefend siehe → Unterhaltszahlungen.

Bei Auslandssachverhalten gelten für den Nachweis der Unterhaltszahlungen erhöhte Anforderungen. Machen Sie die geforderten Angaben über den Zahlungsweg (Überweisung Zeile 17, Mitnahme anlässlich von Heimfahrten Zeilen 18–20). Die Bankbelege über die Abbuchung bzw. bei persönlicher Übergabe den Nachweis über die Geldabhebung, die Durchführung der Reise und eine detaillierte Bestätigung der unterstützten Person über die Übergabe für jeden einzelnen Betrag müssen Sie auf Anforderung des Finanzamts vorlegen können.

Erfolgte die Heimfahrt zum eigenen Haushalt im Ausland und lebte dort der Ehegatte, ist das eine Familienheimfahrt. Hier gelten Vereinfachungsregelungen. Für bis zu maximal vier Fahrten (Zeilen 21–25) im Kalenderjahr wird ein Nettomonatslohn

(Zeile 26) als mitgenommener Betrag ohne Nachweis akzeptiert. Je nach Staat wird der abzugsfähige Höchstbetrag nach der Ländergruppeneinteilung halbiert oder geviertelt. Vertiefend siehe → Unterhaltszahlungen.

10.3 Angaben zur ersten unterstützten Person (Seite 2)

→ ZEILEN 31–44
Angaben zur (ersten) unterstützten Person

Anhand der **Angaben** wird geprüft, ob ein Abzug von Unterhaltszahlungen an die **unterstützte** Person möglich ist. Falls die Bedingungen nicht das ganze Jahr über vorlagen, müssen Sie den Zeitraum genau angeben. Der für das Jahr abzugsfähige Höchstbetrag wird dann nur zeitanteilig berücksichtigt.

Gesetzlich unterhaltsberechtigte Person/gleichgestellte Person

Voraussetzung für einen Kostenabzug ist grundsätzlich, dass die unterhaltene Person Ihnen oder Ihrem Ehegatten gegenüber unterhaltsberechtigt ist (Ehegatte, geradlinig verwandte Personen, z. B. Eltern, Großeltern, Kinder, Enkel, anderer Elternteil eines gemeinsamen Kindes bis zu drei Jahren) oder einer solchen Person gleichgestellt ist (vgl. Erläuterungen zu Zeile 41). Unter den begünstigten Personenkreis fallen auch (Kriegs-)Flüchtlinge, die eine Aufenthalts- oder Niederlassungserlaubnis nach § 23 AufenthG haben. Dies trifft zzt. nur für Flüchtlinge aus Syrien zu. Vertiefend siehe → Unterhaltszahlungen.

→ ZEILE 36
Haushaltszugehörigkeit

Lebt die unterstützte Person bei Ihnen im Haushalt, wird – auch ohne nachgewiesene Zahlungen – vom Unterhalt in Höhe des gesetzlichen Höchstbetrags von 9.168 € (jährlich) ausgegangen. Außerdem ist die Haushaltszugehörigkeit für den Abzug von Unterhaltsleistungen an **gleichgestellte** Personen erforderlich (vgl. Erläuterungen zu Zeile 41).

→ ZEILE 37
Kindergeldanspruch

Für Zeiträume, in denen für die unterstützte Person Kindergeldanspruch bzw. Anspruch auf einen Kinderfreibetrag bestand, ist der Kindsunterhalt damit steuerlich berücksichtigt. Bei steuerlich nicht berücksichtigungsfähigen Kindern (Kinder, für die keine Anlage Kind ausgefüllt wird), z. B. arbeitslose Kinder über 21 Jahre oder über 25 Jahre alte Kinder in Berufsausbildung, ist der Abzug von Unterhalt über die Anlage Unterhalt möglich.

→ ZEILE 41
Eheähnliche Gemeinschaft/Haushaltsgemeinschaft

Unterhaltszahlungen an nicht gesetzlich unterhaltsberechtigte Personen sind nur abzugsfähig, wenn die unterstützte Person eine **gleichgestellte Person** ist. Dies setzt zum einen voraus, dass die Person mit Ihnen in Hausgemeinschaft lebt, d. h. „ein

Wirtschaften aus einem Topf" erfolgt (Zeile 36) und der Person wegen der Unterhaltsleistungen öffentliche Leistungen (Arbeitslosengeld II bzw. Hartz IV, Wohngeld etc.) gestrichen oder gekürzt werden. Infrage kommen z. B. der Partner in eheähnlicher Gemeinschaft (ohne gemeinsames Kind oder älterem gemeinsamen Kind) sowie Verwandte (Geschwister) bzw. Verschwägerte. Vertiefend siehe → Unterhaltszahlungen.

→ ZEILE 42
Vermögen

Hatte die unterstützte Person außer Hausrat und einem angemessenen Hausgrundstück weiteres Vermögen von über 15.500 €, gilt sie nicht mehr als bedürftig mit der Folge, dass Unterstützungsleistungen steuerlich nicht abzugsfähig sind.

→ ZEILEN 43, 44
Mehrere Zahlende

Wird die von Ihnen unterhaltene Person auch von anderen Personen unterstützt, vermerken Sie dies in Zeile 43 und geben in Zeile 44 den von anderen Personen geleisteten Unterhalt und den Unterhaltszeitraum an. In diesem Fall wird der abzugsfähige Betrag auf alle (im Inland lebenden) unterstützenden Personen aufgeteilt.

→ ZEILEN 45–54
Eigene Einkünfte und Bezüge der unterstützten Person

Der Abzug von Unterstützungsleistungen für im Inland lebende Personen ist auf einen Höchstbetrag von 9.168 € jährlich (bei Personen im Ausland eventuell weniger) je unterstützter Person, ggf. erhöht um die Basiskranken- und Pflegepflichtversicherungsbeiträge der unterstützten Person, begrenzt. Der Höchstbetrag wird jedoch um die eigenen Einkünfte und Bezüge, soweit sie 624 € jährlich überschreiten und öffentlichen Ausbildungshilfen (BAföG-Zuschüsse), die die unterstützte Person während des Unterhaltszeitraums (vgl. Erläuterungen zu den Zeilen 7–10) hatte, gekürzt. Angerechnet wird nur das Einkommen, das auf **volle** Unterstützungsmonate („innerhalb des Unterstützungszeitraums") entfällt, nicht dagegen Einkommen „außerhalb des Unterstützungszeitraums". Hatte die unterstützte Person Kapitalerträge (Zinsen), die dem Abgeltungsteuersatz (25 %) unterlegen haben, handelt es sich um Bezüge (Eintragung in den Zeilen 51, 52), ansonsten liegen Einkünfte vor (Zeilen 49, 50).

10.4 Angaben zu weiteren unterstützten Personen (Seiten 3 und 4)

Auf den Seiten 3 und 4 werden für weitere im Haushalt lebende Personen dieselben Angaben wie für die erste Person verlangt.

Checkliste Anlage Unterhalt

Folgende Abzugsmöglichkeit geprüft? Vgl. Ausfüllhinweise zur Zeile!

Sie haben eine der folgenden Personen unterstützt? ☐

- Eltern, Großeltern, Schwiegereltern
- erwachsene Kinder, für die Sie keine Anlage Kind ausgefüllt haben
- mit Ihnen in Haushaltsgemeinschaft lebende Geschwister (Zeile 41)
- den im Ausland lebenden Ehegatten oder Partner einer eingetragenen Lebenspartnerschaft (Zeile 39)
- den geschiedenen oder von Ihnen getrennt lebenden Ehegatten oder Ex-Partner einer (aufgelösten) Lebenspartnerschaft (Zeile 38)
- Ihren Partner in eheähnlicher Gemeinschaft (Zeilen 40, 42)
- die Mutter Ihres nichtehelichen Kindes

Die Person lebte bei Ihnen im Haushalt? ☐
Das Finanzamt erkennt ohne Nachweis 9.168 € Unterhalt an (Zeile 36). Der Höchstbetrag erhöht sich um die Basiskranken- und Pflegepflichtversicherungsbeiträge der unterstützten Person, wenn diese Versicherungsnehmer ist (Zeilen 11–16).

Sie haben für die bedürftige Person (Basis-)Kranken- und Pflegeversicherungsbeiträge als Versicherungsnehmer übernommen? ☐
Sie können die Beiträge als eigene Sonderausgaben berücksichtigen, indem Sie sie auf der Anlage Vorsorgeaufwand (Zeile 40 ff.) eintragen.

Sie haben eine im Ausland lebende Person unterstützt? ☐
Sie benötigen in diesem Fall eine **amtliche Unterhaltserklärung** und den **lückenlosen Nachweis des Geldflusses** (Zeilen 17–26, 34).

11 Anlage N (Einkünfte aus nichtselbstständiger Arbeit)

11.1 Allgemein

WICHTIG

Wer die Anlage N ausfüllen muss

Die **Anlage N** benötigen Sie in folgenden Fällen:

- Sie haben als Arbeitnehmer gearbeitet (nicht bei pauschal vom Arbeitgeber versteuerter kurzfristiger (Aushilfs-)Tätigkeit oder Minijob (450-Euro-Job).
- Sie waren arbeitslos, hatten aber Aufwendungen zur Jobsuche.
- Sie haben eine (Beamten-)Pension oder Betriebsrente bezogen.

Ehegatten müssen jeweils eine eigene Anlage N ausfüllen.

Eintragungen in den dunkelgrün unterlegten und mit **e** gekennzeichneten Zeilen (Seite 1, z. B. beim Bruttoarbeitslohn) sind nur nötig, wenn die der Finanzverwaltung vom Arbeitgeber übermittelten Daten fehlerhaft sind.

Überblick

Im Bedarfsfall ausfüllen	
Seite 1	**Angaben zu Arbeitslohn, Versorgungsbezügen, Lohnersatzleistungen (Zeilen 5–28)** Die meisten Angaben können Sie der Lohnsteuerbescheinigung entnehmen.

Überblick

Im Bedarfsfall ausfüllen	
Seiten 2, 3	**Werbungskosten zum „normalen" Arbeitslohn (Zeilen 31–87)** Hier können Sie Ihre beruflich verursachten Aufwendungen geltend machen. Ohne Eintragungen wird automatisch der Arbeitnehmerpauschbetrag von 1.000 € berücksichtigt. Im Vordruck sind beispielhaft Aufwendungen aufgeführt: **Wege zur ersten Tätigkeitsstätte (Zeilen 31–40)** **Beiträge zu Berufsverbänden, Gewerkschaften (Zeile 41)** **Arbeitsmittel (Zeilen 42, 43)** **Häusliches Arbeitszimmer (Zeile 44)** **Fortbildungskosten (Zeile 45)** **Weitere Werbungskosten (Zeilen 46–48)** **Reisekosten bei Auswärtstätigkeiten** (Tätigkeiten außerhalb einer ortsgebundenen Arbeitsstätte) **(Zeilen 49–57)** **Mehraufwand für doppelte Haushaltsführung (Zeilen 61–87)**
Seite 4	**Werbungskosten in Sonderfällen (Zeilen 91–96)** Tragen Sie hier Ihre Ausgaben i. Z. m. begünstigt besteuertem Arbeitslohn (Versorgungsbezüge, Entschädigungen, Lohn für mehrere Jahre) ein. Bei Versorgungsbezügen (Betriebsrente, Pension) wird eine Werbungskostenpauschale von 102 € berücksichtigt.

11.2 Angaben zum Arbeitslohn (Seite 1)

→ ZEILE 4
eTIN

Die Angabe der **e**lectronic **T**axpayer **I**dentification **N**umber (**eTIN**), erkennbar aus der Lohnsteuerbescheinigung, ist nur notwendig, wenn keine Identifikationsnummer (Hauptvordruck, Zeilen 7, 16) vorhanden ist.

→ eZEILEN 5–20
Angaben zum Arbeitslohn

Die geforderten Angaben werden von Ihrem Arbeitgeber elektronisch an die Finanzverwaltung übermittelt und vom Finanzamt übernommen. Gleichzeitig bekommen Sie von Ihrem Arbeitgeber eine Lohnsteuerbescheinigung über die übermittelten Daten. Eintragungen müssen Sie nur noch vornehmen, wenn die übermittelten Daten nicht zutreffend sind.

→ eZEILEN 5–10
Normaler Arbeitslohn

Die geforderte Steuerklasse, **Bruttoarbeitslohn**, **Lohnsteuer**, **Solidaritätszuschlag** und Kirchensteuer können Sie der Lohnsteuerbescheinigung (Nr. 3–7) entnehmen. Alle Eintragungen sind mit Cent-Beträgen vorzunehmen. Haben Sie mehrere Lohnsteuerbescheinigungen, dann fassen Sie die Eintragungen der zweiten und aller weiteren (jeweils mit Steuerklasse VI) zusammen.

→ eZEILEN 11–16 Versorgungsbezüge

Versorgungsbezüge, erkennbar aus der Lohnbescheinigung (Nr. 8 ff.), z. B. Beamtenpensionen oder bestimmte Betriebsrenten, sind teilweise steuerfrei. Die Angaben im Vordruck werden für die Berechnung des steuerfreien Teils benötigt. Vertiefend siehe → Pensionen/Betriebsrenten.

In eZeile 12 übernehmen Sie die Bemessungsgrundlage (Nr. 29 der Lohnsteuerbescheinigung), in eZeile 13 das Jahr, in dem der Versorgungsbezug erstmals gezahlt wurde (Nr. 30 der Lohnsteuerbescheinigung) und, wenn der Versorgungsbezug nicht das ganze Jahr gezahlt wurde (eZeile 14), den Monat des ersten bzw. letzten Versorgungsbezugs (Nr. 31 der Lohnsteuerbescheinigung). Sonderzahlungen (z. B. Sterbegeld) oder Nachzahlungen für Vorjahre (Lohnsteuerbescheinigung Nr. 32) sind nochmals aufzuführen (eZeile 15). Nachzahlungen, die **mehrere** Jahre betreffen (Nr. 9 der Lohnsteuerbescheinigung), werden aufgrund der sog. Fünftel-Regelung ermäßigt besteuert (eZeile 16).

→ eZEILEN 17–20 Arbeitslohn für mehrere Jahre/ Entschädigungen

Steuerpflichtige Jubiläumszuwendungen, Entschädigungen (z. B. Abfindungen bei Auflösung des Dienstverhältnisses) oder Lohnnachzahlungen, die mehrere Jahre betreffen (Lohnsteuerbescheinigung Nr. 10, daraus abgeführte Steuern Nr. 11–13), sind ebenfalls steuerlich begünstigt. Bei Entschädigungen (z. B. Abfindungen bei Auflösung des Dienstverhältnisses) werden vom Finanzamt in der Regel die Vertragsunterlagen über Art, Höhe und Zeitpunkt der Zahlung angefordert.

→ ZEILE 21 Arbeitslohn ohne Steuerabzug

Zum steuerpflichtigen Arbeitslohn, von dem Ihr Arbeitgeber keine Lohnsteuer einbehalten hat, gehört z. B. von einem ausländischen Arbeitgeber oder einem Dritten gezahlter Arbeitslohn, nicht jedoch (steuerfreie) Trinkgelder.

→ ZEILEN 22–25 Auslandstätigkeit

Haben Sie (steuerfreien) Arbeitslohn für eine Auslandstätigkeit bekommen, müssen Sie **zusätzlich** die **Anlage N-AUS** abgeben. Ob Sie diese Art von **Arbeitslohn** erhalten haben, können Sie aus Nr. 16 Ihrer Lohnsteuer- oder Gehaltsbescheinigung für den entsprechenden Tätigkeitszeitraum entnehmen; ebenso, ob die Steuerfreiheit aufgrund eines Doppelbesteuerungsabkommens (Eintragung des Lohns in Zeile 22 der Anlage N) oder über den Auslandstätigkeitserlass (Eintragung des Lohns in Zeile 23) erfolgt ist.

→ ZEILE 26 Grenzgänger

Grenzgänger, also Personen, die ihren Arbeitsplatz in Frankreich, Österreich oder der Schweiz haben, aber täglich zu ihrem inländischen Wohnsitz zurückkehren, geben ihr Beschäftigungsland und den Arbeitslohn in der jeweiligen Landeswährung an und füllen, soweit sie bei einem Finanzamt in Baden-Württemberg veranlagt werden, die **Anlage N-Gre** aus. Wenn Sie in der Schweiz arbeiten und Ihnen dort Schweizer Abzugsteuer einbehalten worden ist, kann diese auf die deutsche Steuer angerechnet werden (Zeile 26).

→ ZEILE 27
Aufwandsentschädigung/ Ehrenamtsfreibetrag

Waren Sie nebenberuflich (Arbeitszeit weniger als 1/3 einer Vollerwerbstätigkeit) in einem Arbeitsverhältnis bei einer staatlichen Stelle oder einem gemeinnützigen Verein als Übungsleiter, Ausbilder, Betreuer, Erzieher oder in vergleichbarer Tätigkeit, Künstler oder Pfleger alter, kranker oder behinderter Menschen tätig, ist dafür erhaltener Arbeitslohn (Aufwandsentschädigung) bis zu 2.400 € jährlich steuerfrei (**Übungsleiterpauschale**). Eine Aufwandsentschädigung für eine ehrenamtliche nebenberufliche Tätigkeit als Arbeitnehmer (z. B. als Vorstand, Vereinsmitglied, Platzwart oder sonstiger Helfer) in einem gemeinnützigen Verein oder im mildtätigen bzw. kirchlichen Bereich ist bis zu 720 €/Jahr steuerfrei (**Ehrenamtsfreibetrag**. Vertiefend siehe → Ehrenamt.

→ eZEILE 28
Lohnersatzleistungen

Die im Vordruck genannten Lohnersatzleistungen werden regelmäßig über den Arbeitgeber ausgezahlt (Nr. 15 der Lohnsteuerbescheinigung) und dem Finanzamt elektronisch übermittelt, sodass Eintragungen nur bei unrichtig übermittelten Daten vorzunehmen sind. Andere Lohnersatzleistungen, z. B. Insolvenz-, Arbeitslosengeld von der Bundesagentur für Arbeit, Kranken- und Mutterschaftsgeld von Ihrer Krankenkasse oder Elterngeld, gehören in Zeile 38 des Hauptvordrucks. Lohnersatzleistungen sind zwar steuerfrei, erhöhen jedoch den Steuersatz für die steuerpflichtigen Einkünfte (Progressionsvorbehalt). Vertiefend siehe → Arbeitslosigkeit.

11.3 Werbungskosten (Seiten 2–4)

Werbungskosten

Werbungskosten sind beruflich verursachte Ausgaben, die steuerlich den Bruttoarbeitslohn und damit die Steuer mindern. Im Vordruck sind lediglich die häufigsten Kostenarten aufgeführt (vgl. Erläuterungen zu den Zeilen 46–48), es handelt sich also nicht um eine vollständige Aufzählung. Werbungskosten sind auch dann möglich, wenn Sie noch nicht oder nicht mehr in einem Arbeitsverhältnis stehen (z. B. Bewerbungs-, Berufsausbildungskosten). Vertiefend siehe → Arbeitslosigkeit.

In den Zeilen 31–87 sind die Werbungskosten i. Z. m. „normalen“ Arbeitslohn zu erfassen.

Arbeitnehmerpauschbetrag

Bei jedem Arbeitnehmer, der in einem aktiven Dienstverhältnis steht, wird automatisch ein Betrag von 1.000 € (Arbeitnehmerpauschbetrag) berücksichtigt, wenn er keine höheren Ausgaben geltend macht. Empfängern von Versorgungsbezügen (Nr. 8 und 9 Ihrer Lohnsteuerbescheinigung und Erläuterungen zu den Zeilen 11–16) steht lediglich ein Pauschbetrag von 102 € zu. Waren Sie (einen Teil des Kalenderjahres noch) berufstätig und haben (für den anderen Teil) auch Versorgungsbezüge erhalten, stehen Ihnen beide Pauschbeträge zu. Eintragungen auf den Seiten 2–4 der Anlage N sind in diesen Fällen nur notwendig, wenn Sie höhere Kosten als den (jeweiligen) Pauschbetrag geltend machen können.

TIPP

Tatsächliche Kosten immer prüfen

Prüfen Sie Ihre Werbungskosten sorgfältig, damit Sie kein Geld verschenken. Der Pauschbetrag ist z. B. bereits dann überschritten, wenn Ihre Arbeitsstätte bei einer Fünf-Tage-Arbeitswoche mindestens 15 km von Ihrer Wohnung entfernt ist!

→ ZEILEN 31–38, 40, eZEILE 39

Wege zur ersten Tätigkeitsstätte, Entfernungspauschale

Sie können für die Fahrten zwischen Wohnung und Ihrer (ortsfesten) ersten Tätigkeitsstätte, unabhängig vom benutzten Verkehrsmittel, eine Pauschale von 0,30 € für jeden vollen **Entfernungs**kilometer (**Entfernungspauschale**) geltend machen. Die Regelung gilt auch für Arbeiter, die in einem weiträumigen Tätigkeitsgebiet (z. B. Waldgebiet, Hafen) arbeiten, aber nur bezüglich der Entfernung des zur Wohnung nächstgelegenen Eingangs zum Tätigkeitsgebiet. Auch wenn Sie die Fahrt zur Arbeitsstätte als Mitfahrer oder ganz bzw. teilweise mit einem eigenen oder zur Nutzung überlassenen privaten Pkw oder einem Firmenwagen durchführen, steht Ihnen die Entfernungspauschale zu.

Bei Benutzung öffentlicher Verkehrsmittel sind alternativ die die Entfernungspauschale übersteigenden, höheren tatsächlichen Kosten abzugsfähig (Kennzahlen 114, 134, 154, 174). Auch behinderte Menschen können u. U. höhere Kosten absetzen (s. u.). Flugkosten und Ausgaben für eine Fähre sind in tatsächlicher Höhe abziehbar (Zeile 46). Zusätzlich zur Entfernungspauschale sind Kosten, die durch einen Unfall auf einer Fahrt zur bzw. von der Arbeitsstätte entstanden sind, abzugsfähig (vgl. Erläuterungen zu den Zeilen 47–48).

Soweit Sie kein eigenes oder Ihnen zur Nutzung überlassenes Kfz (z. B. Firmenwagen) benutzen, ist der Gesamtabzug der Entfernungspauschale auf maximal 4.500 € im Jahr begrenzt. Kein Abzug ist für Wegstrecken möglich, auf denen Sie von Ihrem Arbeitgeber (lohnsteuerfrei) mit betrieblichen Fahrzeugen befördert werden (Sammelbeförderung). Dies erkennt das Finanzamt an dem auf der Lohnsteuerbescheinigung (unter Nr. 2) eingetragenen Großbuchstaben **F**. Vertiefend siehe → Entfernungspauschale und → Fahrtkosten.

TIPP

Fahrtkosten bei Einsatzwechseltätigkeit

Sind Sie keiner ortsgebundenen betrieblichen Einrichtung Ihres Arbeitgebers fest zugeordnet und Ihr Tätigkeitsschwerpunkt befindet sich auch nicht dort (Faustregel: weniger als 1/3 der Arbeitszeit bzw. weniger als zwei volle Tage/Woche dort), sondern Sie sind im Wesentlichen z. B. an ständig wechselnden Einsatzorten, auf einem Fahrzeug oder bei Kunden des Arbeitgebers tätig, können Sie im Regelfall höhere Kosten abziehen (vgl. Erläuterungen zu den Zeilen 49 ff.).

→ ZEILEN 31–34
Erste Tätigkeitsstätte

In den Zeilen 31–34 machen Sie Angaben zu Ihrer ersten Tätigkeitsstätte, der Anzahl der Arbeitstage sowie zu Ihren Urlaubs- und Krankheitstagen. Für Arbeitnehmer, die stets zur selben (Arbeitgeber-)Einrichtung (= Sammelpunkt) fahren und von dort aus ihre Tätigkeit beginnen (z. B. Fahrtätigkeit ab Busdepot) oder ihren Tätigkeitsort (z. B. Baustelle) aufsuchen, sind die Fahrten zum Sammelpunkt hier wie Wege zur ersten Tätigkeitsstätte zu erfassen. Keine Sammeltreffpunkte sind privat organisierte Treffpunkte (z. B. Park-and-ride-Parkplätze). Die Zeilen 33 und 34 gelten auch für Arbeitnehmer mit einem weiträumigen Arbeitsgebiet bezüglich der Entfernung zu dem der Wohnung am nächsten liegenden Eingang ins Arbeitsgebiet. Arbeitnehmer, die keiner festen betrieblichen Einrichtung zugeordnet sind (ohne erste Tätigkeitsstätte) bzw. keinen Sammeltreffpunkt arbeitstäglich aufsuchen, sondern direkt auswärts (z. B. bei Kunden, auf Baustellen) tätig werden, nehmen hier keine Eintragungen vor (vgl. Auswärtstätigkeit Zeilen 49 ff.).

→ ZEILEN 35–38
Arbeitstage, maßgebende Entfernung, unterschiedliche Verkehrsmittel

Haben Sie einige Monate im Jahr ein Kfz und die restliche Zeit ein anderes Verkehrsmittel benutzt, dann machen Sie die Angaben in den Zeilen 35–38 jeweils in getrennten Zeilen. Ohne nähere Prüfung erkennt das Finanzamt bei einer Fünf-Tage-Woche 220, bei einer Sechs-Tage-Woche 270 Tage an. Maßgebend ist grundsätzlich die **kürzeste einfache Straßenentfernung** von Ihrer Wohnung zu Ihrer Arbeitsstätte, abgerundet auf volle Kilometer. Eine längere Wegstrecke ist zulässig, wenn sie verkehrsgünstiger ist und von Ihnen regelmäßig benutzt wird. Tragen Sie ein, wie viele Entfernungskilometer an den Tagen Sie jeweils mit Ihrem Pkw und ggf. wie viele Sie mit anderen im Vordruck aufgeführten Verkehrsmitteln zurückgelegt haben. Geben Sie hier auch an, ob und wie viele Entfernungskilometer Ihr Arbeitgeber Sie im Rahmen einer Sammelbeförderung gefahren hat. Vertiefend siehe → Entfernungspauschale.

→ ZEILEN 35–38
Fahrgemeinschaften

Bei Fahrgemeinschaften füllen Sie für die Tage, an denen Sie gefahren sind, eine Zeile aus und getrennt eine weitere Zeile für die Tage, an denen Sie mitgenommen worden sind. Für die „Mitfahrtage" gilt der Höchstabzugsbetrag von 4.500 €. **Ehegatten**, die gemeinsam zur Arbeit fahren, können – auch bei gleicher Arbeitsstätte – beide jeweils die Entfernungspauschale beanspruchen. Vertiefend siehe → Entfernungspauschale.

→ ZEILEN 35–38
Öffentliche Verkehrsmittel

Sind die jährlichen Kosten für öffentliche Verkehrsmittel (vorletzte Spalte der Zeilen 35–38) höher als die entsprechende Jahresentfernungspauschale, werden sie berücksichtigt.

→ ZEILEN 35–38
Behinderte Menschen

Behinderte Menschen (Behinderungsgrad mindestens 70 % oder 50 % und eine erhebliche Gehbehinderung mit Merkzeichen „G" oder „aG" im Behindertenausweis) können die tatsächlichen Kosten bzw. eine höhere Kilometerpauschale absetzen (letzte Spalte Eintragung „1"). Vertiefend siehe → Entfernungspauschale und → Behinderte Menschen.

→ eZEILE 39
Arbeitgeberersatz

Hat Ihr Arbeitgeber Ihnen ein kostenloses oder verbilligtes Job-Ticket überlassen oder Fahrtkosten für Wege zur ersten Tätigkeitsstätte steuerfrei ersetzt oder den Ersatz pauschal versteuert (Nr. 17 oder 18 Ihrer Lohnsteuerbescheinigung), mindert dies den Werbungskostenabzug.

→ ZEILE 41
Berufsverbände, Gewerkschaften

Abzugsfähig sind z. B. Mitgliedsbeiträge, Aufnahmegebühren und Umlagen an Berufsverbände wie Gewerkschaften, Beamten-, Referendarverbände, Anwaltskammern, den Verein Deutscher Ingenieure (VDI), den Marburger Bund oder den Bundesverband des Schornsteinfegerhandwerks.

→ ZEILEN 42, 43
Arbeitsmittel

Zu den Arbeitsmitteln gehören z. B. Aufwendungen für Fachbücher, Fachzeitschriften, beruflich verwendete Literatur, typische Berufskleidung oder Werkzeug. Vertiefend siehe → Abschreibungen/Arbeitsmittel und → Arbeits-/Berufskleidung.

Geben Sie im Erklärungsvordruck oder auf einem gesonderten Blatt die Arbeitsmittel einzeln an. I. d. R. werden Aufwendungen bis 110 € ohne nähere Prüfung akzeptiert.

→ ZEILE 44
Arbeitszimmer

Aufwendungen für ein häusliches Arbeitszimmer sind je nach Sachverhalt in voller Höhe, bis zu 1.250 € jährlich oder gar nicht abzugsfähig. Vertiefend siehe → Arbeitszimmer.

Dort können Sie auch nachlesen, wie Kosten z. B. für eine Arbeitsecke in einem ansonsten privat genutzten Raum bzw. für beruflich und privat genutzte Zimmer steuerlich behandelt werden.

Auch wenn Sie die Kosten für ein Arbeitszimmer steuerlich nicht ansetzen können, sind die Aufwendungen für im Zimmer befindliche Arbeitsmittel, z. B. Schreibtisch, Regale etc. bei so gut wie ausschließlich beruflicher Nutzung voll abzugsfähig.

→ ZEILE 45
Fortbildungskosten

Abziehen können Sie außer Fortbildungskosten für die Weiterbildung im ausgeübten Beruf auch Umschulungskosten, Ausgaben einer zweiten Ausbildung oder eines Studiums nach abgeschlossener (erster) Berufsausbildung. Vertiefend siehe → Fortbildung/Fachtagungen.

Oft fallen i. Z. m. der Fortbildung Reisekosten an (vgl. Zeilen 49 ff.).

→ ZEILEN 46–48
Weitere Werbungskosten

Abzugsfähig sind z. B. die tatsächlichen Kosten für die Benutzung einer Fähre oder eines Flugzeugs für Wege zur ersten Tätigkeitsstätte oder Unfallkosten i. Z. m. Fahrten dorthin (Zeile 46). Ab Zeile 47 ist Platz für weitere im Vordruck nicht aufgeführte Werbungskosten. Reicht Ihnen der Platz nicht aus, machen Sie die Angaben auf einem gesonderten Blatt.

Eine Checkliste häufig vorkommender Werbungskosten wie etwa Steuerberatungskosten oder Umzugskosten finden Sie in alphabetischer Reihenfolge im Wegweiser auf der ersten Seite des Lexikonteils. Von dort aus werden Sie weiterverwiesen.

Denken Sie auch an berufliche Versicherungen wie Berufshaftpflicht- oder Reisegepäckversicherung für Auswärtstätigkeiten. Werden sowohl berufliche als auch private Bereiche abgedeckt, können Sie pauschal 50 % der Beiträge bei den Werbungskosten geltend machen. Auch beruflich veranlasste Telekommunikationskosten (Telefon, Internet) sind abzugsfähig. Fallen bei Ihnen erfahrungsgemäß derartige Aufwendungen an, können Sie pauschal 20 % der Kosten, max. 20 €/Monat abziehen.

→ ZEILEN 49–57
Beruflich veranlasste Auswärtstätigkeiten

Arbeitnehmer, die keine erste Tätigkeitsstätte haben (keine dauerhafte Zuordnung und weniger als 1/3 der Arbeitszeit bzw. wöchentlich maximal zwei Tage an einer ortsfesten Einrichtung des Arbeitgebers bzw. eines vom Arbeitgeber bestimmten Dritten tätig), üben eine **Auswärtstätigkeit** (wechselnde Einsatzstellen, Fahrtätigkeit) aus und können Reisekosten als Werbungskosten abrechnen. Dasselbe gilt für Arbeitnehmer, die sich aus beruflichen Gründen vorübergehend außerhalb der Wohnung und der ersten Tätigkeitsstätte aufhalten (z. B. Dienstreise). Vertiefend siehe → Reisekosten.

Die abzugsfähigen Reisekosten sind in Fahrt-, Übernachtungs-, Reisenebenkosten (Zeile 50) und Mehraufwendungen für Verpflegung (Zeilen 52–56) eingeteilt.

→ ZEILE 49
Firmenwagen, Sammelbeförderung

Wird für die Fahrten ein Firmenwagen benutzt oder erfolgt die Beförderung zum Einsatzort durch den Arbeitgeber (mittels Sammelbeförderung), können mangels tatsächlicher Aufwendungen keine Fahrtkosten abgezogen werden.

→ ZEILE 50
Fahrtkosten, Übernachtungs-, Reisenebenkosten

Fahrt-, Übernachtungs- und Reisenebenkosten sind in tatsächlicher Höhe abzugsfähig. Wenn Sie ein privates Verkehrsmittel nutzen, können Sie entweder die tatsächlichen Kosten je Kilometer nachweisen oder ohne Kostennachweis bei Kfz-Nutzung 0,30 €/km, bei anderen motorbetriebenen privaten Verkehrsmitteln 0,20 €/km absetzen. Zu den Reisenebenkosten gehören im Wesentlichen Parkgebühren, Unfallkosten sowie Reiseversicherungen und der (Rest-)Wert der während der Auswärtstätigkeit gestohlenen Reiseausrüstung. Stellen Sie die Kosten am besten auf einem gesonderten Blatt zusammen. Vertiefend siehe → Reisekosten.

→ ZEILEN 52–56
Mehraufwendungen für Verpflegung

Als Verpflegungskosten sind nur die beruflich veranlassten Mehraufwendungen pauschal abzugsfähig. Der Pauschbetrag beträgt bei mehrtägigen Auswärtstätigkeiten mit Übernachtung für Anreise- und Abreisetage jeweils 12 €, für die Zwischentage (24-stündige Abwesenheit) 24 € (Zeilen 53–54), bei eintägigen Auswärtstätigkeiten bzw. mehrtägigen ohne Übernachtung (über Mitternacht hinaus) 12 €, wenn Sie insgesamt mehr als acht Stunden abwesend waren (Zeile 52). Hat Ihr Arbeitgeber Mahlzeiten gestellt, sind die Pauschalen (bis max. 0 €) zu kürzen (Zeile 55). Haben Sie Zuzahlungen leisten müssen, verringert sich der Kürzungsbetrag (konkret auf jede Mahlzeit bezogen). Ihr Arbeitgeber wird die Mahlzeitengestellung in der Lohnsteuerbescheinigung mit dem Buchstaben **M** ausweisen. Für Tätigkeiten im Ausland gelten je Land unterschiedlich hohe Pauschbeträge (Zeile 56).

→ ZEILEN 51, 57
Arbeitgeberersatz

Hat Ihr Arbeitgeber Ihnen Reisekosten (bis zur Höhe des möglichen Werbungskostenabzugs) steuerfrei ersetzt (Nr. 20 der Lohnsteuerbescheinigung), mindert der Kostenersatz die abzugsfähigen Werbungskosten.

→ ZEILEN 61–87
Doppelte Haushaltsführung

Eine steuerlich berücksichtigungsfähige doppelte Haushaltsführung liegt grundsätzlich vor, wenn Sie einen eigenen Hausstand führen und aus beruflichem Anlass (z. B. Versetzung, Arbeitgeberwechsel) einen zweiten Haushalt (Zweitunterkunft) in der Nähe Ihrer ersten Tätigkeitsstätte unterhalten müssen.

Während eine doppelte Haushaltsführung stets eine berufliche Tätigkeit **an der ersten Tätigkeitsstätte** erfordert, führt jede vorübergehende berufliche Tätigkeit **außerhalb** der ersten Tätigkeitsstätte zum (höheren) Reisekostenabzug. Ein beruflich veranlasster zweiter Haushalt ist auch möglich, wenn der Familienhausstand (aus privaten Gründen) vom Arbeitsort wegverlegt wird und in Zusammenhang damit am Arbeitsort ein zweiter Haushalt entsteht (Wegverlegungsfälle).

Zu den Voraussetzungen und dem Kostenabzug bei einer steuerlich anzuerkennenden doppelten Haushaltsführung. Vertiefend siehe → Doppelte Haushaltsführung.

→ ZEILEN 61–68
Notwendige Angaben

Im Vordruck müssen Sie in diesen Zeilen die Angaben zum Grund der doppelten Haushaltsführung, zum auswärtigen Beschäftigungsort und zum Zeitpunkt der Gründung des zweiten Hausstands machen sowie darüber, ob Sie an Ihrem Hauptwohnsitz einen eigenen Hausstand unterhalten. Anhand dieser Angaben prüft das Finanzamt, ob ein Kostenabzug möglich ist.

Liegt der Zweithaushalt im Ausland (Zeile 65), gelten Sonderregelungen bezüglich der abzugsfähigen Kosten. Ist der doppelten Haushaltsführung eine Auswärtstätigkeit von drei oder mehr Monaten unmittelbar vorausgegangen, können Sie keine Verpflegungsmehraufwendungen mehr geltend machen (Zeile 68).

→ ZEILE 69
Wahlrecht

Sind Sie mehr als einmal wöchentlich zum eigenen Hausstand gefahren, kann es steuerlich günstiger sein, auf den Kostenabzug wegen doppelter Haushaltsführung zu verzichten und stattdessen alle tatsächlich durchgeführten Fahrten als Wege zwischen Wohnung und erster Tätigkeitsstätte (Zeilen 31–39) anzugeben. Vertiefend siehe → Doppelte Haushaltsführung.

Abzugsfähige Kosten

Die Zeilen 70–85 betreffen die im Rahmen einer doppelten Haushaltsführung abzugsfähigen Kosten.

→ ZEILEN 70–78
Fahrtkosten

In den Zeilen 71–78 können Sie die Aufwendungen für Fahrten zwischen Ihrem Hauptwohnsitz (eigener Hausstand) und Ihrem (auswärtigen) Tätigkeitsort eintragen. Für (teilweise) mit einem Firmenwagen durchgeführte Fahrten oder bei Beförderung durch den Arbeitgeber im Rahmen einer unentgeltlichen Sammelbeförderung sind keine Fahrtkosten abzugsfähig (Zeile 70).

Die Kosten der **ersten Fahrt** zu Beginn und (soweit zutreffend) letzten Fahrt am Ende der doppelten Haushaltsführung sind grundsätzlich in tatsächlicher Höhe abziehbar (Kosten bei Benutzung öffentlicher Verkehrsmittel Zeile 73, bei Kfz-Nutzung ohne Nachweis 0,30 €/km in Zeile 71, bei Nutzung eines anderen motorgetriebenen privaten Verkehrsmittels 0,20 €/km).

In den Zeilen 74–77 tragen Sie die Kosten für eine Familienheimfahrt wöchentlich ein, soweit Sie diese tatsächlich durchgeführt haben. Wenn Sie nicht behindert sind, erhalten Sie, unabhängig vom benutzten Verkehrsmittel, eine Entfernungspauschale von 0,30 € je Entfernungskilometer (Zeile 74). Diese Pauschale steht Ihnen auch zu, wenn Sie keine Kosten hatten (Ausnahme: Sammelbeförderung oder Firmenwagennutzung). Haben Sie öffentliche Verkehrsmittel benutzt, können Sie stattdessen höhere tatsächliche Kosten (Zeile 75) absetzen. Sind Sie geflogen, sind nur die tatsächlichen Kosten abzugsfähig (Zeile 78). Behinderte können bei Kfz-Nutzung eine Entfernungspauschale von 0,60 €/km oder die tatsächlichen Kfz-Kosten (Zeile 76) geltend machen. Bei Benutzung öffentlicher Verkehrsmittel sind auch die Pauschale übersteigende Kosten abzugsfähig (Zeile 77).

Auch die Kosten infolge eines Unfalls auf einer derartigen Fahrt können Sie absetzen (Zeile 85).

Angaben für Fahrten zwischen Ihrer Zweitwohnung und Ihrer ersten Tätigkeitsstätte gehören in die Zeilen 31–39.

→ ZEILEN 79–80
Unterkunft am Beschäftigungsort

Der Abzug der tatsächlichen Kosten für die zweite Unterkunft (Miete, Nebenkosten, Reparaturen, Garagen-, Stellplatzmiete) ist – unabhängig von der Wohnungsgröße – auf einen monatlichen Höchstbetrag von 1.000 € bzw. jährlich 12.000 € begrenzt (Zeilen 79, 80), wenn Sie im Inland liegt. Kosten für die notwendige Möblierung und Küchenausstattung sowie Maklerkosten sind zusätzlich abzugsfähig (Zeile 85).

→ ZEILEN 81–84
Verpflegung

Die Pauschalen für Verpflegungsmehraufwendungen sind nur für die ersten drei Monate ab Bezug der Zweitunterkunft absetzbar. Maßgebend für die Höhe der Pauschbeträge ist jeweils die tägliche Abwesenheit von der Lebensmittelpunktwohnung (Hauptwohnung). An den An-und Abreisetagen (am Wochenende) sind jeweils 12 € abzugsfähig, an ganztätigen Abwesenheitstagen 24 €. Liegt die Zweitunterkunft im Ausland, gelten je nach Land andere Pauschbeträge (Zeile 84).

→ ZEILE 85
Umzugskosten, Einrichtung, Telefonate

In Zeile 85 können Sie weitere durch die doppelte Haushaltsführung entstandene Kosten geltend machen. Dazu gehören im Wesentlichen Aufwendungen für die notwendige Einrichtung der Zweitwohnung (Möbel, Ausstattungsgegenstände) sowie Telefongebühren für Gespräche mit der Familie (bis zur Höhe eines 15-minütigen Gesprächs wöchentlich) für alle Wochen, in denen keine Familienheimfahrt stattgefunden hat. Außerdem sind tatsächlich entstandene Umzugs- sowie Renovierungskosten und Maklergebühren bei Bezug bzw. bei Aufgabe der Zweitunterkunft mit dem Rückumzug zur Hauptwohnung abzugsfähig (Fahrtkosten, Verpflegungspauschalen). Keine Umzugskosten sind in den Wegverlegungsfällen (s.o.) abzugsfähig, da der Umzug hier privat veranlasst ist. Vertiefend siehe → Umzugskosten.

→ ZEILE 87
Arbeitgeberersatz

Hat Ihnen z. B. Ihr Arbeitgeber, Aufwendungen ersetzt (Nr. 21 Ihrer Lohnsteuerbescheinigung), ist der Kostenersatz (Zeile 87) bis zur Höhe eines möglichen Werbungskostenabzugs (Zeile 85) steuerfrei. Entsprechend verringern sich die abzugsfähigen Aufwendungen.

→ ZEILEN 91 ff.
Werbungskosten in Sonderfällen

Erfassen Sie ab Zeile 91 Werbungskosten i. Z. m. Versorgungsbezügen (z. B. Kosten der Renten- und Steuerberatung, Gerichtskosten). Automatisch berücksichtigt das Finanzamt einen Werbungskostenpauschbetrag von 102 €. Hier sind auch Werbungskosten i. Z. m. ermäßigt besteuerten Entschädigungen oder Arbeitslohn für mehrere Jahre (Zeile 93) sowie steuerfreiem Arbeitslohn (Zeile 94) oder Lohn für eine Inlandstätigkeit, wenn ein (weiterer) Wohnsitz in Belgien vorhanden ist. Diese Kosten dürfen nicht auf den Seiten 2 und 3 eingetragen werden.

Checkliste Anlage N

Folgende Abzugsmöglichkeit geprüft? Vgl. Ausfüllhinweise zur Zeile!

Ohne Einzelnachweis können Sie geltend machen: ☐

- für Arbeitsmittel (einschließlich Arbeitskleidung) 110 € (Zeilen 42, 43)
- für beruflich veranlasste Kontoführungsgebühren 16 € (Zeile 47)
- Beiträge zu Gewerkschaften bzw. Berufsverbänden, wenn Sie den Berufsverband namentlich nennen (Zeile 41)
- Telekommunikationskosten (Telefon, Internet), pauschal 20 % der Kosten, max. 20 €/Monat, wenn bei Ihnen erfahrungsgemäß derartige Aufwendungen anfallen (Zeilen 47, 48)

Beruflich veranlasste Versicherungen ☐

„Gemischte" Versicherungen (z. B. Privathaftpflicht, die auch berufliche Bereiche abdeckt) sind ggf. teilweise abzugsfähig (Zeilen 47, 48).

Folgende Abzugsmöglichkeit geprüft? Vgl. Ausfüllhinweise zur Zeile!

Wege zur ersten Tätigkeitsstätte (Arbeitsstätte) ☐
Die Entfernungspauschale erhalten Sie auch dann, wenn Sie keine Aufwendungen hatten (Ausnahme: Sammelbeförderung durch den Arbeitgeber) (Zeilen 31–39).
Sind Ihre tatsächlichen Kosten für öffentliche Verkehrsmittel im Jahr höher als die Jahresentfernungspauschale, können Sie die tatsächlichen Kosten absetzen (Zeilen 35–38, vorletzte Spalte).
Unfallkosten sind zusätzlich zur Entfernungspauschale abzugsfähig (Zeilen 46–48).
Sind Sie behindert, steht Ihnen für Wege zur Arbeitsstätte möglicherweise ein höherer Kostenabzug zu (Zeilen 35–38, vorletzte Spalte).

Sie haben nach Abschluss einer Berufsausbildung eine Umschulung bzw. eine zweite Berufsausbildung gemacht oder studiert? ☐
Die Kosten sind (vorwegegenommene) Werbungskosten (Zeile 45).

Sie üben eine Auswärtstätigkeit aus (Dienstreise, Tätigkeit auf einem Fahrzeug, Beschäftigung an wechselnden Einsatzstellen bzw. Tätigkeit außerhalb der ersten Tätigkeitsstätte)? ☐
Sie können Reisekosten (Fahrtkosten, Verpflegungspauschalen) in den Zeilen 49–57 geltend machen.

Sie unterhalten zwei Haushalte? ☐
Prüfen Sie, ob die Kosten des zweiten Haushalts steuerlich abzugsfähig sind (Zeilen 61–87).
Prüfen Sie – unabhängig davon, ob eine doppelte Haushaltsführung steuerlich anzuerkennen ist – ob die Fahrten von der weiter entfernt liegenden Wohnung abzugsfähig sind (Zeilen 31–39).

Haben Sie ein häusliches Arbeitszimmer? ☐
Auch wenn Sie die Kosten des Arbeitszimmers nicht geltend machen können (Zeile 44), sind die Aufwendungen für im Arbeitszimmer befindliche Arbeitsmittel abzugsfähig (Zeilen 42, 43).

12 Anlage KAP (Einkünfte aus Kapitalvermögen)

12.1 Allgemein

WICHTIG

Für das Vz. 2019 gibt es für die Erklärung von Kapitaleinkünften drei Vordrucke:

- Die Anlage KAP
- Die Anlage KAP-BET
- Die Anlage KAP-INV

Wann die Anlage KAP ausgefüllt werden muss

Durch die Einführung der Abgeltungsteuer (25 % Kapitalertragsteuer auf Kapitalerträge) ist die Besteuerung im Regelfall erledigt und die Abgabe der Anlage KAP nicht notwendig. Vertiefend siehe → Kapitalanlagen.

In folgenden (Ausnahme-)Fällen müssen bzw. sollten Sie die **Anlage KAP** aber ausfüllen:

- Ihr persönlicher (Spitzen-)Steuersatz liegt unter 25 % und Sie möchten die von der Bank zu hoch einbehaltene Kapitalertragsteuer erstattet bekommen („Günstigerprüfung").
- Sie haben im Veranlagungsjahr weniger als 801 € (Ehegatten 1.602 €) Kapitalerträge erzielt, aber weil Sie keinen bzw. einen zu niedrigen Freistellungsauftrag erteilt hatten, wurde von der Bank Steuer einbehalten.
- Sie haben mit Ihren Freistellungsaufträgen den Sparer-Pauschbetrag nicht ausgenutzt, sodass Steuer einbehalten wurde.
- Sie haben Verluste aus Börsengeschäften (z. B. Aktienverkäufen) erlitten, die von der Bank intern nicht mit Gewinnen verrechnet werden konnten.
- Sie haben steuerpflichtige Kapitalerträge bekommen, die nicht der Abgeltungsteuer unterlegen haben (z. B. aus privaten Darlehen oder ausländischen Geldanlagen).

- Sie wollen bisher von der Bank nicht berücksichtigte, ausländische Quellensteuer auf die Einkommensteuer anrechnen lassen.
- Sie haben, obwohl Sie kirchensteuerpflichtig sind, einen Sperrvermerk zur Mitteilung der Kirchensteuermerkmale eintragen lassen, sodass die Bank keine Kirchensteuer einbehalten hat.
- Sie wollen als Beteiligter an einer Kapitalgesellschaft (unternehmerische Beteiligung) die Erträge (freiwillig) nach dem Teileinkünfteverfahren mit der tariflichen Einkommensteuer besteuern lassen, um gleichzeitig hohe Ausgaben (insbesondere Finanzierungskosten) als Werbungskosten geltend machen zu können.
- Ihre Bank hat beim Steuerabzug eine zu geringe Ersatzbemessungsgrundlage angewandt.
- Sie haben Kapitalerträge erzielt, die zu einer anderen Einkunftsart (z. B. Einkünfte aus Gewerbebetrieb) gehören und für die anrechenbare Steuern angefallen sind.
- Sie haben bestandsgeschützte Alt-Investmentfonds-Anteile i. S. d. § 56 Abs. 6 Satz 1 Nr. 2 InvStG veräußert.

Wann die Anlage KAP-BET ausgefüllt werden muss

- Die Anlage KAP-BET ist auszufüllen, wenn Sie aus Beteiligungen stammende Einkünfte aus Kapitalvermögen und anrechenbare Steuern haben, die gesondert und einheitlich festgestellt werden.

Wann die Anlage KAP-INV ausgefüllt werden muss

- Die Anlage KAP-INV ist auszufüllen, wenn Sie Investmenterträge erzielt haben, die nicht dem inländischen Steuerabzug unterlegen haben.

Jeder Ehegatte benötigt eine eigene Anlage KAP sowie bei Bedarf die Anlagen KAP-BET und/oder KAP-INV.

Überblick

Im Bedarfsfall ausfüllen	
Anlage KAP Seite 1	**Kapitalerträge mit einbehaltener Kapitalertragsteuer (Anlage KAP Zeilen 7–11)** Tragen Sie hier die inländischen Kapitalerträge sowie die Erlöse aus der Veräußerung von Wertpapieren und anderen Börsengeschäften auf dem Kapitalmarkt ein, für die von der Bank Steuer einbehalten worden ist. **Angaben zum Sparer-Pauschbetrag (Anlage KAP Zeilen 12, 13)** **Kapitalerträge ohne Steuerabzug (Anlage KAP Zeilen 14–19)** Einzutragen sind alle Zinserträge, die mit dem Abgeltungsteuersatz von 25 % steuerpflichtig sind, bei denen aber keine Kapitalertragsteuer einbehalten wurde (z. B. Zinsen aus privaten Darlehen sowie Zinsen und Beteiligungserträge aus Geldanlagen bei ausländischen Banken). **Kapitalerträge mit persönlichem Steuersatz (Anlage KAP Zeilen 20–27)** Zinserträge aus stillen Gesellschaften und partiarischen Darlehen sowie auf Antrag Erträge aus der Beteiligung an einer Kapitalgesellschaft werden mit dem persönlichen Steuersatz bzw. dem Teileinkünfteverfahren besteuert.
Anlage KAP Seite 2	**Anzurechnende Steuern (Anlage KAP Zeilen 48–56)** Einzutragen sind von der Bank einbehaltene inländische und ausländische Steuern.
Anlage KAP-BET	**Erträge aus Beteiligungen (Anlage KAP-BET Zeilen 1–22) sowie dazugehörige Steuerabzugsbeträge (Anlage KAP-BET Zeilen 31–39)** Hierher gehören Kapitalerträge, die Ihnen als Beteiligter einer Gemeinschaft (z. B. Erbengemeinschaft) zugeflossen sind. Auch hier wird zwischen den oben genannten Gruppen unterschieden. Die Angaben sind dem Feststellungsbescheid der Gesellschaft zu entnehmen.
Anlage KAP-INV Seite 1	**Laufende Erträge aus Investmentanteilen, die nicht dem inländischen Steuerabzug unterlegen haben (Anlage KAP-INV Zeilen 1–13)** Die Angaben sind der Steuerbescheinigung der Depotbank zu entnehmen. **Gewinne aus der Veräußerung von Investmentanteilen, die nicht dem inländischen Steuerabzug unterlegen (Anlage Kap-INV Zeilen 14–28)** Die Ermittlung nehmen Sie auf Seite 2 vor. **Zwischengewinne nach dem Investmentsteuergesetz 2004 (Anlage KAP-INV Zeile 29)**
Anlage KAP-INV Seite 2	**Ermittlung der Vorabpauschalen (Anlage KAP-INV Zeilen 31–46)** **Ermittlung der Veräußerungsgewinne zu Zeilen 9–28 (Anlage KAP-INV Zeilen 47–57)**

Allgemeine Übersicht

Kapitalerträge sind Erträge aus der Überlassung von Kapital (z. B. Zinsen oder Dividende). Zu den Kapitalerträgen gehören auch Erlöse aus Börsengeschäften bzw. „Spekulationsgeschäften" (Wertpapierverkäufe, Optionen, Termingeschäfte, Futures etc.).

Als Einnahme auf der Anlage KAP ist im Normalfall die volle Höhe des Kapitalertrags einschließlich der eventuell einbehaltenen Steuern (Kapitalertrag-, Kirchen-, Quellensteuer) anzugeben (Anlage KAP Zeilen 7–47). Bei einigen Eintragungen (z. B. Zeilen 21 und 22) sind dagegen nur die Einkünfte (Einnahmen abzüglich Ausgaben) zu erfassen. Die einbehaltenen Steuern sind in den Zeilen 48–57 einzutragen.

Auf den Zinsbescheinigungen der Banken sind im Normalfall die Zeilen der **Anlage KAP** angegeben, in denen der jeweilige Kapitalertrag zu erfassen ist.

Steueranrechnung, Steuerbescheinigung

Falls eine Anrechnung der einbehaltenen Steuern auf die Einkommensteuer möglich ist, müssen Sie dazu die **Originalsteuerbescheinigungen** Ihrer Bank(en) beifügen.

→ZEILEN 4–6

Grund für die Abgabe der Anlage KAP

Sind Sie sich nicht sicher, ob Ihr Grenzsteuersatz niedriger als 25 % ist, dann füllen Sie die Anlage KAP aus, wenn die Bank bei Ihnen Steuer einbehalten hat. Das Finanzamt prüft, ohne dass Ihnen Nachteile entstehen. In diesem Fall (Eintrag „1" in Zeile 4), müssen Sie **sämtliche** Kapitalerträge angeben und auch insbesondere Angaben zum bisher in Anspruch genommenen Sparer-Pauschbetrag (= aufgrund eines Freistellungsauftrags freigestellte Zinsen) in Zeile 12 machen. Außerdem sind die bisher von der Bank einbehaltenen Steuern (Anlage KAP, Zeilen 48–53) anzugeben und die Steuerbescheinigungen beizufügen.

Die Anträge lt. den Zeilen 4, 5 und 24 können unabhängig voneinander gestellt werden. Der Antrag auf Günstigerprüfung (Zeile 4) ersetzt nicht den Antrag auf Anwendung der tariflichen Einkommensteuer (Zeile 24).

TIPP

Von der Bank einbehaltene Kirchensteuer als Sonderausgaben

Machen Sie vorsorglich die von der Bank einbehaltene Kirchensteuer bei den Sonderausgaben (Hauptvordruck Zeile 43) geltend. Der Sonderausgabenabzug ist aber nur möglich, wenn die „Günstigerprüfung" erfolgreich war, d. h. die Steuer auf die Kapitalerträge nicht mit dem Abgeltungsteuertarif, sondern mit Ihrem individuellen Steuersatz versteuert wird (aus dem Steuerbescheid erkennbar daran, dass die Kapitalerträge in die Berechnung des zu versteuernden Einkommens einbezogen werden). Prüfen Sie Ihren Steuerbescheid entsprechend auf den korrekten Sonderausgabenabzug!

Den Antrag in Zeile 5 (Eintragung „1") stellen Sie z. B., wenn Sie Ihre Freistellungsaufträge ungünstig verteilt haben und Ihnen infolgedessen zu viel Abgeltungsteuer (Kapitalertragsteuer) einbehalten worden ist oder wenn Sie Verluste aus Börsengeschäften erlitten haben, die bankintern nicht mit Gewinnen verrechnet werden konnten. In diesen Fällen reicht es aus, nur die „falsch" besteuerten Erträge (Anlage **KAP** Zeilen 7–11; Spalte 1) und die von Ihnen korrigierten (z. B. um Verluste geminderten) Erträge (Spalte 2) anzugeben (Erläuterungen bitte auf einem separaten Blatt beifügen). In diesen Fällen sind Eintragungen bezüglich des bisher in Anspruch genommenen Sparer-Pauschbetrags (freigestellte Beträge) in den Zeilen 12 **und** 13 notwendig. Ebenso Eintragungen zu bisher einbehaltenen Steuern (Anlage **KAP** Zeilen 48–53). Treffen mehrere der genannten Gründe zu, sind entsprechend mehrere Eintragungen in den Zeilen 4–6 notwendig. In allen anderen Fällen reicht es aus, auf der Anlage KAP nur die Zeilen auszufüllen, die Kapitalerträge betreffen, bei denen durch die Kapitalertragsteuer (Abgeltungsteuer) die Besteuerung nicht erledigt ist.

→ZEILEN 7–11
Kapitalerträge mit Steuerabzug

In den Zeilen 7–11 erklären Sie, soweit notwendig (s. o.), Ihre Kapitalerträge, bei denen die Bank 25 % Kapitalertragsteuer (Abgeltungsteuer) sowie Solidaritätszuschlag und ggf. Kirchensteuer einbehalten hat. Die Beträge können Sie i. d. R. der Bescheinigung der Bank entnehmen. Dazu gehören auch Gewinne aus Börsengeschäften (Spekulationsgeschäfte). Vertiefend siehe → Spekulationsgeschäfte.

Hierzu gehören auch die Erträge aus Investmentfonds, soweit die Depotbank dafür Abzugsteuern einbehalten hat. Nur wenn Sie Erträge aus Investmentfonds erzielt haben, für die keine Abzugsteuern einbehalten wurden, benötigen Sie die Anlage KAP-INV.

Erträge aus Bausparverträgen (Zinsen, Bonus), die **nicht** i. Z. m. einem vermieteten Objekt stehen, sind ebenfalls hier zu erfassen. Dagegen gehören Bausparzinsen in Zusammenhang z. B.

mit einem Mietshaus zu den Mieteinkünften (**Anlage V,** Zeile 19).

Zu den Veräußerungsgewinnen zählen z. B. Gewinne aus Aktienverkäufen (zusätzlich zu erfassen in Zeile 8) und dem Verkauf von GmbH-Anteilen sowie der Veräußerung von Zertifikaten und Futures, ebenso wie erhaltene Stillhalterprämien bei Optionsgeschäften. Gezahlte Glattstellungsprämien mindern die Einnahmen. Dies gilt aber nur, sofern die Anschaffung der Papiere bzw. das Geschäft nach 2008 erfolgt ist. Ansonsten sind die (Spekulations-)Erträge nicht steuerpflichtig.

Verkäufe von Aktien oder GmbH-Anteilen sind auf der **Anlage G** zu erfassen, wenn Sie zu mindestens 1 % an der Gesellschaft beteiligt sind. Sie unterliegen dem Teileinkünfteverfahren.

→ZEILE 8a
Veräußerung bestandsgeschützter Alt-Anteile

Soweit in den Erträgen (Anlage KAP Zeile 7) Veräußerungsgewinne/-verluste aus bestandsgeschützten Alt-Anteilen enthalten sind) , sind diese hier einzutragen. Der Freibetrag von 100.000 € wird vom Finanzamt berücksichtigt.

Für die Erfassung der Kapitalerträge spielt es keine Rolle, ob es sich um in- oder ausländische Kapitalerträge handelt. Die ausländische Quellensteuer kann direkt auf die deutsche Steuer angerechnet werden (Anlage **KAP** Zeilen 51–53). Die **Anlage AUS** wird für ausländische Kapitalerträge nicht benötigt.

→ZEILEN 10, 11
Veräußerungsverluste

Verluste aus der Veräußerung von Wertpapieren dürfen nur mit (zukünftigen) Gewinnen aus derartigen Geschäften verrechnet werden. Dabei ist zwischen Verlusten aus der Veräußerung von Aktien (Eintragung in Zeile 11) und Verlusten aus anderen Börsengeschäften (Eintragung in Zeile 10) zu unterscheiden.

→ZEILEN 14–19
Kapitalerträge ohne Steuerabzug

In diesen Zeilen sind Kapitalerträge zu erklären, bei denen keine Steuer einbehalten worden ist, die aber dem Abgeltungsteuersatz von 25 % unterliegen und deshalb im Rahmen der Einkommensteuerveranlagung nachversteuert werden müssen. Dazu zählen vor allem Zinsen, die Sie für privat gegebene Darlehen erhalten haben (Anlage KAP Zeile 14; vgl. aber auch Anmerkungen zu den Zeilen 20–25 bei Darlehen an Angehörige), von ausländischen Banken direkt (ohne eine inländische Bank) ausgezahlte Zinsen oder „Spekulationsgeschäfte“, die über ausländische Banken abgewickelt wurden. Aktienverkäufe sind zusätzlich in Zeile 16 zu erklären. Vom Finanzamt erhaltene Erstattungszinsen für Steuererstattungen aus früheren Jahren sind ebenfalls mit dem Abgeltungstarif (25 %) zu versteuern (Anlage KAP Zeile 19).

Nicht hier zu erfassen sind Erträge aus Investmentfonds, für die keine Abzugsteuern einbehalten wurden. Hierfür benötigen Sie die Anlage KAP-INV.

12.2 Weitere Angaben

→ZEILEN 20–25
Individueller Steuersatz, Darlehen an Angehörige, stille Gesellschaften, partiarische Darlehen

Für die wenigen Kapitalerträge, die nicht dem Abgeltungsteuersatz von 25 % unterliegen, sondern mit dem persönlichen (tariflichen) Steuersatz, eventuell unter Berücksichtigung des Teileinkünfteverfahrens, versteuert werden müssen, sind die Zeilen 20–25 vorgesehen. Ausgaben i. Z. m. derartigen Erträgen können Sie als Werbungskosten geltend machen, wenn diese den Sparer-Pauschbetrag übersteigen. Einzutragen sind im Vordruck deshalb nicht die Erträge, sondern die nach Abzug der Ausgaben verbleibenden **Einkünfte**.

Zu dieser Gruppe gehören private Darlehen an Angehörige oder „eigene" Gesellschaften, aber nur, wenn derjenige, der das Darlehen bekommen hat, die Schuldzinsen steuerlich als Werbungskosten oder Betriebsausgaben geltend machen kann (sonst Zeile 14).

Sind Sie entweder zu mindestens 25 % an einer Kapitalgesellschaft (GmbH, AG) beteiligt oder zu mindestens 1 % und können durch Ihre berufliche Tätigkeit für die Gesellschaft maßgeblichen unternehmerischen Einfluss auf deren wirtschaftliche Tätigkeit nehmen (= unternehmerische Beteiligung), können Sie beantragen, dass die Kapitaleinkünfte, die Sie aus der Beteiligung erzielen (Gewinnausschüttungen, Veräußerungsgewinne), nicht mit dem Abgeltungsteuersatz von 25 %, sondern nach dem Teileinkünfteverfahren (nur 60 % der Einkünfte steuerpflichtig) mit dem persönlichen Steuersatz besteuert werden (Anlage KAP Zeile 24). Dies kann vorteilhaft sein, weil Sie gleichzeitig Werbungskosten (z. B. Finanzierungskosten) über den Sparer-Pauschbetrag hinaus geltend machen können. Der Antrag gilt immer für alle Erträge aus der Beteiligung und, wenn er nicht widerrufen wird, für fünf Jahre. Ab dem Jahr, in dem der Antrag widerrufen wird, ist kein neuer Antrag für diese Beteiligung mehr möglich. Deshalb ist die Kapitalgesellschaft namentlich anzugeben (Anlage KAP Zeile 25). Einzutragen sind jeweils die Einkünfte, also die um die Werbungskosten geminderten Einnahmen.

→ZEILE 23
Erträge aus Lebensversicherungen

Kapitalerträge aus nach dem 31.12.2004 abgeschlossenen Lebensversicherungen, deren Leistung nach Vollendung des 60. Lebensjahres und nach Ablauf von zwölf Jahren seit Vertragsabschluss ausgezahlt wurde, sind zur Hälfte steuerfrei. Einzutragen sind die gesamten Kapitalerträge; die Berücksichtigung des steuerfreien Teils erfolgt durch das Finanzamt. Bei fondsgebundenen Lebensversicherungen ist allerdings für die Wertsteigerungen ab 1.1.2019 eine Steuerfreistellung i.H.v. 15 % abzuziehen.

→ZEILEN 24, 25
Antrag auf Anwendung der tariflichen Einkommensteuer

Der Antrag auf Anwendung der tariflichen Einkommensteuer für die in Zeile 25 eingetragenen Beträge muss in Zeile 24 durch Eintragung einer „1" explizit gestellt werden.

Der Antrag auf Günstigerprüfung (Zeile 4) ersetzt nicht den Antrag auf Anwendung der tariflichen Einkommensteuer (Zeile 24).

→ZEILE 26
vGA

Einzutragen sind erzielte verdeckte Gewinnausschüttungen, die bei der Kapitalgesellschaft als Betriebsausgabe geltend gemacht wurden.

→ZEILE 27
Spezialfonds

Soweit Sie Einkünfte aus Spezial-Investmentfonds bezogen haben, ist hier eine „1" einzutragen.

→ZEILEN 48–53
Einbehaltene Steuern

Tragen Sie hier die Höhe der Steuern ein, die von der Bank einbehalten und an das Finanzamt abgeführt wurden. Dazu gehört auch die ausländische Quellensteuer, die für ausländische Kapitalerträge einbehalten wurde. Sie kann direkt auf die deutsche Kapitalertragsteuer angerechnet werden. Ebenfalls einzurechnen sind die Abzugsteuern auf Erträge, die in der Anlage KAP-INV erklärt werden, nicht aber solche auf Erträge aus der Anlage KAP-BET. Die zu viel einbehaltene Abgeltungsteuer (z.B. aufgrund ungünstig erteilter Freistellungsaufträge) wird erstattet. Die einbehaltenen Steuern werden wie Steuervorauszahlungen angerechnet, aber nur sofern der Abgeltungsteuertarif nicht zur Anwendung kommt (z.B. erfolgreiche Günstigerprüfung).

→ZEILEN 54–56
Steueranrechnung

Gehören die Zinserträge zu einer anderen Einkunftsart (z.B. Zinsen für Mietkonto zur Einkunftsart Vermietung, betriebliche Zinserträge), sind die Zinsen auf der jeweiligen Anlage (z.B. Anlage V Zeile 16) zu erfassen. Sie werden nicht mit dem Abgeltungsteuersatz von 25 %, sondern mit dem persönlichen Steuersatz versteuert. Die von der Bank einbehaltenen Abgeltung-, Kirchensteuern und Solidaritätszuschlag (Anlage KAP

Zeile 54–56) werden bei Vorlage der Originalsteuerbescheinigung angerechnet.

→ ZEILE 57
Beschränkung des Kapitalertragsteuerabzugs

Nur drei Fünftel der Kapitalertragsteuer können angerechnet werden, wenn die Voraussetzungen des § 36a EStG nicht erfüllt sind. Dieser verlangt u. a., dass die Wertpapiere mindestens 45 Tage gehalten wurden und der Eigentümer nicht verpflichtet ist, die Kapitalerträge ganz oder überwiegend an andere Personen weiterzuleiten. Liegen diese Voraussetzungen nicht vor, ist in Zeile 57 eine 1 einzutragen.

Außerdem muss die entsprechende Kapitalertragsteuer in Zeile 48 bzw. 54 abgezogen werden, allerdings kann die nicht anrechenbare Kapitalertragsteuer auf Antrag bei der Ermittlung der Einkünfte abgezogen werden. Die jeweilige Ermittlung ist in einer gesonderten Aufstellung zu erläutern.

12.3 Anlage KAP-BET

→ ANLAGE KAP-BET ZEILEN 1–39
Erträge aus Beteiligungen

Sind Ihnen aus einer Beteiligung (z. B. Erbengemeinschaft) Kapitalerträge zuzurechnen, wurden diese Einkünfte vom Finanzamt für alle Beteiligten einheitlich und gesondert festgestellt. Die auf Sie entfallenden Erträge sowie die anrechenbaren Steuern können Sie diesem Feststellungsbescheid entnehmen.

12.4 Anlage KAP-INV

In der Anlage KAP-INV sind Eintragungen für Investmenterträge vorzunehmen, die nicht dem inländischen Steuerabzug unterlegen haben. Diese sind nicht aus den Steuerbescheinigungen der (deutschen) Depotbanken ersichtlich.

→ ANLAGE KAP-INV ZEILEN 4–13
Laufende Investmenterträge

Anzugeben sind die Ausschüttungen nach § 2 Abs. 11 InvStG, getrennt nach Art des Fonds (Assetklasse) vor Anwendung der jeweiligen Teilfreistellung.

Die Vorabpauschalen für 2018 gelten im Jahr 2019 als zugeflossen. Sie sind in den Zeilen 31–46 zu berechnen und das Ergebnis getrennt nach den verschiedenen Fondsarten in die Zeilen 9–13 zu übernehmen (vor Anwendung der jeweiligen Teilfreistellung). Die Zeilen 31–46 müssen nicht ausgefüllt werden, wenn die Werte einer Bescheinigung der Bank entnommen werden können.

→ ANLAGE KAP-INV ZEILEN 14–28
Veräußerung von Investmentanteilen

Für jede Fondsart sind ggf. drei Werte einzutragen: Der laufende Gewinn aus der Veräußerung von Investmentanteilen, die nicht dem inländischen Steuerabzug unterlegen haben, der darin enthaltene Teil, der auf bestandsgeschützte Alt-Anteile entfällt, sowie Gewinne oder Verluste aus der fiktiven Veräußerung der Bestände zum 31.12.2017.

→ ANLAGE KAP-INV ZEILEN 14, 17, 20, 23 UND 26
Veräußerungsgewinne/-verluste

Soweit Gewinne bzw. Verluste aus der Veräußerung von Investmentanteilen, die nicht dem inländischen Steuerabzug unterlegen haben, angefallen sind, sind diese vor Anwendung der jeweiligen Teilfreistellung und getrennt nach Fondsarten zu erfassen. Die Berechnung der Gewinne soll auf Seite 2 der Anlage KAP-INV (Zeilen 47 bis 57) erfolgen.

→ ZEILEN 15, 18, 21, 24 UND 27
Bestandsgeschützte Alt-Anteile

Soweit in der jeweiligen Vorzeile Veräußerungsgewinne aus bestandsgeschützten Alt-Anteilen i. S. d. § 56 Abs. 6 Satz 1 Nr. 2 InvStG enthalten sind, sind diese hier zu vermerken, damit der personenbezogene Freibetrag von 100.000 € abgezogen und fortgeschrieben werden kann.

→ ANLAGE KAP-INV ZEILEN 16, 19, 22, 25 UND 28
Fiktive Veräußerungsgewinne zum 31.12.2017

Steuerlich gilt der Fondsbestand zum 31.12.2017 als verkauft und zum 1.1.2018 als wieder angeschafft. Der dabei entstehende Gewinn oder Verlust aus der fiktiven Veräußerung der Anteile wurde zum 31.12.2017 gesondert festgestellt, ist aber erst in dem Zeitpunkt zu versteuern, in dem die Alt-Anteile tatsächlich veräußert werden. Ist der Verkauf erfolgt, sind die festgestellten Gewinne und Verluste aus dieser fiktiven Veräußerung von Alt-Anteilen (§ 56 Abs. 2 i. V. m. Abs. 3 Satz 1 InvStG) gesondert einzutragen. Sie wirken sich im Jahr des tatsächlichen Verkaufs auf die Besteuerung aus. Für die Einkünfte aus der fiktiven Veräußerung von Alt-Anteilen wird keine Teilfreistellung berücksichtigt. Auch wird kein Freibetrag wie bei der Veräußerung der bestandsgeschützten Alt-Anteile gewährt.

→ ANLAGE KAP-INV ZEILE 29
Zwischengewinn nach dem Investmentsteuergesetz 2004

Bei Alt-Anteilen (vor dem 31.12.2017 erworben) ist der zum 31.12.2017 ermittelte Zwischengewinn im Zeitpunkt der tatsächlichen Veräußerung zu versteuern, unabhängig davon, ob es sich um bestandsgeschützte oder nicht bestandsgeschützte Alt-Anteile handelt. Der Zwischengewinn zum 31.12.2017 war vom Investmentfonds zu ermitteln und zu veröffentlichen. Diese Zwischengewinne sind in Zeile 29 zu erklären.

→ ANLAGE KAP-INV ZEILEN 47–57

Berechnung der Veräußerungsgewinne und -verluste

Die Ermittlung des Veräußerungsgewinns bzw. -verlustes ist für jeden Fonds getrennt vorzunehmen. Sollten Fondsanteile von mehr als 3 Fonds veräußert worden sein, so sind entsprechend viele Anlagen KAP-INV einzureichen. Hierzu ist in Anlage KAP-INV Zeile 3 eine laufende Nummer der jeweiligen Anlage zu vergeben.

In der Zeile 47 ist die internationale Wertpapierkennnummer ISIN (International Securities Identification Number) und in der Zeile 48 die Fondsbezeichnung anzugeben.

In der Zeile 49 ist die Art des Investmentfonds (Assetklasse) einzugeben:

1 = Aktienfonds

2 = Mischfonds

3 = Immobilienfonds

4 = (besonderer) Immobilienfonds

5 = sonstiger Investmentfonds

Die Eingabe ist erforderlich, um die Teilfreistellungssätze ermitteln zu können.

In der Zeile 50 ist die Anzahl der veräußerten Anteile des entsprechenden Investmentfonds einzutragen.

Die Zeilen 51 bis 55 dienen der Ermittlung des Gewinns. Besonders zu beachten ist, dass zur Vermeidung einer doppelten Besteuerung in Zeile 54 die seit 2019 bereits versteuerten Vorabpauschalen vom Veräußerungsgewinn abzuziehen sind.Ggf. muss nachgewiesen werden, dass die Vorabpauschale in der Steuererklärung angegeben wurde oder die gesamten Kapitaleinkünfte in den betreffenden Veranlagungszeiträumen den Sparer-Pauschbetrag nicht überschritten haben.

Die Zeilen 55–57 müssen nicht ausgefüllt werden, wenn die Werte einer Bescheinigung der Bank entnommen werden können.

Die sich für jede Fondsart ergebende Summe der Veräußerungsgewinne/-verluste ist in die Zeilen 14, 17, 20, 23 und 26 der ersten Anlage KAP-INV zu übertragen.

Für Investmentanteile, die vor dem 1.1.2009 angeschafft wurden, ist der in der Zeile 55 ermittelte Betrag in die Zeile 56 zu übertragen. Die sich für jede Fondsart ergebende Summe ist dann in die Zeilen 15, 18, 21, 24 und 27 der ersten Anlage KAP-INV einzutragen.

Für Investmentanteile, die nach dem 31.12.2008 aber vor dem 1.1.2018, angeschafft wurden ist der zum 31.12.2017 ermittelte Gewinn oder Verlust aus der fiktiven Veräußerung für jeden Fonds getrennt in der Zeile 57 zu erfassen. Die Summe der Veräußerungsgewinne aus der fiktiven Veräußerung von Alt-Anteilen ist in die Zeilen 16, 19, 22, 25 und 28 der ersten Anlage KAP-INV zu übertragen.

Checkliste Anlage KAP

Folgende Abzugsmöglichkeit geprüft? Vgl. Ausfüllhinweise zur Zeile!

Ihre Zinserträge betragen weniger als 801 € bzw. bei Ehegatten 1.602 €? ☐
Prüfen Sie, ob bei Zinsgutschrift von der Bank Kapitalertragsteuer einbehalten wurde. Füllen Sie die Anlage KAP aus und holen Sie sich die einbehaltenen Steuern zurück (Anlage KAP Zeile 5).

Sie haben Ihren Freistellungsauftrag ungünstig erteilt? ☐
Sie können den unrichtigen Steuerabzug der Banken durch Abgabe der Anlage KAP im Veranlagungsverfahren korrigieren lassen (Anlage KAP Zeile 5).

Ihr persönlicher Grenzeinkommensteuersatz liegt möglicherweise unter 25 %? ☐
Soweit Kapitalertragsteuer einbehalten wurde, geben Sie auf jeden Fall eine Anlage KAP ab und tragen Sie Ihre Zinserträge ein (Anlage KAP Zeile 4).

Sie sind an einer GmbH oder AG zu mindestens 25 % beteiligt oder zu mindestens 1 % und dort auch in leitender Funktion tätig und haben die Beteiligung mit Kredit finanziert? ☐
Prüfen Sie, ob es sinnvoll ist, die Erträge nach dem Teileinkünfteverfahren zu versteuern. Dann müssen Sie zwar 60 % der Einkünfte mit dem tariflichen Steuersatz versteuern, können aber auch 60 % der Werbungskosten (insbesondere Finanzierungskosten) steuerlich geltend machen (Anlage KAP Zeilen 24 und 25).

Folgende Abzugsmöglichkeit geprüft? Vgl. Ausfüllhinweise zur Zeile!

Sie haben ausländische Kapitalerträge erzielt, für die bisher nur ausländische Quellensteuer einbehalten wurde? ☐
Die Zinsen unterliegen der deutschen Einkommensteuer im Regelfall mit dem Abgeltungsteuersatz von 25 %. Die ausländische Steuer können Sie aber auf die deutsche Steuer anrechnen lassen (Anlage KAP Zeilen 50–52).

Sie wollen einbehaltene Steuern anrechnen lassen? ☐
Dazu benötigen Sie stets die Originalsteuerbescheinigungen (Anlage KAP Zeilen 48–56).

13 Anlage V (Einkünfte aus Vermietung und Verpachtung)

13.1 Allgemein

WICHTIG

Vermietungseinkünfte richtig erfassen

Die **Anlage V** benötigen Sie in folgenden Fällen:

- Sie haben Grundbesitz oder Teile davon (z. B. Haus, Wohnung, Zimmer, Garage etc.) vermietet.
- Sie sind Haus-/Wohnungseigentümer und haben vergeblich versucht, einen Mieter zu finden.
- Sie wollen ein Haus oder eine Wohnung bauen oder kaufen und beabsichtigen zu vermieten.
- Wenn Sie mehrere Objekte (Häuser, Eigentumswohnungen) haben, müssen Sie für jedes Objekt eine eigene Anlage V ausfüllen.

Überblick

Im Bedarfsfall ausfüllen	
Seite 1	**Allgemeine Angaben zu Grundstück und Eigentümer (Zeilen 1–8).** **Einnahmen aus bebauten Grundstücken (Zeilen 9–21)** Hier sind die Mieteinnahmen und Umlagen einzutragen. **Anteile an Vermietungseinkünften (Zeilen 25–29)** Eintragungen sind erforderlich bei Beteiligung an einer oder mehreren Grundstücksgemeinschaft(en) (eine Anlage V genügt), einer Erbengemeinschaft mit Grundbesitz oder einem Immobilienfonds.
Seite 2	**Andere Vermietungseinkünfte (Zeilen 31, 32)** Hierher gehört die Untervermietung von selbst angemieteten Räumen und Vermietung von unbebauten Grundstücken und (möblierten) Zimmern. **Werbungskosten (Zeilen 33–53)** Die Aufwendungen (z. B. Abschreibungen, Finanzierungskosten, Reparaturen, laufende Kosten) für das vermietete Objekt tragen Sie hier ein.

Eigengenutzte Wohnung

Die **Anlage V** ist nur für vermietete Objekte vorgesehen.

TIPP

Steuerermäßigung für haushaltsnahe Tätigkeiten im Zusammenhang mit eigengenutztem Wohnraum

Sie können für bestimmte Aufwendungen (z. B. Gartenarbeiten, haushaltsnahe Dienstleistungen und Handwerkerleistungen) im eigengenutzten Haus bzw. Ihrer eigengenutzten Wohnung evtl. eine **Steuerermäßigung** in Anspruch nehmen (**Anlage Haushaltsnahe Aufwendungen**). Vertiefend siehe → Haushaltsnahe Tätigkeiten/Dienstleistungen.

13.2 Einnahmen

→ ZEILEN 4–6
Einkünfte aus dem bebauten Grundstück

Tragen Sie die Lage des Grundstücks, den Anschaffungszeitpunkt (= Zeitpunkt des Übergangs von Nutzen, Lasten und der Gefahr des zufälligen Untergangs) und/oder den Zeitpunkt der **Fertigstellung** (= Bezugsfertigkeit) ein. Die Angaben haben Bedeutung für die Berechnung der Absetzung für Abnutzung (Zeile 33). Außerdem übertragen Sie bitte aus dem Einheitswertbescheid für das Grundstück das Einheitswert-Aktenzeichen mit max. 17 Stellen (Zeile 6).

→ ZEILEN 7–8 UND ZEILE 12
Ferienwohnung, kurzfristige Vermietung, Angehörigenvermietung, Gesamtwohnfläche

Bei Ferienwohnungen wird das Finanzamt, insbesondere wenn Sie diese auch selbst nutzen, genau prüfen, ob tatsächlich die Absicht besteht, Mietüberschüsse zu erzielen. Nur dann sind die Ausgaben steuerlich abzugsfähig.

Liegt eine kurzfristige Vermietung von Wohnraum, z. B. über eine Internetplattform vor, ist dies in Zeile 7 zu vermerken.

Bei der Vermietung an Angehörige wird das Mietverhältnis daraufhin geprüft, ob es wie unter Fremden vereinbart und durchgeführt worden ist. Außerdem wird die verbilligte Überlassung (tatsächliche Miete < 66 % der ortsüblichen Miete) geprüft.

Soweit keine Mieteinnahmen vorliegen und auch nicht erkennbar sind oder es sich um eine verbilligte Überlassung handelt, können die Aufwendungen nicht als Werbungskosten geltend gemacht werden. Die Ausgaben sind dann im Verhältnis der Einzelflächen zur Gesamtfläche aufzuteilen und so nur anteilig als Werbungskosten abziehbar. Vertiefend siehe → Vermietung/Immobilien.

→ ZEILEN 9–14
Mieteinnahmen

Geben Sie hier die Anzahl der Wohnungen, aufgeteilt auf die einzelnen Geschosse, die Wohnungsgrößen und die Ihnen tatsächlich zugeflossenen (Kalt-)**Mieten** an. Die vereinnahmten Umlagen für Nebenkosten wie Strom, Wasser ... (laufende und Nachzahlungen für Vorjahre) erfassen Sie in Zeile 13. Soweit Sie Umlagen (aus Vorjahren) an Mieter zurückgezahlt haben, kürzen Sie den Umlagebetrag entsprechend. Die Einnahmen aus der Vermietung von Wohnraum an Angehörige müssen gesondert in Zeile 12, die von Angehörigen gezahlten Umlagen in Zeile 14 eingetragen werden (s. a. Zeile 8).

→ ZEILE 15
Mietnachzahlung

Mietnach- oder -vorauszahlungen sind in dem Jahr zu versteuern, in dem sie zugeflossen sind.

→ ZEILE 16
Garagen und andere vermietete Grundstücksflächen

Hier tragen Sie die erhaltenen Garagenmieten und Entgelte z. B. für das Aufstellen von Reklameträgern, Automaten, Kiosken, Mobilfunkantennen oder Solaranlagen ein.

→ ZEILEN 17–18
Umsatzsteuer

Wenn Sie Ihr Grundstück umsatzsteuerpflichtig vermietet haben, gehören auch die vom Mieter zusätzlich zur Miete gezahlte Umsatzsteuer und die vom Finanzamt erstattete Vorsteuer i. Z. m. dem Grundstück zu den Einnahmen.

→ ZEILE 19
Bausparzinsen, Zuschüsse

In die Zeile 19 sind Guthabenzinsen aus Bausparverträgen einzutragen, wenn der Vertrag durch Zwischenfinanzierung in einem direkten Zusammenhang mit der Anschaffung, Herstellung oder Reparatur des (vermieteten) Gebäudes steht. Eventuell von der Bank abgezogene Kapitalertragsteuer (Abgeltungsteuer) können Sie auf die Einkommensteuer anrechnen lassen (**Anlage KAP**).

Andere Bausparzinsen gehören zu den Kapitaleinnahmen. Öffentliche Zuschüsse zur Instandhaltung (z. B. für Wärmedämmung, Solaranlagen etc.) sind auch als Einnahmen zu erfassen. Die Kosten für derartige Maßnahmen sind Erhaltungsaufwendungen und damit abziehbare Werbungskosten (Zeilen 40–43).

→ ZEILEN 21–24
Einkunftsermittlung

Bei einem „Verlust" versehen Sie den Betrag mit einem Minuszeichen. Gehört das Grundstück beiden Ehegatten, sind die ermittelten Einkünfte in Zeile 24 entsprechend den Eigentumsverhältnissen auf die Ehegatten zu verteilen.

→ ZEILEN 25–29
Beteiligungen an Grundstücksgesellschaften

Sind Sie an einer Grundstücks-, Erbengemeinschaft mit Vermietungseinkünften, Bauherren- oder Erwerbergemeinschaft oder einem geschlossenen Immobilienfonds beteiligt, dann haben Sie von der Gesellschaft eine Mitteilung über die Höhe Ihres Anteils und darüber, bei welchem Finanzamt und unter welcher

Steuernummer die Gesellschaft erfasst ist, erhalten. Tragen Sie diese Angaben – je nach Art der Gesellschaft – in die Zeilen 25–29 ein. Die Einkünfte der Gesellschaft bzw. Gemeinschaft sowie die Verteilung auf die einzelnen Beteiligten werden aufgrund der eingereichten Steuererklärung der Gesellschaft (Feststellungserklärung mit eigener Anlage V) vom dafür zuständigen Finanzamt gesondert und einheitlich festgestellt und den Finanzämtern der Beteiligten mitgeteilt.

ACHTUNG

Einzelaufwendungen eines Beteiligten

Sollten Ihnen i. Z. m. den Beteiligungen Aufwendungen entstanden sein, müssen Sie diese der Gesellschaft mitteilen, da die Ausgaben nur im Rahmen der gesonderten und einheitlichen Feststellung, nicht aber in Ihrer Einkommensteuererklärung berücksichtigt werden können.

→ ZEILEN 31–32
Sonstige Vermietungen

In die Zeilen 31 und 32 gehören die Einkünfte aus der Untervermietung von Räumen oder der Vermietung von unbebauten Grundstücken (z. B. Lager-, Kfz-Stellplatz ohne Wohnungsvermietung) oder von möblierten Zimmern oder erhaltene Erbbauzinsen. Stellen Sie Ihre Einnahmen und Ausgaben (Werbungskosten) auf einem gesonderten Blatt zusammen und übertragen Sie die Einkünfte (Einnahmen – Werbungskosten = Einkünfte) in den Vordruck.

13.3 Werbungskosten

→ ZEILEN 33–53
Werbungskosten

Wenn bzw. soweit Sie ein Grundstück oder einen Teil davon unentgeltlich überlassen, zu eigenen Wohnzwecken oder zu eigenen beruflichen oder betrieblichen Zwecken nutzen, können Sie keine Werbungskosten aus V+V geltend machen. Vertiefend siehe → Vermietung/Immobilien.

Nur bei entgeltlicher Vermietung sind die Aufwendungen als Werbungskosten abziehbar.

Gemischt genutzte Grundstücke

Bei gemischt genutzten Gebäuden müssen die Ausgaben erst insgesamt ermittelt werden (Spalte 1) und anschließend, soweit möglich, den einzelnen Nutzungen direkt zugeordnet (Spalten 2 und 4) oder flächenmäßig aufgeteilt (Spalten 3 und 4) werden. In Spalte 4 erscheint der **abzugsfähige Teil** der Aufwendungen.

Ausgaben i. Z. m. beruflich genutzten Räumen (häusliches Arbeitszimmer, Praxis, Kanzlei, Lagerraum, Büro ...) werden grundsätzlich bei der jeweiligen Einkunftsart berücksichtigt (**Anlage N**, Seite 2: Werbungskosten; **Anlagen G** und **S:** Betriebsausgaben in der Gewinnermittlung). Ist das gesamte Objekt vermietet, reicht es aus, die Eintragungen in Spalte 4 vorzunehmen.

→ ZEILEN 33–36
Absetzung für Abnutzung (AfA)/Abschreibung

Die Zeilen sind für die AfA vorgesehen, die sich aus den AK bzw. HK des Gebäudes und anderer Wirtschaftsgüter ermittelt. Soweit Sie erstmals AfA geltend machen, müssen Sie eine Aufstellung der entstandenen AK oder HK (Art und Betrag) sowie die von Ihnen vorgenommene AfA-Berechnung auf einem gesonderten Blatt beifügen. Das Finanzamt wird in vielen Fällen auf die Vorlage der Einzelbelege (Bauordner) verzichten.

→ ZEILE 33
Normale Gebäude-AfA

In Zeile 33 tragen Sie die „normale" lineare oder degressive Gebäude-AfA ein. Bei umsatzsteuerpflichtiger Vermietung mit Vorsteuerabzug gehört die gezahlte Umsatzsteuer nicht zu den AK oder HK. Vertiefend siehe → Abschreibungen/Gebäude.

→ ZEILE 34
Sonderabschreibung für Mietwohnungsneubau

Die Sonderabschreibung nach § 7b EStG kann für Baumaßnahmen zur Herstellung einer neuen, bisher nicht vorhandenen Wohnung in Anspruch genommen werden. Die Wohnung muss aufgrund eines nach dem 31.8.2018 gestellten Bauantrags oder einer entsprechenden Bauanzeige geschaffen und nach der Fertigstellung zehn Jahre entgeltlich zu Wohnzwecken überlassen werden. Vertiefend siehe → Abschreibungen/Gebäude.

→ ZEILE 35
Baudenkmäler und Gebäude in Sanierungsgebieten

Für Baudenkmäler und Häuser in Sanierungsgebieten oder städtebaulichen Entwicklungsbereichen sind erhöhte Abschreibungen möglich. Vertiefend siehe → Abschreibungen/Gebäude.

→ ZEILE 36
AfA für andere Wirtschaftsgüter

Haben Sie zusammen mit einem Haus oder einer Wohnung andere Wirtschaftsgüter (z. B. Einbauküche/Möbel, Rasenmäher, Mülltonnen oder Gartengeräte) mitvermietet, können Sie die Brutto-AK dieser Wirtschaftsgüter (netto höchstens 800 €) im Jahr der Anschaffung sofort als Werbungskosten abziehen. Betragen die AK einschließlich Umsatzsteuer mehr als 952 € je Wirtschaftsgut, ist der Kostenabzug aber nur im Wege der AfA, verteilt auf die individuelle Nutzungsdauer, möglich.

→ ZEILEN 37, 38
Schuldzinsen Geldbeschaffungskosten

Zu den **Schuldzinsen** gehören auch von der Bank einbehaltene Zinsvorauszahlungen (Damnum, Disagio) und zu zahlende Erbbauzinsen, nicht jedoch von Ihnen geleistete Darlehensrückzahlungen (Tilgung). Stellen Sie die einzelnen Beträge auf einem gesonderten Blatt zusammen.

Geldbeschaffungskosten sind z. B. Bankgebühren, Fahrtkosten, Porto i. Z. m. der Kreditaufnahme, Notar- und Grundbuchgebühren i. Z. m. der Bestellung und Eintragung einer Grundschuld oder Hypothek. Vertiefend siehe → Vermietung/Immobilien.

→ ZEILE 39
Renten/dauernde Lasten

Haben Sie das vermietete Grundstück gegen Zahlung einer Rente oder dauernden Last erworben, ist der Rentenbetrag zum Teil (= Barwert der Verpflichtung) als AK des Grundstücks und zum Teil (Zinsanteil) als Werbungskosten zu behandeln. Wenn Sie erstmals derartige Aufwendungen geltend machen, benötigt das Finanzamt zur Prüfung/Ermittlung des Zinsanteils den Übergabevertrag.

→ ZEILEN 40–41
Reparaturen/Erhaltungsaufwendungen

Reparaturkosten (auch Erhaltungsaufwendungen oder Instandhaltungskosten genannt) stellen Sie auf einem gesonderten Blatt mit Angabe der durchgeführten Maßnahme, des Namens des Zahlungsempfängers und der Höhe des gezahlten Betrags zusammen. Beiträge zur Instandhaltungsrücklage bei Eigentumswohnungen (enthalten in den Hausgeldzahlungen) sind erst abziehbar, wenn damit konkret durchgeführte Reparaturen bezahlt worden sind.

Bei gemischt genutzten Gebäuden müssen Sie zwischen den dem vermieteten Teil direkt zuordenbaren Reparaturen (Zeile 39) und den das gesamte Gebäude betreffenden Kosten (Zeile 40), die nur anteilig abziehbar sind, unterscheiden. Vertiefend siehe → Reparaturen.

→ ZEILEN 42–47
Verteilung größerer Reparaturaufwendungen

Bei (größeren) Reparaturaufwendungen an zu Wohnzwecken vermieteten Objekten können Sie die Kosten anstelle des vollständigen Abzugs im Jahr der Bezahlung auf Antrag gleichmäßig auf zwei bis fünf Jahre verteilen. Das ist sinnvoll, wenn Ihre Einkünfte eher niedrig sind und sich die Kosten wegen des niedrigen Steuersatzes steuerlich wenig oder gar nicht auswirken. Bei einem hohen persönlichen Grenzsteuersatz (< 45 %) kann eine Verteilung der Aufwendungen auf mehrere Jahre zu insgesamt höheren Erstattungen führen. Die Kostenverteilung beantragen Sie, indem Sie die Aufwendungen nicht in den Zeilen 39 oder 40, sondern in Zeile 41 (Gesamtaufwand und der im Jahr 2019 abzuziehende Betrag) und die Anzahl der Jahre, auf die verteilt werden soll, in Zeile 42 eintragen. Vertiefend siehe → Vermietung/Immobilien. Haben Sie bereits für Reparaturaufwendungen der Jahre 2015–2018 die Verteilung beantragt, schreiben Sie den für 2019 abzugsfähigen Teil der Kosten in die Zeilen 43–46.

→ ZEILEN 48, 49 UND 51
Weitere Werbungskosten

Im Vordruck sind einige typische Aufwendungen benannt. Die Kosten für Heizung und Warmwasser, Müllabfuhr und andere Umlagen können Sie geltend machen, wenn Sie die von den Mietern dafür bezahlten Beträge in den Einnahmen (Zeilen 13, 14) erfasst haben. Zu den Hausversicherungen (Zeile 47) gehören neben der Gebäudehaftpflicht- auch die Gebäudebrand- und Elementarschadenversicherung, eine Glasbruch- und die Leitungswasserschadenversicherung. Verwaltungskosten (Zeile 48) sind insbesondere Zahlungen an den Hausverwalter, Porto, Telefon und Reisekosten (Fahrtkosten, Verpflegungsmehraufwendungen und Übernachtungskosten i. Z. m. Reparaturen, Behördengängen, Handwerkerbesprechungen oder Grundstückskontrollen).

Zu „Sonstiges" (Zeile 50) gehören z. B. Mitgliedsbeiträge zum Haus- und Grundbesitzerverein, Kosten für die Mietersuche (Makler, Zeitungsanzeigen), Anwalts-, Mahn-, Gerichtskosten, Kontoführungsgebühren (pauschal 16 €) und Steuerberatungskosten. Vertiefend siehe → Steuerberatungskosten und → Vermietung/Immobilien.

→ ZEILEN 50, 53
Bezahlte Umsatzsteuer

Haben Sie umsatzsteuerpflichtig vermietet, gehört die von Ihnen bezahlte **Umsatzsteuer** aus den Handwerkerrechnungen zu den sofort abziehbaren Werbungskosten. Der Abzug erfolgt über die Bruttobeträge in den Zeilen 33–49. In Zeile 53 sind die gesamten **abziehbaren Vorsteuerbeträge** nochmals einzutragen. Die an das Finanzamt abgeführten Umsatzsteuerzahlungen gehören in Zeile 50.

→ ZEILE 54
Zuschüsse

Haben Sie zu den Baukosten (HK) oder dem Kaufpreis (AK) öffentliche Zuschüsse erhalten, mindern diese die Abschreibungsbemessungsgrundlage.

Checkliste Anlage V

Folgende Abzugsmöglichkeit geprüft? Vgl. Ausfüllhinweise zur Zeile!

Leer stehende Mietwohnung? ☐
Sie können auch die während des Leerstehens angefallenen Kosten (z. B. AfA, Reparaturen, Grundsteuer, Versicherungen) als Werbungskosten geltend machen, wenn Sie die Absicht der Vermietung gegenüber dem Finanzamt (z. B. durch Zeitungsannoncen, Maklerbeauftragung) glaubhaft darlegen.

Haben Sie an den Abzug folgender Kosten gedacht? ☐

- **Schornsteinfegergebühren**, Wartungsverträge (Zeile 48)
- alle **Versicherungen** und **Kosten für die Verwaltung** (Zeile 49)
- **Kleinreparaturen** (Material, Fahrtkosten bei Reparatur in Eigenregie) (Zeilen 40, 48)

Ist größerer Erhaltungsaufwand (Reparaturen) angefallen? ☐
Eine Verteilung der Kosten auf mehrere Jahre kann zu einer insgesamt höheren Steuererstattung führen (Zeilen 42 ff.).

Reparaturen, Wartungskosten, Gartenarbeiten rund um die selbst bewohnte Wohnung? ☐
Dafür können Sie eine Steuerermäßigung erhalten (Anlage Haushaltsnahe Aufwendungen).

14 Anlage R (Renten)

14.1 Allgemein

WICHTIG

Anlage R für Renten, die nicht der Arbeitgeber bezahlt

Die **Anlage R** ist auszufüllen, wenn im Vz. eine oder mehrere Rente(n) bezogen wurden. Dies gilt nicht für Renten i. Z. m. Übertragung von Vermögen bei vorweggenommener Erbfolge (**Anlage SO, Zeile 4**) und Betriebsrenten bzw. Pensionen, die der Arbeitgeber zahlt (**Anlage N, Zeilen 5–16**). Ehegatten geben jeweils eine eigene **Anlage R** ab.

ACHTUNG

1. Elektronisch gemeldete Daten müssen nicht eingetragen werden

Daten, die elektronisch an die Finanzverwaltung gemeldet wurden, z. B. durch Versicherungen oder durch den Arbeitgeber, müssen nicht mehr in die Steuererklärung eingetragen werden. Nur bei abweichenden Werten ist eine Eintragung erforderlich. Achten Sie bitte auf die unterschiedliche Einfärbung der einzelnen Zeilen in der Steuererklärung.

2. Laufende Nummer der Anlage

Die Anlage R 2019 sieht nur noch die Eintragung von zwei gleichartigen Renten auf einer Anlage vor. Sollten Angaben zu mehr als zwei Renten erforderlich werden, sind diese auf weiteren Anlagen R zu erklären und die Anlagen sind in der Zeile 3 fortlaufend zu nummerieren.

Überblick

Im Bedarfsfall ausfüllen	
Seite 1	**Leibrenten/Leistungen aus einer Pflichtversicherung und Rürup-Rente (Zeilen 4–13)** • Renten (z. B. Alters-, Erwerbsunfähigkeits-, Witwenrente) aus der **gesetzlichen** Rentenversicherung • Altersrenten aus landwirtschaftlichen Alterskassen • Renten aus berufsständischen Versorgungswerken • Rürup-Renten (aus **privaten, kapitalgedeckten**, nach 2004 abgeschlossenen Rentenversicherungsverträgen). **Private Leibrenten (Zeilen 14–20)** • Altersrenten aus **privaten** Versicherungsverträgen (ohne Rürup- u. Riester-Renten) • Renten aus privaten Versicherungen, die nur zeitlich befristet gezahlt werden (z. B. private Erwerbsunfähigkeits- und Hinterbliebenenrenten) • Renten i. Z. m. Vermögensveräußerungen
Seite 2	**Leistungen aus Altersvorsorgeverträgen und aus der betrieblichen Altersversorgung (Zeilen 31–53)** • staatlich geförderte Riester-Renten • Renten aus einer staatlich geförderten **betrieblichen** Altersversorgung (Pensionsfonds, Pensionskasse, Direktversicherung) • Renten aus Zusatzversorgungseinrichtungen des Bundes, der Länder, Kommunen und Kirchen (z. B. VBL- und ZVK-Renten) **Werbungskosten (Zeilen 21–22 und 54–60)** Für (alle) Renten erhalten Sie insgesamt einen Werbungskostenpauschbetrag i. H. v. 102 €, wenn Sie keine höheren Kosten eintragen.

Allgemeines

Renten gehören grundsätzlich zu den sonstigen Einkünften. Je nach Rentenart bzw. der steuerlichen Behandlung der Einzahlungen (Beiträge) in die jeweilige Versicherung wird die daraus folgende Rente unterschiedlich besteuert. Vertiefend siehe → Renten.

Pensionen/ Betriebsrenten

Beamtenpensionen und **Versorgungsbezüge** nach beamtenrechtlichen Vorschriften (einschl. Witwen- und Waisenbezüge) sowie **Betriebsrenten**, die der frühere Arbeitgeber zahlt, gehören zum Arbeitslohn (**Anlage N**).

TIPP

Leistungsmitteilung vom Versorgungsträger beim Ausfüllen der Anlage R beachten

Ihr Versorgungsträger ist **auf Anforderung** verpflichtet, Ihnen jährlich eine Leistungsmitteilung über die Rente (Rentenbezugsmitteilung) zu übersenden. Dort werden insbesondere bei privaten Renten (Anlage R, Seite 1, Zeilen 14–20) sowie Renten aus der betrieblichen Altersversorgung und Riester-Renten (jeweils Anlage R, Seite 2, Zeilen 31–53) alle für die Steuererklärung notwendigen Angaben aufgeführt. Häufig ist dort jeweils vermerkt, in welcher Zeile bzw. unter welcher Kennzahl der Anlage R die Rente einzutragen ist. Bitte beachten Sie auf Seite 2 der Anlage R, dass im Text auf die Nummer der Leistungsmitteilung (1–11) verwiesen wird.

14.2 Gesetzliche Renten, Rürup-Renten (Seite 1)

→ ZEILE 4
Rente nach ausländischem Recht

Wird eine Rente aus einer ausländischen Versicherung oder einem ausländischen Rentenvertrag gezahlt liegen der Finanzverwaltung keine elektronischen Daten vor. Die Angaben zur Rente müssen Sie in den eZeilen 5 bis 10 erklären.

→ eZEILEN 5–10, ZEILEN 11–13
Leibrenten/Leistungen

Unter Leibrenten fallen alle Renten aus der gesetzlichen Rentenversicherung sowie aus landwirtschaftlichen Alterskassen und aus berufsständischen Versorgungseinrichtungen und Renten aus privaten kapitalgedeckten Versicherungen (Rürup-Renten). Bei diesen Renten wird ein Teil der Rente steuerfrei gestellt, der restliche sog. **Besteuerungsanteil** ist steuerpflichtig. Vertiefend siehe → Renten.

→ eZEILEN 5–6
Rentenbetrag, Rentenanpassungsbetrag

Einzutragen ist der Jahresbetrag der **Brutto**rente (eZeile 5). Dies ist nicht der ausgezahlte Betrag, sondern die zugesagte Rente, d. h. der Rentenbetrag ohne den (steuerfreien) Zuschuss der Rentenversicherung zur Krankenversicherung und vor Abzug der Kranken- und Pflegepflichtversicherungsbeiträge. Zu erfassen sind im **Jahr der Rentenauszahlung** auch Nachzahlungen für Vorjahre und Einmalzahlungen (z. B. Sterbegeld).

Der eingetragene Betrag (ohne den enthaltenen Rentenanpassungsbetrag laut eZeile 6) wird – abhängig vom Jahr des Rentenbeginns – nur zum Teil besteuert.

Der Rentenanpassungsbetrag (eZeile 6, in eZeile 5 zusätzlich enthalten), den Sie ebenfalls Ihrer Rentenbezugsmitteilung entnehmen können, ist die Summe aller Rentenerhöhungen ab dem dritten Rentenjahr (frühestens ab 2006) und ist in voller Höhe steuerpflichtig. Vertiefend siehe → Renten.

Kranken-/Pflegeversicherung

Die gezahlten Kranken- und Pflegeversicherungsbeiträge können Sie als Sonderausgabe (**Anlage Vorsorgeaufwand**, Zeilen 16–22) geltend machen. Vertiefend siehe → Versicherungen.

→ eZEILE 7
Beginn der Rente

In eZeile 7 ist der versicherungsrechtliche Beginn der Rente einzutragen. Nicht maßgebend ist der Zeitpunkt des Rentenantrags oder der erstmaligen Rentenauszahlung. Der Rentenbeginn bestimmt den Besteuerungsanteil, also die Höhe des steuerpflichtigen Teils der Rente in den ersten beiden Jahren. Bei Rentenbeginn vor 2006 sind 50 % der Rente des Jahres 2006 steuerpflichtig. Der Prozentsatz erhöht sich für jeden neuen Rentnerjahrgang um 2 %. Bei Neurentnern, die erstmals 2019 eine Rente beziehen, sind 78 % der Rente steuerpflichtig.

→ eZEILEN 8–9
Vorhergehende Rente, Folgerente

Eine Rente (z. B. Witwenrente), eingetragen in den eZeilen 5–7, ist eine Folgerente, wenn ihr eine andere Rente aus derselben Versicherung (z. B. Altersrente des verstorbenen Ehegatten aus gesetzlicher Rentenversicherung) vorausgegangen ist (vorhergehende Rente). Der maßgebende Prozentsatz der Besteuerung für die neue Folgerente hängt dann auch von der Dauer der Vorgängerrente ab. Dies führt i. d. R. zu einer niedrigeren Besteuerung. Tragen Sie deshalb Beginn und Ende der Vorgängerrente in die eZeilen 8 und 9 ein.

→ eZEILE 10
Rentennachzahlung/Kapitalauszahlung

Haben Sie Rentennachzahlungen für **mehrere** (mindestens zwei) vorangegangene Jahre erhalten, geben Sie den in den Rentenzahlungen (eZeile 5) enthaltenen Nachzahlungsbetrag hier nochmals zusätzlich an. Das Finanzamt prüft, ob derartige Nachzahlungen im Rahmen der sog. Fünftel-Regelung ermäßigt besteuert werden können. Eine ermäßigte Besteuerung kann auch für Teilkapitalauszahlungen gewährt werden. Erfolgt eine Nachzahlung nur für ein Jahr (z. B. bei verspäteter Rentenantragstellung), ist der Nachzahlungsbetrag nur in eZeile 5 und nicht in eZeile 10 einzutragen.

→ ZEILEN 11–13
Öffnungsklausel

In der gesetzlichen Rentenversicherung und den berufsständischen Versorgungseinrichtungen werden Beiträge nur bis zu einer Beitrags(bemessungs)grenze berechnet. Auf freiwilliger Basis ist es möglich, höhere Rentenversicherungsbeiträge einzuzahlen, um einen höheren Rentenanspruch zu erwerben. Wurden bis zum Jahr 2004 in bzw. für **mindestens zehn Jahre Beiträge über der Beitragsbemessungsgrenze** gezahlt, kann für einen Teil der Rente in den Zeilen 11–13 eine niedrigere Besteuerung beantragt werden. Ihr Versicherungsträger stellt eine Bescheinigung aus, die aussagt, welcher Prozentanteil der Rente auf diese Beiträge entfällt. Tragen Sie den Prozentsatz in Zeile 11 ein und fügen Sie die Bescheinigung Ihrer Steuererklärung bei.

In dem Nachweis sind auch **Einmalzahlungen**, z. B. einmaliges Sterbegeld i. Z. m. einer monatlichen Witwenrente, bescheinigt. Der Teil der Einmalzahlung, der unter die Öffnungsklausel fällt, wird **nicht** besteuert. Tragen Sie deshalb, soweit zutreffend, die Einmalzahlung in Zeile 13 ein.

14.3 Private Leibrenten (Seite 1)

→ ZEILEN 14, 17–18, eZEILEN 15–16, 19–20
Andere Leibrenten

Die in Zeile 14 des Vordrucks genannten privaten Renten (ohne Riester- und Rürup-Renten) sind nur mit dem sog. **Ertragsanteil** steuerpflichtig.

→ ZEILE 14
Art der Rente

Bitte tragen Sie die entsprechende Schlüsselkennzahl nur ein, wenn es keine gewöhnliche Rente aus der privaten Rentenversicherung ist. Hier liegen der Finanzverwaltung keine elektronischen Daten vor. Diese Renten müssen Sie in den Zeilen 15–20 erklären.

→ eZEILE 15
Rentenbetrag

Den Rentenbetrag können Sie der Rentenmitteilung bzw. dem maßgebenden Vertrag entnehmen. Einzutragen ist der Jahresbetrag. Wurden Kranken- und Pflegepflichtversicherungsbeiträge einbehalten, ist der Rentenbetrag vor Abzug dieser Leistungen maßgeblich.

→ eZEILEN 16, 19, 20, ZEILEN 17, 18
Angaben zwecks Ermittlung des Ertragsanteils

Die Angaben sind entscheidend für die Ermittlung des steuerpflichtigen Ertragsanteils der Rente. Handelt es sich um eine Leibrente auf Lebenszeit, ist für den Ertragsanteil der **versicherungsrechtliche** Beginn der Rente maßgebend (Eintragung in eZeile 16). Tragen Sie in Zeile 18 ein, an wessen Leben die Rentenzahlung anknüpft.

Handelt es sich um eine abgekürzte Leibrente (Höchstzeitrente), ist für die Höhe des Ertragsanteils die Höchstlaufzeit mit maßgebend. Tragen Sie in eZeile 19 ein, wann die Rente voraussichtlich enden (z. B. bei privaten Berufsunfähigkeitsrenten durch Erreichen des Pensionsalters) oder in eine andere Rente (z. B. gesetzliche Altersrente) umgewandelt wird. Vertiefend siehe → Renten.

→ eZEILE 20
Rentennachzahlungen

Rentennachzahlungen für **mehrere** (mindestens zwei) Vorjahre gehören zusätzlich in eZeile 20. Sie beantragen damit eine ermäßigte Besteuerung (vgl. Erläuterungen zu eZeile 10).

14.4 Riester-Renten und Renten aus betrieblicher Altersversorgung (Seite 2)

→ eZEILEN 31, 32, 36–43, 45–53, ZEILEN 33–35, 44
Altersvorsorgevertragsrenten (Riester-Renten), betriebliche Altersversorgung und VBL-/ZVK-Renten

Die entsprechenden Daten wurden vom Auszahlenden elektronisch an die Finanzverwaltung übermittelt.

Vom Arbeitgeber selbst gezahlte Betriebsrenten, die zum Arbeitslohn gehören, werden in die **Anlage N, eZeilen 5–16,** eingetragen. Vertiefend siehe → Renten und → Pensionen/Betriebsrenten.

In der Anlage R sind die Renten aus einem Altersvorsorgevertrag (**Riester-Rente**) zu erklären. Soweit die eingezahlten Beiträge mit der Altersvorsorgezulage oder einem Sonderausgabenabzug staatlich gefördert worden sind, wird der entsprechende Teil der Rente in voller Höhe versteuert, im Übrigen mit dem Ertragsanteil. In die Anlage R gehören auch Renten aus der **betrieblichen Altersversorgung** (Pensionsfonds, Pensionskassen, Direktversicherungen) und Renten aus dem umlagefinanzierten Teil einer Zusatzversorgung, z. B. aus den Versorgungsanstalten des Bundes und der Länder (VBL-Renten) für Angestellte und Arbeiter im öffentlichen Dienst oder aus Zusatzversorgungskassen kirchlicher oder kommunaler Träger (ZVK-Renten). Je nachdem, wie die Beiträge bei der Einzahlung steuerlich gefördert wurden (z. B. steuerfrei oder pauschal besteuert), ist die Besteuerung der Rente unterschiedlich. Sie kann in voller Höhe steuerpflichtig sein oder (teilweise) nur mit dem Ertragsanteil besteuert werden. Die richtige Zeile des Eintrags entnehmen Sie bitte der **Leistungsmitteilung Ihres Anlageinstituts.**

→ eZEILE 53
Nachzahlungen für Vorjahre

Haben Sie Rentennachzahlungen für **mehrere** (mindestens zwei) Vorjahre erhalten, geben Sie den Nachzahlungsbetrag **gesondert** an und beantragen damit für diese Beträge die ermäßigte Besteuerung („Fünftel-Regelung“).

→ ZEILEN 21–22 UND 54–60
Werbungskosten

Ohne Nachweis von Einzelaufwendungen berücksichtigt das Finanzamt bei allen Renten und Unterhaltsleistungen (Zeile 6 der **Anlage SO**) den gesetzlichen Werbungskostenpauschbetrag i. H. v. 102 € (bei Ehegatten personenbezogen für jeden Ehegatten mit entsprechenden Einkünften).

Liegen höhere tatsächliche Werbungskosten (z. B. für einen Rentenratgeber, Rechtsstreitigkeiten, Steuerberatungskosten) vor, sind diese in der Anlage R einzutragen. Werbungskosten zu den auf Seite 1 der Anlage R dargestellten Renten sind in den Zeilen 21 und 22 einzutragen, während Werbungskosten zu den auf Seite 2 vorliegenden Altersvorsorgeverträgen und der betrieblichen Altersversorgung in die Zeilen 54–60 gehören.

Checkliste Anlage R

Folgende Abzugsmöglichkeit geprüft? Vgl. Ausfüllhinweise zur Zeile!

Sie haben von Ihrer Versicherungsgesellschaft eine Leistungsmitteilung (Rentenbezugsmitteilung) erhalten? ☐
Übertragen Sie die Werte in die in der Leistungsmitteilung genannten Anlagen der Steuererklärung unter der genannten Zeile oder Kennzahl.

Sie haben eine gesetzliche oder private Rente bezogen? ☐
Für die bei Rentenauszahlung einbehaltenen Kranken- und Pflegeversicherungsbeiträge (Eigenanteil) können Sie den Sonderausgabenabzug beantragen (Anlage Vorsorgeaufwand).

Sie haben Rentennachzahlungen für mehrere (mindestens zwei) Vorjahre bekommen? ☐
Beantragen Sie die ermäßigte Besteuerung (eZeilen 10, 20, 53).

Sie sind sich hinsichtlich der Besteuerung Ihrer Rente unsicher? ☐
Fügen Sie, insbesondere im Erstjahr, der Steuererklärung den Rentenbescheid bei.

Sie haben mit Ihrem Rententräger über die Rente gestritten? ☐
Alle Aufwendungen im Zusammenhang damit (Anwaltskosten, Gerichtskosten, Fachliteratur, Fahrtkosten, Porto) sind Werbungskosten (Zeilen 21, 22, 54–60).

15 Anlage SO (Sonstige Einkünfte)

15.1 Allgemein

WICHTIG

Sonstige Einkünfte sind erhaltene Unterhaltszahlungen und Spekulationsgewinne

Die **Anlage SO** ist für folgende Fälle gedacht:

- Sie haben vom geschiedenen oder dauernd getrennt lebenden Ehegatten/Lebenspartner Unterhalt erhalten bzw. er hat Ihre Kranken- oder Pflegeversicherungsbeiträge gezahlt und Sie haben der Versteuerung zugestimmt. Vertiefend siehe → Unterhaltszahlungen.
- Sie haben Einkünfte aus sonstigen Leistungen (z. B. gelegentliche Vermittlung von Versicherungen oder Bausparverträgen oder Vermietung von beweglichen Gegenständen, wie z. B. Fahrzeugen) von über 255 € im Jahr erzielt.
- Sie haben private Wirtschaftsgüter (z. B. Grundstücke, Wertgegenstände, Oldtimer etc.), die nur kurze Zeit in Ihrem Eigentum waren, verkauft und einen Gewinn von über 599 € (je Ehegatte) erzielt. Vertiefend siehe → Spekulationsgeschäfte.

Veräußerungserlöse aus dem Verkauf von Wertpapieren (Aktien, Optionen, Futures, Warentermingeschäfte) gehören zu den Einkünften aus Kapitalvermögen und unterliegen der Abgeltungsteuer (Anlage KAP). Ehegatten geben eine gemeinsame Anlage SO ab.

Überblick

Im Bedarfsfall ausfüllen	
Seite 1	**Wiederkehrende Bezüge/Unterhalt (Zeilen 4–9)** Dieser Abschnitt betrifft in erster Linie Personen, die vom geschiedenen oder dauernd getrennt lebenden Ehegatten Unterhaltszahlungen erhalten haben. **Leistungen (Zeilen 10–15)** Einkünfte aus gelegentlichen Vermittlungsgeschäften oder Vermietung beweglicher Güter unterliegen nur der Besteuerung, wenn sie die Freigrenze von 255 € übersteigen. Auch Verluste sind berücksichtigungsfähig.

Überblick

Im Bedarfsfall ausfüllen	
Seite 2	**Private Veräußerungsgeschäfte (Zeilen 31–52)** Zu erfassen sind Verkäufe von privaten Wirtschaftsgütern (Grundstücke, private Wertgegenstände wie Münzen, Schmuck, Oldtimer etc.), wenn diese nur kurze Zeit in Ihrem Eigentum waren. Beträgt der Gewinn nicht mehr als 599 € im Jahr, ist nichts zu versteuern. Auch Verluste aus solchen Geschäften können Sie geltend machen.

15.2 Wiederkehrende Bezüge, Unterhalt, Leistungen (Seite 1)

→ ZEILE 4
Wiederkehrende Bezüge

In Zeile 4 sind im Wesentlichen Versorgungsleistungen aufgrund von Vermögensübertragungen, Altenleistungen in der Land- und Forstwirtschaft oder Aufwendungen aufgrund eines schuldrechtlichen Versorgungsausgleichs, wenn der Zahlende die Zahlungen als Sonderausgaben abziehen will, einzutragen. Soweit die Einkünfte dem Teileinkünfteverfahren unterliegen, sind die Einnahmen in Zeile 8, darauf entfallende Werbungskosten in Zeile 9 einzutragen.

→ ZEILE 5
Ausgleichszahlungen zur Vermeidung des Versorgungsausgleichs

Einzutragen sind **erhaltene** Ausgleichsleistungen zur Vermeidung des Versorgungsausgleichs, soweit der Zahlungspflichtige (geschiedener Ehegatte/Lebenspartner) die Ausgleichsleistungen zur Vermeidung des Versorgungsausgleichs mit Zustimmung als Sonderausgaben abzieht.

→ ZEILE 6
Ehegattenunterhalt

Zeile 6 betrifft Unterhaltszahlungen bzw. „Basis"-Kranken- bzw. Pflegepflichtversicherungsbeiträge, die ein Geschiedener/dauernd getrennt Lebender von seinem (ehemaligen) **Ehegatten/Lebenspartner** bekommen hat. Wenn der Unterhaltsempfänger auf der **Anlage U** zugestimmt hat, dass der Leistende die Zahlungen als Sonderausgaben abziehen kann, ist er damit gleichzeitig einverstanden, dass er die Zahlungen als sonstige Einkünfte versteuert. Vertiefend siehe → Unterhaltszahlungen. Soweit die Einkünfte dem Teileinkünfteverfahren unterliegen, sind die Einnahmen in Zeile 8, darauf entfallende Werbungskosten in Zeile 9 einzutragen.

→ ZEILEN 10–15
Andere Leistungen, Werbungskosten, Freigrenze, Verluste

Andere Einnahmen, die unter die sonstigen Einkünfte fallen, sind z. B. die gelegentliche Vermittlung von Kauf- und Tauschgeschäften sowie die gelegentliche Vermietung einzelner beweglicher Gegenstände (z. B. Fahrzeug, Motorjacht, Wohnmobil, Klavier, einzelne Maschinen), aber auch im Rahmen einer Fahrgemeinschaft für die Mitnahme von Kollegen erhaltene Fahrtgelder. Zu den abzugsfähigen Werbungskosten (Zeile 13) gehören z. B. Aufwendungen für Zeitungsanzeigen, Werbung, Fahrtkosten oder die Abschreibung. Sind die in Zeile 14 ermittelten Einkünfte (Unterschiedsbetrag aus Einnahmen und Werbungskosten) nicht höher als 255 € (bei Ehegatten gilt die Grenze bei jedem für seine Einkünfte), bleiben sie steuerfrei. Liegen sie über dieser Freigrenze, muss der gesamte Gewinn versteuert werden.

Verluste aus solchen Geschäften können nur mit Gewinnen aus gleichartigen Leistungen im selben Jahr, im Vorjahr (Verlustrücktrag) oder in folgenden Jahren (Verlustvortrag) verrechnet werden.

→ ZEILEN 16–42
Abgeordnetenbezüge

Hinweis: Wichtiges zum Thema „Abgeordnetenbezüge" finden Sie auf http://mybook.haufe.de unter „Weiterführende steuerliche Informationen".

15.3 Private Veräußerungsgeschäfte (Seite 2)

→ ZEILEN 31–52
Private Veräußerungsgeschäfte

In den Zeilen 31 bis 52 sind Gewinne bzw. Verluste aus sog. „Spekulationsgeschäften" zu erfassen. Vertiefend siehe → Spekulationsgeschäfte.

Gewinne aus derartigen Verkäufen bleiben steuerfrei, wenn sie im Jahr nicht mehr als 599 € betragen. Dieser Betrag gilt bei Eheleuten getrennt für die Geschäfte des jeweiligen Ehegatten.

→ ZEILEN 31–41
Grundstücke

Die Zeilen 31 bis 41 betreffen Grundstücke, die Sie **innerhalb von zehn Jahren** (Datum der Kaufverträge maßgebend!) angeschafft und veräußert haben. Dies kann auch für geerbte oder geschenkte Grundstücke infrage kommen.

Wurde das gesamte Grundstück bis zum Verkauf bzw. im Veräußerungsjahr und in den letzten beiden Jahren davor nur zu eigenen Wohnzwecken genutzt (Zeile 33), liegt kein steuerpflichtiges Veräußerungsgeschäft vor. Weitere Angaben sind dann nicht mehr erforderlich. Anderes gilt jedoch für ein im selbst genutzten Haus befindliches Arbeitszimmer oder einen vermieteten Gebäudeteil. Veräußerungsgewinne aus solchen Gebäudeteilen (Angaben in Zeile 34) sind genauso (anteilig) steuerpflichtig wie der Verkauf von vermieteten Häusern und Wohnungen. Machen Sie die gefragten Angaben in den folgenden Zeilen 34–41. Bei einem gemischt genutzten Gebäude sind nur die Angaben bezüglich des steuerpflichtig veräußerten Grundstückteils notwendig.

→ ZEILEN 35–39
Gewinnermittlung

Zu versteuern ist grundsätzlich der Unterschiedsbetrag zwischen dem Veräußerungspreis (Zeile 35) und den AK zzgl. Nebenkosten (Zeile 36) des Grundstücks. Sofern Sie auf dem Grundstück Gebäude oder Außenanlagen errichtet, ausgebaut oder erweitert haben, erhöhen die dabei angefallenen Aufwendungen Ihre AK. Soweit Sie eine Abschreibung (AfA) für das Grundstück bei einer Einkunftsart (z. B. Vermietung) steuerlich geltend gemacht haben (Eintragung in Zeile 37), werden Ihre AK um diese AfA-Beträge gekürzt. Zu den abzugsfähigen Werbungskosten (Zeile 38) gehören alle Kosten i. Z. m. der Veräußerung wie z. B. Inserate, Fahrtkosten, Maklergebühren. Der ermittelte Gewinn (Zeile 39) muss wegen der Freigrenze dem Eigentümer-Ehegatten zugeordnet werden (Zeile 40). Vertiefend siehe → Spekulationsgeschäfte.

→ ZEILEN 42–49
Andere Wirtschaftsgüter

Die Veräußerung von anderen Wirtschaftsgütern des Privatvermögens (Zeile 42) ist steuerpflichtig, wenn Anschaffung und Veräußerung **innerhalb eines Jahres** (Zeile 43) erfolgt sind. Hierzu gehören auch Gewinne bzw. Verluste aus dem Verkauf von Fremd-, Kryptowährungen. Bei Wirtschaftsgütern, mit denen steuerpflichtige Einnahmen erzielt wurden (z. B. Vermietung von beweglichen Wirtschaftsgütern), gilt ein Zehnjahreszeitraum. Nicht steuerpflichtig ist der Verkauf von Gegenständen des täglichen Bedarfs (z. B. Pkw). Der ermittelte Gewinn ist bei Ehegatten wegen der Freigrenze dem zutreffenden Ehegatten zuzuordnen.

→ ZEILEN 50, 51
Gemeinschaften

Waren Sie an einer Gemeinschaft, z. B. Erbengemeinschaft, beteiligt, die derartige Geschäfte getätigt hat, musste die Gemeinschaft eine eigene Steuererklärung abgeben, aufgrund derer das Finanzamt die Gewinne ermittelt und auf alle Beteiligten aufgeteilt hat. Ihren Anteil am Gewinn erfassen Sie, soweit er Ihnen bekannt ist, in den Zeilen 50 und 51.

→ ZEILE 52
Verluste

Verluste, die Sie aus privaten Veräußerungsgeschäften erlitten haben, können nur mit gleichartigen Gewinnen des Vorjahres oder in Folgejahren verrechnet werden. Auch eine Begrenzung des Verlustrücktrags zugunsten eines Vortrags auf künftige Gewinne ist möglich. Tragen Sie hier ein, wenn Sie Verluste aus 2019 nicht bzw. nur begrenzt mit Gewinnen in 2018 verrechnen lassen wollen.

Checkliste Anlage SO

Folgende Abzugsmöglichkeit geprüft? Vgl. Ausfüllhinweise zur Zeile!

Ausgleichszahlungen zur Vermeidung des Versorgungsausgleichs (Zeile 5) bzw. Ehegattenunterhalt (Zeile 6) versteuern? ☐
Machen Sie Ihre notwendige Zustimmung am besten von vornherein davon abhängig, dass Ihr geschiedener Ehepartner/Lebenspartner die bei Ihnen zu zahlende Steuer übernimmt. Sie können die Zustimmung zur Versteuerung des Unterhalts für künftige Jahre widerrufen bzw. betragsmäßig auch so begrenzen, dass bei Ihnen keine Mehrsteuer anfällt.

Spekulationsverluste aus Vorjahren? ☐
Sie können die Verluste eventuell auch mit Veräußerungsgewinnen aus Kapitaleinkünften verrechnen (**Anlage KAP**).

16 Anlage G (Einkünfte aus Gewerbebetrieb)

16.1 Allgemein

WICHTIG

Gewerbetreibende müssen Anlage G ausfüllen

Die **Anlage G** müssen Sie in folgenden Fällen ausfüllen:

- Sie waren im Veranlagungsjahr Inhaber eines Gewerbebetriebs.
- Sie haben bzw. hatten die Absicht, einen Gewerbebetrieb zu eröffnen. In diesem Zusammenhang sind Ihnen Aufwendungen entstanden.
- Sie sind an einer gewerblichen Personengesellschaft beteiligt.

Ehegatten geben jeweils eine eigene Anlage ab.

Überblick

Im Bedarfsfall ausfüllen	
Seite 1	**Gewinn (Zeilen 4–11)** An dieser Stelle ist der durch Buchführung oder Einnahmenüberschussrechnung (EÜR) ermittelte Gewinn zu erklären. Beteiligte an gewerblich tätigen Personengesellschaften müssen den auf sie entfallenden Gewinnanteil angeben. **Ermäßigte Besteuerung für im Betrieb verbleibende Gewinne (Zeile 15)** Die ermäßigte Besteuerung für „thesaurierte" Gewinne beantragen Sie durch Abgabe der **Anlage 34a**. **Steuerermäßigung nach § 35 EStG (Zeilen 16–22)** Hier beantragen Sie eine Steuerermäßigung für die Einkommensteuer, wenn Sie für den Betriebsgewinn auch Gewerbesteuer zahlen müssen.
Seite 2	**Veräußerungsgewinn/-verlust (Zeilen 31–44)** Wenn Sie Ihren Betrieb veräußert oder aufgegeben haben, ist der dadurch eingetretene Gewinn bzw. Verlust zu erklären. **Sonstiges (Zeilen 45–54)**

WICHTIG

Einnahmenüberschussrechnung oder Buchführung?

Wenn Sie Ihren Gewinn durch **Einnahmenüberschussrechnung** (§ 4 Abs. 3 EStG) ermitteln, müssen Sie dazu die amtliche **Anlage EÜR** verwenden. Ermitteln Sie Ihren Gewinn durch **Buchführung**, können Sie beantragen, den im Betrieb belassenen Gewinn (thesaurierter Gewinn) mit einem Steuersatz von nur 28,25 % zu besteuern. Dazu benötigen Sie die **Anlage 34a** (Eintrag in Zeile 15 der Anlage G). Wenn Sie ermäßigt besteuerte Gewinne allerdings in späteren Jahren aus dem Betrieb entnehmen, müssen Sie diese mit einem Steuersatz von 25 % nachversteuern.

→ ZEILEN 4–5
Gewinn/Verlust Einzelunternehmer

Der Gewinn aus Gewerbebetrieb ist entweder durch **Buchführung** (Betriebsvermögens- oder Bestandsvergleich) oder durch **Einnahmenüberschussrechnung** (Gewinnermittlung nach § 4 Abs. 3 EStG) zu ermitteln. Bei der Einnahmenüberschussrechnung müssen Sie Ihre Betriebseinnahmen und -ausgaben zusammenstellen. Aus der Differenz ergibt sich Ihr jährlicher Gewinn bzw. Verlust. Der durch die Aufgabe oder Veräußerung eines Betriebs entstandene Gewinn muss gesondert erklärt werden (vgl. Erläuterungen zu den Zeilen 31 ff.).

Die Unterlagen zur Gewinnermittlung (Bilanz mit der Gewinn- und-Verlust-Rechnung und Erläuterungen dazu) bzw. zur Einnahmenüberschussrechnung einschließlich Erläuterungen (**Anlage EÜR**) müssen Sie elektronisch übermitteln bzw. der **Anlage G** beifügen.

Verluste tragen Sie mit einem Minuszeichen versehen ein.

→ ZEILE 7
Gesonderte Gewinnfeststellung

Wenn sich der Betriebssitz im Zuständigkeitsbereich eines anderen Finanzamts befindet, dann müssen Sie alle Unterlagen für den Betrieb (zusätzlich die **Anlage G** und die Gewinnermittlung) zusammen mit einer **Erklärung zur gesonderten Feststellung der Einkünfte** (Vordruck ESt 1 B,) beim Betriebsfinanzamt abgeben. Der Gewinn wird dann gesondert in einem verbindlichen Gewinnfeststellungsbescheid festgestellt.

→ ZEILEN 8–11
Beteiligungen

Sind Sie oder Ihr Ehegatte als Gesellschafter an einer Personengesellschaft (z. B. OHG, KG, GmbH & Co. KG, BGB-Gesellschaft oder eine atypisch stille Gesellschaft) beteiligt, wird Ihr Anteil am Gewinn, einschließlich aller Vergütungen, die Sie von der

Gesellschaft erhalten haben, bei dem für die Gesellschaft zuständigen Betriebsfinanzamt **einheitlich und gesondert** festgestellt. Sie erhalten davon eine Mitteilung durch die Gesellschaft oder das Betriebsfinanzamt.

TIPP

Betriebsausgaben müssen der Beteiligungsgesellschaft mitgeteilt werden

Beachten Sie, dass Sie Ihre sämtlichen (Betriebs-)Ausgaben in der Gewinnfeststellungserklärung der Gesellschaft geltend machen müssen und nicht in Ihrer Einkommensteuererklärung.

→ ZEILE 13
Teileinkünfteverfahren

Wenn Sie im Betriebsvermögen Ihres Unternehmens Anteile an Kapitalgesellschaften (Aktiengesellschaft, GmbH) haben, sind die Gewinnanteile (z. B. Dividenden) sowie Veräußerungsgewinne bzw. -verluste nur zu 60 % zu versteuern. Der steuerpflichtige Teil ist in der Gewinnermittlung zu erfassen (Zeile 4), der steuerfreie Teil in Zeile 13. Einzutragen in Zeile 13 sind allerdings nur die Einkünfte, d. h. die Einnahmen sind um darauf entfallende Betriebsausgaben (z. B. Zinsen) zu kürzen.

→ ZEILEN 16–22
Steuerermäßigung wegen Gewerbesteuer

Wenn Sie für Ihren Betrieb Gewerbesteuer zahlen, erhalten Sie eine Steuerermäßigung. Dazu müssen Sie den Gewerbesteuermessbetrag (Zeile 16) und die tatsächlich für das Jahr zu zahlende Gewerbesteuer (Zeile 17) eintragen. Wenn Sie mehrere Betriebe haben bzw. an mehreren Betrieben beteiligt sind, müssen Sie die Angaben für jeden Betrieb getrennt machen (Zeilen 18–22).

16.2 Weitere Angaben

→ ZEILEN 31–44
Betriebsveräußerung/ Betriebsaufgabe

Der Gewinn, den Sie aus der Veräußerung eines Betriebs, eines Teilbetriebs, eines Anteils an einer Personengesellschaft oder einer Betriebsaufgabe erzielt haben, gehört ebenfalls zu den gewerblichen Einkünften. Sind Sie berufsunfähig oder mindestens 55 Jahre alt, steht Ihnen ein Freibetrag zu. Da dieser nur einmal im Leben gewährt wird, sollte die Entscheidung gut überlegt sein. Die Eintragungen müssen vor Abzug des Freibetrags in Zeile 31 oder 35 erfolgen. Die gleichen Voraussetzungen gelten für das Wahlrecht zur Anwendung des ermäßigten Steuersatzes (Zeilen 34 bzw. 38). Soweit das Teileinkünfteverfahren gilt (insbesondere Verkauf von Anteilen an Kapitalgesellschaften), ist der Gewinn in den Zeilen 32, 36 bzw. 39 zu erfassen. Ein Verlust ist in Zeile 40 und ergänzend in Zeile 41 einzutragen.

Soll für den Veräußerungsgewinn ganz oder teilweise die Reinvestitionsrücklage (§ 6b EStG) in Anspruch genommen werden, ist dieses in den Zeilen 33 bzw. 37 zu vermerken.

→ ZEILEN 42–44
Veräußerung von Anteilen an Kapitalgesellschaften

Haben Sie Anteile an einer Kapitalgesellschaft (AG, GmbH), an der Sie mindestens 1 % aller Anteile besitzen oder besessen haben, in Ihrem **Privatvermögen** gehalten und veräußern Sie diese oder Teile davon, dann unterliegt der Veräußerungsgewinn – eventuell nach Abzug eines Freibetrags – der Einkommensteuer und ist in Zeile 42 zu erfassen. In Zeile 44 kreuzen Sie an, wenn die Veräußerung an eine Gesellschaft erfolgt ist, an der Sie oder ein Angehöriger von Ihnen beteiligt ist.

→ ZEILE 45
Außerordentliche Einkünfte

Sind in Ihrem Gewinn sog. außerordentliche Einkünfte enthalten wie z. B. Entschädigungen für entgangene oder entgehende Einnahmen, Vergütungen für mehrjährige Tätigkeiten oder Ausgleichszahlungen, die Sie als Handelsvertreter erhalten haben, dann tragen Sie diese in Zeile 45 ein. Das können auch Steuererstattungen aufgrund einer vorangegangenen rechtlichen Auseinandersetzung sein. Hier gilt eine günstigere ermäßigte Besteuerung (Fünftel-Regelung).

Checkliste Anlage G

Folgende Abzugsmöglichkeit geprüft? Vgl. Ausfüllhinweise zur Zeile!

Sie planen als Existenzgründer bzw. Inhaber eines Klein- oder mittleren Betriebs die Anschaffung neuer Wirtschaftsgüter? ☐
Sie können bereits in dem Jahr, in dem Sie die Anschaffung konkret beabsichtigen, einen Investitionsabzugsbetrag gem. § 7g Abs. 1 EStG geltend machen. Mithilfe des Investitionsabzugsbetrags können Sie auch erreichen, dass für Wirtschaftsgüter statt der allgemeinen Abschreibungsregelungen Sonderregelungen (GWG oder Wirtschaftsgüter im Sammelpool) gelten, die einen schnelleren Kostenabzug möglich machen.

Folgende Abzugsmöglichkeit geprüft? Vgl. Ausfüllhinweise zur Zeile!	
Sie wollen Gewinne legal in spätere Jahre verlagern? Bilden Sie für geplante Investitionen einen Investitionsabzugsbetrag.	☐
Sie haben 2019 neue Wirtschaftsgüter gekauft? Prüfen Sie die Sonderabschreibung gem. § 7g Abs. 5 EStG für Klein- und Mittelbetriebe. Sie ist unabhängig vom Investitionsabzugsbetrag möglich.	☐
In Ihren Betriebsausgaben sind Bewirtungskosten enthalten? Kontrollieren Sie, ob die notwendigen Belege alle geforderten Angaben enthalten.	☐
Sie haben Ihr privates Kfz auch für betriebliche Fahrten genutzt? Ohne Kostennachweis können Sie für jeden betrieblich gefahrenen Kilometer 0,30 € als Betriebsausgabe geltend machen.	☐
Sie nutzen Ihr Fahrzeug nicht zu mehr als 50 % betrieblich? Führen Sie Aufzeichnungen über die betrieblich und die privat gefahrenen Kilometer, um den Privatanteil festzuhalten. Ohne derartige Aufzeichnungen wird das Finanzamt von einem 80 %igen Privatanteil ausgehen.	☐
Sie planen die Anschaffung eines Kfz? Beträgt die betriebliche Nutzung voraussichtlich mindestens 90 %, können Sie einen Investitionsabzugsbetrag erhalten.	☐
Sie haben 2019 ein Kfz neu angeschafft? Bei einer betrieblichen Nutzung (gefahrene Kilometer) von mindestens 90 % erhalten Sie auf Antrag eine Sonderabschreibung (§ 7g Abs. 5 EStG). Beträgt die betriebliche Nutzung des Kfz (nach den gefahrenen Kilometern) weniger als 50 %, ist es im Normalfall sinnvoll, das Kfz als Privatvermögen zu behandeln und nicht ins Anlageverzeichnis aufzunehmen. Die betrieblich verursachten Kosten bleiben abzugsfähige Betriebsausgaben (ohne Einzelkostennachweis 0,30 €/km), aber der beim Verkauf des Kfz anfallende Veräußerungserlös ist nicht zu versteuern.	☐

Folgende Abzugsmöglichkeit geprüft? Vgl. Ausfüllhinweise zur Zeile!	
Sie haben geringwertige Wirtschaftsgüter (Kosten ohne Umsatzsteuer nicht über 800 €) gekauft? Sie können die Kosten in voller Höhe sofort abziehen (keine AfA).	☐

17 Anlage S (Einkünfte aus selbstständiger Arbeit)

17.1 Allgemein

WICHTIG

Anlage S gilt für Freiberufler

Die **Anlage S** benötigen Sie in folgenden Fällen:

- Sie waren im Veranlagungsjahr freiberuflich tätig.
- Sie haben bzw. hatten die Absicht, sich als Freiberufler selbstständig zu machen. In diesem Zusammenhang sind Ihnen Aufwendungen entstanden.
- Sie sind an einer freiberuflich tätigen Personengesellschaft beteiligt.

Ehegatten geben jeweils eine eigene Anlage ab.

Überblick

Im Bedarfsfall ausfüllen	
Seite 1	**Gewinn (Zeilen 4–16)** Hier ist der durch Buchführung oder Einnahmenüberschussrechnung ermittelte Gewinn zu erklären. Beteiligte an freiberuflich tätigen Personengesellschaften müssen ihren Gewinnanteil angeben.
Seite 2	**Veräußerungsgewinn (Zeilen 31–42)** Wenn Sie Ihren Betrieb veräußert oder aufgegeben haben, ist der dadurch eingetretene Gewinn zu erklären. **Nebenberufliche Tätigkeiten (Zeilen 44, 45)** Waren Sie nebenberuflich für eine gemeinnützige Organisation oder öffentlich-rechtliche Körperschaft als Übungsleiter tätig, sind die erzielten Einnahmen bis zu 2.400 € steuerfrei. Andere Tätigkeiten für diese Organisationen sind bis zu 720 € befreit.

WICHTIG

Zusätzliche Anlage EÜR nicht vergessen

Bei der Abgabe der Steuererklärung müssen Sie bei der Gewinnermittlung durch **Einnahmenüberschussrechnung** gem. § 4 Abs. 3 EStG zwingend die **Anlage EÜR** benutzen (s. u.).

Wenn Sie für durch **Buchführung** ermittelte und nicht entnommene Gewinne eine ermäßigte Besteuerung beantragen möchten, benötigen Sie zusätzlich die **Anlage 34a** (Eintragung in Zeile 16 der Anlage S).

→ ZEILEN 4, 5
Gewinn freiberufliche Tätigkeit

Tragen Sie in Zeile 4 den ermittelten Gewinn/Verlust aus der freiberuflichen Tätigkeit ein und fügen Sie Unterlagen zur Gewinnermittlung bei. Üben Sie mehrere freiberufliche Tätigkeiten aus, können Sie diese in Zeile 5 eintragen. Für bestimmte freiberufliche Tätigkeiten können Sie Betriebsausgaben auch über Pauschalen geltend machen. Vertiefend siehe → Einnahmenüberschussrechnung.

→ ZEILE 6
Gesonderte Feststellung

Die Ausführungen zur Zeile 7 der **Anlage G** gelten sinngemäß auch für freiberufliche Betriebe, wenn sich der Betrieb außerhalb der Zuständigkeit des Wohnsitzfinanzamts befindet.

→ ZEILEN 7, 8
Beteiligungen

Auf die Ausführungen zu den Zeilen 8–11 der **Anlage G** wird hingewiesen.

→ ZEILE 9
Verlustbeteiligungen

Sind Sie an freiberuflichen Abschreibungs- bzw. Verlustzuweisungsgesellschaften oder Steuerstundungsmodellen beteiligt, tragen Sie Ihren (Verlust-)Anteil ein (vgl. Erläuterungen **Anlage G** Zeile 12).

→ ZEILEN 10, 11
Andere selbstständige Arbeit

Hier tragen Sie unter Angabe Ihrer Tätigkeit Ihren Gewinn oder Verlust ein, wenn Sie keine freiberufliche, sondern eine andere selbstständige Tätigkeit (z. B. Lotterieeinnehmer, Nachlass-, Zwangs-, Insolvenz-, Vermögensverwalter, Aufsichtsrat, Testamentsvollstrecker) ausüben.

→ ZEILE 12
Teileinkünfteverfahren

Zeile 12 betrifft Sie nur, wenn Sie im Betriebsvermögen Anteile an Kapitalgesellschaften (Aktien, GmbH-Anteile) halten und die Gesellschaft Ihnen Gewinnanteile (z. B. Dividenden) ausgezahlt oder an Sie verdeckte Gewinnausschüttungen vorgenommen hat (vgl. Erläuterungen zu Zeile 13 der **Anlage G**).

→ ZEILE 16
Steuerermäßigung

Haben Sie den Gewinn durch Buchführung ermittelt, können Sie für die Teile des Gewinns, die im Betrieb bleiben und nicht entnommen worden sind, eine ermäßigte Besteuerung beantragen. Dazu benötigen Sie die **Anlage 34a** (vgl. Erläuterungen zu Zeile 15 der Anlage G und Hinweise zur Anlage 34a).

17.2 Weitere Angaben

→ ZEILEN 31–42
Betriebsveräußerung/-aufgabe

Haben Sie Ihren freiberuflichen Betrieb veräußert oder aufgegeben, ist ein dadurch entstandener Gewinn steuerlich zu erfassen. Auf die Ausführungen zu den Zeilen 31–44 der **Anlage G** wird verwiesen.

→ ZEILE 43
Außerordentliche Erträge

Infrage kommen z. B. Entschädigungen für entgangene oder entgehende Einnahmen oder Vergütungen für mehrjährige Tätigkeiten. Diese werden ermäßigt besteuert (vgl. Erläuterungen zu Zeile 45 der **Anlage G**).

→ ZEILEN 44–45
Nebentätigkeiten

In den Zeilen 44 und 45 tragen Sie Vergütungen für **ehrenamtliche Tätigkeiten** z. B. als Stadt- oder Gemeinderat, ehrenamtlicher Bürgermeister oder ähnliche Nebentätigkeiten ein. Ebenso fallen darunter **Aufwandsentschädigungen** für nebenberufliche, selbstständige Übungsleiter und weitere Personen. (Anmerkung: Waren Sie als Arbeitnehmer tätig, gehören die Zahlungen in Zeile 27 der **Anlage N**). Den steuerfreien Teil dieser Aufwandsentschädigungen (max. 2.400 €) müssen Sie gesondert in Zeile 44 bzw. 45 angeben, der steuerpflichtige Teil ist im Gewinn (Zeile 4) zu erfassen. Vertiefend siehe → Ehrenamt.

TIPP

Vordruck EÜR muss nicht immer ausgefüllt werden

Haben Sie (außer Arbeitslohn) nur Einkünfte aus ehrenamtlichen Tätigkeiten, die sich in den Grenzen (2.400 € bzw. 720 €) halten, brauchen Sie keine Anlage EÜR ausfüllen (vgl. Erläuterungen der Anlage EÜR).

Checkliste Anlage S

Folgende Abzugsmöglichkeit geprüft? Vgl. Ausfüllhinweise zur Zeile!

Sie sind nebenberuflich schriftstellerisch, journalistisch, künstlerisch, wissenschaftlich oder unterrichtend (Lehrtätigkeit, Nachhilfe, Prüfungstätigkeit) tätig? ☐
Sie können pauschale Betriebsausgaben geltend machen (Zeile 4).

Folgende Abzugsmöglichkeit geprüft? Vgl. Ausfüllhinweise zur Zeile!	
Sie waren nebenberuflich als selbstständiger Übungsleiter, Vortragender, Ausbilder, Betreuer oder in einer vergleichbaren Tätigkeit als Künstler oder Pflegender für eine inländische Person des öffentlichen Rechts oder für eine gemeinnützige Organisation tätig? Prüfen Sie, ob Ihr Honorar (teilweise) steuerfrei gem. § 3 Nr. 26 EStG ist (Zeilen 44–45).	☐
Prüfen Sie auch die Checkliste zur Anlage G. Die dort genannten Tipps für gewerbliche Betriebe gelten auch für Freiberufler.	☐

18 Anlage EÜR (Einnahmenüberschussrechnung)

18.1 Allgemein

WICHTIG

Wer die Anlage EÜR abgeben muss

Die Anlage EÜR müssen Sie immer abgeben, wenn Sie nicht zu denjenigen Unternehmern gehören, die bilanzieren. Ab Vz. 2017 ist die bisherige Regelung, nach der bei Betriebseinnahmen von weniger als 17.500 € die Abgabe einer formlosen Einnahmenüberschussrechnung als ausreichend angesehen worden ist, ausgelaufen.

Ausnahmen u. a in Härtefällen

In Härtefällen kann die Finanzbehörde auf Antrag auf die elektronische Übermittlung verzichten. Für diese Fälle stellen die Finanzämter Papiervordrucke der Anlage EÜR zur Verfügung.

Weitere Ausnahmefälle hat die OFD Nordrhein-Westfalen in einer bundesweit abgestimmten Verfügung v. 20.4.2018, Kurzinfo ESt 03/2018, geregelt:

- Wenn der Gewinn unter 410 € liegt (§ 46 Abs. 2 Nr. 1 EStG) und ein Veranlagungsgrund nach § 46 Abs. 2 Nr. 2 bis 7 EStG vorliegt (Anlage EÜR in Papierform erlaubt)
- Bei einer Antragsveranlagung (§ 46 Abs. 2 Nr. 8 EStG), wenn ein weiterer Veranlagungsgrund nach § 46 Abs. 2

Nr. 2 bis 7 EStG gegeben ist (Anlage EÜR in Papierform zulässig)

- Ehrenamtlich Tätige, deren Einnahmen nach den §§ 3 Nr. 26, 26a oder 26b EStG insgesamt steuerfrei bleiben, müssen gar keine Anlage EÜR ausfüllen.

Für jeden Betrieb ist eine separate Einnahmenüberschussrechnung zu erstellen.

Die Anlage EÜR ist nach § 60 Abs. 4 EStDV zwingend elektronisch an die Finanzverwaltung zu übermitteln.

Bei Personengesellschaften (z. B. GbR oder KG) ist die Anlage EÜR für den gesamthänderischen Bereich elektronisch zu übermitteln. Daneben sind für jeden Beteiligten, für den entsprechende Angaben erforderlich sind, die Sonder- und Ergänzungsrechnungen für Personengesellschaften (Ermittlungen der Sonderbetriebseinnahmen – Anlage SE – und Sonderbetriebsausgaben sowie die Ergänzungsrechnungen – Anlage ER) und die Schuldzinsenermittlungen nach § 4 Abs. 4a EStG zusätzlich gesondert elektronisch einzureichen.

Überblick

Im Bedarfsfall ausfüllen	
Seite 1	**Betriebseinnahmen (Zeilen 11–22)** Hier sind die Betriebseinnahmen einzutragen, die im Wirtschaftsjahr zugeflossen sind. Beachten Sie die Besonderheiten bei der Umsatzsteuer und bei Entnahmen aus dem Betriebsvermögen.
Seiten 1, 2	**Betriebsausgaben (Zeilen 23–71)** Hier tragen Sie alle Betriebsausgaben ein, die den Gewinn des Wirtschaftsjahres mindern.
Seite 3	**Betriebsausgaben (Zeilen 81–88)** Kfz- und andere Fahrtkosten **Ermittlung des Gewinns (Zeilen 99–108)** In diese Zeilen müssen Sie Beträge eintragen, die zwar nicht als Betriebseinnahmen oder -ausgaben angesehen werden, aber doch Auswirkungen auf den Gewinn haben.
Seite 4	**Ergänzende Angaben (Zeilen 121–124)** **Rücklagen und stille Reserven (Zeilen 121–123)** Hier tragen Sie gewinnmindernde Rücklagen nach § 6b EStG, Ersatzbeschaffungen und Ausgleichsposten nach § 4g EStG ein. **Entnahmen und Einlagen (Zeilen 125–126)** Falls Sie Einlagen oder Entnahmen getätigt haben, führen Sie diese hier auf. Dazu gehören neben Wirtschaftsgütern und Leistungen, die Sie privat in Anspruch genommen haben, auch Geldentnahmen und -einlagen.
Anlagen	**Anlageverzeichnis/Ausweis des Umlaufvermögens, Ermittlung der nicht abziehbaren Schuldzinsen**

18.2 Notwendige Unterlagen

Allgemeine Kurzinformation

Unternehmer, die nicht bilanzieren, müssen den amtlich vorgeschriebenen Vordruck „Einnahmenüberschussrechnung – EÜR (Gewinnermittlung nach § 4 Abs. 3 EStG)“ zusammen mit ihrer Einkommensteuererklärung einreichen.

18.3 Betriebseinnahmen

→ ZEILEN 11–15
Betriebseinnahmen

In den Zeilen 11–15 sind die **Betriebseinnahmen** einzutragen. Diese sind grundsätzlich im Wirtschaftsjahr des Zuflusses zu erfassen.

WICHTIG

Dividenden müssen in voller Höhe eingetragen werden

Dividenden, die unter das Teileinkünfteverfahren fallen, sind zwar nur zu 60 % steuerpflichtig, da 40 % nicht als Gewinn erfasst werden (§ 3 Nr. 40 EStG). Vertiefend siehe → Kapitalanlagen.

In die Beträge der Zeilen 14 und 15 sind sie allerdings in voller Höhe einzubeziehen. Eine Korrektur erfolgt in Zeile 106. Auf die Erläuterungen zu Zeile 106 wird verwiesen.

→ ZEILEN 16–17
Umsatzsteuer

Die vereinnahmten Umsatzsteuerbeträge auf die Betriebseinnahmen der Zeilen 14 und 18 gehören zum Zeitpunkt ihrer Vereinnahmung, die Umsatzsteuer auf unentgeltliche Wertabgaben der Zeilen 19 und 20 dagegen zum Zeitpunkt ihrer Entstehung zu den Betriebseinnahmen und sind in Zeile 16 einzutragen.

Hat das Finanzamt Ihnen Umsatzsteuer erstattet, gehört der Betrag in Zeile 17. Die erstatteten steuerlichen Nebenleistungen, wie z. B. ein Verspätungs- oder Säumniszuschlag, sind aber in Zeile 15, bei Kleinunternehmern (§ 19 UStG) in den Zeilen 11 und 12 zu erfassen.

→ ZEILE 18
Veräußerung oder Entnahme von Anlagevermögen

Haben Sie im Gewinnermittlungszeitraum Wirtschaftsgüter des Anlagevermögens (z. B. Maschinen, Kfz) veräußert oder entnommen, ist der Erlös bzw. der Entnahmewert ohne Umsatzsteuer in Zeile 18 einzutragen.

→ ZEILEN 19–20
Entnahmen

In den Zeilen 19 und 20 sind **die übrigen privaten Vorgänge ohne Umsatzsteuer** zu erfassen (**Entnahmen**). Die entsprechende Umsatzsteuer gehört in Zeile 16.

→ ZEILE 21
Rücklagenauflösung, Rücklagenbildung

In den ergänzenden Angaben (Zeilen 121–124) berechnen Sie den Gewinn aus der Auflösung von Rücklagen und Ausgleichsposten. Übertragen Sie den Betrag in Zeile 21.

18.4 Betriebsausgaben

Die Beträge sind grundsätzlich mit dem Nettobetrag auszuweisen. Die abziehbaren Vorsteuerbeträge sind in Zeile 63 auszuweisen. Kleinunternehmer und Steuerpflichtige, die den Vorsteuerabzug nach den §§ 23, 23a und 24 Abs. 1 UStG pauschal vornehmen, geben den Bruttobetrag an.

→ ZEILE 23
Betriebsausgabenpauschale

In den folgenden Zeilen 23–88 sind alle Betriebsausgaben aufzuschlüsseln. Diese sind grundsätzlich im Wirtschaftsjahr des Abflusses zu erfassen.

Bestimmte Berufsgruppen können den Betriebsausgabenabzug pauschalieren, d. h. sie ziehen einen bestimmten Prozentsatz ihrer Einnahmen als Betriebsausgaben ab. Eine weitergehende Berücksichtigung von einzelnen Kosten ist nicht mehr möglich. Vertiefend siehe → Zusatzeinkünfte.

Ist der pauschale Betriebsausgabenabzug für Sie günstiger, tragen Sie in Zeile 23 diesen Betrag ein. Damit ist für Sie der Teil „Betriebsausgaben" erledigt und Sie können zu Zeile 88 springen.

Die Freibeträge nach § 3 Nr. 26 EStG, § 3 Nr. 26a EStG bzw. § 3 Nr. 26b EStG sind nicht mehr in Zeile 23, sondern in den Zeilen 91 bis 93 einzutragen. Vertiefend siehe → Ehrenamt.

→ ZEILEN 28–44
Absetzung für Abnutzung (AfA)

Berechnen Sie die AfA-Beträge in der Anlage AVEÜR, die Sie zusammen mit Ihrer Gewinnermittlung einreichen. Vertiefend siehe → Abschreibungen/Gebäude und → Abschreibungen Anschaffungs-/Herstellungskosten.

→ ZEILE 45
Restbuchwert ausgeschiedener Anlagegüter

Nicht vergessen dürfen Sie die Eintragung des Restbuchwerts ausgeschiedener Anlagegüter in Zeile 45.

→ ZEILEN 46–48
Miete, Grundstücksaufwendungen

Kosten für das häusliche Arbeitszimmer sind ausschließlich in Zeile 70 einzutragen. Mietaufwendungen für eine doppelte Haushaltsführung gehören in die Zeile 47.

Betreiben Sie Ihr Gewerbe in eigenen Räumen bzw. auf eigenen Grundstücken, sind die hierfür anfallenden Kosten (ohne AfA Zeile 29 und Schuldzinsen Zeile 61 f.) in Zeile 48 einzutragen.

Sonstige unbeschränkt abzugsfähige Betriebsausgaben

→ ZEILE 53
Miete/Leasing

Nicht in Zeile 53 gehören Kfz-Leasingkosten (Zeile 81) oder Raummiete (Zeile 46).

→ ZEILE 61
Schuldzinsen zwecks Finanzierung von Wirtschaftsgütern

Die Schuldzinsen können u. U. nur eingeschränkt abzugsfähig sein.

Tragen Sie in Zeile 61 zunächst die Schuldzinsen für **gesondert aufgenommene Darlehen** zur Finanzierung von AK oder HK von Wirtschaftsgütern des Anlagevermögens ein (z. B. Betriebsgebäude, Pkw, Maschinen etc.). Diese sind in jedem Fall und in vollem Umfang abzugsfähig. Schuldzinsen für das häusliche Arbeitszimmer sind in Zeile 70 zu erfassen.

→ ZEILE 62
Übrige Schuldzinsen

In die Zeile 62 tragen Sie die übrigen Schuldzinsen mit dem vollen Betrag ein.

Sind hier weniger als 2.050 € einzutragen, brauchen Sie sich keine weiteren Gedanken machen. Der Betrag ist voll abzugsfähig. In allen anderen Fällen muss die Anlage „Ermittlung der nicht abziehbaren Schuldzinsen – Anlage SZ" ausgefüllt und mit der Einnahmenüberschussrechnung eingereicht werden. Einen sich daraus ergebenden Korrekturbetrag müssen Sie in die Zeile 108 eintragen.

→ ZEILE 63
Gezahlte Vorsteuer

Die an andere Unternehmer (Lieferanten etc.) gezahlten abziehbaren Vorsteuerbeträge sind in Zeile 63 einzutragen.

→ ZEILE 64
Gezahlte und verrechnete Umsatzsteuer

Die an das Finanzamt im entsprechenden Jahr tatsächlich abgeführte Umsatzsteuerzahllast gehört in Zeile 64. Die gezahlten steuerlichen Nebenleistungen, wie z. B. ein Verspätungs- oder Säumniszuschlag, sind aber in Zeile 66 einzutragen.

→ ZEILE 65
Bildung von Rücklagen

In den ergänzenden Angaben (Zeilen 121–141) berechnen Sie die Summe der Gewinnminderungen aus der Bildung von Rücklagen und Ausgleichsposten. Übertragen Sie den Betrag in Zeile 65.

Beschränkt abzugsfähige Betriebsausgaben

→ ZEILEN 67–71
Geschenke, Bewirtungskosten, Verpflegungsmehraufwendungen, Arbeitszimmer

Im Folgenden sind die beschränkt abziehbaren Betriebsausgaben anzugeben. Hierzu gehören insbesondere Geschenke, Bewirtung, Reisekosten, Kosten der doppelten Haushaltsführung, das häusliche Arbeitszimmer etc.

Die Gesamtaufwendungen sind in „nicht abziehbare" und „abziehbare" aufzuteilen. Vertiefend siehe → Doppelte Haushaltsführung.

→ ZEILEN 81–86
Kraftfahrzeugkosten

Zu unterscheiden sind die Aufwendungen für:

- Kfz-Leasing (Zeile 81)
- Steuern, Versicherungen und Maut (Zeile 82)
- sonstige Fahrtkosten (Zeile 83)

In Zeile 83 gehören alle übrigen festen und laufenden Kosten (z. B. Kraftstoffkosten, Reparaturkosten etc.), allerdings nicht die AfA und Zinsaufwendungen. Ferner sind Aufwendungen für öffentliche Verkehrsmittel, die für betriebliche Zwecke (z. B. Geschäftsreisen) genutzt wurden, hier zu berücksichtigen.

Wurden Privatfahrzeuge betrieblich genutzt, sind die Kosten in Zeile 84 einzutragen. Hier kann entweder die km-Pauschale von 0,30 € pro gefahrenen Kilometer angesetzt werden oder der tatsächliche km-Satz, der anhand von Einzelaufzeichnungen nachzuweisen ist. Vertiefend siehe → Dienstwagen/Firmenwagen, → Fahrtkosten und → Doppelte Haushaltsführung.

Da die Aufwendungen für **Fahrten zwischen Wohnung und Betrieb** sowie für die **Heimfahrten im Rahmen einer doppelten Haushaltsführung** nur beschränkt abzugsfähig sind, werden die anteiligen Gesamtkosten (anteilige Beträge, die in der vorigen Zeile erfasst wurden), zzgl. der anteiligen AfA für den betrieblichen Pkw (aus Zeilen 31/41) und die Finanzierungskosten des Pkw) in der Zeile 85 eingetragen und mindern die Betriebsausgaben.

Die für Wege zwischen Wohnung und Betriebsstätte und für Familienheimfahrten im Rahmen der doppelten Haushaltsführung **abziehbaren** Pauschbeträge (z. B. Entfernungspauschale) werden unabhängig von der Art des genutzten Verkehrsmittels in Zeile 86 erfasst. Vertiefend siehe → Dienstwagen/Firmenwagen. Wird der Privatanteil nach der 1 %-Regelung berechnet, beachten Sie die Kostendeckelung. Vertiefend siehe → Dienstwagen/Firmenwagen.

→ ZEILE 87
Nichtabziehbare Beträge

Sind in den Zeilen 26 bis 86 Beträge enthalten, die den Gewinn nicht mindern dürfen (z. B. unangemessene Aufwendungen nach § 4 Abs. 5 Satz 1 Nr. 7 EStG oder nicht abziehbare Restbuchwerte nach § 55 Abs. 6 EStG, nicht abziehbare Aufwendungen i. Z. m. steuerfreien Einnahmen nach § 3 Nr. 26, 26a oder 26b EStG, müssen diese hier eingetragen werden. Dadurch werden diese Betriebsausgaben neutralisiert.

18.5 Gewinnermittlung

→ ZEILEN 91–93
Steuerfreie Einnahmen

In den Zeilen 91–93 sind steuerfreie Einnahmen nach § 3 Nr. 26 EStG (max. 2.400 €), § 3 Nr. 26a EStG (max. 720 €) bzw. § 3 Nr. 26b EStG (max. 2.400 €) abzuziehen, soweit diese in den Betriebseinnahmen enthalten sind. Die nach § 3 Nr. 26 EStG und § 3 Nr. 26b EStG steuerfreien Einnahmen dürfen zusammen den Betrag von 2.400 € nicht überschreiten.

Sind in den Zeilen 23–88 Beträge enthalten, die im Zusammenhang mit steuerfreien Einnahmen nach § 3 EStG stehen, sind diese nicht abzugsfähig. Zur Korrektur sind in der Zeile 94 die im Zusammenhang mit steuerfreien Einnahmen nach § 3 Nr. 26, 26a und/oder 26b EStG stehenden Beträge einzutragen. Beträge, für die das Teileinkünfteverfahren (§ 3 Nr. 40 EStG) gilt. sind in Zeile 106 zu erfassen, die übrigen Korrekturbeträge in Zeile 95.

→ ZEILEN 97–100
Hinzurechnungen

In die Zeilen 93–99 sind Hinzurechnungsbeträge nach § 7g Abs. 2 EStG entsprechend den Regelungen zum Investitionsabzugsbetrag einzutragen. Diese berechnen Sie getrennt nach einzelnen Wirtschaftsgütern auf einer gesonderten Anlage.

WICHTIG

Rückgängigmachung von Investitionsabzugsbeträgen

Wurden in den Vorjahren Investitionsabzugsbeträge gebildet, bei denen die Investitionsabsicht aufgegeben oder die Investition innerhalb der dreijährigen Investitionsfrist nicht durchgeführt wurde, sind die Steuerfestsetzungen für das Jahr zu ändern, in dem der Investitionsabzugsbetrag abgezogen worden ist. Die Rückgängigmachung des Investitionsabzugsbetrags ist dem Finanzamt durch Übermittlung einer berichtigten Anlage EÜR für das Jahr anzuzeigen, in dem der Investitionsabzugsbetrag abgezogen worden ist. Sofern im Folgejahr der Anschaffung oder Herstellung gegen die Verwendungsvoraussetzung nach § 7g Abs. 4 EStG verstoßen wird, ist der im Wirtschaftsjahr der Anschaffung oder Herstellung berücksichtigte Hinzurechnungsbetrag rückgängig zu machen. Hierzu ist eine geänderte Anlage EÜR für das Wirtschaftsjahr der Anschaffung oder Herstellung zu übermitteln. In diesem Fall ist ggf. auch der Herabsetzungsbetrag nach § 7g Abs. 2 Satz 2 EStG zu korrigieren und die AfA neu zu berechnen.

Wird eine §-6b-Rücklage aufgelöst, ohne dass eine Übertragung auf ein Ersatzwirtschaftsgut stattgefunden hat, ist ein Gewinnzuschlag vorzunehmen (§ 6b Abs. 7 und Abs. 10 EStG). Dieser gehört in Zeile 100. Beachten Sie auch die Erläuterung zu Zeile 121.

Im Folgenden können Sie noch Aufwendungen geltend machen, die zwar nicht als Betriebsausgaben angesehen werden, aber doch den Gewinn mindern.

→ ZEILE 102
Wechsel der Gewinnermittlungsart

In Zeile 102 ist ein Übergangsgewinn oder -verlust einzutragen, der bei einem Wechsel von der Gewinnermittlungsart „Betriebsvermögensvergleich“, d. h. Bilanzierung, zur Einnahmenüberschussrechnung entsteht. Bei Aufgabe oder Veräußerung des Betriebs ist eine Schlussbilanz zu erstellen. Der Übergangsgewinn/-verlust gehört ebenfalls in Zeile 102.

→ ZEILE 103
Ergebnis aus Beteiligung an Personengesellschaften

In der Zeile 103 sind die gesondert und einheitlich festgestellten Ergebnisanteile aus Beteiligungen an Personengesellschaften (Mitunternehmerschaften, Bürogemeinschaften) einzutragen. Die dort berücksichtigten Betriebseinnahmen und -ausgaben dürfen nicht zusätzlich in den Zeilen 11–102 angesetzt werden.

Soweit Ergebnisanteile dem Teileinkünfteverfahren bzw. § 8b KStG unterliegen, sind sie hier in voller Höhe (einschließlich steuerfreier Anteile) einzutragen. Die entsprechende Korrektur erfolgt in Zeile 106.

→ ZEILE 105
Korrekturbetrag InvStG

Für bestimmte Investmentfonds gilt nach dem InvStG eine Teilfreistellung, gleichzeitig sind die damit im Zusammenhang stehenden Aufwendungen teilweise nicht abzugsfähig. Der Saldo aus den ungekürzten Erträgen und den ungekürzten Aufwendungen in der Spalte „Gesamtbetrag“ einzutragen. In der Spalte „Korrekturbetrag“ ist der anteilige steuerfrei zu stellende Betrag mit umgekehrtem Vorzeichen einzutragen.

→ ZEILE 106
Korrekturbetrag bei Teileinkünfteverfahren

Dividenden im Betriebsvermögen, die unter das Teileinkünfteverfahren fallen, sind nur zu 60 % steuerpflichtig, 40 % bleiben steuerfrei § 3 Nr. 40 EStG. Vertiefend siehe → Kapitalanlagen.

In Zeile 15 waren diese Beträge in voller Höhe als Betriebseinnahme einzubeziehen. In Zeile 106 erfolgt die Korrektur um die steuerfreien Beträge. Allerdings ist zu beachten, dass auch Aufwendungen, die mit diesen Beträgen in Zusammenhang stehen, nur zu 60 % abzugsfähig sind.

BEISPIEL

Korrekturbetrag bei Dividenden ermitteln

Sie halten eine GmbH-Beteiligung im Betriebsvermögen. Die Dividende i. H. v. 20.000 € unterliegt dem Teileinkünfteverfahren, d. h. 8.000 € bleiben steuerfrei. Die Finanzierungskosten der Beteiligung i. H. v. 3.000 € sind allerdings auch nur zu 60 % abzugsfähig. Es sind folgende Eintragungen vorzunehmen:

Die Dividende ist mit 20.000 € in die Beträge der Zeile 15 einzubeziehen. Die Schuldzinsen stehen mit Anlagevermögen in Zusammenhang und sind mit 3.000 € in Zeile 61 zu erfassen.

Für die Zeile 106 ist der Korrekturbetrag wie folgt zu ermitteln:

Dividende 20.000 €, davon steuerfrei 8.000 €.

Zinsen 3.000 €, davon nicht abzugsfähig 1.200 €.

Der bisher ermittelte Gewinn ist somit um 6.800 € zu hoch ausgewiesen. In Zeile 106 ist ein Eintrag von -6.800 € zu machen. Achten Sie darauf, die Eintragung mit Vorzeichen vorzunehmen.

→ ZEILE 107
Steuerpflichtiger Gewinn/Verlust vor Anwendung des § 4 Abs. 4a EStG

Ein Korrekturbetrag, der in der Anlage SZ errechnet wird, ist hier einzutragen. Er erhöht den Gewinn.

18.6 Ergänzende Angaben

Zu den Themengebieten Rücklagen und Entnahmen/Einlagen sind noch ergänzende Angaben zu machen.

Ergänzende Angaben

→ ZEILEN 121–123
Rücklagen und stille Reserven
→ ZEILE 121
Rücklagen nach § 6b EStG oder Ersatzbeschaffung

Soweit Steuerpflichtige die Übertragung stiller Reserven nach § 6b EStG nicht durch Abzug des bei der Veräußerung entstandenen Gewinns bei den AK oder HK der in § 6b EStG genannten Wirtschaftsgüter vorgenommen haben, können sie im Wirtschaftsjahr der Veräußerung eine gewinnmindernde Rücklage bilden.

Tragen Sie in Zeile 121 die gebildete Rücklage ein. Auch die Minderung der AK/HK bei der begünstigten Investition durch Übertragung der stillen Reserven ist unter „Bildung“ als Betriebsausgabe in die linke Spalte einzutragen. Die Aufzeichnungspflichten nach § 6c Abs. 2 EStG sind zu beachten. Vorgenanntes gilt auch für die Rücklage für Ersatzbeschaffung nach R 6.6 EStR 2012.

→ ZEILE 122
Übertragung von stillen Reserven

In Zeile 122 sind die stillen Reserven einzutragen, die auf neu angeschaffte Wirtschaftsgüter übertragen wurden und die deren HK bzw. AK gemindert haben.

→ ZEILEN 125–126
Entnahmen und Einlagen

Hier sind die Entnahmen und Einlagen einzutragen, die nach § 4 Abs. 4a EStG gesondert aufzuzeichnen sind. Neben den durch die private Nutzung betrieblicher Wirtschaftsgüter oder Leistungen entstandenen Entnahmen – ggf. zuzüglich Umsatzsteuer – gehören auch die Geldeinnahmen und -einlagen dazu.

Hinweis: Wichtiges zu den verschiedenen Gewinnermittlungsarten, zu umsatzsteuerlichen Vorschriften sowie Tipps zur Verwendung des amtlichen Vordrucks finden Sie auch auf http://mybook.haufe.de unter „Weiterführende steuerliche Informationen“.

18.7 Vordruck SZ (Ermittlung der nicht abziehbaren Schuldzinsen)

WICHTIG

Wer die Anlage SZ abgeben muss

Die **Anlage SZ** benötigen Sie in folgenden Fällen:

- Sie führen ein Einzelunternehmen.
- Die geltend gemachten Schuldzinsen betragen nach Abzug der Schuldzinsen für Darlehen zur Finanzierung von AK oder HK von Wirtschaftsgütern des Anlagevermögens 2.050 €.

Formularaufbau	
Seite 1	**Ermittlung des maßgeblichen Gewinns (Zeilen 4–8)** Der mittels der Einnahmenüberschussrechnung ermittelte Gewinn ist um einige Positionen wie z. B. steuerfreie Gewinne zu korrigieren. **Ermittlung der Über-/Unterentnahmen des laufenden Wirtschaftsjahres (Zeilen 9–12)** Aus dem Saldo von Gewinn, Entnahmen und Einlagen werden die Über-/Unterentnahmen berechnet. **Ermittlung der nicht abziehbaren Schuldzinsen (Zeilen 13–26)** Auf Basis der kumulierten Über-/Unterentnahmen und unter Berücksichtigung eines Freibetrags werden die nicht abziehbaren Schuldzinsen berechnet.

✔ Checkliste Anlage EÜR

Folgende Abzugsmöglichkeit geprüft? Vgl. Ausfüllhinweise zur Zeile!

Sie haben Dividenden (Teileinkünfteverfahren) oder Einkünfte, die unter das InvStG fallen, in Ihren Betriebseinnahmen erfasst? ☐
Denken Sie unbedingt daran, die Einkünfte in den Zeilen 105 bzw. 106 zu korrigieren.

Sie haben Anlagevermögen verkauft, verschrottet, oder es ist aus anderen Gründen ausgeschieden? ☐
Den Restbuchwert müssen Sie in Zeile 45 eintragen und so als Betriebsausgabe geltend machen.

Ihre Schuldzinsen betragen mehr als 2.050 €? ☐
Teilen Sie genau auf, in welchem Umfang diese auf Anlagevermögen und andere Bereiche entfallen.
Prüfen Sie außerdem, welche Entnahmen Sie getätigt haben und ob diese in die Berechnung der nichtabzugsfähigen Zinsen einfließen müssen.

Sie planen in den kommenden Jahren Investitionen und möchten Ihren Gewinn jetzt schon mindern? ☐
Machen Sie sich mit dem Thema „Investitionsabzugsbetrag“ vertraut und beziehen Sie diesen ggf. in Ihre Einnahmenüberschussrechnung ein.

19 Anlage AUS (Ausländische Einkünfte)

19.1 Allgemein

WICHTIG

Im Inland steuerpflichtige ausländische Einkünfte

Die **Anlage AUS** benötigen Sie in folgenden Fällen:

Sie haben Einkünfte (**außer Kapitalerträge**) aus dem Ausland bezogen, die

- auch im Inland **steuerpflichtig** sind und wollen die ausländische Steuer auf Ihre Einkommensteuer anrechnen lassen;
- in Deutschland **steuerfrei sind**, aber den Steuersatz der inländischen Einkünfte verändern (Progressionsvorbehalt).

Liegen Einkünfte aus Kapitalvermögen vor, kommt eine Eintragung in der Anlage AUS nur in Betracht, wenn die tarifliche Einkommensteuer Anwendung findet (Eintragungen in den Zeilen 20 bis 27 und 60 der Anlage KAP bzw. in den Zeilen 19 bis 24 der Anlage KAP-BET).

Jeder Ehegatte mit ausländischen Einkünften benötigt eine eigene Anlage AUS. Die Angaben müssen für jeden Staat und jede Einkunftsart getrennt vorgenommen werden.

Überblick

Im Bedarfsfall ausfüllen	
Seite 1	**Steuerpflichtige ausländische Einkünfte (Zeilen 4–11)** Im Inland steuerpflichtige Einkünfte sind auf den Anlagen der entsprechenden Einkunftsart (z. B. Anlage V) einzutragen. Durch die Eintragung der ausländischen Einkünfte auf der Anlage AUS **(Zeilen 12–13)** beantragen Sie die Anrechnung der ausländischen Steuer auf die deutsche Einkommensteuer.

Überblick

Im Bedarfsfall ausfüllen	
Seite 2	**Nicht nach DBA steuerfreie negative Einkünfte i. S. d. § 2a Abs. 1 EStG (Zeilen 31–35)** Durch eine Eintragung erreichen Sie eine Verrechnung ausländischer Verluste mit positiven gleichartigen Einkünften aus demselben Land in Vor- oder Folgejahren. **Nach DBA steuerfreie Einkünfte/Progressionsvorbehalt (Zeilen 36–44)** Diese Einkünfte sind nur auf der Anlage AUS einzutragen. Sie beeinflussen den Steuersatz der in Deutschland steuerpflichtigen Einkünfte (Progressionsvorbehalt). **Einkünfte i. S. d. § 32b EStG i. V. m. privaten Veräußerungsgeschäften nach § 23 EStG (Zeilen 45–46)** Eintragungen sind notwendig, wenn ausländisches unbewegliches Vermögen innerhalb von 10 Jahren nach dem Erwerb wieder veräußert wird und diese Einkünfte nach dem DBA steuerfrei sind. Sie unterliegen dann dem Progressionsvorbehalt. **Nach DBA steuerfreie negative Einkünfte i. S. d. § 2a Abs. 1 EStG (Zeilen 47–51)** Hier beantragen Sie die Verrechnung von ausländischen Verlusten mit entsprechenden positiven Vorjahreseinkünften.

19.2 Kurzinformation zu ausländischen Einkünften

Ausländische Einkünfte sind im Inland grundsätzlich steuerpflichtig, und zwar unabhängig davon, ob mit dem ausländischen Staat ein Abkommen zur Vermeidung einer Doppelbesteuerung (DBA) besteht oder nicht. Deshalb müssen die steuerpflichtigen ausländischen Einkünfte bei der jeweiligen Einkunftsart (z. B. Mieteinkünfte auf der **Anlage V**) erfasst werden.

Bei den Einkünften aus Kapitalvermögen ist die Einkommensteuer grundsätzlich durch den Steuerabzug abgegolten. Deshalb kommt eine Eintragung in den Zeilen 4 bis 14 nur in den Fällen des § 32d Abs. 2 EStG in Betracht. Vertiefend siehe → Kapitalanlagen.

Soweit die ausländischen Einkünfte dem Teileinkünfteverfahren unterliegen (Gewinnanteile und Veräußerungsgewinne aus Beteiligungen), sind sie außer in Zeile 7 noch in Zeile 8 einzutragen. Ggf. sind in Zeile 9 die Teilfreistellungsbeträge nach §§ 20, 21 InvStG einzutragen. Die ausländische Steuer kann, soweit sie auf im Inland zu versteuernde Einkünfte entfällt und wenn sie der deutschen Einkommensteuer entspricht, in bestimmtem Umfang steuerlich berücksichtigt werden. Der Umfang der Berücksichtigung muss für jeden ausländischen Staat gesondert ermittelt werden. Deshalb müssen Sie die Einnahmen nach Staaten getrennt angeben. Infrage kommt für die ausländische Steuer zum einen die direkte Anrechnung auf die deutsche Einkommensteuer (Eintragung Anlage AUS, Zeile 12, Eintragungen in Zeile 13, wenn nicht die tatsächlich gezahlte, sondern nur eine fiktive, im DBA bestimmte ausländische Steuer angerechnet wird) oder der Abzug der Steuer wie Betriebsausgaben oder Werbungskosten (Berücksichtigung bei der Ermittlung der Einkünfte in Zeile 7).

Erträge aus einem Investmentfonds im Betriebsvermögen sind für jeden einzelnen Fonds getrennt in voller Höhe aufzuführen. Gleiches gilt für die darauf entfallenden Steuern. Kommt das Teileinkünfteverfahren zur Anwendung, wird die ausländische Steuer nur zu 60 % berücksichtigt.

Fügen Sie Ihrer Anlage AUS die **ausländischen Steuerbescheinigungen** bei. Besteht mit dem ausländischen Staat ein DBA, dann kann dort außerdem geregelt sein, dass die ausländischen Einkünfte im Inland steuerfrei sind. Dann sind sie nur auf der Anlage AUS (Zeilen 36–43) einzutragen. In diesem Fall bewirken sie jedoch eine Veränderung des Steuersatzes für die im Inland steuerpflichtigen Einkünfte (Progressionsvorbehalt).

Die **Anlage AUS** dient also im Wesentlichen dazu, die Anrechnung der ausländischen Steuer zu beantragen bzw. die Veränderung des inländischen Steuersatzes im Wege des Progressionsvorbehalts sicherzustellen.

Arbeitslohn

Ausländische Einkünfte aus nichtselbstständiger Arbeit sind grundsätzlich nur in den Anlagen N und N-AUS anzugeben, es sei denn, es wird die Anrechnung im Ausland gezahlter Steuern gewünscht. In diesem Fall sind die ausländischen Einkünfte und die darauf entfallende ausländische Steuer zusätzlich in der Anlage AUS zu erklären (Ausnahme: schweizerische Abzugsteuer, vgl. Zeile 26 der Anlage N).

Soweit ausländische **Lohneinkünfte** im Inland steuerfrei sind, ist eine Eintragung auf der **Anlage N** (Zeilen 22–24) und auf der Anlage N-AUS vorzunehmen.

→ ZEILEN 21–22
Sondervergütungen von ausländischen Personengesellschaften

§ 50d Abs. 10 EStG regelt die Besteuerung grenzüberschreitend gezahlter Sondervergütungen bei Personengesellschaften (Darlehenszinsen, Miet- und Pachtzinsen, Tätigkeitsvergütungen etc.). Diese Einkünfte sind in Zeile 21 einzutragen, die darauf entfallenden anrechenbaren Steuern in Zeile 22. Die Steuern sind durch Vorlage der Steuerbescheinigungen bzw. des ausländischen Steuerbescheids mit Zahlungsnachweis zu belegen.

Checkliste Anlage AUS

Folgende Abzugsmöglichkeit geprüft? Vgl. Ausfüllhinweise zur Zeile!

Sie möchten ausländische Steuer anrechnen lassen? ☐
Dazu benötigen Sie stets die ausländische Steuerbescheinigung. Regelmäßig ist die direkte Anrechnung (Zeilen 12–13) günstiger als der Abzug als Werbungskosten bzw. Betriebsausgaben (Zeile 7).

Teil II: Das aktuelle Steuerlexikon

Wegweiser zur schnellen Orientierung

Anhand des Wegweisers können Sie sich auf einen Blick informieren, an welcher Stelle des Buches Sie nützliche Tipps und Hinweise zu bestimmten Problemkreisen finden.

Tätigkeit als Arbeitnehmer/Beamter

Haus- und Grundbesitz

Andere Einkünfte

Sonstiges

Abgeltungsteuer

Die Abgeltungsteuer wird nicht nur auf Zins- und Dividendeneinnahmen, sondern u.a. auch auf Spekulationsgewinne angewandt. Dafür werden diese Erträge regelmäßig nicht im Einkommensteuerbescheid erfasst.

§§ 43, 43a EStG, § 32d EStG

Alle wichtigen Informationen haben wir für Sie im Stichwort → Kapitalanlagen zusammengefasst.

Abschreibungen/Anschaffungs- und Herstellungskosten

Werden Gegenstände im Zusammenhang mit einer selbstständig ausgeübten Tätigkeit oder einer Arbeitnehmertätigkeit (z. B. beruflich genutzter Computer) bzw. in Zusammenhang mit einem vermieteten Grundstück (z. B. Gebäude, Einbauküche) angeschafft oder hergestellt, sind die Aufwendungen im Wege der Abschreibung steuerlich abzugsfähig. Bemessungsgrundlage für die Berechnung der Abschreibungen sind die AK oder HK des Wirtschaftsguts.

§§ 4 Abs. 4, 6 Abs. 2 und 2a, 9 Abs. 1 Nr. 6 und 7 Abs. 1, 7g EStG

1 Anschaffungs- und Herstellungskosten

Begriff „Anschaffungskosten"

Zu den AK eines fertigen Wirtschaftsguts zählen alle Aufwendungen, die geleistet werden, um es zu erwerben (Kaufpreis + Nebenkosten) und in einen dem angestrebten Zweck entsprechenden (betriebsbereiten) Zustand zu versetzen (z. B. Montagekosten).

Begriff „Herstellungskosten"

Zu den HK eines Wirtschaftsguts zählen sämtliche Material- oder Lohnkosten (z. B. Architekt, Handwerker). Skonti, Boni und evtl. Zuschüsse reduzieren die AK und HK.

ACHTUNG

Umsatzsteuer

Die in der Rechnung ausgewiesene Umsatzsteuer gehört nicht zu den AK/HK, wenn diese als Vorsteuer vom Finanzamt erstattet wird.

2 Grundstücke und Gebäude

Anschaffungskosten und Aufteilung

Zu den Anschaffungskosten gehören:

- Kaufpreis
- Nebenkosten (Maklergebühren, Grunderwerbsteuer, Vermessungskosten)
- Notar- oder Rechtspflegerkosten (Beurkundung Kaufvertrag, Eintragung einer Auflassungsvormerkung, Auflassung, Eintragung des Erwerbers ins Grundbuch)
- Zahlungen an den Grundstücksnachbarn für dessen Zustimmung zur Grenzbebauung (sofern das Recht auch bei einem Abbruch des Gebäudes erhalten bleibt)
- Zahlungen an den Nachbarn für eine Zufahrtsbaulast
- Straßenanliegerbeiträge nach dem Baugesetzbuch
- erstmalige Erschließungsbeiträge nach dem Bundesbaugesetz (Kanalbaubeiträge, Kanalanschlussgebühren für den erstmaligen Anschluss an die Abwasseranlagen, Beiträge für außerhalb des Grundstücks befindliche Anlagen zur Versorgung mit Elektrizität, Gas, Wasser und Wärme)

Werden Beiträge als Ersatz für bereits vorhandene Anlagen geleistet, können diese im Einzelfall als Werbungskosten sofort abzugsfähig sein, auch wenn sie im zeitlichen Zusammenhang mit der Anschaffung geleistet werden.

Der Grund und Boden sowie das Gebäude sind aus steuerlicher Sicht unterschiedliche Wirtschaftsgüter und deshalb getrennt zu beurteilen. Nur die AK des Gebäudes können in Zusammenhang mit der Ermittlung von Einkünften über die Abschreibung (AfA) als Betriebsausgaben oder Werbungskosten abgezogen werden. Vertiefend siehe → Abschreibungen/Gebäude. Die AK des Grund und Bodens sind nicht absetzbar. Dies erfordert beim Kauf eines bebauten Grundstücks, dass die AK (inkl. Nebenkosten) im Verhältnis der Verkehrswerte aufgeteilt werden.

HINWEIS

Kaufpreisaufteilung

Das Bundesfinanzministerium hat eine **Arbeitshilfe zur Aufteilung der AK für ein bebautes Grundstück (Kaufpreisaufteilung)** veröffentlicht. Mithilfe einer Exceldatei kann in einem typisierten Verfahren die Aufteilung des Gesamtkaufpreises eines Wohn- oder Geschäftsgebäudes nach dem Verhältnis der Verkehrswerte vorgenommen werden (BFH, Urteil v. 10.10. 2000, IX R 86/97). Der Kaufpreisaufteilung liegen die Vorschriften der Verkehrswertermittlung auf der Grundlage des Baugesetzbuchs (Sachwertverfahren nach der Immobilienwertermittlungsverordnung) zugrunde.

Die Summe der ermittelten Einzelwerte weist ohne Marktanpassung **nicht den Verkehrswert** aus. Es handelt sich um eine qualifizierte Schätzung, die sachverständig begründet widerlegbar ist.

Die Arbeitshilfe kann von der Internetseite www.bundesfinanzministerium.de unter der Steuerart „Einkommensteuer“ heruntergeladen werden.

TIPP

Aufteilung im Kaufvertrag

Im notariellen Kaufvertrag kann der jeweilige Kaufpreisanteil des Gebäudes sowie des Grund und Bodens betragsmäßig auch gesondert ausgewiesen werden. Soweit die Aufteilung angemessen ist, wird sie anerkannt. Die vereinbarten und bezahlten Anschaffungskosten werden grundsätzlich der Besteuerung zugrunde gelegt. Das Finanzamt ist an diese Werte nicht gebunden, wenn Anhaltspunkte für einen Gestaltungsmissbrauch vorliegen.

Bei einem wesentlichen Unterschied der im Kaufvertrag ausgewiesenen AK zu den Werten der vorgenannten Kaufpreisaufteilung muss anhand der Gesamtumstände geklärt werden, ob besondere Aspekte (Ausstattungsmerkmale, ursprüngliche Baukosten, Renovierungen, eingeschränkte Nutzbarkeit wegen bestehender Mietverträge, Straßenlärm, Zugang zum Grundstück) eine Abweichung rechtfertigen. Eine Korrektur der von den Vertragsparteien getroffenen Aufteilung ist aber nur geboten, wenn sie die realen Wertverhältnisse in grundsätzlicher Weise verfehlt und wirtschaftlich nicht haltbar erscheint (BFH, Urteil v. 16.9.2015, IX R 12/14).

Aufwendungen für die Bestellung und Eintragung einer Grundschuld und andere Geldbeschaffungskosten zählen zu den **Finanzierungskosten** und stellen keine AK/HK dar. Vertiefend siehe → Finanzierungskosten.

Wird beim Kauf einer Eigentumswohnung die anteilige **Instandhaltungsrücklage** ohne eine gesonderte Zuzahlung übernommen, muss darauf geachtet werden, dass diese nicht zu den AK des Grundstücks gehört. Die Grunderwerbsteuer darf deshalb auch nur vom Kaufpreis abzüglich Rücklagenbetrag berechnet werden.

Häufig wird auch vorhandenes **Inventar** (z. B. Einbauküche) übernommen. Wird im Kaufvertrag der darauf entfallende Teil des Kaufpreises genannt, handelt es sich um Anschaffungskosten für ein eigenständiges Wirtschaftsgut, das ggf. gesondert abgeschrieben wird. Grunderwerbsteuer entfällt darauf nicht.

Gebäudeherstellungskosten

Aus der nachfolgenden Übersicht ersehen Sie, welche Aufwendungen insbesondere zu den HK eines Gebäudes gehören.

Planung/Herstellung

Baugenehmigungsgebühren, Architektenhonorar, Aufwendungen für den Statiker, Aushub der Baugrube, Erddeponiegebühren, Kosten des Rohbaus, der Sanitär-, Elektro- und Heizungsinstallation, Hausanschlusskosten an die Strom-, Gas-, Elektrizitäts-, Fernwärme-, Wasser- und Abwasserversorgung, Aufwendungen für Fenster, Türen, Dach, Fliesen, Verputzarbeiten, Tapeten, Böden, Aufwendungen für die Erstellung der Garage(n) etc.

Die Mehrkosten für den behindertengerechten Ausbau (Einbau Treppenlift, Einbau breiterer Türen, großes Bad, überfahrbare Schwellen ...) können als außergewöhnliche Belastung berücksichtigt werden. Vertiefend siehe → Außergewöhnliche Belastung. Soweit durch diese Baumaßnahmen aber ein allgemein marktgängiger Wertvorteil erlangt wird, der auch von einem Nichtbehinderten geschätzt wird, liegen HK des Gebäudes vor.

Eigenleistungen

Aufwendungen für Baumaschinen (Betonmischer, Bohrmaschine, Kreissäge etc.) und Werkzeuge (Wasserwaage, Hammer ...) etc. sind HK, soweit die Geräte in der Bauzeit verbraucht oder abgenutzt werden. Der Wert der eigenen Arbeitsleistung gehört nicht zu den HK.

Sonstiges

HK sind auch die Kosten des Richtfests, des Anschlusses an das Breitbandkabel (Kabelfernsehen), → Fahrtkosten zur Baustelle, zu den Handwerkern und zum Architekten, Anwalts- und Prozesskosten in Zusammenhang mit Baueinwendungen und bei Streitigkeiten mit den Bauhandwerkern etc., Kosten der Hangabtragung, Kosten des Einbaus einer Alarmanlage, Aufwendungen für eine Sonnenmarkise, Baukosten einer Hochwasserschutzmauer, Verpflegung der Handwerker, Stromanschluss für einen zur Wohnung gehörenden Elektrofahrzeugstellplatz etc.

Sonstige Gebühren

Beiträge an die Gemeinde zur Errichtung eines Kinderspielplatzes, Ablösezahlungen an die Gemeinde im Zusammenhang mit der Verpflichtung zum Bau von Garagen oder Kfz-Stellplätzen etc. sind HK.

Garten

Aufwendungen für das Anpflanzen von Hecken an den Grundstücksgrenzen sowie das Anlegen des Zugangswegs und der Garagenzufahrt gehören bei einem Wohngebäude zu den HK des Gebäudes. Die übrigen Kosten für eine Neuanlage des Gartens, für eine frei stehende Pergola in einem Ziergarten oder für einen auf dem Grundstück errichteten Kinderspielplatz stellen bei einem Wohngrundstück ein eigenes Wirtschaftsgut dar und sind auf zehn Jahre abzuschreiben. Die Abschreibung kann, soweit das Grundstück vermietet ist und der Mieter die Gartenanlage mitbenutzen darf, als Werbungskosten abgezogen werden. Die Aufteilung erfolgt nach dem Nutzflächenverhältnis. Aufwendungen für die Instandhaltung (Ersatzpflanzung, Gärtner, Dünger) sind, soweit sie die Vermietung betreffen, sofort abziehbare Werbungskosten. Für den Arbeitslohn des Gärtners oder anderer Handwerker kann bzgl. des Anteils, der auf die zu eigenen Wohnzwecken genutzte Wohnung entfällt, eine Steuerermäßigung beantragt werden. Vertiefend siehe → Haushaltsnahe Tätigkeiten/Dienstleistungen.

Abbruchkosten

- Wird ein Gebäude innerhalb von drei Jahren nach dem Erwerb abgebrochen, unterstellt das Finanzamt einen Erwerb mit Abbruchabsicht. Dies hat zur Folge, dass der noch nicht abgeschriebene Teil der Gebäudeanschaffungskosten (+ Abbruchkosten) als HK des Neubaus gilt.

- Wird ein Grundstück mit einem wertlosen Gebäude (Bauruine) angeschafft, stellen die gesamten Aufwendungen AK des Grund und Bodens dar.

Ablösung von Erbbaurechten

Aufwendungen für die Ablösung von Erbbaurechten

- durch den Eigentümer des Grund und Bodens sind nachträgliche AK des Grund und Bodens;
- gehören zu den HK eines neu errichteten Gebäudes, soweit die vorhandene Bebauung abgerissen wurde (BFH, Urteil v. 13.12.2005, IX R 24/03).

Baumaßnahmen nach Erwerb/Fertigstellung

Wird angebaut, aufgestockt, das Dachgeschoss ausgebaut oder eine sonstige Substanzmehrung vorgenommen, liegen i. d. R. **nachträgliche HK** vor. Diese führen bei vermieteten Objekten zu einer Erhöhung der Abschreibungsbeträge. Vertiefend siehe → Abschreibungen/Gebäude.

Soweit Erhaltungsaufwendungen vorliegen, sind sie im Jahr der Zahlung in voller Höhe abzugsfähig. Der Abgrenzung von Reparaturkosten (Erhaltungsaufwendungen) und nachträglichen Herstellungskosten (HK) kommt deshalb besonders große Bedeutung zu. Vertiefend siehe → Reparaturen.

Vergebliche Aufwendungen

Vergebliche Aufwendungen in Zusammenhang mit Grundstücken und Gebäuden können teilweise sofort als Betriebsausgaben bzw. Werbungskosten abzugsfähig sein, z. B.:

- Baupläne für ein Objekt, das nicht verwirklicht worden ist
- verlorene Zahlungen ohne Gegenleistung (wegen Insolvenz)
- Aufwendungen für die Beseitigung von Baumängeln, die nach Fertigstellung festgestellt wurden
- Besichtigungsfahrten zu nicht erworbenen Objekten
- Abstandszahlungen an den Bauträger

3 Sonstige Wirtschaftsgüter

AK oder HK für Wirtschaftsgüter, die keine Gebäude sind und die länger als ein Jahr zur Erzielung von Einkünften genutzt werden, sind im Wege der Abschreibung (AfA) auf die (betriebs-)gewöhnliche Nutzungsdauer zu verteilen und als Betriebsausgabe oder Werbungskosten abziehbar (§§ 6 Abs. 2, 7 Abs. 1 EStG). Vertiefend siehe → Computer und → Abschreibungen/Arbeitsmittel.

Selbstständige Wirtschaftsgüter bei Vermietung

Der Vermieter eines Grundstücks kann die Aufwendungen für den erstmaligen Einbau von Einbaumöbeln oder einer Einbauküche (eigenständiges und einheitliches Wirtschaftsgut) oder deren vollständigen Ersatz mit einer Nutzungsdauer von zehn Jahren im Wege der AfA als Werbungskosten berücksichtigen.

Betragen die AK/HK (Rechnungsbetrag ohne Umsatzsteuer) für das einzelne Wirtschaftsgut nicht mehr als 800 €, z. B. die AK des Rasenmähers, können sie im Jahr der Anschaffung oder Fertigstellung in voller Höhe (brutto) als Werbungskosten abgezogen werden.

4 Erbschaft/Schenkung

Für die Höhe der Abschreibung, aber auch für die Behandlung des Gewinns aus einem privaten Veräußerungsgeschäft ist von Bedeutung, ob eine Übertragung entgeltlich oder unentgeltlich erfolgt ist. Vertiefend siehe → Spekulationsgeschäfte.

Unentgeltliche Übertragung

Wird ein Gebäude (Eigentumswohnung) unentgeltlich erworben (Schenkung, vorweggenommene Erbfolge oder Erbschaft), ist wie folgt zu verfahren:

- Der Übernehmer (Beschenkter/Erbe) vermietet das Objekt: Er führt die AK/HK und die Abschreibungen des Schenkers/Erblassers fort.
- Der Übernehmer nutzt das Objekt zu eigenen Wohnzwecken: Er führt die AK/HK fort, aber Abschreibungen sind nicht abziehbar.

TIPP

Nachlass

Kosten für die Auseinandersetzung eines Nachlasses (z. B. Notar- und Grundbuchkosten) können, soweit sie auf das Gebäude entfallen, bei zum Nachlass gehörenden vermieteten Grundstücken zu Anschaffungsnebenkosten führen, die im Rahmen der Absetzung für Abnutzung (AfA) abziehbar sind (BFH, Urteil v. 9.7.13, IX R 43/11).

Teilentgeltliche Übertragung

Zu einem teilentgeltlichen Erwerb kommt es häufig in Zusammenhang mit einer Übertragung im Wege der vorweggenommenen Erbfolge, wenn zwar eine Gegenleistung gezahlt wird, diese aber den Wert des übertragenen Objekts nicht erreicht. Eine Teilentgeltlichkeit liegt vor, wenn der Übernehmende zur Zahlung von Gleichstellungsgeldern (z. B. an andere Angehörige) verpflichtet ist oder an den Übergebenden eine Abstandszahlung zu leisten hat oder dessen Schulden übernimmt. Der Erwerb ist in einen entgeltlichen und einen unentgeltlichen Teil aufzuteilen. Die Anteile berechnen sich nach dem Verhältnis des Entgelts (ohne Anschaffungsnebenkosten) zum Verkehrswert des Wirtschaftsguts. Für den entgeltlich erworbenen Teil wird die AfA neu berechnet, bzgl. des unentgeltlich erworbenen Anteils wird die Abschreibung des Rechtsvorgängers fortgesetzt.

Abschreibungen/Arbeitsmittel

Aufwendungen für Arbeitsmittel, die über mehrere Jahre nutzbar sind, sind im Regelfall nur über eine Abschreibung als Werbungskosten abzugsfähig.

§ 7 EStG, R 7.1 bis 7.5 EStR 2012

1 „Abschreibung"

Begriffserklärung

„Abschreibung" (auch AfA = Absetzung für Abnutzung) bedeutet, dass die Anschaffungskosten (AK) eines Wirtschaftsguts gleichmäßig auf die voraussichtliche Nutzungsdauer (festgelegt in amtlichen AfA-Tabellen) verteilt werden. Wird z. B. ein Schreibtisch für 1.300 € gekauft, erfolgt eine Verteilung der Aufwendungen auf eine 13-jährige Nutzungsdauer, sodass pro Jahr 100 € zu berücksichtigen sind.

2 Höhe der Abschreibung

Die Abschreibung wird berechnet mit:

$$\frac{\text{Anschaffungskosten}}{\text{voraussichtliche Nutzungsdauer (ND)}}$$

Die gleichmäßige Verteilung der AK auf die voraussichtliche ND wird als **lineare** Abschreibung bezeichnet. Eine andere Verteilung (z. B. degressive Abschreibung) ist nicht zulässig. Festgelegt wurde z. B. die Nutzungsdauer für:

- Büromöbel auf 13 Jahre (jährlich 7,7 %)
- Computer, Laptop, Tablet auf 3 Jahre (jährlich 33,33 %)
- Monitor, Drucker, Scanner, andere Peripheriegeräte auf 3 Jahre (jährlich 33,33 %)
- Fotokopiergerät auf 5 Jahre (jährlich 20 %)
- Faxgerät auf 6 Jahre (jährlich 16,66 %)
- Aktenvernichter auf 8 Jahre (jährlich 12,5 %)

Im Anschaffungsjahr ist die Abschreibung zeitanteilig (gerundet auf volle Monate) vorzunehmen.

BEISPIEL

Computer

Ein Arbeitnehmer hat im Jahr 2019 für 1.500 € einen Computer erworben. Die Anschaffung erfolgte am 10.5.2018. Es ergeben sich (amtliche Nutzungsdauer: 3 Jahre) folgende AfA-Beträge:

2019: 33,33 % v. 1.500 € = 500 € × 8/12 (ab Mai) = 334 € AfA

2020/2021: jeweils 500 € AfA

2022: 166 € (4/12 der Jahres-AfA)

3 Vereinfachungsregelung

Beträgt der Rechnungsbetrag mit Umsatzsteuer maximal 952 € (800 € zzgl. 19 % MwSt.) und handelt es sich um einen selbstständig nutzungsfähigen, beweglichen Gegenstand, liegt ein **geringwertiges Wirtschaftsgut** (GwG) vor. Hier dürfen die gesamten AK im Anschaffungsjahr abgezogen werden (§ 9 Abs. 1 Nr. 7 Satz 2 EStG).

BEISPIEL

Sofortabschreibung/GwG

Ein Arbeitnehmer kauft sich im Dezember 2019 für 700 € zzgl. 19 % Umsatzsteuer einen Laptop und bezahlt ihn im Januar 2020. Der Gesamtaufwand (833 €) ist im Anschaffungsjahr 2019 in voller Höhe bei den Werbungskosten abzugsfähig. Auf Wunsch ist auch die AfA-Regelung möglich.

4 Sonderfälle

Außergewöhnliche Abschreibung

Geht ein Gegenstand vorzeitig kaputt, kann in diesem Jahr der bislang noch nicht abgesetzte Restbetrag in voller Höhe als Absetzung für außergewöhnliche technische oder wirtschaftliche Abnutzung abgesetzt werden (§ 7 Abs. 1 Satz 6 EStG).

Verkauf

Wird der noch gebrauchsfähige Gegenstand vor Ablauf des Abschreibungszeitraums verkauft (oder verschenkt), endet die Abschreibung mit der Weggabe. Der noch nicht abgeschriebene Restwert ist nicht abzugsfähig. Der erzielte Veräußerungserlös bleibt steuerlich unberücksichtigt.

Spätere berufliche Nutzung

Wurde in einem früheren Jahr ein Gegenstand für private Zwecke gekauft und wird dieser innerhalb des Abschreibungszeitraums jetzt beruflich genutzt (= Umwidmung), ist die noch nicht verbrauchte AfA abzugsfähig. Die Restwertabschreibung kommt auch für Gegenstände infrage, die man geschenkt bekommen hat und anschließend beruflich nutzt.

BEISPIEL

Nutzungsänderung

Ein Arbeitnehmer hat am 15.1.2018 einen PC für 1.500 € zur privaten Nutzung gekauft. Den PC nutzt er ab Januar 2019 ausschließlich für berufliche Zwecke.

Die AfA für das Jahr 2018 ist wegen der privaten Nutzung des PCs nicht abzugsfähig. Die AfA-Anteile für 2019 (500 €) und 2020 (berufliche Nutzung unterstellt) sind abzugsfähig.

TIPP

Restwertabschreibung nutzen

Beträgt der zum Zeitpunkt der erstmaligen beruflichen Nutzung noch nicht abgesetzte Teil der AK (Restwert) nicht mehr als 800 € zzgl. Umsatzsteuer, handelt es sich um ein geringwertiges Wirtschaftsgut. Der Restwert ist sofort in voller Höhe absetzbar.

Abschreibungen/Gebäude

Nutzen Sie ein Gebäude, eine Eigentumswohnung oder einen im Teileigentum stehenden Gebäudeteil zur Erzielung von Einkünften, können Sie die AK bzw. HK im Wege der Absetzungen für Abnutzung (AfA) auf einen bestimmten Zeitraum steuermindernd verteilen.

§§ 7 Abs. 4 bis 5a, 7b EStG

Vertiefend siehe → Vermietung/Immobilien, → Abschreibungen/Anschaffungs- und Herstellungskosten und → Reparaturen.

1 Allgemeines

Die Absetzungen für Abnutzung (kurz: Abschreibungen oder AfA) beschränken sich nur auf das Gebäude. Die AK für Grund und Boden sind nicht absetzbar.

Absetzungsberechtigt ist im Allgemeinen der bürgerlich-rechtliche oder der wirtschaftliche Eigentümer. Das ist regelmäßig derjenige, der die AK oder HK getragen hat und den Tatbestand der Einkünfteerzielungsabsicht erfüllt.

Wurde das Gebäude bereits vor 2019 erworben bzw. fertiggestellt und wurden mindestens im Vorjahr 2018 Abschreibungen vorgenommen, ist die lineare oder degressive AfA fortzuführen.

2 Erwerb/Fertigstellung 2019

Abschreibungsmethoden

Wurde das Objekt neu hergestellt oder angeschafft, kann der Bauherr/Käufer nur die **lineare Gebäude-AfA** in Anspruch nehmen.

Abschreibungsbeginn

Ein Bauherr kann mit der Abschreibung des Gebäudes ab dem Zeitpunkt der Fertigstellung (= Bezugsfertigkeit) beginnen. Für den Erwerber beginnt die Abschreibung mit dem im Kaufvertrag vereinbarten Zeitpunkt des Übergangs von Besitz, Nutzen, Lasten und Gefahr (Erwerb des wirtschaftlichen Eigentums). Im ersten Jahr wird die lineare AfA zeitanteilig nach Monaten berechnet.

Unentgeltlicher Erwerb

Soweit das Gebäude unentgeltlich durch Schenkung oder Erbschaft erworben wurde, bleiben die AK oder HK des Rechtsvorgängers (Schenker, Erblasser) maßgebend. Der Rechtsnachfolger (Beschenkter, Erbe) setzt die durch den Vorgänger begonnene Abschreibung fort. Anders kann es sein, wenn das Gebäude bisher zum Privatvermögen und nun zum Betriebsvermögen gehört (siehe Punkt 4).

Gegenstand der Abschreibung

Besteht ein Gebäude aus **mehreren selbstständigen Gebäudeteilen**, ist jeder Gebäudeteil für sich abzuschreiben. Dabei können unterschiedliche Abschreibungssätze in Betracht kommen.

Mehrere selbstständige Gebäudeteile liegen immer dann vor, wenn ein Gebäude unterschiedlich genutzt wird. So kann ein Gebäude teils **eigenbetrieblich**, teils **fremdbetrieblich**, teils für **fremde** oder teils für **eigene Wohnzwecke** genutzt werden. Jede dieser Nutzungen führt zu einem selbstständigen Gebäudeteil.

BEISPIEL

Selbstständige Gebäudeteile

Der Steuerpflichtige besitzt ein Dreifamilienhaus.

- Fall 1: Sämtliche Wohnungen sind zu Wohnzwecken vermietet.
- Fall 2: Das EG und das 2. OG sind zu Wohnzwecken, das 1. OG ist an einen Rechtsanwalt (Büro) vermietet.

Im ersten Beispielsfall liegt eine einheitliche Nutzung und damit **ein** Wirtschaftsgut (Gebäude) vor.

Im zweiten Fall handelt es sich um zwei selbstständige Gebäudeteile (EG/ 2. OG sowie 1. OG) und damit um **zwei** Wirtschaftsgüter. Die Gesamt-AK/HK sind im Verhältnis der Nutzflächen auf die beiden Gebäudeteile zu verteilen. Anschließend ist jeder Gebäudeteil für sich abzuschreiben.

Für zu eigenen Wohnzwecken genutzte oder unentgeltlich an andere überlassene Gebäude(teile) ist der Abzug einer AfA als Werbungskosten mangels Einnahmen nicht möglich. Wegen der AfA bei späterer Vermietung siehe Punkt 4.

3 Abschreibungen im Einzelnen

Wirtschaftsgebäude und andere Gebäude

Innerhalb der linearen AfA sind zwei Arten von Gebäuden zu unterscheiden:

- **Wirtschaftsgebäude** sind Gebäude(teile),
  - die zum Betriebsvermögen gehören,
  - nicht Wohnzwecken dienen und
  - für die der Bauantrag nach März 1985 gestellt wurde.
- **Andere Gebäude** sind Gebäude(teile), die die Voraussetzungen für Wirtschaftsgebäude nicht erfüllen.

Lineare Abschreibung

Bei Inanspruchnahme der linearen AfA werden die AK oder HK gleichmäßig auf die vom Gesetz vorgesehene Nutzungsdauer (ND) verteilt. Die lineare AfA ist grundsätzlich bei allen Arten von Gebäuden im Inland oder Ausland anwendbar (§ 7 Abs. 4 EStG).

Wirtschaftsgebäude(teile)

Personenkreis	Bauherr oder Erwerber
Bauantrag/Kaufvertrag	a) nach März 1985 und vor 2001 b) nach 2000
AfA-Satz (unterstellte Nutzungsdauer)	a) **4 %** (ND 25 Jahre) b) **3 %** (ND 33,3 Jahre)
Bemessungsgrundlage	AK/HK
AfA im Erstjahr	zeitanteilig

Gebäude(teile), die keine Wirtschaftsgebäude sind

Personenkreis		Bauherr oder Erwerber
AfA-Satz (auch bei Erwerb)	**Fertig stellung** a) vor 1.1.1925	**2,5 %**
	b) nach 31.12.1924	**2 %**
Bemessungsgrundlage		AK/HK
AfA im Erstjahr		zeitanteilig

Sonderabschreibungen beim Mietwohnungsneubau

Für die Anschaffung (spätestens bis zum Ende des Jahres der Fertigstellung) oder Herstellung neuer Wohnungen kann nach § 7b EStG unter folgenden **Voraussetzungen** eine Sonderabschreibung als BA oder WK geltend gemacht werden:

- Bauantrag nach 31.8.2018 und vor 1.1.2022.
- Eine bisher nicht vorhandene Wohnung – auch in einem bereits bestehenden Gebäude – wird geschaffen.
- Die AK/HK für die Wohnung einschließlich der Nebenräume überschreiten die Baukostenobergrenze in Höhe von 3.000 € je Quadratmeter Wohnfläche nicht. Unter die Baukostenobergrenze fallen auch nachträgliche AK/HK innerhalb von drei Jahren nach Anschaffung/Herstellung der Wohnung.
- Die Wohnung wird zehn Jahre entgeltlich zu Wohnzwecken vermietet und stellt keine Ferienwohnung dar.

Bemessungsgrundlage für die Sonder-AfA sind die tatsächlichen AK/HK, höchstens 2.000 € je Quadratmeter Wohnfläche.

Die **Sonderabschreibung** beträgt im Jahr der Anschaffung/Herstellung und in den drei Folgejahren jeweils bis zu 5 % der Bemessungsgrundlage und kann neben der linearen Gebäude-AfA steuerlich geltend gemacht werden. In Anschaffungsfällen kann die Sonder-AfA nur vom Erwerber in Anspruch genommen werden.

Entfallen die Voraussetzungen nachträglich oder wird die Wohnung innerhalb von zehn Jahren steuerfrei veräußert, entfällt die Sonderabschreibung rückwirkend und bereits ergangene Steuerfestsetzungen sind rückgängig zu machen.

Degressive Gebäudeabschreibung

Eine degressive AfA ist seit 2006 (Bauantrag oder Kaufvertrag) in Neufällen nicht mehr möglich. Degressive Abschreibungen aus früheren Jahren werden aber mit den bei Beginn der Abschreibung jeweils vorgesehenen Abschreibungssätzen fortgeführt (§ 7 Abs. 5 EStG). Auf eine Darstellung der zahlreichen Abschreibungsvarianten wird hier verzichtet.

Abschreibung von Gebäuden in Sanierungsgebieten und von Baudenkmalen

Für Gebäude in Sanierungsgebieten und städtebaulichen Entwicklungsbereichen sowie für denkmalgeschützte Gebäude gelten besondere Vorschriften (§§ 7h,

7i, 10f EStG). Bitte erkundigen Sie sich ggf. bei Ihrem Finanzamt.

4 Wechsel der Abschreibungsmethoden und Nutzungsänderungen

Ein Übergang von der linearen zur degressiven Gebäude-AfA oder umgekehrt bzw. ein Wechsel des AfA-Satzes innerhalb der degressiven AfA ist grundsätzlich unzulässig.

Bei Gebäuden sind die Abschreibungsmethoden nur zu wechseln, wenn der Eigentümer

- ein zu einem Betriebsvermögen gehörendes Gebäude ins Privatvermögen überführt und vermietet (**Entnahme**)

bisherige Bemessungsgrundlage	AK/HK
bisherige AfA	linear oder degressiv
Entnahmewert	Teilwert
künftige Bemessungsgrundlage	Teilwert
künftige AfA	linear 2 %
Summe der weiteren AfA	bis zum Teilwert

oder

- ein zum Privatvermögen gehörendes bisher vermietetes Gebäude in einem späteren Jahr zu eigenbetrieblichen Zwecken nutzt (**Einlage**).

bisherige Bemessungsgrundlage	AK/HK
bisherige AfA	linear oder degressiv
Einlagewert	Teilwert
künftige Bemessungsgrundlage § 7 Abs. 1 Satz 5 EStG	1. Einlagewert > AK/HK: → Einlagewert abzgl. bereits in Anspruch genommene AfA 2. Einlagewert < AK/HK und > fortgeführte AK/HK: → fortgeführte AK/HK 3. Einlagewert (Teilwert) < fortgeführte AK/HK: → Einlagewert
künftige AfA	linear 3 %, wenn Bauantrag des Gebäudes nach März 1985, sonst 2 %
Summe der weiteren AfA	bis zum Einlagewert

Wird ein Gebäude zunächst vom Eigentümer selbst zu eigenen Wohnzwecken genutzt oder unentgeltlich an andere zu Wohnzwecken überlassen und erfolgt zu einem späteren Zeitpunkt eine Vermietung, bemisst sich die Abschreibung nach den ursprünglichen AK/HK und dem für das Gebäude maßgebenden AfA-Satz. In der Folgezeit kann die AfA aber nur bis zur Höhe des Restwerts abgezogen werden, der von den AK oder HK verbleibt, nachdem die fiktive AfA, die auf die Zeit der Selbstnutzung oder unentgeltlichen Überlassung entfällt, abgezogen wurde.

5 Anschaffungs- oder Herstellungskosten

Anschaffungs- und Herstellungskosten

Bemessungsgrundlage für die Gebäude-AfA sind die AK oder HK des Gebäudes. Wird ein bebautes Grundstück angeschafft, müssen die AK auf Grund und

Boden einerseits sowie das Gebäude andererseits aufgeteilt werden. Das BFM hat dazu eine **Arbeitshilfe zur Aufteilung der AK für ein bebautes Grundstück (Kaufpreisaufteilung)** veröffentlicht. Vertiefend siehe → Abschreibungen/Anschaffungs- und Herstellungskosten.

Nachträgliche Anschaffungs- und Herstellungskosten

Nachträgliche AK oder HK erhöhen die bisherige Bemessungsgrundlage des Gebäudes für die AfA. Sie sind von den Erhaltungsaufwendungen abzugrenzen. Nachträgliche HK liegen vor, wenn an einem bestehenden Gebäude Aufwendungen für dessen **Erweiterung (Anbau, Aufstockung, Vergrößerung der Wohn- oder Nutzfläche, Substanzmehrung) oder eine über den ursprünglichen Zustand hinausgehende wesentliche Verbesserung** anfallen. Vertiefend siehe → Reparaturen und → Vermietung/Immobilien.

Bei Nettoaufwendungen bis 4.000 € je Baumaßnahme kann aus Vereinfachungsgründen sofort abziehbarer Erhaltungsaufwand angenommen werden, außer es handelt sich um eine Maßnahme, die der endgültigen erstmaligen Fertigstellung des Gebäudes dient. Vertiefend siehe → Reparaturen und → Vermietung/Immobilien.

Nachträgliche AK oder HK sind im Entstehungsjahr so zu behandeln, als ob sie schon zu Beginn des Kalenderjahres vorgelegen hätten. Es ist **keine zeitanteilige Berechnung** der Abschreibung vorzunehmen. Der Abschreibungszeitraum verlängert sich und endet erst mit der vollen Absetzung der gesamten AK oder HK.

BEISPIEL

Nachträgliche HK

Die jährliche Abschreibung betrug bisher 2 % von 400.000 €. Im **August** 2019 entstehen nachträgliche HK i. H. v. 10.000 €. Die Abschreibung ab 2019 beträgt 2 % von 410.000 € = 8.200 € für 12 Monate.

Keine nachträglichen HK, sondern HK für ein anderes Wirtschaftsgut entstehen, wenn das bisherige Gebäude im Wesen geändert und so tief greifend umgestaltet oder in einem solchen Ausmaß erweitert wird, dass die eingefügten neuen Teile dem neuen Gebäude das Gepräge geben und die verwendeten Altteile bedeutungs- und wertmäßig untergeordnet erscheinen.

Ebenfalls keine nachträglichen HK, sondern die Herstellung eines neuen, selbstständigen Gebäudeteils liegt vor, wenn durch Erweiterung des Gebäudes zu einer vorhandenen Nutzung eine andere Nutzung hinzukommt.

BEISPIEL

Neuer Gebäudeteil

Der Steuerpflichtige besitzt ein Gebäude, das bisher ausschließlich zu betrieblichen Zwecken vermietet wird. Durch eine Aufstockung des Gebäudes wird eine Wohnung eingebaut, die (auch evtl. an den Mieter der Betriebsräume) vermietet wird.

Die Aufwendungen für die Wohnung sind keine nachträglichen HK des bisherigen Gebäudes, sondern stellen erstmalige HK für einen neuen, selbstständigen Gebäudeteil (siehe Punkt 2) dar, der unabhängig vom bisherigen Gebäude abgeschrieben wird. Im Jahr der Fertigstellung der Wohnung ist die AfA zeitanteilig nach Monaten zu berechnen.

6 Abschreibung anderer Wirtschaftsgüter

Solaranlagen/Fotovoltaikanlagen

Vertiefend siehe → Solaranlagen und Co. und → Vermietung/Immobilien.

Gartenanlagen

Vertiefend siehe → Abschreibungen/Anschaffungs- und Herstellungskosten.

Altersvorsorgeaufwendungen

Der Begriff der „Altersvorsorge" umfasst die Summe aller Möglichkeiten, die frühzeitig wahrgenommen werden können, um nach Beendigung der aktiven Erwerbstätigkeit seinen Lebensunterhalt ohne größere Einschränkungen bestreiten zu können.

Vertiefend siehe → Sonderausgaben und → Renten.

1 Allgemeines zum Aufbau der Altersvorsorge

Die Altersvorsorge kann aus drei Bausteinen bestehen:

gesetzl. Vorsorge	**betriebl. Vorsorge**	**private Vorsorge**

Die **gesetzliche Altersvorsorge** besteht aus der gesetzlichen Rentenversicherung, der Alterssicherung der Landwirte, der berufsständischen Versorgung und der Beamtenversorgung.

Die **betriebliche Altersvorsorge** kann in Form einer Direktzusage durch den Arbeitgeber, einer Direktversicherung, einer Pensionskasse, eines Pensionsfonds oder einer Unterstützungskasse vorliegen.

Die **private Altersvorsorge** kann aus einer staatlich geförderten Vorsorge als Riester-Rente, in Form von Wohnriester oder als Rürup-Rente bestehen. Möglich ist auch eine staatlich nicht geförderte Vorsorge als allgemeine (klassische) Lebensversicherung, Fondssparplan oder Immobilienbesitz.

2 Gesetzliche Altersvorsorge

Beiträge zur gesetzlichen Altersvorsorge

Zur steuerlichen Abziehbarkeit der Beiträge zur gesetzlichen Rentenversicherung: Vertiefend siehe → Versicherungen.

Besteuerung der Renten aus der gesetzlichen Altersvorsorge

Zur Besteuerung von Renten aus der gesetzlichen Rentenversicherung, der Renten von Landwirten und der Renten aus berufsständischen Versorgungseinrichtungen und Rürup-Renten: Vertiefend siehe → Renten.

Die Beamtenversorgung führt zu Versorgungsbezügen. Vertiefend siehe → Pensionen/Betriebsrenten.

3 Betriebliche Altersvorsorge

Wichtiges zum Thema „Betriebliche Altersvorsorge“ (Förderbetrag betriebliche Altersversorgung, Pensionsfonds, Pensionskasse, Direktversicherung, Übertragung von Altersversorgungsansprüchen) finden Sie auch auf http://mybook.haufe.de unter „Weiterführende steuerliche Informationen“.

4 Private Altersvorsorge

Riester-Rente

§§ 10a, 22, 79 ff. EStG

Begünstigte Aufwendungen

Die Riester-Rente dient dem Aufbau einer kapitalgedeckten privaten oder betrieblichen Altersvorsorge auf freiwilliger Basis. Sie kann als Alters-, Hinterbliebenen- oder Erwerbsminderungsrente ausgestaltet sein und ist nur möglich bei Sparformen, die durch die Bundesanstalt für Finanzdienstleistungsaufsicht **zertifiziert** (= geprüft und genehmigt) wurden.

Eine Liste der zertifizierten Verträge kann unter http://www.bzst.de/DE/Steuern_National/Zertifizierungsstelle/Zertifikatsliste/Zertifikatsliste_node.html eingesehen werden. Im Gegensatz zur Rürup-Rente ist eine spätere Rente an Erben (Hinterbliebene) garantiert.

Begünstigter Personenkreis

Begünstigt sind Personen, die Pflichtversicherte in der inländischen gesetzlichen Rentenversicherung oder die Empfänger von inländischer Besoldung sind, oder diesen gleichgestellte Personen. Auch Personen, die ihren Wohnsitz in der EU haben, sind zulageberechtigt.

Zum Kreis der **unmittelbar** Anspruchsberechtigten gehören insbesondere im Inland:

- rentenversicherungspflichtige Arbeitnehmer (auch in Elternzeit oder Grenzgänger)
- rentenversicherungspflichtige Selbstständige (z. B. Handwerker, versicherte Künstler) und Landwirte
- Beamte, Richter, Soldaten, beurlaubte Beamte
- Besoldungsempfänger
- Kindererziehende bis zur Vollendung des 3. Lebensjahres des Kindes
- Bezieher von Arbeitslosengeld I oder II (Hartz IV) und Arbeitslose, die wegen höherer Einkünfte oder Vermögen keine Leistungen nach dem SGB erhalten
- Erwerbsunfähigkeitsrentner
- Auszubildende

- Personen, die einen Freiwilligendienst ableisten, Helfer im sozialen Jahr
- geringfügig Beschäftigte, die den pauschalen Arbeitgeberbeitrag aufstocken

Ausgenommen sind:

- geringfügig Beschäftigte, die **nicht** aufstocken
- geringfügig selbstständig Tätige ohne Rentenversicherungspflicht (z. B. Studenten)
- selbstständige Freiberufler (auch Pflichtversicherte in einer berufsständischen Versorgungseinrichtung) und Gewerbetreibende

Zusammenlebende Ehegatten/Lebenspartner, die selbst nicht zum begünstigten Personenkreis gehören, können in die **mittelbare Zulagenförderung** einbezogen werden, wenn sie einen eigenen Altersvorsorgevertrag abschließen (auch bei Ehegatten/Lebenspartnern im EU-Ausland).

Art der Förderung

Das Gesetz sieht bei einem begünstigten Riester-Vertrag die **Altersvorsorgezulage** (§§ 79 ff. EStG) oder den **Sonderausgabenabzug** (§ 10a EStG) vor.

Altersvorsorgezulage

Die staatliche Förderung erfolgt durch Grundzulage und Kinderzulage. Die **Grundzulage** beträgt seit 1.1.2018 jährlich 175 €. Förderberechtigte, die zu Beginn des Beitragsjahres das 25. Lebensjahr noch nicht vollendet haben, erhalten eine **einmalige**, um 200 € erhöhte Grundzulage **(Berufseinsteigerbonus)**.

Im Fall der Zusammenveranlagung von Ehegatten/Lebenspartnern steht die Grundzulage jedem gesondert zu, wenn beide Ehegatten/Lebenspartner einen eigenen Vertrag haben.

Die Zulage wird durch eine **Kinderzulage** erhöht. Sie beträgt 185 € je Kind.

Für ein ab 2008 geborenes Kind (mind. 1 Monat) erhöht sich die Kinderzulage auf 300 €.

Die Altersvorsorgezulage wird nicht ausgezahlt, sondern dem Altersvorsorgevertrag gutgeschrieben. Für die Beantragung der Kinderzulage ist die Angabe der steuerlichen Identifikationsnummer des Kindes erforderlich.

Mindesteigenbeitrag

Die Zulage wird gekürzt, wenn der Zulageberechtigte nicht den Mindesteigenbeitrag leistet.

Dieser beträgt 4 % der im Vorjahr erzielten sozialversicherungspflichtigen oder diesen gleichgestellten Einnahmen, max. 2.100 €. Von diesem Betrag ist noch der volle Zulagenanspruch abzuziehen.

Damit setzt sich der Altersvorsorgeaufwand aus Eigenbeiträgen und Zulagen zusammen. Das Elterngeld ist bei der Mindesteigenbeitragsberechnung nicht zu berücksichtigen.

Erforderlich sind eigene Beiträge des Versicherungsnehmers. Werden dem Vertrag nur Zinsen gutgeschrieben, entfällt die Altersvorsorgezulage (BFH, Urteil v. 8.7.2015, X R 41/13).

Der Mindesteigenbeitrag darf nicht unter den **Sockelbetrag von 60 € pro Jahr** fallen.

Mittelbar zulageberechtigte Personen müssen auch einen Mindesteigenbeitrag von 60 € zahlen. Damit wird sichergestellt, dass bei einem schleichenden Übergang von der mittelbaren zur unmittelbaren Berechtigung (z. B. Rentenversicherungspflicht wegen Kindererziehung in den ersten drei Lebensjahren) die Rückforderung von Zulagen vermieden wird.

BEISPIEL

Berechnungsbeispiel

Peter Frey ist Beamter, seine Frau ist Hausfrau, sie haben zwei Kinder, eines davon wurde vor 2008 geboren. Er beantragt Altersvorsorgezulage für 2019. Sein Jahreseinkommen betrug im Vorjahr (2018) 50.000 €.

Die Ehefrau hat einen eigenen Altersvorsorgevertrag abgeschlossen. Die Beiträge zahlt der Ehemann. Um die volle Altersvorsorgezulage zu erhalten, müssen mindestens gezahlt werden:

Mindesteigenbeitrag Ehemann:	
50.000 € × 4 % =	2.000 €
– Grundzulage Ehemann	175 €
– Grundzulage Ehefrau	175 €
– Kinderzulage 1	185 €
– Kinderzulage 2	300 €
	1.165 €
Mindesteigenbeitrag Ehefrau:	**60 €**

Antrag auf Altersvorsorgezulage

Der Antrag ist über den Anbieter (schriftliche Vollmacht – bis auf Widerruf – für alle Jahre) auf einem amtlich vorgeschriebenen Vordruck bei der Zentralstelle für Altersvorsorge (ZfA) zu stellen.

Sonderausgaben

Statt der Altersvorsorgezulage kann für die geleisteten Beiträge zzgl. der dafür zustehenden Zulage ein Sonderausgabenabzug von bis zu 2.100 € geltend gemacht werden, wenn dieser günstiger ist. Dazu muss der Steuererklärung die **Anlage AV** (Altersvorsorge) beigefügt werden. Die Bescheinigung des Anbieters muss nicht beigefügt werden, da die Versicherungsunternehmen zu einer **elektronischen Datenübermittlung** an die Finanzverwaltung verpflichtet sind.

Bei der **Zusammenveranlagung** von Ehegatten/Lebenspartnern, die beide zum unmittelbar begünstigten Personenkreis gehören, steht der Sonderausgabenabzug jedem Ehegatten/Lebenspartner gesondert zu. Für den nur mittelbar begünstigten Ehegatten/Lebenspartner können dessen Beiträge insoweit berücksichtigt werden, als der Sonderausgaben-Höchstbetrag durch den unmittelbar begünstigten Ehegatten/Lebenspartner noch nicht ausgeschöpft ist.

Führt die maschinell durchgeführte **Günstigerprüfung** beim Finanzamt zum Ergebnis, dass der Sonderausgabenabzug günstiger ist, wird die über den Zulageanspruch hinausgehende Steuerermäßigung dem Steuerpflichtigen im Rahmen des Einkommensteuerbescheids ausbezahlt. Das Finanzamt stellt diese Steuerermäßigung im Einkommensteuerbescheid gesondert fest und teilt sie der ZfA mit.

Vertiefend zur Altersvorsorgezulage und zum Sonderausgabenabzug siehe BMF, Schreiben v. 21.12.2017, IV C 3 – S 2015/17/10001:005, Rn. 1–125.

Einwilligung in die elektronische Datenübermittlung

Voraussetzung für die Zahlung der Altersvorsorgezulage und den Sonderausgabenabzug ist, dass der elektronischen Datenübermittlung an die ZfA zugestimmt wurde.

Wird nachträglich festgestellt, dass die Einwilligung in die Datenübermittlung nicht erteilt wurde, wird die zu Unrecht gutgeschriebene Zulage zurückgefordert und der Steuerbescheid ist zu ändern, soweit ein entsprechender Sonderausgabenabzug berücksichtigt wurde.

Besteuerung der Riester-Rente

Die Riester-Rente wird bei Auszahlung, soweit sie aus geförderten Beiträgen gezahlt wird, im Rahmen der nachgelagerten Besteuerung **in voller Höhe** als sonstige Einkünfte nach § 22 Nr. 5 EStG erfasst. Dies gilt auch bei schädlicher Verwendung. Rentenanteile, die auf nicht geförderten Beiträgen beruhen, werden mit dem **Ertragsanteil** nach § 22 Nr. 1 S. 3, Buchst. a), Doppelbuchst. bb) EStG besteuert.

Vertiefend zur nachgelagerten Besteuerung siehe BMF, Schreiben v. 21.12.2017, IV C 3 – S 2015/17/10001:005, Rn. 126–194.

Freibetrag bei Grundsicherung im Alter

Durch einen Freibetrag werden Riester-Renten, Betriebs- und Basisrenten, sonstige private Renten sowie eine gesetzliche Rente, die auf freiwilligen Beiträgen beruhen, zukünftig bei der Berechnung der Leistungen aus der gesetzlichen Grundsicherung nicht mehr voll angerechnet. Es wird ein **Grundfreibetrag in Höhe von 100 € monatlich** für die Bezieher dieser Leistungen gewährt (§ 82 Abs. 4 und 5 SGB XII). Ist die Rente höher als 100 €, ist der übersteigende Betrag zu 30 % anrechnungsfrei. Insgesamt ist der Freibetrag auf 50 % der Regelbedarfsstufe 1 (dies entspricht 2019 einem Betrag von 212 €) begrenzt (Anlage 1 SGB XII).

Steuerfreie Übertragung

Übertragungen von Altersvorsorgevermögen (Riester-Vertrag) auf einen anderen, auf den Namen des Steuerpflichtigen lautenden Altersvorsorgevertrag sind nach § 3 Nr. 55c EStG steuerfrei.

Entsprechendes gilt, wenn Anwartschaften der betrieblichen Altersversorgung dadurch abgefunden werden, dass das Altersvorsorgevermögen auf einen auf den Namen des Steuerpflichtigen lautenden Altersvorsorgevertrag übertragen wird. Auch die Übertragung im Fall des Todes auf einen auf den Namen des Ehegatten lautenden Altersvorsorgevertrag ist steuerfrei.

Schädliche Verwendung von Riester-Vermögen

Eine steuerschädliche Verwendung des Riester-Vermögens liegt vor, wenn das angesparte Altersvorsorgevermögen an den Zulageberechtigten nicht als Leibrente, im Rahmen eines Auszahlungsplans oder zur Verwendung für eine selbst genutzte Wohnung, sondern beispielsweise in einem Einmalbetrag ausgezahlt wird. Steuerschädlich ist außerdem der Wegzug des Berechtigten ins Ausland außerhalb der EU-/EWR-Staaten.

Im Fall einer schädlichen Verwendung werden die Altersvorsorgezulagen sowie die gesondert festgestellten Steuervorteile aus dem Sonderausgabenabzug zurückgefordert. Außerdem sind die im ausgezahlten Kapital enthaltenen Erträge und Wertsteigerungen zu versteuern.

Unschädlich ist allerdings eine Teilauszahlung bis max. 30 % bei Rentenbeginn oder die Zusammenfassung von zwölf Monatsbeträgen (§ 1 AltZertG). Auch eine Auszahlung zur Abfindung einer **Kleinbetragsrente** kann steuerunschädlich vereinbart werden. Um eine Kleinbetragsrente handelt es sich, wenn die monatliche Rente geringer ausfällt als 1 % der Bezugsgröße nach § 18 SGB IV, also 2019 weniger als 31,15 € pro Monat (West). Diese Einmalzahlung wird nach § 22 Nr. 5 EStG i. V. m. § 34 EStG ermäßigt besteuert (entsprechende Anwendung der sog. „Fünftelregelung").

Auch die Übertragung von gefördertem Altersvorsorgevermögen auf einen anderen, auf den Namen des Zulagenberechtigten lautenden Altersvorsorgevertrag und die Übertragung von gefördertem Altersvorsorgevermögen im Rahmen einer internen Teilung nach § 10 bzw. einer externen Teilung nach § 14 des Versorgungsausgleichsgesetzes nach Scheidung auf einen anderen begünstigten und zertifizierten Altersvorsorgevertrag oder eine begünstigte betriebliche Altersversorgung ist steuerunschädlich.

Vertiefend zur schädlichen Verwendung siehe BMF, Schreiben v. 21.12.2017, IV C 3 – S 2015/17/10001:005, Rn. 195–239.

Einbeziehung von Wohneigentum (Wohnriester)

Eine Riester-Förderung gibt es auch für die Entnahme von angespartem Kapital aus einem Riester-Vertrag während der Ansparphase zur unmittelbaren Anschaffung oder Herstellung bzw. Umschuldung einer eigengenutzten Wohnung bzw. für Tilgungsleistungen bzgl. eines zertifizierten Darlehens, das der Anleger unmittelbar für die Anschaffung oder Herstellung einer zu eigenen Wohnzwecken genutzten Wohnung aufgenommen hat. Eine vertiefende Darstellung erfolgt hier nicht.

Rürup-Rente

Bei der Rürup-Rente handelt es sich um eine kapitalgedeckte private Basisrente mit staatlicher Förderung in Form eines erhöhten Sonderausgabenabzugs (§ 10 Abs. 1 Nr. 2 Buchst. b EStG).

Vorrangig **selbstständig Tätige** mit hoher steuerlicher Belastung können mit dieser Rente eine Altersvorsorge aufbauen und den steuerlichen Vorteil nutzen. Auch Beamte haben die Möglichkeit, für Beiträge zu einer Rürup-Rentenversicherung einen zusätzlichen

Sonderausgabenabzug in Anspruch zu nehmen.

Voraussetzungen für Rürup-Renten

Es gelten ähnliche Einschränkungen wie bei der Riester-Rente: **Zertifizierung** des Vertrags; Auszahlung nach Vollendung des 62. Lebensjahres (für Vertragsabschlüsse vor 2012: 60. Lebensjahr); lebenslange Rentenzahlungen (kein Kapitalwahlrecht); Ansprüche nicht vererblich und nicht übertragbar (Ausnahmen: Scheidungsfolgen; Übertragung auf andere Versicherung), nicht beleihbar, nicht veräußerbar; kein Rückkaufswert. Die Absicherung der Berufsunfähigkeit, der Erwerbsminderung oder von Hinterbliebenen ist möglich.

Der elektronischen Datenübermittlung an die ZfA muss zugestimmt werden. Wird nachträglich festgestellt, dass die Einwilligung in die Datenübermittlung nicht erteilt wurde, ist der Steuerbescheid zu ändern.

Wie bei der Riester-Rente können bis zu zwölf Monatsleistungen in einer Auszahlung zusammengefasst oder eine Kleinbetragsrente zu Beginn der Auszahlungsphase abgefunden werden. Bei Wegzug ins EU-Ausland erfolgt keine Nachversteuerung. Im Todesfall verfällt das angesparte Kapital. Eine Rentengarantiezeit wie bei normalen Lebensversicherungen besteht nicht, außer bei vereinbarter Hinterbliebenenversicherung zugunsten des Ehegatten oder kindergeldberechtigter Kinder. Die Übertragung von Anrechten aus einem zertifizierten Rürup-Vertrag auf einen anderen Rürup-Vertrag des Steuerpflichtigen ist nach § 3 Nr. 55d EStG steuerfrei.

Sonderausgaben

Die Beiträge zur Rürup-Rente sind Altersvorsorgeaufwendungen (Basisrente), die im Jahr 2019 mit bis zu 88 % als Sonderausgaben abziehbar sind. Vertiefend siehe → Versicherungen.

Besteuerung der Rentenbezüge

Rürup-Renten werden vergleichbar mit den Renten aus der gesetzlichen Rentenversicherung nach § 22 Nr. 1, Buchst. a, aa EStG besteuert. Der **Besteuerungsanteil** hängt vom Jahr des Rentenbeginns ab. Er beträgt bei erstmaligem Rentenbezug im Jahr 2019 78 % und steigert sich bei Renteneintritt bis zum Jahr 2040 auf 100 %. Vertiefend siehe → Renten.

Abgrenzung Riester- und Rürup-Rente auf einen Blick

Hinweis: Es gibt eine sehr große Zahl verschiedener Vertragsmodelle am Markt. Die folgende Übersicht kann deshalb nur eine grobe Orientierung bieten.

Kriterium	Riester-Rente	Rürup-Rente
Art der Rente	kapitalgedeckte private oder betriebliche Altersvorsorge	kapitalgedeckte private Basisrente
Form	private bzw. fondsgebundene Rentenversicherung, Banksparplan mit Umwandlung in Rentenversicherung, Pensionskasse, Pensionsfonds, Direktversicherung	private Rentenversicherung, fondsgebundene Rentenversicherung
begünstigter Personenkreis	Pflichtversicherte in der inländischen Rentenversicherung oder Bezieher einer inländischen Besoldung	Freiberufler, Gewerbetreibende, Beamte, Besserverdienende
nicht begünstigter Personenkreis	Minijobber mit nur pauschaler Rentenversicherung	
Voraussetzungen	zertifizierter Vertrag, elektronische Datenübermittlung an die ZfA lebenslange Rentenzahlungen, Mindesteigenbeitrag, Leistungen frühestens ab Vollendung des 62./60. Lebensjahres	zertifizierter Vertrag, elektronische Datenübermittlung an die ZfA, lebenslange Rentenzahlungen, kein Mindesteigenbeitrag, Leistungen frühestens ab 62./60. Lebensjahr, Ansprüche nicht vererbbar, nicht übertragbar, nicht beleihbar, nicht veräußerbar, nicht kündbar
Kapitalwahlrecht	grundsätzlich kein Kapitalwahlrecht; Kapitalauszahlung für selbst genutzte Immobilie oder bei Rentenbeginn bis 30 % bzw. Abfindung einer Kleinbetragsrente möglich	grundsätzlich kein Kapitalwahlrecht; Abfindung einer Kleinbetragsrente möglich
zusätzliche Absicherung möglich?	Invaliden- (Berufsunfähigkeit, Erwerbsminderung) und Hinterbliebenenrente möglich	Berufsunfähigkeits- oder Erwerbsminderungsversicherung und Hinterbliebenenversorgung möglich
Art der Förderung	Altersvorsorgezulage oder Sonderausgabenabzug nach § 10a EStG (Anlage AV)	Sonderausgabenabzug nach § 10 Abs. 3 EStG gestaffelt von 2005: 60 % bis 2025: 100 % bis zum Höchstbetrag
jährliche Auszahlung der Förderung	Altersvorsorgezulage: wird dem Vertrag gutgeschrieben; übersteigender Sonderausgabenabzug: Steuererstattung	Steuererstattung
Kündigungs- und Ruhemöglichkeit	ja	nein
Beleihbarkeit, vorzeitiger Zugriff	nein, aber Entnahme zur Herstellung oder zum Erwerb einer eigengenutzten Wohnung (Wohnriester)	nein
schädliche Verwendung	Beleihung des eingezahlten Kapitals; vorzeitige Kündigung; Kapitalauszahlung bei Rentenbeginn > 30 %; dauerhafter Wegzug ins EU-Ausland	

Kriterium	Riester-Rente	Rürup-Rente
Folgen der schädlichen Verwendung	Rückzahlung der Zulagen und Steuervorteile	
Besteuerung der Rentenbezüge	in voller Höhe (auch bei schädlicher Verwendung), soweit Rente aus geförderten Beiträgen; Rentenanteile aus nicht geförderten Beiträgen werden mit dem Ertragsanteil besteuert.	wie Renten aus der gesetzlichen Rentenversicherung (je nach Rentenbeginn 50–100 %)
Todesfall	Ehepartner kann Zulage und Kapital des Verstorbenen auf eigenen Riester-Vertrag übernehmen	angespartes Kapital verfällt, außer bei vereinbarter Hinterbliebenenversorgung
bevorzugter Anlegerkreis	kinderreiche Geringverdiener (Zulage), Besserverdienende (Sonderausgaben)	Selbstständige mit hoher steuerlicher Belastung, Beamte und Vergleichbare

5 Versorgungsausgleich nach Scheidung

Nach dem Versorgungsausgleichsgesetz gilt für alle ausgleichsreifen Anrechte auf Altersversorgung (gesetzliche Rentenversicherung sowie alle Systeme der betrieblichen Altersversorgung) der **Grundsatz der internen Teilung** (öffentlich-rechtliches Rentensplitting). Wurden während der Ehe/eingetragenen Lebenspartnerschaft Rentenanwartschaftsrechte erworben, werden diese zum Zeitpunkt der Scheidung innerhalb des jeweiligen Rentensystems geteilt und für den ausgleichsberechtigten Ehegatten/Lebenspartner **eigenständige Versorgungsanrechte** geschaffen. Die Übertragung der Anrechte ist steuerfrei (§ 3 Nr. 55 a EStG).

Die **Besteuerung erfolgt erst während der Auszahlungsphase.** Ausgleichsverpflichtete und ausgleichsberechtigte Personen versteuern beide die ihnen jeweils zufließenden Leistungen im Rahmen der gleichen Einkunftsart (so, als ob die Teilung nicht stattgefunden hätte). Für die Ermittlung der steuerpflichtigen Versorgungsbezüge und des Besteuerungsanteils/Ertragsanteils bei Renten ist auf den Versorgungsbeginn, den Rentenbeginn bzw. das Lebensalter des jeweiligen Ehegatten abzustellen.

Sind **Rentenanwartschaftsrechte noch nicht endgültig**, erfolgt keine Aufteilung der Anwartschaftsrechte auf die Ehegatten. In diesen Fällen wird ein **schuldrechtlicher** Versorgungsausgleich durchgeführt, indem sich ein Ehegatte verpflichtet, dem anderen selbst eine Ausgleichsrente zu zahlen. Der zur Zahlung Verpflichtete erhält zunächst die Rente in voller Höhe und versteuert diese nach den allgemeinen Grundsätzen. Er leitet die Rente teilweise an den anderen Ehegatten weiter und erhält dafür einen **Sonderausgabenabzug** (§ 10 Abs. 1a Nr. 4 EStG) in Höhe des steuerpflichtigen Teils der weitergeleiteten Rente.

Der Empfänger der Ausgleichsleistungen versteuert seinen Zufluss nach § 22 Nr. 1a EStG als sonstige Einkünfte. Auch Ausgleichsleistungen zur **Vermei-**

dung eines Versorgungsausgleichs sind als Sonderausgaben abziehbar (§ 10 Abs. 1a Nr. 3 EStG), soweit der Verpflichtete dies mit Zustimmung des Berechtigten beantragt. Der Berechtigte versteuert die Zahlungen nach § 22 Nr. 1a EStG als „Sonstige Einkünfte".

Arbeits-/Berufskleidung

Die Aufwendungen für Kleidung sind als Werbungskosten abziehbar, wenn es sich um typische Berufskleidung handelt.

§ 9 Abs. 1 Satz 3 Nr. 6 EStG

1 Berufskleidung

Als typische Berufskleidung/Arbeitskleidung gelten Kleidungsstücke, die ihrer Beschaffenheit nach objektiv nahezu ausschließlich für die berufliche Verwendung bestimmt sind wie z. B. **Arbeitsschutzkleidung** („blauer Anton", Schutzhelm, Kittel, Arbeitsschuhe oder -stiefel, Arbeitshandschuhe, Laborkittel, Schutzbrille, Schutzweste, Operationshosen) sowie Teile, die wegen der **Eigenart des Berufs** benötigt werden, z. B. Uniformen, Dienstkleidung eines Forstbeamten, weißer Kittel in Heil- und Pflegeberufen, Amtskleidung von Geistlichen, Staatsanwälten oder Richtern, Kleidung des Schornsteinfegers.

Dagegen sind Aufwendungen für **bürgerliche Kleidung** im Regelfall **nicht, auch nicht anteilig abzugsfähig** (BFH, Beschluss v. 13.11.2013, VI B 40/13).

Nur in seltenen Ausnahmefällen, nämlich dann, wenn die private Nutzung wegen eines besonders hohen beruflichen Verschleißes oder aus anderen Gründen so gut wie ausgeschlossen ist, lässt die Rspr. den **Abzug** bürgerlicher Kleidung zu. Abzugsfähig sind z. B. auch

- Diensthemden und -hosen, Pullover, Anorak, Einsatzanzug, Trainingsanzug mit Emblem der Polizei,
- dunkelblaue Anzüge und Kostüme, die eine Luftverkehrsgesellschaft ihren Mitarbeitern zur Verfügung stellt, auch wenn nur ein abnehmbares Emblem auf den Arbeitgeber hinweist (nicht dagegen Strümpfe oder Kleidung ohne Uniformcharakter),
- Sportbekleidung für die dienstliche Teilnahme am Sport (Sportlehrer, Polizei, Feuerwehr, Bundeswehr),
- schwarzer Anzug eines Kellners, Geistlichen, Trauerredners oder Leichenbestatters (zwischenzeitlich strittig, anhängiges Verfahren beim BFH, Az. VIII R 33/18).

Kein Abzug ist dagegen möglich für

- zur Uniform getragene Schuhe, Socken, Funktionsunterwäsche,
- „normale" weiße Hosen, weiße Hemden, T-Shirts, Socken und Schuhe eines Arztes,

- Aufwendungen für Brillen und Ersatzbrillen, auch Bildschirmbrillen,
- Abendkleid und Folklorebekleidung einer Sängerin oder einer Instrumentalistin,
- Kleidung eines Models,
- Skikleidung bei einem nebenberuflichen Skilehrer,
- Schuhe eines Briefträgers.

2 Abzugsfähige Kosten

Abzugsfähig sind die Anschaffungskosten sowie die Aufwendungen zur Instandhaltung (Nähen, Stopfen) und Reinigung. Die durch das Waschen von typischer Berufskleidung in der privaten Waschmaschine verursachten Aufwendungen – einschließlich anteiliger Abschreibung – können ggf. anhand der Erfahrungswerte von Verbraucherverbänden oder Herstellern geschätzt werden. Sie sind nicht abziehbar, wenn die angegebene Anzahl der Waschgänge nicht plausibel erscheint. Im Regelfall werden für typische Berufskleidung Kosten i. H. v. bis zu 110 € problemlos akzeptiert.

TIPP

Reinigungskosten

Für ein Kilogramm Wäsche in einem Zweipersonenhaushalt wurden Kosten von 0,50 € für Kochwäsche, 0,48 € für Buntwäsche, 0,60 € für Feinwäsche und 0,34 € für Trocknerkosten anerkannt (FG Baden-Württemberg, Urteil v. 23.11.2005, 3 K 202/04). Bei einem Polizisten mit 165 Diensttagen im Jahr wurden nach Einzelaufstellung 180 € anerkannt (FG Köln, Urteil v. 20.12.2012, 11 K 2001/11).

Reinigung bürgerlicher Kleidung: War die Verschmutzung oder Beschädigung ausschließlich beruflich verursacht, z. B. infolge eines Unfalls auf einer Berufsfahrt oder im Betrieb, sind auch Reinigungskosten für bürgerliche Kleidung abzugsfähig.

Arbeitslosigkeit

Die während der Arbeitslosigkeit gezahlten Lohnersatzleistungen sind steuerfrei. Sie unterliegen allerdings dem Progressionsvorbehalt. Auch während einer Arbeitslosigkeit können Sie Aufwendungen als Werbungskosten aus nichtselbstständiger Arbeit geltend machen.

§ 3 Nr. 2 und 2a, § 32b Abs. 1 Nr. 1 EStG

1 Lohnersatzleistungen und Progressionsvorbehalt

Lohn- und Einkommensersatzleistungen

Lohn- und Einkommensersatzleistungen sind insbesondere das Arbeitslosengeld I (ohne Arbeitslosengeld II – auch „Hartz IV"), Teilarbeitslosengeld, Altersübergangsgeld, die Aufstockungsbeträge nach dem Altersteilzeitgesetz, das Kurzarbeitergeld, Winterausfallgeld, Insolvenzgeld und Übergangsgeld. Krankengeld, Mutterschaftsgeld oder das Elterngeld nach dem Bundeselterngeldgesetz sind weitere häufige Ersatzleistungen. Diese Lohnersatzleistungen sind steuerfrei (§ 3 Nr. 1, 2, 2a, 2b, 28, 67 EStG).

Progressionsvorbehalt

Die Lohn- und Einkommensersatzleistungen selbst sind steuerfrei. Sie führen aber zu einer höheren Besteuerung der übrigen steuerpflichtigen Einkünfte. Dazu wird auf das steuerpflichtige Einkommen (= zu versteuerndes Einkommen) ein **besonderer Steuersatz** angewendet, der sich ergibt, wenn neben dem steuerpflichtigen Einkommen auch die steuerfreien Lohnersatzleistungen in die Berechnung des Steuersatzes miteinbezogen werden (§ 32b EStG).

Nachweise

Empfänger von Lohnersatzleistungen erhalten nach Ablauf des Jahres von den Trägern der Sozialleistungen ohne Anforderung einen sog. Leistungsnachweis mit dem ausgezahlten Betrag. Kürzungen der Leistungsbezüge (z. B. wegen Abtretung) bleiben unberücksichtigt. Lohnersatzleistungen, die vom Arbeitgeber ausbezahlt werden, wie z. B. das Kurzarbeitergeld, werden vom Arbeitgeber auf der elektronischen Lohnsteuerbescheinigung bescheinigt.

Die gezahlten Ersatzleistungen werden von der auszahlenden Stelle elektronisch an die Finanzverwaltung übermittelt und stehen dort zum Abruf bereit. Die Einreichung einer entsprechenden Papierbescheinigung zusammen mit der Steuererklärung ist nicht erforderlich.

2 Werbungskosten

Arbeitslose können die Aufwendungen im Zusammenhang mit einem angestrebten Dienstverhältnis, z. B. Aufwendungen für die Bewerbung und Vorstellung oder Aufwendungen für Fachliteratur im erlernten Beruf, als **vorab entstandene Werbungskosten** uneingeschränkt abziehen. Auch die Fahrtkosten zum Arbeitsamt gehören zu den Werbungskosten. Soweit durch die Aufwendungen wegen fehlender Einnahmen Verluste entstehen, können diese mit positiven anderen Einkünften im selben Jahr oder durch Verlustrück- bzw. -vortrag in einem anderen Jahr ausgeglichen werden.

Wer eine abgeschlossene Berufsausbildung hat, kann die Aufwendungen für den Erwerb einer neuen beruflichen Qualifikation, z. B. durch **Zusatz- oder Aufbaustudium**, als Fortbildungskosten im Rahmen vorweggenommener Werbungskosten unbegrenzt abziehen, wenn diese in einem konkreten Zusammenhang mit zu erwartenden späteren

Einnahmen aus dem neuen Beruf stehen.

Auch die Kosten für eine **Umschulung** in einen andersartigen Beruf sind als vorab entstandene Werbungskosten zu berücksichtigen, unabhängig von der Dauer bis zur Aufnahme der angestrebten Tätigkeit. Vertiefend siehe → Werbungskosten, -pauschbeträge und -pauschalen und → Fortbildung/Fachtagungen.

Arbeitsmittel

Aufwendungen für Wirtschaftsgüter, die ein Arbeitnehmer unmittelbar zur Erledigung seiner beruflichen Aufgaben benötigt, sind abzugsfähige Werbungskosten.

§ 9 Abs. 1 Satz 3 Nr. 6 EStG

1 Arbeitsmittel

Begriff „Arbeitsmittel"

Zu den Arbeitsmitteln gehören alle Gegenstände, die objektiv der Ausübung des Berufs dienen und subjektiv (aus Arbeitnehmersicht) diesem Zweck gewidmet sind. Die Sachen müssen ausschließlich oder zumindest weitaus überwiegend beruflich genutzt werden. Eine geringfügige private Mitbenutzung ist unschädlich. Für die Beurteilung des Kostenabzugs ist es unerheblich, ob die Aufwendungen nach objektiven Gesichtspunkten üblich, notwendig oder zweckmäßig sind. Art, Umfang und Höhe der Ausgaben stehen im Ermessen des Arbeitnehmers.

Abgrenzung zu den privaten Kosten

Aufwendungen, die die wirtschaftliche oder gesellschaftliche Stellung mit sich bringt, sind, auch wenn sie zur Förderung des Berufs oder der Tätigkeit erfolgen, nicht abzugsfähig. Ist nicht nachprüfbar oder nicht klar erkennbar, ob ein Gegenstand mehr dem Beruf oder mehr den privaten Interessen dient, kommt nach der Rspr. u. U. eine Aufteilung der Kosten in einen abzugsfähigen und einen nicht abzugsfähigen Teil in Betracht. Dies gilt insbesondere, wenn ein objektiver Aufteilungsmaßstab vorhanden ist (z. B. für Computer). In diesem Fall kann im Zweifel oftmals von einer 50%igen beruflichen Nutzung ausgegangen werden. Ist eine Aufteilung nicht möglich, sind die Kosten insgesamt nicht abzugsfähig. Ein Prüfschema finden Sie unter → Werbungskosten, -pauschbeträge und -pauschalen.

BEISPIEL

Zeitschriften

Handelt es sich um eine spezielle Fachzeitschrift, ist der Abzug möglich. Sonst kommt eine steuerliche Berücksichtigung nur in Betracht, wenn die (weit überwiegende ausschließliche) berufliche Veranlassung des Kaufs anhand der konkreten beruflichen Verwendung nachgewiesen wird. Ist dies nicht möglich, entscheidet der objektive Charakter der Zeitschrift mit der Folge, dass auf einen allgemeinen Leserkreis ausgelegte Zeitschriften nicht berücksichtigt werden können.

Zeitpunkt des Kostenabzugs

Der Kostenabzug als Werbungskosten erfolgt normalerweise im Jahr der Zahlung (Abflussprinzip). Nur wenn es sich bei den Arbeitsmitteln um Wirtschaftsgüter handelt, deren Nutzung sich erfahrungsgemäß über einen Zeitraum von mehr als einem Jahr erstreckt, ist der Abzug der AK nur über eine jährliche Absetzung für Abnutzung (AfA) möglich, es sei denn, es handelt sich um ein geringwertiges Wirtschaftsgut. Vertiefend siehe → Abschreibungen/Arbeitsmittel.

2 Einzelfälle

Absetzungen für Abnutzung (AfA): → Abschreibungen/Anschaffungs- und Herstellungskosten

Aktentasche/Aktenkoffer: als Arbeitsmittel abziehbar, wenn ausschließlich oder überwiegend beruflich genutzt, gilt auch für **Aktenordner** oder einen **Aktenschrank**

Berufskleidung: → Arbeits-/Berufskleidung

Bildschirmarbeitsbrille: keine Werbungskosten, auch wenn die Brille am Arbeitsplatz getragen wird, Abzug bei den außergewöhnlichen Belastungen

Bücher/Zeitschriften: Werbungskosten, wenn typische Fachliteratur oder die tatsächliche berufliche Verwendung in jedem Einzelfall nachgewiesen oder zumindest glaubhaft gemacht wird

Bücherregale: als Arbeitsmittel abziehbar, wenn eine eindeutige berufliche/betriebliche Nutzung vorliegt, → Arbeitszimmer

Computer (Zubehör, Hard- und Software): → Abschreibungen/Arbeitsmittel, → Computer

Hörgerät: kein Arbeitsmittel, Abzug als außergewöhnliche Belastung

Noten: bei Musiklehrern oder Berufsmusikern als Arbeitsmittel anzuerkennen

Schreibtisch: Arbeitsmittel, wenn weit überwiegende berufliche Nutzung glaubhaft und er nicht Repräsentationszwecken dient

Schreibtischlampe: wie Schreibtisch

Sportkleidung und -ausstattung: beim Sportlehrer mit Nachweis der zeitnahen Nutzung im Sportunterricht abzugsfähig

Tages- oder Wochenzeitung: kein Arbeitsmittel; gilt auch für einen Redakteur, der diese Publikationen teilweise auszuwerten hat

Werkzeug: typische Arbeitsmittel bei beruflicher Verwendung

Arbeitszeitmodelle

Zur flexibleren Gestaltung der Arbeitszeiten gibt es zwischenzeitlich verschiedene Arbeitszeitmodelle. Die steuerlichen Folgen solcher Wertguthabenkonten werden im Folgenden dargestellt.

1 Allgemeines

Um älteren Arbeitnehmern den gleitenden Übergang in den Ruhestand zu ermöglichen, aber auch dem Wunsch nach einer flexibleren Arbeitszeit zu entsprechen, gibt es zwischenzeitlich die verschiedensten Arbeitszeitmodelle. So ist es z. B. im Schuldienst möglich, sich unter bestimmten Voraussetzungen für ein Freizeitjahr (Sabbatjahr) zu melden. Dabei erhalten die Lehrkräfte fünf Jahre lang nur 80 % der regulären Bezüge, wobei sie vier Jahre lang mit vollem Stundendeputat arbeiten und im fünften Jahr beurlaubt sind. Eine andere Möglichkeit besteht darin, Mehrarbeit nicht zusätzlich zu vergüten, sondern in einem festgelegten Umfang gegen Freizeit zu tauschen (Jahresarbeitszeitkonto). Weitere Modelle sehen vor, Teile des Arbeitslohns (z. B. Mehrarbeitszuschläge, Sonderleistungen wie Urlaubs- oder Weihnachtsgeld) nicht sofort auszuzahlen, sondern den Betrag auf einem Lebensarbeitszeitkonto anzusparen. Die Auszahlung erfolgt erst in Zusammenhang mit einer vollen oder teilweisen Arbeitsfreistellung. Solche Konten werden entweder bei Geldguthaben als Geldkonto oder bei Zeitguthaben als Zeitkonto geführt. Die Gutschrift auf dem Konto erfolgt zu dem Zeitpunkt, zu dem die ursprünglichen Beträge fällig geworden wären.

2 Steuerliche Behandlung

Die Gutschriften auf dem Arbeitszeitkonto führen zu einer Veränderung (Verringerung) der laufenden (steuerpflichtigen) Bezüge. Die Wertgutschrift bzw. Ansammlung auf dem Arbeitszeitkonto löst noch keinen Zufluss von Arbeitslohn aus (BFH, Urteil v. 22.2.2018, VI R 17/16), weil der Arbeitnehmer zu diesem Zeitpunkt noch nicht darüber verfügen kann. Erst mit Auszahlung des Guthabens während der Freistellung fließt Arbeitslohn zu mit der Folge, dass erst zu diesem Zeitpunkt Lohnsteuer abzuführen ist. Bei der Berechnung der Lohnsteuer bzw. beim Lohnsteuerabzug gelten die üblichen Regelungen ohne Besonderheiten.

ACHTUNG

Flexi-/Gleitzeit-/Vorsorgekonten

Ist nicht die Freistellung von Arbeitsleistung das vorrangige Ziel der Vereinbarung, sondern geht es – wie z. B. bei Flexi- oder Gleitzeitkonten – um die flexiblere Gestaltung der werktäglichen oder wöchentlichen Arbeitszeit oder sollen betriebliche Produktions- und Arbeitszyklen ausgeglichen werden, gilt die normale Besteuerung.

Auch die Gutschrift auf einem Vorsorgekonto (Zukunftskonto) führt nach Auffassung der Finanzverwaltung zum Zufluss von steuerpflichtigem Arbeitslohn. Dasselbe gilt für die Kostenübernahme der treuhänderischen Verwaltung dieses Kontos durch den Arbeitgeber. Während der Anlagezeit erwirtschaftete Erträge sind Kapitaleinkünfte.

Ein Zeitwertkonto mit der Folge des Hinausschiebens der Besteuerung kann für alle Arbeitnehmer im Rahmen eines aktuellen (unbefristeten) Dienstverhältnisses eingerichtet werden. Infrage kommen auch geringfügige Beschäftigungsverhältnisse. Bei befristeten Arbeitsverhältnissen werden Zeitwertkonten steuerlich nur anerkannt, wenn der Ausgleich des Zeitwertkontos (Auszahlung) innerhalb der vertraglich vereinbarten Befristung erfolgt.

In ein Zeitwertkonto können keine weiteren Gutschriften unversteuert eingestellt werden, sobald feststeht, dass das vorhandene Guthaben durch Freistellung vor dem Ruhestand nicht mehr aufgebraucht werden kann.

Außerdem muss gewährleistet sein (Insolvenzschutz nach § 7e SGB IV oder arbeitsrechtliche Garantie des Arbeitgebers), dass zum Zeitpunkt der planmäßigen Inanspruchnahme des Guthabens mindestens ein Rückfluss der dem Zeitwertkonto zugeführten Beträge gesichert ist.

3 Sonderfälle

Vorzeitige Auszahlung bei weiter bestehendem Dienstverhältnis

Die vertragliche Möglichkeit der Auszahlung des Wertguthabens bei **fortbestehendem** Beschäftigungsverhältnis bei schwerer Erkrankung oder Vermögensschäden aufgrund von Naturkatastrophen ist unschädlich.

Wird das Guthaben entgegen der Vereinbarung aus anderen Gründen ganz oder teilweise ausgezahlt, ist das **gesamte** Guthaben im Zeitpunkt der planwidrigen Verwendung als Arbeitslohn zu versteuern. Sofern die angesparten Beträge aus mehreren Jahren stammen, wird auf Antrag eine ermäßigte Besteuerung nach der sogenannten Fünftelregelung angewendet.

Beendigung des Dienstverhältnisses vor oder während der Freistellungsphase

Mit (vorzeitiger) Auszahlung des Guthabens an den Arbeitnehmer oder im Todesfall an die Erben erfolgt ebenfalls die Versteuerung des gesamten Guthabens als sonstiger Bezug. Auch hier kommt u. U. die ermäßigte Besteuerung (Fünftelregelung) zur Anwendung.

Bei einem **Arbeitgeberwechsel** kann der Arbeitnehmer die Auszahlung und (vorzeitige) Versteuerung vermeiden, indem er vom bisherigen Arbeitgeber schriftlich verlangt, das Guthaben auf den neuen Arbeitgeber zu übertragen. Weitere Voraussetzung ist, dass der neue Arbeitgeber mit dem Arbeitnehmer eine Wertguthabenvereinbarung nach § 7b SGB IV abgeschlossen hat und der Übertragung zustimmt.

Der Arbeitnehmer kann alternativ durch schriftliche Erklärung gegenüber dem bisherigen Arbeitgeber verlangen, dass das Guthaben auf die Deutsche Rentenversicherung übertragen wird. Dies setzt allerdings voraus, dass das Guthaben einschließlich des Gesamtsozialversicherungsbeitrags einen Betrag in Höhe des Sechsfachen der monatlichen Bezugsgröße (2019: West 18.690 €, Ost 17.220 €; § 7f Abs. 1 Nr. 2 SGB IV) übersteigt. Die Übertragung ist steuerfrei (§ 3 Nr. 53 EStG). Die spätere Auszahlung durch die Rentenversicherung führt zu Arbeitslohn, für den die Rentenversicherung Lohnsteuer abzuführen hat (§ 38 Abs. 3 Satz 3 EStG).

Arbeitszimmer

Aufwendungen für ein häusliches Arbeitszimmer können auch bei ausschließlich beruflicher Nutzung grundsätzlich steuerlich nicht berücksichtigt werden. Es gibt jedoch Ausnahmen. Bei Selbstständigen ist darüber hinaus zwischen Arbeitszimmer und einer Betriebsstätte im Haus zu unterscheiden.

§§ 4 Abs. 4 i. V. m. Abs. 5 Nr. 6b, 9 Abs. 5 EStG

1 Allgemeines

Arbeitszimmer

Der Begriff des häuslichen Arbeitszimmers wird von der Rspr. als ein nach Funktion und Ausstattung betrieblich oder beruflich genutzter Arbeitsraum definiert, der seiner Lage nach in die häusliche Sphäre des Steuerpflichtigen eingebunden ist. Der Raum wird vorwiegend zur Erledigung **büromäßiger** Arbeiten, wie z. B. gedankliche, schriftliche, verwaltungstechnische, verwaltungsorganisatorische Tätigkeiten (Büros von selbstständigen Handelsvertretern, Übersetzern oder Schriftstellern), oder künstlerisch genutzt (z. B. Proberaum eines Musikers oder Schauspielers, Atelier eines Malers) und ist nicht für den Publikumsverkehr oder die Beschäftigung von (fremden) Arbeitnehmern vorgesehen. Als Arbeitszimmer gelten auch häusliche Telearbeitsplätze (BFH, Urteil v. 26.2.2014, VI R 40/12). Vertiefend siehe → Homeoffice.

Betriebsstätte

Kosten für eine Betriebsstätte sind in voller Höhe abziehbar. Die **Abgrenzung zum Arbeitszimmer** erfolgt anhand folgender Indizien:

- Hat das Haus bereits äußerlich den Charakter eines Wohnhauses verloren?
- Wurde es vom Finanzamt als gemischt genutztes Grundstück bewertet?
- Sind dort nicht zur Familie gehörende Personen beschäftigt?
- Ist der Raum für einen intensiven und dauerhaften Publikumsverkehr geöffnet?
- Befinden sich dort spezielle, über die reine Büroeinrichtung hinausgehende Arbeits- bzw. Produktionsmittel?

Betriebsstätten sind insbesondere Werkstatt-, Lager- und Ausstellungsräume, Praxisräume von Rechtsanwälten,

Steuerberatern oder Ärzten einschließlich ärztlicher Notfallpraxen.

Häusliche Sphäre

Ein Arbeitszimmer gehört dann zur häuslichen Sphäre, wenn eine unmittelbare Nähe und eine innere häusliche Verbindung zu den privaten Wohnräumen bestehen. Dies ist bei Zimmern in ausschließlich selbst bewohnten Ein- oder Zweifamilienhäusern stets der Fall. Ist ein Teil des Hauses fremdvermietet, gehört nur ein Zimmer in unmittelbarer räumlicher Nähe zur Privatwohnung (z. B. dieselbe Etage) zur häuslichen Sphäre. Bei einer gemieteten Wohnung kommt es (auch) darauf an, ob das Arbeitszimmer in einem einheitlichen Mietvertrag zusammen mit der Wohnung angemietet wurde. Gehört das beruflich genutzte Arbeitszimmer nach diesen Kriterien nicht zur häuslichen Sphäre, sind die Kosten dafür voll abzugsfähig.

2 Betriebsvermögen

Bei Gewerbetreibenden oder Freiberuflern bildet das Arbeitszimmer ein eigenes Wirtschaftsgut, das zusammen mit dem anteiligen Grund und Boden grundsätzlich zum Betriebsvermögen gehört. Für den Gebäudeteil wird eine eigene Abschreibung aus dem Teil der AK/HK des Gebäudes, der anteilig auf das Arbeitszimmer entfällt, berechnet. Unabhängig davon, ob die Kosten/AfA steuerlich abzugsfähig sind (s. u.), müssen im Zeitpunkt der Veräußerung oder Entnahme die stillen Reserven (Differenz zwischen Buch- und Verkehrswert) aus dem Zimmer versteuert werden.

TIPP

Kein Betriebsvermögen

Beträgt der Verkehrswert des beruflich genutzten Gebäudeteils nicht mehr als 20 % des gesamten Grundstücks und nicht mehr als 20.500 €, kann der Teil als Privatvermögen behandelt werden. Damit fällt bei Veräußerung/Entnahme des Gebäudeteils ein steuerpflichtiger Gewinn nur in Ausnahmefällen an. Vertiefend siehe → Spekulationsgeschäfte.

3 Ausschließliche berufliche Nutzung

Der steuerliche Kostenabzug für ein Arbeitszimmer setzt stets ein Zimmer, also einen von vier Wänden umgebenen, abgeschlossenen, von den Privaträumen getrennten Raum voraus, der so gut wie ausschließlich (> 90 %) beruflich genutzt wird. Die berufliche Nutzung wird anhand von äußeren Umständen (z. B. Wohnungsgröße und Anzahl der Bewohner, Lage und Einrichtung des Zimmers) geprüft. Je Bewohner muss im Regelfall neben dem Arbeitszimmer ein privat genutztes Zimmer zur Verfügung stehen. Es darf auch kein Raum sein, der häufig durchquert werden muss, um dahinter liegende private Räume (z. B. Wohnzimmer, Kinderzimmer) zu erreichen. Wird der Raum nicht nur untergeordnet privat mitbenutzt, sind die Aufwendungen insgesamt nicht abzugsfähig.

ACHTUNG

Gemischt genutztes Zimmer

Eine Kostenaufteilung ist weder in den Fällen möglich, in denen das (ganze) Zimmer zeitweise auch privat genutzt wird, noch in den Fällen, in denen nur ein Teil eines Zimmers (Arbeitsecke) beruflich genutzt wird (GrS, Beschluss v. 27.7.2015, 1/14).

4 Abzugshöhe

Auch bei ausschließlich beruflicher Nutzung sind die Kosten für häusliche Arbeitszimmer grundsätzlich vom Abzug ausgeschlossen. Entgegen diesem generellen gesetzlichen Abzugsverbot ist der Abzug in bestimmten Fällen und in bestimmtem Umfang als Betriebsausgabe oder Werbungskosten zulässig. Von entscheidender Bedeutung ist, ob das Arbeitszimmer den Mittelpunkt der gesamten beruflichen Tätigkeit bildet und ob außerhalb des Arbeitszimmers ein anderer Arbeitsplatz für die Tätigkeit zur Verfügung steht.

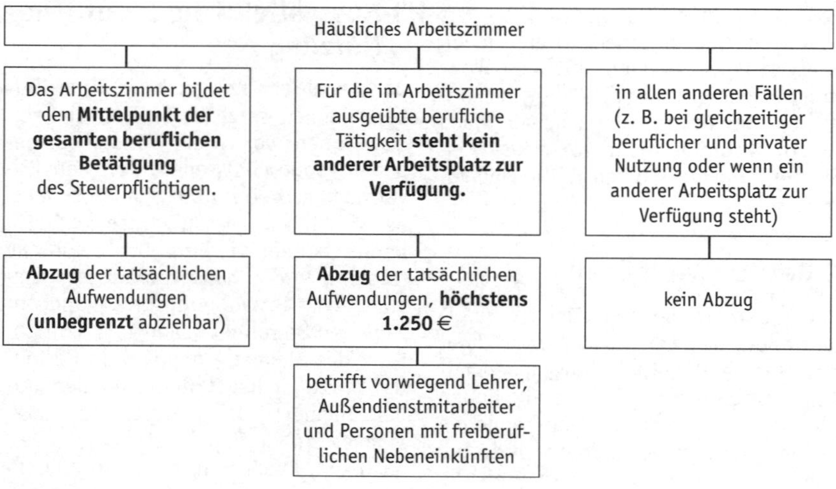

Mittelpunkt der Tätigkeit

Der Mittelpunkt bestimmt sich nach dem inhaltlichen **(qualitativen)** Schwerpunkt **aller** betrieblichen und beruflichen Betätigungen des Steuerpflichtigen. Übt der Steuerpflichtige lediglich eine einzige berufliche Tätigkeit (teilweise zu Hause und teilweise auswärts) aus, liegt im Arbeitszimmer der Mittelpunkt seiner gesamten Betätigung, wenn er dort diejenigen Leistungen erbringt, die für den konkret ausgeübten Beruf wesentlich und prägend sind. Ein möglicher alternativer Arbeitsplatz ist dann unschädlich. Das gilt auch, wenn die Arbeitszeit außerhalb des Arbeitszimmers überwiegt. Wenn die im und außerhalb des Zimmers durchgeführten Tätigkeiten qualitativ gleichwertig sind, ist die Tätigkeitsdauer entscheidend. Überwiegt die Tätigkeitsdauer im Arbeitszimmer, ist es Tätigkeitsmittelpunkt. Andernfalls ist nur der begrenzte Abzug bis 1.250 € (s. u.) möglich, vorausgesetzt, an den Heimarbeitstagen steht im Betrieb kein Arbeitsplatz zur Verfügung.

BEISPIEL

Tätigkeitsmittelpunkt

Bei einem Handelsvertreter liegt der Tätigkeitsschwerpunkt im Außendienst (Kundenbesuch), bei einem Musiker am Auftrittsort. Dies gilt unabhängig vom zeitlichen Umfang. Ein Schriftsteller wird dagegen den Mittelpunkt seiner Tätigkeit (Schreiben) im Arbeitszimmer haben.

Auch bei einem Arbeitnehmer, der seine berufliche Tätigkeit im Wesentlichen an seinem Heimarbeitsplatz im Arbeitszimmer ausübt, ist das Arbeitszimmer qualitativer Mittelpunkt der Tätigkeit.

Ein Rentner/Pensionär, der im Ruhestand in einem Arbeitszimmer eine (nebenberufliche) Tätigkeit ausübt, hat ebenfalls dort seinen Arbeitsmittelpunkt (BFH, Urteil v. 11.11.2014, VIII R 3/12).

Bei einem Lehrer besteht der qualitative Schwerpunkt der Tätigkeit im Unterrichten, das regelmäßig in der Schule und nicht im Arbeitszimmer stattfindet, bei einem Richter liegt der Schwerpunkt seiner Tätigkeit beim Gericht.

Übt ein Steuerpflichtiger **mehrere betriebliche oder berufliche Erwerbstätigkeiten** nebeneinander aus, muss das häusliche Arbeitszimmer den Betätigungsmittelpunkt **aller** Erwerbstätigkeiten (Gesamtheit) bilden. Die einzelnen Tätigkeiten werden nicht getrennt beurteilt. Maßgebende Beurteilungskriterien sind dabei unter anderem Zeitaufwand, Bedeutung und die Höhe der aus der jeweiligen Tätigkeit erzielten Einkünfte (BFH, Urteil v. 9.6.2015, VIII R 8/13). Dabei ist es unerheblich, ob für einzelne Tätigkeiten ein anderer Arbeitsplatz zur Verfügung steht (BFH, Urteil v. 16.7.2014, X R 49/11).

Kein anderer Arbeitsplatz

Ein begrenzter Kostenabzug bis zu 1.250 €/Jahr setzt voraus, dass das Zimmer für bestimmte berufliche Arbeiten benötigt wird, weil im Betrieb bzw. beim Arbeitgeber für diesen Aufgabenbereich im konkret erforderlichen Umfang und in der konkret erforderlichen Art und Weise kein Arbeitsplatz zur Verfügung steht. Anhaltspunkte dafür können sich sowohl aus der Beschaffenheit des Arbeitsplatzes im Betrieb selbst (Größe, Lage, Ausstattung ...) als auch aus den Rahmenbedingungen der Nutzung, z. B. Ausgestaltung der Nutzung, Verfügbarkeit, zumutbare Möglichkeit der Einrichtung eines außerhäuslichen Arbeitsplatzes, ergeben (BFH, Urteil v. 22.2.2017, III R 9/16). Ein anderer Arbeitsplatz ist nicht vorhanden, wenn der zugewiesene Raum aus arbeitsrechtlichen Gründen oder wegen Gesundheitsgefährdung nicht nutzbar ist (BFH, Urteil v. 26.2.2014, R 11/12). Als ausreichender Arbeitsplatz gilt auch ein Poolarbeitsplatz, vorausgesetzt, es ist durch eine ausreichende Anzahl von Arbeitsplätzen sichergestellt, dass die Nutzung im erforderlichen Umfang möglich ist (BFH, Urteil v. 26.2.2014, VI R 37/13).

Der begrenzte Kostenabzug gilt z. B. für Selbstständige, die im Betrieb keinen Raum zur Erledigung der Büroarbeiten haben oder den Raum in der Praxis wegen der Angestellten nur eingeschränkt nutzen können, für Lehrer oder Erzieher, die in der Schule bzw. im Kindergarten im Regelfall keinen eigenen Arbeitsplatz zur Vor- und Nachbereitung oder für Korrekturen haben, sowie für Steuerbürger, die neben der eigentlichen Berufstätigkeit eine zusätzliche (z. B. freiberufliche) Nebentätigkeit ausüben und dafür ein Arbeitszimmer benötigen. Der Höchstbetrag von 1.250 € gilt auch für mehrere Arbeitszimmer in verschiedenen Haushalten (BFH, Urteil v. 9.5.2017, VIII R 15/15).

5 Sonderfälle

Nutzung durch mehrere Personen

Wird ein Arbeitszimmer von mehreren Personen gemeinsam jeweils ausschließlich beruflich genutzt, kann jeder Nutzende die von ihm getragenen Aufwendungen, sofern die Abzugsvoraussetzungen in seiner Person vorliegen (unbegrenzter Kostenabzug, begrenzter Abzug), absetzen. Dabei genügt es, dass jeder Nutzende seine Tätigkeit im Arbeitszimmer im notwendigen Umfang tatsächlich verrichten kann. Das ist auch bei nur einem vorhandenen Arbeitsplatz z. B. zeitversetzt möglich. Der Höchstbetrag von 1.250 € gilt für jede Person getrennt (BFH, Urteil v. 15.12.2016, VI R 53/12) und ist für ein Arbeitszimmer mehrfach (personenbezogen) möglich. Die Gebäudeabschreibung ist dabei nur entsprechend dem Eigentumsanteil des Nutzenden zu berücksichtigen. Schuldzinsen werden nur einbezogen, soweit der Nutzende verpflichtet ist, die Kosten zu tragen.

Nutzung zu Aus- oder Fortbildungszwecken

Die Abzugsmöglichkeiten für ein häusliches Arbeitszimmer gelten auch, wenn das Arbeitszimmer für eine erstmalige oder weitere Berufsausbildung (→ Sonderausgaben) oder für Fortbildungen (z. B. Umschulung, Weiterbildung) genutzt wird. Wird das Zimmer bei Arbeitslosigkeit, im Erziehungsurlaub oder während der Elternzeit beruflich (z. B. für Weiterbildungszwecke) genutzt, sind die Kosten des Zimmers nach den zu erwartenden Umständen der späteren Tätigkeit abzugsfähig. Vertiefend siehe → Fortbildung/Fachtagungen.

6 Abziehbare Aufwendungen

Kosten des Zimmers

Soweit einzelne Kosten ausschließlich auf das häusliche Arbeitszimmer entfallen (z. B. Renovierung des Raums, Tapeten, Gardinen, Deckenlampe), sind sie diesem in vollem Umfang zuzurechnen. Gegenstände zur Ausschmückung

(Kunstgegenstände, Bilder) sind nicht abziehbar.

Die auf die gesamte Wohnung entfallenden Kosten können anteilig (Verhältnis der Fläche des Arbeitszimmers zur gesamten Wohnfläche einschließlich Arbeitszimmer) ermittelt werden. Ein im Keller befindliches Arbeitszimmer, das den Standard eines Wohnraums hat, zählt dabei zur Wohnfläche. Kosten für Flur, Bad und WC können dem Arbeitszimmer nicht anteilig zugerechnet werden.

Zu den aufteilbaren Kosten gehören die Gebäudeabschreibung oder Miete, Schuldzinsen, Reparaturaufwendungen, Energiekosten (Strom, Wasser, Abwasser, Heizung), Beiträge zu Hausversicherungen (insbesondere Gebäudebrand-, Haftpflicht-, Wasserschaden-, Glasbruch- und Hausratversicherungen), Müllabfuhr, Schornsteinfegergebühren und Grundsteuer.

Arbeitsmittel (Einrichtungsgegenstände)

Die im Arbeitszimmer beruflich genutzten Wirtschaftsgüter gehören beim Selbstständigen zum Betriebsvermögen. Aufwendungen für Einrichtungsgegenstände, die ausschließlich beruflich genutzt werden (z. B. Schreibtisch, Bürostuhl, Regal, Schreibtischlampe, Papierkorb, Computer), sind ggf. über die Abschreibung (AfA) als Betriebsausgaben bzw. beim Arbeitnehmer als Werbungskosten abzugsfähig. Dies gilt selbst dann, wenn die Kosten für den Raum selbst steuerlich nicht abziehbar sind. Vertiefend siehe → Computer, → Abschreibungen/Arbeitsmittel und → Reparaturen.

Ausbildung und Studium

Kosten der Ausbildung oder eines Studiums sind je nachdem, ob es sich um eine erste oder weitere Ausbildung handelt und ob die Ausbildung im Rahmen eines Arbeitsverhältnisses erfolgt oder nicht, als Sonderausgaben oder vorweggenommene Werbungskosten bzw. Betriebsausgaben abzugsfähig.

§§ 9 Abs. 6, 4 Abs. 9, 10 Abs. 1 Nr. 7 EStG

1 Werbungskosten oder Sonderausgaben

Ausbildungsdienstverhältnis

Erfolgt die Ausbildung im Rahmen eines **Dienstverhältnisses** (Berufsausbildungsvertrag mit Arbeitslohn), sind die Ausbildungskosten, egal ob es sich um eine Erstausbildung bzw. ein Erststudium (duales Studium mit Wechsel zwischen Theoriephasen an der Berufsakademie und berufspraktischen Phasen in einem Unternehmen oder einer sozialen Einrichtung bei Bezug von Gehalt) oder eine andere Ausbildung (z. B. betriebliche Ausbildung) handelt, der Höhe nach unbegrenzt (vorweggenommene) Werbungskosten. Wirken sich die

Kosten in einem Jahr mangels Einkünften steuerlich nicht aus, wird der Verlust festgestellt (Verlustfeststellung) und kann mit Einkünften späterer Jahre verrechnet werden.

Erstmalige Berufsausbildung (ohne Dienstverhältnis)

Aufwendungen für die eigene erstmalige Berufsausbildung bzw. ein Erststudium an einer Hochschule (Universität, pädagogische Hochschule, Kunsthochschule, Fachhochschule, andere Bildungseinrichtungen, die nach Landesrecht einer staatlichen Hochschule entsprechen, einschließlich entsprechender kirchlicher und privater Bildungseinrichtungen) **außerhalb** eines Dienstverhältnisses sind aufgrund gesetzlicher Regelung keine Werbungskosten bzw. Betriebsausgaben, sondern (nur) als Sonderausgaben, begrenzt auf maximal 6.000 € jährlich, abzugsfähig. Sonderausgaben sind nicht in spätere Jahre übertragbar, sodass die Kosten in vielen Fällen ohne steuerliche Auswirkung bleiben.

ACHTUNG

„Erste Berufsausbildung"

Der Begriff „Berufsausbildung" ist gesetzlich definiert als eine auf der Grundlage von Rechts- oder Verwaltungsvorschriften geordnete Ausbildung mit einer vorgesehenen Mindestdauer von zwölf Monaten bei vollzeitiger Ausbildung und mit einer durchgeführten Abschlussprüfung. Ist eine Abschlussprüfung nach dem Ausbildungsplan nicht vorgesehen, gilt die Ausbildung mit der tatsächlichen planmäßigen Beendigung als abgeschlossen. Sofern nur eine Prüfung abgelegt wird, ohne zuvor die Berufsausbildung durchlaufen zu haben, ist dies ebenfalls als abgeschlossene Ausbildung anzusehen. Sind die dargestellten Anforderungen nicht erfüllt, ist die Bildungsmaßnahme als „Anlernphase" und Bestandteil der ersten Ausbildung anzusehen.

Ein **Erststudium** liegt vor, wenn weder ein anderes durch einen berufsqualifizierenden Abschluss beendetes Studium noch eine andere abgeschlossene nichtakademische Berufsausbildung vorangegangen ist.

Zweite Berufsausbildung

Aufwendungen für eine zweite Berufsausbildung (z. B. Erststudium oder Umschulung nach einer abgeschlossenen Ausbildung, Ergänzungsstudium und Aufbaustudium, wenn das vorhergehende Studium zu einem berufsqualifizierenden Abschluss geführt hat, Masterstudiengang nach Bachelorabschluss, Zweitstudium) sind **Betriebsausgaben oder Werbungskosten**, wenn ein konkreter Zusammenhang mit der Erzielung künftiger steuerpflichtiger Einnahmen besteht, was normalerweise der Fall ist. Dabei spielt es keine Rolle, ob die Ausbildung innerhalb oder außerhalb eines Ausbildungsarbeitsverhältnisses erfolgt.

Ein Rentner/Pensionär, der im Ruhestand ein Studium beginnt, kann die Ausbildungskosten nur steuerlich geltend machen, wenn er nicht nur die beabsichtigte Einkunftserzielungsabsicht glaubhaft macht, sondern auch darlegen kann, dass er voraussichtlich insgesamt höhere Einnahmen erzielen wird, als Kosten angefallen sind bzw. anfallen (Überschussprognose).

Kosten für den Besuch allgemeinbildender Schulen (Abendrealschule, Abendgymnasium) sind auch nach einer abgeschlossenen ersten Berufsausbildung nicht als Werbungskosten, sondern nur als Sonderausgaben, begrenzt auf 6.000 €, abziehbar.

TIPP

Werbungskostenabzug sichern

Überlegen Sie, ob vor Beginn eines langen und kostenträchtigen Studiums eine zwölfmonatige Vollzeitausbildung mit einer Abschlussprüfung absolviert werden kann (z. B. vor Medizinstudium Ausbildung zum Rettungssanitäter). Dadurch wird das Studium zur Zweitausbildung, und die möglichen Werbungskosten (Verlustvortrag) können mit späteren positiven Einkünften verrechnet werden und führen zu nicht unerheblichen Steuererstattungen.

Praktika

Kosten in Zusammenhang mit Praktika **während** eines Studiums werden entsprechend den Kosten des zugrunde liegenden Studiums als Werbungskosten oder Sonderausgaben eingeordnet. Im Grundsatz ist dabei die Universität als erste Tätigkeitsstätte anzusehen, sodass für die Praktika der Reisekostenabzug gilt. Vertiefend siehe → Reisekosten.

Vor- und Nachpraktika (Student noch nicht oder nicht mehr immatrikuliert) begründen ein eigenständiges Beschäftigungsverhältnis, sodass der Ort des Praktikums regelmäßig eine erste Tätigkeitsstätte (ohne Reisekostenabzug) ist. Vertiefend siehe → Entfernungspauschale. Bei auswärtiger Unterbringung ist u. U. der Kostenabzug für eine doppelte Haushaltsführung möglich. Vertiefend siehe → Doppelte Haushaltsführung.

TIPP

Kosten der ersten Ausbildung

Ob das (rückwirkende) gesetzliche Verbot des Werbungskostenabzugs für die Kosten einer ersten Berufsausbildung verfassungsgemäß ist, wird zzt. vom BVerfG in mehreren Verfahren geprüft (z. B. 2 BvL 23/14–27/14). Machen Sie deshalb die Kosten der Erstausbildung immer als Werbungskosten geltend. Sofern Sie bisher noch keine Steuererklärung abgegeben haben, ist dies rückwirkend noch bis zum Jahr 2015 möglich. Die Finanzämter sind angewiesen, die Bescheide insoweit vorläufig (§ 165 AO) zu erlassen, sodass ein Einspruch nicht nötig ist.

Prüfschema

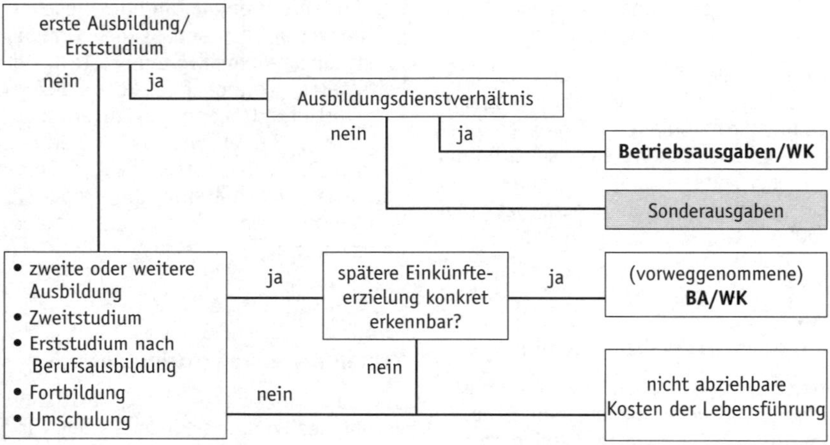

2 Abzugsfähige Kosten

Abziehbar sind insbesondere Schul-, Kurs- und Studiengebühren, Kosten für Fachliteratur und Lernmaterial, Kosten eines Arbeitszimmers, Abschreibungen für z. B. Schreibtisch, Computer und Software, Druck- und Kopierkosten, Zulassungs- und Prüfungsgebühren sowie Zinsen für ein Studiendarlehen (nicht für BAföG-Darlehen). Vertiefend siehe → Arbeitsmittel, → Abschreibungen/Arbeitsmittel, → Arbeitszimmer und → Computer.

Die Ermittlung der Kosten ist beim Abzug als Werbungskosten und Sonderausgaben identisch. Wesentliche Unterschiede bestehen dagegen beim Abzug von Fahrtkosten, Übernachtungskosten und Verpflegungsmehraufwendungen.

Erfolgt die Ausbildung im Rahmen eines Ausbildungsdienstverhältnisses, besteht im Regelfall am Betriebssitz des Arbeitgebers eine erste Tätigkeitsstätte. Vertiefend siehe → Entfernungspauschale.

Der Besuch einer auswärtigen Bildungseinrichtung im Rahmen des Ausbildungsdienstverhältnisses ist eine Auswärtstätigkeit mit Reisekostenabzug. Vertiefend siehe → Reisekosten.

Dasselbe gilt, wenn eine (zweite) Ausbildung neben der Berufstätigkeit (am Abend, am Wochenende, Fernstudium, berufsbegleitend) erfolgt.

Wird die Bildungseinrichtung (z. B. Universität) **außerhalb** eines Dienstverhältnisses in **Vollzeit** (dies unterstellt die Verwaltung, wenn neben der Ausbildung keine oder nur eine regelmäßige Beschäftigung von wöchentlich maximal 20 Stunden oder ein Minijob ausgeübt wird) aufgesucht, gilt die Bildungseinrichtung als erste Tätigkeitsstätte mit der Folge, dass grundsätzlich nur die Fahrten zur Bildungseinrichtung mit der einfachen Entfernung, nicht aber Reisekosten abzugsfähig sind. Bei auswärtiger Unterbringung ist u. U. der Kostenabzug für eine doppelte Haushaltsführung möglich, wenn der Auszubildende neben der Studienunterkunft einen eigenen Hausstand führt. Vertiefend siehe → Doppelte Haushaltsführung.

Außergewöhnliche Belastung

Aufwendungen wegen außergewöhnlicher Belastung allgemeiner Art sind abziehbar, wenn sie die zumutbare Eigenbelastung übersteigen. In typisierten Einzelfällen ist der Abzug von Höchst-, Pausch- oder Freibeträgen ohne Anrechnung einer zumutbaren Belastung möglich.

§§ 33, 33a und 33b EStG

1 Allgemeines

Soweit die Aufwendungen zu den Betriebsausgaben, Werbungskosten (z. B. berufsbedingte Krankheit) oder Sonderausgaben gehören, werden sie dort (vorrangig) berücksichtigt.

Außergewöhnliche Belastungen teilen sich in zwei große Gruppen auf:

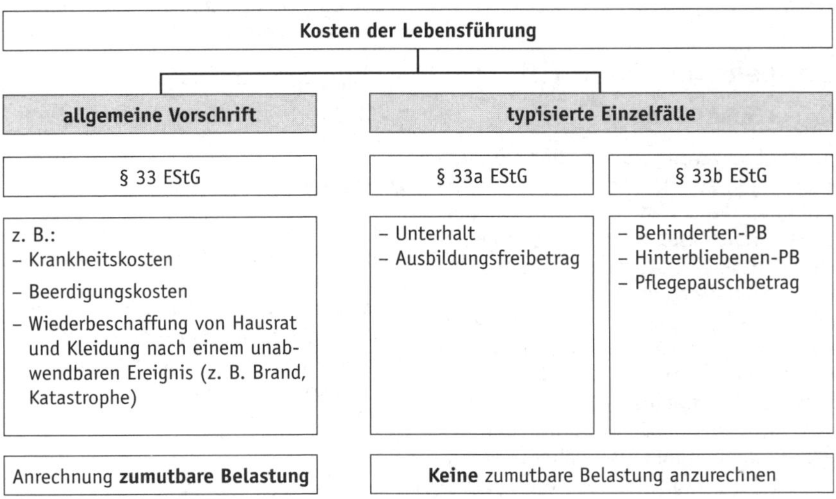

2 Typisierte Einzelfälle

Unterhalt

Aufwendungen für den **Unterhalt**/die Berufsausbildung einer Ihnen oder Ihrem Ehegatten gegenüber gesetzlich unterhaltsberechtigten Person, für die niemand einen Anspruch auf Kindergeld oder Kinderfreibetrag hat. Vertiefend siehe → Unterhaltszahlungen.

Ausbildungsfreibetrag

Aufwendungen für die **Berufsausbildung** eines **auswärtig untergebrachten volljährigen Kindes**, für das Sie einen Kinderfreibetrag oder Kindergeld erhalten. Vertiefend siehe → Kinder.

Behinderte Menschen/Pflegepauschbetrag

Vertiefend siehe → Behinderte Menschen.

3 Allgemeine Vorschrift

Abzugsvoraussetzungen

Haben Sie **zwangsläufig** höhere Aufwendungen als die überwiegende Mehrzahl der Personen gleicher Einkommensverhältnisse, gleicher Vermögensverhältnisse und gleichen Familienstandes **(= außergewöhnlich)**, liegen außergewöhnliche Belastungen nach § 33 EStG vor. Abzugsfähig sind die Aufwendungen nur, soweit sie eine zumutbare Eigenbelastung (s. u.) übersteigen. Zu den außergewöhnlichen Belastungen gehören vor allem Krankheitskosten, Pflegeaufwendungen, Bestattungskosten, behinderungsbedingte Ausgaben, Sanierungskosten schadstoffbelasteter Gebäude, Wiederbeschaffung von Hausrat nach Unwetter, Überflutung oder Sturm (Einzelfälle s. u.).

Bei Ehegatten mit Zusammenveranlagung erfolgt der Abzug gemeinsam. Es kommt nicht darauf an, welcher Ehegatte gezahlt hat.

Belastung

Eine Belastung liegt vor, wenn Sie ein Ereignis in der persönlichen Lebenssphäre zu Ausgaben zwingt, die Sie selbst endgültig zu tragen haben. Deshalb werden die Aufwendungen um Ersatzleistungen von dritter Seite (z. B. dem Arbeitgeber, Beihilfe bei Beamten, Versicherungsersatz) unabhängig vom Erstattungszeitpunkt gemindert. Werden mögliche Ersatzansprüche gegen Dritte nicht geltend gemacht (z. B. Kostenbelege werden bei der Versicherung nicht eingereicht, um eine Beitragsrückerstattung zu erhalten oder höhere Beiträge zu vermeiden), ist kein Abzug möglich.

Zwangsläufigkeit

Zwangsläufig entstehen Aufwendungen, wenn sie notwendig sind, man sich ihnen also aus **rechtlichen, tatsächlichen oder sittlichen Gründen** nicht entziehen kann und soweit sie der Höhe nach angemessen sind. Damit sind regelmäßig nur Kosten abzugsfähig, die die eigene Person, den Ehegatten oder nahe Angehörige betreffen.

Zumutbare Belastung

Die Aufwendungen wirken sich steuerlich nur aus, soweit sie die Grenze der zumutbaren Belastung übersteigen. Die Höhe der zumutbaren Belastung errechnet sich nach einem bestimmten Prozentsatz, abhängig vom Gesamtbetrag der Einkünfte.

Die zumutbare Belastung beträgt für einen Gesamtbetrag der Einkünfte	Steuerbürger ohne Kinder		Steuerbürger mit Kindern	
	unverheiratet	verheiratet	1 oder 2 Kinder	3 oder mehr Kinder
bis 15.340 €	5 %	4 %	2 %	1 %
von 15.341 € bis 51.130 €	6 %	5 %	3 %	1 %
über 51.130 €	7 %	6 %	4 %	2 %
	des Gesamtbetrags der Einkünfte			

Als Kinder zählen berücksichtigungsfähige Kinder, also solche, für die Sie Freibeträge oder Kindergeld erhalten. Vertiefend siehe → Kinder.

BEISPIEL

Berechnung der Eigenbelastung

Eheleute ohne Kinder haben einen gemeinsamen Gesamtbetrag der Einkünfte von 60.000 €.

Die zumutbare Eigenbelastung berechnet sich stufenweise:

Gesamtbetrag		
1 bis 15.340 €:	4 % von 15.340 €	= 613 €
15.340 € bis 51.130 €:	5 % von 35.790 €	= 1.789 €
51.131 € bis 60.000 €:	6 % von 8.869 €	= 532 €
zumutbare Eigenbelastung		2.934 €

Nur soweit die geltend gemachten Kosten höher sind, wirken sie sich steuerlich aus.

Abzugszeitpunkt

Die Aufwendungen sind im Kalenderjahr der Zahlung zu berücksichtigen (Abflussprinzip). Auch wenn sich bei hohen Kosten wegen geringer Einkünfte keine volle steuerliche Auswirkung ergibt, ist eine Verteilung der Aufwendungen auf mehrere Jahre – im Wege der Billigkeit – nicht zulässig (BFH, Urteil v. 12.7.2017, VI R 36/15).

4 Einzelfälle

Adoption: keine außergewöhnlichen Belastungen (BFH, Urteil v. 10.3.2015, VI R 60/11)

Allergie: → Krankheitskosten

Behinderungsbedingte Ausgaben: Vertiefend siehe → Krankheitskosten und → Behinderte Menschen.

Bestattungskosten/Grabbesuch/ Grabinstandhaltung: Beerdigungskosten für Angehörige sind abziehbar, soweit sie nicht aus dem Nachlass bezahlbar sind. Anzurechnen sind Versicherungsleistungen (Sterbegeld, Lebensversicherung). Abziehbar sind die Kosten für die Grabstätte, den Sarg, Blumen und Kränze, Trauerkarten, Todesanzeigen, Überführung und Aufbahrung, nicht dagegen Aufwendungen für die Bewirtung der Trauergäste, Fahrtkosten zur Beerdigung, Aufwendungen für Trauerkleidung, Grabbesuch sowie Kosten für Grabinstandsetzung und Grabpflege.

Diätverpflegung: Vertiefend siehe → Krankheitskosten.

Elektrosmog: Aufwendungen für Schutzmaßnahmen gegen z. B. Mobilfunkwellen sind nur abziehbar, wenn die von den Gegenständen ausgehende konkrete Gesundheitsgefährdung durch ein technisches Gutachten nachgewiesen wird. Vertiefend siehe → Krankheitskosten.

Eltern-Kind-Verhältnis: Aufwendungen des nicht sorgeberechtigten Elternteils zur Kontaktpflege sind nicht außergewöhnlich.

Flutschaden/Hochwasser/Katastrophenschäden: Aufwendungen wie z. B. die Reparatur eines selbst genutzten Hauses oder die Ersatzbeschaffung von Hausrat anlässlich von unabwendbaren Ereignissen (Erdbeben, Überschwemmungen, Sturm, Brand, Hagel) sind berücksichtigungsfähig. Soweit durch die Erneuerung eine Wertsteigerung des Gebäudes eingetreten ist, werden die abzugsfähigen Kosten entsprechend gemindert. Vertiefend siehe → Orkanschäden/Naturkatastrophen.

Hausumbau/Sanierung: Die Sanierungskosten des selbst bewohnten Hauses sind abzugsfähig, wenn vom Gebäude eine akute Gesundheitsgefährdung (d. h. gesetzliche Schadstoffgrenzwerte sind überschritten) ausgeht (z. B. Gefahr durch Holzschutzmittel, Formaldehyd, Dioxin, Asbest, Elektrosmog, Mobilfunkwellen) oder wenn die Sanierung durch ein unausweichliches Ereignis (z. B. bei Hochwasser, Sturm etc.) oder wegen konkreter Einsturzgefahr durch Hausschwamm notwendig geworden ist. Eine rein vorsorgliche Sanierung ist nicht begünstigt. Dasselbe gilt für Aufwendungen zur Beseitigung von Baumängeln, selbst wenn dabei auch konkrete Gesundheitsgefährdungen beseitigt werden (BFH, Beschluss v. 29.3.2018, VI B 106/17). Weitere Voraussetzungen für eine Berücksichtigung der Sanierungskosten sind, dass der Grund für die Sanierung beim Kauf des Hauses noch nicht erkennbar war, es sich nicht um übliche, alterstypische Reparaturen handelt, den Steuerpflichtigen kein eigenes Verschulden trifft (z. B. Schimmelbildung wegen unsachgemäßen Lüftens) und Schadensersatzansprüche gegenüber Dritten nicht durchsetzbar sind. Erfährt das Haus durch die Maßnahmen eine Wertsteigerung, weil Bausubstanz erneuert wurde, ist die Wertsteigerung bei der Berechnung der abzugsfähigen Kosten zu kürzen. In allen Fällen reicht der einfache Nachweis aus, also z. B. ein Gutachten durch einen Fachmann (BFH, Urteil v. 29.3.2012, VI R 21/11; BFH, Urteil v. 29.3.2012, VI R 47/10; BFH, Urteil v. 29.3.2012, VI R 70/10).

Zu behinderungsbedingten Umbaukosten → Behinderte Menschen.

Heimunterbringung: → Pflegekosten/Heimunterbringung

Bei krankheitsbedingter Unterbringung → Krankheitskosten.

Künstliche Befruchtung: → Krankheitskosten

Kurkosten: → Krankheitskosten

Pflegeaufwendungen: → Pflegekosten/Heimunterbringung

Prozesskosten/Scheidung: Kosten für Strafprozesse sind keine außergewöhnlichen Belastungen. Zivilprozesskosten sind aufgrund gesetzlicher Regelung ebenfalls nicht mehr als außergewöhnliche Belastungen abzugsfähig. Die gesetzliche Ausnahme für Fälle, in denen der Steuerpflichtige ohne den Rechtsstreit Gefahr liefe, seine Existenzgrundlage zu verlieren und seine lebensnotwendigen Bedürfnisse im üblichen Rahmen nicht mehr befriedigen zu können, hat der BFH bisher nur bei einem Arzthaftungsprozess angenommen, für den Fall, dass eine Zivilklage auf eine Erwerbsunfähigkeitsrente oder eine existenziell wichtige Entschädigung als Ersatz für entgangene oder entgehende Einnahmen zielt und ein Werbungskostenabzug der streitigen Aufwendungen nicht in Betracht kommt (BFH, Urteil v. 17.12.2015, VI R 78/13). Kosten in Zusammenhang mit einer Scheidung sind nicht abzugsfähig (BFH, Urteile v. 18.5.2017, u. a. VI R 9/16, VI R 19/15). Ob das auch für Prozesskosten bei Streitigkeiten über das Umgangsrecht der Eltern mit ihren Kindern gilt, muss der BFH noch entscheiden (Az. beim BFH VI R 27/18.)

Vermögensverluste: Wertverluste, die infolge von Diebstahl oder Zerstörung an Gegenständen des privaten Vermögens eingetreten sind, können nicht als außergewöhnliche Belastungen abgezogen werden. Aufwendungen für deren Wiederbeschaffung sind i. d. R. wegen des vorhandenen Gegenwerts auch nicht abziehbar. Ausnahme:

Wiederbeschaffung von Hausrat und Kleidung: Derartige Aufwendungen sind eine außergewöhnliche Belastung, wenn Hausrat oder Kleidung durch ein unabwendbares Ereignis wie Brand, Hochwasser, Unwetter, Kriegseinwirkung, Vertreibung oder politische Verfolgung verloren gegangen ist und wiederbeschafft werden muss. Die Aufwendungen sind nur in Höhe der notwendigen und angemessenen Kosten abzugsfähig und werden nur berücksichtigt, soweit sie den (Rest-)Wert des Gegenstands vor dem Schadenseintritt nicht übersteigen.

Weitere Voraussetzung für den Kostenabzug ist, dass der Geschädigte eine allgemein übliche und zumutbare Versicherung (z. B. Hausratversicherung, Elementarversicherung für ein Gebäude) abgeschlossen hat.

TIPP

Aus Billigkeit lässt, wenn durch ein Naturereignis (z. B. Überflutung, Unwetter) viele Menschen betroffen sind, die Finanzverwaltung den Abzug aber auch zu, wenn keine Versicherung abgeschlossen wurde.

Baukindergeld

Mit dem Baukindergeld fördern die KfW-Bank und das Bundesministerium des Inneren den „Ersterwerb" von selbst genutzten Wohnimmobilien und Wohnungen für Familien mit Kindern. Die Rahmenbedingungen der Förderung ergeben sich allein aus dem KfW-Programm „Baukindergeld" (424).

1 Fördervoraussetzungen

Folgende Bedingungen müssen für eine Förderung erfüllt sein:

- Eigentum am Förderobjekt
- Eigennutzung zu Wohnzwecken
- nur ein Immobilienbesitz (Erstwohnung)
- zum Haushalt gehörende minderjährige Kinder mit Kindergeldberechtigung
- Einkunftsgrenze
- zeitliche Voraussetzungen

Die Förderung ist für Neubauten und Bestandsimmobilien und sowohl für ein gekauftes als auch ein selbst gebautes Wohnobjekt möglich. Die Immobilie muss im Eigentum bzw. mind. 50%igem Miteigentum des Antragstellers stehen und von der Familie selbst bewohnt werden. Die Miteigentumsanteile des Ehegatten, Lebenspartners, eheähnlichen Partners des Antragstellers oder eines in Haushaltsgemeinschaft lebenden Kindes werden mitgezählt. Keine Förderung gibt es für Ferienhäuser, Ferienwohnungen und Wohnungen, die als Nebenwohnsitz gelten.

Im Zeitpunkt des Kaufs (maßgebend: Datum des Kaufvertrags) oder der erteilten Baugenehmigung bzw. Bauanzeige des Förderobjekts darf der oben genannte Personenkreis **kein weiteres Wohneigentum** besitzen. Sowohl eine zu diesem Zeitpunkt vorhandene (bisher) selbst genutzte wie auch eine vermietete Immobilie schließt die Förderung für das (weitere) neue Objekt aus.

BEISPIEL

Erstwohnung

Familie K, zwei minderjährige Kinder, wohnt in einer kleinen Eigentumswohnung (ETW), die der Ehefrau gehört. Die Ehegatten kaufen mit Vertrag vom 1.12.2019 eine größere ETW, in die sie am 1.1.2020 einziehen. Zur Finanzierung verkauft die Ehefrau die kleine ETW

a) vor dem 1.12.2019.

b) nach dem 1.12.2019.

Im Fall a) ist für die neue ETW Baukindergeld möglich, denn im Zeitpunkt des Kaufs besaß niemand in der Familie eine weitere Immobilie; die erworbene Wohnung ist damit Erstobjekt im Sinne der Förderung.

Im Fall b) gehörte die kleine ETW im Zeitpunkt des Kaufs noch der Ehefrau. Damit ist die neu erworbene ETW ein Zweitobjekt, das nicht gefördert wird.

Außerdem muss die Baugenehmigung für das Objekt zwischen dem 1.1.2018 und dem 31.12.2020 erteilt bzw. der notarielle Kaufvertrag innerhalb dieses Zeitraums geschlossen werden. Eine geerbte oder geschenkte Immobilie wird nicht gefördert. Wird nur der Grund und Boden unentgeltlich erworben, kann die Förderung für ein darauf errichtetes Gebäude beansprucht werden. Baukindergeld gibt es nur für in der Immobilie im **Zeitpunkt der Antragstellung** wohnende minderjährige Kinder (Haushaltszugehörigkeit), für die der Antragsteller entweder kindergeldberechtigt ist oder bei denen die kindergeldberechtigte Person mit dem Antragsteller im Haushalt lebt (Ehegatte, Lebenspartner, eheähnlicher Partner).

BEISPIEL

Kinderzahl

Peter und Petra Meier sind in jeweils zweiter Ehe miteinander verheiratet. Beide haben Kinder aus ihrer ersten Ehe. Peter Meiers Sohn Jürgen, 17 Jahre alt, wohnt bei seiner Mutter, Peter Meiers geschiedener Frau. Peter Meier zahlt den gesetzlichen Unterhalt. Seine Tochter Frieda aus erster Ehe, 15 Jahre alt, und Petras Sohn Fabian aus erster Ehe, 19 Jahre alt, leben beide im Haushalt der Eheleute Meier. Außerdem leben dort die zwei gemeinsamen drei und sechs Jahre alten Kinder Max und Moritz.

Die Eheleute Meier können für alle in ihrem Haushalt wohnenden minderjährigen Kinder, für die einer von ihnen Anspruch auf Kindergeld hat, Baukindergeld bekommen. Das sind Max, Moritz und Frieda. Für Jürgen besteht kein Anspruch. Er ist zwar minderjährig und Peter Meier hat den hälftigen Kindergeldanspruch, lebt aber nicht im Haushalt. Für Fabian besteht zwar ein Anspruch auf Kindergeld und er lebt im Haushalt, ist aber volljährig.

Außerdem darf das z. v. E. der Eltern im zweiten und dritten Jahr vor Antragstellung (bei Antragstellung 2019: maßgebend Einkommen 2016 und 2017) im Durchschnitt der beiden Jahre 90.000 € (mit einem Kind) nicht übersteigen. Für jedes weitere minderjährige Kind erhöht sich dieser Betrag um 15.000 €, sodass das z. v. E einer Familie mit zwei Kindern bis zu 105.000 € jährlich betragen darf.

2 Höhe der Förderung

Die Förderung beträgt 1.200 € pro Jahr für jedes im geförderten Objekt lebende, im Zeitpunkt der Antragstellung minderjährige Kind über einen Zeitraum von maximal zehn Jahren, also bis zu 12.000 € je Kind, wenn das Wohneigentum ununterbrochen zehn Jahre selbst genutzt wird.

Änderungen nach Antragstellung (z. B. Geburt eines weiteren Kindes, Erreichen der Volljährigkeit) sind ohne Bedeutung. Der Anspruch auf Baukindergeld endet, wenn die geförderte Immobilie nicht mehr selbst bewohnt wird.

Baukindergeld wird nur so lange gezahlt, wie die bereitgestellten Bundesmittel reichen. Es besteht kein Rechtsanspruch auf die Förderung.

3 Antrag

Der Antrag muss bei der staatlichen KfW-Bank spätestens drei Monate nach Einzug (maßgebend: amtliche Meldebestätigung) bzw. beim Kauf einer bereits selbst genutzten Wohnung spätestens drei Monate nach Unterzeichnung des notariellen Kaufvertrags online unter www.kfw.de/zuschussportal gestellt werden.

Nach Antragseingangsbestätigung müssen innerhalb von drei Monaten die ESt-Bescheide der beiden maßgebenden Jahre, die amtliche Meldebestätigung über den Einzugstag und ein Grundbuchauszug über den Eigentumserwerb bzw. die Auflassungsvormerkung elektronisch übermittelt werden.

4 Auszahlung

Die Auszahlung erfolgt in jährlichen Raten. Dazu erhält der Antragsteller eine Auszahlungsbestätigung, in der der Zeitpunkt der ersten Ratenzahlung genannt ist. Die Auszahlung der weiteren Raten soll jährlich jeweils im gleichen Monat wie die Auszahlung der ersten Rate erfolgen. Weitergehende Informationen finden Sie auf dem Internetportal der KfW-Bank unter www.kfw.de/baukindergeld.

Behinderte Menschen

Behinderte Menschen können typische Mehraufwendungen, die ihnen durch ihre Behinderung entstehen, entweder über den Abzug eines Pauschbetrags oder in tatsächlicher Höhe nach Berücksichtigung der zumutbaren Eigenbelastung bei den außergewöhnlichen Belastungen geltend machen. Besondere Einzelaufwendungen können neben dem Pauschbetrag berücksichtigt werden.

§§ 33, 33b EStG

1 Pauschbetrag

Allgemeiner Pauschbetrag

Der Pauschbetrag deckt die Kosten für die Hilfe bei den regelmäßig wiederkehrenden Verrichtungen des täglichen Lebens, die Pflege sowie für den erhöhten Wäschebedarf ab.

Er richtet sich nach dem amtlich festgestellten Grad der Behinderung. Bei einem Grad der Behinderung von mindestens 50 % ist immer ein Pauschbetrag möglich, bei weniger als 50 %, aber mind. 25 % ist zusätzlich erforderlich, dass

- dem behinderten Menschen wegen der Behinderung nach gesetzlichen Vorschriften Renten oder andere laufende Bezüge zustehen oder
- die Behinderung zu einer dauernden Einbuße der körperlichen Beweglichkeit geführt hat oder
- die Behinderung auf einer typischen Berufskrankheit beruht.

Der Pauschbetrag beträgt bei einem Grad der Behinderung:

von 25 und 30 %	**310 €**
von 35 und 40 %	**430 €**
von 45 und 50 %	**570 €**
von 55 und 60 %	**720 €**
von 65 und 70 %	**890 €**
von 75 und 80 %	**1.060 €**
von 85 und 90 %	**1.230 €**
von 95 und 100 %	**1.420 €**

Für behinderte Menschen, die **hilflos** sind, und für **Blinde** erhöht sich der Pauschbetrag auf **3.700 €.** Es handelt sich dabei stets um einen Jahresbetrag, der nicht zeitanteilig berechnet wird, wenn die Behinderung erst im Laufe des Jahres eingetreten oder weggefallen ist. Ändert sich der Grad der Behinderung, ist der jeweils höchste Grad im Jahr maßgebend.

WICHTIG

Pauschbetrag oder Pflegekosten?

Wenn Sie den Pauschbetrag für behinderte Menschen in Anspruch nehmen, können Sie für Pflegekosten oder Heimunterbringungskosten keinen Abzug als außergewöhnliche Belastungen und auch keine Steuerermäßigung für Pflegeleistungen bei den haushaltsnahen Dienstleistungen mehr geltend machen. Prüfen Sie deshalb genau, ob der Abzug der tatsächlichen Aufwendungen (s. u.) nicht günstiger ist.

Nachweis der Behinderung

Ab einem Grad der Behinderung von 50 % ist beim ersten Mal die Vorlage des Schwerbehindertenausweises erforderlich. Im Ausweis stehen ggf. auch die Merkmale „blind (Bl)" oder „hilflos (H)". Dem Merkzeichen „H" steht die Einstufung in die Pflegegrade 4 oder 5 durch den Medizinischen Dienst der Krankenversicherung gleich. Eine Gehbehinderung wird durch die Merkmale „G" oder „aG" bescheinigt.

Beträgt der Grad der Behinderung zwischen 25 % und weniger als 50 %, benötigt das Finanzamt eine Bescheinigung des Versorgungsamts bzw. bei Rentenzahlung aufgrund der Behinderung den Rentenbescheid als Nachweis.

Tatsächliche Aufwendungen

Statt des Pauschbetrags können die tatsächlichen **laufenden** und **typischen pflege- oder behindertenbedingten Aufwendungen** nach § 33 EStG als außergewöhnliche Belastungen berücksichtigt werden. Dazu gehören erhöhte Kosten für Wäsche und Hygieneartikel, Hilfe bei den gewöhnlichen und regelmäßig wiederkehrenden Arbeiten des täglichen Lebens, Diätkosten und Stärkungsmittel, ein Blindenhund, ambulante Pflege (angestellte Pflegerin oder Pflegedienst), Kurzzeit-, Tages- oder Nachtpflege sowie Pflege und Unterbringung im Heim. Allerdings wird der Gesamtaufwand um die zumutbare Eigenbelastung gekürzt. Vertiefend siehe → Pflegekosten/Heimunterbringung und → Außergewöhnliche Belastung.

Abzug neben Pauschbetrag

Zusätzlich zum Pauschbetrag können unter Beachtung der zumutbaren Eigenbelastung berücksichtigt werden:

Krankheitskosten, Kurkosten

Darunter fallen Zahlungen für Heilbehandlungen (Operationen, Heilbehandlungen, Arzneimittel, Arztbesuche), auch soweit diese durch die Behinderung bedingt sind, sowie die Kosten einer Heilkur. Vertiefend siehe → Krankheitskosten.

Begleitperson

Sind Sie wegen Ihrer Behinderung auf ständige Begleitung angewiesen (Merkzeichen „H" oder Pflegegrade 4 bzw. 5 bzw. amtsärztliches Gutachten oder Bescheinigung des Medizinischen Dienstes der Krankenversicherung erforderlich), können Sie Mehraufwendungen (Fahrtkosten, Unterbringung, Verpflegung), die Ihnen auf einer Urlaubsreise für eine Begleitperson entstehen, in angemessenem Umfang geltend machen. Das gilt nicht, soweit es sich um einen Familienurlaub mit einem behinderten Kind handelt oder die Begleitperson, insbesondere wenn es sich um den Ehegatten handelt, aus eigenem Interesse teilgenommen hat (BVerfG, Beschluss v. 15.5.2014, 2 BvR 295/14).

Behinderungsgerechter Umbau

Werden spezielle, auf die Behinderung abgestellte Vorrichtungen eingebaut (z. B. Treppenschräglift, Badewannenlift, Haltegriffe, Sitzerhöhung, Spezialrauchmelder für gehörlose Menschen, Hausnotruf), handelt es sich um **medizinisch notwendige Hilfsmittel**, die als Krankheitskosten abzugsfähig sind.

Umbaumaßnahmen, die das Gebäude selbst betreffen, wie z. B. elektrisches Garagentor, Rollstuhlrampe, Aufzug, Türverbreiterung, behindertengerechtes Bad (bodengleiche Dusche, Sitzwanne), und die auch für nicht behinderte Personen angenehm sind, können dagegen nur berücksichtigt werden, soweit ein Käufer dafür keinen höheren Kaufpreis zahlen würde, denn nur insoweit liegt ein durch die Behinderung verursachter (verlorener) Aufwand vor. Für den Kostenabzug ist es unerheblich, ob die behinderungsbedingten Mehrkosten im Rahmen eines Neubaus oder einer Modernisierung bzw. eines Umbaus angefallen sind. Ebenso ist es ohne Bedeutung, ob die Aufwendungen situationsbedingt zwangsläufig waren (Umbau nach unvorhersehbarer Krankheit, z. B. Schlaganfall) oder infolge schleichender Erkrankung (BFH, Urteil v. 24.2.2011, VI R 16/10). Eine Verteilung hoher Kosten auf mehrere Jahre ist nicht möglich (BFH, Urteil v. 12.7.2017, VI R 36/15).

Die Zwangsläufigkeit der Umbaukosten kann z. B. durch Bescheid eines gesetzlichen Trägers der Sozialversicherung über die Bewilligung eines Zuschusses oder ein Gutachten des Medizinischen Dienstes der Krankenversicherung (MDK), des Sozialmedizinischen Dienstes (SMD) oder der Medicproof Gesellschaft für Medizinische Gutachten mbH nachgewiesen werden.

Kfz-Kosten

Erläuterungen zu den Kfz-Kosten finden Sie unten bei „Fahrtkosten".

2 Behinderte Kinder

Kinder, die wegen körperlicher, geistiger oder seelischer Behinderung **außerstande sind, sich selbst zu unterhalten**, können, unabhängig vom Alter, bei den Eltern steuerlich berücksichtigt werden, vorausgesetzt, die Behinderung ist vor Vollendung des 25. Lebensjahres eingetreten. Den Eltern stehen alle kindabhängigen Steuervergünstigungen (z. B. Kindergeld, Freibeträge, Betreuungskosten etc.) zu. Vertiefend siehe → Kinder.

Der dem Kind zustehende Behindertenpauschbetrag ist auf die Elternteile auf Antrag beliebig übertragbar, wenn ihn das Kind mangels eigener (geringer) Einkünfte nicht in Anspruch nimmt. Zusätzlich – neben dem Pauschbetrag – sind bei den Eltern die nicht laufenden behinderungsbedingten Aufwendungen (s. o.) abzugsfähig. Dazu gehören auch die Kosten für den Führerschein eines Kindes mit schwerer Geh- und Stehbehinderung sowie der behindertengerechte Umbau eines Kfz.

Auch ohne Übertragung des Pauschbetrags können die Eltern ihre eigenen zwangsläufigen Aufwendungen für das Kind (z. B. Fahrtkosten in Zusammenhang mit der Betreuung des Kindes im Heim, Kosten, die durch die persönliche Pflege und Betreuung des Kindes in der elterlichen Wohnung entstehen) nach § 33 EStG abziehen, denn durch den Pauschbetrag werden nur die Aufwendungen des behinderten Kindes abgegolten.

3 Fahrtkosten

Berufliche Fahrten

Behinderte Menschen können für Fahrten mit dem eigenen Kfz zwischen Wohnung und erster Tätigkeitsstätte oder Betrieb statt der Entfernungspauschale die **tatsächlichen Kosten** als Werbungskosten bzw. Betriebsausgaben abziehen, wenn ein Grad der Behinderung vorliegt von

- mind. 70 % oder
- mind. 50 % und zusätzlich eine erhebliche Gehbehinderung (Merkzeichen „G" oder „aG" im Ausweis).

Ohne Einzelnachweis sind bei Benutzung eines Pkw für eine arbeitstägliche Fahrt pauschal 0,30 € je **gefahrenen** Kilometer (0,60 € je Ekm) als Werbungskosten abzugsfähig. Es kann allerdings nur einheitlich entweder mit der Entfernungspauschale oder den tatsächlichen Kosten abgerechnet werden.

Auch Familienheimfahrten bei doppelter Haushaltsführung sind in entsprechender Höhe absetzbar.

TIPP

Fahrten zur ersten Tätigkeitsstätte

Wird der behinderte Arbeitnehmer von seinem Ehegatten zu seiner ersten Tätigkeitsstätte gebracht und abgeholt, können pro Tag zwei Hin- und Rückfahrten abgerechnet werden, wenn der behinderte Mensch keinen Führerschein hat oder aus Gründen der Behinderung von der Fahrerlaubnis keinen Gebrauch macht.

Andere beruflich veranlasste Fahrten (z. B. infolge einer Auswärtstätigkeit) können wie bei nicht behinderten Menschen auch in tatsächlicher Höhe abgezogen werden. Vertiefend siehe → Reisekosten.

Privatfahrten behinderter Menschen

Personen mit einem Grad der Behinderung von

- mind. 80 % oder
- mind. 70 % und Merkzeichen „G"

können angemessene Kraftfahrzeugkosten (max. 0,30 €/km) für durch die Behinderung veranlasste unvermeidbare private Fahrten bis max. 3.000 km jährlich neben dem Pauschbetrag abziehen.

Bei

- außergewöhnlich gehbehinderten Menschen **(Merkzeichen „aG")** oder
- **blinden** (Merkzeichen „Bl") oder
- **hilflosen** (Merkzeichen „H" oder Pflegegrade 4 bzw. 5) Menschen

werden grundsätzlich alle privaten Fahrten, also auch Erholungs-, Freizeit- und Besuchsfahrten, bis zu 15.000 km jährlich berücksichtigt. Zusätzlich abzugsfähig sind Kosten für den behinderungsgerechten Umbau des Kfz, nicht dagegen Aufwendungen durch einen verschleißbedingten Motorschaden (BFH, Urteil v. 19.1.2017, VI R 60/14).

TIPP

Fahrten zum Arzt

Zusätzlich sind die Fahrtkosten zum Arzt als Krankheitskosten abziehbar (BFH, Urteil v. 16.6.2010, VI B 11/10).

4 Heimunterbringung/ Haushaltshilfe

Leben behinderte Menschen im eigenen Haushalt, können sie für Hilfe und Dienstleistungen im Haushalt eine Steuerermäßigung erhalten. Vertiefend siehe → Haushaltsnahe Tätigkeiten/ Dienstleistungen.

Bei krankheits-, pflege- oder behinderungsbedingter Heimunterbringung können statt des Pauschbetrags für behinderte Menschen die gesamten tatsächlichen Aufwendungen (ohne Kosten des typischen Unterhalts) als Krankheitskosten berücksichtigt werden. Vertiefend siehe → Krankheitskosten und → Pflegekosten/Heimunterbringung.

5 Pflegepauschbetrag

Pflegen Sie **persönlich** einen nicht nur vorübergehend **hilflosen** Menschen (Merkzeichen „H" oder Pflegegrade 4 bzw. 5) in Ihrer oder in seiner Wohnung, erhalten Sie für jede gepflegte Person einen Pflegepauschbetrag von **924 €** im Jahr (§ 33b Abs. 6 EStG). Alternativ können Sie die Ihnen tatsächlich durch die Pflege entstandenen Kosten als allgemeine außergewöhnliche Belastungen unter Berücksichtigung der zumutbaren Eigenbelastung (§ 33 EStG) geltend machen.

Wird eine pflegebedürftige Person von mehreren Personen gepflegt, ist der Pauschbetrag gleichmäßig aufzuteilen.

Wird die Pflegeperson für die Pflege bezahlt, kann sie keinen Pauschbetrag erhalten. Auch ein weitergegebenes Pflegegeld aus der Pflegeversicherung ist schädlich. Lediglich das an die **Eltern** eines behinderten Kindes für die Pflege des Kindes ausgezahlte Pflegegeld ist unbeachtlich.

Computer

Aufwendungen für beruflich bzw. betrieblich genutzte Computer, damit in Verbindung stehende Peripheriegeräte sowie dazugehörende Software sind als Werbungskosten bzw. Betriebsausgaben abzugsfähig.

1 Hardware

Steuerrechtlich handelt es sich bei einer Computeranlage nicht um **ein** Wirtschaftsgut, sondern jede Komponente, Prozessoreinheit (einschließlich interner Festplatte), Monitor, Drucker, Tastatur, Maus, Scanner, ist ein eigenständiges, selbstständig bewertbares Wirtschaftsgut, das aber nicht selbstständig nutzbar ist. Die Anschaffungskosten dieser Wirtschaftsgüter können deshalb – unabhängig von der Höhe der Anschaffungskosten – nur im Wege der Abschreibung (AfA), verteilt auf die Nutzungsdauer (anzunehmen mit drei Jahren), abgezogen werden. Vertiefend siehe → Abschreibungen/Arbeitsmittel.

Gehören die Geräte zum Betriebsvermögen, sind Sonderabschreibungen und ein Investitionsabzugsbetrag möglich.

Laptops, Tablets, Notebooks und Netbooks sind selbstständig nutzbar. Deren Anschaffungskosten sind, wenn sie **ohne Umsatzsteuer** nicht mehr als 800 € (brutto 952 €) betragen haben, entweder über die AfA oder sofort bei Anschaffung in voller Höhe (einschließlich USt) abziehbar (geringwertige Wirtschaftsgüter).

Als selbstständig nutzbare Wirtschaftsgüter gelten auch externe Speichermedien (Festplatte, USB-Speicher). Kombinationsgeräte (Drucker/Fax/Kopierer in einem Gerät) sind unabhängig von der Computeranlage nutzbar. In beiden Fällen ist die 800-Euro-Regelung anwendbar.

2 Software

Computerprogramme sind (immaterielle) eigenständige Wirtschaftsgüter. Zu unterscheiden sind Systemsoftware (Betriebssystem) und Anwenderprogramme. Die Kosten der Systemsoftware sind im Regelfall in den Kosten des PCs enthalten und einheitlich mit dem PC abzuschreiben. Für Anwenderprogramme ist der Abzug als Werbungskosten bzw. Betriebsausgaben über eine eigene AfA (Nutzungsdauer für Standardprogramme wie Textverarbeitung, Officepaket: 3 Jahre; Individualsoftware und Branchensoftware: regelmäßig 5 Jahre) vorzunehmen. Die Verwaltung wendet die 800-Euro-Regelung an und akzeptiert in diesem Fall den Vollabzug im Anschaffungsjahr. Auch Aufwendungen für Trivialprogramme (kleine, weniger komplexe Computerprogramme, die einfache Standardprobleme lösen und nicht nach individuellen Kundenwünschen programmiert sind) sind – sogar unabhängig von der Höhe des Kaufpreises – in voller Höhe beim Kauf abzugsfähig. Dasselbe gilt für Programme, die keine Befehlsstruktur enthalten, sondern nur Bestände von Daten, die allgemein bekannt und jedermann zugänglich sind.

Programmupdates sind im Regelfall als „Erhaltungsaufwand" bei Zahlung in voller Höhe abzugsfähig. Soweit das Vorgängerprogramm noch nicht vollständig abgeschrieben war, ist der Restwert jetzt absetzbar.

BEISPIEL

Laptop mit Drucker und Software

A kauft im Dezember 2019 einen Laptop mit Systemsoftware für 750 € + 142,50 € USt, dazu einen TFT-Bildschirm für 120 € + 22,80 € USt und das Officepaket für 116 € + 22,04 € USt. Er bezahlt alles im Januar 2020.

Laptop (inkl. Systemsoftware), Bildschirm und das Officepaket sind jeweils eigene Wirtschaftsgüter. Der Bildschirm ist nicht selbstständig nutzbar, deshalb sind die Anschaffungskosten nur über die AfA ab Dezember 2019 (Anschaffungsmonat) abzugsfähig. Zur AfA-Berechnung: Vertiefend siehe → Abschreibungen/Arbeitsmittel. Der Laptop ist selbstständig nutzbar. Seine Anschaffungskosten betrugen netto nicht über 800 €. Deshalb können die Bruttoanschaffungskosten von 892,50 € im Anschaffungsjahr 2019 in voller Höhe abgezogen werden. Es kommt hier nicht auf den Zahlungszeitpunkt an. Auch für das Officepaket akzeptiert die Verwaltung den Sofortabzug als geringwertiges Wirtschaftsgut im Jahr 2019.

3 Laufende Betriebskosten

Kosten für Verbrauchsmaterial (Toner, Druckerpatronen, Papier) sowie für die (berufliche) Internetnutzung sind in voller Höhe abzugsfähig. Dasselbe gilt für Kosten für Reparaturen an den Geräten.

4 Private Mitbenutzung

Sofern der private Nutzungsanteil nicht von völlig untergeordneter Bedeutung (< 10 %) ist, sind alle Kosten – gegebenenfalls schätzungsweise – aufzuteilen. Vertiefend siehe → Werbungskosten, -pauschbeträge und -pauschalen.

Sofern eine berufliche Nutzung vorhanden ist, akzeptiert die Verwaltung ohne weitere Nachweise einen hälftigen beruflichen Anteil. Dieser gilt auch für die an den PC angeschlossenen Peripheriegeräte (z. B. Drucker).

5 Privatnutzung der EDV des Arbeitgebers

Die private Nutzung eines dem Arbeitgeber gehörenden PCs – egal ob im Betrieb oder im Homeoffice – ist ein geldwerter Vorteil und damit Arbeitslohn. Er ist aber nicht steuerpflichtig.

Dienstwagen/Firmenwagen

Ein Fahrzeug, das einem Arbeitnehmer vom Arbeitgeber auch für Privatfahrten oder Fahrten zwischen Wohnung und erster Tätigkeitsstätte zur Verfügung gestellt wird, führt zu lohnsteuerpflichtigem Arbeitslohn. Gleichzeitig ist für Fahrten zur ersten Tätigkeitsstätte im Regelfall der Werbungskostenabzug in Höhe der Entfernungspauschale möglich.

§ 8 EStG, R 8.1 Abs. 9 LStR 2015

1 Zusätzlicher Arbeitslohn

Wird dem Arbeitnehmer ein Firmen-Pkw (bzw. ein vom Arbeitgeber geleastes Fahrzeug), ein anderes motorisiertes Fahrzeug oder ein Dienstfahrrad **aufgrund arbeitsvertraglicher Regelung** für Privatfahrten und/oder für die Fahrten zur ersten Tätigkeitsstätte (Arbeitsstätte) überlassen, ist der entsprechende Nutzungswert (Sachbezug) als zusätzlicher Arbeitslohn zu versteuern, egal ob und in welchem Umfang das Kfz tatsächlich privat genutzt wird. Der Arbeitnehmer kann die Versteuerung (der Möglichkeit) der Privatnutzung nur verhindern, indem er anhand eines ordnungsgemäßen Fahrtenbuchs nachweist, dass tatsächlich keine Privatnutzung des Kfz stattgefunden hat.

Wird die private Nutzung im Anstellungsvertrag dagegen nicht erlaubt bzw. ausdrücklich verboten, ist – auch wenn der Arbeitgeber die Privatnutzung nicht überwacht – kein Nutzungswert zu versteuern (BFH, Urteil v. 21.3.2013, VI R 46/11), es sei denn, dass nach den tatsächlichen Umständen das Privatnutzungsverbot nur zum Schein geregelt und schlüssig (z. B. durch mündliche Absprache) eine private Nutzung erlaubt wurde.

HINWEIS

Vertragswidrige Privatnutzung

Die Finanzverwaltung nimmt bei einer unerlaubten Privatnutzung einen Schadenersatzanspruch des Arbeitgebers an. Wird dieser gegenüber dem Arbeitnehmer nicht geltend gemacht, liegt in Höhe des Verzichts ein steuerpflichtiger geldwerter Vorteil vor.

Überlässt der Arbeitgeber seinen Monteuren Werkstattwagen für Fahrten zwischen Wohnung und Baustelle, liegt darin i. d. R. kein geldwerter Vorteil, wenn der Monteur dadurch zeitlich länger auf der Baustelle tätig ist.

2 Berechnungsmethoden

Der Arbeitslohn (Sachbezug) aus der unentgeltlichen oder verbilligten Überlassung eines Firmenwagens ist entweder pauschal (sog. 1%-Methode) oder individuell (Fahrtenbuchmethode) zu ermitteln. Die gewählte Berechnungsmethode gilt einheitlich sowohl für private Fahrten als auch für solche zur ersten Tätigkeitsstätte.

Pauschalansatz (1%- bzw. 0,03%-Regelung)

Privatnutzung

Ohne Beachtung der Kfz-Kosten und der tatsächlich privat gefahrenen Kilometer wird die private Nutzung für jeden Monat, in dem das Fahrzeug zur Verfügung steht, mit 1 % des **Bruttolistenpreises** (Endpreis einschließlich Umsatzsteuer im Zeitpunkt der Erstzulassung zzgl. Sonderausstattung einschließlich fest eingebauten Navigationsgeräts) als Arbeitslohn angesetzt. Zu den Besonderheiten bei Elektro-/Hybrid-Kfz und E-Bikes: Vertiefend siehe → Elektromobilität.

Steht fest, dass der Arbeitnehmer den Pkw nur für Fahrten zwischen Wohnung und erster Tätigkeitsstätte nutzen darf (und auch nur hierfür nutzt), ist nur der Nutzungsvorteil für diese Fahrten zu versteuern (s. u.).

Fahrten zwischen Wohnung und erster Tätigkeitsstätte

Für Fahrten zwischen Wohnung und erster Tätigkeitsstätte wird, unabhängig von der Anzahl der Fahrten, pauschal ein Betrag von 0,03 % des Bruttolistenpreises pro Entfernungskilometer (Ekm) und Monat als Arbeitslohn angesetzt (Monatspauschale). Stattdessen ist auch eine Einzelbewertung für die tatsächlich durchgeführten Fahrten zur Arbeitsstätte möglich. Dann ist jede Fahrt mit 0,002 % des Listenpreises je Ekm, jahresbezogen begrenzt auf maximal 180 Tage, anzusetzen. Die einzelnen Tage muss der Arbeitnehmer seinem Arbeitgeber schriftlich und konkret mit Datum mitteilen. Ab 2019 hat er einen Anspruch gegen den Arbeitgeber auf die für ihn oftmals günstigere Einzelbewertung mit 0,002 % schon beim LSt-Abzug.

Wird das Fahrzeug für die Fahrt zur Arbeitsstätte nur für eine **Teilstrecke** (z. B. bis zum Bahnhof; Park and Ride) benutzt, ist für die Berechnung des Sachbezugs nur von den tatsächlich zurückgelegten Ekm auszugehen. Dies gilt aber nur, wenn der Arbeitgeber das Kfz ausschließlich für diese Teilstrecke zur Verfügung gestellt hat und die Einhaltung der Regelung überwacht. Zusätzlich muss der Arbeitnehmer für die restliche Teilstrecke die Benutzung eines anderen Verkehrsmittels nachweisen (z. B. Jahres-Bahnfahrkarte), sonst wird die gesamte Entfernung zugrunde gelegt (BMF, Schreiben v. 1.4.2011, IV C 5 – S 2334/08/10010).

Zu den Besonderheiten bei Elektro-/Hybrid-Kfz und E-Bikes: Vertiefend siehe → Elektromobilität.

Doppelte Haushaltsführung

Bei doppelter Haushaltsführung kommen noch einmal 0,002 % pro Heimfahrt und Ekm hinzu, sofern die Kosten nicht als Werbungskosten abzugsfähig sind, d. h. soweit mehr als eine Familienheimfahrt wöchentlich stattgefunden hat. Vertiefend siehe → Doppelte Haushaltsführung.

Obergrenze

Die pauschale Berechnung ist der Höhe nach auf die Gesamtkosten, die für das genutzte Fahrzeug angefallen sind, begrenzt. Da in diesem Fall dem Arbeitnehmer auch alle betrieblichen Fahrten zugerechnet werden, bietet sich hier dringend die Berechnung mittels Fahrtenbuch an.

Fahrtenbuch

Statt der pauschalen Berechnung kann der Wert der Privatnutzung sowie der Nutzung für Fahrten zur ersten Tätigkeitsstätte auch durch Nachweis der tatsächlichen Kfz-Aufwendungen (durch den Arbeitgeber) und das Führen eines ordnungsgemäßen Fahrtenbuchs ermittelt werden.

Anforderungen an ein ordnungsgemäßes Fahrtenbuch

Nach den Vorgaben des BFH muss ein Fahrtenbuch mindestens folgende lesbare Angaben ausweisen:

- Datum und Kilometerstand zu Beginn und am Ende jeder Auswärtstätigkeit
- Reiseziel (genaue Adresse mit Hausnummer) bzw. genaue Reiseroute
- Reisezweck und den/die aufgesuchten Kunden oder Geschäftspartner
- Gesamtkilometerstand am Ende der Fahrt

Mehrere Teilabschnitte einer einheitlichen Reise können miteinander zu einer Eintragung verbunden werden, wenn die einzelnen aufgesuchten Kunden oder Geschäftspartner im Fahrtenbuch in zeitlicher Reihenfolge aufgeführt werden. Bei Privatnutzung reicht die Angabe des Kilometerstandes bei Beginn und am Ende der Fahrt aus.

Ein ordnungsgemäßes Fahrtenbuch muss zeitnah und in geschlossener Form („Buch“) geführt werden. Die zu erfassenden Fahrten sind vollständig und in ihrem fortlaufenden Zusammenhang wiederzugeben. Alle erforderlichen Angaben und wesentlichen Informationen müssen sich aus dem Fahrtenbuch selbst ergeben. Ein Verweis auf ergänzende Unterlagen ist nur zulässig, wenn dadurch der geschlossene Charakter der Fahrtenbuchaufzeichnungen nicht beeinträchtigt wird. Der Rückgriff auf weitere Aufzeichnungen reicht nicht aus (BFH, Urteil v. 1.3.2012, VI R 33/10).

Ein elektronisches Fahrtenbuch ist nur anzuerkennen, wenn sich daraus dieselben Erkenntnisse gewinnen lassen wie aus einem manuell geführten. Nachträgliche Veränderungen müssen dabei technisch ausgeschlossen sein. Die Eintragungen müssen zeitnah, d. h. unmittelbar nach Abschluss der Fahrt, und ohne Verwendung von Zwischennotizen erfolgen. Bei elektronischen Fahrtenbüchern mit GPS reicht es aus, wenn der Anlass der Fahrt innerhalb von sieben Tagen erfasst wird.

Diese Vorgaben treffen auch auf Personen zu, die einer beruflichen Schweigepflicht unterliegen (Ärzte, Steuerberater etc.). Erleichterungen gelten z. B. für Fahrlehrer, Automatenlieferanten, Kurierdienstfahrer, Kundendienstmonteure, Pflegedienstmitarbeiter oder Taxifahrer.

TIPP

Strenge Anforderungen

Die Anforderungen an das Fahrtenbuch sind sehr streng. Schreiben Sie Ihre Eintragungen deshalb stets direkt in Ihr Fahrtenbuch und verzichten Sie auf Notizzettel. Die Finanzämter prüfen insbesondere, ob das Fahrtenbuch zeitnah geführt und der Fahrtanlass (privat/beruflich) zutreffend erfasst wurde. Bei handschriftlich geführten und nicht GPS-basierten elektronischen Fahrtenbüchern wird auch auf die Vollständigkeit der Eintragungen (insbesondere Tank- und Werkstattfahrten) und Unstimmigkeiten bei den Anfangs- und Endkilometerständen geachtet. Kleinere Mängel sind unbeachtlich, wenn die Angaben insgesamt plausibel sind (BFH, Urteil v. 10.4.2008, VI R 38/06).

Kostenberechnung

Zur Berechnung des steuerpflichtigen Nutzungsanteils sind zunächst die Gesamtkosten, die auf das Fahrzeug entfallen (Abschreibung, Versicherung, Steuer, Benzin etc., ggf. Zinsen zur Finanzierung des Kaufs), für das gesamte Jahr zu ermitteln.

TIPP

Niedrigere AfA nutzen

Für die Berechnung der Abschreibung ist im Regelfall von einer Nutzungsdauer von 8 Jahren (AfA 12,5 % jährlich) auszugehen (BFH, Urteil v. 29.3.2005, IX B 174/03).

Der private Anteil ist durch die Formel

$$\frac{\text{Gesamtkosten}}{\text{Gesamtfahrleistung}} \times \text{private Fahrleistung}$$

zu berechnen. Die private Fahrleistung umfasst neben den rein privaten Fahrten auch die Fahrten zwischen Wohnung und erster Tätigkeitsstätte (wobei die → Entfernungspauschale gegenzurechnen ist) sowie die Fahrstrecke, die im Rahmen einer doppelten Haushaltsführung zurückgelegt wird, soweit mehr als eine Familienheimfahrt wöchentlich durchgeführt wurde. Vertiefend siehe → Doppelte Haushaltsführung.

BEISPIEL

Berechnung des Nutzungswerts

Der Arbeitnehmer A nutzt einen Firmenwagen (Listenpreis 35.000 €), den der Arbeitgeber für 25.000 € erworben hat. Die Gesamtkosten (mit AfA) für das Kfz betrugen 15.000 € bei einer Fahrleistung von 50.000 km. Neben der privaten Nutzung (8.000 km) hat A während einer steuerlich anzuerkennenden doppelten Haushaltsführung wöchentlich zwei Familienheimfahrten (40 Fahrten, Entfernung 220 km) durchgeführt. An

230 Tagen fuhr er jeweils 10 km zu seiner ersten Tätigkeitsstätte (Arbeitsstätte).

Vergleich: 1%-Regelung – tatsächliche Kosten	1%-Regelung – in € –	Fahrtenbuch – in € –
Bemessungsgrundlage	35.000	15.000
Kosten pro km		0,30
Private Nutzung		
12 × 1 %	4.200	
8.000 km × 0,30 €/km		2.400
Fahrten zur Arbeitsstätte		
12 × 0,03 % × 10 km	1.260	
230 Tage × 20 km × 0,30 €/km		1.380
Doppelte Haushaltsführung		
– 1. wöchentliche Heimfahrt	0	0
– 2. wöchentliche Heimfahrt:		
20 × 0,002 % × 220 km	3.080	
20 Tage × 440 km × 0,30 €/km		2.640
Zu versteuernder Nutzungswert gesamt	8.540	6.420

Zuzahlungen des Arbeitnehmers

Zu den Anschaffungskosten (AK)

Unabhängig von der Wahl der Bewertungsmethode wird eine Zuzahlung zu den AK im Zahlungsjahr auf den geldwerten Vorteil (bis zu 0 €) angerechnet. Ist dadurch noch nicht die gesamte Zuzahlung aufgebraucht, wird der geldwerte Vorteil im Folgejahr bzw. in den Folgejahren gemindert. Alternativ kann bei der Fahrtenbuchmethode die Zuzahlung auch bei den AK des Kfz abgezogen werden. Er mindert damit die AfA-Bemessungsgrundlage und führt über die niedrigere AfA zu niedrigeren laufenden Kosten.

Zu den laufenden Kosten

Vertraglich vereinbarte laufende Zuzahlungen des Arbeitnehmers (nutzungsunabhängige Monatspauschale, nutzungsabhängige Kilometerpauschale oder vom Arbeitnehmer übernommene Leasingraten) werden im Zahlungsjahr ebenfalls vom ermittelten Sachbezugswert abgezogen. Dies gilt nicht bei Barlohnverzicht durch Gehaltsumwandlung. Eine den Sachbezugswert übersteigende Zuzahlung mindert weder den Arbeitslohn noch ist dafür der Werbungskostenabzug möglich (BFH, Urteil v. 30.11.2016, VI R 49/14).

Übernahme einzelner laufender Kosten

Einzelne, vom Arbeitnehmer (arbeitsvertraglich) selbst zu tragende Kraftfahrzeugkosten (z. B. Übernahme von Treibstoffkosten für Urlaubsfahrten, Wagenwäsche, Versicherungsbeiträge, Steuern, Garagenmiete), die im Einzelnen umfassend dargelegt und belastbar nachgewiesen werden, mindern ebenfalls den geldwerten Vorteil. Dies gilt sowohl bei Anwendung der 1%-Regelung als auch bei der Fahrtenbuchmethode (BFH, Urteil v. 30.11.2016, VI R 2/15). Bei der Fahrtenbuchmethode gibt es zwei Möglichkeiten. Zum einen ist es zulässig, die vom Arbeitnehmer getragenen Kosten nicht in die Gesamtkosten einzubeziehen mit der Folge, dass sich der individuelle km-Satz (für die Privatfahrten) verringert. Es wird jedoch auch nicht beanstandet, wenn die Kosten einbezogen (höherer km-Satz) und dann in voller Höhe vom Privatanteil abgezogen werden.

TIPP

Wahlrecht nutzen!

Wählen Sie die zweite Möglichkeit und teilen Sie Ihrem Arbeitgeber die von Ihnen getragenen Kosten (mit Belegen) mit. Die Einbeziehung dieser Kosten in die Gesamtkosten und der volle Abzug der Zuzahlung vom Privatanteil führen im Regelfall zu einem günstigeren steuerlichen Ergebnis.

Einzelne selbst getragene Kosten kann der Arbeitnehmer auch in seiner ESt-Jahreserklärung geltend machen, wenn er die Originalbelege, die Aufstellung der Gesamtfahrleistung des Kfz sowie die vom Arbeitgeber berechneten geldwerten Vorteile vorlegen kann.

Lohnsteuerabzug – Einkommensteuerveranlagung

Der Arbeitgeber muss in Abstimmung mit dem Arbeitnehmer für den (monatlichen) Lohnsteuerabzug das anzuwendende Verfahren festlegen (Fahrtenbuch oder pauschale Regelung). Es darf bei demselben Kfz während des Kalenderjahres nicht gewechselt werden. In seiner Einkommensteuererklärung ist der Arbeitnehmer aber nicht an das für die Erhebung der Lohnsteuer gewählte Verfahren gebunden.

TIPP

Wahlrecht nutzen

Wenn beim Lohnsteuerabzug die Pauschalregelung angewandt wurde und Sie ein Fahrtenbuch geführt haben, können Sie in der ESt-Erklärung – soweit günstiger – die Anwendung der Fahrtenbuchregelung beantragen und entsprechend den Bruttoarbeitslohn korrigieren!

Rechnen Sie dabei wie folgt:

Bruttoarbeitslohn lt. Bescheinigung bisher
– darin enthaltener pauschaler Nutzungswert
+ Nutzungswert gemäß Fahrtenbuchmethode
– ggf. Zuzahlung (max. bis Nutzungswert)
= korrigierter Bruttoarbeitslohn

Werbungskostenabzug

Wenn Sie den überlassenen Pkw für Fahrten zwischen Wohnung und Arbeitsstätte einsetzen, muss dafür ein geldwerter Vorteil als Arbeitslohn versteuert werden (s. o). Als Ausgleich dafür können Sie die → Entfernungspauschale als Werbungskosten absetzen. Haben Sie sich bei der Versteuerung der Fahrten statt für die 0,03%-Regelung für die Einzelbewertung (0,002 %) entschieden, können Sie auch nur diese Fahrten (max. 180) bei den Werbungskosten geltend machen.

Hat der Arbeitgeber den geldwerten Vorteil bezüglich dieser Fahrten pauschal der Lohnsteuer unterworfen, d. h. die darauf entfallende Lohnsteuer übernommen (ersichtlich aus einem entsprechenden Eintrag auf der Lohnbescheinigung Nr. 18), ist beim Arbeitnehmer kein Werbungskostenabzug möglich.

3 Unfall mit dem Dienstwagen

Unfallkosten aufgrund eines Unfalls auf einer Privatfahrt, die der Arbeitgeber trägt, dürfen bis Schäden von 1.000 € zzgl. Umsatzsteuer (nach Abzug von Erstattungen) je Schadensfall in die Gesamtkosten einbezogen werden. Höhere vom Arbeitgeber übernommene Kosten sind beim Arbeitnehmer steuerpflichtiger Arbeitslohn (zusätzlicher geldwerter Vorteil).

Doppelte Haushaltsführung

Wenn Sie aus beruflichen/betrieblichen Gründen am Ort der ersten Tätigkeitsstätte bzw. am Betriebssitz eine zweite Wohnung unterhalten, sind die Aufwendungen in Zusammenhang damit als Werbungskosten bzw. Betriebsausgaben abzugsfähig.

§§ 4 Abs. 5 Nr. 6a, 9 Abs. 1 Nr. 5 EStG; R 9.11 LStR 2013

1 Doppelte Haushaltsführung

Eine doppelte Haushaltsführung ist sowohl bei Arbeitnehmern als auch bei Selbstständigen möglich. Sie kann nur vorliegen, wenn der Arbeitnehmer an seiner ersten Tätigkeitsstätte (regelmäßige Arbeitsstätte) bzw. der Selbstständige an seinem Betriebssitz tätig wird. Bei einer beruflichen Beschäftigung außerhalb handelt es sich um eine Auswärtstätigkeit, für die der Reisekostenabzug möglich ist. Vertiefend siehe → Reisekosten.

BEISPIEL

Auswärtstätigkeit

Sie wohnen mit Ihrer Familie in Stuttgart. Anlässlich des Besuchs eines vom Arbeitgeber angeordneten siebenmonatigen Lehrgangs in Köln nehmen Sie sich dort ein Zimmer und fahren jedes Wochenende nach Hause. Der Lehrgangsort ist keine erste Tätigkeitsstätte. Folglich liegt keine doppelte Haushaltsführung, sondern – während der gesamten Lehrgangsdauer – eine Auswärtstätigkeit (mit Reisekostenabzug) vor.

2 Allgemeine Abzugsvoraussetzungen

Der Kostenabzug setzt voraus:

- einen eigenen Hausstand
- eine Zweitunterkunft am Beschäftigungsort/Betriebssitz
- die berufliche Veranlassung für das Führen zweier Haushalte

Eigener Hausstand

Voraussetzungen für einen eigenen Hausstand sind:

- eine den Lebensbedürfnissen des Steuerpflichtigen entsprechend eingerichtete komplette Wohnung
- ein Nutzungsrecht als Eigentümer, Mieter, Untermieter (auch bei Anmietung durch Ehegatten oder Lebensgefährten) und Kostentragung für die Haushaltsführung
- eine eigenständige Haushaltsführung
- dass die Wohnung den Lebensmittelpunkt des Arbeitnehmers/Betriebsinhabers darstellt

Eigenständiger Haushalt

Entscheidend ist, dass der Steuerpflichtige in der Wohnung einen selbstständigen unabhängigen eigenen Haushalt führt. Dazu gehört eine ausreichende finanzielle Beteiligung an den Haushaltskosten.

! WICHTIG

Kostenbeteiligung

Die notwendige finanzielle Beteiligung an den laufenden Kosten der Haushaltsführung liegt vor, wenn die Barleistungen mehr als 10 % der monatlich regelmäßig anfallenden Kosten der Haushaltsführung (Miete, Mietnebenkosten, Lebensmittel) betragen. Ist dies nicht der Fall, muss die finanzielle Beteiligung auf andere Weise (z. B. Übernahme der Heizölrechnung) dargelegt werden.

Bei Verheirateten kann im Regelfall davon ausgegangen werden, dass am Familienwohnsitz ein eigenständiger Haushalt geführt wird, bei Ledigen sind zur Beurteilung stets die tatsächlichen Gesamtumstände zu prüfen. Jemand, der zuvor in einer Beziehung, Ehe oder außerhalb des elterlichen Hauses gelebt hat, wird eher einen eigenen Hausstand führen, auch wenn er diesen in das Haus seiner Eltern (zurück-)verlegt. Ein junger Mensch dagegen, der nach seinem Schulabschluss eine Ausbildung begonnen hat, wird regelmäßig noch in den Haushalt seiner Eltern eingegliedert sein, selbst wenn ihm im elterlichen Haus eigene Räume zur Verfügung stehen (BFH, Beschluss v. 1.3.2017, VI B 74/16). Aber auch hier ist eine eigenständige Haushaltsführung denkbar, selbst wenn bestimmte Räume – wie bei einer Wohngemeinschaft – gemeinschaftlich genutzt werden (FG Münster, Urteil v. 12.3.14, 6 K 3093/11 E). Ein eigener Hausstand wird (von einem Kind) entsprechend auch unterhalten, wenn die Wohnung im Rahmen eines Mehrgenerationenhaushalts (z. B. Eltern und erwachsene berufstätige Kinder gemeinsam) geführt wird (BFH, Urteil v. 26.7.2012, VI R 10/12). Es kann in solchen Fällen sogar passieren, dass die Eltern z. B. wegen Alter, Krankheit oder Pflegebedürftigkeit in den Haushalt des Kindes aufgenommen sind.

Kein eigener Hausstand wird geführt, wenn eine Wohnung nur gelegentlich zu Besuchszwecken oder für Urlaubsaufenthalte bereitgehalten wird.

Liegt der Hausstand im Ausland, ist zusätzlich erforderlich, dass in der Wohnung auch während der Abwesenheit des Arbeitnehmers hauswirtschaftliches Leben herrscht, die Wohnung also (z. B. durch Angehörige) bewohnt wird.

TIPP

Nachweise sammeln

Sie sollten dem Finanzamt das Bestehen des eigenen Hausstands und insbesondere die Kostentragung durch geeignete Beweismittel nachweisen können, z. B. durch einen Mietvertrag, eine länger zurückliegende Ummeldung bei der Stadtverwaltung, Nachweis über Möbelkäufe, Überweisung der Nebenkosten etc.

Lebensmittelpunkt

Maßgebende Prüfungskriterien sind z. B. Vergleich von Größe und Ausstattung von Zweitunterkunft und eigenem Hausstand sowie Dauer und Häufigkeit der Aufenthalte. Verheiratete haben ihren Lebensmittelpunkt regelmäßig am Wohnort der Familie. Dies wird ohne weitere Prüfung angenommen, wenn die Familienwohnung mindestens sechsmal pro Jahr aufgesucht wird. Bei einer geringeren Anzahl an Fahrten muss genauer geprüft werden, wo sich der Lebensmittelpunkt befindet. Maßgebliche Kriterien sind die Entfernung und damit verbundene lange Reisezeiten zwischen (ausländischer) Wohnung und (inländischer) Arbeitsstätte, die Höhe der Fahrtkosten, wie der Kontakt zur Familie gehalten wird oder berufliche Erfordernisse, die einer Heimfahrt im Wege stehen (BFH, Urteil v. 26.11.2003, VI R 152/99). Bei Alleinstehenden befindet sich der Lebensmittelpunkt an dem Wohnort, zu dem die engeren persönlichen Beziehungen (Eltern, Verlobte, Freundes-, Bekanntenkreis, Vereinsaktivitäten) bestehen. Solange die Wohnung durchschnittlich mindestens zweimal pro Monat aufgesucht wird, unterstellt die Finanzverwaltung im Regelfall, dass sich dort auch der Lebensmittelpunkt befindet. Bei einer alleinstehenden Person, die ihre sozialen Kontakte im Wesentlichen auf ihre Familie beschränkt, kann sich auch nach Jahren des auswärtigen Aufenthalts der Lebensmittelpunkt nach wie vor am Wohnort der Familie befinden.

Der Lebensmittelpunkt verlagert sich dagegen regelmäßig an den Beschäftigungsort, wenn der Steuerpflichtige dort mit seinem/r Lebensgefährten/Lebenspartnerin oder Ehefrau in eine familiengerechte Wohnung einzieht, auch wenn die frühere Lebensmittelpunktwohnung beibehalten und zeitweise noch genutzt wird. In Ausnahmefällen ist bei Eheleuten, die gemeinsam am Beschäftigungsort wohnen, aufgrund der Gesamtumstände eine andere Beurteilung möglich (BFH, Urteil v. 7.5.2015, VI R 71/14).

Auswärtige Zweitunterkunft

Als Zweitunterkunft am Beschäftigungsort (erste Tätigkeitsstätte bzw. Betriebssitz) anerkannt wird jede entgeltlich oder unentgeltlich überlassene Unterkunft bzw. Schlafgelegenheit (z. B. Wohnung, Hotelzimmer, Kaserne bei Soldaten, Gemeinschaftsunterkunft, Gleisbauzug, in dem Arbeitnehmer übernachten, Unterkunft an Bord bei Seeleuten und Binnenschiffern). Denkbar ist auch, dass sich die Unterkunft im Eigentum des Arbeitnehmers/Betriebsinhabers befindet. Wie oft er dort übernachtet, ist unerheblich.

TIPP

Zweitunterkunft vom Ehegatten

Auch die Anmietung einer Wohnung vom Ehegatten im Rahmen einer doppelten Haushaltsführung wird steuerlich anerkannt, wenn das Mietverhältnis tatsächlich wie vereinbart durchgeführt wird (BFH, Urteil v. 11.3.2003, IX R 55/01). Hier ergibt sich ein doppelter steuerlicher Vorteil: Der eine Ehegatte kann die Kosten der Wohnung als Werbungskosten zu den Lohneinkünften geltend machen, der andere Ehegatte erreicht über den Kostenabzug, z. B. durch eine verbilligte Überlassung, einen steuerlichen Verlust aus V+V. Vertiefend siehe → Vermietung/Immobilien.

Die doppelte Haushaltsführung wird steuerlich ohne weitere Prüfung als abzugsfähig anerkannt, wenn der Weg von der Zweitunterkunft zur Tätigkeitsstätte weniger als die Hälfte der kürzesten Straßenverbindung zwischen Hauptwohnung und Tätigkeitsstätte beträgt. Ist dies nicht der Fall, ist maßgebend, ob von der Hauptwohnung aus, ungeachtet der Gemeinde- oder Landesgrenzen, die Arbeitsstätte bzw. Betriebsstätte täglich in zumutbarer Weise aufgesucht werden kann (BFH, Urteil v. 16.1.2018, VI R 2/16). Ist dies der Fall (z. B. eine tägliche Fahrzeit von einer Stunde pro Wegstrecke), wird der doppelte Haushalt steuerlich nicht anerkannt.

Berufliche Veranlassung

Das Beziehen einer Zweitunterkunft am auswärtigen Beschäftigungsort ist bei Arbeitnehmern z. B. in folgenden Fällen beruflich veranlasst:

- Versetzung an einen neuen Beschäftigungsort
- Wechsel zu einem neuen Arbeitgeber
- erstmalige Aufnahme einer Beschäftigung, z. B. nach einem Studium oder einer Umschulung außerhalb des Wohnorts
- Wiederaufnahme einer Berufstätigkeit nach längerer Unterbrechung

Bei Selbstständigen ist eine betriebliche Veranlassung z. B. anzunehmen, wenn

- ein auswärtiger Betrieb neu gegründet oder
- der Betriebssitz verlegt wird.

Ohne Bedeutung ist, ob die Zweitwohnung sofort (z. B. zum Zeitpunkt der Versetzung oder Betriebsgründung) oder nachträglich (z. B. ein Jahr nach der Versetzung) bezogen wird.

Wenn die auswärtige Zweitwohnung zu einem späteren Zeitpunkt nicht mehr aus beruflichen, sondern aus privaten Gründen beibehalten wird, ist dies unschädlich. Auch wenn der Haupthausstand aus privaten Gründen vom Beschäftigungsort/Betriebssitz wegverlegt und in einer Wohnung am Beschäftigungsort ein Zweithaushalt begründet wird, um von dort aus der (bisherigen) beruflichen Tätigkeit weiter nachgehen zu können, liegt eine abzugsfähige doppelte Haushaltsführung vor (Wegzugsfälle). Dies gilt auch, wenn die bisherige Wohnung am Arbeitsort beibehalten wird.

BEISPIEL

Familienhausstand wegverlegt

Die Ehegatten A und E haben ihren Hauptwohnsitz in S-Stadt, wo A auch berufstätig ist. Nach der Geburt des Kindes verlegen sie den Familienwohnsitz aus privaten Gründen nach P-Dorf. A arbeitet weiterhin in S-Stadt und

a) bezieht dort eine kleinere Wohnung,

b) behält die bisherige Familienwohnung als Zweitwohnung bei.

Auch wenn der Wegzug vom Arbeitsort aus privaten Gründen erfolgte, wird in beiden Fällen die Wohnung in S-Stadt wegen der Berufstätigkeit und damit beruflich bedingt unterhalten.

Heirat

Auch wenn die doppelte Haushaltsführung in Zusammenhang mit einer Heirat erfolgt, ist eine berufliche Veranlassung möglich.

BEISPIEL

Andere Wohnsituation nach Heirat

A und B waren vor der Heirat an verschiedenen Orten tätig (A in X-Stadt, B in Y-Dorf) und haben dort gewohnt. Nach der Hochzeit

a) machen die Eheleute die Wohnung in X-Stadt zur Familienwohnung und B behält die Wohnung in Y-Dorf bei.

b) behalten beide ihre Wohnungen am jeweiligen Arbeitsort und gründen in Z-Stadt einen neuen gemeinsamen Hausstand.

In Fall a) hat B eine beruflich veranlasste doppelte Haushaltsführung. Dasselbe gilt auch, wenn einer der beiden Ehegatten nicht berufstätig ist, solange sich nicht der eigene Hausstand, sondern die Zweitwohnung am Ort der Tätigkeit befindet.

In Fall b) haben beide Ehegatten eine eigene Zweitwohnung am jeweiligen Beschäftigungsort und können jeweils getrennt die Kosten einer beruflich veranlassten doppelten Haushaltsführung geltend machen.

Trennung vom Ehegatten

Wenn nach einer Trennung die bisherige Zweitwohnung die einzige Wohnung des Steuerpflichtigen wird, endet die doppelte Haushaltsführung, denn es fehlt am zweiten Haushalt. Auch wenn der Steuerpflichtige anlässlich der Trennung eine in der Nähe des Beschäftigungsorts befindliche Wohnung bezieht, liegt von Anfang an keine doppelte Haushaltsführung vor. Mit der Trennung wird der bisherige Familienhaushalt in zwei Einzelhaushalte aufgesplittet.

3 Abzugsfähige Kosten

Folgende Kosten können im Rahmen der doppelten Haushaltsführung steuerlich abgesetzt werden:

- Fahrtkosten für die erste und letzte Fahrt sowie eine wöchentliche Heimfahrt
- Verpflegungspauschale (maximal für drei Monate)
- Kosten der auswärtigen (Zweit-)Unterkunft
- Umzugskosten

Fahrtkosten/Telefonkosten

Für die erste Fahrt zu Beginn der doppelten Haushaltsführung und die letzte Fahrt bei Beendigung der doppelten Haushaltsführung sind die tatsächlichen Kosten (bei Kfz-Nutzung ohne Nachweis 0,30 € je gefahrenen km) abzugsfähig. Für **eine** tatsächlich durchgeführte Fahrt wöchentlich zwischen dem eigenen Hausstand und der auswärtigen Unterkunft (Familienheimfahrt) kann je Ekm die Entfernungspauschale von 0,30 € abgesetzt werden.

- Konnten Sie aus beruflichen Gründen keine Heimfahrt unternehmen und hat Sie stattdessen Ihr Ehepartner besucht, sind dessen Fahrtkosten als Werbungskosten abzugsfähig. Das gilt jedoch nicht, wenn Sie die Heimfahrt aus privaten Gründen unterlassen (BFH, Urteil v. 2.2.2011, VI R 15/10).
- Ereignet sich auf der wöchentlichen Heimfahrt ein Unfall, sind die entstandenen Aufwendungen (zusätzlich) abzugsfähig. Dasselbe gilt, wenn Sie Ihr Ehepartner mit dem Pkw zum Bahnhof gebracht hat und auf der Heimfahrt ein Unfall passiert.

Kein Abzug von Fahrtkosten ist möglich, wenn ein Arbeitnehmer die Familienheimfahrten mit einem vom Arbeitgeber unentgeltlich überlassenen Fahrzeug (Firmenwagen) durchführt. Vertiefend siehe → Dienstwagen/Firmenwagen.

Selbstständige

Nutzen Sie als **Selbstständiger** für die Familienheimfahrten einen Betriebs-Pkw, sind die angefallenen Kosten bereits in voller Höhe in den Betriebsausgaben enthalten. Da für Familienheimfahrten nur die Entfernungspauschale abzugsfähig ist, die tatsächlichen Kosten aber im Regelfall höher waren, muss der nicht abzugsfähige übersteigende Teil als Betriebseinnahme erfasst werden. Je nachdem, ob Sie die tatsächlichen Kosten je Kilometer mittels Fahrtenbuch ermittelt haben oder eine pauschale Berechnung erfolgen muss, berechnet sich der nicht abzugsfähige Betrag wie folgt:

Pauschale Berechnung (ohne Fahrtenbuch)			
Anzahl Familienheimfahrten (max. 1 Fahrt wöchentlich)	× 0,002 % des Bruttolistenpreises	× Entfernung Wohnung-Zweitwohnung	=
– Anzahl Familienheimfahrten (max. 1 Fahrt wöchentlich)	× 0,30 €	× Entfernung Wohnung-Zweitwohnung	=
= nicht abzugsfähiger Teil (Betriebseinnahme)			

Berechnung mittels Fahrtenbuch			
Anzahl Familienheimfahrten (max. 1 Fahrt wöchentlich)	× tats. Kosten je km × 2	× Entfernung Wohnung–Zweitwohnung	=
– Anzahl Familienheimfahrten (max. 1 Fahrt wöchentlich)	× 0,30 €	× Entfernung Wohnung–Zweitwohnung	=
= nicht abzugsfähiger Teil (Betriebseinnahme)			

Die Kosten für zusätzliche Heimfahrten (2. Fahrt in der Woche) sind privat veranlasst und im Rahmen der privaten Nutzung des Kfz zu versteuern.

Nutzen Sie für die Fahrten ein privates Kfz, sind die Kosten in gleicher Höhe wie beim Arbeitnehmer (s. o.) als Betriebsausgabe abzugsfähig.

Telefonkosten

Haben Sie keine Familienheimfahrt durchgeführt, können Sie stattdessen die Kosten für tatsächlich geführte Telefonate (Gebühren für insgesamt bis zu 15 Minuten wöchentlich) geltend machen.

Verpflegungspauschale

Für die ersten drei Monate ab Beginn der doppelten Haushaltsführung (Bezug der Zweitwohnung) können Sie für jeden vollen Tag, an dem Sie vom eigenen Hausstand (24 Stunden) abwesend sind, einen Pauschbetrag von 24 € ansetzen. Für An- und Abreisetage zum eigenen Hausstand sind 12 € absetzbar.

BEISPIEL

Verpflegungsaufwand

Sie haben am 1.11.2018 auswärts eine Arbeitsstelle angetreten bzw. haben dort einen neuen Betrieb gegründet und im Zusammenhang damit eine Zweitwohnung bezogen. Im Januar 2019 sind Sie vier Wochen an der auswärtigen Betriebsstätte beschäftigt. Sie verlassen die Familienwohnung (eigener Hausstand) jeweils montags um 06:00 Uhr und kehren freitags um 18:00 Uhr zurück.

Der Dreimonatszeitraum endet am 31.1.2019, sodass die Verpflegungspauschale nur noch für den Januar möglich ist. Für die Montage und Freitage beträgt sie jeweils 12 € (Ab-/Anreisetag), für Dienstag bis Donnerstag jeweils 24 € (Abwesenheit je 24 Stunden), sodass insgesamt 384 € (4 × 2 Tage × 12 € + 4 × 3 Tage × 24 €) abziehbar sind.

Auch in Wegzugsfällen (Verlegung des Familienhausstands weg vom Arbeitsort) können Verpflegungsmehraufwendungen geltend gemacht werden, selbst wenn die Familie zuvor länger als drei Monate am Arbeitsort gewohnt hat (BFH, Beschluss v. 8.10.2014, R VI R 7/13).

Wird die berufliche Tätigkeit an derselben Tätigkeitsstätte für mindestens vier Wochen unterbrochen (egal aus welchem Grund), beginnt ein neuer Dreimonatszeitraum.

Geht der doppelten Haushaltsführung eine Auswärtstätigkeit (mit Reisekostenabzug) am selben Ort unmittelbar voraus, wird die Dauer der Auswärtstätigkeit auf die Dreimonatsfrist der doppelten Haushaltsführung angerechnet.

Kosten der Zweitunterkunft

Abzugsfähig sind die tatsächlich angefallenen und nachgewiesenen Aufwendungen für die auswärtige Unterkunft, begrenzt auf maximal 1.000 € im Monat. Die Begrenzung gilt auch, wenn die Unterkunft im Eigentum des Steuerpflichtigen steht. Der Höchstbetrag umfasst z. B. Miete, Nebenkosten/Betriebskosten, Reinigung, Zweitwohnungsteuer, Kfz-Stellplatz- oder Garagenmiete bzw. bei einer Wohnung im Eigentum des Arbeitnehmers Gebäude-AfA, Schuldzinsen, Reparaturen, Grundsteuer und Hausversicherungen. Soweit der Höchstbetrag in einem Kalendermonat nicht voll ausgeschöpft wird, kann er auf andere Monate desselben Jahres übertragen werden, sodass bei ganzjähriger doppelter Haushaltsführung Kosten von bis zu 12.000 €/Jahr abzugsfähig sind.

BEISPIEL

1.000-Euro-Grenze

Die Aufwendungen für die Nutzung der Unterkunft betrugen bis März monatlich 970 €, ab April durch die zusätzliche Anmietung einer Garage 1.030 €.

Für Januar bis März sind 970 € monatlich zu berücksichtigen, ab April max. 1.000 € im Monat. Die für Januar bis März bis zum Höchstbetrag nicht ausgeschöpften Kosten von 90 € (3 × 30 €) können in den Folgemonaten zusätzlich berücksichtigt werden.

WICHTIG

Haushaltsartikel und Einrichtung

Kosten für Haushaltsartikel (z. B. Reinigungsmittel) und Einrichtungsgegenstände, die für die Führung eines geordneten Haushalts erforderlich sind, können zusätzlich geltend gemacht werden (BFH, Urteil v. 6.6.2019, VI R 18/17).

Zur notwendigen Einrichtung gehören z. B. eine Schlafgelegenheit mit Bettwäsche, ein Kleiderschrank, Schränke für Hausrat, notwendige Sitzmöbel und ein Tisch, Kücheneinrichtung (Herd, Spüle, Kühlschrank, nicht Spülmaschine), sonstige der Haushaltsführung dienende Gegenstände (Geschirr, Töpfe, sonstige Küchen-/Haushaltsgeräte, z. B. Staubsauger), Radio oder Fernseher sowie Badezimmereinrichtung. Dabei sind nur Aufwendungen im Rahmen des Notwendigen und Üblichen abziehbar. Der Abzug erfolgt im Wege der AfA, wenn die Kosten für das jeweilige Möbelstück ohne Umsatzsteuer mehr als 800 € betragen.

Befindet sich in der (Zweit-)Wohnung ein häusliches Arbeitszimmer, ist der Kostenabzug für das Zimmer gesondert vom privaten Wohnraum nach den allgemeinen Regelungen für Arbeitszimmer zu prüfen (BFH, Urteil v. 9.8.2007,

VI R 10/06). Vertiefend siehe → Arbeitszimmer.

In der Wohnung befindliche Arbeitsmittel (Schreibtisch, PC) führen bei beruflicher Nutzung zu allgemeinen Werbungskosten. Vertiefend siehe → Abschreibungen/Arbeitsmittel.

Umzugskosten

Zu den notwendigen abzugsfähigen Kosten gehören die durch das Beziehen oder die Aufgabe der Zweitwohnung verursachten Umzugskosten. Die Kosten sind nur auf Nachweis abziehbar. Anders als bei „normalen" beruflich veranlassten Umzugskosten sind Pauschalen, z. B. für die sonstigen Umzugskosten (Umzugskostenpauschale), hier nicht zulässig. Abzugsfähig sind auch die Kosten in Zusammenhang mit der Wohnungssuche (Abzug wie Reisekosten), Maklerkosten sowie die Kosten der Renovierung der Zweitwohnung. Wird die Zweitwohnung mit Beendigung der doppelten Haushaltsführung aufgelöst, zählen die anfallenden Aufwendungen für den Rückumzug einschließlich Renovierung der Zweitwohnung ebenfalls zu den Werbungskosten. Vertiefend siehe → Umzugskosten.

In Wegzugsfällen (Verlegung des Familienhausstands bzw. Lebensmittelpunkts weg vom Arbeitsort) können keine Umzugskosten geltend gemacht werden, weil der Umzug hier privat veranlasst ist.

Wahlrecht

Wenn Sie häufiger als einmal wöchentlich zum eigenen Hausstand fahren, besteht ein Wahlrecht: Sie können die Kosten für doppelte Haushaltsführung geltend machen (Abzug einer wöchentlichen Heimfahrt/Telefonkosten, Verpflegungspauschale, Unterkunfts- und Umzugskosten) oder statt Unterkunfts- und Verpflegungskosten die Kosten für sämtliche Heimfahrten mit der Entfernungspauschale von 0,30 € je Entfernungskilometer (als Fahrten zwischen Wohnung und erster Tätigkeitsstätte) abrechnen. Im zweiten Fall sind aber keine weiteren Aufwendungen (Kosten der Unterkunft usw.) abzugsfähig.

Die Fahrten von der auswärtigen Unterkunft zur Arbeitsstätte (erste Tätigkeitsstätte bzw. Betrieb) sind in beiden Fällen zusätzlich mit der Entfernungspauschale abzugsfähig. Vertiefend siehe → Entfernungspauschale.

Kostenersatz durch Arbeitgeber

Der Arbeitgeber kann dem Arbeitnehmer die Mehraufwendungen aufgrund der doppelten Haushaltsführung bis zur Höhe eines möglichen Werbungskostenabzugs steuerfrei ersetzen. Dabei darf er für den Kostenersatz alle Kostenarten zusammenfassen. Soweit die Kosten steuerfrei ersetzt werden, entfällt beim Arbeitnehmer der Werbungskostenabzug.

4 Kein eigener Hausstand

Eine doppelte Haushaltsführung liegt nur vor, wenn zwei Haushalte unterhalten (doppelte Kosten) werden. Deshalb können Personen ohne eigenen Hausstand keine Aufwendungen für eine doppelte Haushaltsführung geltend machen.

TIPP

Heimfahrten

Alle Heimfahrten zum bisherigen Wohnort sind jedoch als Fahrten zwischen Wohnung und erster Tätigkeitsstätte bzw. Betrieb mit 0,30 €/Ekm (Entfernungspauschale) steuerlich abzugsfähig, wenn sich am bisherigen Wohnort weiterhin der Lebensmittelpunkt befindet.

Ehegattenveranlagung

Bei Ehegatten und Partnern einer eingetragenen Lebenspartnerschaft ist zu prüfen, in welcher Form die Einkommensteuerveranlagung durchzuführen ist.

1 Allgemeines

Die Ausführungen in diesem Buch zu Ehegatten und Ehen gelten auch für eingetragene Lebenspartner und eingetragene Lebenspartnerschaften.

Grundsätzlich ist jeder Steuerpflichtige nach § 25 EStG einzeln zur Einkommensteuer zu veranlagen. Die tarifliche Einkommensteuer berechnet sich nach dem **Grundtarif**.

Eine Ausnahme von der Einzelveranlagung ist die Ehegattenveranlagung nach § 26 Abs. 1 EStG. Diese liegt vor, wenn

- eine rechtsgültige Ehe vorliegt,
- beide Ehegatten unbeschränkt einkommensteuerpflichtig sind,
- nicht dauernd getrennt leben und
- diese Voraussetzungen an mindestens einem Tag im Jahr vorliegen.

Die Ehegattenveranlagung unterscheidet zwischen der

- **Zusammenveranlagung** von Ehegatten (§ 26b EStG) mit Splittingtarif und der
- **Einzelveranlagung von Ehegatten auf Antrag** (§ 26a EStG) mit Grundtarif.

Erfüllen die Ehegatten die Voraussetzungen für die Ehegattenveranlagung nicht, ist eine (normale) Einzelveranlagung (§ 25 EStG) mit dem Grundtarif durchzuführen.

In besonderen Fällen kann noch eine Einzelveranlagung mit Splittingtarif für das Jahr der Auflösung der Ehe durch Tod in Betracht kommen.

2 Veranlagung von Ehegatten

Das Wahlrecht zwischen Zusammenveranlagung und Einzelveranlagung nach § 26a EStG besteht, wenn alle vorgenannten Voraussetzungen an mindestens einem Tag im Jahr erfüllt sind. Es reicht also aus, wenn die Ehe spätestens am 31. Dezember zivilrechtlich geschlossen wurde. Ist ein Ehegatte im Laufe des Jahres verstorben, kann das

Wahlrecht durch den überlebenden Ehegatten und die Erben ausgeübt werden.

Nicht dauerndes Getrenntleben

Wenn sich Ehegatten im Laufe des Jahres auf Dauer trennen, ist eine Ehegattenveranlagung für das Jahr der Trennung noch möglich, weil sie zu Beginn des Jahres noch nicht dauernd getrennt gelebt haben. Ab dem folgenden Jahr kommt die Ehegattenveranlagung nicht mehr in Betracht, da die Ehegatten das gesamte Jahr dauernd getrennt gelebt haben. Es ist eine Einzelveranlagung nach § 25 EStG mit Anwendung des **Grundtarifs** durchzuführen.

Eine nur **vorübergehende** räumliche **Trennung** (z. B. ein Ehegatte ist vorübergehend im Ausland beschäftigt, längere Zeit im Krankenhaus oder verbüßt eine mehrjährige Haftstrafe) ist kein dauerndes Getrenntleben, wenn zumindest eine Wirtschaftsgemeinschaft (wirtschaftliche Fragen werden gemeinsam erledigt; über die Verwendung des Familieneinkommens wird gemeinsam entschieden) bestehen bleibt und die Wiederherstellung der häuslichen Lebensgemeinschaft angestrebt wird. Hier liegen die Voraussetzungen für eine Ehegattenveranlagung noch vor.

Wie wird das Ehegattenwahlrecht ausgeübt?

Ehegatten werden zusammen veranlagt, wenn beide die Zusammenveranlagung wählen. Wird das Wahlrecht nicht oder bzgl. einer Einzelveranlagung auf Antrag nicht wirksam ausgeübt, unterstellt das Finanzamt die Zusammenveranlagung. Die zur Ausübung des Wahlrechts erforderliche Erklärung kann grundsätzlich noch bis zur Unanfechtbarkeit des Steuerbescheids, d. h. auch noch im Rechtsbehelfs- und Klageverfahren, nicht aber im Revisionsverfahren, abgegeben werden.

Zusammenveranlagung

Bei Zusammenveranlagung geben die Ehegatten eine gemeinsame Steuererklärung ab, die von beiden eigenhändig zu unterschreiben ist. Die Zusammenveranlagung ist auch dann möglich, wenn nur eine Person Einkünfte bezogen hat. Das Finanzamt berechnet die Einkünfte der Eheleute zunächst getrennt, errechnet dann aber einen gemeinsamen Gesamtbetrag der Einkünfte und ein gemeinsames z. v. E. Die Steuer wird nach dem **Splittingverfahren** (§ 32a Abs. 5 EStG) festgelegt. Dabei wird unterstellt, dass beide gleich hohe Einkünfte erzielt haben. Deshalb wird das gemeinsame z. v. E. je zur Hälfte auf die Ehegatten verteilt. Die Steuer wird für jede Hälfte des z. v. E. nach dem Grundtarif ermittelt und die beiden Steuerbeträge werden zur gemeinsamen tariflichen Einkommensteuer aufaddiert. Bei unterschiedlich hohen Einkünften der Personen wird dadurch sichergestellt, dass jeder Ehegatte seinen Grundfreibetrag (2019: 9.168 €) und die niedrigen Steuersätze voll ausnutzen kann.

BEISPIEL

Grundfall: nicht verheiratetes Paar

A, Freiberufler, z. v. E. 50.000 €, und B, Studentin, keine Einkünfte, leben 2019 als nicht verheiratetes Paar zusammen.

Für A ist eine Einzelveranlagung (§ 25 EStG) durchzuführen. Die Steuer beträgt nach dem Grundtarif 12.295 €. B wird nicht zur Einkommensteuer veranlagt.

Abwandlung 1: A und B heiraten

Heiraten A und B im Jahr 2019, können sie im Wege der Ehegattenveranlagung die Zusammenveranlagung wählen. Unterstellt, das gemeinsame z. v. E. beträgt ebenfalls 50.000 €, wird die Steuer für jede Person aus dem hälftigen Anteil des z. v. E. (25.000 €) über den Grundtarif mit 3.791 € ermittelt. Die gemeinsame tarifliche Einkommensteuer beträgt deshalb in der Summe 7.582 €. Dies hat im Vergleich zum nicht verheirateten Paar eine Ersparnis von 4.713 € zur Folge.

Abwandlung 2: A und B haben gleich hohe Einkünfte

Die nicht verheirateten Steuerpflichtigen A und B haben jeweils ein z. v. E. i. H. v. 25.000 €. Für jeden wird eine Einzelveranlagung mit Grundtarif durchgeführt. Die tarifliche Steuer der jeweiligen Person beträgt 3.791 €.
Durch eine Heirat würden A und B zwar zusammen zur Einkommensteuer veranlagt. Ein Steuervorteil ergibt sich hier aber nicht, weil die gemeinsame Steuer nach dem Splittingverfahren in der Summe ebenfalls 7.582 € betragen würde.

Das bei der Zusammenveranlagung anzuwendende Splittingverfahren bringt also nur dann einen Vorteil, wenn die Eheleute unterschiedlich hohe Einkünfte haben und der zu versteuernde Anteil mindestens einer Person unter dem Spitzensteuersatz versteuert wird.

Einzelveranlagung auf Antrag von Ehegatten

Eine Einzelveranlagung auf Antrag nach § 26a EStG kommt in Betracht, wenn

- mindestens ein Ehegatte den Antrag auf Einzelveranlagung stellt und
- jeder eine eigenhändig unterschriebene Steuererklärung mit seinen Einkünften abgibt.

Jeder erhält seinen Steuerbescheid. Die Steuer wird nach der Grundtabelle festgesetzt.

Bei der Einzelveranlagung von Ehegatten auf Antrag werden

- → Sonderausgaben,
- → Außergewöhnliche Belastung und
- die Steuerermäßigung nach § 35a EStG (→ Haushaltsnahe Tätigkeiten/ Dienstleistungen)

grundsätzlich demjenigen zugerechnet, der die Aufwendungen wirtschaftlich getragen hat. Insoweit unterscheidet sich die Einzelveranlagung von Ehegatten auf Antrag (§ 26a EStG) nicht von der Einzelveranlagung unverheirateter Personen (§ 25 EStG).

Auf **übereinstimmenden Antrag** der Ehegatten werden die vorgenannten Aufwendungen und die Steuerermäßigung nach § 35a EStG **jeweils zur Hälfte** bei den Ehegatten abgezogen. Eine von der Hälfte abweichende Verteilung der Aufwendungen ist nicht möglich.

Hat nur ein Ehegatte die Aufwendungen wirtschaftlich getragen, reicht sein Antrag in begründeten Einzelfällen allein aus. Ein solcher begründeter Einzelfall ist anzunehmen, wenn der andere Ehegatte z. B. krank oder verstorben ist oder der andere Ehegatte sich wegen Meinungsverschiedenheiten nicht zu einer gemeinsamen Erklärung bereit erklärt. Liegen außergewöhnliche Belastungen i. S. d. § 33 EStG vor, wird die zumutbare Belastung nach dem Gesamtbetrag der Einkünfte des jeweiligen Ehegatten bestimmt.

In welchen Fällen bietet die Einzelveranlagung auf Antrag Vorteile?

Die Einzelveranlagung kann Vorteile bieten, wenn ein Ehegatte z. B

- nur oder hohe steuerfreie Lohnersatzleistungen (z. B. Arbeitslosengeld, Kurzarbeitergeld, Mutterschaftsgeld, Elterngeld) oder andere steuerfreie (z. B. nach DBA steuerfreie ausländische) Einkünfte bezieht, die dem Progressionsvorbehalt unterliegen,
- die sog. Fünftelregelung nach § 34 EStG (evtl. bei Arbeitnehmerabfindung) oder einen anderen ermäßigten Steuersatz anwenden kann,
- Verluste erzielt hat und durch den Verlustausgleich Freibeträge des anderen wegfallen würden,
- selbstständig ist und der andere Arbeitnehmer die Arbeitgeberleistungen zur gesetzlichen Rentenversicherung des Arbeitnehmers kürzt ggf. den Höchstbetrag der Altersvorsorgeaufwendungen,
- Nebeneinkünfte bezieht, für die der Härteausgleich nach § 46 Abs. 3 EStG möglich wäre,
- einen Anspruch auf den Entlastungsbetrag für Alleinerziehende für einen Teil des Veranlagungszeitraums hat.

In den meisten Fällen wird eine Zusammenveranlagung mit dem Splittingtarif aber günstiger sein.

Sonderfall: Einzelveranlagung mit Splittingtarif

Eine Einzelveranlagung bedeutet normalerweise immer Besteuerung nach dem Grundtarif. Nur in zwei Ausnahmefällen wird die Einzelveranlagung mit dem Splittingtarif durchgeführt:

Tod eines Ehegatten

Eine Ehegattenveranlagung wird noch für das Jahr durchgeführt, in dem der Ehegatte verstorben ist. Im Folgejahr (Kalenderjahr **nach** dem Tod) wird das Einkommen des Überlebenden im Rahmen einer Einzelveranlagung nach § 25 EStG noch ein weiteres Mal mit dem **Splittingtarif** nach § 32a Abs. 6 Nr. 1 EStG versteuert, wenn der Steuerpflichtige und sein verstorbener Ehegatte im Zeitpunkt seines Todes die Voraussetzungen für die Ehegattenveranlagung nach § 26 Abs. 1 EStG erfüllt haben. Sämtliche Freibeträge (z. B. Sparerfreibetrag) und die abzugsfähigen Sonderausgaben werden jedoch einfach in Abzug gebracht. In den Folgejahren ist der Grundtarif anzuwenden.

Trennung/Scheidung

Wird eine Ehe im Laufe des Jahres geschieden, ist wegen des im Scheidungsrecht geltenden Scheiterungsprinzips (mindestens ein Jahr getrennt lebend) davon auszugehen, dass die Eheleute während des ganzen Jahres dauernd getrennt gelebt haben. Sie werden einzeln veranlagt mit Grundtarif.

Kann das Paar glaubhaft machen, dass es zu Beginn des Jahres noch nicht dauernd getrennt gelebt hat (eher selten), liegen die Voraussetzungen für das Ehegattenwahlrecht grundsätzlich vor. Heiratet einer der beiden im selben Jahr wieder und erfüllt mit seinem neuen Partner ebenfalls die Voraussetzungen für die Ehegattenveranlagung, darf das Wahlrecht nur für die neue Ehe ausgeübt werden. Der andere, nicht wieder Verheiratete wird einzeln veranlagt mit **Splittingtarif** nach § 32a Abs. 6 Nr. 2 EStG.

3 Steuerklassenwahl

Ehegatten, die beide Einkünfte aus nichtselbstständiger Arbeit erzielen, können wählen, ob beide nach Steuerklasse IV (Grundsatz) besteuert werden wollen oder der Besserverdienende nach Steuerklasse III und der andere nach Steuerklasse V. Die Steuerklassenkombination III/V bietet sich an, wenn der besser verdienende Ehegatte (III) ca. 60 %, der andere (V) ca. 40 % des Gesamtarbeitslohns erzielt. In diesem Fall besteht aber die Verpflichtung, nach Ablauf des Jahres eine Einkommensteuererklärung abzugeben.

Für Doppelverdienerpaare gibt es auch die Möglichkeit, ein „optionales Faktorverfahren“ in Anspruch zu nehmen. Ehepaare können auf Antrag jeweils nach Steuerklasse IV unter Berücksichtigung eines Faktors, den das Finanzamt berechnet und der Unterschiede in den Einkünften ausgleichen soll, besteuert werden. Dieses Faktorverfahren bietet sich bei sehr unterschiedlich hohen Arbeitslöhnen an. Es kann gegenüber III/V hohe Nachzahlungen und gegenüber IV/IV einen zu hohen Lohnsteuereinbehalt vermeiden.

Ehrenamt

Viele Steuerpflichtige sind ehrenamtlich z. B. als Übungsleiter, Vereinsvorstand oder im Stadtrat tätig und erhalten hierfür eine kleine Vergütung. Wir zeigen Ihnen, wie Sie hier steuerlich am günstigsten fahren.

§§ 4, 9, 19, 15, 18 EStG

1 Steuerbefreiung für Übungsleiter, Ausbilder, Erzieher

Nebenberufliche Tätigkeiten bleiben bis zu 2.400 € pro Jahr steuerfrei, wenn folgende Voraussetzungen erfüllt sind (§ 3 Nr. 26 EStG):

- **Art der (nebenberuflichen) Tätigkeit**

Insbesondere Übungsleiter, Ausbilder, Erzieher oder Ausübende künstlerischer Tätigkeiten sind begünstigt.

- **Für wen erfolgt die Tätigkeit?**

Die Tätigkeit muss im Dienst bzw. Auftrag einer inländischen juristischen Person des öffentlichen Rechts oder einer gemeinnützigen, mildtätigen oder kirchlichen Zwecken dienenden Einrichtung erfolgen. Es handelt sich somit insbesondere um Tätigkeiten für die Kammern (z. B. IHK, Steuerberaterkammer, Sparkassenverbände, Kirchen, Universitäten, Volkshochschulen, gemeinnützige Vereine, Wohlfahrtsverbände).

Auch für die Tätigkeit bei einer vergleichbaren Organisation im Ausland gilt der Steuerfreibetrag (BFH, Urteil v. 22.7.2008, VIII R 101/02).

Die Vorschriften zum → Mindestlohn sind bei ehrenamtlich Tätigen nicht zu beachten.

Nachfolgend einige Beispiele aus der Praxis:

Ärzte im Behinderten- und Koronarsport, Ausbilder

Chorleiter

Dirigenten

Erste-Hilfe-Ausbilder

Fahrer und Beifahrer im Behindertenfahrdienst (OFD Koblenz, Verfügung v. 8.5.2008, S 2121 A - St 32 2)

Feuerwehrangehörige, die ausbildend tätig werden

Fortbildungstätigkeit für die Anwalts- oder Ärztekammer

Jugendwarte

Kinderbetreuer, Kirchenmusiker

Lehrtätigkeit

Mannschaftsbetreuer

Prüfungsausschussmitglieder

Sanitäts- und Rettungsdienst, Schwimmlehrer, Sportwarte

Stadtführer

Telefonseelsorger

Trainer (allerdings nicht Tiertrainer)

Unterrichtstätigkeit (z. B. IHK)

Vortragstätigkeit (z. B. an Volkshochschulen)

Weitere Beispiele und Hinweise siehe z. B. Bayerisches Landesamt für Steuern, Verfügung v. 8.9.2011, S. 2121.1.1 - 1/33 St32.

Nicht begünstigt sind z. B. Tätigkeiten als Büttenredner, Hausmeister, Hallen-, Geräte- und Platzwart, Reinigungskraft, Vorstandsmitglied, Verbandsfunktionär, Helfer bei Wohlfahrtsorganisationen, Helfer beim Mahlzeitendienst karitativer Verbände sowie Tätigkeiten für Gewerkschaften, Arbeitgeberverbände und Parteien.

Auch müssen die Themen eines Vortragenden noch der Fortbildung dienen, sie dürfen nicht allgemeiner Art sein (FG Köln, Urteil v. 19.10.2017, 15 K 2006/16).

Erhalten Feuerwehrleute eine Entschädigung für ihre ehrenamtliche Tätigkeit, ist 1/3 (mind. 200 €) nach § 3 Nr. 12 EStG steuerfrei, zusätzlich kommt für Ausbilder noch die Steuerbefreiung nach § 3 Nr. 26 EStG in Betracht. Der Umfang der Steuerfreiheit ist davon abhängig, ob die Vergütung auch einen Ausbildungsanteil enthält. Für Zug- und Gruppenführer beträgt dieser z. B. 80 %, für Jugendfeuerwehrwarte und Sicherheitsbeauftragte 100 % (FinMin Mecklenburg-Vorpommern, Erlass v. 27.9.2017, IV 301 – S 2337 – 10/96 – 004, FinMin Nordrhein-Westfalen, Erlass v. 3.12.2013, S 2337 – 32 – V B 3). Ob Fahrer, die nebenberuflich für eine Einrichtung der teilstationären Tagespflege im Fahrdienst tätig sind, die Steuerbefreiung geltend machen können, ist strittig (FG Baden-Württemberg, Urteil v. 8.3.2018 3 K 888/16, Rev. beim BFH, Az. VI R 9/18).

Weitere Einzelheiten zu diversen Tätigkeiten ergeben sich aus R 3.26 LStR sowie der Verfügung der OFD Frankfurt/M. v. 22.3.2018, S 2245 A – 2 – St 213.

TIPP

Tätigkeitsumfang

Eine **nebenberufliche Tätigkeit** liegt vor, wenn diese nicht mehr als 1/3 der Arbeitszeit eines vergleichbaren Vollzeiterwerbs in Anspruch nimmt. Auf die Höhe der Vergütung kommt es hierbei nicht an. Es ist nicht erforderlich, dass noch eine andere (Haupt-)Tätigkeit ausgeübt wird, sodass z. B. auch Rentner, Studenten, Hausfrauen, Arbeitslose oder Vermieter eine nebenberufliche Tätigkeit ausüben können.

TIPP

Tätigkeit als Arbeitnehmer

Noch günstiger ist es, wenn Sie die Tätigkeit als Arbeitnehmer auf Lohnsteuerkarte ausüben. Dann bleiben weitere 1.000 € (Arbeitnehmerfreibetrag) steuerfrei, wenn Sie nicht noch anderweitig nichtselbstständig tätig sind. Die nach § 3 Nr. 26 EStG steuerfreien Einnahmen sind auch sozialversicherungsfrei (§ 14 SGB IV). Erhalten Sie den Freibetrag nach § 3 Nr. 26 EStG nicht, sollten Sie prüfen, ob Sie die Voraussetzung für den Freibetrag nach § 3 Nr. 26a EStG erfüllen.

Wenn Sie mehrere begünstigte Nebentätigkeiten ausüben, erhalten Sie den Freibetrag nur einmal pro Jahr.

BEISPIEL

Entgelt übersteigt den Freibetrag

Sie trainieren die A-Jugend des örtlichen Fußballvereins und erhalten dafür im Jahr pauschal 2.800 €.

Von den 2.800 € bleiben 2.400 € steuerfrei. Die übersteigenden 400 € müssen versteuert werden. Ein Abzug von Aufwendungen ist nicht möglich, da diese mit dem Abzug des steuerfreien Betrags abgegolten sind. Wenn Ihre Aufwendungen mehr als 2.400 € betragen, können Sie diese anstelle des Freibetrags abziehen.

TIPP

Verlustberücksichtigung

Auch ein Verlust kann steuerlich geltend gemacht werden, sofern die Tätigkeit mit Einkünfteerzielungsabsicht ausgeübt wird. Unabhängig von den Motiven, aus denen der Einzelne einer Beschäftigung nachgeht, ist eine Gewinn-/Überschusserzielungsabsicht dann anzunehmen, wenn tatsächlich in der Regel Überschüsse aus der Beschäftigung erzielt werden. Umgekehrt ist von dem Fehlen einer Gewinn-/Überschusserzielungsabsicht auszugehen, wenn die Einnahmen in Geld oder Geldeswert lediglich dazu dienen, in pauschalierender Weise die Selbstkosten zu decken (BFH, Urteil v. 20.12.2017, III R 23/15). Das gilt auch dann, wenn die Einnahmen den Freibetrag nach § 3 Nr. 26 EStG in Höhe von 2.400 € pro Jahr nicht übersteigen (BFH, Urteil v. 20.11.2018, VIII R 17/16).

Das gilt auch für Tätigkeiten, für die andere Freibeträge (z. B. Freibetrag für Einnahmen aus sonstigen nebenberuflichen Tätigkeiten oder für ehrenamtliche Vormünder, Pfleger oder Betreuer) gewährt werden.

Tätigkeit für denselben Arbeitgeber

Keine begünstigte Nebentätigkeit liegt vor, wenn diese und die Haupttätigkeit für denselben Arbeitgeber in einem sachlichen und wirtschaftlichen Zusammenhang stehen. Das ist der Fall, wenn die zu erfüllenden Aufgaben beider Tätigkeiten sich entsprechen, die Tätigkeiten für denselben Dienstherrn ausgeübt werden oder die Nebentätigkeit eine faktische oder rechtliche Verpflichtung aus der Haupttätigkeit darstellt (BFH, Beschluss v. 11.12.2017, VI B 75/17). Das gilt selbst dann, wenn die Tätigkeit Ausfluss der hauptberuflichen Fähigkeiten ist, auch wenn keine Verpflichtung dazu vorlag und eine Anzeigepflicht für „Nebentätigkeiten" bestand (FG Köln, Urteil v. 19.10.2017, 15 K 2006/16).

2 Freibetrag für Einnahmen aus nebenberuflichen Tätigkeiten

Der Freibetrag des § 3 Nr. 26a EStG begünstigt Einnahmen aus nebenberuflichen Tätigkeiten im gemeinnützigen, mildtätigen oder kirchlichen Bereich von bis zu 720 € im Jahr. Das gilt auch für die Sozialversicherung.

TIPP

Begünstigte Tätigkeiten

Die **„Ehrenamtspauschale"** können z. B. geltend machen:

- Vorstandsmitglieder
- Eltern, die Fahrdienste im Sportverein verrichten
- Reinigungspersonal oder Platzwarte

- ehrenamtliche Schiedsrichter im Amateursport

Zahlungen von pauschalen Vergütungen für Arbeits- oder Zeitaufwand (Tätigkeitsvergütungen) an den Vorstand sind nur dann zulässig, wenn dies durch die Satzung ausdrücklich zugelassen ist. Ein Verein, der nicht ausdrücklich die Bezahlung des Vorstands regelt und dennoch Tätigkeitsvergütungen zahlt, verstößt gegen das Gebot der Selbstlosigkeit. Der Ersatz tatsächlich entstandener Aufwendungen ist unkritisch. Weitere Einzelheiten siehe BMF, Schreiben v. 21.11.2014, IV C 4 – S 2121/07/0010 032.

Zahlungen an Mitglieder dürfen nicht unangemessen hoch sein, d.h. höchstens den Zahlungen an Nichtmitglieder entsprechen.

Sollen höhere tatsächliche Betriebsausgaben oder Werbungskosten geltend gemacht werden, müssen diese nachgewiesen werden.

Die Inanspruchnahme der Aufwandspauschale schließt die Aufwandsentschädigung aus öffentlichen Kassen und auch den Übungsleiterfreibetrag aus.

TIPP

Inanspruchnahme verschiedener Freibeträge

Allerdings können Sie sowohl den Freibetrag für nebenberufliche Tätigkeiten im gemeinnützigen, mildtätigen oder kirchlichen Bereich als auch den Übungsleiterfreibetrag für zwei verschiedene Tätigkeiten erhalten.

BEISPIEL

Unterschiedliche Tätigkeiten

A ist als Jugendtrainer für den örtlichen Sportverein tätig. Hierfür erhält er 2.000 € jährlich. Für seine Tätigkeit als Buchhalter der Kirchengemeinde erhält er 400 € Aufwandsentschädigung jährlich.

Für die Jugendtrainertätigkeit kann A die Regelung des § 3 Nr. 26 EStG (Übungsleiterfreibetrag) in Anspruch nehmen. Die andere Tätigkeit ist nach § 3 Nr. 26a EStG begünstigt.

3 Freibetrag ehrenamtlicher Vormünder, Pfleger oder Betreuer

Für Personen, die ehrenamtlich als Vormund, Pfleger oder Betreuer tätig sind und eine Aufwandsentschädigung nach § 1835a BGB erhalten, gibt es einen Freibetrag von bis zu 2.400 € (§ 3 Nr. 26b EStG). Allerdings gibt es für alle in § 3 Nr. 26 und Nr. 26b genannten Tätigkeiten insgesamt nur einmal einen Freibetrag von 2.400 €.

Kann der Steuerfreibetrag nicht in Anspruch genommen werden, können Betriebsausgaben von 25 % der Einnahmen pauschal von den Einnahmen abgezogen werden, soweit keine höheren Ausgaben nachgewiesen werden können (FinMin Niedersachsen, Schreiben v. 10.12.2010, S 2121/43/3341).

4 Ehrenamtliche Richter/Schöffen

Die Entschädigung für Verdienstausfall (§ 18 JVEG) ist eine steuerbare Einnahme nach § 24 Nr. 1 Buchst. a. Ist der Schöffe Arbeitnehmer, dann ist die Entschädigung in der Anlage N (Zeile 21) einzutragen. Ein Gewerbetreibender oder Selbstständiger muss die Beträge in seiner Gewinnermittlung erfassen. Die Entschädigung für Zeitversäumnis (§ 16 JVEG) ist dagegen nicht steuerbar. Steuerbefreiungen nach § 3 Nr. 12 Satz 1 und 2, § 3 Nr. 26 und § 3 Nr. 26a EStG kommen nicht in Betracht (BFH, Urteil v. 31.1.2017, IX R 10/16).

5 Ratsmitglieder und andere ehrenamtliche Tätigkeiten

Unter engen Voraussetzungen sind Aufwandsentschädigungen nach § 3 Nr. 12 EStG steuerfrei,

- wenn es sich um aus einer Bundes- oder Landeskasse gezahlte Bezüge handelt, die gesetzlich als Aufwandsentschädigung gezahlt und im Haushaltsplan ausgewiesen werden (§ 3 Nr. 12 Satz 1 EStG) oder
- wenn es sich um andere Bezüge handelt, die als Aufwandsentschädigung aus öffentlichen Kassen an öffentliche Dienste leistende Personen gezahlt werden, soweit nicht festgestellt wird, dass sie für Verdienstausfall oder Zeitverlust gewährt werden oder den Aufwand, der dem Empfänger erwächst, offenbar übersteigen (§ 3 Nr. 12 Satz 2 EStG).

Die meisten Bundesländer wenden untereinander abgestimmte Regelungen an, die pauschale Entschädigungen und Sitzungsgelder für ehrenamtliche Mitglieder eines Gemeinderats (Ratsmitglieder) bis zur folgenden Höhe steuerfrei belassen:

In einer Gemeinde oder Stadt mit	monatlich	jährlich
bis zu 20.000 Einwohnern	104 €	1.248 €
bis zu 50.000 Einwohnern	166 €	1.992 €
bis zu 150.000 Einwohnern	204 €	2.448 €
bis zu 450.000 Einwohnern	256 €	3.072 €
mehr als 450.000 Einwohnern	306 €	3.672 €

Je nach Bundesland erhöhen sich diese Beträge für z. B. Rats- oder Fraktionsvorsitzende (zweifach) und deren Stellvertreter (eineindrittelfach) und auch für Vertreter des hauptamtlichen Bürgermeisters (zweifach).

Der steuerfreie Betrag beträgt mindestens 200 € monatlich (R 3.12 Abs. 3 LStR 2015).

Für ehrenamtliche Mitglieder eines Kreistags gelten folgende Freibeträge:

In einem Landkreis mit	monatlich	jährlich
bis zu 250.000 Einwohnern	204 €	2.448 €
mehr als 250.000 Einwohnern	256 €	3.072 €

Liegen keine besonderen länderspezifischen Regelungen vor, gelten die R 3.12 Abs. 3 bis 5 LStR:

- Ist die Aufwandsentschädigung durch Gesetz oder Rechtsverordnung geregelt, ist bei ehrenamtlich tätigen Personen 1/3 der gewährten Aufwandsentschädigung steuerfrei, monatlich aber mind. 200 €.

- Beruht die Zahlung nicht auf Gesetz oder Rechtsverordnung, kann i. d. R. ohne weiteren Nachweis ein steuerlich anzuerkennender Aufwand von 200 € monatlich angenommen werden, höchstens aber der tatsächlich geleistete Betrag.

Für ehrenamtliche Bürgermeister und ihre Stellvertreter ist die Rechtslage wegen der abweichenden Aufgabenbereiche in den Bundesländern unterschiedlich. Der BFH hat die Tätigkeit grundsätzlich der „sonstigen selbstständigen Arbeit" i. S. d. § 18 Abs. 1 Nr. 3 EStG zugeordnet, soweit der Bürgermeister nach den einschlägigen kommunalrechtlichen Bestimmungen ausschließlich Mitglied und Vorsitzender eines Organs der Selbstverwaltung ist (BFH, Urteil v. 3.12.1987, IV R 41/85; BFH, Beschluss v. 13.6.2013, III B 156/12). Das gilt u. a. für Schleswig-Holstein (FG Schleswig-Holstein, Urteil v. 17.12.2015, 5 K 127/13) und für stellvertretende Bürgermeister in NRW (s. hierzu BFH, Urteil v. 3.12.1987, IV R 41/85). Beinhaltet die Funktion eigene Verwaltungsbefugnisse, bezieht er Arbeitslohn (BFH, Urteil v. 5.2.1971, VI R 82/68).

Bei einer gelegentlichen ehrenamtlichen Tätigkeit sind die steuerfreien monatlichen Mindest- und Höchstbeträge für einen Monat zu gewähren.

Soweit der steuerfreie Monatsbetrag von 200 € nicht ausgeschöpft wird, ist eine Übertragung in andere Monate desselben Kalenderjahres für diese Tätigkeit möglich.

Hat der Steuerpflichtige höhere Betriebsausgaben bzw. Werbungskosten, muss er diese nachweisen. Der die Aufwandsentschädigung übersteigende Betrag ist dann als Werbungskosten oder Betriebsausgaben abziehbar.

Die Beträge, die nicht steuerfrei sind, müssen als Einkünfte aus „sonstiger selbstständiger Arbeit" versteuert werden (§ 18 Abs. 1 Nr. 3 EStG). Nur gelegentliche Tätigkeiten (z. B. im Rahmen der Zensusbefragung) fallen unter die sonstigen Einkünfte i. S. d. § 22 Nr. 3 EStG. Hierbei ist zu beachten, dass Einkünfte (d. h. die um Kosten geminderten Einnahmen) nach § 22 Nr. 3 EStG nicht einkommensteuerpflichtig sind, wenn sie weniger als 256 € im Kalenderjahr betragen haben.

6 Umsatzsteuer

Da bis zu einem Umsatz von 17.500 € keine Besteuerung stattfindet, dürften die meisten Ehrenamtler nicht umsatzsteuerpflichtig sein. Folgende Hinweise gelten für Betroffene, die aus anderen Gründen schon Unternehmer sind (z. B. Gewerbetreibende).

Steuerfreiheit

Die ehrenamtliche Tätigkeit ist bei der Umsatzsteuer steuerfrei, wenn sie für juristische Personen des öffentlichen Rechts ausgeübt wird oder wenn das Entgelt für diese Tätigkeit nur in Auslagenersatz und einer angemessenen Entschädigung für Zeitversäumnisse besteht.

Begünstigt sind nur Tätigkeiten, die

- in einem anderen Gesetz als dem UStG ausdrücklich als ehrenamtlich bezeichnet werden,
- man im allgemeinen Sprachgebrauch als „ehrenamtlich" bezeichnet oder
- vom materiellen Begriff des Ehrenamts umfasst werden.

Das setzt voraus, dass die Tätigkeit für eine fremdnützig bestimmte Einrichtung ausgeübt wird und weder dem eigenen Erwerb dient, noch hauptberuflich erfolgt (BMF, Schreiben v. 27.3.2013, IV D 3 – S 7185/09/ 10001-04).

Damit sind z. B. Tätigkeiten in Gremien der Sparkassen oder sparkassennahen Einrichtungen nicht umsatzsteuerbefreit, da das Sparkassengesetz die Ehrenamtlichkeit nicht ausdrücklich regelt (BMF, Schreiben v. 8.6.2017, III C 3 – S 7185/09/10001-06, BStBl 2017 I S. 858; Abschnitt 4.26.1. Abs. 1 UStAE).

Angemessenheit

Eine Entschädigung ist i. H. v. bis zu 50 € je Tätigkeitsstunde regelmäßig als angemessen anzusehen, sofern die Vergütung für die gesamten ehrenamtlichen Tätigkeiten den Betrag von 17.500 € im Jahr nicht übersteigt (Abschnitt 4.26.1 Abs. 4 Umsatzsteuer-Anwendungserlass). In diese Beträge ist ein Auslagenersatz, der für tatsächlich entstandene und nachgewiesene Aufwendungen erfolgt, nicht einzubeziehen. Andernfalls ist die Angemessenheit nach den Verhältnissen des Einzelfalls zu beurteilen.

Zeitaufwand

Der tatsächliche Zeitaufwand ist nachvollziehbar zu dokumentieren. Eine vom tatsächlichen Zeitaufwand unabhängige (z. B. laufend gezahlte pauschale bzw. monatlich oder jährlich laufend gezahlte pauschale) Vergütung führt zur Nichtanwendbarkeit der Befreiungsvorschrift mit der Folge, dass sämtliche für diese Tätigkeit gezahlten Vergütungen – auch soweit sie daneben in Auslagenersatz oder einer Entschädigung für Zeitaufwand bestehen – der Umsatzsteuer unterliegen. Diese Regelung ist für denjenigen von besonderem Interesse, der ohnehin als Unternehmer anzusehen ist.

TIPP

Vermeidung der Steuerpflicht möglich

Die Steuerpflicht kann vermieden werden, wenn z. B. die Satzung oder der Vorstandsbeschluss zwar eine Pauschale vorsieht, aber zugleich vereinbart ist, dass durchschnittlich eine bestimmte Anzahl an Stunden geleistet und die Betragsgrenzen nicht überschritten werden. Der tatsächliche Zeitaufwand muss dann glaubhaft gemacht werden.

Ohne weitere Prüfung kann die Steuerbefreiung gewährt werden, wenn der Jahresgesamtbetrag der Entschädigungen den Freibetrag nach § 3 Nr. 26 EStG (2.400 €) nicht übersteigt.

BEISPIEL

Umfang des Unternehmens

U ist selbstständiger Rechtsanwalt und Mitglied des Stadtrats. Beide Tätigkeiten gehören zum Umfang seines Unternehmens. Wenn keine Steuerbefreiung vorliegt, sind auch die Einnahmen aus der Stadtratstätigkeit der Umsatzsteuer zu unterwerfen.

Einnahmenüberschussrechnung

Die Einnahmenüberschussrechnung ist eine vereinfachte und damit kostengünstige Art der Gewinnermittlung. Sie kann von Freiberuflern und Inhabern kleiner Gewerbebetriebe angewendet werden.

§ 4 Abs. 3 EStG, R 4.5, 4.6 EStR

Vertiefend siehe → Zusatzeinkünfte.

1 Überblick

Hinweis: Wichtiges zu den verschiedenen Gewinnermittlungsarten, den umsatzsteuerlichen Vorschriften sowie Tipps zur Verwendung des amtlichen Vordrucks finden Sie auch auf http://mybook.haufe.de unter „Weiterführende steuerliche Informationen".

Betriebseinnahmen

In der Gewinnermittlung sind alle im Jahr 2019 erzielten Betriebseinnahmen aufzuführen (Zuflussprinzip).

Betriebsausgaben

Gewinnmindernd sind alle mit dem Betrieb zusammenhängenden Aufwendungen zu berücksichtigen. Dazu gehören auch Abschreibungen.

Bestimmte Berufsgruppen können anstelle der tatsächlichen Aufwendungen pauschal Betriebsausgaben geltend machen. Ein weiterer Abzug von Kosten ist jedoch ausgeschlossen, sodass sich die Inanspruchnahme der Pauschale nur dann lohnt, wenn die tatsächlichen Aufwendungen geringer sind.

2 Vordruck/elektronische Datenübermittlung

Die Gewinnermittlung muss mit dem amtlich vorgeschriebenen Vordruck Anlage EÜR „Einnahmenüberschussrechnung (Gewinnermittlung nach § 4 Abs. 3 EStG)" elektronisch übermittelt werden.

In Härtefällen kann die Finanzbehörde auf Antrag auf die elektronische Übermittlung verzichten. Für diese Fälle stehen in den Finanzämtern Papiervordrucke der Anlage EÜR zur Verfügung.

Weitere Ausnahmefälle hat die OFD Nordrhein-Westfalen in einer bundesweit abgestimmten Verfügung formuliert (OFD Nordrhein-Westfalen, Verfügung v. 20.4.2018 – Kurzinfo ESt 03/2018):

- Anlage EÜR in Papierform, wenn der Gewinn unter 410 € liegt (§ 46 Abs. 2 Nr. 1 EStG) und ein Veranlagungsgrund nach § 46 Abs. 2 Nr. 2 bis 7 EStG vorliegt
- Anlage EÜR in Papierform bei einer Antragsveranlagung (§ 46 Abs. 2 Nr. 8 EStG), wenn ein weiterer Veranlagungsgrund nach § 46 Abs. 2 Nr. 2 bis 7 EStG gegeben ist
- keine Anlage EÜR bei ehrenamtlich Tätigen, deren Einnahmen nach den §§ 3 Nr. 26, 26a oder 26b EStG insgesamt steuerfrei bleiben

Elektromobilität

Insbesondere durch das Gesetz zur Förderung der Elektromobilität sind für Elektro- und Hybridelektrofahrzeuge Steuererleichterungen geregelt. Auch für die Berechnung der privaten Nutzung von betrieblichen Fahrzeugen (Firmenwagen/Dienstwagen) gelten günstigere Sonderregelungen.

§§ 3 Nr. 46, 40 Abs. 2 EStG, BMF, Schreiben v. 14.12.2016, IV C 5-S 2334/14/10002-03, 2016/1120002 und vom 26.10.2017, IV C 5-S 2334/14/10002-06

1 Kfz-Steuerbefreiung

Elektrofahrzeuge, die im Zeitraum vom 18.5.2011 bis zum 31.12.2020 erstmals zugelassen werden, sind ab dem Tag der erstmaligen Zulassung für zehn Jahre von der Kfz-Steuer befreit (§ 3d Abs. 1 Satz 2 KraftStG). Die Befreiung gilt auch für technisch angemessene, verkehrsrechtlich genehmigte Elektroumrüstungen (§ 9 Abs. 2 KraftStG) ab dem Tag der von den Zulassungsstellen festgestellten Einhaltung aller Voraussetzungen.

Seit Juli 2016 kann für Elektroautos eine Kaufprämie als direkte Förderung beantragt werden. Für rein elektrisch betriebene Fahrzeuge beträgt dieser sog. Umweltbonus 4.000 €, für Plug-in-Hybride 3.000 €. Für Anträge auf die Prämie sowie deren Auszahlung ist das Bundesamt für Wirtschaft und Ausfuhrkontrolle zuständig.

2 Lohnsteuerbefreiung und -pauschalierung für Ladestrom/-vorrichtungen

ACHTUNG

Grundvoraussetzung für die Vergünstigung

Sowohl die Steuerbefreiung als auch die Möglichkeit der Pauschalierung der Lohnsteuer setzt voraus, dass die Vorteile vom Arbeitgeber zusätzlich zum ohnehin geschuldeten Arbeitslohn gewährt werden. Eine Umwandlung von bereits zustehendem Gehalt ist damit nicht begünstigt.

Aufladung an betrieblicher Ladeeinrichtung

Vom Arbeitgeber gewährte Vorteile für das elektrische Aufladen (unentgeltlich oder verbilligt gestellter Ladestrom) eines Elektro- oder Hybridfahrzeugs (Codierung im Feld 10 der Zulassungsbescheinigung 0004, 0015, 0016–0019, 0025–0031 bzw- E-Kennzeichen) an einer ortsfesten betrieblichen Einrichtung des Arbeitgebers und die zur privaten Nutzung überlassene betriebliche Ladeinfrastruktur einschließlich Zubehör sowie in diesem Zusammenhang erbrachter Dienstleistungen (z. B. Installation, Inbetriebnahme, Wartung der Anlage) sind beim Arbeitnehmer **steuerfreier** Arbeitslohn (§ 3 Nr. 46 EStG). Begünstigt ist sowohl das Aufladen privater Fahrzeuge als auch die Aufladung von Dienstwagen, die der Arbeitnehmer auch privat nutzen darf. Auch die Aufladung von Elektrofahrrädern ist steuerfrei. Dies gilt sowohl für große E-Bikes (Motorunterstützung auch bei Geschwindigkeiten über 25 km/h, Kennzeichen- und Versicherungspflicht) als auch – aus Billigkeit – für kleine E-Bikes (Pedelecs).

Übereignung einer Ladevorrichtung an Arbeitnehmer

Kauft der Arbeitgeber seinem Arbeitnehmer eine Ladevorrichtung, liegt in Höhe der Aufwendungen (Anschaffung, Installation usw.) steuerpflichtiger Arbeitslohn vor. Die dafür anfallende Lohnsteuer kann der Arbeitgeber pauschal mit 25 % (Arbeitgeberlohnsteuer) berechnen und übernehmen (§ 40 Abs. 2 Satz 1 Nr. 6 EStG).

Zuschüsse des Arbeitgebers für private Ladevorrichtungen

Erwirbt der Arbeitnehmer eine Ladevorrichtung privat und trägt die Aufwendungen der Nutzung (Wartung, Betrieb, Miete für Starkstromzähler), kann der Arbeitgeber die Kosten (nicht jedoch die Aufwendungen für den Ladestrom) bezuschussen oder vollständig übernehmen. Die Kostenübernahme bzw. der Zuschuss ist steuerpflichtiger Arbeitslohn. Die anfallende Lohnsteuer kann der Arbeitgeber pauschal mit 25 % (Arbeitgeberlohnsteuer) berechnen und übernehmen. Voraussetzung für die mögliche Pauschalierung ist, dass die Aufwendungen für die Nutzung regelmäßig wiederkehren und vom Arbeitnehmer für einen repräsentativen Zeitraum von drei Monaten im Einzelnen nachgewiesen werden.

3 Privatnutzung

Dienstwagen des Arbeitnehmers

Die Erstattung der vom Arbeitnehmer selbst getragenen Stromkosten durch den Arbeitgeber ist beim Arbeitnehmer lohnsteuerfreier **Auslagenersatz** (§ 3 Nr. 50 EStG). Die Verwaltung akzeptiert bei Kfz eine monatliche Pauschale von 20 € (Hybrid 10 €), wenn eine Lademöglichkeit beim Arbeitgeber besteht, ansonsten 50 € (Hybrid 25 €).

Die **Privatnutzung** des Kfz und die Nutzung für **Wege von der Wohnung zur ersten Tätigkeitsstätte** ist steuerpflichtiger Arbeitslohn (geldwerter Vorteil). Vertiefend siehe → Dienstwagen/Firmenwagen.

Wird der lohnsteuerpflichtige Vorteil aus der Privatnutzung nach der 1 %-

Methode berechnet, ist der Bruttolistenpreis bei Anschaffung des Kfz vor 2019 um die Kosten des Batteriesystems zu mindern, wenn die Batterie miterworben wurde. Die Kürzung wird pauschal ermittelt und ist vom Anschaffungsjahr des Kfz und der Leistung der Batterie abhängig. Dasselbe gilt für die pauschale Bewertung (0,03%-Regelung) der Wege zwischen Wohnung und erster Tätigkeitsstätte. Wurde das Fahrzeug zwischen dem 1.1.2019 und dem 31.12.2021 angeschafft, erfolgt die Berechnung jeweils aus dem **hälftigen** Bruttolistenpreis einschließlich Batteriesystems. Die Neuregelung gilt auch für ein vor 2019 angeschafftes Kfz, wenn dieses dem Arbeitnehmer **erstmals** ab 2019 überlassen wurde.

Erfolgt die Ermittlung über die tatsächlichen Kosten (Fahrtenbuchmethode), wird der AfA-Anteil für die Privatfahrten und die Wege zwischen Wohnung und erster Tätigkeitsstätte bei Anschaffung des Kfz vor 2019 aus den Anschaffungskosten ohne das Batteriesystem berechnet bzw. bei Anschaffung oder erstmaliger Überlassung an den Arbeitnehmer zwischen 1.1.2019 und 31.12.2021 aus den **hälftigen** Anschaffungskosten bzw. Miet- oder Leasingraten. Die hälftige Berechnung gilt für Hybridfahrzeuge nur, wenn deren Kohlendioxidausstoß max. 50 g/km oder Reichweite bei ausschließlicher Nutzung des Elektromotors mindestens 40 km beträgt.

E-Bike des Arbeitnehmers

Nutzt ein Arbeitnehmer ein betriebliches (großes) E-Bike (Motorunterstützung auch über 25 km/h hinaus; mit Nummernschild), gelten für die Privatnutzung und die Wege zwischen Wohnung und erster Tätigkeitsstätte dieselben Regelungen wie für Kfz.

Bei einem (kleinen) E-Bike (ohne Nummernschild) ist der geldwerte Vorteil aus der Überlassung für private Fahrten und für Wege zwischen Wohnung und erster Tätigkeitsstätte für den Zeitraum vom 1.1.2019 bis 31.12.2021 steuerfrei (§ 3 Nr. 37 EStG), wenn die Überlassung zusätzlich zum geschuldeten Arbeitslohn (keine Entgeltumwandlung) erfolgt. Dies gilt unabhängig davon, ob das E-Bike vor 1.1.2019 oder danach angeschafft wurde.

Darf ein Arbeitnehmer sein **privates** E-Bike beim Arbeitgeber kostenlos aufladen, ist dieser geldwerte Vorteil bei allen Arten von E-Bikes steuerfrei (§ 3 Nr. 46 EStG).

Privatnutzung durch den Betriebsinhaber

Die Ermittlungen des Privatanteils und der nicht abzugsfähigen Kosten für Wege zwischen Wohnung und Betrieb erfolgen wie beim Arbeitnehmer (s. o.). Bei der Fahrtenbuchmethode zählen die Stromkosten nicht zu den Gesamtkosten (steuerfrei, § 3 Nr. 46 EStG).

4 Überlassung von Leasing-Pedelecs

Arbeitgeber bieten ihren Arbeitnehmern inzwischen vermehrt an, ein Pedelec auch für die private Nutzung über den Arbeitgeber zu leasen und die Leasinggebühren vom Gehalt einzubehalten. Damit lässt sich der Bruttolohn verringern und der Steuerabzug sowie

Sozialversicherungsbeiträge lassen sich reduzieren.

BEISPIEL

Pedelec-Leasing

Eine Firma least ein Pedelec im Wert von 2.500 € und überlässt es dem Arbeitnehmer auch für private Fahrten. Die monatlichen Leasingraten des Arbeitgebers (75 €) werden vom Lohn des Arbeitnehmers (monatlicher Bruttolohn 4.000 €, Steuerklasse 1) einbehalten. Die steuerliche Entlastung durch diese Gehaltsumwandlung zeigt folgende Vergleichsberechnung:

	ohne Pedelec	mit Pedelec
Bruttolohn Privatnutzung Pedelec (1 % v. 2.500 €)	4.000 €	(– 75 €) 3.925 € 25 €
steuerpflichtiger Lohn	4.000 €	3.950 €
– LSt, Solz, KiSt, Sozialabgaben	1.663,05 €	1.612,19 €
monatl. Leasingrate 75 € – 50 € (Minderung stpfl. Lohn)		–25 €
Nettolohn	2.336,95 €	2.312,81 €

Damit reduziert sich die monatliche Leasingrate, die der Arbeitnehmer zu tragen hat, durch die Abgabenersparnis auf ca. 50 €.

Erwirbt der Arbeitnehmer das Pedelec nach Ablauf der Leasingdauer, egal ob vom Arbeitgeber oder dem Leasinggeber, kann ein geldwerter Vorteil (Arbeitslohn) zu versteuern sein, wenn nur ein vergünstigter Kaufpreis gezahlt wird. Dieser wird wie folgt ermittelt:

	Restwert E-Bike (40 % des UVP oder Einzelgutachten)
–	Zuzahlung des Arbeitnehmers
=	geldwerter Vorteil

Entfernungspauschale

Kosten für Fahrten zwischen Wohnung und erster Tätigkeitsstätte sind über eine Entfernungspauschale als Werbungskosten abzugsfähig.

§ 9 Abs. 1 Nr. 4, Abs. 4 EStG, R 9.10 LStR 2015

1 Allgemeines

Erste Tätigkeitsstätte

Eine erste Tätigkeitsstätte setzt eine ortsfeste betriebliche Einrichtung des Arbeitgebers, eines verbundenen Unternehmens oder eines vom Arbeitgeber bestimmten Dritten voraus, der/dem der Arbeitnehmer dauerhaft zugeordnet ist. Einzelheiten zur ersten Tätigkeitsstätte, der Abgrenzung bei mehreren Tätigkeitsorten bzw. Einsatzstellen, bei Leiharbeitern, Fahrtätigkeiten und anderen Einzelfällen vgl. → Reisekosten.

WICHTIG

Keine erste Tätigkeitsstätte?

Hat ein Arbeitnehmer keine erste Tätigkeitsstätte und arbeitet er auch nicht zu Hause, liegen Auswärtstätigkeiten vor (z. B. Außendienst, Dienstreise, Fahrtätigkeit, Tätigkeit an wechselnden Einsatzstellen). Hier gilt der höhere Reisekostenabzug. Dasselbe gilt für Tätigkeiten außerhalb der ersten Tätigkeitsstätte.

Höhe der Entfernungspauschale

Die Entfernungspauschale beträgt unabhängig vom benutzten Verkehrsmittel (Kfz, Fahrrad, Fahrgemeinschaft, öffentliche Verkehrsmittel) und den entstandenen Kosten 0,30 € für **jeden** vollen Entfernungskilometer (Ekm) (= einfache Strecke) zwischen Wohnung und erster Tätigkeitsstätte. Sonderregelungen gelten für behinderte Menschen und bei Nutzung öffentlicher Verkehrsmittel.

Für Flugstrecken, Strecken mit steuerfreier Sammelbeförderung (Beförderung durch den Arbeitgeber) und mit einer Fähre zurückgelegte Strecken sind statt der Entfernungspauschale (nur) die tatsächlich angefallenen Kosten abzugsfähig.

Mit dem Ansatz der Entfernungspauschale sind sämtliche Aufwendungen (bei Kfz-Nutzung z. B. Parkgebühren, Straßenbenutzungsgebühren, Austauschmotor wegen Motorschadens, Verschleißreparaturen, Finanzierungskosten, Leasinggebühren, Diebstahl) abgegolten. Zusätzlich abzugsfähig sind lediglich Kosten, die durch einen auf einer Fahrt zwischen Wohnung und Arbeitsstätte geschehenen Unfall entstanden sind. Zurzeit muss der BFH in einem anhängigen Verfahren klären, ob Behandlung- und Krankheitskosten infolge eines derartigen Unfalls mit der Entfernungspauschale abgegolten sind (BFH, Az. VI R 40/18).

TIPP

Übernachtungskosten

Auch die Kosten für gelegentliche Hotelübernachtungen am Ort der regelmäßigen Arbeitsstätte sind Werbungskosten, wenn sie beruflich veranlasst sind (z. B. wegen Überstunden, Witterungsverhältnissen; BFH, Urteil v. 5.8.2004, VI R 40/03).

Ausgangspunkt Wohnung

Als Ausgangspunkt für die Wege kommt jede Wohnung in Betracht, die regelmäßig zur Übernachtung benutzt und von der aus die Arbeitsstätte aufgesucht wird.

Werden mehrere Wohnungen genutzt, ist grundsätzlich nur die Entfernung zur der Wohnung maßgebend, die der Arbeitsstätte am nächsten liegt. Fahrten von der weiter entfernt liegenden Wohnung können jedoch berücksichtigt werden, wenn sich dort der **Lebensmittelpunkt** des Arbeitnehmers befindet und er diese Wohnung nicht nur gelegentlich aufsucht. Zur Prüfung, wo sich der Lebensmittelpunkt befindet, siehe → Doppelte Haushaltsführung.

Maßgebende Entfernungskilometer

Unabhängig vom Verkehrsmittel ist für die Bestimmung der Entfernung grundsätzlich die kürzeste **Straßenverbindung** zwischen Wohnung und Arbeitsstätte, die von Kraftfahrzeugen mit einer bauartbestimmten Höchstgeschwindigkeit von mehr als 60 km/h befahren werden kann, maßgebend (BFH, Urteil v. 24.9.2013, VI R 20/13). Dies gilt auch, wenn diese Verbindung mautpflichtig ist oder sie mit dem vom Arbeitnehmer tatsächlich genutzten Verkehrsmittel (z. B. Fahrrad) straßenverkehrsrechtlich nicht benutzt werden darf (BFH, Urteil v. 12.12.2013, VI R 49/13). Dabei kann auch eine Fährverbindung einzubeziehen sein, unabhängig davon, dass für die mit der Fähre zurückgelegten Kilometer keine Entfernungspauschale, sondern nur die tatsächlichen Kosten abzugsfähig sind.

TIPP

Längere Strecke mit Zeitersparnis

Wird eine kilometermäßig längere Strecke **regelmäßig** benutzt, kann die Entfernungspauschale nach dieser berechnet werden, wenn eine Zeitersparnis von 10 % der Gesamtzeit oder 20 Minuten vorliegt oder sich die Strecke wegen der Streckenführung, der Ampelschaltung, des Verkehrsflusses, Wartezeiten bei einer Fährverbindung usw. als verkehrsgünstiger erweist (BFH, Urteil v. 19.4.2012, VI R 53/11).

Anzahl der Fahrten

Pro Arbeitstag kann nur **eine** Fahrt abgerechnet werden. Bei einer Fünftagewoche werden pauschal bis zu 230 Fahrten, bei einer Sechstagewoche bis zu 280 Fahrten pro Jahr nicht beanstandet. Mehr Fahrten sind nur auf Nachweis möglich (z. B. Aufzeichnungen über die im Kalenderjahr durchgeführten Fahrten, Bescheinigung des Arbeitgebers).

BEISPIEL

Öffentliche Verkehrsmittel

Sie fahren täglich mit öffentlichen Verkehrsmitteln zur 38 km entfernt liegenden Arbeitsstätte.

Der Werbungskostenabzug beträgt pro Tag 11,40 € (38 × 0,30 €). Bei einer Fünftagewoche sind somit für das gesamte Jahr insgesamt 2.622 € (230 Tage × 11,40 €) abziehbar.

Obergrenze 4.500 €

Die **Jahresentfernungspauschale** ist maximal bis zu einer Obergrenze von 4.500 € abzugsfähig (Deckelung). Die Begrenzung gilt nicht, soweit der eigene oder ein zur Nutzung überlassener Kraftwagen (z. B. Firmenwagen) benutzt wird.

Abzug tatsächlicher Kosten

Bei Nutzung **öffentlicher Verkehrsmittel** können statt der Entfernungspauschale die tatsächlichen Kosten geltend gemacht werden, wenn diese höher sind. Sie sind auch abzugsfähig, soweit sie 4.500 € übersteigen, denn die Deckelung betrifft nur die Entfernungspauschale. Die Vergleichsberechnung erfolgt immer jahresbezogen – also gesamte Jahresentfernungspauschale im Vergleich zu den insgesamt im Jahr gezahlten Aufwendungen für öffentliche Verkehrsmittel.

BEISPIEL

Öffentliche Verkehrsmittel

Ein Arbeitnehmer (230 Arbeitstage) fährt mit Bus und Bahn insgesamt 75 km zu seiner 70 Straßenkilometer entfernten Arbeitsstätte. Er bezahlt für eine Jahresfahrkarte:

- 4.400 €
- 4.900 €

Die Jahresentfernungspauschale beträgt: 230 Tage × 70 km (Straßenverbindung) × 0,30 € = 4.830 €, maximal 4.500 €. Damit kommt im ersten Fall die (gedeckelte) Entfernungspauschale (4.500 €) zum Ansatz und im zweiten Fall die höheren tatsächlichen Kosten (4.900 €).

TIPP

Bahncard

Die Kosten der **Bahncard** gehören zu den tatsächlichen Aufwendungen, wenn die verbilligten Fahrkarten und der Kaufpreis der Bahncard zusammen niedriger sind als der reguläre Fahrpreis.

Verschiedene Verkehrsmittel

Werden für eine Teilstrecke der eigene Pkw und für den Rest öffentliche Verkehrsmittel oder für einen Teil des Jahres der eigene Pkw und für den anderen Teil öffentliche Verkehrsmittel benutzt, sind für das ganze Jahr nur entweder die Entfernungspauschale oder die tatsächlichen Kosten abziehbar. Soweit die Entfernungspauschale auf öffentliche Verkehrsmittel entfällt, ist sie auf 4.500 € zu begrenzen.

BEISPIEL

Nutzung mehrerer Verkehrsmittel

A fährt an 220 Arbeitstagen im Jahr mit dem eigenen Pkw 22 km zur nächsten Bahnstation und von dort 40 km mit der Bahn zur Arbeitsstätte. Die maßgebende Straßenentfernung beträgt 60 km. Die Bahntickets kosten 3.500 € im Jahr.

Die Jahresentfernungspauschale beträgt: 220 Tage × 60 (Straßen-)km × 0,30 €/km = 3.960 €. Da die Kosten für die öffentlichen Verkehrsmittel nur 3.500 € betragen und damit niedriger sind, wird die Entfernungspauschale berücksichtigt.

Hätte A für die Bahntickets 4.600 € bezahlt, wären diese abzugsfähig. Die Begrenzung auf 4.500 € gilt nicht für die tatsächlichen Kosten.

Arbeitgeberzuschüsse

Die Entfernungspauschale steht dem Arbeitnehmer unabhängig von der Höhe seiner Aufwendungen zu und gilt auch bei Nutzung eines Firmenwagens. Ersetzt der Arbeitgeber Kosten (bei Nutzung des ÖPNV) steuerfrei oder übernimmt er die Versteuerung des lohnsteuerpflichtigen Vorteils bei Firmenwagennutzung (Pauschalversteuerung, erkennbar aus der Lohnsteuerbescheinigung), wird die Entfernungspauschale entsprechend gekürzt. Vertiefend siehe → Dienstwagen/Firmenwagen.

ACHTUNG

Neuregelung ÖPNV-Jobticket

Leistungen des Arbeitgebers für Fahrten des Arbeitnehmers mit **öffentlichen Verkehrsmitteln** (nicht Taxi und Flugkosten) zwischen Wohnung und erster Tätigkeitsstätte sind seit **1.1.2019** unabhängig von der Höhe **steuerfrei** (§ 3 Nr. 15 EStG), wenn sie zusätzlich zum geschuldeten Arbeitslohn gezahlt werden. Dies gilt sowohl für Barzuschüsse als auch für vom Arbeitgeber überlassene Jobtickets. Die Steuerfreiheit gilt auch für mit dem Jobticket durchgeführte Privatfahrten im ÖPNV.

2 Sonderfälle

Fahrgemeinschaften

Wenn Sie mit einem Kollegen oder Ihrem Ehegatten gemeinsam zur Arbeit fahren, kann jeder die volle Entfernungspauschale geltend machen. Durch die Fahrgemeinschaft verursachte Umwegstrecken werden nicht berücksichtigt. Für die Tage, an denen Sie nicht selbst fahren, ist die Begrenzung auf 4.500 € im Jahr zu beachten.

Mehrere Dienstverhältnisse

Steht ein Arbeitnehmer in mehreren Dienstverhältnissen, ist die Entfernungspauschale für jeden Weg zur jeweiligen ersten Tätigkeitsstätte anzusetzen, wenn er am Tag dazwischen in die Wohnung zurückkehrt. Wird täglich die erste Tätigkeitsstätte in jedem Dienstverhältnis ohne Rückkehr zur Wohnung nacheinander angefahren, so ist für die Entfernungsermittlung der Weg zur ersten regelmäßigen Arbeitsstätte als Umwegstrecke zur nächsten regelmäßigen Arbeitsstätte zu berücksichtigen. Die für die Ermittlung der Entfernungspauschale anzusetzende Entfernung darf höchstens die Hälfte der Gesamtstrecke betragen.

BEISPIEL

Zwei Dienstverhältnisse

Z (zwei Dienstverhältnisse) fährt vormittags von seiner Wohnung in A zur regelmäßigen Arbeitsstätte (erstes Dienstverhältnis) in B, nachmittags weiter zur regelmäßigen Arbeitsstätte in C (zweites Dienstverhältnis) und abends zur Wohnung in A zurück. Die Entfernungen betragen zwischen A und B 30 km, zwischen B und C 40 km und zwischen C und A 50 km.

Die gefahrene Gesamtentfernung beträgt 30 km + 40 km + 50 km = 120 km, die Entfernung zwischen der Wohnung und den beiden regelmäßigen Arbeitsstätten 30 km + 50 km = 80 km. Da dies mehr als die Hälfte der Gesamtentfernung ist, sind nur

(120 km : 2 =) 60 km für die Ermittlung der Entfernungspauschale absetzbar.

Behinderte Arbeitnehmer

Behinderte Arbeitnehmer können ab einem bestimmten Grad der Behinderung statt der Entfernungspauschale die tatsächlichen Kosten geltend machen. Vertiefend siehe → Behinderte Menschen.

Weitergehende Informationen

Zu weiteren Einzelfragen und Sonderfällen vgl. BMF, Schreiben v. 31.10.2013, IV C 5 – S 2351/09/10002: 001 – 2013/0932639.

Fahrtkosten

Der Abzug von Fahrtkosten ist bei den Werbungskosten, Betriebsausgaben, Sonderausgaben oder den außergewöhnlichen Belastungen möglich.

R 9.4 bis 9.8 LStR 2015

1 Abzugsfähige Fahrtkosten

Fahrten des Arbeitnehmers

Fahrten zur ersten Tätigkeitsstätte

Für die Fahrten zwischen Wohnung und erster Tätigkeitsstätte erhalten Sie den Werbungskostenabzug in Form einer **Entfernungspauschale**. Die tatsächlichen Kosten sind nur bei Nutzung öffentlicher Verkehrsmittel oder für behinderte Menschen abzugsfähig. Vertiefend siehe → Entfernungspauschale.

Sonstige berufliche Fahrten

Unter sonstige berufliche Fahrten fallen z. B. Fahrten zu Kunden des Arbeitgebers oder zur Teilnahme an Fachtagungen und Lehrgängen im Rahmen eines bestehenden (Ausbildungs-) Dienstverhältnisses. Diese Fahrten sind regelmäßig mit den tatsächlichen Kosten abzugsfähig (zur Ermittlung der Kosten s. u.). Vertiefend siehe → Reisekosten und → Umzugskosten. Eine Ausnahme gilt für Familienheimfahrten im Rahmen der doppelten Haushaltsführung. Vertiefend siehe → Doppelte Haushaltsführung.

Folgen eines Unfalls

Wenn sich auf einer beruflichen Fahrt ein Unfall ereignet hat, sind die dadurch angefallenen Kosten (Abschleppkosten, Reparaturkosten, Schadensersatz, Reinigungskosten, Gerichtskosten, Anwaltskosten) abzugsfähig.

Fahrten mit dem Firmenwagen

Vertiefend siehe → Dienstwagen/Firmenwagen.

Fahrten zur Betriebsstätte

Für die Fahrten eines Selbstständigen zwischen Wohnung und Betriebsstätte gelten die Regelungen wie für Arbeitnehmer. Der Kostenabzug erfolgt nur über die **Entfernungspauschale** (s. o.). Soweit in der Gewinnermittlung bisher die gesamten Kfz-Kosten als Betriebsausgabe erfasst waren, müssen die Kosten, welche die Entfernungspauschale übersteigen, korrigiert werden.

Andere betriebliche Fahrten

Andere betriebliche Fahrten können Fahrten zu Kunden, Mandanten, Lieferanten, Einsatzstellen oder Fahrten in Zusammenhang mit Fortbildungen, Lehrgängen oder Fachtagungen sein. Hier sind die tatsächlichen Kosten als Reisekosten abziehbar (zur Kostenermittlung s. u.). Besonderheiten gelten für Fahrten im Rahmen der doppelten Haushaltsführung. Vertiefend siehe → Doppelte Haushaltsführung.

Fahrten bei Vermietung

Als Vermieter eines Hauses oder einer Wohnung können Sie in einer Vielzahl von Fällen (z. B. Fahrten in Zusammenhang mit der Hausverwaltung, Reparaturen, Anschaffung, Hausbau, Finanzierung) die tatsächlichen Kosten absetzen. Vertiefend siehe → Vermietung/Immobilien und → Finanzierungskosten.

Sonderausgaben und außergewöhnliche Belastungen

Zu Fahrtkosten in Zusammenhang mit einer Berufsausbildung siehe → Ausbildung und Studium.

Bei den **außergewöhnlichen Belastungen** kommt ein Abzug von tatsächlichen Fahrtkosten (bis maximal zur Höhe der Aufwendungen für öffentliche Verkehrsmittel) bzw. bei Kfz-Nutzung mit max. 0,30 € je Kilometer z. B. in Zusammenhang mit Krankheitskosten oder Heilkuren oder bei behinderten Menschen in Betracht. Bei behinderten Kindern ist der Abzug ggf. bei den Eltern möglich. Vertiefend siehe → Krankheitskosten, → Außergewöhnliche Belastung und → Behinderte Menschen.

2 Tatsächliche Kilometerkosten

Wenn (auch) die tatsächlichen Kosten für ein privates Verkehrsmittel (z. B. Kfz) steuerlich geltend gemacht werden können, besteht zum einen die Möglichkeit, diese pauschal mit 0,30 € je gefahrenen Kilometer (Kfz-Nutzung) bzw. 0,20 € (Nutzung anderer motorgetriebener Verkehrsmittel) anzusetzen oder einen Kilometersatz anhand der tatsächlichen Fahrzeugkosten und der gefahrenen Kilometer im gesamten Jahr selbst zu ermitteln. Die von Verbraucherverbänden oder dem ADAC veröffentlichten Kilometerkosten für bestimmte Fahrzeugtypen erkennt die Verwaltung nicht an.

TIPP

Neues Auto?

Die Ermittlung der tatsächlichen Kosten je Kilometer ist insbesondere dann sinnvoll, wenn Sie ein junges Auto fahren (wegen der jährlichen Abschreibung) und beruflich viel unterwegs sind.

Zur Ermittlung des tatsächlichen Kilometersatzes gehen Sie wie folgt vor:

Nachweis der Kilometerkosten

- Ermitteln Sie (Belege aufbewahren!) über einen Zeitraum von mindestens zwölf Monaten alle Kfz-Kosten (Reparaturkosten, Treibstoff, Pflege, Kosten für die Garage, Kfz-Steuer, Haftpflicht-/Kaskoversicherung, Zinsen für Anschaffungsdarlehen etc.). Unberücksichtigt bleiben Parkgebühren, Unfallkosten, Strafzettel oder Beiträge für eine Insassen- und Unfallversicherung.
- Zu den Kosten gehört auch die Abschreibung (AfA) für den Pkw (Kaufpreis verteilt auf sechs Jahre). Bei gebraucht erworbenen Pkws kann dem Alter des Fahrzeugs entsprechend eine kürzere Nutzungsdauer zu berücksichtigen sein. Bei Leasingfahrzeugen werden anstelle der Abschreibung die Leasingsonderzahlung und die Leasingraten berücksichtigt.

Ermittlung Gesamtkilometer im Jahr

Halten Sie den Kilometerstand zu Beginn und am Ende des Jahres in einem Fahrtenbuch fest. Tragen Sie alle Fahrten, die steuerlich abzugsfähig sind, mit Datum und gefahrenen Kilometern ein. Die privaten Fahrten brauchen Sie nicht einzutragen. Ein ordnungsgemäßes Fahrtenbuch ist für die Ermittlung des tatsächlichen Kilometersatzes nicht erforderlich.

Berechnungsschema

1.	**Berechnung der Abschreibung (AfA):**	**€**
	AK + Nebenkosten	
	Dividiert durch Nutzungsdauer (regelmäßig 6 Jahre) = AfA	: 6 =
2.	**Laufende Kosten**	
	Treibstoff, Reparatur, Versicherung, Steuern etc.	
3.	**Summe aus 1. (AfA) und 2. (lfd. Kosten)**	
4.	**km-Leistung des Jahres (km-Stand 31.12. – km-Stand 1.1.)**	
5.	**Ermittlung des km-Satzes**	
	Summe der Kosten (3.): km-Leistung (4.) = **km-Satz**	

Der so ermittelte Kilometersatz kann auch für die Folgejahre angesetzt werden. Eine Neuberechnung ist erst wieder notwendig, wenn sich die Verhältnisse wesentlich ändern (z. B. Neuanschaffung eines Pkws, Abschreibungszeitraum abgelaufen, deutlich höhere bzw. niedrigere Jahresfahrleistung).

Finanzierungskosten

Finanzierungskosten (z. B. Zinsen, Geldbeschaffungskosten, Damnum/ Disagio) sind steuerlich abzugsfähig, wenn sie mit einer Einkunftsart zusammenhängen. Insbesondere im Immobilienbereich kann man durch eine überlegte Gestaltung Steuern sparen.

§ 9 Abs. 1 Nr. 1 EStG

1 Finanzierungskosten für Mietwohngrundstücke

Sie vermieten ein Haus/ eine Eigentumswohnung

Finanzierungskosten (insbesondere Darlehenszinsen) für eine private, vermietete Immobilie (z. B. Darlehen zum Hausbau bzw. -kauf, zur Finanzierung von Reparaturmaßnahmen) stellen Werbungskosten bei den Einkünften aus V+V dar.

Damnum, Disagio, Bearbeitungs- und Auszahlungsgebühren

Bei diesen Gebühren sind drei Gruppen zu unterscheiden:

- Das Darlehen, für das die Gebühren gezahlt werden, hat eine Laufzeit von maximal fünf Jahren.
- Die Laufzeit des Darlehens beträgt mehr als fünf Jahre, und die Gebühren sind marktüblich.
- Die Laufzeit des Darlehens beträgt mehr als fünf Jahre, und die Gebühren sind nicht marktüblich.

In den ersten beiden Fällen sind die Aufwendungen im Jahr der Zahlung als Werbungskosten abziehbar. Von der Marktüblichkeit kann ausgegangen werden, wenn für ein Darlehen mit einem Zinsfestschreibungszeitraum von mindestens fünf Jahren ein Damnum in Höhe von bis zu 5 % vereinbart worden ist.

Wird ein nicht marktübliches Disagio vereinbart, ist die Regelung des § 11 Abs. 2 Satz 3 EStG anzuwenden, d. h. die Aufwendungen sind gleichmäßig auf die Laufzeit des Darlehens zu verteilen.

Abzug von Schuldzinsen für ein gescheitertes Bauvorhaben

Hat ein Steuerpflichtiger zur Finanzierung eines Mietobjekts ein Darlehen aufgenommen und kündigt er den Vertrag mit dem Bauträger wegen drohenden Konkurses, so sind die Finanzierungskosten als vergebliche Werbungskosten abzugsfähig (FG Nürnberg, Urteil v. 10.4.2001, I R 178/98).

Kauf eines unbebauten Grundstücks

Wird der Kauf eines unbebauten Grundstücks durch ein Darlehen finanziert, sind die anfallenden Aufwendungen nur dann abzugsfähig, wenn eine konkrete Bauabsicht vorliegt und ein Mietwohngrundstück errichtet werden soll. Auch wenn Bauerwartungsland erworben wird und mit einer Baugenehmigung in absehbarer Zeit zu rechnen ist, ist ein Abzug möglich.

Vorzeitige Ablösung einer Schuld

Das Objekt wird weiter vermietet

Verlangt die Bank eine Vorfälligkeitsentschädigung, weil ein Darlehen vorzeitig gekündigt wurde (z. B. wegen Umfinanzierung), ist diese als Werbungskosten abzugsfähig, wenn das Darlehen mit einem Mietwohngrundstück zusammenhängt.

Grundstücksveräußerung ohne Neubau/-erwerb

Wird die Darlehensschuld vorzeitig abgelöst, um ein bisher vermietetes Objekt lastenfrei verkaufen zu können, kann eine Vorfälligkeitsentschädigung nicht als Werbungskosten abgezogen werden (BFH, Urteil v. 23.9.2003, IX R 20/02).

Grundstücksveräußerung und Neubau/-erwerb

Eine im Zusammenhang mit einer Grundstücksveräußerung gezahlte Vorfälligkeitsentschädigung gehört (mit dem entsprechenden Anteil) zu den Finanzierungskosten eines neuen Mietobjekts, wenn der nach der Darlehenstilgung verbleibende Restkaufpreis zur Finanzierung dieses Objekts tatsächlich verwendet wurde (BFH, Urteil v. 14.1.2004, IX R 34/01).

Sie verkaufen Ihr Grundstück

Für die Berücksichtigung nachträglicher Schuldzinsen bei den Einkünften i. S. d. § 21 Abs. 1 Satz 1 Nr. 1 EStG ist maßgeblich, was mit dem Erlös aus der Veräußerung des mit einem Darlehen fremdfinanzierten Vermietungsobjekts geschieht (BFH, Urteil v. 6.12.2017, IX R 4/17).

TIPP

Erlös reicht nicht aus

Wird eine Immobilie verkauft und reicht der Erlös nicht aus, um die Schulden zu tilgen, können die Schuldzinsen für die Restschuld dauerhaft als nachträgliche Werbungskosten geltend gemacht werden. Das gilt unabhängig davon, ob der Verkauf innerhalb oder nach Ablauf der zehnjährigen Spekulationsfrist erfolgt, und betrifft auch Refinanzierungs- oder Umschuldungsdarlehen, nicht aber Vorfälligkeitsentschädigungen (BFH, Urteil v. 8.4.2014, IX R 45/13; BFH, Urteil v. 11.2.2014, IX R 42/13).

Voraussetzung für den Zinsabzug ist, dass die Einkünfteerzielungsabsicht nicht bereits vor dem Verkauf aufgegeben wurde. Wurde das Mietverhältnis aufgelöst, um das Haus besser verkaufen zu können, sind die Finanzierungskosten ab Auszug des Mieters nicht mehr absetzbar.

Wurde jedoch eine während der Vermietung durchgeführte Reparatur durch ein Darlehen finanziert, sind die hierfür nach der Veräußerung ggf. noch anfallenden Schuldzinsen als nachträgliche

Werbungskosten bei den Einkünften aus V+V abzugsfähig, sofern der Verkauf vor dem 1.1.2014 erfolgte. Seit 2014 soll das nur dann gelten, wenn der Veräußerungserlös nicht ausreicht, um das Darlehen abzulösen (BMF, Schreiben v. 27.7.2015, IV C 1 – S 2211/11/10001).

Wird ein bisher fremdfinanziertes Gebäude verkauft und der Verkaufserlös nur teilweise für den Erwerb eines anderen Gebäudes unter Verwendung der bisherigen Finanzierung benötigt, können die Schuldzinsen für dieses Darlehen in vollem Umfang als Werbungskosten geltend gemacht werden (BMF, Schreiben v. 3.5.2006, IV C 3 – S 2211 – 11/06).

Finanzierungskosten im Zusammenhang mit der eigengenutzten Wohnung

Stehen die Finanzierungskosten im Zusammenhang mit der eigengenutzten Privatwohnung, ist ein steuerlicher Abzug nicht möglich.

Finanzierungskosten im Zusammenhang mit „gemischt genutzten Grundstücken"

Betrifft ein Darlehen ein Gebäude, das unterschiedlich genutzt wird (z. B. für eigene Wohnzwecke und Vermietung), sind die Finanzierungskosten normalerweise im Verhältnis der Nutzflächen den jeweiligen Gebäudeteilen zuzuordnen.

Können die HK (soweit möglich) den einzelnen Gebäudeteilen zugeordnet werden, kann man nach der BFH-Rspr. erreichen, dass ein Großteil der Zinsaufwendungen steuerlich abzugsfähig ist (BFH, Urteil v. 9.7.2002, IX R 40/01).

- Lassen Sie sich getrennte Handwerkerrechnungen für die konkret zuordenbaren HK pro Wohnung sowie die allgemeinen HK geben.
- Richten Sie zur Abwicklung der Baukosten für die einzelnen Gebäudeteile getrennte Baukonten ein.
- Schließen Sie getrennte Darlehensverträge ab und legen Sie darin fest, für welchen Gebäudeteil der Vertrag gedacht ist.

TIPP

Auszahlung

Lassen Sie die Beträge aus den verschiedenen Darlehen keinesfalls auf dasselbe Konto auszahlen, sonst funktioniert das ganze System nicht mehr und alle Finanzierungskosten werden zwingend nach dem Verhältnis der Wohnflächen aufgeteilt (BFH, Urteil v. 1.4.2009, IX R 35/08).

- Vermeiden Sie auf jeden Fall das Zusammenführen von Eigen- und Fremdmitteln auf einem Konto.

Auch in **Erwerbsfällen** sind die vorstehenden Grundsätze anzuwenden – am besten durch eine angemessene vertraglich vereinbarte Aufteilung des Kaufpreises. Andernfalls ist das Verhältnis der Nutz-/Wohnflächen der beiden Teile maßgebend. Für die zu vermietende Einheit sollte ein Darlehen aufgenommen und damit nur die darauf entfallenden AK bezahlt werden; die AK für den eigengenutzten Teil sollten getrennt davon bezahlt werden. Auch eine Abwicklung über ein Notaranderkonto ist möglich.

Einfacher wird es, wenn Sie Wohnungs-/Teileigentum erwerben bzw. erstellen. Wenn Sie ein Gebäude als Bauherr erstellen, sollten Sie vor Baubeginn beim Grundbuchamt eine Teilungserklärung einreichen.

Mitfinanzierung durch Ehegatten

BEISPIEL

Mitfinanzierung

Der Ehefrau gehört ein geerbtes Mietshaus. Für eine umfangreiche Renovierung nimmt der Ehemann ein Darlehen auf.

Die Zinsen für das Darlehen sind nicht als Werbungskosten abziehbar, da der Ehemann nicht (Mit-)Eigentümer ist und die Eigentümerin nicht (Mit-)Schuldnerin (BFH, Urteil v. 26.6.2008, X R 36/05).

Hat der Ehegatte aber eine gesamtschuldnerische Mithaftung für das Darlehen übernommen, sind die Zinsen abzugsfähig (BFH, Urteil v. 20.6.2012, IX R 29/11).

Gehört das Haus beiden Ehegatten und nutzt einer allein die Wohnung zu beruflichen Zwecken, kann er AfA und Schuldzinsen nur entsprechend seinem Miteigentumsanteil geltend machen (BFH, Urteil v. 6.12.2017, VI R 41/15). Nutzt dieser jedoch nur einen Raum, z. B. als Arbeitszimmer, können die gesamten auf diesen Raum entfallenden Kosten von diesem Ehegatten abgesetzt werden (Großer Senat des BFH, Beschluss v. 23.8.1999, GrS 5/97).

TIPP

Alleineigentümer

Ist ein Ehegatte Alleineigentümer, sollte dieser als Darlehensschuldner auftreten, oder die Ehegatten nehmen ein gesamtschuldnerisches Darlehen auf. Dann steht einem Werbungskostenabzug garantiert nichts im Wege.

2 Finanzierungskosten für Wertpapiere

Informationen dazu finden Sie im Stichwort → Kapitalanlagen.

3 Darlehen bei Verwandten

Mittels Darlehensverträgen zwischen nahen Angehörigen können u. U. Steuern gespart werden. Das gilt insbesondere, wenn der Empfänger der Zinsen nicht oder nur gering versteuern muss. Allerdings muss der Darlehensvertrag i. d. R. einem Fremdvergleich standhalten, insbesondere wenn die Darlehensmittel zuvor vom Darlehensnehmer geschenkt wurden oder z. B. bei Arbeitsverhältnissen durch Stehenlassen aufgelaufen sind. Keine strenge Prüfung ist vorzunehmen, wenn das Darlehen unmittelbar durch die Einkunftserzielung veranlasst ist, z. B. der Anschaffung von Anlagegütern dient. Voraussetzung ist aber, dass tatsächlich Zinsen gezahlt werden (BFH, Urteil v. 22.10.2013, X R 26/11). Keinesfalls darf dies durch private Zuwendungs- oder Unterhaltsüberlegungen (§ 12 Nr. 1 und 2 EStG) motiviert sein.

Das sollten Sie beachten:

- Schließen Sie einen schriftlichen Darlehensvertrag ab.
- Regeln Sie im Vertrag die Laufzeit des Darlehens, die Tilgungsmodalitäten und die Höhe der Verzinsung.
- Halten Sie die Vereinbarungen ein (pünktliche Zins-/Tilgungszahlungen).
- Bei einer Laufzeit von mehr als sechs Monaten und einem Darlehensbetrag von mindestens 25.000 € ist es i. d. R. erforderlich, dass der Darlehensnehmer Sicherheiten stellt (z. B. Eintragung einer Grundschuld, Sicherungsübereignung, Bürgschaft).
- Es sollte sich eindeutig nachvollziehen lassen, dass der Darlehensbetrag aus dem Vermögen des Darlehensgebers stammt.

Darlehen mit Kindern

Obwohl der BFH entschieden hat, dass ein Vertrag nicht allein wegen einer zivilrechtlichen Unwirksamkeit (z. B. zunächst fehlender Genehmigung des Ergänzungspflegers) steuerlich unwirksam ist, geht das BMF von strengeren Kriterien aus. Die Vertragspartner müssen nachweisen, dass sie zeitnah nach dem Auftauchen von Zweifeln alle erforderlichen Maßnahmen ergriffen haben, um die zivilrechtliche Wirksamkeit des Vertrags herbeizuführen, und dass ihnen die Unwirksamkeit nicht anzulasten ist (BMF, Schreiben v. 23.12.2010, IV C 6 – S 2144/07/10004).

TIPP

Darlehen mit Kindern

Zinszahlungen der Eltern an minderjährige Kinder sollten bis zur Volljährigkeit des Kindes fest auf dessen Namen angelegt werden. Wenn Sie die Zinserträge für den eigenen Lebensunterhalt bzw. für den des Kindes ausgeben, könnte das Finanzamt sonst zu dem Ergebnis kommen, dass das Darlehensverhältnis steuerlich nicht anzuerkennen ist.

Erst schenken und dann leihen

Wenn Sie Ihrem Kind Geld schenken und anschließend über dieses Geld ein Darlehen vereinbaren, werden weder die Schenkung noch das Darlehensverhältnis steuerlich anerkannt.

ACHTUNG

Kriterien der Schädlichkeit

Schädlich ist

- die Vereinbarung von Schenkung und Darlehen in einem Vertrag,
- die Vereinbarung in mehreren Verträgen innerhalb kurzer Zeit,
- die Schenkung unter der Auflage, das Geld als Darlehen zur Verfügung zu stellen,
- das Schenkungsversprechen unter der aufschiebenden Bedingung der Rückgabe als Darlehen.

4 Was gehört alles zu den Finanzierungskosten?

Neben den Zinsaufwendungen und dem Damnum/Disagio (= Unterschiedsbetrag zwischen der Darlehenssumme und dem verminderten Auszahlungsbetrag) gehören z. B. folgende Aufwendungen zu den Finanzierungskosten: Bankspesen, Fahrtkosten im Zusammenhang mit der Erledigung von Finanzierungsangelegenheiten (bei Pkw 0,30 €/km bzw. die tatsächlichen Kosten), Kreditvermittlungsgebühren, Aufwendungen für Porto, Telefon, Schätzgutachten (falls dieses für Kreditgewährung verlangt wird), Notar- und Grundbuchkosten für die Eintragung von Grundschulden und Hypotheken, Kosten im Zusammenhang mit Bürgschaften.

Fortbildung/Fachtagungen

Kosten für die Fort- und Weiterbildung oder eine zweite Ausbildung gehören zu den Betriebsausgaben oder Werbungskosten.

§§ 4 Abs. 4, 9 Abs. 1 und 6, 10 Abs. 1 Nr. 7 und 12 Nr. 5 EStG; R 9.2 LStR 2013

1 Begriff „Fortbildung"

Steuerlich fallen unter Fortbildung:

- eine Weiterbildung im ausgeübten Beruf (Seminar, Fachtagung, Fachkurs etc.)
- eine Umschulung
- eine zweite oder weitere Ausbildung nach abgeschlossener erster Berufsausbildung
- ein Erststudium nach abgeschlossener erster Berufsausbildung
- ein Zweit- oder weiteres Studium

Vertiefend siehe → Ausbildung und Studium.

Abgrenzung zu privaten Kosten

Der Abzug als Werbungskosten oder Betriebsausgaben setzt voraus, dass die Kosten objektiv in Zusammenhang mit der ausgeübten Tätigkeit stehen und deren Förderung dienen, z. B. um den jeweiligen Anforderungen im Berufsleben gerecht zu werden, aufzusteigen und Karriere zu machen oder sich veränderten Marktbedingungen anzupassen. Die Kosten sind nur dann in voller Höhe abziehbar, wenn eine Mitveranlassung durch die private Lebensführung nicht vorliegt oder von ganz untergeordneter Bedeutung ist. Ist ein konkreter beruflicher Bezug nicht hinreichend erkennbar, sind die Aufwendungen insgesamt nicht abzugsfähig. Sind sowohl berufliche als auch private Motive von nicht untergeordneter Bedeutung für die Fortbildungsmaßnahme erkennbar, können die Kosten, soweit sie dem beruflichen Bereich konkret zuordenbar sind (z. B. Arbeitsunterlagen), in voller Höhe abgezogen werden, für die allgemeinen Kosten (Reisekosten wie z. B. Fahrtkosten, Verpflegung, Übernachtung) kann eine Aufteilung der Kosten in einen beruflichen und einen privaten Teil in Betracht kommen (s. u. private Mitveranlassung).

Einzelfälle

Persönlichkeitsentfaltung/ Rhetorikkurs

Kurse zur Persönlichkeitsentfaltung sind nur dann beruflich veranlasst, wenn sie primär auf die spezifischen Bedürfnisse des vom Steuerpflichtigen ausgeübten Berufs ausgerichtet sind. Indizien dafür sind z. B. die Lehrinhalte und ihre konkrete Anwendung in der beruflichen Tätigkeit, der Ablauf des Lehrgangs sowie die teilnehmenden Personen. Ein Lehrgang, der sowohl Grundlagen- als auch Spezialwissen vermittelt, kann beruflich veranlasst sein, wenn der Erwerb des Grundlagenwissens die Vorstufe zum Erwerb von Spezialwissen bildet (BFH, Urteil v. 28.8.2008, VI R 35/05).

Seminare, die keinen direkten beruflichen Bezug erkennen lassen, wie z. B. Selbsterfahrungskurse oder Kurse zur allgemeinen Persönlichkeitsbildung, geben sowohl im beruflichen als auch im privaten Leben Impulse und sind mangels Aufteilungsmöglichkeit in voller Höhe nicht abziehbar. Etwas anderes dürfte gelten, wenn der Arbeitgeber zumindest einen Teil der Kosten übernimmt oder sogar z. B. die Teilnahme an einem Seminar pro Jahr verbindlich vorschreibt (BFH, Urteil v. 9.12.2010, VI R 42/09).

Sprachkurs

Die Kursgebühren und notwendigen Kursunterlagen sind abzugsfähige Werbungskosten bzw. Betriebsausgaben, wenn der Sprachkurs auf die speziellen beruflichen Bedürfnisse zugeschnitten ist, also berufsspezifisches Vokabular und Fachsprache vermittelt. Die Kosten eines Grundkurses in einer Fremdsprache sind abziehbar, wenn die Fremdsprache beruflich benötigt wird und Grundkenntnisse der Fremdsprache im Rahmen der beruflichen Tätigkeit ausreichen.

Findet der Sprachkurs in der Nähe des Wohnorts statt, können bei beruflicher Veranlassung auch die mit der Kursteilnahme zusammenhängenden Reisekosten abgezogen werden. Bei Sprachkursen im Ausland ist dagegen immer von einer privaten Mitveranlassung auszugehen (allgemeines touristisches Interesse). Deshalb sind die Reisekosten auch bei einem eigentlich beruflich veranlassten Sprachkurs nur anteilig zu berücksichtigen. Da die private und berufliche Veranlassung stets zeitgleich vorliegt, ist der zeitliche Umfang (Seminarzeit/Freizeit) kein geeigneter Aufteilungsmaßstab. Aus Vereinfachungsgründen können die hälftigen Reisekosten abgezogen werden (s. u. private Mitveranlassung) (BFH, Urteil v. 24.2.2011, VI R 12/10).

Fachtagung

Kosten für Tagungen und Kongresse sind steuerlich abziehbar, wenn der Steuerpflichtige ausschließlich oder weitaus überwiegend im beruflichen Interesse daran teilgenommen hat. Die Reise muss im Rahmen einer lehrgangsmäßigen Organisation durchgeführt werden. Der volle Reisekostenabzug setzt voraus, dass die Verfolgung privater Interessen, wie z. B. Erholung,

Bildung und Erweiterung des Horizonts, nach dem Anlass der Reise, dem Reiseort (touristisch interessantes Ziel?), dem vorgesehenen Programm (homogener Teilnehmerkreis, fachspezifische Themen, touristische oder gesellige Programmpunkte) und der tatsächlichen Durchführung (frei verfügbare Zeiten, Mitnahme von Angehörigen) nahezu ausgeschlossen ist. Trifft dies nicht zu, sind die Reisekosten insgesamt nicht abziehbar (BFH, Urteil v. 19.1.2012, VI R 3/11).

Private Mitveranlassung

Ist eine Reise anlässlich einer Fortbildung auch privat veranlasst (gemischte Aufwendungen), kann oft zumindest ein Teilabzug erreicht werden. Konkret dem Beruf zuordenbare Kosten (z.B. Seminargebühren) sind stets in voller Höhe abzugsfähig. Für die Reisekosten gilt:

Besteht eine Reise aus zwei abgrenzbaren Teilen (z.B. eine Woche Seminar und eine Woche Erholungsurlaub), sind die Reisekosten für die Seminarwoche abzugsfähig. Kosten für Hin- und Rückreise werden (nach beruflichen/privaten Zeiten) anteilig berücksichtigt (BFH, Beschluss v. 21.9.2009, GrS 1/06). Vertiefend siehe → Reisekosten.

Ist die Fortbildungsreise **insgesamt** sowohl beruflich als auch privat veranlasst, z.B. bei einer Studien- oder Sprachreise, sind ausschließlich dem Beruf zuordenbare Entgelte (z.B. Seminargebühr) abzugsfähig, die Reisekosten sind aufzuteilen (ggf. im Wege der Schätzung) (s.o. Sprachreise).

Prüfschema zur Abgrenzung bei gemischten Aufwendungen: Vertiefend siehe → Werbungskosten, -pauschbeträge und -pauschalen.

2 Abzugsfähige Kosten

Abzugsfähig sind alle durch die Fortbildung angefallenen Kosten. Dazu gehören stets die (konkret zuordenbaren) Seminar- bzw. Studiengebühren sowie die notwendige Literatur und die Arbeitsmaterialien. Dasselbe gilt für die durch die Fortbildungsveranstaltungen verursachten Reisekosten (Fahrtkosten, Übernachtungskosten, Verpflegungsmehraufwendungen, Reisenebenkosten), wobei hier auch eine anteilige Berücksichtigung (s.o.) in Betracht kommt.

Nicht abzugsfähig sind Kosten für Reiseausstattung (Reisewecker, Reisefön, Koffer, Reisekleidung). Vertiefend siehe → Reisekosten.

Haushaltsnahe Tätigkeiten/ Dienstleistungen

Für im eigenen Haushalt erhaltene Haushalts-, Betreuungs- und Pflegeleistungen sowie Handwerkerleistungen und für vergleichbare Haushaltsdienstleistungen bei Unterbringung in einem Pflegeheim sind Steuerermäßigungen möglich.

§ 35a EStG

1 Allgemeines

Vorrang anderer steuerlicher Abzugsmöglichkeiten

Soweit Aufwendungen für die Beschäftigung einer Person im Haushalt, Betreuungsleistungen oder Handwerkerleistungen als **Betriebsausgaben, Werbungskosten** oder **Sonderausgaben** abzugsfähig sind (z. B. Reinigungsarbeiten in beruflich genutzten Räumen), ist keine weitere Steuerermäßigung als „haushaltsnahe Dienstleistung" möglich.

Werden Aufwendungen als **außergewöhnliche Belastungen** abgezogen, können

- der Teil der Aufwendungen, der durch den Ansatz einer **zumutbaren Belastung** nicht als außergewöhnliche Belastung berücksichtigt wird, sowie
- der den Höchstbetrag nach § 33a EStG **übersteigende Teil der Unterhaltsaufwendungen**

über die Steuerermäßigung berücksichtigt werden.

Kinderbetreuungskosten sind im Rahmen des § 10 Abs. 1 Nr. 5 EStG zwar nur teilweise als Sonderausgaben abziehbar. Gleichwohl ist eine Steuerermäßigung für den nicht abzugsfähigen Teil nicht möglich. Vertiefend siehe → Kinder.

Berechtigter Personenkreis

Arbeitgeber eines haushaltsnahen Beschäftigungsverhältnisses oder Auftraggeber einer haushaltsnahen Dienstleistung, einer Pflege- oder Betreuungsleistung oder eines Handwerkers können eine **Steuerermäßigung** (direkter Abzug von der tariflichen Einkommensteuer) erhalten.

TIPP

Steuerermäßigung auch als Mieter

Sie erhalten die Steuerermäßigung auch als **Mieter**, wenn Sie z. B. Ihre Wohnung durch einen Malerbetrieb renovieren lassen, oder für entsprechende Aufwendungen, die Ihnen vom Vermieter in Rechnung gestellt werden.

Ort der Tätigkeit

Die Tätigkeit muss in einem in der EU oder im Europäischen Wirtschaftsraum (EWR = EU-Mitgliedstaaten plus Island,

Norwegen und Liechtenstein) liegenden **eigengenutzten Haushalt** ausgeübt werden.

Pflege- und Betreuungsdienstleistungen können auch in der **Wohnung der zu pflegenden Person** durchgeführt werden. Bei einer Heimunterbringung ist Voraussetzung, dass das Heim oder der Ort der dauernden Pflege in der EU oder im EWR liegt.

Aufwendungen in **Zweit-, Wochenend- und Ferienwohnungen im Inland oder EU-/EWR-Ausland** sind ebenfalls zu berücksichtigen, wenn diese Wohnungen tatsächlich selbst genutzt werden. Die Steuerermäßigung kann aber für alle Wohnungen **insgesamt nur einmal** bis zum jeweiligen Höchstbetrag abgezogen werden.

Nachweis und Abzugszeitpunkt

Voraussetzung für den Abzug dieser Steuerermäßigung ist, dass der Steuerpflichtige eine **Rechnung** erhalten hat und die **Zahlung auf das Konto des Leistenden** (unbar, d.h. durch Überweisung, Verrechnungsscheck, Dauerauftrag, Einzugsermächtigung oder Onlinebanking) erfolgt ist.

Die Steuerermäßigung erfolgt für das **Jahr der Zahlung.**

Nicht begünstigt sind:

- Aufwendungen für die Erteilung von **Unterricht** (z.B. Nachhilfeunterricht), die **Vermittlung besonderer Fähigkeiten**, sportliche und andere **Freizeitbetätigungen**
- **personenbezogene Dienstleistungen** (z.B. Friseur- und Kosmetikleistungen), wenn diese nicht zu den Pflege- und Betreuungsleistungen gehören
- die Beschäftigung von **im Haushalt** lebenden Ehegatten, Lebensgefährten oder Kindern

TIPP

Betreuung durch Oma oder Opa

Wenn Sie z.B. Ihre Eltern zur Kinderbetreuung in der Weise einsetzen, dass diese den Fahrdienst für Kinder, die das 14. Lebensjahr bereits vollendet haben, übernehmen, und Ihre Eltern erhalten zwar keinen Lohn, aber Sie erstatten ihnen die Fahrtkosten, können Sie den Fahrtkostenersatz steuerlich geltend machen. Voraussetzungen sind allerdings eine vertragliche Vereinbarung, eine Rechnung sowie die unbare Zahlung.

2 Minijobs

Begünstigt sind Aufwendungen für haushaltsnahe geringfügige Beschäftigungsverhältnisse (Minijobs) i.S.d. § 8a SGB IV, die in einem inländischen Haushalt ausgeübt werden. Die Anmeldung erfolgt über den „Haushaltsscheck" (Formular) bei der Minijob-Zentrale in Essen.

Begünstigt sind die Aufwendungen für typische Tätigkeiten im Haushalt. Dazu gehören z.B. die Reinigung der Wohnung, die Zubereitung von Mahlzeiten, die Gartenpflege und die Versorgung und Betreuung von Kindern, sofern es sich nicht um Kinderbetreuungskosten handelt.

Die **Steuerermäßigung** (direkter Abzug von der Steuer) beträgt 20 % der tatsächlichen Aufwendungen (Bescheinigung der Minijob-Zentrale), höchstens 510 €. Bei Minijobs mit Haushaltsscheckverfahren gehören die pauschalen Abgaben, die bis zum 15. Januar des Folgejahres bezahlt werden, noch zu den Aufwendungen des Vorjahres.

3 Andere Beschäftigungsverhältnisse, Dienst- und Pflegeleistungen

Begünstigte Aufwendungen sind solche in Zusammenhang mit

- einem **sozialversicherungspflichtigen Beschäftigungsverhältnis,**
- der Inanspruchnahme von **haushaltsnahen Dienstleistungen**,
- der Inanspruchnahme von **Pflege- und Betreuungsleistungen und**
- der **Unterbringung in einem Heim** oder **zur dauernden Pflege**, soweit dadurch Aufwendungen für Dienstleistungen anfallen, die mit denen einer Hilfe im Haushalt vergleichbar sind.

Umfang der Förderung

Für alle diese Aufwendungen kann **insgesamt** eine Steuerermäßigung in Anspruch genommen werden. Diese beträgt 20 % der **gesamten** Aufwendungen, höchstens 4.000 €.

Sozialversicherungspflichtige Beschäftigungsverhältnisse

Bei den sozialversicherungspflichtigen Beschäftigungsverhältnissen gehören neben dem Bruttoarbeitslohn (einschließlich Arbeitnehmeranteile zur Sozialversicherung, Lohn- und Kirchensteuer sowie Solidaritätszuschlag) auch die Arbeitgeberanteile zur Sozialversicherung zu den begünstigten Aufwendungen.

Haushaltsnahe Dienstleistungen

Zu den haushaltsnahen Dienstleistungen gehören nur Tätigkeiten,

- die nicht zu den handwerklichen Leistungen gehören,
- die gewöhnlich durch Haushaltsmitglieder erledigt werden können und
- für die ein externer selbstständiger Dienstleister in Anspruch genommen wird.

Begünstigt sind danach z. B. Gebäudereiniger, Fensterputzer, Schneeräumdienste, Hausmeisterdienste bzw. Gartenpflegearbeiten oder Kosten für von Umzugsspeditionen durchgeführte, privat veranlasste Umzüge. Bei Umzügen sind sowohl Kosten in Zusammenhang mit der „alten" als auch der „neuen" Wohnung berücksichtigungsfähig. Auch Aufwendungen für **Tierbetreuung** sind begünstigt, sofern die Betreuung im Rahmen des Haushalts (auch „Gassi"-Gehen) erfolgt (BFH, Urteile v. 3.9.2015, VI R 13/15 und v. 25.9.2017, VI B 25/17). Nicht berücksichtigungsfähig ist dagegen die externe (urlaubsbedingte) Unterbringung und Betreuung in Tierpensionen.

Selbst die Inanspruchnahme von Dienstleistungen (Handwerkerleistungen), die jenseits der Grundstücksgrenze auf fremdem, beispielsweise öffentlichem Grund erbracht werden, ist begünstigt, wenn sie in unmittelbarem räumlichem Zusammenhang zum Haushalt durchgeführt werden und dem Haushalt dienen (BFH, Urteile v. 20.3.2014, VI R 55/12 und VI R 56/12). Darunter fallen z.B. Kehrdienst, Schneeräumdienst auf Gehwegen sowie das Verlegen des Hausanschlusses für Telefon, Kabel bzw. Breitbandinternet oder Fernwärme etc.

Leistungen, bei denen die Entsorgung im Vordergrund steht (z.B. Müllgebühren), sind nicht begünstigt. Ist die Entsorgung nur Nebenleistung (z.B. Grünschnittabfuhr bei Gartenpflege), sind neben dem Lohnaufwand auch die Entsorgungskosten absetzbar. Aufwendungen für Verbrauchsmittel (z.B. Reinigungsmittel und Streugut) sind stets begünstigt, nicht jedoch Materialkosten.

BEISPIEL

Aufteilung des Gesamtbetrags

Sie haben einen Cateringservice mit der Durchführung Ihrer Gartenparty beauftragt. Speisen und Getränke werden angeliefert, Geschirr und Besteck werden zur Verfügung gestellt und Personal, das die Speisenausgabe übernimmt, ist für drei Stunden vor Ort.

Nur die Kosten der Personalgestellung vor Ort sind als haushaltsnahe Dienstleistung anzusehen. Die Steuerermäßigung errechnet sich aus dem Arbeitskostenanteil.

Es reicht aus, wenn der Rechnungsaussteller den Arbeitslohnanteil in der Rechnung nur prozentual ausweist.

Pflege-/Betreuungsleistungen

Abzugsfähig sind sowohl Aufwendungen für die Betreuung (z.B. Hausaufgabenbetreuung) von Kindern (über 14 Jahren) im Haushalt, da insoweit kein Sonderausgabenabzug möglich ist, als auch die Betreuung und Pflege älterer Menschen. Die Feststellung oder der Nachweis einer Pflegebedürftigkeit sind nicht erforderlich. Begünstigt sind Dienstleistungen zur Grundpflege, d.h. zur unmittelbaren Pflege am Menschen (Körperpflege, Ernährung und Mobilität), oder zur Betreuung. Dazu gehören auch die Kosten für ein mit der Betreuungspauschale abgegoltenes Notrufsystem, das innerhalb der Wohnung im Rahmen des betreuten Wohnens Hilfeleistung rund um die Uhr sicherstellt (BFH, Urteil v. 3.9.2015, VI R 18/14). Wird das Notrufsystem (Rotes-Kreuz-/Caritas-Notknopf) als eigenständige (alleinige) Bereitschaftsleistung erbracht, erkennt die Verwaltung die Kosten bisher nicht an.

Pflege durch Angehörige

Die Steuerermäßigung können auch **Angehörige** erhalten, wenn sie für Pflege- bzw. Betreuungsleistungen im eigenen Haushalt oder im Haushalt der zu pflegenden Person aufkommen. Die Leistungen der Pflegeversicherung sind mit Ausnahme des Pflegegeldes anzurechnen. Nimmt die zu pflegende Person oder der Angehörige den Pflegepauschbetrag oder den Behindertenpauschbetrag in Anspruch, schließt dies eine

Steuerermäßigung für haushaltsnahe Beschäftigungsverhältnisse und Dienstleistungen im Abgeltungsbereich des Pauschbetrags aus. Auch der von einem Kind auf den Steuerpflichtigen übertragene Behindertenpauschbetrag führt zum Ausschluss. Vertiefend siehe → Behinderte Menschen und → Pflegekosten/Heimunterbringung. Die Steuerermäßigung ist haushaltsbezogen und wird nur einmal gewährt, wenn zwei pflegebedürftige Personen in einem Haushalt gepflegt werden.

Heimunterbringung

Begünstigt ist auch eine Heimunterbringung wegen Alters oder zur dauernden Pflege (z.B. Altenheim, Pflegeheim, Wohnstift). Nicht begünstigt sind Studentenwohnheime oder andere Ausbildungswohnheime. Wegen der zu berücksichtigenden Aufwendungen ist zu unterscheiden, ob im Heim ein **eigenständiger und abgeschlossener Haushalt** (Bad, Küche, Wohn- und Schlafbereich) vorliegt und eine eigene Wirtschaftsführung des Bewohners gegeben ist oder nicht.

	kein abgeschlossener Haushalt im Heim	abgeschlossener Haushalt im Heim
Grundpflege:		
Pflege- und Betreuungsleistungen	ja	ja
Reinigung des Zimmers	ja	ja
Reinigung der Gemeinschaftsflächen (Flure, Treppenhaus, Gemeinschaftsräume)	ja	ja
Zubereitung von Mahlzeiten in der hauseigenen Küche des Heims	ja	ja
Servieren von Mahlzeiten (auch im Speisesaal)	ja	ja
Wäscheservice, soweit er im Heim erfolgt	ja	ja
Sonstiges:		
Miete im Altenheim/Wohnstift	nein	nein
Hausmeisterarbeiten	nein	ja
Gartenpflege	nein	ja
Handwerkerleistungen	nein	ja
Dienstleistungen des Haus- und Etagenpersonals (Empfang von Besuchern, kleine Botengänge)	nein	ja

Aufwendungen, die im Voraus geleistet werden, um bei Bedarf bestehende Pflege- und Betreuungsleistungen in Anspruch zu nehmen, sind nur begünstigt, wenn die Dienstleistung tatsächlich in Anspruch genommen wurde. Vertiefend siehe → Pflegekosten/Heimunterbringung.

4 Handwerkerleistungen

Eine Steuerermäßigung gibt es auch für handwerkliche Tätigkeiten im Privathaushalt.

Umfang der Steuerermäßigung

Die Steuerermäßigung beträgt 20 % der Aufwendungen, höchstens 1.200 € jährlich. Sie kann im **Jahr der Zahlung** in Anspruch genommen werden.

Begünstigte Aufwendungen

Zu den **begünstigten Aufwendungen** gehören insbesondere Arbeiten am Dach, an der Fassade, an Garagen, die Reparatur oder der Austausch von Fenstern oder Türen und Bodenbelägen, Maler- und Tapezierarbeiten, Wartung oder Austausch von Heizungsanlagen sowie die Modernisierung des Badezimmers, Aufwendungen für Mess- und Überprüfungsarbeiten (Dichtigkeitsprüfung einer Abwasserleitung, Legionellenprüfung, Kontrolle von Aufzügen oder Blitzschutzanlagen und andere technische Prüfdienste) sowie Maßnahmen zur Feststellung der Ursache von Gebäudeschäden, nicht jedoch Gutachterkosten.

Der Abzug ist nur für Dienstleistungen in Form von **Arbeitslohn, Fahrt- und Maschinenkosten sowie** Kosten für **Verbrauchsmittel** (z. B. Befestigungsmaterial in geringem Umfang oder Streugut) möglich, nicht dagegen **Material- oder Warenkosten.** Bei der Erneuerung der Einbauküche bzw. der Reparatur von Haushaltsgeräten (z. B. Waschmaschine, Herd, Fernseher, PC) sind deshalb auch nur die Arbeitskosten, die auf Arbeiten im Haushalt entfallen, abziehbar.

Nicht begünstigt sind z. B. Aufwendungen für den Architekten, da es sich um keine handwerkliche Leistung handelt. Auch (Lohn-)Kosten, die in einer Werkstatt anfallen, sind nach derzeitiger Rechtsauffassung nicht begünstigt, auch wenn sie einen Gegenstand des Haushalts betreffen. Ob dies (weiterhin) gilt, muss der BFH in einem anhängigen Verfahren (Az. beim BFH VI R 44/18) überprüfen.

Ebenfalls ausgeschlossen ist eine Steuerermäßigung für Maßnahmen, die z. B. über zinsverbilligte Darlehen (z. B. der KfW-Bank) oder steuerfreie Zuschüsse öffentlich gefördert wurden. Dies gilt auch für den Teil der Aufwendungen, der sich, z. B. wegen Überschreitung des Förderhöchstbetrags, im Rahmen der öffentlichen Förderung nicht auswirkt.

Neubaumaßnahme/Erweiterung

Aufwendungen im Rahmen einer **Neubaumaßnahme** (erstmalige Erstellung eines Haushalts bis zu dessen erstmaliger Fertigstellung) sind nicht begünstigt. Ein Gebäude gilt dann als fertiggestellt, wenn alle wesentlichen Bauarbeiten abgeschlossen sind und der Bau so weit errichtet ist, dass der Bezug der Wohnung zumutbar ist. Aufwendungen für eine Maßnahme sind dann begünstigt, wenn sie im räumlichen Zusammenhang eines **vorhandenen** Haushalts erbracht werden. Dazu gehören z. B. Restarbeiten am Haus, am Außenputz und an der Gartenanlage, die **nach dem Bezug** eines Neubaus anfallen.

Auch Aufwendungen für eine **Erweiterung,** z. B. Anbau, Ausbau des Dachgeschosses oder Einbau einer Dachgaube, Bau eines Wintergartens, Erstellung eines Carports oder einer Garage, sind begünstigt. Ob es sich bei den Aufwendungen für eine einzelne Maßnahme steuerlich um Erhaltungs- oder Herstellungsaufwand handelt, ist ohne Bedeutung.

Wohnungswechsel

Bei Umzug in eine andere Wohnung kann eine Steuerermäßigung sowohl für die Renovierung im bisherigen als auch im neuen Haushalt in Anspruch genommen werden. Der Höchstbetrag verdoppelt sich aber nicht.

TIPP

Abschlagszahlungen

Vereinbaren Sie mit Ihrem Handwerker Teil- oder Abschlagszahlungen in verschiedenen Jahren, dann können Sie die Steuerermäßigung für die jeweilige Zahlung in verschiedenen Jahren in Anspruch nehmen. Voraussetzung ist aber jeweils eine Rechnung für die betreffende Teil- oder Abschlagszahlung.

5 Eigentümergemeinschaft

Liegt eine Beteiligung an einem Grundstück in Form von Wohnungs- oder Teileigentum vor, kann die Steuerermäßigung für haushaltsnahe Beschäftigungsverhältnisse oder vergleichbare Dienstleistungen (z. B. Hausmeister) und Handwerkerleistungen an diesem Grundstück in Anspruch genommen werden.

Geringfügige Beschäftigungsverhältnisse, die eine Wohnungseigentümergemeinschaft abschließt, sind – anders als solche, die von einzelnen Wohnungseigentümern abgeschlossen wurden – nicht begünstigt, da eine Teilnahme am Haushaltsscheckverfahren nicht möglich ist. Die Aufwendungen sind aber im Rahmen der haushaltsnahen Dienstleistungen abziehbar.

Erforderlich ist die Vorlage einer Jahresabrechnung der Wohnungseigentümergemeinschaft. In der Abrechnung müssen die verschiedenartigen Begünstigungen aufgelistet und der auf den Steuerpflichtigen entfallende Kostenanteil ausgewiesen sein.

Die Kosten für die Hausverwaltung durch einen externen Hausverwalter sind keine haushaltsnahen Dienstleistungen, da sie nicht auf dem Grundstück ausgeübt werden.

6 Mehrfache Förderung

Sie können die verschiedenen Steuerermäßigungen **nebeneinander** in Anspruch nehmen, der Höchstbetrag pro Förderart wird allerdings nur einmal gewährt.

BEISPIEL

Mehrere Haushaltsleistungen

Fall 1

Für eine Hilfe im Haushalt werden Sozialversicherungspflichtbeiträge bezahlt. Die Gesamtkosten belaufen sich auf 12.000 € im Jahr. Außerdem wird ein Malermeister mit der Renovierung der Hausfassade beauftragt und es werden 4.000 € Lohnkosten bezahlt. Für die Wartung der Heizungsanlage fallen 150 € Arbeitslohn an.

Die Steuerermäßigung beträgt für die Haushaltshilfe 2.400 €, für die Handwerkerleistungen 830 €.

Fall 2

Ein Landschaftsgärtner erledigt Arbeiten im Garten. Die Arbeiten umfassen Schnittarbeiten an Hecken und Sträuchern, den Austausch von Büschen und anderen Pflanzen sowie das Fällen eines größeren Baumes. In der Rechnung i. H. v. 7.000 € sind 4.700 € Lohnaufwand, 2.000 € Materialkosten (Pflanzen und Erde) sowie 300 € Transportkosten enthalten.

Die Materialkosten sind nicht begünstigt. Die Lohnkosten können in haushaltsnahe Dienstleistungen (Gartenpflegearbeiten) – 20 %, höchstens 4.000 € – und Handwerkerleistungen (Fällen größerer Bäume, Rodungen, Um-/Neugestaltung des Gartens) – 20 %, höchstens 1.200 € – aufgeteilt werden. Die Entgelte müssen in der Rechnung gesondert ausgewiesen sein.

Haushaltsbezogene Höchstbeträge

Die Höchstbeträge sind haushaltsbezogen. Ehegatten, Partner einer eingetragenen Lebensgemeinschaft, die einzeln veranlagt werden, oder Alleinstehende, die zusammen in einem Haushalt leben, können die Steuerermäßigung aus ihren jeweiligen Aufwendungen bis zum hälftigen Höchstbetrag in Anspruch nehmen oder gemeinsam eine andere Aufteilung des Höchstbetrags beantragen. Wird ein gemeinsamer Haushalt im Laufe des Jahres begründet oder beendet und lebt der Steuerpflichtige die übrige Zeit des Jahres allein in seinem Haushalt, kann er die vollen Höchstbeträge in Anspruch nehmen.

7 Zusammenfassung

<table>
<tr><th>Art der begünstigten Tätigkeit</th><th>Abzugsbetrag</th></tr>
<tr><td>geringfügig beschäftigte Haushaltshilfe (Minijob)</td><td>20 % der Aufwendungen, höchstens 510 €</td></tr>
<tr><td>sozialversicherungspflichtige Haushaltshilfe</td><td rowspan="4">20 % der gesamten Aufwendungen, höchstens 4.000 €</td></tr>
<tr><td>haushaltsnahe Dienstleistungen</td></tr>
<tr><td>haushaltsnahe Pflege- und Betreuungsleistungen</td></tr>
<tr><td>Unterbringung im Heim oder zur dauernden Pflege bzgl. Aufwendungen, die denen einer Hilfe im Haushalt vergleichbar sind</td></tr>
<tr><td>Handwerkerleistungen</td><td>20 % der Kosten (ohne Material), höchstens 1.200 €</td></tr>
</table>

Homeoffice

Wer als Arbeitnehmer oder Selbstständiger zu Hause arbeitet, kann die Aufwendungen für das Zimmer sowie für Arbeitsmittel und (beruflich veranlasste) Fahrten zum Arbeitgeber oder Kunden als Werbungskosten oder Betriebsausgaben absetzen.

1 Aufwendungen

Für den Abzug der laufenden Betriebskosten (Strom, Wasser, Heizung) und die allgemeine Ausstattung des Zimmers (Tapeten, Vorhänge, Deckenlampe, Bodenbelag, Teppich) gelten die Regelungen für → Arbeitszimmer.

TIPP

Vermietung an den Arbeitgeber

Vermietet der Arbeitnehmer das Arbeitszimmer an den Arbeitgeber, der es wiederum dem Arbeitnehmer zur Berufsausübung überlässt, liegen beim Arbeitnehmer Vermietungseinkünfte vor. Dabei ist die Miete Einnahme und die Kosten sind in voller Höhe abzugsfähige Werbungskosten. Dies funktioniert aber nur, wenn der Mietvertrag im vorrangigen Interesse des Arbeitgebers steht, also ein Arbeitsplatz im Betrieb eingespart wird, und auch bei anderen Mitarbeitern Räume angemietet wurden. Sonst wird die Miete als Arbeitslohn angesehen und für die Kosten gelten die Abzugsregelungen für Arbeitszimmer (s. o.).

2 Arbeitsmittel

Zum Abzug der für den Beruf benötigten Gegenstände, z. B. EDV-Anlage, Schreibtisch, Schreibtischstuhl, Lampe, Papierkorb, Regale, Bücherschränke: Vertiefend siehe → Arbeitsmittel, → Abschreibungen/Arbeitsmittel und → Computer.

Stellt der Arbeitgeber die EDV-Anlage zur Verfügung, ist eine eventuelle private Mitbenutzung nicht zu versteuern.

3 Fahrtkosten

Für Fahrten zu Ihrem Arbeitgeber sind entweder die tatsächlichen Kosten abzugsfähig oder nur die Entfernungspauschale. Vertiefend siehe → Fahrtkosten und → Entfernungspauschale. Was angesetzt werden darf, hängt davon ab, ob der Arbeitnehmer beim Arbeitgeber eine erste Tätigkeitsstätte hat. Zur Abgrenzung: Vertiefend siehe → Reisekosten.

Dieselbe Abgrenzung gilt für Selbstständige, die zu ihrem Auftraggeber fahren.

Kapitalanlagen

Durch die Abgeltungsteuer unterliegen die meisten Kapitaleinkünfte nicht mehr der Regelbesteuerung. Es gilt aber vieles zu beachten.

§§ 20, 9, 3c, 24c, 32d EStG, R 20.1–20.3 EStR

1 Allgemeines

Kapitalerträge von Privatpersonen unterliegen regelmäßig nicht mehr dem normalen (progressiven) Einkommensteuertarif. Stattdessen muss z. B. die auszahlende Bank eine 25%ige Abgeltungsteuer einbehalten. Mit dieser ist die Steuerschuld des Anlegers regelmäßig abgegolten. Die Anrechnung der einbehaltenen Steuerbeträge im Rahmen der Veranlagung entfällt. Es gibt jedoch Ausnahmen, bei denen die Erträge im Rahmen der Einkommensteuerveranlagung zu erfassen sind.

WICHTIG

Teilweise Abschaffung der Abgeltungsteuer

Der Koalitionsvertrag vom 7.2.2018 sieht vor, dass die Abgeltungsteuer auf Zinserträge abgeschafft werden soll. Verbunden werden soll dies mit der Einführung eines automatischen Informationsaustausches. Weitere Informationen zum genauen Vorhaben oder Termin liegen noch nicht vor.

Erfassung durch die Abgeltungsteuer

Was fällt darunter?

Fast alle Kapitalerträge sind mit der Abgeltungsteuer zu belegen, z. B.:

- Zinsen auf Spareinlagen
- Zinsen auf festverzinsliche Wertpapiere
- Erträge auf Anteile an Investmentfonds
- Dividendenzahlungen
- Gewinne aus der Veräußerung von privaten Kapitalanlagen (→ Spekulationsgeschäfte)

Die wichtigsten Ausnahmen

- Erträge, die im Rahmen eines Betriebs (gewerblich, freiberuflich) anfallen
- Gläubiger und Schuldner sind nahestehende Personen und die Zahlungen sind beim Schuldner Betriebsausgaben oder Werbungskosten (s. a. BFH, Urteil v. 28.1.2015, VIII R 8/14).
- Einnahmen z. B. aus Darlehen, sofern der Gläubiger oder eine ihm nahestehende Person zu mehr als 10 % beteiligt ist (s. a. BFH, Urteil v. 29.4.2014, VIII R 23/13). Bei einer mittelbaren Beteiligung gilt das nur dann, wenn auch die zwischengeschaltete Kapitalgesellschaft beherrscht wird (BFH, Urteil v. 20.10.2016, VIII R 27/15).

Werden z. B. Zinsen an Familienangehörige gezahlt, ist der Abgeltungsteuersatz nicht unbedingt ausgeschlossen, denn ein lediglich aus der Familienangehörigkeit abgeleitetes persönliches Interesse reicht nicht aus. Erforderlich ist ein Beherrschungsverhältnis zwischen dem Darlehensgeber und dem Anteilseigner (BFH, Urteil v. 14.5.2014, VIII R 31/11).

Werbungskosten können in diesen Fällen in vollem Umfang geltend gemacht werden.

Veranlagungsoption

Der Steuerpflichtige kann beantragen, dass die Einkünfte in die Veranlagung einzubeziehen sind (Günstigerprüfung). Dies liegt dann in seinem Interesse, wenn seine Steuerbelastung geringer ist als 25 %. Das Finanzamt prüft dann, ob der persönliche Grenzsteuersatz günstiger ist als die Abgeltungsteuer. In diesem Fall wird die einbehaltene Kapitalertragsteuer auf die Einkommensteuer angerechnet.

BEISPIEL

Abgeltungsteuer günstiger

E hat 2019 ein z. v. E. von 24.500 € erzielt. Darauf entfällt eine Jahressteuer von 3.648 €. Das entspricht einem Steuersatz von 14,89 %. Trotzdem bleibt die Abgeltungsteuer günstiger. Vergleichsmaßstab ist der Grenzsteuersatz. Das ist der Steuersatz, der auf den letzten Euro des z. v. E. angewandt wird. Im Beispiel beträgt dieser Satz 28,40 % und übersteigt damit den besonderen Steuersatz von 25 %.

TIPP

Nutzen Sie die Günstigerprüfung

In Fällen, in denen Sie die Günstigerprüfung nutzen wollen, müssen Sie dies unbedingt durch ein Kreuz in der Anlage KAP beantragen. Nur dann führt das Finanzamt die Prüfung durch. Außerdem sollten Sie Ihren Steuerbescheid daraufhin kontrollieren.

Veranlagungsantrag bei Anteilseignern

Auf Antrag können Anteilseigner von Kapitalgesellschaften ihre Erträge der individuellen Einkommensteuer unterwerfen, wenn sie mindestens zu

- 25 % beteiligt sind oder
- 1 % beteiligt und beruflich für die Gesellschaft tätig sind sowie durch eine berufliche Tätigkeit für diese maßgeblichen unternehmerischen Einfluss auf deren wirtschaftliche Tätigkeit nehmen können.

In diesen Fällen sind die Erträge im Rahmen der Einkommensteuererklärung anzusetzen und unterliegen dem persönlichen Steuersatz. Die einbehaltenen Steuern werden angerechnet. Auch in diesen Fällen können alle Werbungskosten in vollem Umfang geltend gemacht werden.

TIPP

Antrag zusammen mit Steuererklärung

Der Veranlagungsantrag muss spätestens mit Abgabe der Einkommensteuererklärung gestellt werden (BFH, Urteil v. 28.7.2015, VIII R 50/14). Allerdings hat der BFH einem steuerlich nicht beratenen Steuerpflichtigen die Wiedereinsetzung in die Antragsfrist gewährt, weil ihm nicht vorzuwerfen sei, dass er die komplizierten, unvollständigen und zum Teil irreführenden amtlichen Anleitungen zur Anlage KAP nicht verstanden habe (BFH, Urteil v. 29.8.2017, VIII R 33/15).

Sonstige Veranlagungsanträge

TIPP

Berechnung der Abgeltungsteuer prüfen lassen

Daneben können Sie insbesondere in folgenden Fällen noch beantragen, die Berechnung der Abgeltungsteuer im Rahmen der Einkommensteuerveranlagung zu überprüfen:

- bei einem nicht vollständig ausgeschöpften Sparerpauschbetrag
- zur Anwendung der Ersatzbemessungsgrundlage bei nicht nachzuweisenden AK (§ 43a Abs. 2 Satz 7 EStG)
- bei einem noch zu berücksichtigenden Verlust, der z. B. bei einer anderen Bank entstanden ist und dort nicht ausgeglichen werden konnte
- bei einem Verlustvortrag nach § 20 Abs. 6 EStG
- bei noch nicht berücksichtigten ausländischen Steuern
- zur Überprüfung des Steuereinbehalts dem Grunde oder der Höhe nach

Auf diese Einkünfte wird der Abgeltungsteuersatz (25 %) angewandt. Der persönliche Grenzsteuersatz kommt nur auf Antrag zum Einsatz, wenn dieser günstiger ist.

HINWEIS

Antragsvoraussetzungen

Der Antrag kann nur

- für alle der Abgeltungsteuer unterliegenden Erträge und
- von Ehegatten gemeinsam

gestellt werden.

Der über die Pauschbeträge hinausgehende Werbungskostenabzug ist allerdings ausgeschlossen.

Die Finanzverwaltung vertritt in diesem Zusammenhang die Rechtsauffassung, dass derartige Wahlrechte fristgebunden sind und nur bis zum Eintritt der Bestandskraft ausgeübt werden können. Dies hat zur Folge, dass nachträgliche Korrekturen grundsätzlich ausgeschlossen sind, unabhängig davon, ob der Steuerpflichtige die Ausübung des Wahlrechts grob fahrlässig oder versehentlich unterlassen hat.

Außerdem können Sie beantragen, dass im Rahmen der Einkommensteuererklärung der Einbehalt der Abgeltungsteuer überprüft wird. Das ist in den Fällen interessant, in denen Sie den Sparerpauschbetrag durch einen Freistellungsauftrag nicht oder nicht richtig gestellt haben.

BEISPIEL

Günstigerprüfung

S hat Konten bei der A- und bei der B-Bank. Er gibt einen Freistellungsauftrag nur bei der B-Bank ab. Dort erzielt er Zinseinnahmen von 500 €. Die A-Bank behält von den dort erzielten Zinseinnahmen i. H. v. 600 € Abgeltungsteuer ein. S hat seinen Sparerpauschbetrag i. H. v. (801 – 500 =) 301 € nicht ausgenutzt. Wenn er keinen Antrag stellt, verliert er bares Geld.

Beantragt er dagegen die Günstigerprüfung im Rahmen der Einkommensteuererklärung, erhält er 75,25 € (25 % von 301 €) zurück.

Veräußerungsgewinne

Unter die Einnahmen aus Kapitalvermögen und damit auch unter die Abgeltungsteuer fallen seit 2009 auch Vorgänge, die bisher als „Spekulationsgewinne" bezeichnet wurden und regelmäßig nur bei Verkäufen innerhalb einer Frist von einem Jahr steuerpflichtig wurden.

Es handelt sich um folgende Vorgänge:	Gilt für
Veräußerung von Anteilen an Körperschaften (z. B. Aktien)	Anteile, die nach dem 31.12.2008 erworben wurden
Veräußerung von Dividenden- und Zinsscheinen ohne Stammrecht	Veräußerungen nach dem 31.12.2008
Gewinne und Verluste aus Termingeschäften	Rechte, die nach dem 31.12.2008 erworben wurden
Veräußerung eines Anteils an einer stillen Gesellschaft bzw. eines partiarischen Darlehens	entsprechende WG, Rechte oder Rechtspositionen, deren Anschaffung oder Erstellung nach dem 31.12.2008 erfolgte
Rechtsübertragung bei Hypotheken, Grundschulden, Renten	
Veräußerung einer Rechtsposition i. S. d. § 20 Abs. 1 Nr. 9 EStG (z. B. Anspruch aus Gewinnausschüttung)	
Veräußerung einer Kapitallebensversicherung	Abschluss des Versicherungsvertrags nach dem 31.12.2004; Veräußerung nach dem 31.12.2008
Veräußerung von sonstigen Kapitalforderungen	Zufluss nach dem 31.12.2008; Ausnahmen

Für die anderen Vorgänge gelten die Altregelungen. Vertiefend siehe → Spekulationsgeschäfte.

Dazu gehört auch der Erlös aus dem Verkauf von Genussrechten, die vor dem 1.1.2009 erworben wurden (BFH,

Urteil v. 12.12.2012, I R 27/12). Ein Entgelt für die vorzeitige Beendigung des Genussrechtsverhältnisses gehört dagegen zu den Einkünften aus Kapitalvermögen (BFH, Urteil v. 11.2.2015, VIII R 4/12).

BEISPIEL

Wann gilt die Altregelung?

- Aktien am 5.1.2008 erworben, am 15.10.2019 veräußert – Altregelung, nicht steuerpflichtig
- Grundstücksveräußerung – keine Aufzählung in § 20 EStG – Altregelung

Berechnung der Veräußerungsgewinne

Die Berechnung der Gewinne erfolgt nach folgender Methode:

Veräußerungspreis
– AK
– Veräußerungskosten
= Veräußerungsgewinn/Veräußerungsverlust

Veräußerungskosten dürfen entgegen dem Werbungskostenabzugsverbot abgezogen werden. Auch bei der Gewinnermittlung für Termingeschäfte sind die Aufwendungen im Zusammenhang mit diesen abziehbar.

Bei der Veräußerung von Wertpapieren wird unterstellt, dass die zuerst angeschafften Wertpapiere auch zuerst veräußert wurden.

Eine Veräußerung ist nicht von der Höhe der Gegenleistung und der anfallenden Veräußerungskosten abhängig. Damit ist auch die Überlassung wertloser Anteile zwischen fremden Dritten ohne Gegenleistung steuerlich wirksam (BFH v. 12.6.2018, VIII R 32/16). Auch die ersatzlose Ausbuchung endgültig wertlos gewordener Aktien durch die das Depot führende Bank führt als „ausbleibende Rückzahlung“ zu einem einkommensteuerlich berücksichtigungsfähigen Verlust aus Kapitalvermögen (FG Rheinland-Pfalz, Urteil v. 12.12.2018, 2 K 1952/16; Rev. BFH, Az. VIII R 5/19). Das gilt auch für „Knock-out-Zertifikate“ (BFH, Urteil v. 20.11.2018, VIII R 37/15).

TIPP

Bankabrechnung prüfen

Kontrollieren Sie die Abrechnung Ihrer Bank insbesondere dann, wenn Sie Wertpapiere nach einem Depotwechsel verkaufen. Hat die übergebende Bank den Erwerbszeitpunkt und die AK nicht korrekt mitgeteilt, kann es dazu kommen, dass zu viele Abgaben einbehalten werden. Sie können solche Fehler in der Steuererklärung korrigieren!

Aber: Fehler, die z. B. die Bank bei Einbehalt und Abführung der KapESt macht und die erst nach Ablauf eines Kalenderjahres aufgedeckt werden, dürfen nach § 20 Abs. 3a Satz 1 EStG im Rahmen des Veranlagungsverfahrens nur mit Wirkung für die Zukunft korrigiert werden. Nach dieser Regelung ist die Fehlerkorrektur nur im Jahr der Aufdeckung des Fehlers vorzunehmen. Der Steuerpflichtige muss durch eine Bescheinigung der zum KapESt-Abzug verpflichteten Stelle nachweisen, dass diese die Korrektur nicht vorgenommen hat und auch in Zukunft nicht vornehmen wird. Eine Antragsveranlagung nach § 32d Abs. 4 oder 6 EStG, durch die eine rückwirkende Fehlerkorrektur vorgenommen werden soll, ist nicht zulässig.

Termingeschäfte/Optionen

Die Anschaffung einer Option und der Ausgang des Optionsgeschäfts sind grundsätzlich als Einheit zu behandeln. Dementsprechend ist der Ausgang des Optionsgeschäfts – auch bei einem Verlust – in vollem Umfang steuerbar (BFH, Urteile vom 12.1.2016, IX R 48/14, IX R 49/14 und IX R 50/14). Zu beachten ist allerdings die eingeschränkte Möglichkeit der Verlustnutzung.

Fremdwährungsgeschäfte

Bei Fremdwährungsgeschäften sind die Einnahmen im Zeitpunkt der Veräußerung und die AK im Zeitpunkt der Anschaffung in Euro umzurechnen. Das bedeutet, dass alle Fremdwährungsgewinne der Abgeltungsteuer unterliegen.

BEISPIEL

Gewinn oder Verlust?

L kauft am 5.1.2019 100 Stück Aktien für 130 USD. Der Kurs beträgt 1,20 €. L zahlt somit 15.600 €. Er verkauft die Aktien am 20.10.2019 für 120 USD, Kurs 1,40 € und erhält 16.800 €. Obwohl K auf Dollarbasis einen Verlust erzielt hat, muss er 1.200 € versteuern.

Unentgeltlicher Erwerb

Bei unentgeltlichem Erwerb (z. B. Erbschaft, Schenkung) sind die Anschaffungswerte des Rechtsvorgängers maßgebend.

Erfassung im Rahmen der Einkommensteuerveranlagung

Folgende Einnahmen sind im Rahmen der Einkommensteuerveranlagung zu erfassen:

Einnahmen, die nicht unter die Abgeltungsteuer fallen/Besteuerung auf Antrag

Inländische Einnahmen, die nicht unter die Abgeltungsteuer fallen (s. unter „Die wichtigsten Ausnahmen“) müssen immer in der ESt-Erklärung aufgeführt werden. Auch wenn ein Veranlagungsantrag gestellt wird oder die Günstigerprüfung erfolgen soll, müssen die Einnahmen in der Steuererklärung angegeben werden.

Dasselbe gilt für den Antrag, den Anteilseigner von Kapitalgesellschaften stellen können. Außerdem sind im Veranlagungsverfahren alle ausländischen Einnahmen zu erklären.

Gehören Dividenden zu den Einnahmen, gilt hierfür das Teileinkünfteverfahren. Es werden nur 60 % der Einnahmen versteuert.

Steuererstattungszinsen

Zinsen auf Steuererstattungen gehören zu den steuerpflichtigen Einnahmen. Das Ergebnis ist für die Steuerzahler unbefriedigend: Erstattungszinsen müssen versteuert werden, während Nachzahlungszinsen nicht abziehbar sind.

Kapitallebensversicherungen

Einnahmen aus Kapitallebens- und Rentenversicherungen unterliegen der „normalen" Versteuerung. Dabei gilt:

- Die Ertragsanteile aus Verträgen, die bis 2004 geschlossen wurden, sind steuerfrei, wenn die Mindestlaufzeit von zwölf Jahren erfüllt ist.
- Erträge aus Kapitallebensversicherungen, die nach dem 31.12.2004 abgeschlossen werden, müssen versteuert werden. Steuerpflichtig ist die Differenz zwischen Ablaufleistung und den gezahlten Beiträgen.
- Erfolgt die Auszahlung nach Vollendung des 60. Lebensjahres und nach Ablauf von zwölf Jahren seit dem Vertragsabschluss, sind die Erträge nur zur Hälfte steuerpflichtig.

Diese Regelung gilt entsprechend für Erträge aus fondsgebundenen Lebensversicherungen, für Erträge im Erlebensfall bei Rentenversicherungen ohne Kapitalwahlrecht, soweit keine lebenslange Rentenzahlung vereinbart und erbracht wird, und für Erträge bei Rückkauf des Vertrags bei Rentenversicherungen ohne Kapitalwahlrecht.

Wird eine Kapitallebensversicherung mit Rentenwahlrecht abgeschlossen, erfolgt auch bei Ausübung der Rentenoption eine Besteuerung der Erträge aus der Anspar- bzw. Aufschubphase.

Ausgenommen von diesen Regelungen sind sog. vermögensverwaltende Versicherungsverträge. Diese liegen vor, wenn in einem Versicherungsvertrag eine gesonderte Verwaltung von speziell für diesen Vertrag zusammengestellten Kapitalanlagen vereinbart ist.

Rentenversicherungen

HINWEIS

Riester-Rente

Erträge aus Riester-Renten sind nicht als Einnahmen aus Kapitalvermögen, sondern als „Sonstige Einkünfte" zu versteuern. Vertiefend siehe → Altersvorsorgeaufwendungen.

Rentenversicherungen mit Kapitalwahlrecht, bei denen der Versicherungsnehmer die Rentenzahlung wählt, sind nicht als Kapitaleinkünfte, sondern als sonstige Einkünfte nach § 22 Nr. 1 Satz 3, Buchst. a, Doppelbuchst. aa EStG mit dem Ertragsanteil zu versteuern.

Nimmt der Versicherungsnehmer jedoch die Kapitalauszahlung in Anspruch, muss der Zinsanteil versteuert werden.

WICHTIG

Rentenzahlung – Voraussetzungen

Voraussetzungen für das Vorliegen einer Rentenzahlung sind:

- gleichbleibender oder steigender wiederkehrender Bezug (das gilt auch bei Zahlung eines gleichbleibenden oder steigenden Sockelbetrags zzgl. einer jährlich schwankenden Überschussbeteiligung)

- zeitlich unbeschränkte Gültigkeit für die Lebenszeit der versicherten Person (lebenslange Leibrente)

In vollem Umfang zu versteuern sind Renten, wenn eine Höchstlaufzeit (abgekürzte Leibrente) oder eine festgelegte Dauer (Zeitrente) vereinbart wird. Bei einer Mindestlaufzeit (verlängerte Leibrente) erfolgt eine volle Versteuerung nur dann, wenn die Rentengarantiezeit über die mittlere Lebenserwartung des Versicherten bei Rentenbeginn hinausgeht. In den anderen Fällen gilt die Ertragsanteilsbesteuerung auch für den Erben.

TIPP

Lebenslange Rente

Die Auszahlung in Form einer lebenslangen Rente ist steuerfrei, soweit die darin enthaltenen Zinsen die Ansparzeit (Vertragsschluss bis Rentenbeginn) betreffen. Nicht begünstigt ist die Auszahlung durch Einmalbetrag oder mehrere Teilbeträge.

Steuerpflichtig sind aber die Zinsen aus der Zeit vom Rentenbeginn bis zur tatsächlichen Auszahlung (Ertragsanteil).

BEISPIEL

Rentenversicherung mit Kapitalwahlrecht

A hat eine Rentenversicherung mit Kapitalwahlrecht abgeschlossen. Mit Vollendung des 64. Lebensjahres kann er wählen, ob er eine Einmalzahlung erhält oder lebenslang einen gleichbleibenden Betrag. Wählt A die Auszahlung als **Rente**, bleiben die Beträge steuerfrei, nur der Zinsanteil, der auf die Zeit vom Beginn der Rentenzahlung bis zur Auszahlung eines jeden einzelnen Rentenbetrags anfällt, ist steuerpflichtig. Wählt er dagegen eine Kapitalauszahlung, muss er alle Erträge versteuern.

Hat A vereinbart, dass die Auszahlung in Form einer konstanten Anzahl von Investmentfondsanteilen erfolgen soll, ist der Grundsatz, dass es sich um eine gleichbleibende Rente handeln muss, nicht gewahrt, da die Fondsanteile Wertschwankungen oder einem totalen Wertverlust unterliegen können und es dadurch zu einem zumindest zeitweise sinkenden Bezug kommen kann.

ACHTUNG

Spätere Kapitalauszahlung

Wählt A zunächst die Rentenzahlung und lässt sich später den Restbetrag als Einmalbetrag auszahlen, ist dieser Betrag noch steuerpflichtig.

BEISPIEL

Abgekürzte Leibrente

B hat eine Rentenversicherung abgeschlossen, die ihm ab Vollendung des 64. Lebensjahres bis zum Tod, längstens aber 20 Jahre, eine Rente zahlt. Begrifflich handelt es sich hier um eine **abgekürzte Leibrente**. Die Auszahlung ist in vollem Umfang steuerpflichtig.

BEISPIEL

Zeitrente

C hat ebenfalls eine Rentenversicherung abgeschlossen, die ihm ab Vollendung des 64. Lebensjahres für 20 Jahre eine Rente zahlt. Die Auszahlung der **Zeitrente** ist in vollem Umfang steuerpflichtig.

BEISPIEL

Verlängerte Leibrente

E hat eine Rentenversicherung abgeschlossen, die ihm ab Vollendung des 64. Lebensjahres bis zum Tod, mindestens aber zwölf Jahre, eine Rente zahlt. Sollte er vorher versterben, erhalten seine Erben die Rente bis zum Ablauf der Laufzeit.

Es handelt sich um eine **verlängerte Leibrente**, die steuerfrei bleibt. Wäre jedoch die Mindestlaufzeit mit 20 Jahren vereinbart worden, müsste E (und bei Versterben vor Ablauf dieses Zeitraums auch seine Erben) die Rentenzahlungen im vollen Umfang versteuern. In diesem Fall wäre nämlich die Mindestlaufzeit länger als die Lebenserwartung von E.

Zinsen aus Rentennachzahlungen

Als Folge der Rechtsprechung des BFH gehören Zinsen aus Rentennachzahlungen nicht mehr zu den Leistungen i. S. d. § 22 EStG, sondern sind nach § 20 Abs. 1 Nr. 7 EStG als Kapitaleinkünfte (Erträge aus sonstigen Kapitalforderungen) zu erfassen (BFH, Urteil v. 9.6.2015, VIII R 18/12; H 20.2 EStR).

Verzugszinsen

Zivilrechtliche Verzugs- oder Prozesszinsen unterliegen nicht der Besteuerung (BFH, Urteil v. 24.5.2011, VIII R 3/09).

Bitcoins

Der Gewinn oder Verlust aus der Veräußerung von Bitcoins führt zu sonstigen Einkünften aus privaten Veräußerungsgeschäften, sofern Erwerb und Veräußerung der Bitcoins innerhalb eines Jahres stattfanden (§ 22 Nr. 2 EStG i. V. m. § 23 Abs. 1 Satz 1 Nr. 2 EStG). Vertiefend siehe → Spekulationsgeschäfte.

2 Sparerpauschbetrag/ Werbungskosten

Unterliegen die Einnahmen dem Abgeltungsteuersatz, wird der Sparerpauschbetrag gewährt. Dieser beträgt

- 801 € für Alleinstehende bzw.
- 1.602 € für zusammen veranlagte Ehegatten.

Damit sind sämtliche Werbungskosten (z. B. Depotgebühren, Fremdfinanzierungszinsen etc.) abgegolten. Auch bei der Günstigerprüfung kommt ein Abzug der tatsächlich entstandenen Werbungskosten nicht in Betracht (BFH, Urteil v. 28.1.2015, VIII R 13/13).

Die tatsächlichen Werbungskosten können nur in den Ausnahme- und Antragsfällen in vollem Umfang bzw. bei Dividenden nur zu 60 %, geltend gemacht werden. In den Fällen, in denen die tatsächlichen Werbungskosten geltend gemacht werden können, kommt der Sparerpauschbetrag nicht zur Anwendung (FG Münster, Urteil v. 16.7.2014, 10 K 2637/11 E).

Etwas anderes gilt nur, wenn die Einnahmen dem Betriebsvermögen zufließen („Einnahmen im Betriebsvermögen") oder wenn Anteilseigner von Kapitalgesellschaften einen Antrag auf Einbeziehung der Einkünfte in die Regelbesteuerung stellen.

TIPP

Wertpapiere in den Betrieb einlegen

Sofern für Ihre Kapitaleinkünfte hohe Kosten anfallen, z. B. Zinsen für fremdfinanzierte Wertpapiere, können Sie diese in Abgeltungsteuerfällen nur dann geltend machen, wenn Sie die Wertpapiere in den betrieblichen Bereich einlegen. Sofern Sie keinen Betrieb haben, kommt u. U. die Gründung einer gewerblich geprägten Personengesellschaft in Betracht.

3 Freistellungsauftrag

Der Einbehalt der Abgeltungsteuer kann durch den Sparerpauschbetrag (für Ledige 801 € bzw. für Ehegatten 1.602 €) ganz oder teilweise verhindert werden. Hierzu muss der Anleger seiner Bank o. Ä. einen schriftlichen Freistellungsauftrag erteilen. Dieser muss dem amtlichen Muster entsprechen; das Kreditinstitut hat entsprechende Formblätter. Liegt ein Freistellungsauftrag vor, so braucht das Kreditinstitut den Zinsabschlag nicht vorzunehmen. Der Freistellungsauftrag kann nicht auf einzelne Konten oder Depots einer Bank beschränkt werden. Er gilt somit immer für alle Konten und Depots dieser Bank.

Sie dürfen Freistellungsaufträge mehrfach und an mehrere Kreditinstitute erteilen. Insgesamt dürfen durch die Freistellungsaufträge die Grenzen von 801/1.602 € nicht überschritten werden.

4 Verluste

Verluste aus den Einkünften, die der Abgeltungsteuer unterliegen, können nicht mit anderen positiven Einkünften verrechnet werden. Diese werden jedoch auf zukünftige Erträge vorgetragen.

Eine weitere Einschränkung gilt für Aktienveräußerungen: Aktienveräußerungsverluste dürfen nur mit Aktienveräußerungsgewinnen ausgeglichen bzw.

verrechnet werden (§ 20 Abs. 6 Satz 5 EStG).

BEISPIEL

Gewinne und Verluste

A hat Zinserträge i. H. v. 2.000 € bezogen. Daneben hat er aus der Veräußerung von Aktien Gewinne i. H. v. 500 € und Verluste von 1.200 € erzielt.

Die Zinserträge unterliegen in vollem Umfang der Abgeltungsteuer. Die Aktienveräußerungsgewinne werden mit den Verlusten verrechnet. Der Restbetrag von 700 € wird vorgetragen auf das nächste Jahr.

Verluste und Gewinne bei verschiedenen Banken

Hat der Anleger Verluste und Gewinne bei verschiedenen Banken, muss er bis zum 15.12. des entsprechenden Jahres bei seiner Bank eine Bescheinigung über die angefallenen Verluste anfordern. Der Verlusttopf wird daraufhin bei dieser Bank geleert und die Verluste im Rahmen der Einkommensteuerveranlagung angerechnet.

Verluste im Ausland

Verluste, die bei ausländischen Banken entstanden sind, müssen ebenfalls bei der Veranlagung geltend gemacht werden.

Verlustvortrag aus Altjahren

Seit 2014 dürfen auch Altverluste lediglich mit Gewinnen aus § 23 EStG (Spekulationsgewinne) verrechnet werden. Vertiefend siehe → Spekulationsgeschäfte.

5 Die neue Fondsbesteuerung ab 2018

Ab 2018 wurde die Fondsbesteuerung (ausgenommen Rentenfonds) vollkommen umgestellt. Steuerlich gilt der Fondsbestand zum 31.12.2017 als verkauft und zum 1.1.2018 als wieder angeschafft. Der dabei entstehende Gewinn oder Verlust aus der fiktiven Veräußerung der Anteile ist erst zu dem Zeitpunkt zu versteuern, zu dem die Alt-Anteile tatsächlich veräußert werden. Die wichtigsten weiteren Änderungen:

- Deutsche Fonds zahlen 15 % Körperschaftsteuer, was zu einer Verringerung des Ausschüttungsvolumens führt.
- Der Anleger erhält zum Ausgleich je nach Art des Fonds eine Steuerfreistellung für in- und ausländische Fonds.

Teilfreistellungssätze	natürliche Personen (Privatvermögen)	natürliche Personen (Betriebsvermögen)	Körperschaften
Aktienfonds (mindestens 51 % in Kapitalbeteiligungen angelegt)	30 %	60 %	80 %

Teilfreistellungssätze	natürliche Personen (Privatvermögen)	natürliche Personen (Betriebsvermögen)	Körperschaften
Mischfonds (mindestens 25 % in Kapitalbeteiligungen angelegt)	15 %	30 %	40 %
Immobilienfonds			
• mindestens 51 % in Immobiliengesellschaften angelegt	60 %	60 %	60 %
• mindestens 51 % in Auslandsimmobilien angelegt	80 %	80 %	80 %

Ausgenommen von der Freistellung sind Fonds, die in Swaps investieren (Fully-funded Swaps). Die Steuerfreistellung gilt sowohl für laufende Erträge als auch für Gewinne bzw. Verluste, die bei einem Verkauf anfallen.

Laufende Einkünfte ausschüttender Fonds

Bei ausschüttenden Fonds unterliegen die so geminderten Ausschüttungen der Abgeltungsteuer.

Laufende Einkünfte thesaurierender Fonds

Für thesaurierende Fonds wird eine „Vorabpauschale" berechnet. Diese gilt am 1.1. des Folgejahres als zugeflossen. Der Wert des Fondsanteils am Jahresanfang wird mit 70 % des von der Deutschen Bundesbank zum Jahresanfang errechneten Basiszinssatzes multipliziert. Der Basiszinssatz für 2018 ist mit 0,87 % festgestellt worden (BMF, Schreiben v. 4.1.2018, IV C 1 – S 1980-1/14/10001 :038), für 2019 mit 0,52 % (BMF, Schreiben v. 9.1.2019, IV C 1 – S 1980-1/14/10001: 038).

BEISPIEL

Laufende Besteuerung eines thesaurierenden Fonds

Der Wert des Fondsbestandes (Aktienfonds > 51 % Aktien) am 1.1.2018 beträgt 50.000 €, am 31.12. 52.000 €.

Die Vorabpauschale beträgt somit 304,50 € (50.000 × 0,87 % × 0,7).

Verglichen wird die Vorabpauschale mit dem Zuwachs, den der Fonds bis zum 31.12. erzielt hat. Ist der Zuwachs geringer als die Vorabpauschale, wird dieser für die Abgeltungsteuer zugrunde gelegt.

Die so ermittelten fiktiven Einkünfte werden um die Steuerfreistellung von 30 % gekürzt. Der verbleibende Betrag von 213,15 € unterliegt der Abgeltungsteuer (25 % = 53,29 €). Als Zuflusszeitpunkt gilt der 1.1.2019.

Den Steuerbetrag muss der Anleger der Bank zur Verfügung stellen. I. d. R. wird dazu ein Verrechnungskonto vereinbart oder es erfolgt ein Teilverkauf der Fondsanteile. Der Anleger kann dieser Belastung widersprechen, muss dann aber die Erträge in seiner Steuererklärung angeben.

Verkauf von Fondsanteilen

Werden Fondsanteile eines ausschüttenden Fonds verkauft, ist der Differenzbetrag zwischen Verkaufserlös und Anschaffungskosten steuerpflichtig. Bei einem thesaurierenden Fonds trifft dies auch zu, allerdings werden die bereits versteuerten Vorabpauschalen angerechnet, sodass eine Doppelbesteuerung vermieden wird. In beiden Fällen erfolgt die Teilfreistellung des Unterschiedsbetrags.

Wird ein Fonds mit Verlust verkauft, erhöht sich der Verlust bei einem thesaurierenden Fonds um die Vorabpauschalen. Auch hier ist der Verlust nur mit dem Betrag steuerwirksam, der nicht der Teilfreistellung unterliegt.

Verkauf von Fondsanteilen – Altbestand vor 2009

Für Altbestände, die bereits vor Einführung der Abgeltungsteuer am 1.1.2009 angeschafft wurden und bei denen der Verkauf vor dem 1.1.2018 steuerfrei gewesen wäre (bestandsgeschützte Alt-Anteile), ist die Neuregelung u. U. von Nachteil. Anleger erhalten für diese Bestände beim Verkauf auf den Gewinn, der zwischen dem 31.12.2017 und dem Zeitpunkt der Veräußerung angefallen ist, einen Freibetrag von 100.000 € (Ehegatten doppelt). Ein darüber hinausgehender Ertrag ist allerdings zu versteuern. Voraussetzung für den Freibetrag ist, dass die Alt-Anteile seit der Anschaffung nicht im Betriebsvermögen gehalten wurden.

BEISPIEL

Verkauf von Fondsanteilen – Altbestand

Der Fondsbestand eines Aktienfonds wurde 2006 für 200.000 € erworben. Zum 31.12.2017 betrug der Wert 250.000 €, verkauft wurde der Fonds für 400.000 €. Vom Veräußerungsgewinn bleibt der Betrag von 50.000 €, der bis zum 31.12.2017 angefallen ist, außer Betracht. Vom Restbetrag (150.000 €) wird der Freibetrag von 100.000 € abgezogen. Der verbleibende Gewinn von 50.000 ist zu 70 % steuerpflichtig (Teilfreistellung). Es verbleibt eine Steuerschuld von 8.750 € (50.000 × 70 % × 25 %).

WICHTIG

Freibetrag

Der persönliche Freibetrag von 100.000 € ist nur in der Veranlagung und nicht bei der Erhebung der Kapitalertragsteuer anzuwenden. Das bedeutet, dass die Bank zunächst einmal die volle Abgeltungsteuer einbehalten muss. Eine Erstattung gibt es dann mit dem Steuerbescheid.

Unterliegen die Erträge aus Investmentfonds im Rahmen der endgültigen Besteuerung nicht dem besonderen Steuersatz (§ 32d EStG), z. B. weil sie im Betriebsvermögen gehalten werden, können darauf entfallende Betriebsausgaben nur anteilig abgezogen werden, soweit die Teilfreistellung nicht gilt.

Weitere Auswirkungen: Die Anrechnung im Ausland gezahlter ausländischer Quellensteuern entfällt.

Rentenfonds sind von der Neuregelung nicht betroffen.

Für die steuerliche Behandlung der Einkünfte aus einem Spezial-Investmentfonds gelten abweichende Regeln: Der gesonderte Steuertarif nach § 32d EStG ist nicht anzuwenden und entfaltet somit keine Abgeltungswirkung; damit ist ein Abzug der tatsächlichen Werbungskosten nach § 20 Abs. 9 EStG möglich. Auf die Einkünfte ist der individuelle Steuersatz anzuwenden.

6 Einnahmen im Betriebsvermögen

Die Erträge werden im Rahmen der Gewinnermittlung erfasst und unterliegen somit der normalen Versteuerung (Einkommen- bzw. Körperschaftsteuer). Nach dem „Teileinkünfteverfahren" sind Dividenden und ähnliche Erträge zu 60 % steuerpflichtig. Es erfolgt eine Anrechnung der einbehaltenen Steuerbeträge. Außerdem sind Betriebsausgaben, die mit den Einnahmen in Zusammenhang stehen, in dem Verhältnis abzugsfähig, in dem sie steuerpflichtig sind.

7 Kirchensteuerpflicht

Die Bank muss einmal jährlich beim Bundeszentralamt für Steuern (BZSt) nachfragen, ob der Steuerpflichtige am 31.8. kirchensteuerpflichtig ist und auf Basis der erteilten Auskunft die Kirchensteuer einbehalten und abführen. Das Ergebnis der Abfrage ist für die Bank bindend. Ändern sich später die Verhältnisse des Steuerpflichtigen, weil dieser z. B. nach dem 31.8. aus der Kirche austritt, können diese Änderungen nur mit der Steuererklärung geltend gemacht werden.

Durch einen Sperrvermerk kann verhindert werden, dass das BZSt der Bank Auskünfte erteilt. Anträge müssen bis zum 30. Juni beim BZSt eingegangen sein. Der Sperrvermerk verpflichtet dann aber zur Abgabe einer Steuererklärung.

Besteht Kirchensteuerpflicht, ermäßigt sich die Abgeltungsteuer um 25 % der auf die Kapitalerträge entfallenden Kirchensteuer. Die Steuer berechnet sich nach folgender Formel:

$$\frac{\text{Einkommen} - (\text{anr. ausl. Steuern} \times 4)}{4 + \text{Kirchensteuersatz}}$$

BEISPIEL

Kirchensteuer bei Zinserträgen

A erzielt bei der B-Bank Zinserträge von 1.000 €. Ein Freistellungsauftrag besteht nicht. Der Kirchensteuersatz beträgt 9 %.

Die Einkommensteuer für die Kapitalerträge beträgt 244,50 € (1.000/4,09). An Kirchensteuer werden 22 € (9 % von 244,50 €) einbehalten.

TIPP

Kirchensteuer als Sonderausgabe

Kirchensteuer, die im Rahmen des besonderen Einkommensteuersatzes anfällt, ist nicht als Sonderausgabe abzugsfähig. Kommt nachträglich die Günstigerprüfung zur Anwendung, ist die Kirchensteuer als Sonderausgabe abzugsfähig. Achten Sie darauf, dass diese im ESt-Bescheid berücksichtigt ist.

8 Nichtveranlagungsbescheinigung

Bei Vorliegen der Voraussetzungen und auf besonderen Antrag bescheinigt das Finanzamt, dass Steuerbürger nicht zur Einkommensteuer veranlagt werden (Nichtveranlagungsbescheinigung oder NV-Bescheinigung). Die Bescheinigung wird widerruflich i. d. R. für drei Jahre ausgestellt.

Bei Vorlage einer NV-Bescheinigung können die Kreditinstitute von der Erhebung des Zinsabschlags absehen (§ 44a EStG). Von Bedeutung ist die NV-Bescheinigung für Schüler, Studierende und Rentner. Während ein Freistellungsauftrag nur bis zur Höhe der Freibeträge von 801 € bzw. 1.602 € gilt, entfällt der Zinsabschlag bei Vorlage einer Freistellungsbescheinigung für sämtliche Kapitaleinkünfte.

9 Ausfall einer privaten Darlehensforderung

TIPP

Darlehensausfall berücksichtigen

Mit seiner Entscheidung, dass der endgültige Ausfall einer Kapitalforderung i. S. d. § 20 Abs. 1 Nr. 7 EStG einem Verkauf der Forderung gleichzusetzen ist und in der privaten Vermögenssphäre zu einem steuerlich anzuerkennenden Verlust führen kann, hat der BFH die Trennung von Vermögens- und Ertragsebene für Einkünfte aus Kapitalvermögen aufgegeben. Durch die Vorschriften zur Abgeltungsteuer können danach alle Wertveränderungen im Zusammenhang mit Kapitalanlagen erfasst werden, sowohl positiv als auch negativ.

Ein Verlust liegt vor, wenn die Rückzahlung der Kapitalforderung unter dem Nennwert des hingegebenen Darlehens bleibt. Die Zinszahlungen bleiben dabei außer Betracht. Allerdings verlangt der BFH den endgültigen Forderungsausfall, d. h. dass weitere Rückzahlungen nicht mehr zu erwarten sind. Die Eröffnung eines Insolvenzverfahrens reicht hierfür in der Regel nicht aus, bei einer Ablehnung der Eröffnung des Insolvenzverfahrens mangels Masse sind die Voraussetzungen erfüllt.

Auch derartige Verluste unterliegen der Verlustverrechnungsbeschränkung für Kapitaleinkünfte (§ 20 Abs. 6 EStG).

Ob auch ein Verzicht auf eine Darlehensforderung steuerlich zu berücksichtigen ist, hat der BFH ausdrücklich offengelassen (BFH, Urteil v. 24.10.2017, VIII R 13/15).

10 Veräußerung von Anteilen an Kapitalgesellschaften

Ein Gewinn oder Verlust aus der Veräußerung von Anteilen an einer Kapitalgesellschaft (z. B. GmbH) gehört nach § 17 EStG zu den Einkünften aus Gewerbebetrieb, wenn der Veräußerer irgendwann innerhalb der letzten fünf Jahre am Kapital der Gesellschaft unmittelbar oder mittelbar zu mind. 1 % beteiligt war. § 17 EStG greift also auch dann, wenn der Beteiligungsumfang zum Zeitpunkt der Veräußerung nicht mehr als 1 % beträgt, aber im Fünfjahreszeitraum eine Beteiligung von mind. 1 % vorgelegen hat. Steuerpflichtig ist dann auch der Verkauf eines Anteils von weniger als 1 %.

Der Veräußerungsgewinn/-verlust unterliegt dem Teileinkünfteverfahren (§ 3 Nr. 40 Satz 1 EStG) und wird dem Einkommen nur mit 60 % zugerechnet. Das gilt auch bei Anteilsveräußerungen nach § 17 EStG gegen wiederkehrende Bezüge (BFH, Urteil v. 18.11.2014, IX R 4/14).

Ein Verlust entsteht auch, wenn dem Gesellschafter bei Liquidation der Gesellschaft keine oder nur geringere Liquidationserlöse zufließen, als er an AK für die Anteile aufgewandt hat.

Zu den AK einer Beteiligung an einer Kapitalgesellschaft rechnen auch nachträgliche Aufwendungen auf die Beteiligung. Dazu konnten z. B. auch Darlehen gehören, die in der Krise hingegeben wurden, Finanzplandarlehen oder krisenbestimmte Darlehen (BMF, Schreiben v. 21.10.2010, IV C 6 – S 2244/08/10001, BStBl 2010 I S. 832). Auch die Inanspruchnahme aus einer Bürgschaft gehörte bisher dazu. Mit der Aufhebung des Eigenkapitalersatzrechts durch das MoMiG stellen nur noch solche Aufwendungen nachträgliche Anschaffungskosten dar, die nach handels- und bilanzsteuerrechtlichen Grundsätzen zu einer offenen und verdeckten Einlage in das Kapital der Gesellschaft führen. Hierzu zählen insbesondere Nachschüsse (§§ 26 ff. GmbHG) und sonstige Zuzahlungen (§ 272 Abs. 2 Nr. 4 HGB) wie Einzahlungen in die Kapitalrücklage, Barzuschüsse oder der Verzicht auf eine werthaltige Forderung. Aufwendungen aus Fremdkapitalhilfen wie der Ausfall eines Darlehens oder der Ausfall mit einer Bürgschaftsregressforderung führen hingegen grundsätzlich nicht mehr zu Anschaffungskosten der Beteiligung. Die bisherigen Grundsätze sind aber weiter anzuwenden, wenn der Gesellschafter eine eigenkapitalersetzende Finanzierungshilfe bis zum 27.9.2017 geleistet hat oder wenn eine solche eigenkapitalersetzend geworden ist (BFH, Urteil v. 11.7.2017, IX R 36/15; BMF, Schreiben v. 5.4.2019, IV C 6 – S 2244/17/10001).

Die Gewinnermittlung ist nicht nach dem Zuflussprinzip, sondern zum Zeitpunkt der Veräußerung vorzunehmen. Fallen nachträglich noch Änderungen an, weil z. B. ein eigenkapitalersetzendes Darlehen ausfällt, muss der Einkommensteuerbescheid des Veräußerungsjahres geändert werden, auch wenn dieser bereits bestandskräftig ist (BFH, Urteil v. 16.6.2015, IX R 30/14).

Für den steuerpflichtigen Teil des Veräußerungsgewinns sieht § 17 Abs. 3 EStG einen Veräußerungsfreibetrag vor. Dieser beträgt 9.060 € bei einer 100%igen Beteiligung. Bei einem geringeren Anteil wird der Freibetrag nur anteilig gewährt (z. B. bei einer 30%igen Beteiligung 2.718 €). Beträgt der Veräußerungsgewinn mehr als

36.100 €, wird der Freibetrag um den übersteigenden Betrag gekürzt. Auch Verluste sind zu 60 % steuerwirksam.

TIPP

Keine Verlustverrechnungsbeschränkung

Zu beachten ist, dass für derartige Verluste die Beschränkungen des § 20 Abs. 6 EStG (Verlustverrechnungsbeschränkung) nicht gelten, da die Einkünfte unter § 17 EStG fallen.

Nachträgliche Schuldzinsen für die Anschaffung einer im Privatvermögen gehaltenen wesentlichen Beteiligung, die auf Zeiträume nach der Veräußerung der Beteiligung entfallen, können seit 2009 nicht als nachträgliche Werbungskosten bei den Einkünften aus Kapitalvermögen abgezogen werden (BFH, Urteil v. 21.10.2014, VIII R 48/12).

11 Lohnt es sich, Zinseinkünfte auf Kinder zu verlagern?

Durch die Abgeltungsteuer ist die Vermögensübertragung auf Kinder aus steuerlichen Gründen unattraktiver geworden. Der Abgeltungsteuersatz ist für alle gleich, unabhängig von der Höhe der Einkünfte. Zwar könnte für die Kinder noch eine Berücksichtigung im Rahmen der Veranlagung beantragt werden, aber dann wird sich das Finanzamt sicher intensiv damit beschäftigen, ob eine anzuerkennende Übertragung vorliegt.

Wollen Sie trotzdem Vermögen übertragen, müssen Sie folgende Grundsätze beachten:

- Nach der Vermögensübertragung müssen die Kapitalanlagen auf den Namen des Kindes laufen.
- Außerdem muss der endgültige Übergang feststehen. Der Wille der Eltern sollte für die Bank eindeutig erkennbar sein (z. B. durch ausdrückliche Regelungen zur Begünstigung und Gläubigerstellung des Kindes).
- Für die steuerrechtliche Zurechnung der Kapitalerträge ist es erforderlich, dass die Eltern das Geldvermögen der Kinder wie fremdes Vermögen behandeln.
- Auslegungsschwierigkeiten können vermieden werden, wenn bei Errichten des Sparkontos klargestellt ist, dass eine Verfügungsbefugnis der Eltern nur auf dem elterlichen Sorgerecht (entspr. §§ 1626 ff. BGB) beruht und tatsächlich entsprechend verfahren wird.
- Die Zinseinkünfte sollten bei minderjährigen Kindern vorsorglich bis zur Volljährigkeit stehen gelassen werden. Schädlich ist es, wenn die Erträge für den Unterhalt des Kindes oder für Belange der Eltern verwendet werden. Bei volljährigen Kindern können die Eltern verlangen, dass das Kind die Erträge und das Vermögen zur Bestreitung seines Unterhalts einsetzt.

12 Automatisierter Kontenabruf durch das Finanzamt und andere Behörden

Derzeit sind inländische Kreditinstitute zum Zweck des Kontenabrufs verpflichtet, für jedes inländische Konto/Depot eine Datei mit folgenden Stammdaten anzulegen: Kontonummer, Datum der Einrichtung und Auflösung des Kontos, Name und Geburtsdatum des Kontoinhabers, Name und Geburtsdatum eines Verfügungsberechtigten/wirtschaftlich Berechtigten. Kontenstände und Kontenbewegungen sind nicht Teil der Stammdaten. Sie können jedoch grundsätzlich durch ein Auskunftsersuchen nach § 92 Satz 2 Nr. 1 AO und § 93 Abs. 1 AO bei der betreffenden Bank abgefragt werden.

Kinder

Wenn im Rahmen der Einkommensteuerveranlagung Kinder berücksichtigt werden sollen, muss für jedes Kind eine eigene Anlage Kind ausgefüllt werden. Dort kann auch der Abzug der kindabhängigen Freibeträge und steuerlichen Vergünstigungen für Kinder beantragt werden.

§§ 31, 32, 33a Abs. 2, 10 Abs. 1 Nr. 5, Nr. 9, 24b EStG

1 Kinderberücksichtigung

Für alle kindabhängigen Steuervergünstigungen ist Grundvoraussetzung, dass das Kind steuerlich berücksichtigt wird. Die Berücksichtigung hängt vom **Kindschaftsverhältnis** und dem **Alter** des Kindes ab. Für in Deutschland lebende Kinder muss zur Identifikation des Kindes (durch Datenabgleich) die Identifikationsnummer angegeben werden, Auslandskinder sind in anderer geeigneter Weise, z. B. durch amtliche Dokumente wie Geburtsurkunde, Ausweis oder eine im Heimatland vergebene persönliche Nummer, zu identifizieren.

Kindschaftsverhältnis

Ein Kindschaftsverhältnis besteht bei leiblichen Kindern (= eheliche, uneheliche, für ehelich erklärte Kinder), Adoptivkindern und Pflegekindern, bei denen das Obhuts- und Pflegeverhältnis zu den leiblichen Eltern nicht mehr besteht. Dies trifft z. B. auch auf minderjährige unbegleitete Flüchtlinge zu, die in den Haushalt aufgenommen werden (BZSt v. 25.10.2016, ST II 2-S 2471-PB/16/00002). Adoptivkinder können im Regelfall nur bei den Adoptiveltern, Pflegekinder nur bei den Pflegeeltern berücksichtigt werden.

Alter des Kindes

Kinder unter 18 Jahren

Kinder werden ab dem Geburtsmonat bis zum Monat der Vollendung des 18. Lebensjahres immer berücksichtigt.

BEISPIEL

Altersberechnung

Ein Ehepaar hat zwei Kinder. Sohn Tom ist am 15.3.2001, Tochter Lena am 8.6.2019 geboren.

Tom wird im März 2019 18 Jahre alt. Bis einschließlich März wird er auf jeden Fall berücksichtigt. Danach kommt es darauf an, ob er die Voraussetzungen, die für volljährige Kinder gelten, erfüllt. Tochter Lena ist sieben Monate lang (Juni bis Dezember 2019) zu berücksichtigen.

Kinder von 18 bis 25 Jahren

Bei volljährigen Kindern hängt die Berücksichtigung davon ab, ob sie bestimmte **zusätzliche** Voraussetzungen erfüllen, z. B. in Berufsausbildung sind. Ob das Kind **verheiratet** ist oder ob es selbst ein Kind hat, spielt keine Rolle.

Eine **Übersicht** zu den altersmäßigen Bedingungen finden Sie **am Ende des Stichworts.**

Im Folgenden einige Erläuterungen zu den einzelnen Bedingungen:

Arbeitslosigkeit

Die Berücksichtigung des Kindes (bis **21 Jahre**) ist möglich, wenn das Kind nicht in einem Beschäftigungsverhältnis steht (Minijob mit max. 450 € mtl. bzw. Tätigkeit unter 15 Stunden wöchentlich ist unschädlich) und sich bei der Bundesagentur für Arbeit oder einem anderen für Arbeitslosengeld II zuständigen Leistungsträger (z. B. ARGE) tatsächlich **als Arbeit suchend gemeldet,** also die Tatsache seiner künftigen oder gegenwärtigen Arbeitslosigkeit angezeigt hat (BFH, Urteil v. 7.7.2016, III R 19/15). Nicht maßgebend ist die tatsächliche Registrierung (BFH, Urteil v. 18.2.2016, V R 22/15). Hat die Agentur für Arbeit die Vermittlung (zeitweise) eingestellt, z. B. weil das Kind vereinbarte Termine nicht eingehalten hat, ist für diese Zeit eine Berücksichtigung nicht möglich.

Berufsausbildung

Zur Berufsausbildung zählen die Ausbildung für einen künftigen Beruf, z. B. betriebliche Lehre, die allgemeine Schulbildung (Grund-, Mittel-, Real-, Haushalts-, Berufsfachschule, Gymnasium) sowie ein Studium (Fachhochschule, Universität, Berufsakademie). Darüber hinaus gehören dazu sämtliche Maßnahmen, bei denen Kenntnisse und Fähigkeiten vermittelt werden, die als Grundlage für die Ausübung des angestrebten Berufs geeignet sind, wie z. B. Volontariat, Praktika von Studierenden, Vorbereitung auf das Doktorexamen (Promotion), ein zeitlich begrenzter Besuch von Allgemeinwissen vermittelnden Schulen im Ausland oder Sprachaufenthalte im Ausland, z. B. als Au-pair (wenn wöchentlich mindestens zehn Unterrichtsstunden theoretisch-systematischer Sprachunterricht stattfinden). Die Ausbildung muss für den angestrebten Beruf geeignet sein und ernsthaft und nachhaltig betrieben werden. Unter diesen Voraussetzungen kann ein Studium auch neben einer Erwerbstätigkeit eine Ausbildung sein (BFH, Urteil v. 8.9.2016, III R 27/15). Die Verwaltung beurteilt die ersten vier Monate des freiwilligen Wehrdienstes ebenfalls als Ausbildung. Auch eine zweite oder weitere Ausbildung ist begünstigt.

Übergangszeiten

Eine Berücksichtigung in einer Übergangszeit zwischen Ausbildung (Schule) und Beginn des Bundesfreiwilligendienstes, eines freiwilligen Jahres oder des freiwilligen Wehrdienstes bzw. zwischen Ende dieser freiwilligen Dienste und einer weiteren Ausbildung (z. B. Studium) ist möglich, wenn die Übergangszeit nicht länger als **vier volle** Monate dauert.

BEISPIEL

Übergangszeiten

Ein Kind beendet am 30.6. seinen Freiwilligendienst und beginnt am 15.11. eine Ausbildung.

Es kann auch für Juli bis Oktober (Übergangszeit) und ab November (Berufsausbildung) berücksichtigt werden. **Angefangene Monate** (hier November) **zählen nicht** zu den vier Übergangsmonaten. Etwas anderes gilt nur, wenn das Kind eine abgeschlossene Berufsausbildung hat und in der Übergangszeit (voll) erwerbstätig ist (s. u.).

Beträgt die Übergangszeit dagegen mindestens fünf volle Monate, kann das Kind während der **gesamten** Übergangszeit, also auch für die ersten vier Monate, nicht berücksichtigt werden, es sei denn, ein anderer Berücksichtigungstatbestand (z. B. kein Ausbildungsplatz, s. u.) ist erfüllt.

Die Viermonatsfrist gilt auch für den Zeitraum zwischen zwei Ausbildungsabschnitten, einer abgebrochenen Ausbildung bzw. dem Verlust eines Ausbildungsplatzes und dem Beginn einer neuen bzw. Fortsetzung der Ausbildung. Ebenso ist der Zeitraum zwischen einer abgeschlossenen ersten Berufsausbildung und einer neuen (zweiten) Ausbildung begünstigt, allerdings nur, wenn das (volljährige) Kind in dieser Zeit nicht (voll) erwerbstätig ist (s. u.).

Kein Ausbildungsplatz

Kann ein Kind seine Ausbildung wegen eines fehlenden Ausbildungsplatzes nicht beginnen oder fortsetzen, ist eine Berücksichtigung möglich, wenn das ernsthafte Bemühen des Kindes nachgewiesen wird (z. B. Bescheinigung von der Bundesagentur für Arbeit, Bewerbung um Studienplatz etc.). Auch ein bereits fest zugesagter Ausbildungsplatz (für das Folgejahr) ist ausreichend, wenn ein früherer Ausbildungsbeginn aus nicht vom Kind zu vertretenden Gründen nicht möglich ist.

Freiwilligendienste

Eine Kinderberücksichtigung ist auch möglich, wenn das Kind

- ein freiwilliges soziales oder ökologisches Jahr (Jugendfreiwilligendienstgesetz),

- einen Freiwilligendienst i.S.d. EU-Verordnung zur Einrichtung von „Erasmus+“,
- einen Dienst im Ausland nach § 5 des Bundesfreiwilligendienstgesetzes oder einen entwicklungspolitischen Freiwilligendienst („weltwärts“),
- einen Freiwilligendienst aller Generationen,
- einen internationalen Jugendfreiwilligendienst oder Bundesfreiwilligendienst

ableistet. Die Aufzählung ist abschließend. Andere (vergleichbare Dienste) sind nicht begünstigt.

Voraussetzungen für die steuerliche Berücksichtigung von Kindern

Es besteht ein Kindschaftsverhältnis.

Kind hat das 18. Lebensjahr vollendet.

Kind hat das 18. Lebensjahr noch nicht vollendet.

Kinder von 18 – 21 Jahren

- Das Kind steht nicht in einem Beschäftigungsverhältnis und ist bei einer Agentur für Arbeit im Inland als Arbeitssuchender gemeldet.

Kinder von 18 – 25 Jahren

- Das Kind
  - befindet sich in Berufsausbildung oder in einer Übergangszeit zwischen zwei Ausbildungen bzw. Ausbildungsabschnitten oder zwischen Ausbildung(sabschnitt) und Wehrdienst bzw. Freiwilligendienst von höchstens vier Monaten **oder**
  - kann eine Berufsausbildung mangels Ausbildungsplatzes nicht beginnen oder fortsetzen **oder**
  - leistet ein soziales, ökologisches oder europäisches Freiwilligenjahr (Erasmus), den Bundesfreiwilligendienst oder entsprechende Dienste.

Kinder von 18 bis unbegrenzt

- Das Kind ist körperlich, geistig oder seelisch behindert (50 % Grad der Erwerbsminderung) und nicht fähig, sich allein zu unterhalten. Die Behinderung ist vor dem 25. Lebensjahr eingetreten.

Wehrdienst

Leistet ein Kind den **freiwilligen** Wehrdienst ab, kann es in den ersten vier Monaten in jedem Fall steuerlich berücksichtigt werden. Danach hängt die Berücksichtigung davon ab, ob einer der o. a. Gründe (z. B. Warten auf einen Ausbildungsplatz, Ausbildung im Rahmen des Wehrdienstes zum Offizier, Rettungssanitäter oder Berufskraftfahrer) vorliegt (BFH, Urteil v. 3.7.2014, III R 53/13). Für die Zeiten vor und nach dem Wehrdienst gilt die viermonatige Übergangszeit (s. o.).

Die Ableistung des früheren **gesetzlichen** Grundwehr- oder Zivildienstes (vor 1.7.2011) kann dazu führen, dass das Kind über die Altersgrenze hinaus berücksichtigt wird, wenn es nach Erreichen der Altersgrenze noch als Arbeit suchend gemeldet bzw. in Ausbildung oder innerhalb der viermonatigen Übergangszeit ist.

Erwerbstätigkeit des Kindes

Minderjährige Kinder können immer berücksichtigt werden, egal ob sie in Ausbildung oder (voll) erwerbstätig sind. Bei volljährigen Kindern spielt es bis zum Abschluss der ersten Ausbildung (erster Berufsabschluss, Erststudium mit Bachelorabschluss) ebenfalls keine Rolle, ob das Kind, das die Voraussetzungen für eine Berücksichtigung dem Grunde nach erfüllt, (voll) erwerbstätig ist oder nicht. Eine Erstausbildung ist beendet, wenn das eigentliche Berufsziel des Kindes (mit Abschlussprüfung) erreicht ist. Mehraktige Ausbildungsmaßnahmen sind noch Teil einer einheitlichen Erstausbildung, wenn sie zeitlich (unmittelbar aufeinanderfolgend) und inhaltlich (derselbe Fachbereich) so aufeinander abgestimmt sind, dass die Ausbildung nach Erreichen des ersten Abschlusses (z. B. Bachelor) fortgesetzt werden soll und das angestrebte Berufsziel erst über einen weiterführenden Abschluss (z. B. Master) erreicht werden kann (BFH, Urteil v. 8.9.2016, III R 27/15). Notwendig ist dabei, dass die weiterführende Ausbildung zum nächstmöglichen Zeitpunkt begonnen wird (BFH, Urteil v. 11.4.2018, III R 18/17). Eine einheitliche Erstausbildung liegt nicht mehr vor, wenn das Kind nach Abschluss einer Ausbildung eine Erwerbstätigkeit aufnimmt, die nach dem Gesamtbild der Verhältnisse (Dauer des Beschäftigungsverhältnisses, Umfang der Arbeitszeit, weitere Ausbildung neben der Berufstätigkeit) die weiteren Ausbildungsmaßnahmen (z. B. Masterstudium) in den Hintergrund treten lassen (BFH, Urteil v. 11.12.2018, III R 26/18). Dies gilt auch bzw. insbesondere dann, wenn Berufserfahrung die Voraussetzung für die weitergehende Ausbildung ist (BFH, Urteil v. 11.12.2018, III R 22/18).

BEISPIEL

Kind ohne ersten Abschluss

Ein Kind hat nach dem Abitur im Juni vier Monate lang 40 Stunden wöchentlich gearbeitet und monatlich 2.500 € Bruttolohn erhalten. Danach studiert es.

Das Kind kann das ganze Jahr berücksichtigt werden, weil es entweder in Ausbildung ist (Schule, Studium) oder sich in einer viermonatigen Übergangszeit zwischen zwei Ausbildungsabschnitten befindet. Die Erwerbstätigkeit des Kindes und die Höhe der dabei erzielten Einkünfte spielen keine Rolle, weil noch kein erster Berufsabschluss erreicht wurde.

Nach Abschluss der **erstmaligen** Ausbildung bzw. des Erststudiums kann ein Kind, das danach eine (weitere) Ausbildung macht, sich in einer Übergangszeit befindet oder einen Ausbildungsplatz sucht, nur berücksichtigt werden, wenn es in der Woche regelmäßig insgesamt nicht mehr als 20 Stunden arbeitet oder nur geringfügig (Arbeitslohn aus Minijob mit mtl. max. 450 €) bzw. geringfügig kurzfristig (weniger als 3 Monate/70 Arbeitstage) beschäftigt ist.

BEISPIEL

Kind mit ersten Abschluss

Ein 20 Jahre altes Kind hat seine Lehre im September mit der Gesellenprüfung abgeschlossen. Es bewirbt sich im September um einen Studienplatz und erhält im Oktober die Zusage, dass es zum Sommersemester des nächsten Jahres mit dem Studium beginnen kann.

Das Kind ist ab September bis zum Studienbeginn

- voll erwerbstätig (> 20 Std./Woche),
- geringfügig beschäftigt (450-Euro-Minijob),
- nicht erwerbstätig.

Das Kind erfüllt dem Grunde nach auch ab Oktober die Voraussetzungen für eine Berücksichtigung (Ausbildungsplatz suchend). Im ersten Fall kann es jedoch wegen der Erwerbstätigkeit ab Oktober bis zum Studienbeginn nicht mehr berücksichtigt werden. Im zweiten und dritten Fall ist die Berücksichtigung dagegen weiterhin möglich. Die geringfügige Beschäftigung ist unschädlich.

Eine Erwerbstätigkeit nach erstmaligem Berufsabschluss ist auch dann unschädlich, wenn sie im Rahmen eines Ausbildungsdienstverhältnisses ausgeübt wird.

BEISPIEL

Ausbildungsdienstverhältnis

Ein volljähriges Kind hat seine Lehre im Juli mit der Gesellenprüfung abgeschlossen. Ab September beginnt es eine zweite betriebliche Ausbildung. Im Rahmen der Ausbildung hat das Kind eine Arbeitszeit von 40 Std./Woche und erhält eine Ausbildungsvergütung von monatlich 1.000 €.

Das Kind kann das ganze Jahr berücksichtigt werden. Da die Erwerbstätigkeit im Rahmen eines Ausbildungsdienstverhältnisses erfolgt, ist sie ohne Bedeutung.

Wird die Erwerbstätigkeit nur vorübergehend (höchstens zwei Monate) über 20 Stunden wöchentlich hinaus ausgeweitet, ist dies unbeachtlich, wenn während des gesamten Berücksichtigungszeitraums im Jahr die durchschnittliche Arbeitszeit nicht mehr als 20 Stunden beträgt. Einzelheiten und

Berechnungsbeispiele vgl. BZSt, A 20.3.1 DA-KG 2018.

Behinderte Kinder

Behinderte Kinder können **ohne Altersbegrenzung** berücksichtigt werden, wenn die Behinderung vor Vollendung des 25. Lebensjahres eingetreten ist und sich das Kind behinderungsbedingt nicht selbst unterhalten kann, d.h. nicht über ausreichende Mittel (Einkünfte, Bezüge) verfügt, um seinen notwendigen Lebensbedarf (allgemeiner Lebensbedarf i.H.v. 9.168 €/Jahr und individueller behinderungsbedingter Mehrbedarf mindestens in Höhe des Behindertenpauschbetrags) zu decken.

Das Vermögen des Kindes bleibt bei der Prüfung außer Betracht.

Als Behinderung zählen neben körperlichen, seelischen und geistigen Behinderungen auch Suchtkrankheiten (z.B. Drogenmissbrauch und Alkoholismus). I. d. R. ist ein Grad der Erwerbsminderung von mindestens 50 % notwendig.

TIPP

Vollstationär untergebrachtes Kind

Soweit ein vollstationär untergebrachtes Kind außer über die Eingliederungshilfe einschließlich Taschengeld und ggf. ein Arbeitsentgelt aus einer Werkstatt für behinderte Menschen über keine weiteren Einkünfte oder Bezüge verfügt, kann aus Vereinfachungsgründen davon ausgegangen werden, dass die eigenen Mittel des Kindes nicht ausreichen, um sich selbst zu unterhalten.

Eine gewährte Eingliederungshilfe bleibt bei der Prüfung des Selbstunterhalts im Endergebnis außer Betracht, weil sie einerseits als dem Kind zur Verfügung stehende Mittel anzusehen, andererseits aber als behinderungsbedingter Mehraufwand abziehbar ist (BFH, Urteil v. 11.4.2013, III R 35/11).

2 Kindergeld und Freibeträge für Kinder

Das Entweder-oder-Prinzip

Wenn ein Kind steuerlich berücksichtigt werden kann, erhält man für **jeden Berücksichtigungsmonat** grundsätzlich Kindergeld oder die steuerlichen Freibeträge.

Während des Jahres wird für das Kind (monatlich) nur Kindergeld ausgezahlt. Erst im Rahmen der Jahresveranlagung überprüft das Finanzamt automatisch, ob sich beim Ansatz von **Kinderfreibetrag** und **Freibetrag für Betreuungs- und Erziehungs- oder Ausbildungsbedarf** betragsmäßig ein höherer Steuervorteil ergibt als durch das Kindergeld, und berücksichtigt dies entsprechend.

ACHTUNG

Die Vergleichsberechnung erfolgt immer, wenn ein **Kindergeldanspruch** besteht, und zwar unabhängig davon, ob das Kindergeld beantragt bzw. tatsächlich ausgezahlt wurde.

BEISPIEL

Weder Kindergeld noch Freibeträge

Für den volljährigen Sohn Hans (Schulausbildung) wurde bisher kein Kindergeld beantragt. Bei der Einkommensteuerveranlagung wird trotzdem verglichen, ob der **Kindergeldanspruch** oder der Abzug der Freibeträge zu einem steuerlich günstigeren Ergebnis führen würde. Wäre das Kindergeld günstiger, dann erfolgt kein Ansatz der Freibeträge, und zwar auch dann nicht, wenn bisher tatsächlich kein Kindergeld ausgezahlt wurde. Damit haben die Eltern bisher **keine** Vergünstigung erhalten.

TIPP

Kindergeld nachträglich beantragen

Wenn ein Kind, für das Sie bisher kein Kindergeld erhalten haben, vom Finanzamt bei der Jahressteuerveranlagung berücksichtigt wird, dann können Sie das Ihnen zustehende Kindergeld noch nachträglich rückwirkend für sechs Monate bei der Familienkasse beantragen (§ 66 Abs. 3 EStG).

Stellt sich bei der Steuerveranlagung heraus, dass Sie für ein Kind zu Unrecht Kindergeld erhalten haben, wird das Kindergeld zurückgefordert.

Kindergeld

Wer erhält Kindergeld?

Kindergeld können in der Bundesrepublik Deutschland wohnende (nicht jedoch geduldete, zur vorübergehenden Dienstleistung in die Bundesrepublik Deutschland entsandte Ausländer oder im Rahmen von Werkverträgen Tätige) und unbeschränkt einkommensteuerpflichtige Eltern bekommen. Ein Kindergeldanspruch besteht auch für zeitweise in Deutschland lebende und hier arbeitende EU-Ausländer (z. B. Saisonarbeiter), wenn sie (auf Antrag) als unbeschränkt steuerpflichtig behandelt werden können.

Im Ausland wohnende, nicht unbeschränkt einkommensteuerpflichtige Eltern können deutsches Kindergeld für ihre Kinder nur in wenigen Ausnahmefällen erhalten. Informationen darüber erteilt die zuständige Familienkasse.

Für welche Kinder?

Sie bekommen Kindergeld für

- Kinder, die im ersten Grad mit Ihnen verwandt sind (leibliche Kinder, Adoptivkinder),
- Pflegekinder,
- in Ihren Haushalt aufgenommene Kinder des Ehegatten (Stiefkinder).

Großeltern können für in ihren Haushalt aufgenommene Enkelkinder Kindergeld beziehen, wenn die leiblichen Eltern verzichten. Vollwaisen und Kinder, die den Aufenthaltsort der Eltern nicht kennen, können ggf. für sich selbst Kindergeld erhalten.

Das Kind muss außerdem in der Bundesrepublik Deutschland, einem EU- oder EWR-Staat (Island, Liechtenstein, Norwegen) seinen Wohnsitz haben.

Besteht für die Kinder im Heimatland ein Anspruch auf eine dem Kindergeld vergleichbare Leistung, wird, wenn diese Leistung niedriger ist, ein Unterschiedsbetrag bis zur Höhe des inländischen Kindergeldes gezahlt.

Kindergeldhöhe

Das Kindergeld beträgt monatlich

- für das erste und zweite Kind jeweils 194 € (ab 1.7.2019 204 €),
- für das dritte Kind 200 € (210 €),
- für das vierte und jedes weitere Kind jeweils 225 € (235 €).

Kinderzuschlag

Geringverdienende, die zwar über ausreichend Einkommen verfügen, um ihren eigenen Lebensunterhalt zu decken, aber nicht den ihrer Kinder, können einen Kinderzuschlag (max. 170 € monatlich), der zusammen mit dem Kindergeld ausgezahlt wird, erhalten. Informationen darüber bekommen Sie von der Familienkasse.

Wie erhalte ich das Geld?

Stellen Sie einen Kindergeldantrag bei der örtlich für Sie zuständigen Familienkasse der Bundesagentur für Arbeit bzw., wenn Sie Beamter oder Beamtin sind, bei Ihrer Besoldungsstelle.

Nur einer erhält das Kindergeld

Kindergeld für ein bestimmtes Kind wird immer nur **einer** Person ausbezahlt. Bei mehreren Berechtigten (z.B. getrennt lebenden Ehegatten oder nicht verheirateten Eltern) erhält derjenige das Kindergeld, der das Kind in seinen Haushalt aufgenommen hat. Bei gemeinsamem Haushalt der Berechtigten bestimmen diese selbst den Kindergeldempfänger. Lebt das Kind nicht im Haushalt der anspruchsberechtigten Person(en), erhält derjenige das Kindergeld, der die höheren Unterhaltskosten trägt.

Rechtlich steht das Kindergeld immer beiden Elternteilen zu. Das führt z.B. dazu, dass das Kindergeld zwar an die Mutter in voller Höhe ausbezahlt wird, der von ihr getrennt lebende Vater aber bei der Berechnung des Unterhalts für das Kind die Hälfte des Kindergeldes (= der **zivilrechtliche Ausgleichsanspruch**) als geleistete Zahlung angerechnet bekommt.

Steuerliche Freibeträge

Anstelle des Kindergeldes werden bei der Günstigerprüfung der Kinderfreibetrag (für den Grundbedarf des Kindes) und der Freibetrag für den Erziehungs-, Betreuungs- und Ausbildungsbedarf berücksichtigt. Zusätzlich kann eventuell ein „Ausbildungsfreibetrag“ (s.u.) beantragt werden.

Kinderfreibetrag

Jedem Elternteil steht für jedes bei ihm **zu berücksichtigende Kind** ein Kinderfreibetrag i.H.v. jährlich **2.490 €** zu. Werden die Eltern gemeinsam veranlagt, verdoppelt sich der Freibetrag für ein Kind auf **4.980 €**.

Ein einzelner Elternteil kann den verdoppelten Kinderfreibetrag von 4.788 € auch erhalten, wenn

- der andere Elternteil verstorben oder nicht unbeschränkt steuerpflichtig ist (Wohnsitz im Ausland),

- der Vater des Kindes amtlich nicht feststellbar ist (weil z. B. die Mutter den Behörden den Namen verschweigt), der Wohnsitz des anderen Elternteils nicht bekannt ist oder
- das Kind von dieser Person allein adoptiert wurde oder nur zu ihr in einem Pflegekindschaftsverhältnis steht.

Übertragung des Freibetrags

Lebt das Kind nur bei einem Elternteil und kommt der andere Elternteil seiner Unterhaltsverpflichtung dem Kind gegenüber nicht zu mindestens 75 % nach oder ist er aufgrund zu geringer eigener Einkünfte nicht zum Kindesunterhalt verpflichtet, kann auf Antrag der verdoppelte Kinderfreibetrag bei dem Elternteil, bei dem das Kind lebt, berücksichtigt werden. Die Übertragung ist für Zeiträume, in denen Unterhaltsleistungen nach dem Unterhaltsvorschussgesetz gezahlt wurden, nicht möglich. Da mit der Übertragung des Kinderfreibetrags nach Auffassung der Verwaltung auch automatisch der Freibetrag für den Erziehungs-, Betreuungs- und Ausbildungsbedarf (s. u.) übertragen wird, stehen alle kindabhängigen Steuervergünstigungen nur noch dem Elternteil zu, der den (verdoppelten) Kinderfreibetrag bekommt. Ob eine Übertragung allein des Kinderfreibetrags möglich ist, muss der BFH in einem neu anhängigen Verfahren (Az. III R 61/18) klären. Wird der Freibetrag übertragen, erfolgt bei der Vergleichsberechnung auch die Anrechnung des vollen Kindergeldanspruchs. Der Kinderfreibetrag kann mit Zustimmung eines Elternteils auch auf einen Stiefelternteil oder auf die Großeltern (für Enkelkinder) übertragen werden, wenn die Kinder in deren Haushalt leben (notwendig: **Anlage K**).

Freibetrag für den Erziehungs-, Betreuungs- und Ausbildungsbedarf

Der Freibetrag beträgt jährlich **1.320 €** je Elternteil und verdoppelt sich auf **2.640 €** in den gleichen Fällen, in denen auch der verdoppelte Kinderfreibetrag angesetzt wird (s. o.). Wie beim Kinderfreibetrag gilt auch hier das Monatsprinzip.

Übertragung des Freibetrags

Eine Übertragung des Freibetrags ist nur bei **minderjährigen Kindern** mit getrennt lebenden Eltern möglich, wenn das Kind nur in der Wohnung eines Elternteils **gemeldet** ist. Dieser Elternteil erhält auf Antrag den verdoppelten Freibetrag (vgl. S. 2 der Anlage Kind). Der andere Elternteil kann der Übertragung widersprechen, wenn er Kinderbetreuungskosten getragen hat oder das Kind regelmäßig in nicht unwesentlichem Umfang betreut. Erforderlich ist ein – üblicherweise für einen längeren Zeitraum im Voraus festgelegter – weitgehend gleichmäßiger Betreuungsrhythmus mit einem zeitlichen Betreuungsanteil von jährlich durchschnittlich 10 % (BFH, Urteil v. 8.11.2017, III R 2/16).

Der Freibetrag kann unter den beim Kinderfreibetrag genannten Voraussetzungen auch auf die Großeltern übertragen werden.

TIPP

Hälftige Vergünstigungen behalten

Wird lediglich der Betreuungsfreibetrag, aber nicht der Kinderfreibetrag übertragen, ist nur das halbe Kindergeld anzurechnen. Außerdem können beide Elternteile die anderen kindabhängigen Steuervergünstigungen weiterhin (hälftig) bekommen.

Auslandskinder

Bei im Ausland lebenden Kindern, die im Inland keinen Wohnsitz haben, können alle infrage kommenden kindabhängigen Steuervergünstigungen (Kinderfreibetrag, Freibetrag für Erziehung, Kinderbetreuungskosten, Ausbildungsfreibetrag) länderabhängig eventuell nur in niedrigerer Höhe (1/4, 2/4, 3/4 des inländischen Freibetrags) berücksichtigt werden. Zur Ländergruppeneinteilung vgl. BMF, Schreiben v. 20.10.2016, IV C 8 – S 2285/07/0005:063.

Weitere Steuervergünstigungen für Kinder

Zusätzlich kommen für berücksichtigungsfähige Kinder folgende Steuervergünstigungen infrage:

- Abzug von **Kinderbetreuungskosten** für unter 14-jährige Kinder (s. u.)
- Abzug von **Schulgeld** (s. u.)
- Freibetrag wegen auswärtiger Unterbringung volljähriger Kinder (Ausbildungsfreibetrag) (s. u.)
- Pauschbetrag für ein behindertes Kind → Behinderte Menschen
- **Entlastungsbetrag** für **Alleinerziehende (s. u.)**
- Abzug von **Kranken-/Pflegeversicherungsbeiträgen für Kinder** → Versicherungen

Kinderbetreuungskosten

Aufwendungen für Kinderbetreuung sind vorrangig als Sonderausgaben abziehbar. Ist dort ein Abzug nicht möglich, kommt eine Steuerermäßigung für haushaltsnahe Tätigkeiten oder Dienstleistungen in Betracht.

Sonderausgabenabzug

Für den Sonderausgabenabzug sind erforderlich:

- zum Haushalt gehörendes berücksichtigungsfähiges Kind (s. o.), das das 14. Lebensjahr noch nicht vollendet hat oder wegen einer vor Vollendung des 25. Lebensjahres eingetretenen körperlichen, geistigen oder seelischen Behinderung außerstande ist, sich selbst zu unterhalten
- tatsächliche Betreuungskosten
- vorliegende Rechnung
- unbare Zahlung

Haushaltszugehörigkeit

Das Kind gehört zum Haushalt, wenn es in der Wohnung des Steuerpflichtigen lebt oder sich mit seiner Einwilligung vorübergehend auswärts (z. B. im Internat) aufhält. Bei nicht zusammenlebenden Eltern ist grundsätzlich (= widerlegbare Vermutung) die Meldung des Kindes maßgebend, d.h. ein sog. „Zahlvater" kann i.d.R. keine Betreuungskosten absetzen. Ein Kind kann ausnahmsweise zum Haushalt des Elternteils gehören, bei dem es nicht gemeldet ist, wenn der Elternteil dies nachweist oder glaubhaft macht. Lebt das Kind in vergleichbarem zeitlichem Umfang in den Haushalten beider getrennt lebender Elternteile, kann es auch zu beiden Haushalten gehören.

Betreuungskosten

Begünstigt sind nur tatsächlich angefallene Kosten für Betreuungsdienstleistungen wie z.B. die Betreuung des Kindes in Kindergärten, Kinderkrippen und Kindertagesstätten, im Internat, die Betreuung durch Tagesmütter, Babysitter und die Hausaufgabenbetreuung. Abzugsfähig sind auch Sachleistungen (z.B. Fahrtkostenersatz, Unterbringung und Verpflegung in ihrem Haushalt, Eintrittsgelder) für die betreuende Person.

TIPP

Internatsunterkunft begünstigt

Unterbringungskosten (keine Verpflegung) in einem Internat entfallen auch auf die betreuende Personensorge und sind abzugsfähig (Thüringer FG, Urteil v. 25.10.2016, 2 K 95/15). Die Verwaltung wendet das Urteil an.

Kosten für Unterricht zur Vermittlung besonderer Fähigkeiten oder Fertigkeiten (z.B. Musikschule, Computerkurs, Nachhilfe, Schulgeld), für sportliche und andere Freizeitbetätigungen (z.B. Ferienlager) sowie Sachleistungen für das Kind (z.B. Fahrtkosten zur Betreuungseinrichtung, Verpflegung und Unterbringung, Eintrittsgelder) können **nicht** abgezogen werden. Zur Abzugsfähigkeit der Kosten für ein Kinderferienlager ist derzeit (wieder) ein Verfahren beim BFH (Az. VIII R 16/17) anhängig.

Das vom Bund gezahlte Betreuungsgeld wird nicht auf die Betreuungskosten angerechnet, führt also nicht zu einer Kürzung der abzugsfähigen Aufwendungen.

TIPP

Gemischte Aufwendungen

- Elternbeiträge für eine **Kernzeit- oder Nachmittagsbetreuung in der Schule**, die nicht nur auf Hausaufgaben- oder allgemeine Betreuung, sondern auch auf Nachhilfe oder bestimmte Kurse (z.B. Computerkurs) oder auf eine Verpflegung entfallen, sind nur anteilig zu berücksichtigen. Lassen Sie den Rechnungsbetrag durch die Schule schriftlich aufschlüsseln.
- Beschäftigen Sie eine Person im Rahmen eines **Au-pair**-Verhältnisses in Ihrem Haushalt, kann aus Vereinfachungsgründen davon ausgegangen werden, dass die Aufwendungen je hälftig auf Hausarbeiten und Kinderbetreuung entfallen.

Abzugshöhe

Abziehbar sind **zwei Drittel** der Aufwendungen, **max. 4.000 € je Kind**. Der Höchstbetrag von 4.000 € ist ein Jahresbetrag, der auch gilt, wenn die Abzugsvoraussetzungen nur während eines Teils des Jahres vorgelegen haben.

Leben Eltern, die nicht zusammen zur Einkommensteuer veranlagt werden, mit dem gemeinsamen Kind in einem Haushalt, kann jeder Elternteil seine Aufwendungen bis zum hälftigen Höchstbetrag (2.000 €) abziehen. Eine andere Aufteilung des Höchstbetrags ist auf gemeinsamen Antrag der Eltern möglich.

Bei **nicht zusammenlebenden Eltern** kann nur der Elternteil, in dessen Haushalt das Kind lebt, den Kostenabzug geltend machen, vorausgesetzt, er hat gezahlt. Zahlt der andere Elternteil, kann grundsätzlich kein Elternteil Kosten absetzen.

Lebt das Kind in den getrennten Haushalten beider Elternteile, wird der Höchstbetrag wie bei zusammenlebenden, nicht zusammenveranlagten Eltern aufgeteilt.

Nachweise und Pflichten

WICHTIG

Rechnung und unbare Zahlung

Für den Kostenabzug benötigen Sie eine **Rechnung** (Arbeitsvertrag, Gebührenbescheid Kindergarten oder Fahrkarte) und die Zahlung muss **unbar** (Überweisung, Verrechnungsscheck oder Lastschrifteinzugsverfahren) erfolgen. Die Belege müssen Sie nur auf Anforderung vorlegen.

TIPP

Betreuung durch Angehörige

Stellen Sie **Angehörige** zur Kinderbetreuung an, schließen Sie am besten einen schriftlichen Vertrag, in dem Sie sämtliche Punkte (Betreuungszeit und Ort, Umfang der Leistung, Lohnhöhe) wie unter Fremden vereinbaren. Erfolgt die Betreuung im Rahmen eines Dienstverhältnisses (Minijob oder reguläres sozialversicherungspflichtiges Beschäftigungsverhältnis), müssen Sie die Pflichten als Arbeitgeber erfüllen.

Wird im Zusammenhang mit einer ansonsten unentgeltlichen Betreuung z. B. durch Angehörige (Großeltern) ein Fahrtkostenersatz gewährt, so ist dieser zu berücksichtigen, wenn darüber eine Rechnung erstellt wird und die Zahlung unbar erfolgt.

BEISPIEL

Haushaltshilfe mit Betreuung

Eine alleinerziehende, berufstätige Mutter eines 10-jährigen Kindes beschäftigt eine Haushaltshilfe. Der monatliche Arbeitslohn beträgt 400 €. Die Tätigkeit der Haushaltshilfe besteht zu 70 % aus Hausarbeit und zu 30 % aus der Beaufsichtigung des Kindes während der Abwesenheit der Mutter.

Als Sonderausgabe sind nur die Aufwendungen für die Beaufsichtigung des Kindes abziehbar: 12 Monate à 400 € = 4.800 €, davon 30 % = 1.440 €, davon 2/3 = 960 € (max. 4.000 €).

BEISPIEL

Nicht verheiratete Eltern

Nicht verheiratete, berufstätige Eltern leben mit ihrem gemeinsamen 10-jährigen Kind in einer Wohnung. Von den Betreuungskosten (monatlich 500 €) zahlt der Vater 400 €, die Mutter 100 €. Ein Antrag auf anderweitige Verteilung der Kinderbetreuungskosten liegt nicht vor.

Der Vater kann von seinen gezahlten 4.800 € 2/3 = 3.200 €, maximal aber 2.000 € (hälftiger Höchstbetrag) abziehen. Die Mutter kann von ihren gezahlten 1.200 € ebenfalls 2/3 = 800 € (max. Höchstbetrag 2.000 €) absetzen. Eine andere Verteilung (z. B. Abzug der Kosten zu 4/5 beim Vater) ist auf gemeinsamen Antrag beider Elternteile möglich und hier sinnvoll.

Steuerermäßigung

Ist der Sonderausgabenabzug für die Betreuungskosten nicht möglich (z. B. über 14 Jahre altes Kind), können Sie eine Steuerermäßigung nach § 35a EStG beantragen, vorausgesetzt, die Betreuung des Kindes erfolgte in Ihrem Haushalt. Vertiefend siehe → Haushaltsnahe Tätigkeiten/Dienstleistungen.

Für das nicht als Sonderausgabe abziehbare Drittel der Kinderbetreuungskosten sowie die den Höchstbetrag bei den Sonderausgaben (4.000 €) übersteigenden Kosten gibt es keine Steuerermäßigung.

Schulgeld

Besucht ein berücksichtigungsfähiges Kind eine **überwiegend privat finanzierte Schule** im Inland oder eine „Deutsche Schule" im Ausland und führt die Schule zu einem inländisch anerkannten allgemeinbildenden oder berufsbildenden Schul- oder Berufsabschluss, sind **30 % der für den Schulbesuch entstandenen Aufwendungen** (ohne Aufwendungen für Beherbergung, Betreuung und Verpflegung), **höchstens 5.000 €** je Kind, jährlich als Sonderausgaben abzugsfähig. Dasselbe gilt für Einrichtungen, die auf einen entsprechenden Abschluss vorbereiten. Die Zahlungen werden bei dem Elternteil berücksichtigt, der sie getragen hat. Haben beide Elternteile gezahlt, gilt für jeden Elternteil der hälftige Höchstbetrag von 2.500 €, es sei denn, die Eltern beantragen einvernehmlich eine andere Aufteilung.

Der Abzug ist auch für ausländische Schulen innerhalb der EU/des EWR möglich. Der Abzug hängt hier davon ab, ob der Schulabschluss im Inland anerkannt oder als einem inländischen Abschluss gleichwertig anerkannt wird. Dies kann ggf. durch eine Bescheinigung des zuständigen inländischen Ministeriums eines Bundeslandes, durch Bestätigung der Kultusministerkonferenz der Länder oder eine inländische

Zeugnisanerkennungsstelle nachgewiesen werden.

„Ausbildungsfreibetrag"

Zur Abgeltung von Aufwendungen für die Berufsausbildung eines Kindes (z. B. Schulgeld, Lernmaterial, Fahrtkosten, Unterkunftskosten) können Eltern auf Antrag einen „Ausbildungsfreibetrag" **(Sonderbedarf eines sich in Berufsausbildung befindlichen, auswärts untergebrachten volljährigen Kindes)** erhalten.

Abzugsvoraussetzungen

Der Freibetrag steht den Eltern für jedes Kind zu,

- für das **Anspruch auf Kindergeld** oder einen **Kinderfreibetrag** bzw. einen **Freibetrag für Erziehung, Betreuung und Ausbildung** besteht,
- welches das **18. Lebensjahr vollendet** hat und
- das während der **Berufsausbildung auswärts untergebracht** ist.

Auswärtige Unterbringung

Das Kind muss für eine gewisse Dauer (z. B. einen Ausbildungsabschnitt) räumlich und hauswirtschaftlich getrennt vom Haushalt der Eltern untergebracht und verpflegt werden (z. B. Studium). Ob das Kind auch im elterlichen Haushalt noch ein Zimmer hat, ist ohne Bedeutung.

Höhe des Freibetrags

Der Ausbildungsfreibetrag beträgt 924 € im Jahr. War das Kind nur zeitweise in Ausbildung oder auswärts untergebracht, wird der Freibetrag für alle Monate, in denen das Kind mindestens einen Tag die Voraussetzungen erfüllt, zeitanteilig angesetzt. Einbezogen werden auch Übergangszeiten von nicht mehr als vier Monaten zwischen zwei Ausbildungsabschnitten sowie zwischen Wehrdienst und (weiterer) Ausbildung bzw. Ausbildungsabschnitt und Wehrdienst.

BEISPIEL

Kind im Internat

Ein im Internat untergebrachtes Kind wird im Mai 18 Jahre alt und macht im Juni Abitur. Danach ist es zwei Monate zu Hause, wohnt ab September in einer gemieteten Wohnung am künftigen Studienort und beginnt im Oktober das Studium.

Für Januar bis April ist kein Ausbildungsfreibetrag möglich (unter 18 Jahre). Für Mai und Juni beträgt der Ausbildungsfreibetrag **154 €** (2/12 v. 924 €). Für Juli und August ist kein Ausbildungsfreibetrag möglich (keine auswärtige Unterbringung). Ab September erhalten die Eltern wieder einen Ausbildungsfreibetrag von **308 €** (4/12 v. 924 €). Der September zählt mit, weil die Unterbrechung zwischen den Ausbildungsabschnitten Abitur und Studium weniger als vier Monate beträgt.

Aufteilung beim Elternpaar

Eltern, die nicht zusammen veranlagt werden (getrennt lebende, geschiedene, nicht verheiratete Eltern), erhalten den Freibetrag grundsätzlich hälftig, eine andere beliebige Aufteilung ist auf gemeinsamen Antrag hin möglich.

Entlastungsbetrag für Alleinerziehende

Abzugsvoraussetzungen

Der Entlastungsbetrag setzt voraus:

- **alleinstehender** Elternteil
- **Kind**, für das ein **Anspruch auf Kindergeld oder Kinderfreibetrag bzw. Freibetrag zur Betreuung** besteht (Voraussetzungen s. o.)
- **Haushaltszugehörigkeit** des Kindes

Alleinstehend

Als **alleinstehend** gelten Steuerbürger, die ledig, geschieden oder verwitwet sind bzw. deren Ehegatte das ganze Jahr über nicht im Inland gewohnt hat. Nicht alleinstehend sind Personen, die mit anderen volljährigen Personen eine **Haushaltsgemeinschaft** bilden. Diese liegt vor, wenn ein gemeinsames Wirtschaften („Wirtschaften aus einem Topf") stattfindet. Eine Haushaltsgemeinschaft wird angenommen, wenn der/die Alleinerziehende in einer

- eheähnlichen Lebensgemeinschaft,
- eingetragenen gleichgeschlechtlichen Lebenspartnerschaft,
- Wohngemeinschaft mit Eltern, Großeltern oder Geschwistern oder
- Wohngemeinschaft mit eigenen Kindern, die steuerlich **nicht** bei ihm/ihr berücksichtigt werden können,

zusammenlebt.

Ist eine andere erwachsene Person in der Wohnung gemeldet, wird unterstellt, dass ein gemeinsames Wirtschaften und damit eine schädliche Haushaltsgemeinschaft vorliegen. Das gemeinsame Wirtschaften kann sowohl darin bestehen, dass die andere volljährige Person zu den Kosten des gemeinsamen Haushalts beiträgt, als auch in einer Entlastung durch tatsächliche Hilfe und Zusammenarbeit. Diese gesetzliche Vermutung kann bei Wohngemeinschaften, nicht aber bei eheähnlichen Gemeinschaften und eingetragenen Lebenspartnerschaften widerlegt werden, indem der/die Alleinerziehende glaubhaft versichert, dass die im Haushalt gemeldete Person selbstständig und getrennt wirtschaftet, also einen vollständig getrennten Haushalt führt (z. B. bei Untermietern).

BEISPIEL

Mutter mit zwei Kindern

Eine alleinstehende Mutter lebt zusammen mit ihren zwei volljährigen Kindern, die beide in Berufsausbildung sind. Die Mutter gilt als alleinerziehend, weil (und solange) beide Kinder steuerlich bei ihr berücksichtigt werden können. Soweit die anderen Voraussetzungen erfüllt sind, steht ihr der Entlastungsbetrag zu.

Sobald eines der im Haushalt lebenden Kinder nicht mehr steuerlich berücksichtigt werden kann, entfällt der Entlastungsbetrag, weil eine gemeinsame Haushaltsführung mit dem Kind praktisch nicht widerlegbar ist. Denn bei langjährig zusammenlebenden Angehörigen werden an den Nachweis, dass jeweils vollständig getrennte eigene Haushalte geführt werden, strenge Anforderungen gestellt.

Haushaltszugehörigkeit

Das Kind gehört zum Haushalt, wenn es in der Wohnung des Alleinerziehenden mit **Haupt- oder Nebenwohnsitz gemeldet** ist, oder – sofern das nicht der Fall ist – dauerhaft in der Wohnung lebt. Durch die Meldung wird die Haushaltszugehörigkeit auch dann angenommen, wenn das Kind möglicherweise tatsächlich in einem eigenen Haushalt lebt (BFH, Urteil v. 5.2.2015, III R 9/13). Ohne Meldung muss nachgewiesen werden, dass das Kind zum Haushalt gehört. Ist das Kind bei beiden (getrennt lebenden) Elternteilen gemeldet und nur einer von beiden Elternteilen ist alleinstehend, bekommt dieser – unabhängig von der Kindergeldauszahlung – den Entlastungsbetrag. Sind beide Elternteile jeweils alleinstehend und haben das Kind annähernd gleichwertig in ihre Haushalte aufgenommen, können sie unabhängig davon, wer das Kindergeld ausgezahlt bekommen hat, untereinander bestimmen, wer den Entlastungsbetrag bekommen soll, es sei denn, einer von beiden hat den Entlastungsbetrag bei seiner Veranlagung oder über die Steuerklasse II bei seinem Lohnsteuerabzug bereits in Anspruch genommen. Treffen die Eltern keine Entscheidung über die Zuordnung des Entlastungsbetrags oder können sie sich nicht einigen, erhält derjenige den Entlastungsbetrag, dem das **Kindergeld ausgezahlt** wird.

Höhe

Der Entlastungsbetrag beträgt jährlich 1.908 € für das erste Kind, für jedes weitere berücksichtigungsfähige Kind kommen 240 € dazu. Er wird, wenn die Abzugsvoraussetzungen nur einen Teil des Jahres vorliegen (z. B. Geburt im Mai), zeitanteilig berücksichtigt.

Stirbt bei zusammenlebenden Eltern ein Elternteil, erhält der Überlebende, wenn die übrigen Voraussetzungen erfüllt sind, den Entlastungsbetrag (anteilig) ab dem Monat des Todes.

Heiratet ein Alleinerziehender, ist für das **gesamte** Jahr – auch für den Zeitraum **vor** der Hochzeit – kein Entlastungsbetrag möglich, egal welche Veranlagungsart die Eheleute wählen.

BEISPIEL

Mehrere Kinder

Eine alleinstehende Person hat zwei Kinder unter 25 Jahren. Das erste Kind ist bis Juli in Ausbildung und bezieht ab September eine eigene Wohnung. Das zweite Kind ist das ganze Jahr in der Wohnung des Elternteils gemeldet.

Die Voraussetzungen für den Entlastungsbetrag liegen für die Monate Januar bis Juli und September bis Dezember vor. Im August verhindert das nicht berücksichtigungsfähige erwachsene erste Kind den Abzugsbetrag. Für Januar bis Juli sind für das erste Kind 7/12 von 1.908 € und das zweite Kind 7/12 von 240 € zu berücksichtigen, von September bis Dezember 4/12 von 1.908 € (zweites Kind wird zum einzigen berücksichtigungsfähigen Kind).

Weitere Einzelfälle und Erläuterungen vgl. BMF, Schreiben v. 23.10.2017, IV C 8-S 2265-a/14/10005, 2017/0877364. Dass Alleinerziehende keinen Splittingtarif für Ehegatten bekommen können, ist verfassungsgemäß (BVerfG, Entscheidung v. 18.9.2018, BvR 221/12).

Krankheitskosten

Krankheitskosten gehören zu den außergewöhnlichen Belastungen allgemeiner Art. Sie mindern, soweit sie eine zumutbare Eigenbelastung übersteigen, das zu versteuernde Einkommen.

§ 33 EStG

Vertiefend siehe → Außergewöhnliche Belastung, → Behinderte Menschen und → Pflegekosten/Heimunterbringung.

1 Abzugsvoraussetzungen

Der steuerliche Abzug von Krankheitskosten setzt voraus, dass die Aufwendungen infolge einer tatsächlichen Erkrankung angefallen sind und nicht lediglich gesundheitsfördernde Vorbeuge- oder Folgekosten darstellen. Da diese Abgrenzung schwierig sein kann, muss die Notwendigkeit der Kosten (Zwangsläufigkeit) auf Anforderung des Finanzamts nachgewiesen werden.

Nachweise

Nach § 64 EStDV ist als Beleg für die Zwangsläufigkeit der Ausgaben grundsätzlich ein **einfacher** Nachweis in Form einer Verordnung durch einen Arzt oder einen Heilpraktiker erforderlich. In bestimmten Fällen ist ein **qualifizierter** Nachweis in Form eines amtsärztlichen Gutachtens oder einer ärztlichen Bescheinigung des Medizinischen Dienstes der Krankenversicherung (MDK) vorgeschrieben.

Der qualifizierte Nachweis muss stets vor Beginn der Maßnahme vorliegen. Er ist erforderlich bei

- Bade- und Heilkuren,
- psychotherapeutischer Erst- oder Fortsetzungsbehandlung,
- einer medizinisch erforderlichen auswärtigen Unterbringung eines an Legasthenie oder einer anderen Behinderung leidenden Kindes (dasselbe gilt für den auswärtigen Schul-

besuch eines hochbegabten Kindes oder für Aufwendungen zur Behandlung von Lese- und Rechtschreibschwäche oder für logopädische Therapien),

- der Notwendigkeit der Betreuung einer volljährigen Person (bei Begleitung minderjähriger Kinder genügt der einfache Nachweis) durch eine Begleitperson z. B. im Urlaub oder während einer Kur, sofern nicht bereits das Merkzeichen „H" (hilflos) im Behindertenausweis eingetragen ist,
- medizinischen Hilfsmitteln, die als allgemeine Gebrauchsgegenstände des täglichen Lebens angesehen werden (z. B. Garagenrolltor, Fahrstuhl, Auffahrrampe, Bewegungsbad),
- wissenschaftlich nicht anerkannten Behandlungsmethoden, d. h. wenn Qualität und Wirksamkeit nicht dem allgemein anerkannten Stand der medizinischen Erkenntnisse entsprechen (BFH, Urteil v. 26.6.2014, VI R 51/13). Aufwendungen sind bei einem Erkrankten mit nur noch begrenzter Lebenserwartung auch dann zwangsläufig, wenn die Methoden aus schulmedizinischer oder naturheilkundlicher Sicht nicht anerkannt sind. Dies gilt z. B. für Frisch- und Trockenzellenbehandlung, Sauerstoff-, Chelat- und Eigenbluttherapie, immunbiologische Krebsabwehrtherapie, Kosten eines Wasserionisierers oder eine Delfin- oder Reittherapie, Liposuktion (operative Fettabsaugung, BFH, Urteil v. 18.6.2015, VI R 68/14, BFH/NV 2015 S. 1480) sowie Reikibehandlung (BFH, Beschluss v. 21.2.2018, VI R 11/16).

In allen anderen Fällen reicht der einfache Nachweis, also z. B. bei medizinischen Hilfsmitteln (Brille, Hörgerät, Zahnersatz, Treppenschräglift, Sitzerhöhung, Badewannenlift, Haltegriffe, Hausnotruf bei behinderten Menschen, Spezialrauchmelder bei Gehörlosen), Austausch von Möbeln wegen Gesundheitsgefährdung (z. B. bei Hausstauballergie oder Formaldehydbelastung, Allergikerbettwäsche), Aufwendungen für eine künstliche Befruchtung, Kosten einer Laseroperation am Auge, einer Zahnbehandlung oder bei der Notwendigkeit von Besuchsfahrten zu Ehegatten oder Kindern im Krankenhaus zur Heilung bzw. Linderung einer Krankheit. Einzelheiten und weitere Einzelfälle s. u.

Bei einer dauerhaften Erkrankung mit anhaltendem Verbrauch bestimmter Medikamente oder Hilfsmittel reicht die einmalige Vorlage der (ärztlichen) Verordnung. Die Nachweise müssen nur auf Anforderung des Finanzamts vorgelegt werden.

TIPP

Berufskrankheiten

Handelt es sich um eine typische Berufskrankheit (Staublunge eines Bäckers oder Bergmanns) oder besteht ein eindeutiger Zusammenhang mit dem Beruf (z. B. Strahlenschäden bei einem medizinisch-technischen Assistenten) oder wurde die Krankheit durch den Beruf verursacht (z. B. HIV-Infektion bei der Berufsausübung), sind die Krankheitskosten Werbungskosten oder Betriebsausgaben. Burnout ist keine typische Berufskrankheit

(BFH, Beschluss v. 9.11.2015, VI R 36/13).

Einzelfälle

Absetzbar sind die unmittelbar angefallenen Krankheitskosten, insbesondere:

- Kosten für **ärztliche stationäre oder ambulante Behandlung** – auch für einen teuren Spezialarzt – oder einen **Heilpraktiker**
- **Arznei-, Heil- und medizinische Hilfsmittel** (einschließlich Rezeptgebühr) **nach Verordnung durch Arzt oder Heilpraktiker.** Nicht rezeptpflichtige Medikamente sind ebenfalls nur nach entsprechender Verordnung abziehbar. Bei länger andauernden Erkrankungen reicht die einmalige Vorlage einer Verordnung. Aufwendungen für **medizinische Fachliteratur** sind nicht abziehbar, selbst wenn sie dazu dient, die Entscheidung für eine bestimmte Therapie oder die Auswahl eines bestimmten Facharztes zu treffen.
- **Krankenhauskosten** (auch Ein- oder Zweibettzimmer, Chefarztbehandlung, nicht jedoch die Kosten für Telefon oder Fernseher). Es erfolgt keine Kürzung der Krankenhauskosten um eine Haushaltsersparnis.
- Aufwendungen für die **krankheitsbedingte Unterbringung** der eigenen Person in einem Heim. Sämtliche Kosten (einschließlich Unterbringung und Verpflegung) sind als Krankheitskosten zu behandeln. Eine Haushaltsersparnis ist nicht zu berücksichtigen. Ebenso abzugsfähig sind die Kosten aufgrund der **krankheitsbedingten Unterbringung eines nahen Angehörigen** im Pflegeheim. Vertiefend siehe → Pflegekosten/Heimunterbringung.

Weitere Einzelfälle:

- **Aids:** Aufwendungen zur Behandlung von Aids sind abziehbar.
- **Allergie:** Kosten für den Austausch allergieauslösender Möbel (Asthma, Formaldehydbelastung) sind abzugsfähig, ebenso Aufwendungen für das Fällen der das Wohnhaus umgebenden Bäume, wenn dies wegen Pollenallergie notwendig ist (einfacher Nachweis ausreichend).
- Aufwendungen für den **behindertengerechten Umbau** einer Wohnung oder eines Gebäudes. Vertiefend siehe → Behinderte Menschen.
- **Aufwendungen für den krankheitsbedingten Umbau** einer Wohnung oder eines Gebäudes z. B. wegen Schadstoffbelastung. Vertiefend siehe → Außergewöhnliche Belastung.
- **Burn-out:** abzugsfähige Krankheitskosten mit qualifiziertem Nachweis (BFH, Beschluss v. 9.11.2015, VI R 36/13)
- **Diätverpflegung:** Mehraufwendungen für eine Diätverpflegung sind abzugsfähig, wenn es sich bei den Präparaten um Arzneimittel i. S. d. § 2 AMG (Arzneimittelgesetz) handelt, nicht dagegen Nahrungsergänzungsmittel (BFH, Urteil v. 15.4.2015, VI R 89/13). Hier gilt das gesetzliche Abzugsverbot.

- **Gesundheitssport:** Die Aufwendungen sind – ohne ärztliche Verordnung – auch dann nicht abziehbar, wenn sie wegen einer Erkrankung besonders notwendig oder ratsam sind (z. B. „Rückenschule" oder „Aktivwoche 55+").
- **Fahrtkosten** in Zusammenhang mit ärztlichen Behandlungen sind abzugsfähig. Kosten, die anfallen, um einen kranken Angehörigen, der in seinem eigenen Haushalt lebt, zu betreuen und zu versorgen, können unter besonderen Umständen abziehbar sein bzw. über den Pflegepauschbetrag erfasst werden. Auch behinderte Menschen können Fahrtkosten geltend machen. Vertiefend siehe → Behinderte Menschen.
- **heileurythmische Behandlung:** Kosten sind grundsätzlich abzugsfähig, einfacher Nachweis ausreichend, da anerkannte Behandlungsmethode (BFH, Urteil v. 26.2.2014, VI R 27/13).
- **künstliche Befruchtung:** Der Kostenabzug ist möglich, wenn die jeweilige Insemination der gezielten medizinisch indizierten Behandlung zum Zwecke der Heilung oder Linderung der Empfängnisunfähigkeit der Frau bzw. Zeugungsunfähigkeit des Mannes (Ersatz der gestörten Körperfunktion) erfolgt. Abzugsvoraussetzung ist aber immer, dass die Maßnahme mit den (inländischen) Richtlinien der Berufsordnungen für Ärzte und dem Embryonenschutzgesetz (ESchG) in Einklang steht (BFH, Beschluss v. 19.4.2017, VI R 20/15). Unter dieser Voraussetzung wird der Kostenabzug bei homologischer Insemination (Samenspende vom Ehegatten) und bei heterologischer Insemination (Samen eines Dritten) anerkannt. Dies gilt für eine In-vitro-Fertilisation (IVF) und eine intrazytoplasmatische Spermieninjektion (ICSI), auch wenn sie im Ausland durchgeführt wird. Ein Verstoß gegen deutsches Recht liegt nicht vor, wenn zwar mehr als drei Eizellen befruchtet werden, aber lediglich ein oder zwei entwicklungsfähige Embryonen entstehen sollen (sog. deutscher Mittelweg) (BFH, Urteil v. 17.5.2017, VI R 34/15). Der Abzug ist auch bei einer in gleichgeschlechtlicher Partnerschaft lebenden unfruchtbaren Frau möglich (BFH, Urteil v. 5.10.2017, VI R 47/15).
- **Kur:** Die Aufwendungen für die Kur sind nur dann abziehbar, wenn die Kur zur Heilung oder Linderung einer festgestellten Krankheit notwendig ist und eine andere Behandlungsweise nicht oder kaum Erfolg versprechend erscheint. Ein qualifizierter Nachweis ist erforderlich.

  Höhe der Kuraufwendungen:

  - **Arzt- und Kurmittelkosten** (Bäder, Packungen, Massagen etc.) sind auch abzugsfähig, wenn die Notwendigkeit der Kur nicht nachgewiesen wurde, die Heilmittel aber ärztlich verordnet waren.
  - **Unterbringungskosten** sind in tatsächlicher und angemessener Höhe abzugsfähig.
  - **Verpflegungsmehraufwendungen** sind gekürzt um die Haushalts-

ersparnis (20 % der Aufwendungen) abzugsfähig.

- Kosten für **öffentliche Verkehrsmittel**, nur ausnahmsweise (entsprechend Behinderung) sind eigene Kfz-Kosten abziehbar.

Bei **Auslandskuren** werden nur die Kosten einer vergleichbaren Inlandskur anerkannt.

Bei **behinderten Menschen** können Aufwendungen für eine Heilkur auch dann geltend gemacht werden, wenn der Behindertenpauschbetrag abgezogen wird.

Bei **Heilkur eines Kindes** muss das Kind während der Kur in einem Kinderheim untergebracht sein. Findet die Unterbringung nicht in einem Heim statt und wird das Kind von einem Elternteil begleitet, muss die vor Kurantritt ausgestellte amtsärztliche Bescheinigung beinhalten, dass und warum der Kurerfolg auch bei einer Unterbringung außerhalb des Kinderheims gewährleistet ist. Bei minderjährigen Kindern sind dann auch die Kosten einer Begleitperson abzugsfähig. Es genügt der einfache Nachweis (BFH, Urteil v. 5.10.2011, VI R 88/10; BFH, Urteil v. 1.11.2010, VI R 17/09).

- **Legasthenie:** Die Aufwendungen zur Behandlung einer Lese- und Rechtschreibschwäche sind abziehbar, wenn diese krankheitsbedingt ist. Ein qualifizierter Nachweis ist erforderlich.
- **naturheilkundliche Behandlung:** Für Angehörige besteht weder eine rechtliche noch eine sittliche Verpflichtung, eine von der Krankenkasse nicht bezahlte naturheilkundliche Krebsnachbehandlung in Höhe eines größeren Betrags für einen krankenversicherten Elternteil zu tragen.
- **Operationen** gehören zu den abzugsfähigen Krankheitskosten, nicht jedoch kosmetische und Schönheitsoperationen (z. B. Haartransplantationen), es sei denn, sie sind aus psychischen Gründen notwendig.
- **Pflegepersonal:** Pflegen Sie Angehörige selbst, erhalten Sie u. U. den Pflegepauschbetrag. Aufwendungen für eine ambulante Pflegekraft sind zusätzlich als Krankheitskosten abziehbar. Vertiefend siehe → Pflegekosten/Heimunterbringung.
- **Privatschulbesuch:** Die Kosten sind abzugsfähig, wenn der Schulbesuch mit individueller Förderung wegen der Behinderung eines Kindes begründet (Lese- und Rechtschreibschwäche) wird, weil eine geeignete öffentliche oder private Schule nicht zur Verfügung steht oder nicht in zumutbarer Weise erreicht werden kann. Dasselbe gilt für den auswärtigen Schulbesuch eines (kranken) hochbegabten Kindes. In allen Fällen ist ein qualifizierter Nachweis notwendig (BFH, Urteil v. 12.5.2011, VI R 37/10; BFH, Urteil v. 19.11.2015, VI R 45/11).
- **Trinkgeld an Ärzte, Praxisteam oder Krankenhauspersonal** ist nicht abzugsfähig.

2 Ersatz von dritter Seite

Von den Krankheitskosten sind Ersatzleistungen (Zahlungen der Krankenkasse, Beihilfen, Unterstützungen, Schadensersatz Dritter) abzuziehen, wenn mit der Erstattung (z. B. aufgrund der abgeschlossenen Krankenversicherung) gerechnet werden konnte, unabhängig davon, wann die Erstattung erfolgte. Wegen einer möglichen Beitragsrückerstattung der Krankenversicherung nicht geltend gemachte Kosten sind nicht abzugsfähig.

Leistungen aus der **Krankenhaustagegeldversicherung** sind bis zur Höhe der Krankenhauskosten anzurechnen, nicht dagegen **Krankentagegelder**, denn diese werden als Ersatz für entgangene Einnahmen wegen Arbeitsunfähigkeit gezahlt.

Mindestlohn

Seit dem 1.1.2015 hat jeder Arbeitnehmer einen gesetzlichen Anspruch auf Zahlung eines Mindestlohns. Der Arbeitgeber muss zum Nachweis der Voraussetzungen Aufzeichnungen führen.

MiLoG (Mindestlohngesetz)

1 Allgemeines

Das Mindestlohngesetz ist auf alle Arbeitsverhältnisse im Inland anwendbar. Der gesetzliche Mindestlohn beträgt für 2019 **9,19 €** (Bruttolohn) je Zeitstunde und **ab 1.1.2020 9,35 €**.

Das MiLoG enthält keine Regelungen zur Einbeziehung anderer Vergütungsbestandteile. Damit dürfen Zulagen, die nicht zeitbezogen vergütet werden, nicht einbezogen werden. Ein Leistungsbonus ist jedoch in die Berechnung des Mindestlohns einzubeziehen (ArbG Düsseldorf, Urteil v. 20.4.2015, 5 Ca 1675/15). Das gilt auch für monatlich anteilig ausgezahltes Weihnachts- und Urlaubsgeld (BAG, Urteil v. 25.5.2016, 5 AZR 135/16).

Das Unterschreiten der Lohnuntergrenze stellt u. U. einen Straftatbestand dar.

2 Ausnahmen

Ausgenommen sind folgende Personengruppen:

- Praktikanten (ausbildungsbezogenes Pflichtpraktikum, Praktikum von max. drei Monaten zur beruflichen Orientierung, ausbildungs- oder studienbegleitendes Praktikum von max. drei Monaten, Einstiegsqualifizierung bzw. Berufsausbildungsvorbereitung)
- Kinder und Jugendliche ohne abgeschlossene Berufsausbildung
- Auszubildende im Sinne des Berufsbildungsgesetzes
- Langzeitarbeitslose im Sinne des § 18 Abs. 1 SGB III
- ehrenamtlich Tätige

Besonders zu beachten ist die Dokumentationspflicht für Praktikanten. Unverzüglich nach Abschluss des Praktikumsvertrags, auf jeden Fall vor Aufnahme der Praktikantentätigkeit, sind die wesentlichen Vertragsbedingungen schriftlich niederzulegen, die Niederschrift zu unterzeichnen und dem Praktikanten auszuhändigen.

3 Besondere Aufzeichnungspflichten

Besondere Aufzeichnungs- und Dokumentationspflichten bestehen insbesondere für Arbeitgeber, die Arbeitnehmer in Wirtschaftszweigen des § 2a SchwarzArbG (Bau-, Gaststätten- und Beherbergungs-, Transport- und Personenbeförderungs-, Gebäudereinigungs- und Schaustellergewerbe, Forstwirtschaft, Fleischwirtschaft) oder nach § 8 Abs. 1 SGB IV (Minijobber und kurzfristig Beschäftigte) beschäftigen. Für diese Beschäftigten müssen mindestens Beginn, Ende und Dauer der täglichen Arbeitszeit aufgezeichnet und mindestens zwei Jahre aufbewahrt werden.

HINWEIS

Minijobber im Privathaushalt

Der Mindestlohn gilt auch für geringfügig Beschäftigte in Privathaushalten, nicht aber die Aufzeichnungs- und Dokumentationspflichten.

Minijobs

Für alle, die etwas nebenbei verdienen wollen, bieten sich die Regelungen zum Minijob an. Bei Minijobverhältnissen zahlt man entweder keine bzw. geringe Abgaben. Auch ist der so erzielte Arbeitslohn nicht in der Steuererklärung anzugeben, da der Arbeitgeber alle Abgaben leistet. In diesem Beitrag finden Sie das Wichtigste, was Sie als Arbeitnehmer dazu wissen müssen. Für den Fall, dass Sie z. B. eine Reinigungskraft beschäftigen, lernen Sie hier auch das Haushaltsscheckverfahren aus Sicht des Arbeitgebers kennen.

§§ 8, 8a SGB IV, § 168 SGB VI, §§ 40a, 35a EStG

Vertiefend siehe → Haushaltsnahe Tätigkeiten/Dienstleistungen und → Pflegekosten/Heimunterbringung.

1 Geringfügig entlohnte Beschäftigung

Die Bedeutung der Entgeltgrenze

Bei der geringfügig entlohnten Beschäftigung darf der durchschnittliche Verdienst 450 € je Monat nicht überschreiten. Dabei sind die Vorschriften zum → Mindestlohn zu beachten. Neben dem Arbeitsentgelt zu zahlende zusätzliche Beträge (z. B. Urlaubs- und Weihnachtsgeld) sind bei der Durchschnittsberechnung mit einzubeziehen, wenn die Zahlung mit hinreichender

Sicherheit (Tarifvertrag, betriebliche Übung) erfolgen wird.

BEISPIEL

Entgeltgrenze

A erhält ein monatliches Entgelt von 440 € sowie ein tarifliches Weihnachtsgeld von 300 €.

Das Gesamtentgelt beträgt 5.580 €, durchschnittlich also 465 € je Monat. Da die Arbeitsentgeltgrenze von 450 € überschritten wird, ist der Arbeitnehmer von Beginn an sozialversicherungspflichtig.

Ein nur gelegentliches und nicht vorhersehbares Überschreiten der Arbeitsentgeltgrenze ist unschädlich.

Bei schwankendem Arbeitslohn ist die Prognose des Arbeitslohns maßgeblich. Ist danach von einer Beschäftigung unter 450 € auszugehen und tritt aufgrund nicht vorhersehbarer Umstände eine Änderung ein, bleibt es bei der Versicherungsfreiheit. Es reicht aus, eine Jahresprognose zu erstellen (Obergrenze 5.400 €), ohne die zu erwartenden monatlichen Arbeitsentgelte zu schätzen.

TIPP

Übungsleiterpauschale

Die nach § 3 Nr. 26 und Nr. 26a EStG steuerfreien Einnahmen von max. 2.400 € (Übungsleiterpauschale) und 720 € (Ehrenamtsfreibetrag) bleiben auch bei der sozialversicherungsrechtlichen Beurteilung außer Betracht. Vertiefend siehe → Zusatzeinkünfte und → Ehrenamt.

Mehrere Minijobs

Übt der Arbeitnehmer mehrere Minijobs nebeneinander aus, ist durch Zusammenrechnung des Arbeitslohns aller geringfügigen Beschäftigungsverhältnisse zu prüfen, ob die 450-Euro-Grenze überschritten wird.

BEISPIEL

Mehrere Minijobs

C verdient bei X monatlich 300 €. Ab September arbeitet er zusätzlich bei W für 180 € monatlich.

Ab September besteht Versicherungspflicht für **beide** Arbeitsverhältnisse, da die Grenze überschritten ist.

Minijobs neben einer Haupttätigkeit

Übt ein Arbeitnehmer neben einer versicherungspflichtigen Haupttätigkeit noch mehrere Minijobs aus, bleibt der zuerst aufgenommene Minijob versicherungsfrei. Alle weiteren Minijobs werden für die Renten-, Kranken- und Pflegeversicherung, nicht jedoch für die Arbeitslosenversicherung zusammengerechnet.

Beamte und Minijobs

Das Beamtenverhältnis wird aufgrund der Versicherungsfreiheit nicht mit Minijobs zusammengerechnet. Für die Renten- und Arbeitslosenversicherung werden die Minijobs so behandelt, als ob es keine Hauptbeschäftigung gäbe. Bei der Kranken- und Pflegeversicherung herrscht jedoch absolute Versicherungsfreiheit.

BEISPIEL

Beamte

Der Beamte D geht neben seiner Haupttätigkeit (monatlich 1.800 €) noch zwei Minijobs mit 200 € bzw. 280 € nach.

Beide Minijobs bleiben grundsätzlich kranken- und pflegeversicherungsfrei. Da das Entgelt der Minijobs 450 € übersteigt, fallen aber Pflichtbeiträge zur Renten- und Arbeitslosenversicherung an.

Nachträgliche Erhöhung des Arbeitsentgelts

Erhöht sich das Arbeitsentgelt nachträglich, z. B. durch eine rückwirkende Tariferhöhung, und wird dadurch die 450-Euro-Grenze überschritten, hat dies Auswirkungen nur für die Zukunft.

Rentenversicherungspflicht

Minijobs waren bis 2012 grundsätzlich sozialversicherungsfrei. Für bestehende Arbeitsverhältnisse gilt dies auch weiter, solange der Arbeitslohn die bisherige Grenze von 400 € nicht übersteigt.

TIPP

Übergang auf neues Recht

Erhöht sich allerdings das regelmäßige monatliche Arbeitsentgelt auf einen Betrag zwischen 400 € und 450 €, gilt für die alte Beschäftigung das neue Recht. Dann tritt bei dem bisher versicherungsfreien Minijob Versicherungspflicht in der Rentenversicherung ein. Der Minijobber kann sich jedoch von der Versicherungspflicht in der Rentenversicherung befreien lassen (schriftlicher Antrag an den Arbeitgeber).

Wurden hingegen bereits vor dem 1. Januar 2013 Rentenversicherungsbeiträge aufgestockt, bleibt der Minijobber weiterhin versicherungspflichtig. In diesem Fall ist die Befreiung von der Rentenversicherungspflicht nicht möglich.

WICHTIG

Rentenversicherungspflicht

Minijobs, die neu aufgenommen werden, sind versicherungspflichtig in der gesetzlichen Rentenversicherung. Dieser Personenkreis kann sich aber von der Versicherungspflicht in der Rentenversicherung befreien lassen.

Hierfür muss der Beschäftigte dem Arbeitgeber schriftlich mitteilen, dass er die Befreiung wünscht. Dann zahlt der Arbeitgeber weiterhin den Pauschalbeitrag zur Rentenversicherung, der Minijobber zahlt keinen eigenen Beitrag. Den Antrag des Arbeitnehmers muss der Arbeitgeber zu den Entgeltunterlagen nehmen, aber nicht an die Minijob-Zentrale senden. Ein Musterantrag zur Befreiung von der Rentenversicherungspflicht ist auf der Internetseite der Minijob-Zentrale zu finden.

Die Befreiung wirkt ab dem Kalendermonat des Eingangs beim Arbeitgeber, frühestens ab dem Beschäftigungsbeginn. Voraussetzung ist, dass der Arbeitgeber der Minijob-Zentrale die Befreiung innerhalb von sechs Wochen nach Eingang des Befreiungsantrags meldet.

Beiträge

Liegt eine geringfügig entlohnte Tätigkeit vor, muss der **Arbeitgeber** Beiträge zur Renten- und i. d. R. auch zur Krankenversicherung zahlen. Dabei ist zwischen

- Arbeitnehmern, die ausschließlich im Privathaushalt beschäftigt sind, und
- sonstigen Arbeitnehmern im gewerblichen Bereich

zu unterscheiden.

Gleitzone/Übergangsbereich

Während Arbeitnehmer mit einem Arbeitslohn von bis zu 450 € je Monat versicherungsfrei bleiben, sind Beschäftigte mit einem Lohn von mehr als 450 € (ggf. Summe aus mehreren Dienstverhältnissen) versicherungspflichtig. Die Gleitzonenregelung wird angewendet, wenn der Arbeitslohn im Monat zwischen 450,01 € und 850 € liegt. Der Arbeitgeber hat in der Gleitzone den vollen Beitragssatz zu leisten, der Beitragssatz des Arbeitnehmers steigt mit der Höhe des Entgelts an. Ab Juli 2019 wird die Obergrenze für den Midi-Job auf 1.300 € angehoben. Die Gleitzone heißt zukünftig „Übergangsbereich".

2 Haushaltsscheck

Liegt eine **ausschließliche Beschäftigung im privaten Haushalt** vor und handelt es sich um Tätigkeiten, die sonst durch Haushaltsmitglieder erledigt werden (z. B. Reinigungs- oder Gartenarbeiten, Pflegetätigkeiten – auch Tagesmütter), gelten die Besonderheiten des **Haushaltsscheckverfahrens**.

Der Haushaltsscheck dient der Anmeldung von Sozialabgaben und der Pauschsteuer bei der Deutschen Rentenversicherung Knappschaft-Bahn-See (Minijob-Zentrale).

Den Haushaltsscheck muss der Arbeitgeber zu Beginn und zum Ende jeder Beschäftigung eines Arbeitnehmers sowie dann abgeben, wenn sich dessen Entgelt ändert. Ist ein fester Lohn vereinbart, gilt die Beginnmeldung als Dauerbeleg. Schwankt die Höhe des Arbeitslohns, muss der Arbeitgeber der Minijob-Zentrale jeweils bis zum 30.6. und 31.12. auf einem Vordruck die gezahlten Löhne des vorangegangenen Halbjahres melden.

Auf der Basis dieser Angaben errechnet die Einzugsstelle den Beitrag und zieht diesen am 31. Juli bzw. 31. Januar für die jeweils vorhergehenden sechs Monate im Lastschriftverfahren ein.

Verzichtet der Arbeitnehmer auf die Rentenversicherungsfreiheit, muss er die Differenz zum Regelbeitrag (Aufstockungsbetrag) in Höhe von 13,6 % (Minijob im Haushalt) selbst tragen. Diese wird beim Arbeitgeber zusammen mit den Pauschalsätzen eingezogen. Hier ist die Mindestbemessungsgrundlage zu beachten, denn der zu zahlende monatliche Rentenversicherungsbeitrag ist von mind. 175 € zu berechnen.

BEISPIEL

Haushaltsscheckverfahren

Die Haushaltshilfe H verdient im Monat 100 €. Sie ist rentenversicherungspflichtig. Der Arbeitgeber (Privathaushalt) muss folgende Abgaben leisten:

Krankenversicherung (5 %)	5,00 €
Rentenversicherung AG-Anteil 5 % von 100 €	5,00 €
Rentenversicherung AN-Anteil 18,6 % von 175 € (32,55 €) abzgl. AG-Anteil (5,00 €)	27,55 €
Umlage U1 (Lohnfortzahlung bei Krankheit) 0,9 %	0,90 €
Umlage U2 (wegen Schwangerschaft/Mutterschaft) 0,24 %	0,24 €
Unfallversicherung	1,60 €
Steuer	2,00 €

Der Arbeitnehmer bekommt noch (100 € – 27,55 € =) 72,45 € ausbezahlt. Der Arbeitgeber zahlt den Arbeitnehmeranteil von 27,55 € und den eigenen Anteil von 14,74 € an die Minijob-Zentrale.

Ist der Arbeitnehmer von der Rentenversicherungspflicht befreit, bekommt er 100 € ausbezahlt und der Arbeitgeber zahlt nur 14,74 € an die Minijob-Zentrale. (Alle Beitragssätze nach dem Stand von 2019; die Sätze für 2020 lagen bei Redaktionsschluss noch nicht vor.)

Vordrucke

Vordrucke sind erhältlich bei der Deutschen Rentenversicherung Knappschaft-Bahn-See, Minijob-Zentrale, 45115 Essen, und im Internet.

3 Steuerermäßigung bei haushaltsnahen Beschäftigungen/ Dienstleistungen

Zur Steuerermäßigung bei einer geringfügigen oder sozialversicherungspflichtigen Beschäftigung im Haushalt (Minijob) bzw. zur Beschäftigung durch eine Wohnungseigentümergemeinschaft siehe → Haushaltsnahe Tätigkeiten/Dienstleistungen.

Orkanschäden/Naturkatastrophen

Bei Schäden infolge von Naturkatastrophen wie z. B. Orkan, Starkregen, Hagel oder Überflutung, versucht die Finanzverwaltung, den Betroffenen durch entsprechende Verwaltungserlasse über steuerliche Erleichterungen zu helfen.

1 Mögliche steuerliche Erleichterungen

Zu den möglichen Maßnahmen gehören:

- zinslose Stundung fälliger Steuerschulden
- Verzicht auf Säumniszuschläge bei verspäteter Zahlung
- Billigkeitsmaßnahmen bei Verlust von Buchführungsunterlagen und sonstigen Aufzeichnungen
- Sonderabschreibung für betrieblich neu angeschaffte Wirtschaftsgüter
- Sonderabschreibungen für vermietete Gebäude
- Abzug der Reparaturkosten eines selbst genutzten Hauses und der Wiederbeschaffungskosten für durch das Ereignis verloren gegangenen oder unbrauchbar gewordenen Hausrat als → Außergewöhnliche Belastung.

Pensionen/Betriebsrenten

Beamtenpensionen und Betriebsrenten, die der frühere Arbeitgeber zahlt, gehören als Arbeitslohn zu den Einkünften aus nichtselbstständiger Arbeit. Soweit es sich dabei um einen Versorgungsbezug handelt, bleibt ein Teil davon steuerfrei.

§ 19 Abs. 2 EStG

1 Beamtenpensionen

Beamtenpensionen sind Bezüge des öffentlichen Dienstes aus einem früheren Dienstverhältnis und stets **Versorgungsbezüge.** Dazu gehören auch Zahlungen, die als Ruhegehalt, Witwen- oder Waisengeld, Unterhaltsbeiträge oder als gleichartige Bezüge aufgrund beamtenrechtlicher oder entsprechender gesetzlicher Vorschriften oder nach beamtenrechtlichen Grundsätzen von Körperschaften, Anstalten oder Stiftungen des öffentlichen Rechts oder öffentlich-rechtlichen Verbänden von Körperschaften geleistet werden, sowie Sterbegelder und Bezüge der Beamten im einstweiligen Ruhestand (§ 19 Abs. 2 Nr. 1 EStG).

2 Betriebsrenten/Werkspensionen

Betriebsrenten bzw. Werkspensionen sind Bezüge aus dem privaten Dienst. Hierunter fallen Bezüge und Vorteile aus früheren Dienstleistungen, z. B. auch Leistungen aus einer betrieblichen Unterstützungskasse des ehemaligen Arbeitgebers oder Vorruhestandsleistungen. Werden diese ab dem Erreichen einer Altersgrenze (Vollendung des 63. Lebensjahres oder als schwer behinderter Mensch – Grad der Behinderung > 50 % –

Vollendung des 60. Lebensjahres) gezahlt oder wegen Berufsunfähigkeit, Erwerbsunfähigkeit oder als Hinterbliebenenbezüge gewährt, handelt es sich ebenfalls um **Versorgungsbezüge** (§ 19 Abs. 2 Nr. 2 EStG).

HINWEIS

Andere Renten

Renten aus der gesetzlichen Rentenversicherung (z. B. gesetzliche Altersrente), aus berufsständischen Versorgungswerken, Direktversicherungsverträgen, Pensionsfonds, Pensionskassen sowie Rürup- und Riester-Renten gehören zu den sonstigen Einkünften (§ 22 EStG), für die eine andere Besteuerung gilt. Vertiefend siehe → Renten.

3 Versorgungsfreibetrag und Zuschlag

Versorgungsbezüge bleiben über einen Versorgungsfreibetrag und einen Zuschlag zum Freibetrag teilweise steuerfrei.

Die Höhe des Versorgungsfreibetrags und des Zuschlags richtet sich nach dem Jahr, in dem erstmals ein Versorgungsbezug vorlag. War dies 2005 oder früher, beträgt der Freibetrag 40 % der Versorgungsbezüge, höchstens 3.000 € jährlich, und der Zuschlag 900 €. Freibetrag und Zuschlag werden für jeden ab 2006 in den Ruhestand tretenden Rentnerjahrgang abgeschmolzen. Liegt der Versorgungsbeginn im Jahr 2019, beträgt der Freibetrag nur noch 17,6 % des Versorgungsbezugs, max. 1.320 € zuzüglich eines Zuschlags von 396 €. Bemessungsgrundlage für den Freibetrag ist das Zwölffache des Versorgungsbezugs für den **ersten vollen Monat** des Versorgungsbezugs (frühestens Januar 2005).

Der im Erstjahr so ermittelte Jahresversorgungsfreibetrag und der Zuschlag gelten grundsätzlich **für die gesamte Laufzeit des Versorgungsbezugs.** Die jeweils gültigen Prozentsätze, Höchstbeträge und Zuschläge ergeben sich aus einer Tabelle in § 19 Abs. 2 EStG.

Werden Versorgungsbezüge nur für einen Teil des Kalenderjahres gezahlt, sind der auf das Kalenderjahr hochgerechnete Freibetrag und der Zuschlag zeitanteilig zu berücksichtigen.

BEISPIEL

Werkspension

Ein verheirateter Steuerpflichtiger (64 Jahre), der seit Juni 2019 (= erster Versorgungsmonat) im Ruhestand ist, bekommt ab da vom früheren Arbeitgeber eine Werkspension von monatlich 450 €.

Bei der Werkspension handelt es sich um Arbeitslohn, der wegen Überschreitens der Altersgrenze (63 Jahre) als Versorgungsbezug begünstigt besteuert wird. Der Versorgungsfreibetrag ermittelt sich mit: 12 × 450 € = 5.400 €, davon 17,6 % = 951 € (maximal 1.320 €) + Zuschlag 396 € = 1.347 €. Ab dem folgenden Jahr (2020) bleiben von der Werksrente, auch wenn sie sich erhöht, jährlich 1.347 € steuerfrei. Für 2019 beträgt der steuerfreie Teil (ab Juni)

7/12 von 1.347 € = 787 €. Damit sind 2019 4.613 € (5.400 € – 787 €) steuerpflichtiger Arbeitslohn.

4 Werbungskosten

Bezieher von Versorgungsbezügen erhalten einen **Werbungskostenpauschbetrag von 102 €**, wenn sie keine höheren tatsächlichen Ausgaben, z. B. Beratungs- oder Prozesskosten in Zusammenhang mit dem Versorgungsbezug, nachweisen.

Wurde neben dem Versorgungsbezug auch anderer Arbeitslohn bezogen, sind der Arbeitnehmerpauschbetrag (1.000 €) und der Werbungskostenpauschbetrag (102 €) **nebeneinander** zu berücksichtigen, wenn jeweils keine tatsächlich höheren Aufwendungen vorliegen.

Beziehen **beide Ehegatten** Versorgungsbezüge, erhält jeder seinen Freibetrag und seinen Werbungskostenpauschbetrag.

TIPP

Vereinfachte Steuererklärung

Haben Sie außer Renten und Pensionen keine weiteren Einkünfte, können Sie eine vereinfachte Steuererklärung – die **„Erklärung zur Veranlagung von Alterseinkünften"**, die nur aus einem zweiseitigen Vordruck besteht, abgeben.

Pflegekosten/Heimunterbringung

Aufwendungen für Betreuung, Pflege oder Heimunterbringung können je nach Fallgestaltung (eigene Pflege oder Pflege eines Angehörigen, Pflegeperson, Pflegedienst, häusliche Pflege oder Heimkosten) als allgemeine außergewöhnliche Belastungen (§ 33 EStG), als Unterhaltszahlung (§ 33a Abs. 1 EStG), über den Pauschbetrag für behinderte Menschen (§ 33b Abs. 1 bis 5 EStG), einen Pflegepauschbetrag (§ 33b Abs. 6 EStG) oder über eine Steuerermäßigung (§ 35a Abs. 2 EStG) berücksichtigt werden. Teilweise sind die Vorschriften nebeneinander anwendbar, teilweise schließen sie sich aus.

Wichtiges zum Thema „Pflegekosten/Heimunterbringung", Einzelheiten zur komplizierten Rechtslage sowie Übersichten in Tabellenform finden Sie auch auf http://mybook.haufe.de unter „Weiterführende steuerliche Informationen".

Reisekosten

Tätigkeiten außerhalb einer ersten Tätigkeitsstätte, z. B. in- und ausländische Dienst- und Geschäftsreisen, Tätigkeiten an wechselnden Einsatzstellen und Fahrtätigkeiten, werden steuerlich als „Auswärtstätigkeiten" bezeichnet, bei denen ein einheitlicher Abzug von Reisekosten möglich ist.

§ 9 Abs. 1 Nr. 4a, 5a, Abs. 4, Abs. 4a EStG; BMF, Scheiben v. 24.10.2014, IV C 5 – S 2353/14/10002 – 2014/0849647

1 Auswärtstätigkeit

Reisekosten sind alle Aufwendungen, die durch eine so gut wie ausschließlich beruflich veranlasste vorübergehende **Auswärtstätigkeit**, also eine Tätigkeit außerhalb der Wohnung und der ersten Tätigkeitsstätte des Arbeitnehmers, entstehen.

Ort der Tätigkeit	Auswirkung
an der ersten Arbeitsstätte/im Betrieb	keine Reisekosten
zu Hause (Arbeitszimmer)	keine Reisekosten
vorübergehend außerhalb der Wohnung und der ersten Tätigkeitsstätte	Reisekosten
ständig wechselnde Einsatzorte	Reisekosten
auf einem Fahrzeug	Reisekosten

Berufliche Veranlassung

Eine berufliche Veranlassung ist gegeben, wenn der Arbeitnehmer auf Weisung seines Arbeitgebers auswärtig tätig wird (z. B. Kundenbesuche, Besuch einer Fachmesse, Unterricht an der Berufsschule). Auch auf eigene Initiative durchgeführte Tätigkeiten können Auswärtstätigkeiten sein, wenn ihnen ein beruflicher Anlass zugrunde liegt (z. B. Fortbildungslehrgang, Studien- und Sprachreisen, Vorstellungsgespräche). Soweit eine private (Mit-)Veranlassung gegeben ist, siehe → Fortbildung/Fachtagungen und → Werbungskosten, -pauschbeträge und -pauschalen.

2 Erste Tätigkeitsstätte

Für Tätigkeiten an der ersten Tätigkeitsstätte gibt es keinen Reisekostenabzug. Abzugsfähig sind hier nur Fahrtkosten in Höhe der Entfernungspauschale und in Ausnahmefällen Übernachtungskosten. Vertiefend siehe → Entfernungspauschale und → Fahrtkosten.

Grundsätze

Für die erste Tätigkeitsstätte gelten folgende Grundsätze:

- Ein Arbeitnehmer kann (innerhalb eines Arbeitsverhältnisses) nur **eine** erste Tätigkeitsstätte haben.
- Eine erste Tätigkeitsstätte setzt eine ortsfeste betriebliche Einrichtung voraus. Infrage kommen auch Zweigbetriebe sowie Bus- und Straßenbahndepots, nicht dagegen Fahrzeuge oder öffentliche Haltestellen.

- Die betriebliche Einrichtung gehört grundsätzlich dem Arbeitgeber. Möglich ist aber auch eine betriebliche Einrichtung eines verbundenen Unternehmens (Tochterfirmen, Outsourcing) oder eines Dritten (z. B. Kunde des Arbeitgebers). Häusliche Arbeitszimmer oder Homeoffices gelten nicht als betriebliche Einrichtungen des Arbeitgebers und sind keine ersten Tätigkeitsstätten.
- Der Arbeitnehmer muss der Einrichtung dauerhaft, d. h. unbefristet für die gesamte Dauer des Dienstverhältnisses oder über einen Zeitraum von über 48 Monaten zugeordnet sein.
- Die Zuordnung erfolgt durch den Arbeitgeber im Arbeits- bzw. Dienstvertrag. Die dort getroffene Regelung ist steuerlich bindend, vorausgesetzt, der Arbeitnehmer wird an dieser Einrichtung tatsächlich, mindestens in geringem Umfang (Hilfstätigkeiten, Besprechungen, Abrechnungen), tätig. Als ausreichend wird ein einmaliges Aufsuchen (auf Veranlassung des Arbeitgebers) der festgelegten Betriebsstätte im Jahr akzeptiert.
  Existiert keine arbeitsvertragliche Regelung oder ist sie nicht eindeutig, gilt als erste Tätigkeitsstätte die Einrichtung, an der der Arbeitnehmer typischerweise arbeitstäglich oder je Arbeitswoche zwei volle Arbeitstage oder mindestens ein Drittel der vereinbarten regelmäßigen Arbeitszeit tätig werden soll. Dabei ist für die arbeitstägliche Tätigkeit weitere Voraussetzung, dass eine typische Kernarbeit ausgeübt wird. Nebentätigkeiten reichen nicht.
  Treffen diese Voraussetzungen für mehrere Tätigkeitsstätten zu, bestimmt der Arbeitgeber die erste Tätigkeitsstätte. Fehlt es an einer Zuordnung, ist die Arbeitsstätte erste Tätigkeitsstätte, die der Wohnung des Arbeitnehmers am nächsten liegt.

BEISPIEL

Erste Tätigkeitsstätte

- Handelsvertreter H sucht den Betriebssitz seines Arbeitgebers nur zu Besprechungen und Abrechnungen auf. Im Arbeitsvertrag ist
  a) H dem Betriebssitz zugeordnet.
  b) über eine betriebliche Zuordnung nichts aufgeführt.
  H hat im Fall a) am Betriebssitz eine erste Tätigkeitsstätte. Er ist arbeitsvertraglich zugeordnet und wird, wenn auch nur in geringem Umfang, dort tätig. Mit Verlassen der Firma zu Kundenbesuchen beginnt er seine Auswärtstätigkeiten.
  Im Fall b) hat H am Betriebssitz keine erste Tätigkeitsstätte. Er ist dem Betriebssitz nicht zugeordnet und wird dort auch nicht typischerweise zwei volle Tage in der Woche bzw. für ein Drittel seiner Arbeitszeit tätig. Seine Auswärtstätigkeit beginnt mit Verlassen seiner Wohnung.
- B ist bei einer Bank beschäftigt. Er ist bis auf Weiteres an drei Tagen in der Woche in der Filiale in X-Stadt und an zwei Tagen in der Filiale in Y-Stadt tätig. Der Arbeitgeber hatte zunächst Y-Stadt und ab 1.8. X-Stadt als erste Tätigkeitsstätte festgelegt.

Da B an beiden Standorten tätig wird, ist, unabhängig von der verbrachten Arbeitszeit, die Zuordnung des Arbeitgebers maßgebend. Danach ist bis 31.7. Y-Stadt, ab 1.8. X-Stadt erste Tätigkeitsstätte. Die Tätigkeit am jeweils anderen Standort ist eine Auswärtstätigkeit.

- A ist bei einer Zeitarbeitsfirma in Z-Stadt angestellt. Sie wird auf Weisung des Arbeitgebers
  a) befristet auf sechs Monate
  b) bis auf Weiteres
  im Betrieb der Entleihfirma in Y-Stadt tätig. Nach sieben Monaten wird A bei einer anderen Entleihfirma tätig.
  Der Betriebssitz der Zeitarbeitsfirma in Z-Stadt ist für A (selbst bei arbeitsvertraglicher Festlegung) keine erste Tätigkeitsstätte, weil sie dort nicht tätig wird.
  Im Fall a) hat A wegen der fehlenden Dauerhaftigkeit keine erste Tätigkeitsstätte bei der Entleihfirma in Y-Stadt. Sie übt folglich dort eine Auswärtstätigkeit aus.
  Im Fall b) ist der Betrieb der ersten Entleihfirma erste Tätigkeitsstätte, weil A dort dauerhaft (ohne Befristung) tätig wird. Bei der Tätigkeit bei der zweiten und jeder weiteren Entleihfirma handelt es sich dagegen um eine Auswärtstätigkeit, wenn der Arbeitsvertrag mit der Zeitarbeitsfirma befristet ist (BFH, Urteil v. 10.4.2019, VI R 6/17).

- B ist bei Firma K in Y-Stadt unbefristet beschäftigt. Für die Dauer von voraussichtlich 16 Monaten wird er der betrieblichen Einrichtung seines Arbeitgebers in Z-Stadt zugeordnet. Nach 15 Monaten wird die Zuordnung um 34 Monate verlängert.
  B hat in Z-Stadt keine erste Tätigkeitsstätte, da er weder im Zeitpunkt der ersten Zuordnung noch im Zeitpunkt der Verlängerungsentscheidung für mehr als 48 Monate in Z-Stadt eingesetzt werden soll. Der Einsatz in Z-Stadt begründet eine Auswärtstätigkeit.

- Der bei der Behörde in Z-Stadt beschäftigte Beamte wird für drei Jahre zur Aushilfe nach X-Stadt versetzt. Er hat die Zusage, dass er danach wieder in Z-Stadt arbeiten wird.
  X-Stadt wird keine erste Tätigkeitsstätte. Maßgebend ist nicht, ob eine Abordnung oder eine Versetzung erfolgte, sondern dass eine zeitlich auf weniger als 48 Monate befristete Tätigkeit vorliegt. Damit ist die Tätigkeit in X-Stadt eine Auswärtstätigkeit.

- Arbeitnehmer A (Wohnort V-Stadt) wird nach Absprache mit seinem Arbeitgeber – ohne arbeitsrechtliche Zuordnung – an zwei Tagen in der Woche am Firmenstandort in V-Stadt und an drei Tagen in der Woche am Firmenstandort in X-Stadt tätig.
  Da keine arbeitsrechtliche Zuordnung erfolgte, gelten zuerst die zeitlichen Bedingungen. Da A an beiden Standorten mindestens zwei Tage pro Woche arbeitet, ist

für beide Standorte die zeitliche Bedingung einer ersten Tätigkeitsstätte erfüllt. Da es nur eine erste Tätigkeitsstätte geben kann, gilt der der Wohnung nächstgelegene Standort (V-Stadt) als erste Tätigkeitsstätte. Bei der Tätigkeit in X-Stadt handelt es sich um eine Auswärtstätigkeit.

- Die von der Sozialstation angestellte (keine arbeitsrechtliche Zuordnung) Krankenschwester K soll aufgrund von (auf unbestimmte Dauer abgeschlossenen) Pflegeverträgen arbeitstäglich dieselben vier Personen betreuen.
  Alle Wohnungen der zu Pflegenden erfüllen die Voraussetzungen für eine erste Tätigkeitsstätte. Sie werden arbeitstäglich aufgesucht, dort verrichtet K ihre typische Tätigkeit und sie wird auf Weisung des Arbeitgebers dort auch dauerhaft (ohne zeitliche Begrenzung) tätig. Da keine arbeitsrechtliche Regelung vorhanden ist, gilt die der Wohnung am nächsten gelegene Einsatzstelle als erste Tätigkeitsstätte. Ab da liegt bis zur Rückkehr in die Wohnung eine Auswärtstätigkeit vor.

- Busfahrer E übernimmt bzw. übergibt arbeitstäglich das Fahrzeug am Busdepot.
  a) E ist arbeitsrechtlich dem Busdepot zugeordnet.
  b) Eine arbeitsrechtliche Zuordnung erfolgte nicht.
  In Fall a) bildet das Busdepot aufgrund der arbeitsrechtlichen Zuordnung eine erste Tätigkeitsstätte, denn E ist dort, wenn auch nur in geringem Umfang (z. B. Fahrzeugkontrolle, Besprechungen) tätig. Folglich beginnt E seine Auswärtstätigkeit mit dem Verlassen des Busdepots und beendet sie mit der Rückkehr dorthin.
  Im Fall b) ist das Busdepot keine erste Tätigkeitsstätte, denn die zeitlichen Voraussetzungen sind nicht erfüllt. E ist zwar arbeitstäglich im Busdepot, übt dort aber nicht seine eigentliche Tätigkeit (Fahren) aus. Es liegt ab Verlassen der Wohnung eine Auswärtstätigkeit vor.

- Piloten und Flugbegleiter haben durch die arbeitsrechtliche Zuordnung zu einem Heimatflughafen dort ihre erste Tätigkeitsstätte (BFH, Urteil v. 11.4.2019, VI R 40/16). Dasselbe gilt für Arbeitnehmer, z. B. Sicherheitskontrollkräfte, die ihre Tätigkeit an wechselnden Stellen eines Flughafens ausüben (BFH, Urteil v. 11.4.2019, VI R 12/17).

- Hat ein Polizist im Streifendienst, der einer Dienststelle zugeordnet ist, dort eine erste Tätigkeitsstätte (Rev. BFH VI R 27/17 und VI R 38/18)?

Aus-/Fortbildung des Arbeitnehmers

Sucht der Arbeitnehmer im Rahmen seines Arbeitsverhältnisses zu Aus- oder Fortbildungszwecken vorübergehend eine Ausbildungs- oder Fortbildungsstätte außerhalb seiner ersten Tätigkeitsstätte auf, wird die Bildungseinrichtung nicht zu einer regelmäßigen

Arbeitsstätte. Es handelt sich nicht um eine betriebliche Einrichtung des Arbeitgebers, eines verbundenen Unternehmens oder eines vom Arbeitgeber bestimmten Dritten, dem der Arbeitnehmer zugeordnet ist.

Sucht dagegen der Arbeitnehmer **außerhalb** des Dienstverhältnisses (z. B. Meisterschule ohne ruhendes Dienstverhältnis bzw. ohne Weiterbeschäftigung nach Abschluss) eine Bildungseinrichtung zum Zwecke eines Vollzeitstudiums oder einer vollzeitigen Bildungsmaßnahme auf, wird die Bildungseinrichtung zur (einzigen) ersten Tätigkeitstätte. Dies gilt auch, wenn sie weniger als 48 Monate lang besucht wird. Vertiefend siehe → Ausbildung und Studium.

BEISPIEL

Bildungsmaßnahmen

- Arbeitnehmer A, arbeitsrechtlich dem Betrieb in Z-Stadt zugeordnet, nimmt an einem dreimonatigen Fortbildungslehrgang an einer Fortbildungseinrichtung in G-Stadt teil. Die Fortbildungseinrichtung ist keine erste Tätigkeitsstätte. Es liegt eine Auswärtstätigkeit vor.
- Arbeitnehmer B lässt sich beurlauben, um sechs Monate lang in Vollzeit die Meisterschule an einer Bildungseinrichtung in G-Stadt zu besuchen.
  Der Besuch der Meisterschule ist nicht Gegenstand des Beschäftigungsverhältnisses. Da es sich um eine Vollzeitmaßnahme handelt, wird die Bildungseinrichtung zur ersten Tätigkeitsstätte.
- K besucht neben seiner beruflichen Tätigkeit zwei Jahre lang an zwei Abenden in der Woche und samstags einen Fortbildungslehrgang an einer Bildungseinrichtung in H-Stadt.
  Die Bildungseinrichtung ist keine erste Tätigkeitsstätte. Es handelt sich um eine Auswärtstätigkeit.

3 Kostenabzug

Jede Auswärtstätigkeit (Tätigkeit außerhalb der Wohnung und der ersten Tätigkeitsstätte) führt zum Abzug von Reisekosten. Grundsätzlich sind abzugsfähig:

- Fahrtkosten
- Verpflegungsmehraufwendungen
- Unterkunftskosten
- Reisenebenkosten

Fahrtkosten

Berücksichtigungsfähig sind alle Fahrten in Zusammenhang mit der Auswärtstätigkeit (z. B. Fahrten von zu Hause oder vom Betrieb aus zur auswärtigen Tätigkeitsstätte oder zu einer auswärtigen Unterkunft oder zwischen auswärtiger Unterkunft und auswärtiger Tätigkeitstätte, auch mehrmals täglich) einschließlich Zwischenfahrten (z. B. Besuch einer Gaststätte zur Einnahme des Mittagessens). Unabhängig vom benutzten Verkehrsmittel sind die tatsächlichen Kosten auf Nachweis (z. B. Fahrkarte, Taxiquittung etc.) für alle Fahrten (auch mehrmals täglich) abzugsfähig. Benutzt der Arbeitnehmer für die Fahrten ein Firmenfahrzeug, ist kein Kostenabzug möglich. Besuchsfahrten des Ehegatten zum auswärtigen Beschäftigungsort sind nicht abzugsfähig. Das gilt auch dann, wenn aus beruflichen Gründen keine Heimfahrt des Arbeitnehmerehegatten möglich ist (BFH, Urteil v. 22.10.2015, VI R 22/14).

Bei Nutzung motorbetriebener privater Verkehrsmittel können die Kosten pauschal oder mit dem nachgewiesenen höheren Kilometersatz geltend gemacht werden.

Pauschale Ermittlung

Wird ein Privat-Pkw für eine Auswärtstätigkeit genutzt, sind unabhängig von der Anzahl der beförderten Personen pauschal 0,30 €/km, bei Nutzung anderer motorbetriebener Fahrzeuge (Motorrad, Moped, E-Bike) 0,20 €/km absetzbar.

Einzelkosten-Ermittlung

Sind die tatsächlichen Kfz-Kosten je Kilometer höher als die Pauschale, können Sie diese auf Nachweis ansetzen. Dazu müssen Sie alle Kosten und die jährlichen Gesamtkilometer festhalten. Vertiefend siehe → Fahrtkosten.

Ereignet sich während einer Auswärtstätigkeit ein Unfall, sind die entstandenen Unfallkosten **zusätzlich** zu den Einzelkosten abzugsfähig. Auch Park- und Straßenbenutzungsgebühren sind neben dem km-Satz zusätzlich als Reisenebenkosten abziehbar.

Keine erste Tätigkeitsstätte

Hat ein Arbeitnehmer keine erste Tätigkeitsstätte, muss aber aufgrund arbeitsrechtlicher Festlegungen zur Aufnahme seiner beruflichen Tätigkeit dauerhaft denselben Ort oder dasselbe weiträumige Arbeitsgebiet typischerweise arbeitstäglich aufsuchen (Sammelpunktfahrten), liegt zwar eine Auswärtstätigkeit vor, Fahrtkosten zu diesem Ort sind jedoch aufgrund gesetzlicher Regelung nur mit der Entfernungspauschale abzugsfähig.

BEISPIEL

Bauarbeiter, Monteure, Busfahrer

- Ein Bauarbeiter muss arbeitstäglich den Betriebssitz des Arbeitgebers aufsuchen und wird von dort per Sammeltransport an den jeweiligen Einsatzort befördert. Eine arbeitsrechtliche Zuordnung zum Betriebssitz erfolgte nicht.
  Der Betriebssitz ist mangels arbeitsrechtlicher Zuordnung und der fehlenden zeitlichen Voraussetzungen keine erste Tätigkeitsstätte. Damit liegt ab Verlassen der Wohnung eine Auswärtstätigkeit vor. Trotzdem sind die Fahrten zum Betriebssitz nur mit der Entfernungspauschale abzugsfähig.
- Dasselbe gilt z. B. für Busfahrer oder Kundendienstmonteure, die arbeitstäglich einen festen Betriebssitz des Arbeitgebers aufsuchen und (nur) ihr Einsatzfahrzeug übernehmen, also keine typische Tätigkeit ausüben und deshalb dort keine erste Tätigkeitsstätte haben.

Die Sonderregelung ist nicht anzuwenden für Fahrten zu Sammeltreffpunkten (außerhalb einer festen Arbeitgebereinrichtung) bzw. bei öffentlichen Haltestellen.

BEISPIEL

Sammeltreffpunkt, öffentliche Haltestellen

- Drei Bauarbeiter treffen sich regelmäßig auf einem öffentlichen Parkplatz und fahren von dort aus in Fahrgemeinschaft direkt zur jeweiligen Baustelle.
  Die Bauarbeiter haben keine erste Tätigkeitstätte, da sie ihre Arbeit auf Baustellen ausüben und am Betriebssitz des Arbeitgebers nicht tätig werden. Für die Fahrten zum Sammeltreffpunkt gilt nicht die Entfernungspauschale, sondern der Reisekostenabzug.
- Ein Straßenbahnführer übernimmt die Straßenbahn an einer öffentlichen Haltestelle.
  Für die Fahrt zur Haltestelle gibt es den Reisekostenabzug, denn die Sonderregelung greift nicht.

Weiträumiges Arbeitsgebiet

Ein weiträumiges Arbeitsgebiet liegt vor, wenn der Arbeitnehmer auf einer großräumigen Betriebsstätte mit einem festgelegten räumlich begrenzten Einzugsbereich tätig wird und sich dort eine ortsfeste betriebliche Einrichtung des Arbeitgebers befindet (BFH, Urteil v. 29.4.2014, VIII R 33/10). Dies trifft z.B. auf Forstarbeiter, Paketzusteller oder Hafenarbeiter und Lotsen zu, nicht jedoch auf mobile Pflegekräfte oder Schornsteinfeger.

Ein weiträumiges Arbeitsgebiet ist keine erste Tätigkeitstätte. Damit üben entsprechend tätig werdende Personen ab Verlassen ihrer Wohnung eine Auswärtstätigkeit aus. Für den Fahrtkostenabzug greift aber eine gesetzliche Sonderregelung. Für die Fahrt zwischen Wohnung und Zugang zum Arbeitsgebiet ist nur die Entfernungspauschale absetzbar. Bei verschiedenen Zugängen gilt dies für die Entfernung zu dem der Wohnung am nächsten liegenden Zugang. Für die darüber hinausgehenden Kilometer sind die tatsächlichen Kosten abziehbar. Dasselbe gilt für Fahrten innerhalb des weiträumigen Arbeitsgebiets.

BEISPIEL

Waldarbeiter

A ist als Arbeiter im städtischen Waldgebiet eingesetzt. Er fährt mit seinem Kfz im Januar an zehn Tagen von seiner Wohnung aus zum 18 km entfernten, nächstgelegenen Zugang zum Waldgebiet. An zwölf Tagen fährt er von seiner Wohnung aus zu einem Zugang zum Waldgebiet, der 22 km von seiner Wohnung entfernt ist. Innerhalb des Waldgebiets fährt er im Januar insgesamt 68 km.

An allen 22 Arbeitstagen erhält A für die Fahrten ins Waldgebiet für 18 km (= Entfernung zum der Wohnung nächstgelegenen Zugang) die Entfernungspauschale. An zwölf Tagen kann er die darüber hinausgehenden 8 km (4 × 2 km Hin- und Rückfahrt) und 68 innerhalb des Waldgebiets gefahrenen km als Reisekosten in tatsächlicher Höhe (ohne Nachweis 0,30 € je gefahrenen km) absetzen.

Verpflegungspauschale

Dreimonatsfrist

Verpflegungsmehraufwendungen während einer Auswärtstätigkeit sind, unabhängig von den tatsächlichen Verpflegungskosten, (nur) mit Verpflegungspauschalen berücksichtigungsfähig. Die Pauschalen können jeweils nur für die ersten drei Monate derselben Auswärtstätigkeit steuerlich geltend gemacht werden.

Ob dieselbe Auswärtstätigkeit vorliegt oder nicht, hängt nicht vom bisherigen Einsatzort ab, sondern davon, ob der Arbeitnehmer aufgrund eines neuen Auftrags tätig wird.

BEISPIEL

Dieselbe Auswärtstätigkeit

- C besucht einen viermonatigen Lehrgang.
  Nach Ablauf von drei Monaten an derselben auswärtigen Tätigkeitsstätte können die Verpflegungsmehraufwendungen nicht mehr abgezogen werden.
- D ist in einem Neubaugebiet tätig. Zuerst arbeitet er zwei Monate an Haus 1, danach für vier Monate an Haus 2 in unmittelbarer Nachbarschaft.
  Handelt es sich um einen einheitlichen Auftrag, beginnt die Dreimonatsfrist einheitlich bereits ab der Tätigkeit auf Baustelle 1. Handelt es sich um verschiedene Auftraggeber oder Kunden, läuft, unbeachtlich der räumlichen Nähe, mit Arbeitsbeginn auf Baustelle 2 eine neue Dreimonatsfrist.

Die Dreimonatsfrist beginnt, sobald der Arbeitnehmer dieselbe auswärtige Tätigkeitsstätte in einer Woche an mindestens drei Tagen aufsucht. Sie läuft auch dann weiter, wenn diese Tätigkeitsstätte in der Folgezeit nur an ein oder zwei Tagen wöchentlich aufgesucht wird.

BEISPIEL

Beginn der Dreimonatsfrist

Bauarbeiter A arbeitet ab 15.2. an drei Tagen in der Woche auf Baustelle 1 und an zwei Tagen in der Woche auf Baustelle 2. Nach Abwicklung von Bauvorhaben 1 arbeitet er ab 1.7. an allen Tagen der Woche auf Baustelle 2. Ab 1.9. arbeitet er auf Baustelle 2 nur noch zwei Tage und drei Tage auf Baustelle 3.

Für die Arbeitstage auf Baustelle 1 kann A für die Zeit zwischen 15.2. und 14.5. (drei Monate) Verpflegungspauschbeträge geltend machen. Bis 30.6. ist der Abzug der Verpflegungspauschale für alle Tage der Tätigkeit auf Baustelle 2 möglich. Ab 1.7. (Tätigkeit mindestens 3 Tage/Woche) beginnt für Baustelle 2 die Dreimonatsfrist und endet Ende September. Dass ab September die Tätigkeit auf Baustelle 2 nur noch zwei Tage umfasst, beeinflusst die Dreimonatsfrist nicht. Gleichzeitig beginnt ab September die Dreimonatsfrist für Baustelle 3.

Bei Arbeitnehmern, die eine **Fahrtätigkeit** ausüben, also ihren Arbeitsplatz auf einem Fahrzeug haben (z. B. Lkw-Fernfahrer, Taxifahrer, Busfahrer, Lokführer, Schaffner), gilt die Dreimonatsregelung nicht, weil jede neue Fahrt eine neue Auswärtstätigkeit darstellt. Dies gilt auch, wenn regelmäßig dieselbe Strecke gefahren wird (BFH, Urteil v. 24.2.2011, VI R 66/10).

Fahrer von Baufahrzeugen (z. B. Baggerfahrer, Kranführer) üben keine Fahrtätigkeit aus, weil sie, wie Bauarbeiter, auf einer Baustelle tätig werden. Hier gelten die Regelungen zur Dreimonatsfrist.

Eine Unterbrechung der Dreimonatsfrist von mindestens vier Wochen, aus welchem Grund auch immer (Urlaub, Krankheit, Tätigkeit am Betriebssitz), führt zu einem Neubeginn des Dreimonatszeitraums.

BEISPIEL

Unterbrechung der Dreimonatsfrist

PC-Betreuer K ist vom 1.1. bis 30.6. bei einem Kunden mit dem Aufbau einer EDV-Anlage beschäftigt. Vom 10.2. bis 18.2. war er krank, anschließend hatte er bis 15.3. Urlaub.

Die Dreimonatsfrist beginnt am 1.1. und endet regulär Ende März. Durch die mehr als vierwöchige Unterbrechung beginnt jedoch am 16.3. eine neue Dreimonatsfrist, die am 15.6. endet.

Höhe der Verpflegungspauschale bei Tätigkeit im Inland

Bei einer inländischen Auswärtstätigkeit können folgende Pauschalen beansprucht werden:

Abwesenheitsdauer	Pauschbetrag
mehr als 8 Stunden und weniger als 24 Stunden	12 €
An-/Abreisetage bei Auswärtstätigkeit mit Übernachtung	12 €
24 Stunden	24 €

Wird eine Auswärtstätigkeit direkt von der Wohnung aus angetreten, beginnt die Abwesenheitsdauer mit dem Verlassen der Wohnung. Fahren Sie zunächst zum Betriebssitz, beginnt die Abwesenheitsdauer mit Verlassen des Betriebs, wenn sich dort Ihre erste Tätigkeitsstätte befindet. Entsprechendes gilt für die Beendigung der Auswärtstätigkeit.

Werden an **einem Tag mehrere Reisen** unternommen, sind die Abwesenheitszeiten zusammenzurechnen.

BEISPIEL

Eintägige Auswärtstätigkeit

Sie fahren um 7:00 Uhr direkt von der Wohnung zu einem Kunden. Um 12:00 Uhr treffen Sie in Ihrem Büro (erste Tätigkeitsstätte) ein. Nachmittags besuchen Sie noch einen Kunden (Abfahrt Büro 14:00 Uhr) und fahren anschließend von dort direkt nach Hause (Ankunft 19:00 Uhr).

Die beiden Auswärtstätigkeiten haben jeweils eine Dauer von fünf Stunden. Durch die Zusammenrechnung ergibt sich eine Gesamtdauer von zehn Stunden (= Pauschbetrag 12 €).

Da keine Übernachtung stattgefunden hat, sind die Abwesenheitszeiten beider Tage zu addieren. Damit ergeben sich über acht Stunden Abwesenheit und ein Pauschbetrag von 12 €.

Mehrtägige Reisen

BEISPIEL

Mehrtägige Auswärtstätigkeit

Eine mehrtägige Auswärtstätigkeit beginnt am 2.3. um 19:00 Uhr und wird am 5.3. um 7:00 Uhr beendet.

Die Verpflegungspauschalen betragen insgesamt 72 € (Anreisetag 2.3. = Pauschbetrag 12 €, 3.3. und 4.3. je 24 Stunden = 2 × 24 €, Abreisetag 5.3. = 12 €). Die Abwesenheitsdauer am An- und Abreisetag ist ohne Bedeutung.

Sonderfall Mitternachtsregelung

Wird eine Auswärtstätigkeit an einem Tag begonnen und am anderen Tag beendet, ohne dass eine Übernachtung stattgefunden hat, und beträgt die Abwesenheitsdauer an beiden Tagen zusammen insgesamt mehr als acht Stunden, sind 12 € Verpflegungspauschale möglich.

BEISPIEL

Notfalldienst

Ein Kundendienstmonteur wird wegen einer defekten Maschine zu einem Notfalleinsatz gerufen. Er verlässt seine Wohnung um 22:00 Uhr und kehrt am nächsten Morgen um 7:00 Uhr in seine Wohnung zurück.

Auslandstätigkeit

Für Auswärtstätigkeiten im Ausland können meist höhere Pauschalen zum Abzug gebracht werden. Deren Höhe ist vom besuchten Land und der Dauer der Reise abhängig. Die Pauschbeträge werden jährlich neu durch das Bundesfinanzministerium festgelegt und sind im Internet abrufbar (BMF, Schreiben v. 28.11.2018, IV C 5 – S 2353/08/10006: 009, 2018/0944018). Wie im Inland sind die Pauschalen nach der Dauer der Abwesenheit bzw. nach An- und Abreisetag gestaffelt.

Wird eine Reise am selben Tag begonnen und beendet (eintägige Reise), sind die Pauschalen des letzten Tätigkeitsortes im Ausland maßgebend. Bei mehrtägigen Auslandsreisen richtet sich die Höhe der Verpflegungspauschale nach dem Land, das der Reisende vor Mitternacht (Ortszeit) zuletzt erreicht hat. Für den Tag der Rückreise ist der letzte Tätigkeitsort im Ausland maßgebend.

BEISPIEL

Mehrere Länder

A verlässt am 6.4. um 7:00 Uhr seine Wohnung und fährt zu einem in der Schweiz ansässigen Kunden. Anschließend fährt er weiter nach Italien und trifft dort gegen 22:00 Uhr ein. Nach einer Übernachtung besucht er dort am 7.4. und 8.4. verschiedene andere Kunden. Am 9.4. fährt er über die Schweiz zurück nach Deutschland und trifft um 15:00 Uhr zu Hause ein.

Für den 6.4. sind die für Italien geltenden Verpflegungspauschalen maßgebend (Ankunft in Italien vor 24:00 Uhr). Der 7.4. und 8.4. zählen jeweils als volle Abwesenheitstage (= Pauschale für 24 Stunden). Für den 9.4. richtet sich die Pauschale für diesen Tag nach den für Italien geltenden Regelungen, da A in der Schweiz nicht „tätig geworden" ist.

Flugreisen

Auch bei Flugreisen kommt es darauf an, welches Land vor 24:00 Uhr Ortszeit zuletzt erreicht wurde (Abflug Deutschland 6.4. um 10:00 Uhr, Ankunft USA 6.4. um 18:00 Uhr – Ortszeit 12:00 Uhr – maßgebend sind die für die USA geltenden Pauschalen). Zwischenlandungen bleiben unberücksichtigt. Für den Rückreisetag ist der letzte Tätigkeitsort im Ausland maßgebend.

Auswärtstätigkeit und doppelte Haushaltsführung

Wird eine Auswärtstätigkeit bei gleichzeitiger doppelter Haushaltsführung ausgeübt, ist der jeweils höhere Pauschbetrag als Verpflegungsmehraufwand anzusetzen. Vertiefend siehe → Doppelte Haushaltsführung.

Übernachtungskosten

Abzugsfähig sind – auch für Auslandsreisen – die beruflich veranlassten Mehraufwendungen für die Übernachtungsunterkunft in tatsächlicher Höhe (Belege aufbewahren!). Die Angemessenheit der Unterkunft (Kostenhöhe) wird nicht geprüft. Voraussetzung für einen beruflich veranlassten Mehraufwand ist, dass der Steuerpflichtige noch über eine andere Unterkunft (kein eigener Hausstand/Wohnung nötig, Zimmer z. B. bei den Eltern ausreichend) verfügt. Ist die Unterkunft am Tätigkeitsort die einzige Wohnung/Unterkunft des Steuerpflichtigen, ist kein Abzug möglich, weil dann kein beruflich veranlasster Mehraufwand vorliegt.

Bei einer längerfristigen Auswärtstätigkeit an derselben Tätigkeitsstätte im Inland können die Kosten nach Ablauf von 48 Monaten nur noch wie bei doppelter Haushaltsführung in Höhe von bis zu 1.000 € monatlich abgezogen werden. Vertiefend siehe → Doppelte Haushaltsführung.

Die 48-Monatsgrenze beginnt nur, wenn die Tätigkeit an der auswärtigen Tätigkeitsstätte an mindestens drei Tagen wöchentlich ausgeübt wird. Sie gilt auch für Auswärtstätigkeiten, die vor 2014, also in Jahren, in denen die alte Rechtslage galt, begonnen hatten.

BEISPIEL

48-Monatszeitraum

Arbeitnehmer A, erste Tätigkeitsstätte am Betriebssitz seines Arbeitgebers in X-Stadt, wo er drei Tage wöchentlich tätig ist, betreute aufgrund arbeitsrechtlicher Festlegung seit 1.10.2014 an zwei Tagen in der Woche eine Außenstelle seines Arbeitgebers in Y-Stadt. Ab 15.3.2015 ist er an drei

Tagen wöchentlich in Y-Stadt tätig. Er übernachtet in Y-Stadt im Hotel.

Die 48-Monatsfrist beginnt am 15.3.2015 (drei Tage wöchentlich) und endet am 14.3.2019. Ab 1.4.2019 greift die Begrenzung des Abzugs auf monatlich 1.000 €.

Eine Unterbrechung von mindestens sechs Monaten (egal aus welchem Grund) führt zu einem Neubeginn der 48-Monatsfrist.

TIPP

Übernachtung in einem Fahrzeug

Lkw-Fahrer, die in der Schlafkabine ihres Lkw übernachten, können keine Übernachtungskosten abrechnen, aber die Kosten für die Benutzung sanitärer Einrichtungen (Dusche, Toilette, Waschgelegenheit) sowie die Reinigung des Schlafplatzes abziehen. Dazu müssen sie im Regelfall die Aufwendungen für einen repräsentativen Zeitraum (drei Monate) aufzeichnen und so glaubhaft machen. Aus den auf diese Weise ermittelten Kosten wird ein täglicher Durchschnittswert berechnet, der auch künftig für jeden Abwesenheitstag angesetzt werden darf (BMF, Schreiben v. 4.12.2012, IV C 5 - S 2353/12/10009 - 2012/1074468).

Der BFH hat bei dieser Berufsgruppe pauschal 5 € pro Tag akzeptiert (BFH, Urteil v. 28.3.2012, VI R 48/11).

Wegen des ermäßigten Umsatzsteuersatzes werden in Hotelrechnungen im Inland Übernachtungskosten in der Rechnung gesondert ausgewiesen. Sind alle anderen Leistungen, die dem vollen Umsatzsteuersatz unterliegen (z. B. Frühstück, Telefon- und Internetkosten, Parkplatz) in einem Sammelposten zusammengefasst, müssen die Verpflegungskosten herausgerechnet werden.

Die anteilig enthaltenen Verpflegungskosten sind mit

- 20 % der Verpflegungspauschale für das Frühstück und
- jeweils 40 % der Verpflegungspauschale für Mittag- oder Abendessen

anzusetzen. Maßgebend ist der für den Unterkunftsort gültige Pauschbetrag für Verpflegungsmehraufwendungen bei einer Auswärtstätigkeit mit einer Abwesenheitsdauer von mindestens 24 Stunden.

BEISPIEL

Gesamtpreis aufteilen

D reist geschäftlich nach Frankfurt. Die Hotelrechnung über 100 € gliedert sich in Übernachtungskosten (80 €) und eine Servicepauschale (20 €), die auch das Frühstück abdeckt.

Zur Ermittlung der abzugsfähigen Hotelkosten ist die Hotelrechnung um 4,80 € (20 % von 24 €) für das Frühstück zu kürzen. Damit sind 95,20 € abzugsfähig. Die Kosten des Frühstücks sind gesondert über die Verpflegungspauschalen abziehbar.

Reisenebenkosten

Zu den in tatsächlicher Höhe abzugsfähigen Reisenebenkosten gehören z. B. Kosten für die Beförderung und Aufbewahrung des Gepäcks, Park- und Straßenbenutzungsgebühren, Telefonkosten für berufliche bzw. geschäftliche Gespräche, Wertverluste infolge eines Diebstahls von für die Reise notwendigem persönlichen Gepäck (außer Geld und Schmuck), Versicherungen (z. B. Unfallversicherung, Reisegepäckversicherung), soweit berufliche Reisen abgedeckt sind, und Trinkgelder z. B. für das Hotelpersonal. Trinkgelder, die anlässlich von Restaurantbesuchen anfallen, sind nur abzugsfähig, wenn es sich um eine Bewirtung handelt. Bei einer umfangreicheren Reisetätigkeit dürfte das Finanzamt auch eine pauschale Berücksichtigung akzeptieren, wenn ein Betrag von 50 bis 100 € jährlich nicht überschritten wird. Dauert die Auswärtstätigkeit länger als eine Woche, sind auch private Telefonate zur Kontaktaufnahme mit der Familie abzugsfähig (BFH, Urteil v. 5.7.2012, VI R 50/10).

Nicht abzugsfähig sind wegen privater Mitnutzung die Anschaffung von Koffern und anderer Reiseausrüstung (z. B. Reiseföhn, Schirm, Stadtführer, Kleidung).

4 Kostenübernahme durch den Arbeitgeber

Kostenersatz

Der Arbeitgeber darf für den Kostenersatz alle vier Reisekostenarten zusammenfassen. Bis zur Höhe der als Werbungskosten insgesamt abziehbaren Beträge kann er Reisekosten steuerfrei erstatten. Es ist auch zulässig, mehrere Auswärtstätigkeiten zusammenzufassen, wenn sie in einer Reisekostenabrechnung eingereicht und in einem Betrag erstattet werden. In diesem Fall kommt es darauf an, dass die Erstattung **insgesamt** unter den steuerlich zulässigen Beträgen liegt.

Übernachtungskosten sind, unabhängig davon, dass der Werbungskostenabzug nur in Höhe der tatsächlich nachgewiesenen Kosten möglich ist, bei Inlandsreisen pauschal bis zur Höhe von 20 € pro Übernachtung, bei Auslandsreisen bis zur Höhe der vom BMF festgelegten Pauschalen (s. o. bei Verpflegungspauschalen im Ausland) steuerfrei ersetzbar. Dies gilt jedoch nicht, wenn die Unterkunft unentgeltlich oder teilweise unentgeltlich zur Verfügung gestellt oder in einem Fahrzeug übernachtet wurde.

Soweit ein steuerfreier Ersatz erfolgt ist, kann der Arbeitnehmer in seiner Steuererklärung keine Kosten mehr geltend machen. Erstattet der Arbeitgeber Reisekosten nur in **geringerem** Umfang als der Werbungskostenabzug möglich ist, ist der Unterschiedsbetrag abziehbar.

Wird ein höherer Betrag erstattet, handelt es sich bei dem übersteigenden Betrag um steuerpflichtigen Arbeitslohn.

BEISPIEL

Arbeitgeberersatz

Für eine Auswärtstätigkeit, bei der Sie zwölf Stunden unterwegs waren und 100 km mit dem privaten Pkw gefahren sind, erstattet Ihnen Ihr Arbeitgeber 10 € Verpflegungsmehraufwand und 100 km × 0,20 € Fahrtkosten, zusammen 35 €.

Steuerlich hätten 42 € (Verpflegungsmehraufwand 12 € und 30 € (100 km × 0,30 €) Fahrtkosten) steuerfrei erstattet werden dürfen. Dieser Betrag ist größer als die Erstattung. Sie ist somit in vollem Umfang steuerfrei. Die darüber hinausgehenden 7 € sind als Werbungskosten absetzbar.

Unentgeltliche Verpflegung

Stellt der Arbeitgeber oder auf dessen Veranlassung ein Dritter (z. B. Arbeitsessen, geschäftlich veranlasste Bewirtung) dem Arbeitnehmer anlässlich einer Auswärtstätigkeit übliche Mahlzeiten (Preis: max. 60 €) unentgeltlich oder teilentgeltlich zur Verfügung, sind die als Werbungskosten abziehbaren Verpflegungspauschbeträge zu mindern. Die Kürzung beträgt für Frühstück 20 %, für Mittag- und Abendessen jeweils 40 % des Pauschbetrags bei 24-stündiger Abwesenheit (im Inland 24 €) und erfolgt maximal bis zur Höhe des tatsächlich möglichen Pauschbetrags.

BEISPIEL

Gestellte Mahlzeiten

Arbeitnehmer A wird von seinem Arbeitgeber zu einer dreitägigen Montage geschickt. Er verlässt seine Wohnung am Montag um 8:00 Uhr und ist am Mittwoch um 17:00 Uhr wieder zu Hause. Auf Weisung seines Arbeitgebers erhält er am Montag Mittag- und Abendessen, am Dienstag Vollverpflegung und am Mittwoch das Frühstück kostenlos gestellt. Verpflegungsmehraufwand erstattet der Arbeitgeber nicht.

A kann für den Anreisetag 12 € Verpflegungspauschbetrag geltend machen. Da der Betrag um 60 % der Tagespauschale von 24 € (= 14,40 €) gekürzt wird, verbleibt kein abzugsfähiger Pauschbetrag mehr. Dasselbe passiert am zweiten Tag (Pauschbetrag 24 € – Kürzung 100 % v. 24 €). Am Abreisetag beträgt der Pauschbetrag 12 €. Nach Kürzung wegen des gewährten Frühstücks (20 % vom 24 € Tagespauschbetrag = 4,80 €) bleibt für A noch ein abzugsfähiger Betrag von 7,20 €.

Zahlt der Arbeitnehmer für die zur Verfügung gestellten Mahlzeiten ein Entgelt, mindert dies den festgelegten Kürzungsbetrag. Die Zuzahlung bezieht sich immer auf die konkret gewährte Mahlzeit. Eine Verrechnung etwaiger Überzahlungen des Arbeitnehmers mit anderen Kürzungsbeträgen ist nicht zulässig.

Gewährt der Arbeitgeber Mahlzeiten, obwohl kein Anspruch auf eine Verpflegungspauschale besteht, ist der Wert der Mahlzeit mit dem amtlichen Sachbezugswert als steuerpflichtiger Arbeitslohn anzusehen. Dieser kann vom Arbeitgeber mit 25 % pauschal versteuert werden.

Sobald der Arbeitgeber Mahlzeiten bereitstellt, muss er dies auf der Lohnsteuerbescheinigung des Arbeitnehmers durch Eintragung des Großbuchstabens M vermerken und mit den Lohndaten elektronisch an die Finanzverwaltung übermitteln.

5 Auszubildende/Schüler/Studenten

(Berufs-)Schulbesuch

Fahrtkosten

Fahrtkosten zur Schule bzw. Ausbildungsstätte können stets in tatsächlicher Höhe als Reisekosten geltend gemacht werden, wenn die Ausbildung im Rahmen eines Dienstverhältnisses erfolgt. Die Schule gilt hier nicht als erste Tätigkeitsstätte, sondern als auswärtige Tätigkeitsstätte.

Etwas anderes gilt für Bildungseinrichtungen, die **außerhalb** eines Dienstverhältnisses zum Zwecke eines **Vollzeitstudiums** oder einer **vollzeitigen** Bildungsmaßnahme aufgesucht werden. Die Bildungseinrichtung wird hier wie eine erste Tätigkeitsstätte behandelt, mit der Folge, dass Fahrtkosten nur mit der Entfernungspauschale abziehbar sind. Es können auch keine Reisekosten (Verpflegungspauschale, Unterkunft) abgerechnet werden. Vertiefend siehe → Ausbildung und Studium.

Verpflegungsmehraufwand/ Unterkunft

Soweit eine Auswärtstätigkeit vorliegt, sind die tatsächlichen Übernachtungskosten und für Verpflegung die Pauschbeträge absetzbar. Bei wöchentlich durchgeführten Berufsschulbesuchen (mit max. zwei Schultagen/Woche) ist die Dreimonatsfrist für den Ansatz der Verpflegungspauschalen nicht zu beachten.

Bei **Blockunterricht** bzw. Unterricht an drei Tagen in der Woche kann nur für die ersten drei Monate Verpflegungsmehraufwand abgerechnet werden. Bei einer über vierwöchigen Unterbrechung (z. B. Schul- oder Semesterferien) oder einem neuen Lehrgang beginnt eine neue Dreimonatsfrist.

Diese Grundsätze gelten entsprechend für den Besuch überbetrieblicher Ausbildungsstätten.

Lerngemeinschaften

Wenn Sie außerhalb Ihrer Wohnung und der ersten Tätigkeitsstätte an einer rein beruflich begründeten Arbeits-/Lerngemeinschaft (Wiederholung einzelner Stoffgebiete, Prüfungsvorbereitung) teilnehmen, können Sie dafür Reisekosten (Fahrtkosten, Verpflegungsmehraufwand) abrechnen.

Renten

Renten, die nicht vom früheren Arbeitgeber gezahlt werden, fallen unter die Einkunftsart „Sonstige Einkünfte“. Die Höhe der Besteuerung hängt davon ab, wie die Beiträge ursprünglich in der Ansparphase steuerlich behandelt wurden.

§ 22 EStG

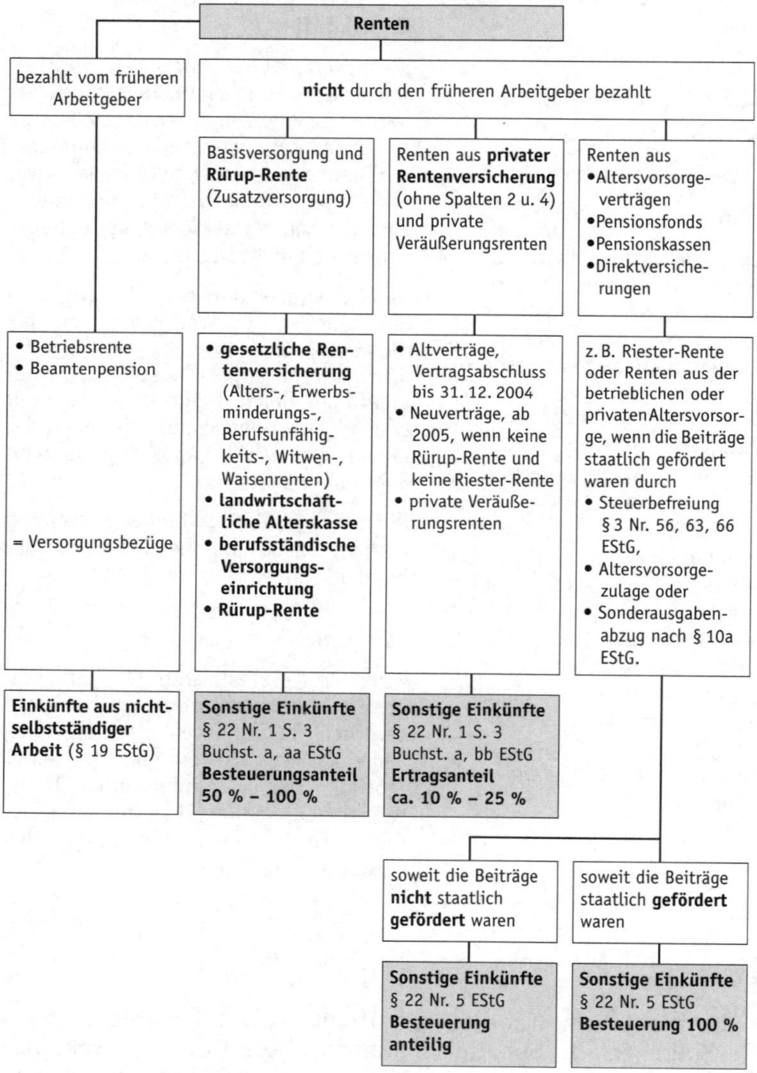
Renten
bezahlt vom früheren Arbeitgeber
nicht durch den früheren Arbeitgeber bezahlt
Basisversorgung und Rürup-Rente (Zusatzversorgung)
Renten aus privater Rentenversicherung (ohne Spalten 2 u. 4) und private Veräußerungsrenten
Renten aus •Altersvorsorgeverträgen •Pensionsfonds •Pensionskassen •Direktversicherungen
• Betriebsrente • Beamtenpension
= Versorgungsbezüge
• gesetzliche Rentenversicherung (Alters-, Erwerbsminderungs-, Berufsunfähigkeits-, Witwen-, Waisenrenten) • landwirtschaftliche Alterskasse • berufsständische Versorgungseinrichtung • Rürup-Rente
• Altverträge, Vertragsabschluss bis 31. 12. 2004 • Neuverträge, ab 2005, wenn keine Rürup-Rente und keine Riester-Rente • private Veräußerungsrenten
z. B. Riester-Rente oder Renten aus der betrieblichen oder privaten Altersvorsorge, wenn die Beiträge staatlich gefördert waren durch • Steuerbefreiung § 3 Nr. 56, 63, 66 EStG, • Altersvorsorgezulage oder • Sonderausgabenabzug nach § 10a EStG.
Einkünfte aus nichtselbstständiger Arbeit (§ 19 EStG)
Sonstige Einkünfte § 22 Nr. 1 S. 3 Buchst. a, aa EStG Besteuerungsanteil 50 % – 100 %
Sonstige Einkünfte § 22 Nr. 1 S. 3 Buchst. a, bb EStG Ertragsanteil ca. 10 % – 25 %
soweit die Beiträge nicht staatlich gefördert waren
soweit die Beiträge staatlich gefördert waren
Sonstige Einkünfte § 22 Nr. 5 EStG Besteuerung anteilig
Sonstige Einkünfte § 22 Nr. 5 EStG Besteuerung 100 %

1 Versorgungsbezüge

Renten und andere Vorteile, die aus einem früheren Dienstverhältnis zufließen, stellen Versorgungsbezüge dar und werden im Rahmen der Einkünfte aus nichtselbstständiger Arbeit nach § 19 EStG besteuert. Dazu gehören insbesondere die **Betriebsrente**, die der frühere Arbeitgeber bezahlt, und die **Beamtenpension**. Vertiefend siehe → Pensionen/Betriebsrenten.

2 Steuerfreie Renten

Nicht alle Renten unterliegen der Besteuerung. So sind z. B. steuerfrei: Renten aus der gesetzlichen Unfallversicherung (Berufsgenossenschaft), einer privaten Pflegeversicherung, der Abfindungsbetrag einer Witwen- oder Witwerrente wegen Wiederheirat des Berechtigten, Renten, die wegen der Anrechnung von Kindererziehungszeiten an Mütter der Geburtsjahrgänge vor 1921 ausgezahlt werden, Renten, die an Wehrdienst- oder Zivildienstbeschädigte oder deren Hinterbliebene oder die aufgrund der gesetzlichen Vorschrift zur Wiedergutmachung nationalsozialistischen Unrechts gezahlt werden, und SED-Opferrenten.

3 Sonstige Einkünfte

Renten, die nicht der frühere Arbeitgeber zahlt, werden als sonstige Einkünfte nach § 22 EStG besteuert. Es handelt sich dabei um Leibrenten, d. h. Renten, die auf Lebenszeit gezahlt werden, und um abgekürzte Leibrenten mit einer Höchstlaufzeit. Reine Zeitrenten werden nicht als sonstige Einkünfte besteuert.

Die Besteuerung der Renten ist nicht einheitlich, weil auch die Beiträge in der Ansparphase steuerrechtlich unterschiedlich behandelt wurden.

4 Gesetzliche Renten und Rürup-Renten

Die Renten aus der **gesetzlichen Rentenversicherung** (Alters-, Erwerbsminderungs-, Berufsunfähigkeits-, Witwen- oder Witwerrenten, Waisenrenten, Erziehungsrenten), aus der **landwirtschaftlichen Alterskasse**, aus **berufsständischen Versorgungseinrichtungen** (z. B. Versorgungswerk der Ärzte, Architekten, Rechtsanwälte usw.) und die **Rürup-Rente** werden nach § 22 Nr. 1 Satz 3 Buchst. a, Doppelbuchst. aa EStG mit dem Besteuerungsanteil besteuert.

Besteuerungsanteil

Die Besteuerung erfolgt nach dem sog. Kohorten-Prinzip, d. h. die Höhe des Besteuerungsanteils richtet sich nach dem Jahr des Rentenbeginns. Unter **Beginn der Rente** ist der Zeitpunkt zu verstehen, ab dem die Rente (ggf. nach rückwirkender Zubilligung) tatsächlich bewilligt wird. Für alle Neurentner eines Jahres gilt derselbe Prozentsatz. Der **Besteuerungsanteil** beträgt für Renten, die spätestens im Jahr 2005 erstmals gezahlt wurden, 50 %. Für jeden neu hinzukommenden Rentenjahrgang (Kohorte) erhöht sich der Prozentsatz seit 2006 um jährlich 2 % und ab 2021 um jährlich 1 %. Renten, die erstmals im Jahr 2040 gezahlt werden, erreichen dann einen Besteuerungsanteil von 100 %. Damit wird die Rentenbesteuerung in die **nachgelagerte Besteuerung** überführt.

Der Besteuerungsanteil für Rentner, die erstmals **2019** eine gesetzliche Rente erhalten, beträgt **78 %**.

Bemessungsgrundlage

Bemessungsgrundlage für die Berechnung des Besteuerungsanteils ist der Jahresbetrag der Rente, d. h. die Bruttorente und nicht die ausgezahlte Rente. Die einbehaltenen und abgeführten Beiträge zur Kranken- und Pflegeversicherung gehören auch zur Bemessungsgrundlage, soweit sie vom Rentner gezahlt werden. Die Zuschüsse, die die Rentenversicherung zur Krankenversicherung bezahlt, sind steuerfrei nach § 3 Nr. 14 EStG.

BEISPIEL

Besteuerungsanteil

Ein verheirateter Rentner bezieht seit Februar 2019 eine monatliche Rente von 2.200 €. Andere Einkünfte liegen nicht vor.

In diesem Fall beträgt der Besteuerungsanteil 78 % aus 24.200 € = 18.876 €. Dieser Betrag liegt nach Abzug von Kranken- und Pflegepflichtversicherungsbeiträgen, die als Sonderausgaben abziehbar sind, unter dem Grundfreibetrag (18.336 €), sodass die Rente nicht besteuert wird, wenn keine anderen Einkünfte vorliegen.

Steuerfreier Teil der Rente

Bei Renten, die vor 2005 erstmals gezahlt wurden, beträgt der steuerfreie Teil 50 % der im Jahr 2005 gezahlten Rente. In allen anderen Fällen wird der steuerfreie Teil der Rente in dem Jahr, das dem Jahr des Rentenbeginns folgt **(zweites Jahr des Rentenbezugs)**, ermittelt. Dies gilt auch dann, wenn die Rente schon im Jahr ihres Beginns für volle zwölf Monate bezogen wurde. Der steuerfreie Teil ergibt sich aus dem Unterschiedsbetrag zwischen dem Jahresbetrag der Rente und dem Besteuerungsanteil in diesem Jahr.

Der steuerfreie Teil der Rente wird **betragsmäßig** für den einzelnen Rentner **festgeschrieben** und ist **für die gesamte Laufzeit** der Rente grundsätzlich unverändert zu beachten.

WICHTIG

Volle Besteuerung der Rentenerhöhungen

Regelmäßige Anpassungen der Rente, z. B. wegen allgemeiner Steigerung der Nettolöhne, führen nicht zu einer Neuberechnung des Freibetrags. Im Ergebnis wird somit ab dem dritten Rentenzahlungsjahr jede **Rentenerhöhung zu 100 % besteuert**.

BEISPIEL

Rentenberechnung mehrerer Jahre

Anna Bauer erhält ab August 2010 eine Altersrente aus der gesetzlichen Rentenversicherung in Höhe von mtl. 1.000 €. Ab 1.7.2011 beträgt die

Rente 1.020 €. Durch weitere Anpassungen des Rentenniveaus an die gestiegenen Nettolöhne erhöht sich die Rente in den Jahren 2012 bis 2018 zusätzlich. Ab Juli 2018 wird eine monatliche Rente in Höhe von 1.265 € gezahlt. Ab 1.7.2019 beträgt die Rente 1.290 € je Monat. Im Jahr 2019 werden insgesamt 960 € Kranken- und 220 € Pflegepflichtversicherungsbeiträge von der Rente abgezogen.

2010

Zugeflossene Rente (5 × 1.000 € =)	5.000 €
Besteuerungsanteil 60 % von 5.000 € =	3.000 €
abzgl. WK-Pauschbetrag (s. u.)	- 102 €
Sonstige Einkünfte § 22 EStG	2.898 €

2011

Zugeflossene Rente (6 × 1.000 € und 6 × 1.020 € =)	12.120 €
Besteuerungsanteil	
60 % von 12.120 € =	7.272 €
abzgl. WK-Pauschbetrag (s. u.)	- 102 €
Sonstige Einkünfte § 22 EStG	7.170 €
steuerfreier Teil (2. Jahr) (12.120 - 7.272 =)	**4.848 €**

2019

Zugeflossene Rente (6 × 1.265 € + 6 × 1.290 € =)	15.330 €
abzgl. steuerfreier Teil (aus dem 2. Jahr)	- 4.848 €
= Besteuerungsanteil	10.482 €
abzgl. WK-Pauschbetrag	- 102 €
Sonstige Einkünfte § 22 EStG	**10.380 €**

Die Rentenerhöhungen ab 2012 werden in voller Höhe besteuert.

Der steuerfreie Teil beträgt für Anna Bauer auch in den folgenden Jahren 4.848 €.

Der **steuerfreie Teil** der Rente ist nur dann **neu zu berechnen**, wenn sich der Rentenbetrag grundsätzlich verändert. Dies ist zum Beispiel der Fall, wenn eine Rente wegen Anrechnung anderer Einkünfte ermäßigt oder eine Rente wegen Tod des Berechtigten nur noch für einen Teil des Jahres gezahlt wird. Hier wird der steuerfreie Teil der Rente entsprechend anteilig gekürzt.

Folgerenten

Folgerenten (Renten nach einer vorhergehenden Rente aus derselben Versicherung) liegen z. B. vor, wenn

- eine Rente wegen voller Erwerbsminderung in eine Rente wegen teilweiser Erwerbsminderung umgewandelt wird (oder umgekehrt),
- eine Erwerbsminderungsrente in eine Altersrente umgewandelt wird,
- eine kleine Witwenrente in eine große Witwenrente (oder umgekehrt) geändert wird,
- eine Altersrente bei Tod in eine nachfolgende Witwen- oder Witwerrente übergeht.

Diese Folgerenten sind zwar versicherungsrechtlich eigenständige Renten, aber bei der Ermittlung des Besteuerungsanteils wird nicht ihr tatsächlicher Rentenbeginn für die Ermittlung des Prozentsatzes herangezogen. Für diese Folgerente wird ein **fiktives** (gedachtes) **Jahr des Rentenbeginns** ermittelt. Der tatsächliche Beginn der Folgerente wird dabei um die Laufzeit der Vorgängerrente in die Vergangenheit verschoben. Dadurch mindert sich der prozentuale Besteuerungsanteil. Dieser darf 50 % nicht unterschreiten.

BEISPIEL

Beispiel für eine Folgerente

Willi Weber bezieht von 1. Oktober 2008 bis 31. März 2011 eine Erwerbsminderungsrente aus der gesetzlichen Rentenversicherung in Höhe von mtl. 1.000 €. Anschließend ist er wieder erwerbstätig. Ab 1. November 2019 erhält er eine Altersrente in Höhe von 1.800 €.

2008

Besteuerungsanteil 56 % von 3.000 € =	1.680 €

2009

Besteuerungsanteil 56 % von 12.000 € =	6.720 €
Der steuerfreie Teil dieser Rente beträgt	5.280 €

2019

Die Altersrente ist eine **Folgerente.**

Tatsächlicher Rentenbeginn	1.11.2019

Der Rentenbeginn der Altersrente wird um die Laufzeit der Vorgängerrente in die Vergangenheit verschoben:

– Laufzeit Vorgängerrente 1.10.2008–31.3.2011	– 30 Monate
= fiktiver Rentenbeginn der Altersrente	1.5.2017
Daraus ergibt sich ein Besteuerungsanteil für die Altersrente i. H. v. 74 % von 3.600 € =	2.664 €
abzgl. WK-Pauschbetrag (s. u.)	– 102 €
Sonstige Einkünfte (§ 22 EStG)	2.562 €

Der steuerfreie Teil der Altersrente wird im Jahr 2020 berechnet.

Endet die Vorgängerrente vor 2005, wird diese für die Berechnung eines fiktiven Rentenbeginns bei einer Folgerente nicht mehr berücksichtigt.

Rentennachzahlungen

Werden Renten **für mehrere Jahre** in einem Jahr nachgezahlt, z. B. wegen verspäteter Antragstellung, sind diese insgesamt im Zuflussjahr zu erfassen und in Zeile 10 der Anlage R einzutragen. Das Finanzamt wird prüfen, ob für diese Nachzahlungen eine **Tarifvergünstigung** nach der sog. Fünftel-Regelung in Betracht kommt.

ACHTUNG

Rentennachzahlung nur für ein Jahr

Werden Rentenbeträge **nur** für das unmittelbar **vorangegangene Jahr** im laufenden Jahr nachbezahlt, z. B. wegen verspäteter Rentenantragstellung, ist die gesamte zugeflossene Rente (einschl. der Nachzahlung) in Zeile 5 und nicht in Zeile 10 einzutragen.

Öffnungsklausel

Auf Antrag des Steuerpflichtigen werden **Teile** der Leibrenten, die eigentlich der nachgelagerten Besteuerung mit dem Besteuerungsanteil unterliegen würden, mit einem niedrigeren Ertragsanteil besteuert (s. u.). Die Anwendung der Öffnungsklausel setzt voraus, dass bis zum 31.12.2004 in **mindestens zehn Jahren** Beiträge gezahlt wurden, die oberhalb des **Höchstbetrags zur gesetzlichen Rentenversicherung** lagen. Die Jahre müssen nicht unmittelbar aufeinanderfolgen. Der Antrag ist beim zuständigen Finanzamt zu stellen (Anlage R, Zeile 11).

TIPP

Nachweis der Versicherung

Lassen Sie sich von Ihrem Versicherungsträger den prozentualen Anteil der Rente, der mit dem Ertragsanteil besteuert werden kann, mitteilen.

Rürup-Rente

Vertiefend siehe → Altersvorsorgeaufwendungen und → Versicherungen.

5 Renten aus der privaten Rentenversicherung

Bestimmte Renten aus der privaten Rentenversicherung werden mit einem geringeren **Ertragsanteil** besteuert, weil die entsprechenden Rentenbeiträge aus versteuertem Einkommen gezahlt wurden. Für diese Beiträge gab es in der Ansparphase keinen oder nur einen geringen Sonderausgabenabzug.

Hierunter fallen insbesondere:

- Renten aus vor dem 1.1.2005 abgeschlossenen privaten Rentenversicherungsverträgen
- Renten aus ab 2005 abgeschlossenen Lebensversicherungen, die nicht die Voraussetzungen der Riester- oder Rürup-Rente erfüllen
- Veräußerungsleibrenten

Ertragsanteil

Der Ertragsanteil bestimmt sich nach dem bei Beginn der Rente vollendeten Lebensjahr des Rentenberechtigten.

Auszug:

Bei Beginn der Rente vollendetes Lebensjahr	Ertragsanteil in %
30	44
40	38
50	30
60	22
63	20
64	19
65	18
70	15
80	8

6 Rentenbezugsmitteilungen und Veranlagung

Rentenbezugsmitteilung

Die Besteuerung der Leibrenten wird durch jährliche elektronische Rentenbezugsmitteilungen der Rentenversicherungsträger und der Lebensversicherungsunternehmen an die Zentrale Stelle (Deutschen Rentenversicherung Bund) gesichert. Von hier werden die Daten elektronisch an die Landesfinanzbehörden weitergeleitet und im

Rahmen der Veranlagung zur Einkommensteuer ausgewertet. Die Rentendaten sind an die steuerliche **Identifikationsnummer** gekoppelt und können so der jeweiligen Steuerveranlagung zugeordnet werden. Renten, die steuerfrei sind, werden nicht in das Rentenbezugsmitteilungsverfahren einbezogen. Um das Ausfüllen der Steuererklärung zu erleichtern, stellt die Deutsche Rentenversicherung auf Wunsch eine Mitteilung über die Rentenhöhe und den Rentenanpassungsbetrag aus.

TIPP

Vereinfachte Steuererklärung für Rentner

Die Länder Brandenburg, Bremen, Mecklenburg-Vorpommern und Sachsen testen in einem Pilotprojekt mit Unterstützung des Bundesministeriums der Finanzen eine vereinfachte zweiseitige Steuererklärung für Rentner und Pensionäre. In der „Erklärung zur Veranlagung von Alterseinkünften" (Papiervordruck) können Aufwendungen für Unfall-, Haftpflicht- und Risikolebensversicherungen sowie Spenden und Mitgliedsbeiträge, Kirchensteuer, außergewöhnliche Belastungen und Steuerermäßigungen für haushaltsnahe Dienstleistungen und Handwerkerleistungen geltend gemacht werden. Renteneinkünfte, Pensionen und die Krankenversicherungs- und Pflegepflichtversicherungsbeiträge wurden der Finanzverwaltung bereits in elektronischer Form durch die jeweiligen Institutionen gemeldet. Liegen noch andere Einkünfte wie z. B. aus Vermietung oder Gewerbe vor, muss eine normale Steuererklärung eingereicht werden. Weitere Bundesländer werden sich bald dem vereinfachten Steuererklärungsverfahren anschließen. Erkundigen Sie sich bei Ihrem Finanzamt.

7 Renten aus privaten Altersvorsorgeverträgen und aus der betrieblichen Altersversorgung

Betroffen sind Renten aus

- Riester-Rentenversicherungsverträgen,
- Pensionsfonds, Pensionskassen,
- Direktversicherungen und
- umlagefinanzierten Versorgungseinrichtungen (z. B. VBL-Versorgungsanstalt des Bundes und der Länder).

Ansparphase

Während der Ansparphase wurde eine **Altersvorsorgezulage** in Anspruch genommen oder die Beiträge waren steuerlich besonders begünstigt, weil sie nach § 3 Nr. 56, 63, 66 EStG (teilweise) steuerfrei waren oder nach § 10a EStG ein **besonderer Sonderausgabenabzug** in Betracht kam. Vertiefend siehe → Altersvorsorgeaufwendungen.

Hinweis: Wichtiges zum Thema „Betriebliche Altersvorsorge" finden Sie auch auf http://mybook.haufe.de unter „Weiterführende steuerliche Informationen".

Besteuerung

Die Renten aus privaten oder betrieblichen Altersvorsorgeverträgen werden grundsätzlich **in voller Höhe besteuert (nachgelagerte Besteuerung)**. Wurden die Beiträge in der Ansparphase nur teilweise steuerlich gefördert, d.h. es wurden auch nicht geförderte Beiträge gezahlt, muss die Rente für die Besteuerung aufgeteilt werden. Der Rentenanteil, der auf steuerlich nicht geförderten Beiträgen beruht, wird nur anteilig mit dem **Ertragsanteil** besteuert.

TIPP

Leistungsmitteilung

Von Ihrem Versicherungsunternehmen erhalten Sie eine **Leistungsmitteilung** (Bescheinigung), aus der hervorgeht, welcher Teil der Rente voll zu versteuern ist und welcher Teil nur anteilig besteuert wird. Die Besteuerungsvorschrift ist ebenfalls angegeben. Übernehmen Sie bitte die Angaben aus der Bescheinigung in Ihre Anlage R, S. 2.

Auch Leistungen (Rentenzahlungen) aus Riester-Altersvorsorgeverträgen unterliegen der nachgelagerten Besteuerung **in voller Höhe**. Dies gilt auch für den Teil der Leistungen, der aus Altersvorsorgezulagen stammt. Der Teil der Rente, der aus eigenen Beitragszahlungen stammt, wird damit sogar zweimal besteuert, da die Beiträge i.d.R. aus versteuerten Einnahmen bezahlt wurden. Vertiefend siehe → Altersvorsorgeaufwendungen.

8 Zusammenfassende Übersicht über die Rentenbesteuerung

Rentenart	Fundstelle	Besteuerung
Rentenzahlung vom Arbeitgeber aufgrund einer Pensionszusage **(Direktzusage)** oder aus Unterstützungskassen **(Betriebsrente)**	Einkünfte aus nichtselbständiger Arbeit § 19 Abs. 2 EStG	**Arbeitslohn** nach § 19 EStG; i.d.R. Versorgungsbezüge (Versorgungsfreibetrag und Zuschlag zum Versorgungsfreibetrag)
Alle Renten aus der **gesetzlichen** Rentenversicherung, den landwirtschaftlichen Alterskassen, von berufsständischen Versorgungseinrichtungen, **Rürup-Renten**	Sonstige Einkünfte § 22 Nr. 1 Satz 3 Buchst. a) Doppelbuchst. aa) EStG	**Besteuerungsanteil** (nach dem Jahr des Rentenbeginns; bei Rentenbeginn 2019: 78 %)
Renten aus **privaten** Rentenversicherungen (ohne Riester- und ohne Rürup-Renten)	Sonstige Einkünfte § 22 Nr. 1 Satz 3 Buchst. a) Doppelbuchst. bb) EStG	**Ertragsanteil** (nach dem Alter bei Rentenbeginn), z.B. bei Rentenbeginn 65 Jahre: 18 %

Rentenart	Fundstelle	Besteuerung
Riester-Rente (einschl. Wohnriester) Rentenzahlung aus einer **Pensionskasse**, einem **Pensionsfonds** oder aus einer **Direktversicherung** **Renten aus** Zusatzversorgungseinrichtungen, z. B. Versorgungsanstalt des Bundes und der Länder (VBL) bzw. Renten aus Zusatzversorgungskassen der Kommunen oder Kirchen (ZVK)	Sonstige Einkünfte § 22 Nr. 5 EStG i. V. m. § 22 Nr. 1 Satz 3 Buchst. a) Doppelbuchstabe bb) EStG	• soweit Beiträge staatlich gefördert wurden (Zulage und/oder Sonderausgabenabzug) oder steuerfrei waren: **volle Besteuerung** • soweit keine Förderung (Beiträge aus versteuertem Einkommen): Besteuerung mit dem **Ertragsanteil**
Kapitalauszahlung aus einer Lebensversicherung, die **vor dem 1.1.2005** abgeschlossen wurde (Altvertrag)		i. d. R. **steuerfrei**; in Einzelfällen Besteuerung nach § 20 Abs. 1 Nr. 6 EStG a. F.
Kapitalauszahlung aus einer Lebensversicherung, im Erlebensfall aus einem Neuvertrag (Vertragsabschluss **nach dem 31.12.2004**)	Einkünfte aus Kapitalvermögen § 20 Abs. 1 Nr. 6 EStG	**Einnahmen aus Kapitalvermögen** in Höhe des **vollen** Unterschiedsbetrags zwischen Auszahlung und Beiträgen; bei Mindestlaufzeit von 12 Jahren und 60. Lebensjahr (Vertragsabschluss nach 2011: 62. Lebensjahr) vollendet, nur **halber** Unterschiedsbetrag
private Veräußerungsrenten	Sonstige Einkünfte § 22 Nr. 1 Satz 3 Buchst. a) Doppelbuchst. bb) EStG	**Besteuerung mit dem Ertragsanteil**

9 Werbungskosten

Werbungskosten in tatsächlicher Höhe

Zu den als Werbungskosten im Zusammenhang mit Renteneinkünften abzugsfähigen Kosten gehören z. B. Gewerkschaftsbeiträge, Rechtsberatungskosten, Prozesskosten im Zusammenhang mit Ansprüchen aus der Rentenversicherung, Aufwendungen für (Steuer-)Literatur (z. B. Rentenratgeber oder „Steuer 2019“), Fahrtkosten zur Rentenberatung und Schuldzinsen für einen Kredit zur Nachentrichtung freiwilliger Beiträge zur gesetzlichen Rentenversicherung.

Finanzierungskosten, die durch den Abschluss eines Vertrags über eine sofort beginnende Leibrentenversicherungsleistung gegen Zahlung eines Einmalbetrags veranlasst sind, können als Werbungskosten abziehbar sein, wenn damit zu rechnen ist, dass die Summe der Besteuerungsanteile den Finanzierungsaufwand übersteigt.

Die Beiträge eines Arbeitnehmers zur gesetzlichen Rentenversicherung sind **nicht** als vorab entstandene Werbungskosten, sondern nur als Sonderausgaben abziehbar.

Pauschbetrag für Werbungskosten

Bei Renten wird mindestens ein Werbungskostenpauschbetrag von 102 € berücksichtigt, wenn keine höheren tatsächlichen Werbungskosten geltend gemacht werden. Beim Erhalt mehrerer Renten kann der Pauschbetrag insgesamt nur einmal berücksichtigt werden. Werden Ehegatten zusammen zur Einkommensteuer veranlagt, erhält jeder Ehegatte mit Renteneinkünften den Pauschbetrag.

10 Sie zahlen eine Rente

Rentenzahlungen können entweder gar nicht, als Werbungskosten bzw. Betriebsausgaben oder als Sonderausgaben abgezogen werden.

Betriebsausgaben oder Werbungskosten

Haben Sie Vermögensgegenstände, die bei Ihnen der Erzielung von Einkünften dienen (z. B. ein vermietetes Grundstück) gegen Rentenzahlungen erworben, ist zu prüfen, ob es sich um eine entgeltliche Übertragung handelt. Diese liegt vor, wenn Leistung und Gegenleistung gleichwertig sind. In diesen Fällen haben Sie als Erwerber des Vermögens AK, die sich aus den Rentenleistungen durch Kapitalisierung berechnen lassen.

Der in den jeweiligen Rentenzahlungen enthaltene Zinsanteil (Ertragsanteil) kann als Betriebsausgabe oder Werbungskosten abgezogen werden. Der Veräußerer versteuert den Ertragsanteil als sonstige Einkünfte.

Sonderausgaben

Kirchensteuerzahlungen für den Erblasser

Zahlt ein Erbe die noch offene KiSt des Erblassers, kann der Erbe diese im Jahr der Zahlung als Sonderausgabe abziehen (BFH, Urteil v. 21.7.2016, X R 43/13).

Vermögensübertragung gegen Versorgungsleistungen

Versorgungsleistungen sind ganz oder teilweise existenzsichernde Zahlungen im Zusammenhang mit unentgeltlichen Vermögensübertragungen (§ 10 Abs. 1a Nr. 2 EStG).

Seit dem **1.1.2008** kann ein Sonderausgabenabzug nur vorgenommen werden, wenn eine unentgeltliche Zuwendung mit lebenslangen, wiederkehrenden Versorgungsleistungen an den Übergeber des Vermögens (oder dessen Ehegatten oder Abkömmling) **im Zusammenhang mit der Übertragung eines Mitunternehmeranteils, eines Betriebs oder Teilbetriebs, einer Beteiligung an einer GmbH in bestimmten Fällen** erfolgt.

Der Übernehmer hat den vollen **Sonderausgabenabzug**, der Übergeber versteuert in voller Höhe **sonstige Einkünfte nach** § 22 Nr. 1a EStG.

Versorgungsausgleich nach Scheidung

§ 10 Abs. 1a Nr. 3 EStG

Vertiefend siehe → Altersvorsorgeaufwendungen.

Reparaturen

Dient ein Haus bzw. eine Wohnung der Erzielung von Einkünften, sind Reparaturaufwendungen als Betriebsausgaben oder Werbungskosten abzugsfähig. Betrifft der Aufwand die eigengenutzte Wohnung, lesen Sie bitte unter → Haushaltsnahe Tätigkeiten/Dienstleistungen weiter.

§§ 7, 9, 21 EStG, § 82b EStDV, R 21.1 EStR, H 21.1 EStR

1 Abgrenzung von Reparaturen und Herstellungskosten

Der Abgrenzung von Reparaturkosten (steuerlicher Begriff: Erhaltungsaufwendungen) und nachträglichen Herstellungskosten (HK) kommt wegen der sehr unterschiedlichen steuerlichen Auswirkung große Bedeutung zu.

	Erhaltungsaufwendungen (Reparaturen)	**Nachträgliche Herstellungskosten**
Abzug	• sofort in voller Höhe	• nur im Wege der AfA
Abzugszeitpunkt	• im Jahr der Zahlung	• ab dem Zeitpunkt der Entstehung (Zahlungszeitpunkt ohne Bedeutung)

Vertiefend siehe → Abschreibungen/Gebäude.

Erhaltungsaufwendungen (Reparaturen)

Aufwendungen für die Erneuerung von bereits vorhandenen Teilen, Einrichtungen oder Anlagen, die dazu dienen, ein Gebäude in einem ordnungsgemäßen Zustand zu erhalten, werden als „Erhaltungsaufwendungen" bezeichnet und sind im Jahr der Zahlung in voller Höhe als Werbungskosten abzugsfähig. Dabei kommt es darauf an, dass die erneuerten Teile die **Funktion** des bisherigen Teils übernehmen. Ob dabei andere Materialien oder eine technisch andere Wirkungsweise zum Einsatz kommen, ist ohne Bedeutung.

Erhaltungsaufwendungen sind z. B. Aufwendungen für Dacherneuerung, nachträgliche Wärmeschutzmaßnahmen, Anbringen einer Außenverkleidung/Fassade, Austausch von Fenstern und Türen, Erneuerung eines Bades, Heizungserneuerung (auch Umstellung des Heizsystems), Einbau einer Solaranlage zur Brauchwassererwärmung.

Erhaltungsaufwendungen liegen auch vor, wenn eine werterhöhende Modernisierung dem Gebäude den zeitgemäßen Standard zurückgibt, den es ursprünglich besessen hat, der aber durch technischen Fortschritt oder Änderung der Lebensgewohnheiten verloren gegangen ist.

TIPP

Vereinfachungsregelung

Betragen die Aufwendungen für eine **einzelne Baumaßnahme** in einem Gebäude nicht mehr als 4.000 € netto (mit Umsatzsteuer = 4.760 €), können diese aus Vereinfachungsgründen auf Antrag als Erhaltungsaufwendungen behandelt und sofort im Jahr der Zahlung in voller Höhe abgezogen werden, außer es handelt sich um Aufwendungen, die der erstmaligen endgültigen Fertigstellung des Gebäudes dienen. Eine Abgrenzung zwischen Erhaltungsaufwendungen und nachträglichen HK ist nicht erforderlich. Verschiedene (auch gleichzeitige) Baumaßnahmen im selben Gebäude sind bzgl. der Anwendung der 4.000-Euro-Grenze getrennt zu beurteilen.

Beim Austausch einer Einbauküche in einer vermieteten Wohnung liegen keine Erhaltungsaufwendungen vor, sondern Anschaffungskosten für ein neues eigenständiges Wirtschaftsgut, das auf zehn Jahre abzuschreiben ist (BFH, Urteil v. 3.8.2016, IX R 14/15).

HK, nachträgliche HK und Herstellungsaufwand

Aufwendungen bis zur endgültigen Fertigstellung eines Gebäudes stellen immer (erstmalige) HK dar. Aufwendungen für Baumaßnahmen, die an einem bereits bestehenden Gebäude durchgeführt werden, sind i. d. R. nachträgliche HK, z. B.:

- **Vollverschleiß und Neubau:** Ist das Gebäude so sehr abgenutzt, dass es praktisch nicht mehr nutzbar ist (Bauruine), entsteht durch die Renovierung/Modernisierung ein neues Gebäude.
- **Erweiterungen**
- **wesentliche Verbesserungen**

In welchen Fällen liegt eine „Erweiterung" vor?

Die Erstellung eines **Anbaus** und die **Aufstockung** eines Gebäudes sind klassische Erweiterungen. Sämtliche Baumaßnahmen, die eine **Vergrößerung der Wohn- oder Nutzfläche** (z. B. Dachgeschossausbau) zur Folge haben, führen zu nachträglichen HK. Dies gilt selbst dann, wenn der Flächenzuwachs geringfügig ist (Einbau einer Dachgaube, Anbau einer Terrasse oder eines Balkons).

Auch bei der Umwidmung von Nutzflächen in Wohnflächen (z. B. aus einem nicht beheizbaren Kellerraum wird ein Kinderzimmer) handelt es sich um eine Erweiterung.

Bei einer **Substanzmehrung** liegen ebenfalls nachträgliche HK vor, wenn bisher nicht Vorhandenes eingebaut wird (z. B. Einbau einer zusätzlichen Treppe oder von Trennwänden, erstmaliger Einbau einer Alarmanlage oder einer Markise).

Nicht um HK, sondern um Erhaltungsaufwendungen handelt es sich, wenn der neue Gebäudebestandteil die **Funktion** des alten in vergleichbarer Weise erfüllt (z. B. Versetzen von Wänden, Vergrößern vorhandener Fenster).

Werden durch Baumaßnahmen bereits eingetretene Schäden beseitigt bzw. drohende Schäden vermieden (z. B. Errichtung einer Betonvorsatzschale zur Trockenlegung der durchfeuchteten Fundamente, Anbringung einer Überdachung an den Wohnungszugängen oder an einer Dachterrasse zum Schutz vor weiteren Wasserschäden), liegen Erhaltungsaufwendungen vor.

Die „wesentliche Verbesserung"

Aufwendungen, die dazu führen, dass das Gebäude eine **über den ursprünglichen Zustand** (Zeitpunkt der Anschaffung oder Herstellung) **hinausgehende wesentliche Verbesserung** erfährt, sind Gebäudeherstellungskosten.

Eine wesentliche Verbesserung liegt vor, wenn die Baumaßnahmen zur Renovierung eines Gebäudes in ihrer Gesamtheit über eine zeitgemäße Erneuerung hinausgehen, den Gebrauchswert des Gebäudes deutlich erhöhen und eine erweiterte Nutzungsmöglichkeit für die Zukunft geschaffen wird. Dies ist insbesondere in folgenden Fällen gegeben:

- Durch eine Baumaßnahme wird der Wohnstandard des Gebäudes erheblich gesteigert (**Standardhebung**). Dabei wird zwischen sehr einfachem Standard, mittlerem Standard (der selbst höheren Ansprüchen genügt) und sehr anspruchsvollem Standard (Luxussanierung unter Verwendung außergewöhnlich hochwertiger Materialien und Umsetzung des technisch Machbaren) unterschieden. Untersucht werden dabei die **vier zentralen Ausstattungsmerkmale** des Gebäudes (Heizung, Fenster, Elektro- und Sanitärinstallation). Liegt eine Hebung des Standards in mindestens drei der **vier zentralen Ausstattungsmerkmale** vor oder gibt es in zwei Bereichen eine Standardhebung und in einem dritten Bereich nachträgliche HK, sind die gesamten Aufwendungen als nachträgliche HK zu behandeln.
- Durch eine Baumaßnahme tritt eine erhebliche Erhöhung des Gebrauchswerts des Gebäudes ein. Es ergibt sich ein deutlicher Anstieg der erzielbaren Miete (im Vergleich zu der realisierbaren Miete bei einer Neuvermietung unmittelbar vor der Baumaßnahme). Mietsteigerungen, die lediglich auf zeitgemäßen, bestanderhaltenden Erneuerungen beruhen, sind in die Beurteilung nicht einzubeziehen.
- Die Gesamtnutzungsdauer wird deutlich verlängert.

Vertiefend siehe BMF, Schreiben v. 18.7.2003, IV C 3 – S 2211 – 94/03, BStBl 2003 I S. 386.

Allein aus der Höhe der Instandsetzungsaufwendungen im Verhältnis zum Kaufpreis kann aber nicht ohne nähere Prüfung auf das Vorliegen von HK geschlossen werden (BFH, Urteil v. 22.9.2009, IX R 21/08).

Mehrere Baumaßnahmen

Jede Baumaßnahme ist für sich daraufhin zu untersuchen, ob Erhaltungsaufwendungen oder HK vorliegen. Sind mehrere Baumaßnahmen aber bautechnisch verknüpft, ist insgesamt zu entscheiden, ob Erhaltungsaufwendungen oder HK vorliegen.

BEISPIEL

Erhaltungsaufwendungen oder HK?

- Um einen Anbau errichten zu können, müssen zunächst Ausbesserungsarbeiten an den bestehenden Fundamenten des Gebäudes durchgeführt werden.
  Da die Ausbesserungsarbeiten an den Fundamenten erforderlich sind, um den Erweiterungsbau erstellen zu können, liegt eine Gesamtbaumaßnahme mit HK vor.
- Ein schadhaftes Flachdach wird durch ein Satteldach ersetzt. Der neu entstandene Dachraum wird ausgebaut.
  Die Erstellung eines Satteldachs ist Voraussetzung für den Dachgeschossausbau. Es liegt eine einheitliche Gesamtbaumaßnahme mit HK vor.

2 Zeitnahe Modernisierungsmaßnahmen nach dem Kauf

Anschaffungsnahe Herstellungskosten

Nicht zu den Erhaltungsaufwendungen, sondern zu den „anschaffungsnahen HK" eines Gebäudes gehören Aufwendungen für Instandsetzungs- und Modernisierungsmaßnahmen,

- die **innerhalb von drei Jahren** nach Anschaffung des Gebäudes durchgeführt werden und
- deren Gesamtkosten (ohne Umsatzsteuer) in den ersten drei Jahren **15 % der AK des Gebäudes übersteigen** (§ 6 Abs. 1 Nr. 1a EStG).

Die Aufwendungen werden zur Bemessungsgrundlage der Gebäudeabschreibung hinzugerechnet.

Schönheitsreparaturen (wie z. B. das Tapezieren, Anstreichen der Wände und Decken, das Streichen der Fußböden, Heizkörper, der Türen sowie der Fenster) sind bauliche Maßnahmen, durch die Mängel oder Schäden an vorhandenen Einrichtungen eines bestehenden Gebäudes beseitigt werden. Diese Aufwendungen sind in die Prüfung der 15%-Grenze einzubeziehen (BFH, Urteil v. 14.6.2016, IX R 25/14).

Bei der Prüfung, ob die Aufwendungen für Instandsetzungs- und Modernisierungsaufwendungen zu anschaffungsnahen Herstellungskosten führen, ist nicht auf das gesamte Gebäude, sondern auf den jeweiligen selbstständigen Gebäudeteil abzustellen, wenn das Gesamtgebäude in unterschiedlicher Weise genutzt wird und daher in verschiedene Wirtschaftsgüter aufzuteilen ist. Vertiefend siehe → Abschreibungen/Gebäude.

Nicht in die Prüfung der 15%-Grenze einbezogen werden:

- Aufwendungen für Erweiterungen (diese sind immer HK)
- Aufwendungen für Erhaltungsarbeiten, die jährlich üblicherweise anfallen (z. B. Heizungswartung)

Herstellung der Betriebsbereitschaft des Gebäudes

Ist ein Gebäude zum Zeitpunkt der Anschaffung betriebsbereit, können Erhaltungsaufwendungen i. d. R. sofort als Werbungskosten abgezogen werden.

Ist das Gebäude objektiv oder subjektiv nicht betriebsbereit, gehören die Aufwendungen, die erforderlich sind, um es in einen betriebsbereiten Zustand zu versetzen, zu den **AK.** Die Betriebsbereitschaft setzt die Funktionstüchtigkeit voraus.

Objektiv ist ein Gebäude **funktionsuntüchtig**, wenn wesentliche Teile nicht nutzbar sind, unabhängig von einer tatsächlichen Nutzung.

BEISPIEL

Objektive Funktionsuntüchtigkeit

Beim Kauf eines Hauses ist bekannt, dass die eingebaute Heizung nicht voll funktionsfähig ist und außerdem die gesetzlich geforderten Emissionsgrenzen überschreitet. Sofort nach dem Erwerb wird eine Heizungsanlage eingebaut, die technisch auf dem neuesten Stand ist.

Das Haus ist objektiv nicht funktionstüchtig, die Kosten für den Austausch der Heizungsanlage gehören zu den **AK.**

Subjektiv ist ein Gebäude **funktionsuntüchtig**, wenn es für die konkrete Zweckbestimmung des Erwerbers nicht nutzbar ist und bauliche Änderungen erforderlich werden.

BEISPIEL

Subjektive Funktionsuntüchtigkeit

Der Unternehmer A erwirbt ein vermietetes Wohngebäude. Er will es als Bürogebäude nutzen. Nach sechs Monaten kündigt er den Mietern und beginnt mit Umbaumaßnahmen, damit die Büronutzung ermöglicht wird.

Das Objekt ist subjektiv nicht funktionstüchtig, weil die geplante Nutzung nicht möglich ist. Die Aufwendungen zur Umgestaltung der Räume führen zu **AK.**

Beurteilung der Betriebsbereitschaft aus Sicht der Finanzverwaltung

	Betriebsbereitschaft besteht
Der Erwerber nutzt das Gebäude ab dem Zeitpunkt der Anschaffung wie geplant durch Vermietung oder Eigennutzung.	ja
Eine bestehende Vermietung wird uneingeschränkt fortgesetzt.	ja
Das Gebäude ist vermietet, die Mietverträge werden sofort gekündigt, weil der Vermieter eine anderweitige Nutzung plant.	nein
Nach der Anschaffung wird das Gebäude zunächst nicht genutzt.	offen
Nach der Anschaffung wird das Gebäude zunächst nicht genutzt, aber Baumaßnahmen für die Nutzung gem. geplanter Zweckbestimmung werden durchgeführt.	nein

3 Reparaturen in der eigenen Privatwohnung

Im Normalfall sind Reparaturkosten, die die eigene Wohnung betreffen, bei der Ermittlung des z.v.E. nicht abzugsfähig. Sie gehören zu den Kosten der privaten Lebensführung.

In besonderen Fällen können die Aufwendungen aber steuerlich geltend gemacht werden. So können z.B. Aufwendungen für Baumaßnahmen, durch die konkrete Gesundheitsgefährdungen beseitigt (z.B. Sanierung bei Hausschwamm, Asbestsanierung des Daches) oder vom Gebäude ausgehende unzumutbare Beeinträchtigungen (Gebäudesanierung bei Geruchsbelästigung) behoben werden, steuerlich als → außergewöhnliche Belastungen geltend gemacht werden. Auch die behindertengerechte Umgestaltung von Teilen der eigenen Wohnung führt zu außergewöhnlichen Belastungen. Vertiefend siehe → Außergewöhnliche Belastung und → Behinderte Menschen.

Für Handwerkerleistungen im Zusammenhang mit der eigengenutzten Wohnung kann evtl. eine **Steuerermäßigung** in Anspruch genommen werden. Vertiefend siehe → Haushaltsnahe Tätigkeiten/Dienstleistungen.

Eigennutzung nach Auszug des Mieters

Kündigt der Eigentümer dem Mieter, um selbst in die Wohnung einzuziehen, können die anfallenden Kosten der Renovierung nicht als WK abgezogen werden, wenn sie die bei einem Wohnungswechsel typischen Arbeiten wie Schönheitsreparaturen (Tapezieren, Malerarbeiten) und sonstige kleinere Reparaturen betreffen.

Aufwendungen zur Beseitigung eines Schadens, der die mit dem gewöhnlichen Gebrauch der Mietsache verbundene Abnutzung deutlich übersteigt (z.B. mutwillig verursachter Schaden), können Werbungskosten sein (BFH, Urteil v. 11.7.2000, IX R 48/96).

Wird ein Teil der Mietkaution einbehalten, handelt es sich um zusätzliche Mieteinnahmen.

TIPP

Rechtzeitige Renovierung

Gehen Sie auf Nummer sicher und lassen Sie die Reparaturen ausführen, solange die Wohnung noch vermietet ist. Unproblematisch ist in diesem Fall der Abzug von Reparaturaufwendungen, die der ordnungsgemäßen Erhaltung der Mietsache dienen.

Vermietung nach Eigennutzung

Wer Aufwendungen für seine zunächst selbst bewohnte, anschließend leer stehende und noch nicht vermietete Wohnung als vorab entstandene Werbungskosten geltend macht, muss seinen Entschluss, die Wohnung zu vermieten, durch ernsthafte und nachhaltige Vermietungsbemühungen belegen (BFH, Urteil v. 28.10.2008, IX R 1/07).

Keinesfalls sollte sich eine Renovierung länger als nötig hinziehen. Nach Ansicht des BFH deutet eine lange Renovierungszeit darauf hin, dass keine Vermietungsabsicht besteht. Die Kosten sind in diesen Fällen nicht abzugsfähig (BFH, Urteil v. 11.8.2010, IX R 3/10). Im Zweifel sollten geplante Reparaturarbeiten erst nach Mietbeginn oder nach Abschluss des Mietvertrags durchgeführt werden, sonst besteht die Gefahr, dass die gesamten Aufwendungen steuerlich nicht abzugsfähig sind.

Hat sich der Erwerber eines Gebäudes zunächst entschlossen, das leer stehende Objekt zu vermieten, und hat deshalb renoviert, ist aber anschließend selbst eingezogen, kann er die Renovierungskosten steuerlich geltend machen (FG Hamburg, Urteil v. 15.6.2011, 1 K 14/10).

4 Reparaturen teilweise eigengenutzter Objekte

Entstehen Reparaturaufwendungen bei einem gemischt genutzten Gebäude (teilweise durch den Eigentümer selbst bewohnt, teilweise vermietet), ist wie folgt vorzugehen:

- **direkte Zuordnung der Kosten:** Soweit die Reparatur einen konkreten Gebäudeteil betrifft (z. B. Erneuerung des Bades in einer vermieteten OG-Wohnung), ist der Aufwand diesem Gebäudeteil allein zuzurechnen und die Aufwendungen sind als Werbungskosten abzugsfähig.
- **flächenmäßige Zuordnung der Kosten:** Betrifft die Reparatur das Gebäude als Ganzes (z. B. Dach wird neu gedeckt, Außenfassade wird erneuert), sind die Gesamtaufwendungen im Verhältnis der Nutzflächen zu verteilen. Der auf den vermieteten Teil des Gebäudes entfallende Teil der Kosten ist steuerlich abzugsfähig.

5 Verteilung größeren Erhaltungsaufwands bei Wohngebäuden

Nach § 82b EStDV können größere Erhaltungsaufwendungen auf Antrag **gleichmäßig auf zwei bis fünf Jahre** verteilt werden. Die Gebäude dürfen nicht zu einem Betriebsvermögen gehören und müssen überwiegend Wohnzwecken dienen. Durch die Verteilung ist unter Ausnutzung der höheren Grenzsteuersätze insgesamt eine höhere Steuererstattung möglich.

BEISPIEL

Zusätzliche Steuerersparnis

F, Einzelveranlagung, z. v. E. seit Jahren 40.000 €, hat 2019 für 20.000 € umfangreiche Reparaturen an seinem vermieteten Haus durchgeführt.

F kann diese Kosten entweder 2019 in vollem Umfang als Werbungskosten geltend machen (Steuerminderung 6.155 €) oder z. B. auf die Jahre 2019 bis 2023 gleichmäßig verteilen, d. h. jährlich 4.000 € als Erhaltungsaufwand geltend machen (Steuerminderung 5 × 1.369 € = 6.845 €). Die Verteilung führt zu einer zusätzlichen Steuerentlastung von 690 €.

6 Zahlung durch Dritte

Grundsätzlich kann nur derjenige, der entsprechende Aufwendungen getragen hat, einen Abzug von Betriebsausgaben oder Werbungskosten geltend machen. Erhaltungsaufwendungen bei den Einkünften aus V+V sind aber auch dann

Werbungskosten des Steuerpflichtigen, wenn sie auf einem von einem Dritten im eigenen Namen, aber im Interesse des Steuerpflichtigen abgeschlossenen Werkvertrag beruhen und der Dritte dem Steuerpflichtigen den Betrag zuwendet.

BEISPIEL

Abgekürzter Zahlungsweg

Der Steuerpflichtige hat eine Eigentumswohnung erworben, die er vermieten will. Die Wohnung muss vor ihrer erneuten Vermietung renoviert werden. Zu diesem Zweck beauftragt der Vater des Steuerpflichtigen nach Rücksprache mit ihm Handwerker und bezahlt nach Durchführung der Erhaltungsarbeiten auch die nicht an den Wohnungseigentümer gerichteten Rechnungen. Auf eine Rückforderung des Betrags verzichtet der Vater gegenüber dem Sohn.

Insoweit liegt eine Zuwendung an den Steuerpflichtigen vor. Die entstandenen Kosten sind über den abgekürzten Zahlungsweg beim Steuerpflichtigen als Werbungskosten aus V+V abzugsfähig (BFH, Urteil v. 15.1.2008, IX R 45/07).

Bei Kreditverbindlichkeiten und anderen Dauerschuldverhältnissen (z. B. Miet- und Pachtverträge) kommt eine Berücksichtigung der Zahlung unter dem Gesichtspunkt der Abkürzung des Vertragswegs nicht in Betracht (BMF, Schreiben v. 7.7.2008, IV C 1 - S 2211/07/10007, BStBl 2008 I S. 717).

7 Instandhaltungsrücklagen bei Eigentumswohnungen

Bei einer Eigentumswohnung müssen Zahlungen in eine Instandhaltungsrücklage geleistet werden.

Nicht die jährlichen Einzahlungen in die Instandhaltungsrücklage, sondern der auf den Steuerpflichtigen entfallende „Verbrauch der Instandhaltungsrücklage“ (Entnahme zur Bezahlung von Reparaturrechnungen durch den Hausverwalter nach Beschluss der Wohnungseigentümerversammlung) ist als Werbungskosten abzugsfähig. Der entsprechende Betrag ist aus der Jahresabrechnung des Hausverwalters ersichtlich.

Wird eine Eigentumswohnung veräußert, übernimmt der Erwerber den auf die Wohnung entfallenden Anteil der Instandhaltungsrücklage (Übertragung von Kapital). Insoweit liegen beim Erwerber keine AK des Gebäudes vor.

Solaranlagen und Co.

Der Betreiber einer stromgewinnenden Anlage betreibt i.d.R. einen Gewerbebetrieb. Er muss die Einkünfte in seiner Einkommensteuererklärung angeben und meist Umsatzsteuer abführen.

§ 15 EStG, §§ 1, 2, 15 UStG

1 Überblick

Durch die Einspeisung von Strom in das Netz des örtlichen Stromlieferanten werden Einkünfte aus einem **Gewerbebetrieb erzielt.** Die Aufnahme der gewerblichen Tätigkeit ist dem Finanzamt anzuzeigen.

TIPP

Anrechnung auf Renten

Überschüsse aus dem Betrieb einer Fotovoltaikanlage können zur Kürzung von Renten oder anderen Sozialleistungen führen. Sollten Sie mit dem Gedanken spielen, Ihre Fotovoltaikanlage entgeltlich oder unentgeltlich auf den Ehegatten oder andere Familienmitglieder zu übertragen, um die Kürzungen zu vermeiden, ist diese Übertragung nicht rückwirkend, sondern nur für die Zukunft mit den vorgenannten steuerlichen Folgen möglich.

Gewinnermittlung

I. d. R. kann der Gewinn durch eine **Einnahmenüberschussrechnung** (Einnahmen abzgl. Aufwendungen) ermittelt werden. Vertiefend siehe → Einnahmenüberschussrechnung.

Sowohl die Vergütung für den eingespeisten Strom als auch die **Selbstverbrauchsvergütung**, die für den privat verbrauchten Strom gezahlt wird, stellen Betriebseinnahmen dar. Zusätzlich ist der privat verbrauchte Strom als Sachentnahme bei den Betriebseinnahmen zu erfassen.

Abschreibung

Die Fotovoltaikanlage wird auf die Nutzungsdauer von 20 Jahren abgeschrieben. Damit ergibt sich eine gleichmäßige AfA von 5 % über den gesamten Zeitraum. Im ersten Jahr ist die AfA nach Monaten aufzuteilen.

Investitionsabzugsbetrag (IAB)

Schon vor Fertigstellung der Anlage kann ein Investitionsabzugsbetrag in Höhe von 40 % der voraussichtlichen Kosten steuermindernd geltend gemacht werden.

Umsatzsteuer

Mit dem regelmäßigen Verkauf des selbst erzeugten Stroms werden Sie zum umsatzsteuerlichen Unternehmer. Damit können Sie sich die Umsatzsteuer, die im Zusammenhang mit der Anschaffung gezahlt wurde, vom Finanzamt erstatten lassen.

2 Detailinformationen

Wichtiges zum Thema „Solaranlagen und Co.“ finden Sie auch auf http://mybook.haufe.de unter „Weiterführende steuerliche Informationen“.

Sonderausgaben

Bei Sonderausgaben handelt es sich um Kosten der privaten Lebensführung, die steuerlich abziehbar sind. Alle Sonderausgaben sind im Gesetz abschließend genannt. Es wird unterschieden zwischen Vorsorgeaufwendungen (Versicherungsbeiträge) und anderen Sonderausgaben.

1 Allgemeines zum Sonderausgabenabzug

Aufwendungen, die zu den Betriebsausgaben (BA) bzw. Werbungskosten (WK) gehören, sind bei den entsprechenden Einkünften der Höhe nach unbegrenzt abziehbar und können nicht als Sonderausgaben berücksichtigt werden.

BEISPIEL

Abgrenzung zum BA- oder WK-Abzug

Die Haftpflichtversicherungsbeiträge für ein **vermietetes** Mehrfamilienhaus sind Werbungskosten bei den Einkünften aus V+V und keine Sonderausgaben.

Dagegen können Beiträge zur privaten Familienhaftpflichtversicherung oder zur Grundstückshaftpflichtversicherung für das **eigengenutzte** Einfamilienhaus bei den Sonderausgaben abgezogen werden.

Sonderausgaben kann nur derjenige geltend machen, der sie **selbst schuldet** und **selbst leistet**. Bei zusammen veranlagten Ehegatten/Lebenspartnern kommt es für den Abzug von Sonderausgaben nicht darauf an, ob sie der Ehemann oder die Ehefrau gezahlt hat.

Bei einer Einzelveranlagung von Ehegatten/Lebenspartnern nach § 26a EStG kann grundsätzlich nur derjenige Sonderausgaben abziehen, der die Aufwendungen getragen hat. Auf übereinstimmenden Antrag ist ein hälftiger Abzug möglich. Vertiefend siehe → Ehegattenveranlagung. Sonderausgaben können nur im Jahr der Zahlung (Abfluss) berücksichtigt werden.

Sonderausgaben

Vorsorgeaufwendungen (Versicherungsbeiträge)

1. Altersvorsorgeaufwendungen

- **Basisversorgung**
  Beiträge zu
  - gesetzlicher Rentenversicherung (einschließlich Arbeitgeberanteil)
  - landwirtschaftliche Alterskasse
  - berufsständischer Versorgungseinrichtung
- **Zusatzversorgung**
  - Beitrag zu einer kapitalgedeckten privaten Altersversorgung (Rürup-Rentenversicherung)

2. Sonstige Vorsorgeaufwendungen

- **Basiskranken- und Pflegepflichtversicherung**
  Beiträge zu
  - gesetzlicher Krankenversicherung
  - privater Krankenversicherung (nur Basisversicherung)
- **andere sonstige Vorsorgeaufwendungen**
  Beiträge zu
  - gesetzlicher und privater Krankenversicherung, soweit sie über die Basisversorgung hinausgehen
  - Arbeitslosenversicherung
  - Erwerbs- und Berufsunfähigkeitsversicherung
  - Unfallversicherung
  - Haftpflichtversicherung
  - bestimmten Lebensversicherungen

3. Riester-Rentenversicherung

(Zusätzliche Altersvorsorge)
Anlage AV

Abzug der **Altersvorsorge-** und sonstigen **Vorsorgeaufwendungen** bis zu unterschiedlichen Höchstbeträgen. Förderung der **Riester-Beiträge** über die Altersvorsorgezulage oder einen besonderen Sonderausgabenabzug.

andere Sonderausgaben

- Unterhaltsleistungen an den geschiedenen oder dauernd getrennt lebenden Ehegatten/Lebenspartner
- Kirchensteuer
- Kinderbetreuungskosten
- Kosten für die eigene Berufsausbildung oder die des Ehegatten
- Schulgeld
- Spenden

Abzug der **tatsächlichen Aufwendungen** (teilweise begrenzt) mindestens in Höhe des **Sonderausgaben-Pauschbetrags**

2 Vorsorgeaufwendungen (Versicherungen)

Vertiefend siehe → Versicherungen und → Altersvorsorgeaufwendungen.

3 Andere Sonderausgaben

Sonderausgaben-Pauschbetrag

Für Sonderausgaben, die nicht zu den Vorsorgeaufwendungen gehören, wird ein Sonderausgaben-Pauschbetrag von 36 € abgezogen, wenn nicht höhere tatsächliche Sonderausgaben geltend gemacht werden.

Werden Ehegatten/eingetragene Lebenspartner zusammen zur Einkommensteuer veranlagt, verdoppelt sich der Betrag auf 72 € (§ 10c EStG).

Gezahlte Kirchensteuer

Als Sonderausgabe abziehbar ist die gesetzlich geschuldete und gezahlte Kirchensteuer im Inland oder EU/EWR-Ausland. Dazu gehören auch die vom Arbeitgeber abgeführte Kirchenlohnsteuer, die vierteljährlich vorausgezahlte oder für Vorjahre nachgezahlte Kirchensteuer und das besondere Kirchgeld.

HINWEIS

Als Abgeltungsteuer erhobene Kirchensteuer

Die als Zuschlag zur Kapitalertragsteuer (Abgeltungsteuer) oder als Zuschlag auf die nach dem gesonderten Tarif des § 32d Abs. 1 EStG ermittelte Einkommensteuer erhobene Kirchensteuer ist **nicht** als Sonderausgabe abziehbar.

Kirchgeld

Das **allgemeine Kirchgeld** ist die Steuer der örtlichen Kirchengemeinde, die i. d. R. durch persönliches Anschreiben von Personen erhoben wird, die der Kirche angehören, aber keine gesetzliche Kirchensteuer entrichten.

Das **besondere Kirchgeld** wird von der Finanzverwaltung festgesetzt und erhoben, wenn ein Ehegatte/Lebenspartner mit höheren Einkünften konfessionslos ist und der andere Ehegatte/Lebenspartner, der keine oder nur geringe Einkünfte hat, – sowie ggf. die Kinder – einer Kirche angehören. Das Kirchgeld beträgt etwa ein Drittel der gesetzlichen Kirchensteuer. Ab einem gemeinsamen z. v. E. von 30.000 € bei Zusammenveranlagung wird ein Kirchgeld erhoben. Nicht alle Landeskirchen erheben das Kirchgeld. Einzelne Landeskirchen ermäßigen das Kirchgeld.

BEISPIEL

Besonderes Kirchgeld

Max Maier ist Alleinverdiener und gehört keiner Kirche an. Seine Ehefrau ist, wie ihre beiden Kinder, Mitglied der evangelischen Kirche. Frau Maier hat keine Einkünfte. Das gemeinsame z. v. E. beträgt im Jahr 2019 120.000 €.

z. v. E.	120.000 €
abzgl. Kinderfreibeträge	15.240 €
Bemessungsgrundlage	104.760 €
besonderes Kirchgeld	840 €

Die gesetzliche Kirchensteuer würde bei einem Steuersatz von 8 % 2.119 € betragen.

Das BVerfG muss prüfen, ob eine verfassungswidrige Schlechterstellung von Ehegatten gegenüber Lebenspartnern bei der Erhebung des besonderen Kirchgeldes in glaubensverschiedener Ehe vorliegt (BVerfG, anhängiges Verfahren Az. 2 BvL 6/19).

Erstattungsüberhang

Wird gezahlte Kirchensteuer in einem späteren Jahr **erstattet**, mindern sich zunächst die Kirchensteuerzahlungen im Erstattungsjahr. Ein danach evtl. verbleibender **Erstattungsüberhang** ist dem Gesamtbetrag der Einkünfte des Erstattungsjahres hinzuzurechnen.

BEISPIEL

Kirchensteuer

Ende Dezember 2018 wird Ihnen der Einkommensteuerbescheid für 2017 zugestellt. Daraus ergibt sich eine Erstattung von 870 €, die im Januar 2019 Ihrem Konto gutgeschrieben wird. Für das Jahr 2019 haben Sie 830 € Kirchensteuer in Form von Vorauszahlungen geleistet.

Der Erstattungsbetrag ist 2019 zugeflossen und mindert die Zahlung und damit den Sonderausgabenabzug des Jahres 2019 auf 0 €. Der zusätzliche Erstattungsüberhang von 40 € wird dem Gesamtbetrag der Einkünfte des Jahres 2019 hinzugerechnet.

ACHTUNG

Kirchensteuer des Erblassers

Zahlt ein Erbe die noch offene KiSt des Erblassers, kann der Erbe diese im Jahr der Zahlung als Sonderausgabe abziehen (BFH, Urteil v. 21.7.2016, X R 43/13). Erstattungen überzahlter Kirchensteuer des Erblassers sind auf eigene Kirchensteuerzahlungen des Erben anzurechnen.

Freiwillige Zuwendungen und Zuwendungen an Religionsgemeinschaften ohne gesetzliche Kirchensteuer

Keine Kirchensteuern sind freiwillige Beiträge an Kirchen oder andere religiöse Gemeinschaften. Diese sind ggf. als Spenden abziehbar. Beiträge der Mitglieder an Religionsgemeinschaften, die in mindestens einem Bundesland als Kirche anerkannt sind, aber während des ganzen Jahres keine Kirchensteuer erheben (z. B. Heilsarmee, Neuapostolische Kirche, Gemeinschaft der Siebenten-Tags-Adventisten oder Zeugen Jehovas Deutschland), sind aus Billigkeitsgründen wie Kirchensteuer als Sonderausgabe abziehbar.

Der Abzug wie Kirchensteuer ist bis zur Höhe der Kirchensteuer zulässig, die zu zahlen wäre, wenn die Kirche Kirchensteuer erheben würde. Übersteigende **freiwillige Zuwendungen** an die Religionsgemeinschaft sind im Rahmen des Spendenabzugs als Sonderausgabe abziehbar. Vertiefend siehe → Spenden.

> **TIPP**
>
> **Kappung der Kirchensteuer**
>
> Gut verdienende Steuerpflichtige können außerhalb der Steuerveranlagung Kirchensteuer sparen, indem sie bei ihrer Kirche einen Antrag auf **Kappung der Kirchensteuer** stellen. Diese kommt in Betracht, wenn die Kirchensteuer (je nach Bundesland, außer Bayern) mehr als 2,75 % bis 4 % des z. v. E. beträgt.

Weitere Sonderausgaben

Zu den anderen Sonderausgaben gehören auch:

- Unterhaltsleistungen an den geschiedenen oder dauernd getrennt lebenden Ehegatten: Vertiefend siehe → Unterhaltszahlungen.
- Renten und dauernde Lasten: Vertiefend siehe → Renten.
- Kinderbetreuungskosten: Vertiefend siehe → Kinder.
- Berufsausbildungskosten: Vertiefend siehe → Ausbildung und Studium.
- Schulgeld: Vertiefend siehe → Kinder.
- Spenden: Vertiefend siehe → Spenden.

Spekulationsgeschäfte

Unter Spekulationsgeschäften versteht man den Verkauf von bestimmten Wirtschaftsgütern innerhalb einer gesetzlich festgelegten Frist. Nicht darunter fällt der Verkauf von Kapitalanlagen. Diese sind als Kapitaleinkünfte zu versteuern. Lesen Sie daher auch auf jeden Fall das Stichwort → Kapitalanlagen.

§§ 20, 23 EStG

1 Kauf und Verkauf von Grundstücken

Veräußern Sie ein privates Grundstück innerhalb von zehn Jahren nach dessen Erwerb, liegt ein Spekulationsgeschäft vor, das der Besteuerung unterliegt. Ohne Belang sind die Gründe für den Verkauf, sodass eine Steuerpflicht auch z. B. dann eintritt, wenn die Versteigerung droht (BFH, Urteil v. 27.9.2012, III R 19/11). Bei einer Ratenzahlung über mehrere Jahre wird der Veräußerungsgewinn in mehreren Veranlagungszeiträumen erfasst (BFH, Urteil v. 11.11.2009, IX R 57/08). Das gilt auch in Verlustfällen (BFH, Urteil v. 6.12.2016, IX R 18/16). Eine Enteignung stellt kein privates Veräußerungsgeschäft i. S. von § 23 EStG dar und ist somit nicht steuerpflichtig (FG Münster, Urteil v. 28.11.2018, 1 K 71/16 E; Rev. beim BFH, Az. IX R 28/18).

Zehnjahresfrist

Für die Fristberechnung kommt es darauf an, wann der Kaufvertrag und der Verkaufsvertrag abgeschlossen wurden. Die Nutzung einer Rückerwerbsoption setzt eine neue Spekulationsfrist in Gang. Sie wird nicht als Rückabwicklung gewertet (FG Münster, Urteil v. 30.10.2012, 1 K 2240/09 E). Steht die Grundstücksveräußerung unter einem Genehmigungsvorbehalt (aufschiebende Bedingung), ist dieser für die Fristberechnung unerheblich (BFH, Urteil v. 10.2.2015, IX R 23/13).

Beispielsfälle

Sie haben ein Grundstück bebaut

BEISPIEL

Erwerb, Bebauung und Vermietung

Sie haben am 15.3.2012 ein unbebautes Grundstück erworben. Im März 2016 haben Sie ein Haus darauf erstellt und dieses anschließend vermietet.

Wenn Sie das bebaute Grundstück vor dem 16.3.2022 veräußern, unterliegt der Veräußerungsgewinn der Besteuerung. Dabei kommt es auf den Zeitpunkt des Erwerbs an. Die Fertigstellung des Gebäudes ist unmaßgeblich.

Gebäude und Außenanlagen sind in die Besteuerung des Veräußerungsgewinns auch dann einzubeziehen, wenn sie in einem teilfertigen Zustand verkauft werden.

Geschenkte und geerbte Grundstücke

Bei einem geschenkten oder geerbten Grundstück kommt es für die Frist auf den Zeitpunkt des Erwerbs durch den Vorbesitzer an. Erwirbt ein Miterbe entgeltlich den Erbteil eines anderen Miterben, so entstehen ihm insoweit AK. Bei einem Verkauf innerhalb der Spekulationsfrist führt dies dazu, dass der Gewinn aus der Veräußerung dieses Grundstücks versteuert werden muss.

Ein Verkauf kann in solchen Fällen zur teuren Steuerfalle werden. Ein Beratungshonorar vor einem Verkauf kann gut angelegt sein und viel Geld sparen!

Erbbaurecht

Die Veräußerung eines unentgeltlich bestellten Erbbaurechts stellt kein privates Veräußerungsgeschäft i. S. d. § 23 EStG dar (BFH, Urteil v. 8.11.2017, IX R 25/15).

Entnahme aus dem Betrieb

Die Entnahme eines betrieblichen Grundstücks (auch im Rahmen einer Betriebsaufgabe) wird als Erwerb angesehen. Zu diesem Zeitpunkt beginnt die Zehnjahresfrist (z. B. Entnahme des Grundstücks, anschließend Verkauf innerhalb der Zehnjahresfrist, Folge: Besteuerung). Der Entnahmewert gilt als Anschaffungswert.

Einlage in den Betrieb

Wenn Sie ein privat erworbenes Grundstück während der Spekulationsfrist in ein Betriebsvermögen einlegen, liegt zunächst keine Veräußerung vor. Ein Veräußerungsvorgang aus dem Betriebsvermögen wird aber auch auf der privaten Ebene steuerpflichtig, wenn das Grundstück während der Spekulationsfrist veräußert wird.

Immer als Veräußerung gilt eine verdeckte Einlage in eine Kapitalgesellschaft (A verkauft ein Grundstück im Wert von 200.000 € für 80.000 € an die ihm gehörende A-GmbH, Folge: verdeckte Einlage von 120.000 €, die zu versteuern ist.).

Verkauf der eigengenutzten Wohnung ist steuerfrei

Wenn Sie das bebaute Grundstück zwischen der Anschaffung (bzw. Fertigstellung) und der Veräußerung für sich als Privatwohnung genutzt haben, bleibt der Verkaufserlös steuerfrei. Gleiches gilt, wenn im Jahr der Veräußerung und in den vorangegangenen zwei Jahren eine entsprechende Eigennutzung vorlag (ein Leerstand zwischen Beendigung der Selbstnutzung und Veräußerung ist unschädlich, wenn die Wohnung im Jahr der Beendigung der Eigennutzung und in den beiden vorangegangenen Jahren zu eigenen Wohnzwecken genutzt wurde).

Wurde Ihnen die Wohnung geschenkt, wird die Zeit, in der der frühere Eigentümer die Wohnung selbst bewohnt hat, Ihnen zugerechnet. Entsprechendes gilt für den Fall der Erbschaft.

Die Steuerfreiheit gilt allerdings nicht für Ferienwohnungen sowie für den Teil des Veräußerungserlöses, der auf das häusliche Arbeitszimmer entfällt (selbst wenn der Abzug der Aufwendungen ausgeschlossen oder eingeschränkt ist). Vertiefend siehe → Arbeitszimmer.

Das FG Köln will den anteiligen Veräußerungsgewinn einer selbst genutzten Wohnung allerdings nicht besteuern, weil das Arbeitszimmer in den privaten Wohnbereich integriert ist und kein selbstständiges Wirtschaftsgut darstellt. Eine Besteuerung stehe auch im Widerspruch zum generellen Abzugsverbot von Kosten für häusliche Arbeitszimmer (FG Köln, Urteil v. 20.3.2018, 8 K 1160/15).

Wie wird der Veräußerungsgewinn berechnet?

Als **Veräußerungskosten** kommen beispielsweise Aufwendungen für einen Makler, für Annoncen sowie sonstige Kosten (Kopien von Plänen, Fahrtkosten für Besichtigungen etc.) in Betracht.

Wenn Sie ein Grundstück zu einem unter den AK/HK liegenden Wert veräußern, sieht es nach einem Verlustgeschäft aus. Letztendlich kann es dennoch zu einer Besteuerung kommen. Der Veräußerungsgewinn erhöht sich um alle in der Vergangenheit in Anspruch genommenen Abschreibungsbeträge. Die Eigenheimzulage für die Zeit der Eigennutzung ist nicht hinzuzurechnen, da es sich hierbei um keine Abschreibung handelt.

BEISPIEL

Veräußerungsverlust?

A hat 2015 ein Grundstück für 100.000 € gekauft und ein Gebäude für 500.000 € erstellt. Im Jahr 2019 veräußert A das Anwesen für

570.000 €. Bis zur Veräußerung hat er für das Gebäude 40.000 € Abschreibungen geltend gemacht.

Was zunächst nach einem Veräußerungsverlust (570.000 € – 600.000 € = –30.000 €) aussieht, wird nach der Hinzurechnung der Abschreibungsbeträge (40.000 €) zu einem Veräußerungsgewinn (10.000 €).

TIPP

Nachträgliche Veräußerungskosten

Müssen Sie auf Verlangen des Käufers noch Arbeiten am Grundstück vornehmen (z. B. Ausbau eines Erdtanks), dann können diese Kosten nachträgliche Veräußerungskosten darstellen (BFH, Urteil v. 24.1.2012, IX R 16/11).

Aufwendungen (z. B. Notar- und Gerichtskosten), die für einen geplanten, aber letztlich gescheiterten Grundstücksverkauf anfallen, sind nicht als Werbungskosten bei den Einkünften aus V+V abziehbar und können auch nicht bei den privaten Veräußerungsgeschäften berücksichtigt werden (BFH, Urteil v. 1.8.2012, IX R 8/12).

Bei „Schrottimmobilien" ist der Kaufpreis in ein steuerpflichtiges Veräußerungsentgelt und eine nicht steuerbare Entschädigungsleistung aufzuteilen, wenn dieser auch für den Verzicht auf Schadensersatz und die Rücknahme der Klage gezahlt wurde (BFH, Urteile vom 6.9.2014, IX R 44/14, IX R 45/14, IX R 27/15).

Berechnungshinweise zum Veräußerungsgewinn finden Sie auch auf http://mybook.haufe.de unter „Der Steuerkalkulator".

2 Aktien & Co.

Haben Sie Wertpapiere verkauft, die Sie nach dem 31.12.2008 erworben haben, lesen Sie bitte unter → Kapitalanlagen weiter.

Die vor diesem Stichtag erworbenen Wertpapiere können Sie steuerfrei veräußern, es sei denn, Sie halten mindestens 1 % aller Anteile einer Kapitalgesellschaft. In diesem Fall sieht das EStG die Beteiligung als „wesentlich" an. Der Veräußerungsgewinn ist dann steuerpflichtig (§ 17 EStG).

Für Fonds gibt es ab 2019 Neuregelungen, die sich auch auf Altbestände auswirken. Auch diese sind unter → Kapitalanlagen dargestellt.

3 Andere Wirtschaftsgüter

Veräußerungsgewinne oder -verluste aus dem Verkauf anderer Wirtschaftsgüter sind innerhalb eines Jahres steuerpflichtig. Für Gegenstände, die als Einkunftsquelle genutzt werden und aus denen mindestens in einem Kalenderjahr Einkünfte erzielt wurden, erhöht sich der Spekulationszeitraum auf zehn Jahre.

Die Veräußerungsgewinne (und -verluste) aus dem Verkauf von Wirtschaftsgütern des alltäglichen Gebrauchs, die nach dem 13.12.2010 erworben wurden, sind nicht mehr steuerpflichtig. Hierzu zählen insbesondere Pkw, Fernseher und andere Gebrauchsgüter.

Der Gewinn oder Verlust aus der Veräußerung von Bitcoins führt zu sonstigen Einkünften aus privaten Veräußerungsgeschäften, sofern Erwerb und Veräußerung der Bitcoins innerhalb eines Jahres stattfanden (§ 22 Nr. 2 EStG i. V. m. § 23 Abs. 1 Satz 1 Nr. 2 EStG).

4 Leerverkäufe

Veräußerungsgeschäfte, bei denen die Veräußerung der Wirtschaftsgüter früher erfolgt als der Erwerb (sog. Leerverkäufe), sind nach § 23 EStG steuerpflichtig.

5 Was Sie sonst noch wissen sollten

Freigrenze von 600 €

Die Gewinne (= Gesamtgewinn aller im Jahr 2019 getätigten relevanten Veräußerungen) bleiben steuerfrei, wenn sie im Jahr 2019 weniger als 600 € betragen haben. Ein Gewinn von 600 € und mehr wird voll versteuert. Ehegatten erhalten den Freibetrag doppelt, wenn jeder Veräußerungsgewinne erzielt hat.

Wie wirken sich Veräußerungsverluste aus?

Vertiefend siehe → Kapitalanlagen.

Zunächst einmal ist zu untersuchen, ob sämtliche relevanten Veräußerungen einen Gesamtgewinn ergeben haben. Dabei mindern Verluste eines Geschäfts Gewinne anderer Veräußerungen.

Ergibt sich für das Jahr 2019 ein Gesamtverlust (Gesamtbetrag aller Gewinne abzgl. Verluste aus privaten Veräußerungsgeschäften des Jahres 2019), darf dieser nicht mit anderen im Jahr 2019 erzielten Einkünften verrechnet werden. Der Verlust mindert aber ggf. im Jahr 2018 erzielte Veräußerungsgewinne (= einjähriger Verlustrücktrag). Verbleibende Verluste sind in den Folgejahren mit erzielten Veräußerungsgewinnen gegenzurechnen (= unbegrenzter Verlustvortrag). Dazu ist der Verlust besonders festzustellen. Diese Feststellung gilt als Grundlagenbescheid und damit nach Bestandskraft als bindend. Sofern die Verluste fehlerhaft festgestellt wurden, kann nur dieser Bescheid im Wege des Einspruchs angegriffen werden.

! WICHTIG

Verluste geltend machen

Versäumen Sie nicht, Verluste aus privaten Veräußerungsgeschäften in der Steuererklärung geltend zu machen.

Spenden

Spenden sind freiwillige und unentgeltliche Aufwendungen, die weder Betriebsausgaben noch Werbungskosten sind. Sie fallen neben Mitgliedsbeiträgen unter den Sammelbegriff „Zuwendungen“ und sind unter bestimmten Voraussetzungen steuerlich abziehbar.

§§ 10b, 34g, EStG; § 50 EStDV

Zu unterscheiden sind:

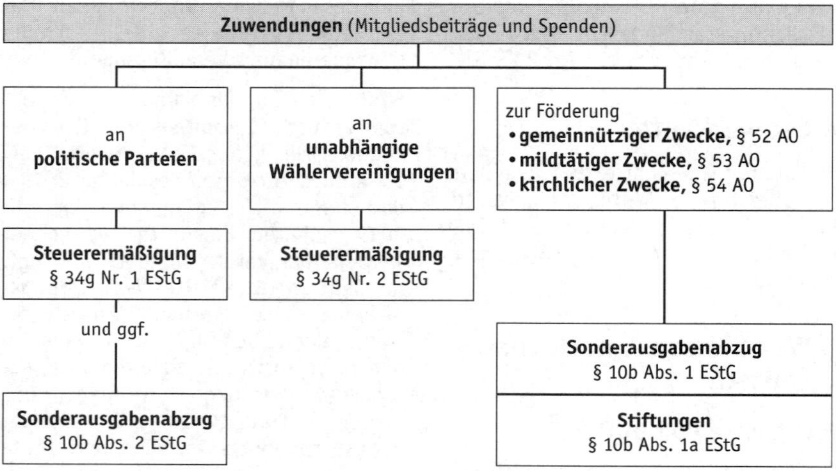

1 Politische Parteien und unabhängige Wählervereinigungen

Steuerermäßigungen

Die tarifliche Einkommensteuer ermäßigt sich **(direkter Steuerabzug)** jeweils um 50 % der Zuwendungen (Mitgliedsbeiträge und Spenden) an **politische Parteien** und an **unabhängige Wählervereinigungen**, höchstens um jeweils 825 €. Die Steuerermäßigungen für Parteien und Wählervereinigungen können **nebeneinander** geltend gemacht werden.

Für zusammen veranlagte Ehegatten/Lebenspartner verdoppeln sich die Höchstbeträge auf jeweils 1.650 €.

Sonderausgaben

Nur bei Zuwendungen an **politische Parteien** kann zusätzlich der Betrag, der über 1.650 € (Einzelveranlagung) bzw. über 3.300 € (Zusammenveranlagung) hinausgeht, als Sonderausgabe abgezogen werden, und zwar bis zur Höhe von insgesamt 1.650 € bei Einzelveranlagung oder bis zur Höhe von insgesamt 3.300 € bei Zusammenveranlagung.

BEISPIEL

Sonderausgaben und Steuerermäßigung

Ein unverheirateter Steuerzahler entrichtet im Jahr 2019 Beiträge und Spenden an eine politische Partei in Höhe von 4.000 € sowie eine Spende von 2.000 € an eine unabhängige Wählervereinigung.

Die Steuer ermäßigt sich bzgl. der Parteizuwendungen um 50 % aus 4.000 € = 2.000 €, höchstens um **825 €** (Steuerabzug). Soweit die Zuwendungen die Grenze von 1.650 € übersteigen (hier: 2.350 €), sind diese bis zu einem Höchstbetrag von **1.650 €** als Sonderausgaben abziehbar.

Die Zuwendung an die Wählervereinigung führt zu einer weiteren Steuerermäßigung von 50 % aus 2.000 € = 1.000 €, höchstens **825 €**. Ein zusätzlicher Sonderausgabenabzug ist nicht möglich (BFH, Urteil v. 20.3.2017, X R 55/14).

2 Sonstige Zuwendungen für gemeinnützige, mildtätige und kirchliche Zwecke

Werden Zuwendungen an einen begünstigten Zuwendungsempfänger für steuerbegünstigte Zwecke geleistet und liegt ein Zuwendungsnachweis vor, kann hierfür ein Sonderausgabenabzug nach § 10b Abs. 1 EStG in Anspruch genommen werden.

Aufwendungen

Nur Leistungen **ohne Gegenleistung** (Spenden und evtl. Mitgliedsbeiträge) sind zu berücksichtigen.

Die Zuwendungen können in **Geld** oder Sachleistungen bestehen. **Sachzuwendungen** (z. B. für eine Tombola des Vereins) sind mit dem gemeinen Wert (Verkehrswert einschl. USt) zu bewerten. Bei Gegenständen, die aus einem Betrieb entnommenen wurden, ist der Entnahmewert anzusetzen.

Der Wert ist ggf. ausgehend vom Anschaffungspreis, der Qualität, dem Alter und dem Erhaltungszustand zu schätzen.

Keine begünstigten Aufwendungen sind unentgeltliche Nutzungen (z. B. Verzicht des Gebäudeeigentümers auf Miete) und unentgeltliche Leistungen (ehrenamtliche Tätigkeit).

Anders zu beurteilen ist es, wenn der Steuerpflichtige gegenüber der steuerbegünstigten Einrichtung nach Vertrag oder Satzung einen Anspruch auf Zahlung einer Vergütung (z. B. Fahrtkostenpauschale, Aufwandspauschale für die Mithilfe beim Sommerfest) hat, der eingeräumt wurde, bevor die zum Aufwand führende Tätigkeit begonnen wurde, und er auf die Auszahlung verzichtet **(Aufwandsspende)**. Der Anspruch darf nicht unter der Bedingung des Verzichts eingeräumt worden sein.

Zuwendungsempfänger

Begünstigt sind Zahlungen an

- Gebietskörperschaften (Bund, Länder, Landkreise, Gemeinden) oder deren Dienststellen (z. B. Schulen) oder eine andere juristische Person des öffentlichen Rechts (z. B. Universität, Kirche) und
- steuerbegünstigte Organisationen (häufig: gemeinnützige oder mildtätige Vereine)

im Inland oder EU-/EWR-Ausland.

Zuwendungsnachweis

Voraussetzung für den Spendenabzug ist, dass der Steuerpflichtige eine **Zuwendungsbestätigung** nach amtlichem Muster erhalten hat.

ACHTUNG

Vorlage beim Finanzamt nur auf Anforderung

Die Zuwendungsbestätigungen sind vom Zuwendenden nur auf Verlangen der Finanzbehörde vorzulegen. Die Unterlagen sind vom Zuwendenden bis zum Ablauf eines Jahres nach Bekanntgabe der Steuerfestsetzung aufzubewahren **(Belegvorhaltepflicht)**.

Liegt eine Zuwendungsbestätigung nicht vor – z. B. bei Haus- und Straßensammlungen –, sind die Aufwendungen nicht abziehbar.

Bei **Zuwendungen von höchstens 200 €** genügt der Bareinzahlungsbeleg oder eine Buchungsbestätigung (Kontoauszug), wenn die Zahlung an eine juristische Person des öffentlichen Rechts oder deren Dienststelle geleistet wird.

Gleiches gilt, wenn der Empfänger der Zuwendungen eine Organisation ist, die als steuerbegünstigten Zwecken dienend anerkannt ist. Hier muss aber ein vom Zuwendungsempfänger hergestellter Überweisungsbeleg verwendet werden, der mit einem Hinweis auf die Steuerbegünstigung versehen ist.

In **Katastrophenfällen** (z. B. Erdbeben) genügt unabhängig von der Höhe der Zuwendungen der Bareinzahlungsbeleg oder der Kontoauszug, wenn die Zahlungen innerhalb eines von den Länderfinanzbehörden bestimmten Zeitraums auf ein speziell eingerichtetes **Sonderkonto** oder vor dessen Einrichtung auf ein sonstiges Konto einer inländischen juristischen Person des öffentlichen Rechts oder eines anerkannten Verbandes der freien Wohlfahrtspflege erfolgen. Auch Zahlungen über ein als Treuhandkonto geführtes Konto eines Dritten mit späterer Übertragung auf das Sonderkonto sind begünstigt.

Bei Zuwendungen an **politische Parteien** muss immer ein Zuwendungsnachweis vorliegen.

TIPP

Elektronisch übermittelte Zuwendungsbestätigung

Der Zuwendungsempfänger kann die Zuwendungsbestätigung auch **elektronisch** (dem amtlichen Muster entsprechende Zuwendungsbestätigung in Form einer **schreibgeschützten Datei**, z. B. PDF-Datei) an den Zuwendenden übersenden und dieser druckt sie aus.

Geplant ist, dass der Zuwendende den Zuwendungsempfänger bevollmächtigt, die Zuwendungsbestätigung der zuständigen Finanzbehörde durch elektronische Datenfernübertragung zu übermitteln. Der Zuwendende muss dazu dem Zuwendungsempfänger seine Steuer-Identifikationsnummer mitteilen.

Steuerbegünstigte Zwecke

Begünstigt sind Ausgaben zur Förderung

- **gemeinnütziger** (z. B. Förderung der Wissenschaft, des Sports, der Kultur, der Bildung, der Jugend- und Altenhilfe, des Tierschutzes, des Naturschutzes),
- **mildtätiger** oder
- **kirchlicher**

Zwecke (§§ 51–54 AO).

Begünstigt sind **Spenden** und meistens auch **Mitgliedsbeiträge**.

WICHTIG

Abziehbarkeit von Mitgliedsbeiträgen

Mitgliedsbeiträge sind **nicht** abzugsfähig bei Förderung des Sports und bei kulturellen Betätigungen, die in erster Linie der Freizeitgestaltung dienen. Auch nicht abziehbar sind die Beiträge an Vereine, die die Förderung der Heimatpflege und Heimatkunde, der Tierzucht, der Pflanzenzucht, der Kleingärtnerei, des Brauchtums, des Karnevals, des Amateurfunkens, des Modellflugs und des Hundesports als Satzungszweck haben. Dies gilt auch für entsprechende Fördervereine.

Dagegen sind Mitgliedsbeiträge an Kulturvereine ohne Freizeitcharakter und deren Fördervereine (z. B. Museen oder Theater) auch dann abziehbar, wenn diese Einrichtungen ihren Mitgliedern Vergünstigungen, z. B. in Form verbilligter Eintrittskarten, gewähren.

Zuwendungen für **kirchliche Zwecke** können ganz oder teilweise als Kirchensteuer nach § 10 Abs. 1 Nr. 4 EStG abziehbar sein. Erhebt eine als Kirche anerkannte Religionsgemeinschaft keine gesetzliche Kirchensteuer (z. B. Neuapostolische Kirche, Heilsarmee, Zeugen Jehovas), können Zuwendungen an diese Kirche bis zur Höhe einer vergleichbaren gesetzlichen Kirchensteuer als Sonderausgabe nach § 10 Abs. 1 Nr. 4 EStG abgezogen werden. Übersteigende Zuwendungen stellen Spenden i. S. d. § 10b Abs. 1 EStG dar. Vertiefend siehe → Sonderausgaben.

TIPP

Unterstützung einer Organisation im Ausland

Auch Spenden an mildtätige oder gemeinnützige Einrichtungen bzw. für kirchliche, religiöse oder wissenschaftliche Zwecke im EU-/EWR-Ausland sind begünstigt. Durch die Unterstützung der Organisation im Ausland müssen aber natürliche Personen im Inland oder das Ansehen der Bundesrepublik im Ausland gefördert werden. Die Zuwendungsbestätigung muss den Erhalt, den gemeinnützigen Zweck und die satzungsgemäße Verwendung beinhalten.

Sonderausgabenabzug für steuerbegünstigte Zwecke

Spenden für steuerbegünstigte Zwecke sind in tatsächlicher Höhe bis zu bestimmten **Höchstbeträgen** als Sonderausgabe abziehbar.

Möglichkeit 1

Zuwendungen zur Förderung mildtätiger, kirchlicher oder gemeinnütziger Zwecke können i. H. v. insgesamt **bis zu 20 % des Gesamtbetrags der Einkünfte** als Sonderausgaben abgezogen werden.

Dabei sind Kapitalerträge, die durch Kapitalertragsteuerabzug mit 25 % (Abgeltungsteuer) besteuert werden, nicht einzubeziehen. Etwas anderes gilt, wenn Kapitalerträge mit dem persönlichen Steuersatz (z. B. bei Günstigerprüfung nach § 32d Abs. 6 EStG – Steuersatz unter 25 %) besteuert werden.

Möglichkeit 2

Liegen **Gewinneinkünfte** vor, können alle Zuwendungen alternativ bis zu einer Grenze von 4 ‰ aus der Summe von Umsatz, Löhnen und Gehältern als Sonderausgabe abgezogen werden.

BEISPIEL

Höchstbetrag

Ein lediger Steuerbürger spendet im Jahr 2019 2.000 € an eine Universität, 1.000 € an den örtlichen Musikverein (kultureller Zweck), an den er auch 50 € Mitgliedsbeitrag entrichtet hat, und 1.400 € an die Lebensrettungsgesellschaft (gemeinnützig). Seine Einkünfte betragen insgesamt 45.000 €.

Der Mitgliedsbeitrag an den Musikverein ist nicht abziehbar, da der Verein in erster Linie der Freizeitgestaltung dient. Der Höchstbetrag von 20 % aus 45.000 € wird nicht erreicht. Damit sind **4.400 €** als Sonderausgaben abziehbar.

Größere Spenden

Zuwendungen, die wegen Überschreitens der Höchstbeträge im Jahr der Zahlung nicht abgezogen werden können, werden im Rahmen des Einkommensteuerbescheids gesondert festgestellt und in die folgenden Jahre (zeitlich unbefristet) vorgetragen und dort im Rahmen der Höchstbeträge als Sonderausgaben berücksichtigt.

3 Spenden an Stiftungen

Spenden in das zu erhaltende Vermögen einer Stiftung des öffentlichen oder privaten Rechts zur Förderung steuerbegünstigter Zwecke können nach § 10b Abs. 1a EStG **zusätzlich** zu den o. g. Höchstbeträgen im **Jahr der Zahlung und in den neun folgenden Jahren** in Höhe von bis zu insgesamt **1.000.000 €** als Sonderausgaben abgezogen werden.

Der Abzugsbetrag kann nur einmal innerhalb des Zehnjahreszeitraums in Anspruch genommen werden. Der Höchstbetrag steht bei zusammen veranlagten Ehegatten jedem Ehegatten einzeln zu, wenn formal beide spenden.

Spenden in das zu verbrauchende Vermögen einer Stiftung werden wie andere steuerbegünstigte Zwecke i. S. des § 10b Abs. 1 EStG berücksichtigt.

4 Nebenberufliche Tätigkeiten für gemeinnützige, mildtätige und kirchliche Zwecke

Vertiefend siehe → Zusatzeinkünfte.

Steuerberatungskosten

Steuerberatungskosten können mit einzelnen Einkunftsarten in Zusammenhang stehen und als Betriebsausgaben oder als Werbungskosten abziehbar sein. Steuerberatungskosten, die weder Betriebsausgaben noch Werbungskosten sind, also zum Bereich der privaten Lebensführung gehören, sind nicht abziehbar.

§ 4 Abs. 4, § 9 Abs. 1 Satz 1 EStG

1 Steuerberatungskosten

Betriebsausgaben und Werbungskosten

Steuerberatungskosten sind Aufwendungen, die im sachlichen Zusammenhang mit einem Besteuerungsverfahren stehen.

Stehen Steuerberatungskosten mit der Ermittlung der Gewinneinkünfte, mit Betriebsteuern (USt, GewSt) oder Investitionszulagen in Zusammenhang, sind die Aufwendungen als **Betriebsausgaben** abziehbar.

Sie können als **Werbungskosten** abgezogen werden, soweit sie zur Erwerbung, Sicherung und Erhaltung der Einnahmen aus nichtselbstständiger Arbeit, aus V+V oder aus sonstigen Einkünften dienen.

Kosten der Lebensführung

Andere Aufwendungen für die Steuerberatung (z. B. bzgl. Hauptvordruck zur ESt-Erklärung, Anlagen Kind, U, Unterhalt, Vorsorgeaufwand, ErbSt-Erklärung) stellen nicht abziehbare Kosten der privaten Lebensführung dar und sind steuerlich nicht abziehbar. Der BFH hat diese gesetzliche Regelung bestätigt und als nicht verfassungswidrig eingestuft (BFH, Urteil v. 4.2.2010, X R 10/08).

Gemischte Aufwendungen

Sind die Aufwendungen sowohl durch die Einkünfte (Anlagen G, S, N, R, SO, V) als auch privat veranlasst **(gemischte Aufwendungen)**, ist im Rahmen einer sachgerechten Schätzung eine Zuordnung zu den Betriebsausgaben, Werbungskosten oder Kosten der Lebensführung vorzunehmen.

TIPP

Aufteilung privat und beruflich veranlasster Steuerberatungskosten

Es wird i.d.R. nicht beanstandet, wenn die Aufwendungen in Höhe von 50 % den Betriebsausgaben oder Werbungskosten zugeordnet werden. Aus Vereinfachungsgründen wird i.d.R. bei gemischten Steuerberatungskosten bis 100 € der Zuordnung durch den Steuerbürger gefolgt.

Art der begünstigten Aufwendungen

Zu den Steuerberatungskosten gehören:

- Aufwendungen für die mündliche oder schriftliche Beratung durch einen Steuerberater in betrieblichen/beruflichen Steuerangelegenheiten sowie für die Erstellung der betreffenden Steuerformulare
- Aufwendungen für steuerliche Gutachten, für die Hilfeleistung bei der Buchführung und bei der Aufstellung von Bilanzen und Einnahmenüberschussrechnungen sowie für die Beantwortung der sich dabei ergebenden Rechtsfragen, für die Mitarbeit bei durchgeführten Betriebs- und Außenprüfungen durch das Finanzamt sowie die Begleitung eines evtl. Rechtsbehelfsverfahrens
- Beiträge an Lohnsteuerhilfevereine

Nebenkosten

Zu den Steuerberatungskosten zählen auch:

- Kosten für steuerliche Fachliteratur (z.B. **das hier vorliegende Handbuch**), für Steuertabellen und für Software zur Erstellung von Steuererklärungen (z.B. Steuererklärungsprogramm Haufe-Lexware)
- Kosten für eine Steuer-Rechtsschutzversicherung, soweit sie von den Kosten einer üblichen Rechtsschutzversicherung abgegrenzt werden können
- Fahrtkosten einschließlich etwaiger Unfallkosten auf der Fahrt zum oder vom Steuerberater oder Finanzamt

2 Sonstige Beratungskosten

Privat veranlasste sonstige Beratungskosten (z.B. in Finanzierungsangelegenheiten) sind keine Sonderausgaben, auch wenn diese durch den Steuerberater in Rechnung gestellt werden. Soweit die Kosten betrieblich oder beruflich veranlasst sind, können sie aber als Betriebsausgaben oder Werbungskosten abgezogen werden.

3 Prozesskosten

Prozesskosten (z.B. in einem Steuerstrafverfahren) sind als Betriebsausgaben abziehbar, soweit der Rechtsstreit durch betriebliche Vorgänge (z.B. Betriebsteuern USt und GewSt) veranlasst ist. Soweit ein Zusammenhang mit Personensteuern (ESt, SolZ, KiSt) vorliegt, ist ein Abzug ausgeschlossen, auch wenn sich die Steuererklärungspflicht nur aus Gewinneinkünften ergibt (BFH, Urteil v. 18.5.2011, X B 124/10).

Steuerbescheid

Nach Bekanntgabe des Einkommensteuerbescheids sollten Sie diesen intensiv prüfen. Beanstandungen können in der Regel nur innerhalb der Rechtsbehelfsfrist wirksam vorgebracht werden.

1 Was steht alles in meinem Steuerbescheid?

Der Steuerbescheid, den Sie vom Finanzamt bekommen, sieht in den verschiedenen Bundesländern unterschiedlich aus. Der Grundaufbau aller Einkommensteuerbescheide ist gleich. Folgende Übersicht hilft Ihnen:

Grundaufbau eines Steuerbescheids

Gliederung	Was Sie wo finden
Festsetzung	In diesem Abschnitt wird die **Steuer** – unterteilt in Einkommensteuer, Kirchensteuer, Solidaritätszuschlag (mehrere Bescheide) – für das jeweilige Kalenderjahr **festgesetzt**. Dazu können noch Bescheide über Verlustfeststellung, Riester-Rente, Arbeitnehmersparzulage, übertragbare Spenden usw. kommen.
Abrechnung	Auf die festgesetzte Steuer wird die vom Arbeitgeber einbehaltene Lohnsteuer, Kirchensteuer und der Solidaritätszuschlag angerechnet. Von einer Bank einbehaltene Kapitalertragsteuer wird nur angerechnet, wenn die zugrunde liegenden Kapitalerträge in die Veranlagung einbezogen wurden. Wenn Sie Steuervorauszahlungen geleistet haben, werden diese auch angerechnet. Die **verbleibende Steuer** stellt sich als Erstattung oder Nachzahlung dar. Hier erfolgt auch eine Aussage, ob ein Erstattungsbetrag ausbezahlt oder auf eine andere Steuerart umgebucht wird bzw. bis wann Nachzahlungen zu leisten sind.
Vorauszahlungen	Soweit die voraussichtliche Steuer für das laufende und folgende Jahre nicht durch Steuerabzug erhoben wird, werden an dieser Stelle Vorauszahlungen zur Einkommensteuer und den Zuschlagsteuern festgesetzt. In Einzelfällen können auch noch Vorauszahlungen für das zurückliegende Jahr nachträglich angepasst werden. Die Vorauszahlungen bemessen sich grundsätzlich an der Einkommensteuer der letzten Veranlagung. Stimmen die Werte noch mit der aktuellen Einkommenssituation überein? Sind die Einkünfte gesunken, kann jederzeit ein Antrag auf Anpassung der Vorauszahlungen gestellt werden.
Besteuerungsgrundlagen zur Steuerfestsetzung	In diesem Abschnitt wird das der Steuerfestsetzung zugrunde liegende **z. v. E.** ermittelt. Es ist zu prüfen, ob die geltend gemachten Betriebsausgaben oder Werbungskosten abgezogen wurden. Auch die abgezogenen Sonderausgaben oder außergewöhnlichen Belastungen werden dargestellt.
Berechnung der Einkünfte nach § 32d Abs. 1 EStG	Werden Kapitalerträge in die Veranlagung zur Einkommensteuer miteinbezogen und mit dem besonderen Steuersatz von 25 % besteuert, wird ihre Berechnung an dieser Stelle dargestellt.

Grundaufbau eines Steuerbescheids	
Berechnung der Steuer	Ausgehend vom z. v. E. erfolgt die **Berechnung der Einkommensteuer, Kirchensteuer und des Solidaritätszuschlags (tarifliche ESt). Steuerermäßigungen**, z. B. für gewerbliche Einkünfte, Parteispenden und haushaltsnahe Dienstleistungen oder Reparaturen im eigenen Haushalt, werden hier direkt von der tariflichen Einkommensteuer abgezogen. Sind bei der Berechnung des z. v. E. Kinderfreibeträge abgezogen worden, weil sie steuerlich günstiger sind als die Kindergeldansprüche, wird das ausbezahlte Kindergeld zurückgefordert, indem es die festzusetzende Steuer erhöht.
Berechnung der Zuschlagsteuern	Die Berechnung der Zuschlagsteuern zur Einkommensteuer (Solidaritätszuschlag und Kirchensteuer) wird dargestellt.
Erläuterungen	Weicht das Finanzamt von den Angaben in der Steuererklärung ab, ist es verpflichtet, die Abweichung anzugeben und zu begründen. Sind bestimmte steuerliche Bestimmungen strittig (anhängige Gerichtsverfahren vor dem BFH, BVerfG, EuGH), werden Bescheide in bestimmten Punkten vorläufig erlassen. Bezüglich der vorläufigen Punkte muss kein Einspruch eingelegt werden. Der Bescheid kann, nachdem die Urteile ergangen sind, ggf. geändert werden.
Rechtsbehelfsbelehrung	Hier wird erklärt, wie und innerhalb welcher Frist man sich gegen den Steuerbescheid wehren kann, wenn man mit den Inhalten nicht einverstanden ist. Vertiefend siehe unter „Wie kann ich mich gegen unrichtige Bescheide wehren?“.
Hinweise	In diesen Teilen stehen ggf. allgemeine rechtliche Informationen über formale steuerliche Vorschriften.
Zahlung und Folgen verspäteter Zahlung	Informationen zur Überweisung der fälligen Steuerbeträge und zur wirksamen Zahlung werden gegeben. Es wird auf die Möglichkeit des Lastschrifteinzugsverfahrens hingewiesen, um künftig eine verspätete Zahlung zu vermeiden. Die Möglichkeit der Festsetzung eines Säumniszuschlags und weiterer Vollziehungsgebühren wird erwähnt.

2 Wie überprüfe ich meinen Steuerbescheid?

Der Steuerbescheid sollte immer auf Richtigkeit überprüft werden. Die folgende Checkliste soll die Überprüfung erleichtern.

Checkliste

Überprüfung des Steuerbescheids

Adresssat

- ☐ Sind die Angaben zur Person und zum Ehegatten richtig?
  Ist der Inhaltsadressat im Steuerbescheid gar nicht, falsch oder so ungenau bezeichnet, dass Verwechslungen möglich sind, ist der Verwaltungsakt nichtig und damit unwirksam.

Festsetzung Abrechnung

- ☐ Ergeht der Steuerbescheid unter dem Vorbehalt der Nachprüfung oder ist er in für Sie wichtigen Punkten vorläufig?
- ☐ Ist die Kirchenzugehörigkeit richtig?
- ☐ Ist das Datum zu einem etwaigen Kirchenaustritt während des Jahres richtig?
- ☐ Sind die vom Finanzamt angerechnete Lohnsteuer, Kirchensteuer und der Solidaritätszuschlag mit den auf der **Anlage N** eingetragenen Werten identisch?
- ☐ Stimmen die vom Finanzamt angerechnete Kapitalertragsteuer und der Solidaritätszuschlag mit den auf der **Anlage KAP** eingetragenen Werten überein? (Eine Anrechnung erfolgt nur, wenn die Kapitaleinkünfte im zu versteuernden Einkommen enthalten sind.)
- ☐ Passen die vom Finanzamt angerechneten Einkommensteuer-, Kirchensteuer- und Solidaritätszuschlags-Vorauszahlungen?
- ☐ Wurde der Erstattungsbetrag auf das richtige Bankkonto überwiesen? Wenn nicht, informieren Sie das Finanzamt sofort über die richtige Bankverbindung.

Besteuerungsgrundlagen

Vergleichen Sie die im Steuerbescheid dargestellte Berechnung des z. v. E. mit Ihrer Steuererklärung. Sehen Sie bei jeder Abweichung nach, ob das Finanzamt die Abweichung erläutert und begründet hat. Gehen Sie dabei wie folgt vor:

Überprüfung des Steuerbescheids

1. Überprüfung der Einkünfte

- ☐ **Anlage G und Anlage S:** Ist der erklärte Gewinn angesetzt worden?
- ☐ **Anlage N:** Ist der erklärte Bruttoarbeitslohn angesetzt worden? Ist bei Pensionen oder Betriebsrenten der Versorgungsfreibetrag und der Zuschlag abgezogen worden? Sind die beantragten Werbungskosten vollständig? Wenn nicht, prüfen Sie, ob die Abweichungen im Steuerbescheid erläutert wurden. Haben Sie alle Aufwendungen geltend gemacht?
- ☐ **Anlage R:** Ist der steuerpflichtige Teil der Rente (Besteuerungsanteil oder Ertragsanteil) richtig berechnet worden?
- ☐ **Anlage V:** Sind die Einnahmen wie erklärt und alle Werbungskosten (insbesondere Abschreibungen, Finanzierungs- und Erhaltungsaufwendungen) berücksichtigt worden?

2. Überprüfung des Gesamtbetrags der Einkünfte

- ☐ Sofern Sie vor 2019 das 64. Lebensjahr vollendet haben (geboren spätestens am 1.1.1955), müsste hier der Altersentlastungsbetrag stehen (aber nur, wenn außer Renten- und Versorgungsbezügen noch andere in der Summe positive Einkünfte vorlagen).
- ☐ Bei Alleinerziehenden wird hier der Entlastungsbetrag für Alleinerziehende berücksichtigt.

3. Überprüfung der Sonderausgaben

- ☐ Tauchen alle in der neuen **Anlage Sonderausgaben** eingetragenen Beträge im Steuerbescheid auf (insbesondere Spenden und Mitgliedsbeiträge)? Sind für Vorjahre nachgezahlte oder erstattete Kirchensteuern berücksichtigt worden? Sind Aufwendungen der ersten Berufsausbildung für Sie selbst oder Ihren Ehegatten (außerhalb eines Ausbildungsverhältnisses) angesetzt?
- ☐ Sind alle Versicherungsbeiträge aus der **Anlage Vorsorgeaufwand** berücksichtigt? Geprüft werden sollte, ob alle Beiträge zur Kranken- und Pflegeversicherung für Sie, Ihren Ehegatten oder die Kinder, soweit sie der Basisabsicherung dienen, abgezogen wurden. Andere Versicherungsbeiträge wirken sich evtl. steuerlich nicht oder nicht in voller Höhe aus, da diese über den gesetzlichen Höchstbeträgen liegen. Die Berechnung der abziehbaren Versicherungsaufwendungen wird im Bescheid leider nicht dargestellt.
- ☐ Wurden in der **Anlage Kind** (Seite 3) beantragte Kinderbetreuungskosten und das Schulgeld als Sonderausgaben berücksichtigt?

Überprüfung des Steuerbescheids

☐ Wurden Sonderausgaben für die Beiträge zur Riester-Rente (Altersvorsorgebeiträge/**Anlage AV**) abgezogen?

4. Überprüfung der außergewöhnlichen Belastungen

☐ Sind die in der neuen **Anlage Außergewöhnliche Belastungen** beantragten Aufwendungen (Pauschbetrag für behinderte Menschen, Pflegepauschbetrag) und die anderen außergewöhnlichen Belastungen allgemeiner Art zutreffend erfasst? Wurde die zumutbare Belastung richtig berechnet?

☐ Wurden auf der **Anlage Unterhalt** beantragte Unterhaltszahlungen angesetzt?

☐ Wurde der auf Seite 2 der **Anlage Kind** beantragte Freibetrag wegen Berufsausbildung berücksichtigt?

Berechnung der Steuer
5. Steuerfreie Einnahmen

☐ Wurden Elterngeld, Krankengeld, Arbeitslosengeld und andere steuerfreie Lohnersatzleistungen richtig im Rahmen des Progressionsvorbehalts berücksichtigt?

6. Steuerermäßigung

☐ Wurde eine Steuerermäßigung z. B. für gewerbliche Einkünfte mit Gewerbesteuerpflicht (**Anlage G**) oder für Parteispenden bzw. Spenden an freie Wählervereinigungen (neue **Anlage Sonderausgaben**) oder im Zusammenhang mit Tätigkeiten rund um Ihren Haushalt, wie z. B. Haushaltshilfen, haushaltsnahe Dienstleistungen, Reparaturen im Haushalt oder Pflegeleistungen (neue **Anlage Haushaltsnahe Aufwendungen**), wie beantragt von der tariflichen Einkommensteuer abgezogen?

7. Kinder

☐ Sind neben den Kindern unter 18 Jahren auch solche über 18 Jahre durch Abzug des Kinderfreibetrags oder durch einen Hinweis, dass das Kindergeld günstiger ist, berücksichtigt worden?

Vergleichen Sie den aktuellen Steuerbescheid auch mit dem des Vorjahres. Vielleicht wurde beim Ausfüllen der Steuererklärung doch etwas übersehen und deshalb nicht geltend gemacht oder eine Eintragung ist in einer unzutreffenden Zeile vorgenommen worden. Betriebsausgaben, Werbungskosten, Sonderausgaben und außergewöhnliche Belastungen können auch im Einspruchsverfahren nachgemeldet werden.

3 Wie kann ich mich gegen unrichtige Bescheide wehren?

Einspruch

Wenn Sie mit dem Steuerbescheid nicht einverstanden sind, können Sie dagegen **Einspruch** erheben. In einem Einspruchsverfahren fallen – auch für den Fall, dass Ihr Einspruch vergeblich war – keine Verfahrenskosten an. Wenn Sie einen zugelassenen Steuerberater mit der Einspruchseinlegung beauftragen, müssen Sie jedoch in aller Regel die anfallenden Gebühren für die Durchführung des Einspruchsverfahrens selbst tragen. Und zwar auch dann, wenn Sie recht bekommen! Nur in seltenen Fällen der Amtspflichtverletzung haben Sie die Chance, auf dem Zivilrechtsweg die notwendigen Beratergebühren als Schadensersatz vom Finanzamt zu erhalten. Zur steuerlichen Abziehbarkeit von Steuerberatungskosten → Steuerberatungskosten.

Form

Ein Einspruch kann nur **schriftlich** oder **elektronisch** beim Finanzamt eingelegt werden. Das kann ein **Schriftstück**, ein **Telefax** oder eine **E-Mail** sein. Bei Letzteren ist zu beachten: Es besteht ein Risiko, dass der Einspruch wegen technischer Übertragungsprobleme nicht rechtzeitig beim Finanzamt eingeht. Eine elektronische Signatur ist nicht erforderlich (BFH, Urteil v. 13.5.2015, III R 26/14). Der Einspruch kann auch direkt beim Finanzamt **zur Niederschrift erklärt** werden.

Einsprüche gegen Steuerbescheide sind auch online unter www.elster.de im Bereich Formulare möglich. Voraussetzung ist eine Registrierung im ElsterOnline-Portal. Außerdem bieten auch Steuersoftwareprogramme die elektronische Übermittlung des Einspruchs an die Finanzverwaltung an. Der Einspruch gilt jeweils im Zeitpunkt der erfolgreichen Datenübermittlung an die Finanzverwaltung als eingelegt.

Name, Anschrift und Steuernummer müssen aus dem Einspruchsschreiben hervorgehen. Außerdem sollte angegeben sein, gegen welchen Steuerbescheid (Steuerart und Jahr) sich der Einspruch richtet.

Eine inhaltliche Begründung für den Einspruch ist zwar gesetzlich nicht zwingend vorgeschrieben, sollte aber dennoch abgegeben werden. Für den Einspruch muss die Rechtsbehelfsfrist beachtet werden. Die Begründung kann später nachgereicht werden.

Mustereinspruchsschreiben

Datum
An das
Finanzamt ...

Name, Vorname, Steuernummer
Steuerbescheid für 2019 vom ...
über Einkommensteuer, Solidaritätszuschlag und Kirchensteuer

Sehr geehrte Damen und Herren,
gegen den oben angegebenen Steuerbescheid lege ich **Einspruch** ein.
Eine Begründung für den Einspruch folgt innerhalb der nächsten vier Wochen.
Bitte bestätigen Sie mir den Eingang des Einspruchs.

Mit freundlichen Grüßen

(Unterschrift)

Der BFH muss in einem anhängigen Verfahren prüfen, ob ein Einspruch, der bei einem nicht zuständigen Finanzamt eingelegt und von diesem an das zuständige Finanzamt weitergeleitet wurde, nicht erst im Zeitpunkt des Eingangs beim zuständigen Finanzamt, sondern bereits im Zeitpunkt der Absendung durch das nicht zuständige Finanzamt übermittelt wurde (BFH, anhängiges Verfahren, VI R 41/17, Vorinstanz: FG Baden-Württemberg, Urteil v. 4.5.2017, 3 K 3046/14).

Rechtsbehelfsfrist

Der Einspruch muss bis zum Ende der Rechtsbehelfsfrist bei dem Finanzamt, das den Bescheid erlassen hat, eingegangen sein. Die Rechtsbehelfsfrist beträgt **einen Monat** nach Bekanntgabe des Bescheids. Ein Bescheid gilt mit dem dritten Tag nach Aufgabe des Bescheids zur Post (= Datum des Bescheids) als bekannt gegeben. Dieser Tag gilt auch dann, wenn der Bescheid tatsächlich früher im Briefkasten landet. Ist der dritte Tag ein Samstag, Sonntag oder Feiertag, verschiebt sich der Bekanntgabetag auf den nächsten Werktag. Geht Ihnen der Bescheid tatsächlich **später** zu, zählt als Bekanntgabetag der tatsächliche Zugangstag, aber nur, wenn er nachgewiesen oder glaubhaft gemacht werden kann (z. B. Umzug mit Nachsendeauftrag, Poststreik). Wenn Sie (schlüssig) darlegen können, dass Sie **keinen** Bescheid erhalten haben, beginnt auch keine Einspruchsfrist.

Ab dem auf den Bekanntgabetag folgenden Tag berechnet sich die Rechtsbehelfsfrist von einem Monat.

BEISPIEL

Berechnung der Rechtsbehelfsfrist

Als Bescheiddatum ist im Steuerbescheid Dienstag, der 7.4.2020 abgedruckt.

Als Bekanntgabetag des Bescheids gilt grundsätzlich der 10.4.2020. Da dies jedoch ein Feiertag (Karfreitag) ist, verschiebt sich der Bekanntgabetag hier auf den nächsten Werktag,

Dienstag, den 14.4.2019. Die Rechtsbehelfsfrist endet dann regulär mit Ablauf des 14.5.2019 (Donnerstag, 24:00 Uhr).

Wenn das reguläre Ende der Rechtsbehelfsfrist auf einen Samstag, Sonntag oder Feiertag fällt, verlängert sich die Frist bis zum nachfolgenden Werktag (24:00 Uhr).

Frist versäumt

Unter Umständen ist der Einspruch auch noch möglich, wenn die Frist bereits abgelaufen ist. Das gilt dann, wenn die Frist ohne eigenes Verschulden versäumt wurde. Dies ist z. B. der Fall, wenn

- Sie während der gesamten Dauer der Rechtsbehelfsfrist im Urlaub waren und der Urlaub nicht länger als sechs Wochen gedauert hat,
- Sie bei Ablauf der Frist (letzter Tag) durch ein unvorhersehbares und unabwendbares Ereignis (plötzliche schwere Erkrankung, Unfall) verhindert waren,
- eine Rechtsbehelfsbelehrung unterblieben oder unrichtig erteilt wurde – hier verlängert sich die Frist auf ein Jahr (BFH, Urteil v. 12.3.2016, III R 14/14),
- Sie Abweichungen von der Steuererklärung vom Finanzamt nicht erläutert bekommen haben und deshalb die Frist abgelaufen ist.

Trifft einer der genannten Punkte zu, kann Einspruch eingelegt und gleichzeitig „**Wiedereinsetzung in den vorigen Stand** (§ 110 AO)“ beantragt werden. Der Einspruch wird dann als rechtzeitig eingelegt behandelt.

TIPP

Fehlende Erläuterungen – Ihr Vorteil

Bei versäumter Rechtsbehelfsfrist sollte insbesondere der letzte Punkt sehr sorgfältig geprüft werden. **Fehlende Erläuterungen im Steuerbescheid** kommen bei Abweichungen von der Steuererklärung in der Praxis leider immer wieder vor. Dies kann zum eigenen Vorteil genutzt werden, denn bei einem Einspruch ist der **gesamte** Fall wieder „offen“. Das heißt, es können nicht nur die vom Finanzamt nicht berücksichtigten Kosten beanstandet, sondern auch noch weitere steuermindernde Ausgaben erstmals geltend gemacht werden.

Einspruch durch E-Mail und fehlende Rechtsbehelfsbelehrung

Der BFH hat bestätigt, dass ein Einspruch per E-Mail auch möglich ist, wenn in der Rechtsbehelfsbelehrung nicht ausdrücklich auf diese Möglichkeit hingewiesen wurde.

Einspruch eingelegt – trotzdem zahlen?

Wenn sich aus dem Steuerbescheid eine Nachzahlung ergibt, muss die Steuer grundsätzlich spätestens am Fälligkeitstag (im Bescheid angegeben) bezahlt werden. Sonst fallen automatisch **Säumniszuschläge** an. Daran ändert auch ein eingelegter Einspruch nichts.

Es gibt jedoch die Möglichkeit, unter Umständen die Zahlung in Höhe des strittigen Betrags hinauszuschieben, bis das Finanzamt über den Einspruch entschieden hat. Dazu muss der Einspruch genau begründet und gleichzeitig die sog. **Aussetzung der Vollziehung** (§ 361 AO) beantragt werden. Diese ist zu gewähren, wenn nach überschlägiger Prüfung des Sachverhalts ernste Zweifel an der Richtigkeit des Bescheids bestehen. Wurde die Vollziehung ausgesetzt und bleibt der Einspruch erfolglos, müssen allerdings neben der Steuer noch (Aussetzungs-)Zinsen (0,5 % je vollen Monat des Zinslaufs) bezahlt werden.

Ruhen des Verfahrens

Wird Einspruch eingelegt, weil bei einem obersten Gericht (BVerfG oder BFH) ein Musterverfahren in gleicher Sache anhängig ist, ist es sinnvoll, im Einspruchsschreiben gleichzeitig unter Hinweis auf das laufende Gerichtsverfahren das Ruhen des Verfahrens (§ 363 AO) zu beantragen. Vertiefend siehe „Wie verhalte ich mich bei anhängigen Gerichtsverfahren?".

Ergebnis des Rechtsbehelfsverfahrens

Im Einspruchsverfahren wird der Fall in vollem Umfang durch das Finanzamt erneut geprüft, d. h. durch den Einspruch ist der gesamte Fall wieder offen. Das Finanzamt könnte den Bescheid also auch zum Nachteil des Steuerpflichtigen ändern **(Verböserung)**. Das geht aber nur, wenn dieser vorher mit Angabe von Gründen darüber informiert worden ist. In diesem Fall kann der Einspruch zurückgenommen werden, womit das Einspruchsverfahren ohne Änderung beendet ist.

Allgemein gilt, dass das Rechtsbehelfsverfahren vom Finanzamt praktisch immer förmlich abgeschlossen werden muss. Dabei gibt es verschiedene Möglichkeiten:

- **Der Einspruch ist in vollem Umfang oder zumindest teilweise erfolgreich.** In diesem Fall ergeht ein **geänderter Steuerbescheid** (ein sog. Abhilfebescheid).
- Sind **mehrere Punkte strittig** und das Finanzamt möchte **nur einige davon ändern**, dann ergeht ein geänderter Steuerbescheid, in dem die geänderten Punkte erläutert werden. Außerdem wird darüber informiert, dass das Einspruchsverfahren noch nicht beendet ist.
- Der **Einspruch wird vom Finanzamt abgewiesen**. In diesem Fall muss das Finanzamt eine förmliche Einspruchsentscheidung erlassen (Text sinngemäß: „Der Einspruch wird als unzulässig verworfen oder als unbegründet abgewiesen.").

Ist man mit der Entscheidung des Finanzamts nicht einverstanden, kann gegen die Einspruchsentscheidung beim zuständigen FG innerhalb eines Monats Klage erhoben werden. Die Klage kann nicht wirksam mit einfacher E-Mail erhoben werden. Einzelheiten zur Klage können der Rechtsbehelfsbelehrung entnommen werden, die der Einspruchsentscheidung beigefügt ist. Zur Fristwahrung reicht der rechtzeitige Eingang der Klageschrift. Die Klagebegründung kann nachgereicht werden.

HINWEIS

Teileinspruchsentscheidung

Oft wird wegen eines anhängigen Musterverfahrens Einspruch eingelegt. Das hat zur Folge, dass der Bescheid nicht nur hinsichtlich des Streitpunkts, sondern **insgesamt nicht bestandskräftig** wird. Da sich die Entscheidung über das Musterverfahren hinziehen kann, bleibt die Steuerfestsetzung über diese Zeit offen. Ergeben sich zu nicht strittigen Punkten neue Gesichtspunkte, können diese als neue Streitpunkte in das Verfahren eingeführt werden. Häufig geht das Interesse dahin, die Veranlagung möglichst lange offen zu halten, um von neuen – günstigen – Rechtsentwicklungen zu profitieren. Um dem zu begegnen, kann das Finanzamt eine **Teileinspruchsentscheidung** erlassen. Diese bewirkt, dass, wenn dagegen keine Klage erhoben wird, der Bescheid im Umfang der Teilentscheidung bestandskräftig wird. In der „End-Einspruchsentscheidung" wird dann nur über den noch offenen Teil des Bescheids entschieden.

Allgemeinverfügung

Anhängige Einsprüche, die eine vom Europäischen Gerichtshof, vom Bundesverfassungsgericht oder vom Bundesfinanzhof entschiedene Rechtsfrage betreffen und denen nach dem Ausgang des Verfahrens vor diesen Gerichten nicht abgeholfen werden kann, können durch Allgemeinverfügung zurückgewiesen werden. Dies bedeutet: Durch Veröffentlichung der Allgemeinverfügung im Bundessteuerblatt und auf der Internetseite des Bundesfinanzministeriums ist der Einspruch – auch ohne förmliche Einzeleinspruchsentscheidung – erledigt.

Klageverfahren

Im Finanzgerichtsverfahren wird mit **Eingang der Klage** ein Vorschuss auf die Gerichtskosten fällig. Gerichtsgebühren fallen auch an, wenn die Klage später wegen fehlender Erfolgsaussicht zurückgenommen wird, und zwar selbst dann, wenn sich das FG inhaltlich (z. B. wegen fehlender Klagebegründung) mit der Sache noch gar nicht befasst hat. Die Höhe der Aufwendungen hängt davon ab, wie hoch der strittige Steuerbetrag ist. Die kompletten Kosten des Verfahrens werden vom Finanzamt nur dann übernommen, wenn es vollständig unterliegt – der Steuerpflichtige also in allen strittigen Punkten recht bekommt. Bei einer gerichtlichen Einigung muss meist jede Partei ihren Teil der Kosten selbst tragen.

TIPP

Steuerfachmann hinzuziehen

Bereits vor Klageeinlegung (spätestens vor Begründung der Klage) sollte ein Steuerfachmann zurate gezogen werden, um sich über die Erfolgsaussichten der Klage und das Kostenrisiko zu informieren. Geprüft werden sollte außerdem, ob eine Rechtsschutzversicherung die Aufwendungen für das Verfahren übernimmt.

Wird die Klage vom FG zurückgewiesen, besteht die Möglichkeit, beim Bundesfinanzhof – ggf. auch über eine Nichtzulassungsbeschwerde – **Revision** einzulegen. Hier muss man sich aber durch einen Juristen vertreten lassen.

Zu viel erstattet

Wurde die Einkommensteuer durch einen Fehler des Finanzamts zu niedrig festgesetzt und ggf. zu viel erstattet, muss der Steuerpflichtige nicht mit Konsequenzen rechnen, wenn er den Steuerbescheid stillschweigend hinnimmt. Hat das Finanzamt die erforderlichen und richtigen Informationen durch die Steuererklärung erhalten, scheidet die Annahme einer Steuerhinterziehung durch Unterlassen aus, weil der Steuerpflichtige nicht verpflichtet ist, Fehler des Finanzamts richtigzustellen (BFH, Urteil v. 4.12.2012, VIII R 50/10).

4 Wie verhalte ich mich bei anhängigen Gerichtsverfahren?

Aus den Medien erfährt man, dass der Bundesfinanzhof seine Rspr. zugunsten der Steuerzahler geändert hat, die Rechtsauffassung der Finanzbehörde nicht teilt oder sogar, dass das Bundesverfassungsgericht einzelne Bestimmungen des Einkommensteuergesetzes für verfassungswidrig erklärt hat. Dies nützt nichts, wenn das Besteuerungsverfahren abgeschlossen, d. h. die Einspruchsfrist bereits abgelaufen und damit für den Steuerbescheid „Bestandskraft" eingetreten ist. In Einzelfällen gibt es eine (seltene) Möglichkeit. Siehe „Änderung auch ohne Einspruch?".

Hinweis: Wichtiges zum Thema „Anhängige Verfahren" finden Sie auch auf http://mybook.haufe.de unter „Weiterführende steuerliche Informationen". Hier können Sie sich darüber informieren, welche bedeutenden Gerichtsverfahren zurzeit in Steuerangelegenheiten anhängig sind.

Wenn eines dieser Verfahren für Sie von Bedeutung sein könnte, müssen Sie Ihren Steuerfall unbedingt „offen" halten, denn nur so kann Ihr Steuerbescheid bei positivem Prozessausgang geändert werden. Die Finanzverwaltung erlässt Steuerbescheide auch bezüglich einzelner wichtiger Gerichtsverfahren **vorläufig** (§ 165 AO). Dies ergibt sich aus Seite 1 des Steuerbescheids im Teil **„Festsetzung"**. Der Umfang der Vorläufigkeit ergibt sich aus den Erläuterungen zum Bescheid. Die dort genannten Punkte, und nur diese, können im Fall eines positiven Ausgangs des Rechtsstreits noch zu Ihren Gunsten geändert werden. Änderungen in anderen Punkten sind grundsätzlich nur möglich, wenn **Einspruch** eingelegt wurde. Wichtig ist, dass das Finanzamt über den Einspruch nicht nach „bisheriger" Auffassung ablehnend entscheidet und nur eine Klage beim FG bleibt. Um diese Einspruchsentscheidung zu verhindern, sollte gleich im Einspruchsschreiben oder in der nachgereichten Begründung auf das in gleicher Angelegenheit anhängige Gerichtsverfahren hingewiesen und das **„Ruhen des Einspruchsverfahrens"** (§ 363 AO) beantragt werden.

5 Änderung auch ohne Einspruch?

Grundsätzlich gilt: Änderungen ohne Einspruch sind nur möglich, wenn sie gesetzlich ausdrücklich zugelassen sind. Im Gegensatz zum Rechtsbehelfsverfahren, das den gesamten Fall offen hält, gelten Änderungsvorschriften immer nur punktuell.

Wurde die Rechtsbehelfsfrist versäumt und liegt auch kein Grund für eine Wiedereinsetzung vor, sieht es für Änderungen zugunsten des Steuerpflichtigen schlecht aus. Allerdings sollte man zwei Ausnahmen prüfen:

- **Änderungen wegen offenbarer Unrichtigkeiten:** Wenn dem Finanzamt beim Erstellen des Steuerbescheids ein Rechenfehler, Schreibfehler, Übertragungsfehler, Ablesefehler oder Ähnliches passiert ist, liegt eine sog. offenbare Unrichtigkeit vor, die auch nach Ablauf der Rechtsbehelfsfrist berichtigt werden kann (§ 129 AO).
- **Änderung aufgrund neuer Tatsachen:** Eine günstige Vorschrift kann auch § 173 AO sein. Er erlaubt die Änderung eines Bescheids, wenn dem Finanzamt nach der Bearbeitung des Falls neue Tatsachen (z. B. neue Werbungskosten) bekannt werden, die zu einer Änderung der Steuer führen würden. Diese Vorschrift ist nicht anwendbar, wenn das Finanzamt in der Steuererklärung aufgeführte Kosten zu Unrecht nicht anerkannt hat, denn diese Kosten waren dem Finanzamt bekannt. Eine neue Tatsache liegt vor, wenn der Abzug von bisher in der Steuererklärung nicht aufgeführten Kosten erstmals beantragt wird. Wird die Nebenkostenabrechnung für eine vermietete Wohnung erst bekannt gegeben, nachdem der Steuerbescheid bestandskräftig war, ist eine Änderung des Steuerbescheids möglich (FG Köln, Urteil v. 24.8.2016, Az. 11 K 1319/16). Eine Änderung zugunsten (niedrigere Steuer) des Steuerpflichtigen ist aber nur möglich, wenn diesen **kein grobes Verschulden** daran trifft, dass das Finanzamt die Sache erst jetzt erfährt. Grobes Verschulden wird angenommen, wenn keine Steuererklärung abgegeben wurde und das Finanzamt schätzen musste oder wenn im Steuerformular auf eine bestimmte Steuervergünstigung hingewiesen wurde (z. B. Behinderung oder Aufwendungen für Wege zwischen Wohnung und Tätigkeitsstätte). Anders sieht es aus, wenn die nachträglich geltend gemachten Kosten im Vordruck nicht genannt sind. Vor allem im Bereich der Werbungskosten und der außergewöhnlichen Belastungen sind die abzugsfähigen Kosten im Vordruck nicht vollständig aufgeführt. Hier sind die Chancen für eine nachträgliche Berücksichtigung der Kosten gut, denn nach der Rspr. trifft den Bürger kein grobes Verschulden, wenn die Ausgaben nur aus steuerlicher Unkenntnis nicht aufgeführt wurden. Gerichtsentscheidungen (geänderte Rechtsauffassungen) an sich sind keine neuen Tatsachen. Eine neue Tatsache liegt jedoch vor, wenn Sie ausgehend von der alten Rechtslage z. B. den Abzug von Aufwendungen als Werbungskosten bisher nicht geltend gemacht haben, weil ein Werbungskostenabzug

nach bisheriger Rechtsauffassung nicht möglich war. Wenn Sie die Kosten jetzt nachträglich geltend machen, werden die Aufwendungen dem Finanzamt nachträglich bekannt, es liegt eine neue Tatsache vor. Allerdings ist auch in diesem Fall ein „grobes Verschulden" (s. o.) zu prüfen.

Steuermodernisierungsgesetz

Mit dem StModG soll die elektronische Kommunikation zwischen der Steuerverwaltung und dem Bürger gefördert werden. Das bisher von der Verwaltung bereits angewandte Risikomanagementsystem wird gesetzlich verankert. Die Umsetzung der Änderungen erfolgt schrittweise in den Jahren 2018 bis 2022.

1 Freitextfeld

In die elektronische Steuererklärung wurde ein sog. „qualifiziertes Freitextfeld" eingefügt. Hier kann der Steuerpflichtige z. B. Angaben zu einem Sachverhalt machen, der nach seiner Auffassung Anlass für eine Bearbeitung gibt. Zum Beispiel kann er mitteilen, dass er einem Sachverhalt bewusst eine andere Rechtsauffassung zugrunde legt als die Finanzverwaltung.

2 Risikomanagementsystem

Die Durchführung oder Nichtdurchführung von Maßnahmen innerhalb der Finanzverwaltung ist unter dem Gesichtspunkt der Wirtschaftlichkeit zu prüfen. Deshalb wird durch ein Risikomanagementsystem (RMS) der Einsatz der Mitarbeiter in der Finanzverwaltung optimiert (§ 88 Abs. 5 AO). Dazu werden Risikofallgruppen anhand IT-gestützter Prüfparameter unterschieden. Das RMS erlaubt es, einfache und unproblematische Fälle (z. B. mit geringen Aufwendungen) vollständig maschinell zu bearbeiten. Kollege Computer prüft also die Steuererklärung. Die Mitarbeiter der Verwaltung werden zur teilweisen oder vollständigen Bearbeitung **prüfungsrelevanter** Fälle oder einzelner Risikosachverhalte (z. B. hohe Werbungskosten, Sonderausgaben oder außergewöhnliche Belastungen bzw. Steuerermäßigungen) eingesetzt.

Wann ein Fall oder ein Sachverhalt als prüfungsrelevant gilt, wird durch ständig wechselnde geheim gehaltene Werte immer wieder neu bestimmt. Ziel ist die Verhinderung von Steuerverkürzungen, die Aufdeckung von Betrugsfällen, die Optimierung der Fallbearbeitung und die Verbesserung der Bearbeitungsqualität durch die Standardisierung von Arbeitsabläufen unter Beachtung bundeseinheitlicher Vorgaben. Organisatorisch wird das RMS so gestaltet, dass Steuerpflichtige keine Kenntnis der Steuerungsparameter haben und ihr Erklärungsverhalten nicht an das RMS anpassen können. Die Bearbeiter können eine Aussteuerung von zu prüfenden Steuerfällen im Einzelfall jederzeit selbst vornehmen. Deshalb muss zur Gewährleistung der Gleichmäßigkeit und Gesetzmäßigkeit der Besteuerung auch immer eine hinreichende Anzahl zufällig ausgewählter Fälle durch Amtsträger der Finanzbehörden vertieft geprüft werden.

3 Länderübergreifende Verwendung von Daten (§ 88b AO)

Bundesweit soll es möglich werden, dass Landesfinanzbehörden gespeicherte Daten unter Beachtung des Steuergeheimnisses zum gegenseitigen Datenabruf bereitstellen und nutzen können. Die Daten können im Rahmen von Verwaltungsverfahren in Steuersachen, eines Strafverfahrens oder einer Steuerordnungswidrigkeit verwendet werden. Die Ergebnisse der Auswertung der Daten müssen den jeweils betroffenen Finanzbehörden elektronisch zur Verfügung gestellt werden.

4 Steuererklärungsabgabefristen und Verspätungszuschlag

Wichtiges zum Thema „Steuererklärungsabgabepflicht" finden Sie auch auf http://mybook.haufe.de unter „Weiterführende steuerliche Informationen".

Strafbefreiende Selbstanzeige

Die Voraussetzungen für eine strafbefreiende Selbstanzeige sind sehr umfassend. Eine wirksame Selbstanzeige ist äußerst schwierig.

§ 371 AO

1 Aufdeckung von Steuerabweichungen

Die Finanzverwaltung hat schon mehrfach **Datenträger gekauft**, die umfangreiche Bankdaten von Personen enthielten, die ihr Geld in sog. Steueroasen vor dem steuerlichen Zugriff des Staates versteckt hatten. Außerdem werden zunehmend Abkommen zwischen der Bundesrepublik, der EU und anderen Staaten über den Austausch von steuerlich relevanten Daten getroffen. Mit vielen Ländern läuft der Datenaustausch bereits. Beim Datenaustausch erfassen z. B. Banken die Daten ihrer nicht im Inland ansässigen Bankkunden einmal jährlich und leiten diese über ihre nationale Finanzbehörde an die deutsche Finanzbehörden weiter. Weiterhin werden durch immer umfangreichere Kontrollmitteilungen und den Einsatz von Risikomanagementsystemen Unregelmäßigkeiten in der Steuererklärung festgestellt.

2 Strafbefreiende Selbstanzeige – Voraussetzungen

Anders als das allgemeine Strafrecht lässt das Steuerstrafrecht die Möglichkeit zu, sich nach Begehung einer Steuerstraftat (Steuerhinterziehung) selbst anzuzeigen, um Straffreiheit zu erlangen.

Straffreiheit bei Selbstanzeige tritt **nur** unter den folgenden Voraussetzungen ein:

- Mit der Selbstanzeige werden zu **allen noch nicht verjährten Steuerstraftaten einer Steuerart**, mindestens aber zu allen Steuerstraftaten einer Steuerart innerhalb der letzten zehn Kalenderjahre, **in vollem Umfang** die unrichtigen, unvollständigen und unterlassenen Angaben berichtigt, ergänzt oder nachgeholt. Straffreiheit ist bis zu einem hinterzogenen Betrag in Höhe von 25.000 € ohne Strafzuschlag möglich.
  Bei höheren Beträgen tritt Straffreiheit nur ein, wenn ein **Strafzuschlag** gezahlt wird, der nach der Höhe des hinterzogenen Betrags gestaffelt ist. Er beträgt:
  - 10 % bei einem hinterzogenen Betrag bis zu 100.000 €
  - 15 % bei einem hinterzogenen Betrag zwischen 100.000 € und bis zu 1.000.000 €
  - 20 % bei einem hinterzogenen Betrag über 1.000.000 €
- Die hinterzogenen Steuern und die darauf entfallenden Hinterziehungszinsen sowie der Strafzuschlag müssen innerhalb einer angemessenen Frist entrichtet werden.
- Die **Verjährungsfrist für die Strafbarkeit** von Steuerhinterziehung beträgt für alle Fälle zehn Jahre. **Anlaufhemmung:** Der Beginn der **Festsetzungsfrist** wird für die Steuern auf Kapitalerträge aus Drittstaaten (außerhalb der EU und Staaten ohne automatischen Informationsaustausch in Steuersachen) um bis zu zehn Jahre hinausgeschoben.
- Ein **Strafverfahren** kann **wieder aufgenommen** werden, wenn das Verfahren bereits abgeschlossen ist und sich später herausstellt, dass die Angaben in der Selbstanzeige unrichtig waren. Der gezahlte Strafzuschlag wird nicht erlassen, wenn die Selbstanzeige nicht zur Straffreiheit führt. Er kann aber mit einer etwaigen Geldstrafe verrechnet werden.
- **Sperrwirkung** (beschränkt auf den sachlichen und zeitlichen Umfang der angekündigten Außenprüfung): Eine wirksame Selbstanzeige ist nicht möglich, wenn die Aufdeckung der Tat nicht nur dem Täter selbst, sondern einem an der Tat Beteiligten (Anstifter oder Gehilfe) oder dem Begünstigten bekannt wird. Hat z. B. ein Beschäftigter des Unternehmens die unrichtigen Steuerangaben veranlasst, kann dieser für sich keine wirksame Selbstanzeige machen, wenn dem Betriebsinhaber eine Steuerprüfung bekannt gegeben wird.
  Die Sperrwirkung besteht auch, wenn dem an der Tat Beteiligten oder seinem Vertreter die Einleitung des Straf- oder Bußgeldverfahrens bekannt gegeben worden ist oder ein

Amtsträger der Finanzbehörde zur steuerlichen Prüfung (z. B. USt- oder Lohnsteuernachschau) erscheint.

Für die Umsatzsteuer- und Lohnsteuerhinterziehung ist (ohne Einleitung eines Prüfverfahrens) die Wirksamkeit einer **Teilselbstanzeige** vorgesehen.

WICHTIG

Rechtsberatung

Bei einer Selbstanzeige kann sehr viel falsch gemacht werden, was zur Folge haben kann, dass die Selbstanzeige nicht strafbefreiend wirkt. Deshalb sollte man sich unbedingt rechtlich beraten lassen. Ein **Steuerberater** oder ein **Anwalt** informiert über weitere Details, die Form, den Adressaten und die Wirkung der Selbstanzeige. Wenn Sie sich gegenüber der Finanzverwaltung von einem Anwalt oder Berater vertreten lassen, muss dieser unbedingt **vor** dem erstmaligen Tätigwerden gegenüber der Finanzverwaltung bzgl. dieser Selbstanzeige von Ihnen **bevollmächtigt** werden.

Greift eine Selbstanzeige zur Strafbefreiung nicht, droht dem Steuerpflichtigen eine Freiheitsstrafe von bis zu fünf Jahren oder eine Geldstrafe. In besonders schweren Fällen ist eine Freiheitsstrafe von bis zu zehn Jahren zu erwarten. Betragen die hinterzogenen Steuern mehr als 1.000.000 €, droht nach der Rechtsprechung des Bundesgerichtshofs (BGH) eine Freiheitsstrafe ohne Bewährung.

Umzugskosten

Umzugskosten können steuerlich als Werbungskosten, Betriebsausgaben, Sonderausgaben oder außergewöhnliche Belastung abzugsfähig sein. Andernfalls ist eine Steuerermäßigung für haushaltsnahe Dienstleistungen möglich.

§§ 3 Nr. 13 u. 16, 9, 33, 35a EStG; R 3.13 LStR 2015; R 9.9 LStR 2015

1 Werbungskosten

Berufliche Veranlassung

Sofern der Umzug beruflich bedingt ist, können Arbeitnehmer die Aufwendungen als Werbungskosten absetzen.

BEISPIEL

Berufsbedingter Umzug

- Umzug wegen erstmaligen Antritts einer neuen Arbeitsstelle, wegen eines Arbeitsplatzwechsels oder einer Versetzung
- Umzug in Zusammenhang mit einer beruflich veranlassten doppelten Haushaltsführung

- Durch den Umzug verringert sich die tägliche Fahrzeit (Hin- und Rückfahrt) um mindestens eine Stunde, wobei eine tägliche Wegzeit verbleibt, wie sie im Berufsverkehr als normal angesehen wird. Bei Ehegatten dürfen die eingesparten Zeiten nicht zusammengerechnet werden.
- Der Umzug erfolgt aus ganz überwiegendem Interesse des Arbeitgebers (z. B. Bezug einer Dienstwohnung bei Dienstantritt bzw. Auszug aus einer Dienstwohnung nach Renteneintritt).

Steht die berufliche Veranlassung eines Umzugs aufgrund einer mindestens einstündigen Fahrzeitverkürzung fest, so treten private Begleitumstände – wie Heirat oder erhöhter Wohnbedarf wegen der Geburt eines Kindes – in den Hintergrund (BFH, Urteil v. 23.3.2001, VI R 189/97).

Höhe des Kostenabzugs

Abzugsfähig sind die tatsächlichen Umzugskosten bis zur Höhe der Beträge, die nach dem Bundesumzugskostengesetz (BUKG) und der Auslandsumzugskostenverordnung (AUV) bei einem Beamten als Umzugskostenvergütung höchstens ersetzt werden. Werden höhere Kosten als im BUKG festgelegt nachgewiesen und geltend gemacht, ist zu prüfen, ob und inwieweit nicht abzugsfähige Kosten der Lebensführung vorliegen (z. B. Aufwendungen für die Neuanschaffung von Einrichtungsgegenständen).

Zu den abzugsfähigen Kosten gehören insbesondere die Auslagen zur Beförderung des Umzugsguts mit Einpacken und Auspacken, Reisekosten für eine Reise zur Umzugsvorbereitung und die Umzugsreise selbst, Mietentschädigung für max. sechs Monate, wenn für die bisherige und die neue Wohnung gleichzeitig Miete gezahlt werden musste, Auslagen zur Erlangung einer Mietwohnung (Maklerkosten, Besichtigungskosten), Auslagen für umzugsbedingten zusätzlichen Unterricht (Nachhilfe) für die Kinder bis max. 1.984 € je Kind (ab März 2019 2.045 €), sonstige Umzugsauslagen (z. B. Ummeldungsgebühren, Telefonanschlusskosten, Installation von Küchengeräten und Lampen etc.).

Sonstige Umzugsauslagen

Für sonstige Umzugskostenauslagen ist ohne Kostennachweis ein Pauschbetrag abzugsfähig. Dieser beträgt für Ledige 787 € (ab April 2019 811 €), für Verheiratete, Lebenspartner und Gleichgestellte 1.573 € (1.622 €) und für jede weitere im Haushalt lebende Person (z. B. Kinder) jeweils weitere 347 € (357 €). Sofern innerhalb der letzten fünf Jahre ein weiterer beruflich veranlasster Umzug vorausgegangen ist, erfolgt auf die Pauschbeträge ein Zuschlag von 50 %.

WICHTIG

Doppelte Haushaltsführung

Der Pauschbetrag kann nicht berücksichtigt werden, wenn eine Zweitwohnung im Rahmen einer doppelten

Haushaltsführung bezogen oder verlassen wird.

Nicht abzugsfähige Aufwendungen

Folgende Aufwendungen können auch bei einer beruflichen Veranlassung des Umzugs **nicht** abgezogen werden:

- Verluste und Aufwendungen bei der Veräußerung des bisherigen Eigenheims bzw. Hauses, in dem sich die bisherige Wohnung befand (z. B. Maklerkosten, Vorfälligkeitsentschädigung)
- Maklergebühren für den Erwerb eines Einfamilienhauses am neuen Arbeitsort
- Möbeleinlagerungskosten bis zur Fertigstellung eines Wohnhauses in der Nähe des neuen Arbeitsorts
- Aufwendungen für die Renovierung und Ausstattung der neuen Wohnung

Arbeitgeberersatz

Der Arbeitgeber kann die Umzugskosten infolge eines beruflich veranlassten Umzugs bis zur Höhe des Werbungskostenabzugs steuerfrei ersetzen. Entsprechend verringert sich der Werbungskostenabzug.

2 Sonstige steuerliche Berücksichtigung

Abzug als Sonderausgaben/außergewöhnliche Belastungen

Kosten von Umzügen in Zusammenhang mit einer ersten Berufsausbildung gehören zu den Sonderausgaben (Kosten der eigenen Berufsausbildung → Sonderausgaben).

War der Umzug aus gesundheitlichen Gründen (Nachweis durch ärztliche Bescheinigung) oder wegen Hochwassers oder anderer Naturkatastrophen (Brand etc.) zwingend notwendig, sind die Umzugskosten als außergewöhnliche Belastungen abzugsfähig, soweit sie die zumutbare Belastung übersteigen. Vertiefend siehe → Außergewöhnliche Belastung.

Durch eine Wohnungskündigung veranlasste Umzugskosten, unabhängig ob durch den Mieter oder Vermieter, sind keine außergewöhnlichen Belastungen.

Haushaltsnahe Dienstleistungen

Soweit kein Abzug als Werbungskosten oder bei den außergewöhnlichen Belastungen möglich ist, gehören Umzugsdienstleistungen für privat veranlasste Umzüge – abzüglich Erstattungen Dritter – zu den haushaltsnahen Dienstleistungen, für die es eine Steuerermäßigung gibt. Vertiefend siehe → Haushaltsnahe Tätigkeiten/Dienstleistungen.

Unterhaltszahlungen

Unterhaltsleistungen sind, je nachdem, an wen sie geleistet werden (Ehegatte, Angehörige), steuerlich unterschiedlich zu behandeln. Sie können dem Grunde nach bei den Sonderausgaben, den außergewöhnlichen Belastungen oder gar nicht berücksichtigungsfähig sein.

§§ 10 Abs. 1a Nr. 1, 33a Abs. 1 EStG

1 Unterhaltszahlungen an Ehegatten

Intakte Ehe im Inland

Gegenseitige Unterhaltsleistungen (Geld-/Sachleistungen wie Wohnungsüberlassung, übernommene Krankenversicherung) sind nicht abzugsfähig, weil für die Partner hier die Möglichkeit einer gemeinsamen Veranlagung (Zusammenveranlagung) besteht und die Unterhaltsverpflichtung mit dem hier anzuwendenden günstigeren Splittingtarif bereits berücksichtigt wird. Dasselbe gilt für eingetragene Lebenspartnerschaften.

Getrennt lebender/geschiedener Ehegatte

Unterhaltszahlungen sind entweder als

- Sonderausgaben (bereits ab dem Jahr des Getrenntlebens) oder
- außergewöhnliche Belastungen (erst ab dem Folgejahr)

abziehbar.

Sonderausgabenabzug

Der Zahlende kann für seine Zahlungen (freiwillige oder aufgrund gesetzlicher Unterhaltspflicht, Geld- und Sachleistungen) als Sonderausgaben bis zu **13.805 €** im Jahr absetzen. Der Höchstbetrag erhöht sich um die Beiträge zur Basiskranken- und Pflegepflichtversicherung des unterstützten (Ex-)Ehegatten. Die Erhöhung erfolgt unabhängig davon, wer die Beiträge gezahlt hat bzw. wer Versicherungsnehmer ist. Der Sonderausgabenabzug ist neben Unterhaltszahlungen und Übernahme von Kranken- und Pflegepflichtversicherungsbeiträgen auch für Ausgleichszahlungen zur Vermeidung des Versorgungsausgleichs möglich.

WICHTIG

Zustimmung des Ex-Partners

Voraussetzung für den Sonderausgabenabzug ist stets, dass der Unterhaltsempfänger mit Unterschrift auf der Anlage U zustimmt. Dies kann er dem Grunde nach (Zustimmung bis zum Höchstbetrag + Basisversicherungen) oder auf einen unter dem Höchstbetrag liegenden Betrag begrenzt tun.

Soweit die Zustimmung reicht (d. h. im Regelfall bis zur Höhe des tatsächlich beantragten Sonderausgabenabzugs), muss der Unterhalt vom Empfänger bei den sonstigen Einkünften versteuert werden (Realsplitting).

TIPP

Einigung mit dem Expartner

Da derjenige, der zum Unterhalt verpflichtet ist, im Regelfall die höheren Einkünfte hat, ist bei ihm die Steuerentlastung durch den Sonderausgabenabzug, insbesondere wenn die Unterhaltszahlungen höher als 9.168 € sind, höher als die Steuernachzahlung beim Empfänger. Versuchen Sie deshalb, die Zustimmung Ihres (Ex-)Ehegatten/eingetragenen Lebenspartners zu bekommen, indem Sie sich bereit erklären, die bei ihm durch die Versteuerung anfallende Einkommensteuer zu übernehmen.

Der Antrag auf Sonderausgabenabzug gilt für ein Jahr, er kann auch auf einen unter dem Höchstbetrag liegenden Betrag beschränkt, aber nicht zurückgenommen werden.

Die Zustimmung des Empfängers gilt für mehrere Jahre, kann auf einen Betrag begrenzt und nur vor Beginn eines Kalenderjahres durch Erklärung gegenüber dem Finanzamt für die Zukunft widerrufen werden.

Lebt der Unterhaltsempfänger im Ausland, ist der Sonderausgabenabzug nur möglich, wenn der Empfänger (anhand seines ausländischen Steuerbescheids) nachweist, dass er die Leistungen versteuert hat. Je nach Land sind u. U. noch weitere Abzugsvoraussetzungen notwendig (§ 1a Nr. 1 EStG oder Doppelbesteuerungsabkommen).

Außergewöhnliche Belastung

Wird der Sonderausgabenabzug gewählt, kommt für den nicht bei den Sonderausgaben abzugsfähigen Teil der Zahlungen kein Abzug von außergewöhnlichen Belastungen in Betracht.

Wird der Sonderausgabenabzug dagegen nicht beantragt, fehlt die Zustimmung des Empfängers oder ist der Sonderausgabenabzug aus anderen Gründen nicht möglich (z. B. Ehegatte im Ausland), sind Unterhaltsaufwendungen als außergewöhnliche Belastung abziehbar (siehe folgendes Kapitel).

2 Andere unterstützte Personen

Soweit der Sonderausgabenabzug bei **Ehegatten** nicht möglich ist, können die Unterhaltszahlungen (für Wohnung, Kleidung, Verpflegung, Krankenversicherung und Berufsausbildung) ebenso wie Unterhalt an bestimmte **andere Personen** bis zu einem Höchstbetrag als außergewöhnliche Belastungen berücksichtigt werden. Eine zumutbare Eigenbelastung wird hier nicht angerechnet.

Begünstigter Personenkreis

Begünstigt sind Zahlungen an gegenüber dem Steuerpflichtigen oder seinem nicht geschiedenen Ehegatten **gesetzlich unterhaltsberechtigte** Personen oder diesen **gleichgestellte** Personen.

Unterhaltsberechtigt sind:

- der Ehegatte bzw. Partner in eingetragener Lebenspartnerschaft (Abzug aber nur, soweit getrennt lebend/geschieden bzw. Ehegatte im Ausland und kein Sonderausgabenabzug möglich, s. o.)

- Kinder (Abzug aber nur, soweit die Kinder steuerlich nicht über einen Freibetrag oder Kindergeldanspruch berücksichtigt werden, z. B. über 25 Jahre alte Kinder in Ausbildung)
- Eltern und Großeltern
- der andere Elternteil eines nichtehelichen Kindes während der Mutterschutzzeit bzw. solange wegen fehlender Kinderbetreuungsmöglichkeit eine Erwerbstätigkeit des Elternteils nicht erwartet werden kann

Als unterhaltsberechtigten Personen **gleichgestellte Personen** kommen der Partner in einer eheähnlichen Gemeinschaft oder Verwandte und Verschwägerte, z. B. Geschwister, Onkel oder Tanten, infrage. Zwingende Abzugsvoraussetzung ist bei diesen Personen aber, dass sie **im Haushalt** der Person leben, von der sie unterstützt werden, **und** ihnen wegen der Unterhaltsleistungen zum Unterhalt bestimmte Zahlungen aus öffentlichen Mitteln gekürzt oder nicht gezahlt wurden (z. B. Wohngeld, Arbeitslosen- oder Sozialhilfe (Hartz IV) gekürzt, abgelehnt oder nicht beantragt). In diesen Fällen ist eine Opfergrenze (s. u.) nicht zu beachten.

TIPP

Unterhaltene Person im Haushalt

Lebt die unterhaltene Person in Ihrem Haushalt, brauchen Sie keine Kosten nachzuweisen. Das Finanzamt geht von Aufwendungen in Höhe des maßgeblichen Abzugshöchstbetrags (9.168 €) aus.

HINWEIS

Angehöriger im Heim

Aufwendungen für die krankheits-, behinderungs- oder pflegebedingte Unterbringung eines Angehörigen im Heim sind als allgemeine außergewöhnliche Belastungen nach § 33 EStG unter Anrechnung der zumutbaren Eigenbelastung abzugsfähig. Erfolgte die Unterbringung dagegen (nur) altersbedingt, sind die übernommenen Aufwendungen als Unterhaltsleistungen abziehbar.

ID-Nummer bei Inlandsunterhalt

Die ID-Nummer der unterstützten Person (im Inland) muss auf der Anlage Unterhalt eingetragen werden. Verweigert die unterhaltene Person die Auskunft darüber, darf die ID-Nummer beim Finanzamt abgefragt werden.

Arbeitskraft und geringes Vermögen

Bei **im Inland** lebenden Angehörigen ist unerheblich, ob eine konkrete Unterhaltspflicht tatsächlich besteht, also ob andere Personen vorrangig unterhaltsverpflichtet sind. Ohne Bedeutung ist auch, ob die unterstützte Person in der Lage wäre, eine Erwerbstätigkeit aufzunehmen (Erwerbsobliegenheit). Verfügt die unterhaltene Person jedoch über eigenes Vermögen von mehr als 15.500 € – außer Betracht bleiben dabei Gegenstände mit Erinnerungswert, Hausrat und ein angemessenes Hausgrundstück, das selbst bewohnt wird –, sind Unterhaltszahlungen nicht abzugsfähig, weil die unterstützte Person nicht bedürftig ist.

Höchstbetrag und eigene Einkünfte und Bezüge

Der Höchstbetrag für Unterhaltsaufwendungen beträgt für jede unterhaltene Person **9.168 € im Jahr**. Er **erhöht** sich um den Betrag, der für die Absicherung der unterhaltsberechtigten Person als **Beitrag zur Basisversorgung bei der Kranken- und Pflegepflichtversicherung** gezahlt wird, vorausgesetzt, die unterstützte Person ist der Versicherungsnehmer. Ohne Bedeutung ist, wer die Versicherungen bezahlt hat.

TIPP

Versicherungsbeiträge

Haben Sie als **Versicherungsnehmer** Versicherungsbeiträge für die unterstützte Person gezahlt, können Sie diese als eigene Sonderausgaben geltend machen (siehe Anlage Vorsorgeaufwand).

Hat die unterhaltene Person eigene Einkünfte und Bezüge (z. B. Rente, steuerfreier oder pauschal versteuerter Lohn z. B. aus Minijob), die zur Bestreitung des Lebensunterhalts bestimmt und geeignet sind, so werden diese auf den Höchstbetrag angerechnet, soweit sie **624 €** (anrechnungsfreier Betrag) im Kalenderjahr übersteigen. Die anzurechnenden Bezüge werden dabei um eine Kostenpauschale von 180 € jährlich gekürzt. Zusätzlich vermindert sich der Höchstbetrag um die von der unterstützten Person als Ausbildungshilfe aus öffentlichen Mitteln bezogenen Zuschüsse. Hierunter fallen z. B. BAföG-Zuschüsse, nicht aber BAföG-Darlehen.

Kapitalerträge, die der Abgeltungsteuer unterliegen, werden nicht als Einkünfte, aber ohne Abzug des Sparerpauschbetrags als Bezüge der unterstützten Person angerechnet.

ACHTUNG

Unterstützte Person verheiratet?

Ist die unterhaltene Person verheiratet, wird ihr die Hälfte des verfügbaren Einkommens des Ehegatten als eigene Bezüge zugerechnet.

Zeitanteilige Berechnung

Unterhaltszahlungen dürfen grundsätzlich nicht auf Monate vor ihrer Zahlung zurückbezogen werden und können – auch wenn sie für das Folgejahr bestimmt sind – immer nur im Jahr der Zahlung und für das Jahr der Zahlung berücksichtigt werden (BFH, Urteil v. 25.4.2018, VI R 35/16).

Für jeden vollen Monat, in dem die Abzugsvoraussetzungen nicht vorgelegen haben, ermäßigen sich der Höchstbetrag (9.168 €) und der anrechnungsfreie Betrag (624 €) um jeweils 1/12 (sog. Zwölftelung). Der (zeitanteilige) Höchstbetrag gilt also ab dem Monat der ersten Zahlung im Jahr.

Die eigenen Einkünfte und Bezüge der unterhaltenen Person werden nur angerechnet, soweit sie auf die Unterstützungsmonate entfallen.

BEISPIEL

Unterstützung des Vaters

Sie unterstützen Ihren Vater ab April monatlich mit 750 €. Ihr Vater erhält ganzjährig eine monatliche Rente aus der gesetzlichen Rentenversicherung i. H. v. 650 €. Außerdem bekommt er einen steuerfreien Zuschuss zur Krankenversicherung (ab April 427 €). Er zahlt als Versicherungsnehmer ab April 530 € Eigenbeiträge zur Basiskranken- und Pflegepflichtversicherung (Basisversorgung).

Unterhalt: 9 × 750 € =	6.750 €	
Höchstbetrag: davon 9/12 = + Erhöhungsbetrag für Kranken- und Pflegeversicherung (Eigenanteil)	9.168 € 6.876 € + 530 € 7.406 €	7.406 €
Rente des Vaters: 9 × 650 € = Zuschuss Krankenvers. (= Bezüge)	5.850 € + 427 € 6.277 €	
WK-Pb und Kostenpauschale für neun Monate: (102 € + 180 €) × 9/12 =	- 212 €	
Summe Auslagen:	6.065 €	
Anrechnungsfrei: 624 € × 9/12 =	- 468 € 5.597 €	5.597 €
gekürzter Höchstbetrag		1.809 €

Von den tatsächlichen Aufwendungen (6.750 €) können höchstens 1.809 € als außergewöhnliche Belastung abgezogen werden.

Hinweis: Berechnungshinweise finden Sie auf http://mybook.haufe.de unter „Der Steuerkalkulator".

Unterhalt an mehrere Personen

Unterstützen Sie mehrere Personen, die einen gemeinsamen Haushalt führen, ist der an alle Personen zusammen aufgewendete Betrag nach Köpfen aufzuteilen **(Pro-Kopf-Aufteilung)**. Für jede unterhaltene Person ist getrennt zu prüfen, ob die Voraussetzungen für den Kostenabzug vorliegen und wie hoch die abziehbaren Unterhaltsleistungen sind.

Lediglich bei zusammenlebenden Ehegatten (z. B. Eltern) wird der Höchstbetrag verdoppelt und um die Summe der Einkünfte und Bezüge beider Ehegatten, soweit diese 2 × 624 € übersteigen, gekürzt.

Unterhalt von mehreren Personen

Werden Unterhaltsaufwendungen für eine Person von mehreren in Deutschland lebenden Personen getragen, wird der insgesamt abziehbare Betrag für die unterstützte Person unter Einbeziehung aller Unterhaltsleistungen berechnet und anschließend auf alle Unterstützer, bei denen der Abzug als außergewöhnliche Belastungen möglich ist, nach dem Verhältnis ihrer Zahlungen aufgeteilt.

Opfergrenze

Die Aufwendungen sind nur abziehbar, soweit für Sie und Ihre Familie nach Abzug der Unterhaltsleistungen noch genug zum Lebensunterhalt verbleibt (sog. Opfergrenze). Die Opfergrenze wird mit einem zu bestimmenden Prozentsatz (abhängig von der Familiengröße) aus Ihrem verfügbaren Nettoeinkommen ermittelt. Dabei werden steuerpflichtige und steuerfreie Einnahmen (z. B. auch Kindergeld) angesetzt und Steuern sowie nicht vermeidbare Versicherungsbeiträge abgezogen. Die Opfergrenze ist nicht anzuwenden bei Aufwendungen an den (auch: geschiedenen) Ehegatten bzw. bei einer bestehenden Haushaltsgemeinschaft mit der unterhaltenen (gleichgestellten) Person.

Genaue Berechnung vgl. BMF, Schreiben v. 7.6.2010, IV C 4 – S 2285/07 /0006: 001 – 2010/0415733 und 2010/ 0415753 (abrufbar unter www.bundesfinanzministerium.de).

Hinweis: Berechnungshinweise finden Sie auf http://mybook.haufe.de unter „Der Steuerkalkulator".

3 Auslandsunterhalt

Personenkreis

Unterhaltszahlungen an im Ausland lebende Personen sind nur begünstigt, soweit eine gesetzliche Unterhaltsberechtigung nach deutschem Recht (BGB) gegeben ist. Gleichgestellte Personen zählen nicht. Außerdem ist die konkrete Unterhaltspflicht erforderlich, d. h., dass z. B. vorrangige Unterhaltsverpflichtungen anderer Personen zu prüfen sind.

Soweit die unterstützte Person im erwerbsfähigen Alter ist, wird unterstellt, dass sie ihren Lebensunterhalt durch eigene Erwerbstätigkeit sichern kann (Erwerbsobliegenheit). Entsprechend sind Unterhaltszahlungen nicht notwendig und folglich nicht abziehbar. Bei Personen, von denen wegen Alters (über 65 Jahre), Schwerbehinderung, Krankheit oder der Erziehung von Kindern unter sechs Jahren eine Erwerbstätigkeit nicht erwartet werden kann, ist die Erwerbsobliegenheit ohne Bedeutung. Auch Arbeitslosigkeit trotz ordnungsgemäßem Bemühen um eine Beschäftigung kann ein Ausnahmetatbestand sein (BFH, Urteil v. 15.4.2015, VI R 5/14). Betreibt die unterstützte Person eine eigene Landwirtschaft im landesüblichen Umfang, wird regelmäßig unterstellt, dass die erwirtschafteten Erträge für **alle** im Haushalt lebenden Personen zum Leben ausreichen und keine Unterstützung notwendig ist. Dies kann im Einzelfall durch Nachweis widerlegt werden.

Bedürftigkeit

Die Unterhaltsbedürftigkeit der unterstützten Person muss durch eine für jede unterstützte Person getrennt ausgefüllte **Unterhaltserklärung** nachgewiesen werden. Zweisprachige **Unterhaltserklärungen** bekommen Sie als Download über die Internetseite des Bundesfinanzministeriums (www.formulare-bfinv.de) oder bei den Finanzämtern. Die Angaben zur unterhaltenen Person muss die **zuständige Heimatbehörde bestätigen**. In Ausnahmefällen kann der Nachweis der Bedürftigkeit ggf. durch andere behördliche Dokumente in deutscher Übersetzung erbracht werden. Die Angaben zum Einkommen muss die unterstützte Person durch Unterschrift bestätigen. Die anzurechnenden Einkünfte und Bezüge werden nach inländischen Maßstäben berechnet. Ist die Unterhaltserklärung nicht vollständig ausgefüllt oder sind die Angaben nicht schlüssig, werden die Unterhaltsleistungen nicht anerkannt.

HINWEIS

Ehegattenunterhalt

Bei Zahlungen an den nicht dauernd getrennt lebenden Ehegatten im Ausland wird die Bedürftigkeit unterstellt. Auch die Erwerbsobliegenheit ist nicht zu prüfen.

Zahlungsnachweise

Wurde das Geld überwiesen, ist dies grundsätzlich durch Post- oder Bankbelege zu belegen. Die Belege müssen die unterhaltene Person (bzw. eine Person aus dem unterstützten Haushalt) als Empfänger und im Regelfall als Kontoinhaber ausweisen.

Haben Sie das Geld persönlich übergeben, benötigen Sie einen zeitnahen, lückenlosen Nachweis der „Zahlungskette" – von der Geldabhebung bis zur Geldübergabe – und eine unterschriebene belastbare detaillierte (wann, wo, wie viel, von wem, an wen) Empfängerbestätigung getrennt für jeden übergebenen Betrag (BFH, Urteil v. 9.3.2017, VI R 33/16). Zwischen Abhebung und Geldübergabe dürfen maximal 14 Tage liegen. Außerdem muss die Reise anhand geeigneter Unterlagen (z. B. Grenzübertrittsvermerk im Pass, Tankbeleg, Flugschein, Fahrkarte) nachgewiesen sein.

Bargeldmitnahmen durch eine namentlich benannte Mittelsperson werden regelmäßig nur anerkannt, wenn wegen der besonderen Situation im Heimatland (Krisengebiet) ein anderer Zahlungsweg nicht möglich ist oder der tatsächliche Geldfluss im Einzelnen beweissicher dokumentiert ist (BFH, Beschluss v. 5.7.2016, VI B 136/15). Es gelten die o. a. Nachweise zur Zahlungskette. Erforderlich ist zusätzlich eine detaillierte Bestätigung über die Geldübergabe an den Mittelsmann und die zeitnahe Übergabe an die unterstützte Person.

Haben Sie selbst **Familienheimfahrten** (Fahrten zum im Heimathaushalt lebenden Ehegatten) durchgeführt, gelten Nachweiserleichterungen. Für bis zu vier tatsächlich durchgeführte Familienheimfahrten zum Ehegatten wird je ein mitgenommener Nettomonatslohn akzeptiert. Zahlungen, die bereits durch Post oder Bank erfolgt sind, sind auf das Vierfache des Nettolohns anzurechnen. Ein höherer Betrag wird nur anerkannt, wenn alle Zahlungen insgesamt nachgewiesen sind.

Höchstbeträge

Auslandsunterhalt ist nur so weit abziehbar, wie es nach den dortigen Verhältnissen notwendig und angemessen ist. Das hat zur Folge, dass der Höchstbetrag von 9.168 € und der anrechnungsfreie Betrag von 624 € u. U. mit einem ermäßigten Wert anzusetzen sind. Die zutreffende Ländergruppe wird anhand der Angaben auf der Anlage Unterhalt vom Finanzamt ermittelt. Zur Ländergruppeneinteilung vgl. BMF, Schreiben v. 20.10.2016, IV C 8 – S 2285/07/0005:016, 2016/0953021.

Vermietung/Immobilien

Einkünfte aus Vermietung und Verpachtung (V+V) liegen vor, wenn zum Privatvermögen gehörende unbebaute oder bebaute Grundstücke (Wohn- oder Geschäftsgebäude, Gebäudeteile, Eigentumswohnungen) gegen Entgelt zur Nutzung an andere Personen überlassen werden. Die Eigennutzung solcher Objekte führt nicht zu Einkünften aus V+V.

§ 21 Abs. 1 EStG

1 Allgemeines

Gehört ein Grundstück oder Grundstücksteil zum **Betriebsvermögen** einer landwirtschaftlichen, gewerblichen oder freiberuflichen Tätigkeit und wird vermietet, können die Aufwendungen als Betriebsausgabe bei den Gewinneinkünften abgezogen werden. Eine erhaltene Miete ist Betriebseinnahme.

Befindet sich das Grundstück im **Privatvermögen**, liegen bei entgeltlicher Überlassung Einkünfte aus V+V vor.

Man muss nicht Eigentümer eines Grundstücks sein, um Einkünfte aus V+V zu erzielen. Auch der Mieter erzielt bei **Untervermietung** entsprechende Einkünfte.

Werden Teile einer im Übrigen selbst genutzten Wohnung **vorübergehend** vermietet (z. B. kurze Zeit an eine Studentin) und übersteigen die Einnahmen **520 € im Kalenderjahr** nicht, kann im Einverständnis mit dem Steuerpflichtigen aus Vereinfachungsgründen eine Besteuerung unterbleiben.

2 Einkünfteerzielung

Die Einkünfte ermitteln sich als Überschuss der Einnahmen über die Werbungskosten. Übersteigen die Werbungskosten die Mieteinnahmen, entsteht ein Verlust. Dieser Verlust kann nur dann berücksichtigt und mit anderen Einkünften verrechnet werden, wenn eine **Einkünfteerzielungsabsicht** angenommen werden kann. Bei unbefristeter Vermietung zu marktüblichen Bedingungen wird dies unterstellt. Liegt nur eine befristete Überlassung vor, muss geprüft werden, ob es möglich ist, in der vereinbarten Vermietungszeit einen Totalüberschuss der Einnahmen über die Werbungskosten zu erzielen.

3 Mieteinnahmen

Zu den Mieteinnahmen gehören alle Einnahmen, die aus der Nutzungsüberlassung des Grundstücks zufließen. Neben der eigentlichen Miete oder Pacht sind dies Entgelte für Nebenräume (Keller, Garagen), Umlagen (z. B. Energiekosten, Müllabfuhr) oder Entgelte für

Grund und Boden oder für Werbeflächen auf dem Grundstück.

Keine Einnahmen sind **Kautionen**, die der Mieter vorauszuzahlen hat. Kann der Vermieter zu einem späteren Zeitpunkt auf die Kaution zugreifen, weil der Mieter trotz Mahnung seine Miete nicht zahlt oder entstandene Schäden nicht ersetzt, zählt die Kaution in diesem Zeitpunkt zu den Einnahmen.

Zinseinnahmen aus der Anlage der Kaution sind Kapitaleinnahmen des Mieters. Sie stellen keine Einnahmen aus V+V beim Vermieter dar.

Einnahmen sind in dem Jahr anzusetzen, in dem sie dem Vermieter zugeflossen sind **(Zuflussprinzip)**. Deshalb werden auch nachgezahlte Mieten für frühere Jahre im Jahr der Zahlung erfasst.

Auch Einnahmen für an **Angehörige** vermietete Grundstücke/Grundstücksteile sind zu berücksichtigen. Allerdings wird hier ggf. genauer geprüft, ob diese Vermietung wie unter Fremden üblich vereinbart und auch durchgeführt wird.

Wurde zur Zwischenfinanzierung der AK oder HK eines vermieteten Objekts ein Bankdarlehen aufgenommen, das nach Zuteilung eines Bausparvertrags durch das Bausparguthaben und das Bauspardarlehen abgelöst werden soll, sind die Zinsgutschriften für das Bausparguthaben keine Kapitalerträge, sondern Einnahmen aus V+V.

4 Werbungskosten

Außer bei AK oder HK, die im Wege der Abschreibung ab dem Jahr der Entstehung zu berücksichtigen sind, erfolgt der Abzug von Werbungskosten grundsätzlich im **Jahr der Zahlung (Abflussprinzip)**.

Als typische Werbungskosten kommen in Betracht:

- **Abschreibungen auf das Gebäude:** AK oder HK (auch nachträgliche) eines Gebäudes können nicht im Jahr der Zahlung in voller Höhe, sondern nur im Wege der Abschreibung verteilt auf einen langen Zeitraum als Werbungskosten abgezogen werden. Vertiefend siehe → Abschreibungen/Gebäude. Getrennt vom Gebäude abgeschrieben werden Solar-/Fotovoltaikanlagen. Vertiefend siehe → Solaranlagen und Co. Dasselbe gilt für Gartenanlagen. Vertiefend siehe → Abschreibungen/Anschaffungs- und Herstellungskosten.
- **Erhaltungsaufwendungen (Reparaturkosten):** Erhaltungsaufwendungen sind Aufwendungen für die Erneuerung von bereits vorhandenen Teilen. Sie sind im Jahr der Zahlung sofort in voller Höhe als Werbungskosten abziehbar. Die Abgrenzung gegenüber nachträglichen AK und HK ist deshalb besonders zu prüfen.

Abweichend vom Abflussprinzip kann **größerer Erhaltungsaufwand** bei Gebäuden, die nicht zu einem Betriebsvermögen gehören und überwiegend Wohnzwecken dienen, auf Antrag gleichmäßig auf zwei bis fünf Jahre verteilt werden (§ 82b EStDV). Der Antrag kann, über alle Jahre betrachtet, zu einer insgesamt höheren Steuerentlastung führen. Vertiefend siehe → Reparaturen.

Wird nach Fertigstellung des Gebäudes eine (auch erstmalige) Baumaßnahme durchgeführt, für die der **Rechnungsbetrag ohne Umsatzsteuer nicht mehr als 4.000 €** beträgt, kann der Bruttobetrag aus Vereinfachungsgründen als Erhaltungsaufwand behandelt und sofort im Jahr der Zahlung als Werbungskosten abgezogen werden. Werden zeitgleich verschiedene Baumaßnahmen, die nicht miteinander zusammenhängen, im selben Haus durchgeführt, kann die Vereinfachungsregelung für jede dieser einzelnen Baumaßnahmen in Anspruch genommen werden. Vertiefend siehe → Reparaturen.

BEISPIEL

Verschiedene Baumaßnahmen

Im Erdgeschoss des vermieteten Gebäudes wird eine bisher nicht vorhandene Gästetoilette eingebaut: Aufwand 1.500 € netto zzgl. 285 € USt. Derselbe Handwerker baut zeitgleich im Obergeschoss ein neues Bad für 3.950 € zzgl. 750 € USt ein.

Es liegen zwei selbstständige Baumaßnahmen vor, die bautechnisch nicht miteinander verzahnt sind. Die Aufwendungen betragen jeweils nicht mehr als 4.000 € netto. Damit können die Bruttoaufwendungen i. H. v. insgesamt 6.485 € als Erhaltungsaufwendungen im Jahr der Zahlung abgezogen werden.

Wurde ein Gebäude erworben, das zukünftig vermietet wird, und fallen in den ersten drei Jahren nach Anschaffung größere Erhaltungsaufwendungen an, die in der Summe (netto) 15 % der AK des Gebäudes übersteigen, sind diese Erhaltungsaufwendungen nicht sofort abziehbar, sondern erhöhen als **anschaffungsnahe HK** die Bemessungsgrundlage der Gebäude-AfA. Vertiefend siehe → Reparaturen.

- AK für ein anderes mitvermietetes Wirtschaftsgut als das Gebäude sind im Wege der linearen Abschreibung nach § 7 Abs. 1 EStG gleichmäßig auf die individuelle Nutzungsdauer zu verteilen.

BEISPIEL

Selbstständiges Wirtschaftsgut

In eine Mietwohnung wird eine Küche eingebaut. Die AK der Küche sind gesondert auf die Nutzungsdauer (zehn Jahre) abzuschreiben.

- Betragen die AK (Rechnungsbetrag ohne Umsatzsteuer) für ein einzelnes mitvermietetes Wirtschaftsgut (z. B. Waschmaschine oder Rasenmäher) **höchstens 800 €**, können diese sofort in voller Höhe mit dem Bruttobetrag als Werbungskosten abgezogen werden. Vertiefend siehe → Reparaturen.
- **Sonstige Werbungskosten:** z. B. Grundsteuer, Müllgebühren, Energiekosten, Schornsteinfegergebühren, Hausversicherungsbeiträge, Verwaltungskosten, Ausgaben für Hausbesitzerverein und Hausmeisterservice, Inseratskosten bei Mietersuche, Fahrtkosten (Pkw tatsächliche Aufwendungen oder 0,30 € je gefahrener km) und Verpflegungspauschalen

im Zusammenhang mit der Verwaltung des Grundstücks

Nicht zu den Werbungskosten gehört der Wert der eigenen Arbeitsleistung (ersparte Aufwendungen).

5 Unentgeltliche, verbilligte oder teilentgeltliche Überlassung

Entspricht die tatsächliche Miete nicht der ortsüblichen Marktmiete, muss ggf. geprüft werden, ob eine verbilligte Überlassung vorliegt. Dabei wird die tatsächliche Miete zzgl. Nebenkosten (Warmmiete) mit der ortsüblichen Miete zzgl. Nebenkosten verglichen.

Eine **verbilligte oder teilentgeltliche Überlassung** liegt vor, wenn die tatsächliche Warmmiete auf Dauer **weniger als 66 %** der ortsüblichen Warmmiete beträgt.

In diesen Fällen sind die Aufwendungen nur eingeschränkt als Werbungskosten abziehbar. Der Anteil der abziehbaren Aufwendungen ergibt sich aus dem Verhältnis der tatsächlichen Miete zur ortsüblichen Miete.

Wird eine Wohnung möbliert oder teilmöbliert vermietet, ist ein Zuschlag für die Möblierung bei der Prüfung der teilentgeltlichen Überlassung nur zu berücksichtigen, wenn sich ein solcher Möblierungszuschlag aus einem örtlichen Mietspiegel oder aus am Markt realisierbaren Zuschlägen ermitteln lässt (BFH, Urteil v. 6.2.2018, IX R 14/17).

BEISPIEL

Verbilligte Überlassung

A vermietet drei gleich große und gleich ausgestattete Wohnungen in einem Haus.

Für zwei Wohnungen erhält er eine monatliche Miete von 750 € zzgl. 200 € Umlagen. Diese Mieten entsprechen der ortsüblichen Mietspiegelmiete. Die dritte Wohnung hat A an eine Rentnerin vermietet. Weil sie nur eine geringe Rente bezieht, wurde die Miete seit vielen Jahren nicht mehr erhöht. Die Mieterin zahlt monatlich 500 € zzgl. 100 € Nebenkosten. Die auf das gesamte Gebäude entfallenden Aufwendungen (einschl. AfA) belaufen sich auf 15.000 €.

A erzielt mit der dritten Wohnung nur 63,1 % der ortsüblichen Marktmiete (einschl. Umlagen). Es liegt insoweit eine verbilligte Überlassung vor. Die Aufwendungen, die auf die dritte Wohnung entfallen, sind nur zu 63,1 % als Werbungskosten abziehbar. Die Einkünfte aus V+V betragen (Einnahmen 30.000 € abzgl. Werbungskosten 10.000 € + 63,1 % von 5.000 € =) 13.155 €.

Erfolgt die Wohnungsüberlassung unentgeltlich, sind Aufwendungen, die auf diese Wohnung entfallen, nicht als Werbungskosten abziehbar.

6 Gemischt genutztes Grundstück

Wird ein Gebäude teilweise vermietet und teilweise eigengenutzt, sind die

Aufwendungen steuerlich unterschiedlich zu berücksichtigen:

- Aufwendungen, die ausschließlich auf eine Nutzung entfallen, sind nur dieser Nutzung **direkt** (allein) **zuzuordnen** (z. B. Reparatur in der vermieteten Wohnung).
- Aufwendungen, die das Gesamtgebäude betreffen (z. B. Schuldzinsen, Grundsteuer, Dach- oder Fassadenreparatur), sind **im Verhältnis der Nutzflächen aufzuteilen**.
- Kosten, die auf den zu eigenen Wohnzwecken genutzten bzw. auf einen unentgeltlich überlassenen Teil des Gebäudes entfallen, sind nicht als Werbungskosten abziehbar.

7 Schuldzinsen

Schuldzinsen und andere Finanzierungskosten (marktübliches Darlehensabgeld, Grundbuch- und Notariatsgebühren, Fahrtkosten zur Bank, Vermittlungsgebühren) sind Werbungskosten, soweit sie mit der Vermietung in wirtschaftlichem Zusammenhang stehen.

Bei einem Darlehensabgeld (Disagio, Damnum) geht die Finanzverwaltung bei höchstens 5 % und einer Laufzeit von fünf Jahren von Marktüblichkeit aus.

Im Allgemeinen liegt bei einem Gebäude, das teilweise zu eigenen und teilweise zu fremden Wohnzwecken genutzt wird, eine **Gesamtfinanzierung** mit Eigen- und Fremdmitteln bzgl. des gesamten Objekts vor, sodass die Schuldzinsen nur anteilig (aufgeteilt nach der Nutzfläche) abgezogen werden können.

Eine **direkte Zuordnung der Finanzierungskosten** zu den Werbungskosten aus V+V einerseits und der Privatnutzung andererseits kann jedoch vorgenommen werden, wenn

- die **AK** (Kaufpreis und Nebenkosten) und **HK aufteilbar** sind. So können beispielsweise die Rohbaukosten im Verhältnis der Nutzflächen, die Innenausbaukosten aber durch direkte Zuordnung auf die unterschiedlichen Nutzungen aufgeteilt werden.
- **unterschiedliche Geldquellen** (Eigenkapital und ggf. verschiedene Darlehen) vorliegen, die jeweils einer Nutzung allein zugerechnet werden.
- ein wirtschaftlicher Zusammenhang zwischen den Schuldzinsen und den der Vermietung zugeordneten AK und HK vorhanden ist. Dazu müssen die unterschiedlich zugeordneten Aufwendungen jeweils mit den dafür vorgesehenen Mitteln bezahlt werden. Das bedeutet, dass aus unterschiedlichen Geldquellen jeweils **getrennte Zahlungen** an den Bauunternehmer, die Handwerker oder den Verkäufer des Grundstücks (mit entsprechendem Verwendungszweck bzgl. vermieteter oder selbst genutzter Wohnung) geleistet werden müssen. Die getrennte Zahlung muss ggf. durch Unterlagen (Kontoauszug) nachgewiesen werden.

Wird ein vermietetes Haus verkauft und reicht der Veräußerungserlös nicht aus, um die bestehenden Darlehensverbindlichkeiten zu tilgen, können die noch zu zahlenden Schuldzinsen insoweit als nachträgliche Werbungskosten aus V+V abgezogen werden (BFH, Urteil v. 8.4.2014, IX R 45/13).

8 Umsatzsteueroption, Vorsteuerabzug

Wird bei einer Vermietung an einen anderen umsatzsteuerlichen Unternehmer auf die grundsätzlich bestehende Umsatzsteuerbefreiung verzichtet (Option § 9 UStG), also umsatzsteuerpflichtig vermietet, gehört die vom Mieter bezahlte Umsatzsteuer und die durch das Finanzamt erstattete Vorsteuer zu den Mieteinnahmen. Die an das Finanzamt abgeführte und die an die Handwerker bezahlte Umsatzsteuer ist als Werbungskosten abziehbar. Insoweit liegen keine HK vor. Maßgebend ist jeweils das Jahr der Zahlung.

Entfallen die Voraussetzungen für die Umsatzsteueroption innerhalb von zehn Jahren, ist ein in Anspruch genommener Vorsteuerabzug teilweise zurückzuzahlen.

9 Leer stehende Wohnung oder Gebäude

Steht ein Gebäude (z. B. wegen Mieterwechsel) vorübergehend leer und soll es erneut vermietet werden, können die Aufwendungen, die auf die Zeit des Leerstands entfallen, als Werbungskosten abgezogen werden. Liegt ein längerer Zeitraum der Nichtvermietung vor, sollten dem Finanzamt Gründe (z. B. aufwendige Mietersuche, Renovierung in Eigenarbeit) benannt werden, damit von einem weiteren Vorliegen einer Einkünfteerzielungsabsicht ausgegangen werden kann, sonst entfällt der Werbungskostenabzug für diese Zeit.

TIPP

Grundsteuererstattung

Haben Sie im Laufe des Jahres tatsächlich weniger als 50 % der ortsüblichen Miete erzielt, können Sie bis zum 31.3. des Folgejahres einen Antrag an die Gemeinde (bei Stadtstaaten: an das Finanzamt) wegen teilweiser Rückerstattung der Grundsteuer stellen (§ 33 Abs. 1 GStG).

Möglich ist dies nur, wenn Sie den Einnahmeausfall nicht selbst verschuldet haben, d. h. wenn der Mieter trotz Mahnung nicht zahlt oder wenn Sie sich bei Leerstand intensiv um eine Anschlussvermietung bemüht haben.

10 Veräußerung von Grundstücken

Wegen möglicher steuerlicher Auswirkungen bei der Veräußerung von zum Privatvermögen gehörendem Grundbesitz siehe → Spekulationsgeschäfte.

Versicherungen

Beiträge zu Personenversicherungen, die ohne Bezug zu einer Einkunftsart sind, stellen Vorsorgeaufwendungen dar und sind als Sonderausgaben (Altersvorsorgeaufwendungen oder sonstige Vorsorgeaufwendungen) bis zu unterschiedlichen Höchstbeträgen abziehbar. Basiskranken- und Pflegepflichtversicherungsbeiträge sind in voller Höhe abziehbar.

1 Betriebsausgaben oder Werbungskosten

Als Betriebsausgaben oder Werbungskosten abzugsfähig sind insbesondere Beiträge zur

- Berufshaftpflichtversicherung,
- Haftpflicht- oder Kaskoversicherung für ein betrieblich genutztes Fahrzeug,
- Berufsrechtsschutzversicherung,
- Berufsunfallversicherung,
- Grundstücksversicherung (z. B. Gebäudebrandversicherung), wenn das Grundstück vermietet oder betrieblich genutzt wird.

2 Sonderausgaben (Vorsorgeaufwendungen)

Kommt ein Abzug als Werbungskosten oder Betriebsausgaben nicht in Betracht, liegen bzgl. der Versicherungsbeiträge u. U. Sonderausgaben (Vorsorgeaufwendungen) vor. Abziehbar sind hierbei nur Beiträge zu **Personenversicherungen.** Nicht abziehbar sind Beiträge zu Sachversicherungen (z. B. Kasko- oder Hausratversicherung, Gebäudebrandversicherung für das zu eigenen Wohnzwecken genutzte Haus) und Rechtsschutzversicherungen. Zu den Versicherungsbeiträgen gehören auch die Ausfertigungsgebühr, die Abschlussgebühr und die Versicherungsteuer.

Wegen unterschiedlicher steuerlicher Berücksichtigung wird zwischen Altersvorsorgeaufwendungen und sonstigen Vorsorgeaufwendungen unterschieden.

Kein Zusammenhang mit steuerfreien Einnahmen

Ein Sonderausgabenabzug für Vorsorgeaufwendungen setzt voraus, dass die Beträge nicht in unmittelbarem wirtschaftlichem Zusammenhang mit steuerfreien Einnahmen stehen (§ 10 Abs. 2 S. 1 Nr. 1 EStG).

Nach einer Entscheidung des EuGH hat das BMF reagiert und das Abzugsverbot gelockert. Demnach sind Vorsorgeaufwendungen – bis zu einer Änderung des Gesetzeswortlauts – auch dann als Sonderausgaben abziehbar, wenn

- solche Beiträge in unmittelbarem wirtschaftlichen Zusammenhang mit Einnahmen aus nichtselbstständiger Tätigkeit stehen, die in einem EU- oder EWR-Mitgliedstaat erzielt werden,

- diese Einnahmen nach einem DBA im Inland steuerfrei sind,
- der Beschäftigungsstaat keinerlei Abzug der mit den steuerfreien Einnahmen in unmittelbarem wirtschaftlichem Zusammenhang stehenden Beiträge im Besteuerungsverfahren zulässt und
- auch das DBA die Berücksichtigung der persönlichen Abzüge nicht dem Beschäftigungsstaat zuweist.

(BMF, Schreiben v. 11.12.2017, IV C 3 – S 2221/14/10005:003)

3 Altersvorsorgeaufwendungen

Zu den Altersvorsorgeaufwendungen gehören:

- Beiträge zur **gesetzlichen Rentenversicherung**
- Beiträge an die **landwirtschaftlichen Alterskassen**
- **Beiträge an berufsständischen Versorgungseinrichtungen** (z. B. Versorgungswerk der Ärzte, Architekten, Rechtsanwälte, Zahnärzte usw.)
- **Beiträge zu Rürup-Verträgen.** Dies sind Versicherungen, die nicht kapitalisierbar, nicht übertragbar (Ausnahmen: Scheidungsfolge; Übertragung auf andere Versicherung), nicht beleihbar, nicht veräußerbar und nicht vererblich sind. Die Absicherung der Berufsunfähigkeit, der Erwerbsminderung oder von Hinterbliebenen ist möglich. Die angesparte Summe darf nicht im Rahmen einer Einmalzahlung ausgezahlt werden, sondern ausschließlich als lebenslange monatliche Rente. Die Auszahlung darf frühestens mit Vollendung des 62. Lebensjahres (bei Verträgen vor 2011 des 60. Lebensjahres) beginnen. Der elektronischen Datenübermittlung an die zentrale Stelle (BFA) muss zugestimmt werden.

Nicht zu den begünstigten Altersvorsorgeaufwendungen gehören Beiträge zum staatlich geförderten Riester-Vertrag. Vertiefend siehe → Altersvorsorgeaufwendungen.

Höchstbetrag

Arbeitnehmer- und Arbeitgeberbeiträge für Altersvorsorgeaufwendungen sind bis zum Höchstbeitrag der knappschaftlichen Rentenversicherung von 24.305 € im Jahr 2019 als Sonderausgaben abziehbar. Im Fall der Zusammenveranlagung von Ehegatten/Lebenspartnern verdoppelt sich der Höchstbetrag auf 48.610 €, unabhängig davon, welcher der Ehegatten/Lebenspartner die begünstigten Beiträge entrichtet hat.

Vorsorgeaufwendungen

Altersvorsorgeaufwendungen

- **Basisversorgung**
  Beiträge zu den
  - gesetzlichen Rentenversicherungen
  - landwirtschaftlichen Alterskassen
  - berufsständischen Versorgungseinrichtungen
- **Zusatzversorgung**
  Beiträge zum Aufbau einer eigenen kapitalgedeckten Altersversorgung (Rürup-Rente)
- Der nach § 3 Nr. 62 steuerfreie **Arbeitgeberanteil zur gesetzlichen Rentenversicherung** und ein diesem gleichgestellter steuerfreier Zuschuss

§ 10 Abs. 1 Nr. 2 EStG

sonstige Vorsorgeaufwendungen

Basiskranken- und Pflegepflichtversicherung

Beiträge zu

- **Basiskrankenversicherung**
  - **gesetzliche Krankenversicherung abzgl. 4 %,** wenn Anspruch **auf Krankengeld** oder vergleichbare Leistungen (nicht bei Rentnern)
  - einschließlich **Zusatzbeitrag**, den die Krankenkasse direkt erhebt (auch hier 4 %-Abschlag, soweit ein Anspruch auf Krankengeld besteht)
  - **private** Krankenversicherung (nur Basisleistungen), ohne Beitragsanteil für Wahlleistungen
- **Pflegepflichtversicherung**

§ 10 Abs. 1 Nr. 3 EStG

andere sonstige Vorsorgeaufwendungen

Beiträge zu

- Krankenversicherung, soweit diese über die Basisversicherung hinausgeht
  - **4 %-Anteil der gesetzlichen KV**, der auf den Krankengeldanspruch entfällt
  - Beitragsanteil der privaten KV, der auf **Wahlleistungen** entfällt (z. B. Chefarztbehandlung, Einbettzimmer, Krankentagegeld, Krankenhaustagegeld)
  - Krankenzusatzversicherung
  - Auslandsreisekrankenversicherung
- **freiwillige** Pflegeversicherung
- Arbeitslosenversicherung
- Erwerbs- und Berufsunfähigkeitsversicherungen, die keine Altersvorsorgeaufwendungen sind
- Unfallversicherungen
- Haftpflichtversicherungen

Beiträge zu bestimmten Lebensversicherungen:

- Risikolebensversicherungen, die nur für den Todesfall eine Leistung vorsehen
- Beiträge zu anderen Lebensversicherungen, die vor 2005 abgeschlossen wurden

§ 10 Abs. 1 Nr. 3a EStG

Kürzung des Höchstbetrags

In den nachfolgenden Fällen wird der Höchstbetrag um den Betrag gekürzt, der dem Gesamtbeitrag (Arbeitgeber- und Arbeitnehmeranteil im Jahr 2019: 18,6 % des Arbeitslohns, max. aus 73.800 €) zur allgemeinen Rentenversicherung entspricht:

- **Beamte, Richter, Berufssoldaten oder Geistliche**, die einen Anspruch auf Altersversorgung ganz oder teilweise ohne eigene Beitragsleistung haben. Liegen mehrere Dienstverhältnisse vor, wird die Kürzung nur aus dem Arbeitslohn der oben genannten Tätigkeit berechnet.
- **beherrschende Gesellschafter-Geschäftsführer einer GmbH** (Beteiligung > 50 %) oder **Vorstandsmitglieder von Aktiengesellschaften**, wenn ihnen durch die Gesellschaft eine **Altersversorgung** (z. B. eine Direktversicherung; BFH, Urteil v. 15.7.2014, X R 35/12) zugesagt wurde
- **Abgeordnete**, die ganz oder teilweise ohne eigene Beitragsleistung einen Anspruch auf eine Altersversorgung erwerben

Bei Ehegatten/Lebenspartnern ist für jede Person gesondert zu prüfen, ob und ggf. in welcher Höhe der gemeinsame Höchstbetrag von 48.610 € zu kürzen ist.

Staffelung des Abzugs von Altersvorsorgeaufwendungen

Der Abzug der Aufwendungen erfolgt in einer Übergangszeit nicht in voller Höhe. Bis 2024 werden die zu berücksichtigenden Altersvorsorgeaufwendungen nur anteilig mit folgenden Prozentsätzen angesetzt:

Jahr	
2005	60 %
...	...
2018	86 %
2019	**88 %**
2020–2023	jährliche Erhöhung 2 %
2024	98 %
ab 2025	100 %

Zusätzliche Kürzung bei sozialversicherungspflichtigen Arbeitnehmern

Bei Arbeitnehmern, die steuerfreie Arbeitgeberleistungen zur Rentenversicherung oder diesen gleichgestellte steuerfreie Zuschüsse des Arbeitgebers erhalten haben, sind die abziehbaren Altersvorsorgeaufwendungen noch um diese Arbeitgeberleistungen zu kürzen. Arbeitgeberbeiträge im Rahmen von Minijobs sind in die Kürzung nur einzubeziehen, wenn der Arbeitnehmer die Hinzurechnung dieser Beträge zu den Vorsorgeaufwendungen beantragt hat.

BEISPIEL

Sozialversicherungspflichtiger Arbeitnehmer

Ein lediger Arbeitnehmer zahlt im Jahr 2019 einen Arbeitnehmeranteil zur Rentenversicherung i. H. v. 5.000 €. Zusätzlich wird ein steuerfreier Arbeitgeberanteil in gleicher Höhe gezahlt. 2019 können folgende Altersvorsorgeaufwendungen als Sonderausgaben abgezogen werden:

	€	€
Arbeitnehmerbeitrag	5.000	
Arbeitgeberbeitrag	5.000	
Insgesamt	**10.000**	
Höchstbetrag knappschaftl. RV	**24.305**	
abziehbar ist der niedrigere der beiden Beträge		10.000
davon 2019 88 %		8.800
abzüglich steuerfreier Arbeitgeberanteil		– 5.000
abziehbare Altersvorsorgeaufwendungen		3.800

BEISPIEL

Beamte

Ein alleinstehender Beamter, Arbeitslohn 50.000 €, hat 2019 Beiträge i. H. v. 5.000 € in eine Rüruprente eingezahlt. 2019 sind folgende Altersvorsorgeaufwendungen abziehbar:

	€	€
Rürup-Rente	**5.000**	
Höchstbetrag	24.305	
Kürzung Höchstbetrag (18,6 % v. 50.000 €)	– 9.300	
gekürzter Höchstbetrag	**15.005**	
abziehbar ist der niedrigere der beiden Beträge		5.000
davon 2019 88 %		4.400
abzüglich steuerfreier Arbeitgeberanteil		– 0
abziehbare Altersvorsorgeaufwendungen		4.400

4 Sonstige Vorsorgeaufwendungen

Die sonstigen Vorsorgeaufwendungen sind wegen unterschiedlicher steuerlicher Abzugsmöglichkeit nochmals zu unterteilen: einerseits in die Basiskranken- und Pflegepflichtversicherungsbeiträge, andererseits in die anderen sonstigen Vorsorgeaufwendungen. Siehe Schaubild unter → Punkt 3.

Höhe des Sonderausgabenabzugs für sonstige Vorsorgeaufwendungen

Beiträge zu einer Basiskranken- und Pflegepflichtversicherung

Beiträge zu einer Basiskranken- und Pflegepflichtversicherung (ohne Arbeitgeberanteil) werden in tatsächlicher Höhe, ohne Berücksichtigung eines Höchstbetrags, als Sonderausgaben abgezogen (Mindestbetrag) (§ 10 Abs. 1 Nr. 3 EStG).

Aufwendungen für andere sonstige Vorsorgeaufwendungen

Aufwendungen für andere sonstige Vorsorgeaufwendungen sind grundsätzlich vom Sonderausgabenabzug ausgenommen. Sie sind nur dann abziehbar, wenn die Beiträge zur Basiskranken- und Pflegepflichtversicherung nicht höher als 1.900 € bzw. 2.800 € sind. In diesem Fall können Beiträge zu anderen sonstigen Vorsorgeaufwendungen bis zum Unterschiedsbetrag zwischen den Beiträgen zur Basiskranken- und Pflegepflichtversicherung und den Höchstbeträgen von 1.900 € bzw. 2.800 € zusätzlich abgezogen werden.

Die beschränkte Abziehbarkeit der anderen sonstigen Vorsorgeaufwendungen ist verfassungsrechtlich nicht zu beanstanden (BFH, Urteil v. 9.9.2015, X R 5/13).

Höchstbeträge

Für Personen, die steuerfreie Zuschüsse zu ihren Krankenversicherungsbeiträgen erhalten oder denen teilweise Krankheitskosten durch den Arbeitgeber erstattet werden (ohne eigene Beitragsleistung), wie es bei Arbeitnehmern regelmäßig der Fall ist, ist der **Höchstbetrag** auf **1.900 €** beschränkt.

Von der Kürzung betroffen sind:

- sämtliche in der gesetzlichen Krankenversicherung pflichtversicherte Personen
- freiwillig privat versicherte Arbeitnehmer, die Zuschüsse zur Krankenversicherung erhalten
- Rentner, die Zuschüsse zur Krankenversicherung erhalten
- Beamte, Richter, Soldaten und Geistliche, die Beihilfe erhalten
- im Rahmen der Familienversicherung mitversicherte Ehegatten/Lebenspartner und Kinder
- Personen, für die die Künstlersozialkasse steuerfreie Beiträge an eine Sozialversicherung oder an den Versicherten bezahlt

Der **Höchstbetrag** von **2.800 €** gilt für Steuerpflichtige, die ihre Krankenversicherung zu 100 % selbst finanzieren und keine Erstattung von Krankheitskosten ohne eigene Beiträge erhalten. Das sind i. d. R. Selbstständige und Gewerbetreibende.

Bei **Ehegatten/Lebenspartnern**, die zusammen zur Einkommensteuer veranlagt werden, ist für jeden Ehegatten/Lebenspartner der Höchstbetrag gesondert zu bestimmen und dann eine gemeinsame Summe zu bilden.

BEISPIEL

Sonstige Vorsorgeaufwendungen

Benjamin Bauer, Angestellter, Ehefrau nicht berufstätig, zwei Kinder, hat im Jahr 2019 AN-Beiträge zur gesetzlichen Krankenversicherung i. H. v. 4.500 € sowie einen Zusatzbeitrag in Höhe von 600 € gezahlt. Der Beitrag zu einer privaten Krankenzusatzversicherung für die Unterbringung im Einbettzimmer und Chefarztbehandlung bei Krankenhausaufenthalt (Wahlleistungen) beträgt 720 € und wurde durch die Versicherung bescheinigt.

B. B. zahlt 2019 Beiträge zur Pflegepflichtversicherung i. H. v. 620 €. Weitere Aufwendungen: Haftpflichtversicherungsbeiträge i. H. v. 500 € und Beiträge zu einer Lebensversicherung, abgeschlossen vor 2005, i. H. v. 2.400 €.

Folgende sonstige Vorsorgeaufwendungen können abgezogen werden:

Vorsorgeaufwendungen	€	€
Basiskranken- und Pflegepflicht versicherung		
Krankenversicherung	4.500	
Zusatzbeitrag Krankenversicherung (100 %)	600	
	5.100	
(96 % wegen Anspruch auf Krankengeld)	4.896	
Wahlleistung private Krankenversicherung	0	
Pflegepflichtversicherung	620	
Summe	5.516	
in tatsächlicher Höhe abziehbar		**5.516**
Höchstbetrag		
Ehemann	1.900	
Ehefrau (familienversichert)	1.900	
	3.800	

Beiträge zur Basiskranken- und Pflegepflichtversicherung sind in Höhe von 5.516 € (Mindestabzug) als Sonderausgaben abziehbar. Der gemeinsame Höchstbetrag wird bereits durch die Basiskranken- und Pflegepflichtversicherung erreicht und überschritten. Ein Abzug der anderen sonstigen Vorsorgeaufwendungen entfällt.

TIPP

Steuervorteil durch Vorauszahlung

Versicherungsbeiträge werden in dem Kalenderjahr als Sonderausgaben abgezogen, in dem sie geleistet wurden. Deshalb können Beiträge zur Basiskranken- und Pflegepflichtversicherung, die für künftige Jahre vorausbezahlt werden, bis zum **Zweieinhalbfachen** der auf den aktuellen Vz. entfallenden Beiträge im Jahr der Zahlung abgezogen werden. Der Vorteil besteht darin, dass in dem Jahr, für das die Beiträge vorausgezahlt werden, der Höchstbetrag für die anderen sonstigen Versicherungsbeiträge genutzt werden kann.

Basiskranken- und Pflegepflichtversicherung

Als Sonderausgaben werden die Beiträge des **Steuerpflichtigen für sich**, seinen **Ehegatten/eingetragenen Lebenspartner** und seine **Kinder** zu einer Basiskranken- und Pflegepflichtversicherung abgezogen, wenn der Steuerpflichtige Versicherungsnehmer ist. Wurden Beiträge für einen geschiedenen oder dauerhaft getrennt lebenden Ehegatten/Lebenspartner bezahlt? Vertiefend siehe → Unterhaltszahlungen.

Beiträge zur **gesetzlichen Krankenversicherung** sind in tatsächlich gezahlter Höhe abziehbar. Soweit jedoch ein Anspruch auf Krankengeld oder vergleichbare Leistungen besteht, ist der gezahlte Beitrag um 4 % zu kürzen. Bei Personen ohne Anspruch auf Krankengeld (z. B. Rentner, Bezieher von Arbeitslosengeld II, hauptberuflich selbstständig Erwerbstätige) ist keine Kürzung vorzunehmen.

Erhebt die gesetzliche Krankenversicherung einen **Zusatzbeitrag** direkt vom Versicherten, gehört auch dieser zu den begünstigten Aufwendungen. Die

4%ige Kürzung ist auch hier vorzunehmen.

Beiträge zu einer **privaten Krankenversicherung** sind nur insoweit unbegrenzt abziehbar, als sie auf Vertragsleistungen entfallen, die in Art, Umfang und Höhe den Leistungen aus der gesetzlichen Basiskrankenversicherung entsprechen. Beitragsanteile, die auf Zusatzleistungen (z. B. Chefarztbehandlung, Einbettzimmer im Krankenhaus oder bestimmte Leistungen durch Heilpraktiker) entfallen, sind nur im Rahmen der anderen sonstigen Vorsorgeaufwendungen abziehbar.

Sichert die private Krankenversicherung sowohl begünstigte Basisleistungen als auch nicht begünstigte Wahl- oder Komfortleistungen ab, werden die vom Arbeitgeber gezahlten steuerfreien Zuschüsse zur Kranken- und Pflegeversicherung ausschließlich mit den begünstigten Beiträgen zur Basisversicherung verrechnet. Eine Aufteilung des Zuschusses auf begünstigte und nicht begünstigte Beiträge ist nicht vorzunehmen (BFH, Urteil v. 2.9.2014, IX R 43/13).

Die Aufteilung der begünstigten und nicht begünstigten Beiträge wird durch die private Krankenversicherung berechnet und bescheinigt. Die Versicherung übermittelt die Höhe der begünstigten Beiträge elektronisch an die Finanzverwaltung. Für den Sonderausgabenabzug muss der Steuerpflichtige in die elektronische Datenübermittlung eingewilligt haben.

Ist ein Steuerpflichtiger sowohl Pflichtmitglied in einer gesetzlichen Krankenkasse als auch freiwillig privat krankenversichert, kann er lediglich die Beiträge abziehen, die er an die gesetzliche Krankenversicherung entrichtet (BFH, Urteil v. 29.11.2017, X R 5/17). Der Abzug der nicht als Sonderausgaben abziehbaren Krankenversicherungsbeiträge als außergewöhnliche Belastung scheidet ebenfalls aus.

Der von einem Steuerpflichtigen vereinbarte und getragene **Selbstbehalt** bei Krankheitskosten ist kein Beitrag zu einer Krankenversicherung und kann daher nicht als Sonderausgabe gemäß § 10 Abs. 1 Nr. 3 Satz 1 Buchst. a EStG abgezogen werden (BFH, Urteil v. 1.6.2016, X R 43/14). Der Selbstbehalt kann als außergewöhnliche Belastung nach § 33 EStG berücksichtigt werden, soweit er die zumutbare Belastung übersteigt. Vertiefend siehe → Außergewöhnliche Belastung.

Beiträge zu einer **Pflegepflichtversicherung** sind immer in tatsächlich gezahlter Höhe abziehbar.

Eltern können die von ihnen getragenen Basiskranken- und Pflegepflichtversicherungsbeiträge eines unterhaltsberechtigten Kindes, für die das Kind Versicherungsnehmer ist, im Rahmen ihres Sonderausgabenabzugs berücksichtigen. Dies gilt auch, wenn das Kind erwerbstätig ist und der Arbeitgeber die Beiträge unmittelbar vom Lohn des Kindes einbehalten hat. Voraussetzung ist aber, dass die Eltern die Beiträge des Kindes tatsächlich gezahlt oder erstattet haben (BFH, Urteil vom 13.3.2018, X R 25/15). Entgegen der Auffassung des BFH fordert die Finanzverwaltung nicht nur Barunterhalt, sondern lässt auch Sachunterhalt zu (BMF, Schreiben vom 3.4.2019, IV C 3 – S 2221/10/10005 :005).

Andere sonstige Vorsorgeaufwendungen

Sonstige Kranken- und Pflegeversicherungsbeiträge

Dazu zählen Beiträge, die auf Leistungen außerhalb der Basisversorgung entfallen, z. B. Beiträge zu Wahl-, Komfort- und Zusatztarifen, zu Krankenhaustagegeld-, Krankentagegeld- und Auslandsreisekrankenversicherungen sowie zur freiwilligen Pflegeversicherung.

Lebensversicherungen

Die Beiträge sind zu 88 % als andere sonstige Vorsorgeaufwendungen zu behandeln, wenn der Versicherungsvertrag vor 2005 abgeschlossen wurde. Wurde der Vertrag nach 2004 abgeschlossen, sind nur Beiträge zu Rürup-Versicherungen und zu Riester-Verträgen als Sonderausgaben begünstigt. Vertiefend siehe → Altersvorsorgeaufwendungen.

Haftpflichtversicherung und andere

Zu den als Sonderausgabe begünstigten Haftpflichtversicherungen gehören u. a. die Familienhaftpflicht, die Haftpflichtversicherung für das zu eigenen Wohnzwecken genutzte Grundstück, die Haftpflicht für das private Fahrzeug oder die Tierhalterhaftpflicht.

Dient eine Haftpflichtversicherung sowohl beruflichen als auch privaten Zwecken (z. B. wenn ein Kfz beruflich und privat genutzt wird), können die Beiträge aufgeteilt werden. Der berufliche Anteil ist Betriebsausgabe oder Werbungskosten, der private Anteil ist Sonderausgabe.

Weitere sonstige Vorsorgeaufwendungen, die sich nur selten steuerlich auswirken, sind Beiträge zu Arbeitslosen-, Berufs- oder Erwerbsunfähigkeits-, Unfall- und Risikolebensversicherungen.

5 Beitragsrückerstattungen

Bonuszahlungen der Krankenkasse

Folgende Fälle sind zu unterscheiden:

- Werden von der gesetzlichen Krankenversicherung im Rahmen eines Bonusprogramms zur Förderung gesundheitsbewussten Verhaltens (nach § 65a SGB V) Kosten für Gesundheitsmaßnahmen erstattet, die nicht im regulären Versicherungsumfang enthalten und damit von den Versicherten vorab privat finanziert worden sind, handelt es sich dabei um eine Leistung der Krankenkasse und nicht um eine Beitragsrückerstattung. Die als Sonderausgaben abziehbaren Krankenversicherungsbeiträge sind daher nicht um den Betrag der Kostenerstattung zu mindern (BFH, Urteil v. 1.6.2016, X R 17/15; BMF, Schreiben v. 6.12.2016, IV C 3 – S 2221/12/10008:008, BStBl 2016 I S. 1426).
- Leistungen aufgrund anderer Bonusprogramme (z. B. muss der Versicherte für den Bonuserhalt bestimmte Gesundheitsmaßnahmen durchführen oder sich auf bestimmte Weise verhalten) sind keine Kostenerstattung, sondern eine zu verrechnende Beitragsrückerstattung. Die Bonuszahlung mindert den Sonderausgabenabzug.
- Eine von der gesetzlichen Krankenversicherung nach § 53 Abs. 1 SGB V

ausgezahlte Prämie für die Nichtinanspruchnahme bestimmter ärztlicher Leistungen, die an etwaige Eigenbeteiligungen (Selbstbehalte) gekoppelt ist, ist bei der Ermittlung der Vorsorgeaufwendungen wie eine Beitragsrückerstattung in Abzug zu bringen (BFH, Urteil vom 6.6.2018, X R 41/17).

BEISPIEL

Bonuszahlungen der Krankenkasse

Der Steuerpflichtige finanziert selbst die Kosten für bestimmte Vorsorge- oder Gesundheitsmaßnahmen (z. B. Brillen und Kontaktlinsen, Massagen, Behandlungen beim Heilpraktiker, homöopathische Arzneimittel, Nahrungsergänzungsmittel). Die Krankenkasse beteiligt sich an den Kosten mit einem Zuschuss, der der Höhe nach begrenzt ist.

Es liegt keine Beitragsrückerstattung vor. Der Sonderausgabenabzug wird nicht vermindert.

Erhält der Steuerpflichtige von der Krankenkasse einen Bonus als Nichtraucher oder für die Teilnahme an einem Gewichtsreduzierungsprogramm, liegt eine Beitragsrückerstattung vor.

Keine Beitragsrückerstattung ist das sog. „Ersatz"-Krankenhaustagegeld. Diese Leistung erhält der Versicherte aufgrund vertraglicher Vereinbarungen, wenn während eines Krankenhausaufenthalts auf die Inanspruchnahme bestimmter Wahlleistungen verzichtet wird.

Selbstzahlung von Krankheitskosten zugunsten einer Beitragsrückerstattung

Trägt ein privat krankenversicherter Steuerpflichtiger seine Krankheitskosten selbst, um dadurch die Voraussetzungen für eine Beitragserstattung zu schaffen, können diese Kosten nicht von den erstatteten Beiträgen abgezogen werden (BFH, Urteil v. 29.11.2017, X R 3/16). Sie stellen außergewöhnliche Belastungen dar, soweit sie die zumutbare Belastung übersteigen.

TIPP

Beitragsrückerstattung oder Erstattung von Krankheitskosten

Private Krankenversicherungsträger stellen ihren Versicherten Beitragsrückerstattungen in Aussicht, wenn diese die Versicherung in einzelnen Jahren nicht in Anspruch nehmen. Dabei sollten Sie beachten, dass sich der wirtschaftliche Vorteil der Beitragsrückerstattung wegen der Anrechnung der Erstattung bei den Sonderausgaben (Erhöhung des zu versteuernden Einkommens) stark reduziert.

Wenn Sie z. B. von Ihrer Versicherung eine Beitragsrückerstattung von 500 € erhalten und einen persönlichen Grenzsteuersatz von 35 % haben, beträgt der wirtschaftliche Vorteil nur (500 € - 175 € =) 325 €. Übersteigen Ihre Krankheitskosten diesen Betrag, ist eine Erstattung der Krankheitskosten günstiger.

Beitragsrückerstattungen sind im Jahr der Erstattung von den im selben Jahr gezahlten Beiträgen zur Basiskranken- oder Pflegepflichtversicherung abzuziehen. Die Minderung erfolgt unabhängig davon, ob oder in welcher Höhe sich die Beiträge im Abflussjahr steuerlich ausgewirkt haben (BFH, Urteil v. 6.7.2016, X R 6/14). Ein sich bei der Erstattung von derartigen Beiträgen ergebender **Erstattungsüberhang** wird dem Gesamtbetrag der Einkünfte des Jahres der Erstattung hinzugerechnet. Waren die Beiträge zur Krankenversicherung wegen Wahl- oder Komfortleistungen nur teilweise abziehbar, sind auch die Erstattungen nur insoweit anzurechnen.

6 Vorsorgepauschale

Die Vorsorgepauschale wird nur im Lohnsteuerabzugsverfahren (quasi als vorweggenommener Sonderausgabenabzug für Vorsorgeaufwendungen) berücksichtigt. Ein Abzug der Vorsorgepauschale entfällt im Rahmen der Veranlagung zur Einkommensteuer.

7 Günstigerprüfung

Die heutigen Regelungen zum Abzug von Vorsorgeaufwendungen sind in einzelnen Fällen ungünstiger als nach der für das Kalenderjahr 2004 geltenden früheren Gesetzesfassung. Zur Vermeidung einer Schlechterstellung wird letztmals im Veranlagungszeitraum 2019 in diesen Fällen eine Günstigerprüfung durch das Finanzamt durchgeführt und ggf. der höhere Betrag nach altem Recht berücksichtigt. Dabei werden die Höchstbeträge nach altem Recht seit 2011 abgeschmolzen. Einbezogen in die Überprüfung werden nur Vorsorgeaufwendungen, die nach aktuellem Recht abziehbar sind. Hierzu gehört aber nicht der steuerfreie Arbeitgeberanteil zur gesetzlichen Rentenversicherung und ein diesem gleichgestellter steuerfreier Zuschuss des Arbeitgebers.

8 Versorgungsausgleich

Zum Versorgungsausgleich nach einer Scheidung: Vertiefend siehe → Altersvorsorgeaufwendungen und → Renten.

Werbungskosten, -pauschbeträge und -pauschalen

Wenn Sie Aufwendungen im Zusammenhang mit Ihren Einkünften steuerlich absetzen wollen, ist dies nur möglich, wenn es sich dabei um Werbungskosten handelt.

§§ 9, 9a EStG, R 9a EStR

1 Was sind Werbungskosten?

Aufwendungen im Zusammenhang mit Überschusseinkünften werden als „Werbungskosten" bezeichnet.

Überschusseinkünfte sind:

- Einkünfte aus nichtselbstständiger Arbeit
- Einkünfte aus V+V
- Einkünfte aus Kapitalvermögen
- sonstige Einkünfte (z. B. Altersrente)

Werbungskosten sind im Jahr der Bezahlung (= Abflussprinzip) zu berücksichtigen. Werden Gegenstände mit einer mehrjährigen Nutzung angeschafft (wie Computer, Möbel), kommt es ggf. ausnahmsweise zu einer Verteilung der Aufwendungen auf die Nutzungsdauer des Gegenstands. Vertiefend siehe → Abschreibungen/Arbeitsmittel, → Abschreibungen/Anschaffungs- und Herstellungskosten, → Abschreibungen/Gebäude und → Computer.

Übersteigen die Werbungskosten die Summe der Einnahmen (z. B. Großreparatur bei einem Mietwohngrundstück), kommt es zu einem Verlust.

TIPP

Vorab entstandene Werbungskosten

Auch vorab entstandene Werbungskosten können unter bestimmten Umständen geltend gemacht werden, z. B. Bewerbungskosten. Nähere Informationen dazu, wann Kosten eines Studiums abzugsfähig sind, finden Sie unter → Ausbildung und Studium.

WICHTIG

Aufbewahrungspflicht

Nach § 147a AO müssen Steuerpflichtige, bei denen die Summe der positiven Überschusseinkünfte mehr als 500.000 € im Kalenderjahr beträgt, Aufzeichnungen und Unterlagen über die Einnahmen und Werbungskosten sechs Jahre lang aufbewahren.

2 Grundvoraussetzung für den Abzug

Sehr viele Aufwendungen haben einen Bezug zu einer Einkunftsart und zusätzlich noch einen privaten Anlass. Steuerlich spricht man von einer „gemischten Veranlassung". Der BFH ist von seiner engen Auffassung, dass eine Aufteilung von gemischten Aufwendungen nur in Ausnahmefällen möglich ist, abgerückt. So hat er bei einer gemischt veranlassten Reise die Kosten für die Hin- und Rückreise anteilig zum Abzug zugelassen (BFH, Urteil v. 21.9.2009, GrS 1/06).

Die Ausführungen des BFH sind auch auf andere gemischte Aufwendungen anwendbar. Voraussetzung ist, dass die beruflich veranlassten Anteile feststellbar und nicht von untergeordneter Bedeutung sind.

3 Typische Werbungskosten

Nachfolgend sind, getrennt nach den Einkunftsarten, die am häufigsten vorkommenden Arten von Werbungskosten aufgelistet.

Einkünfte aus nichtselbstständiger Arbeit

→ **A**rbeits-/Berufskleidung

→ **A**rbeitsmittel (Aktentasche, Werkzeuge etc.)

→ **A**rbeitszimmer

Auslandsreisen → Reisekosten

Beiträge zum Berufsverband (z. B. Gewerkschaftsbeiträge)

Bewerbungskosten s. u.

Bewirtungskosten

→ **C**omputer

Dienstreisen → Reisekosten

→ **D**oppelte Haushaltsführung

Einsatzwechseltätigkeit → Reisekosten, → Entfernungspauschale

Fachbücher/Fachzeitschriften

Fachtagungen → Fortbildung/Fachtagungen, → Fahrtkosten

Kontoführungsgebühr (pauschal 16 €)

Parkgebühren → Reisekosten, → Fahrtkosten

Studien- und Sprachreisen

Telefonkosten

→ Umzugskosten

Unfallkosten → Fahrtkosten

WICHTIG

Sprachkurs eines Ausländers

Aufwendungen eines im Inland lebenden Ausländers für das Erlernen der deutschen Sprache sind regelmäßig keine Werbungskosten (BFH, Urteil v. 15.3.2007, VI R 14/04).

Einkünfte aus Kapitalvermögen

ACHTUNG

Werbungskosten für Kapitaleinnahmen sind nur in wenigen Ausnahmefällen abzugsfähig. Vertiefend siehe → Kapitalanlagen.

Einkünfte aus V+V

Beachten Sie die Ausführungen im Stichwort→ Vermietung/Immobilien.

Berufskrankheiten

Aufwendungen zur Wiederherstellung der Gesundheit können dann betrieblich oder beruflich veranlasst sein, wenn es sich um eine typische Berufskrankheit handelt oder der Zusammenhang zwischen der Erkrankung und dem Beruf eindeutig feststeht (BFH, Urteil v. 11.7.2013, VI R 37/12).

Strafverteidigungskosten

Kosten für die Strafverteidigung sind nur dann Werbungskosten, wenn diese objektiv, d. h. ausschließlich und unmittelbar, mit der Berufstätigkeit in Zusammenhang stehen. Das ist z. B. nicht der Fall beim Tatvorwurf der Steuerhinterziehung durch falsche Angaben in der Einkommensteuererklärung eines Steuerberaters, auch wenn dadurch die weitere berufliche Tätigkeit gefährdet ist (FG Hessen, Urteil v. 12.2.2014, 4 K 1757/11).

Kosten der Strafverteidigung wegen einer vorsätzlichen Tat sind weder Werbungskosten noch außergewöhnliche Belastungen (BFH, Urteil v. 16.4.2013, IX R 5/12).

Bewerbungskosten

Bewerbungskosten sind als Werbungskosten abziehbar (§ 9 EStG). Hiervon sind die Beträge abzuziehen, die ggf. bei einem Vorstellungsgespräch durch den Arbeitgeber oder die Bundesagentur für Arbeit erstattet wurden.

Für die steuerliche Beurteilung kommt es nicht darauf an, ob die Bewerbung Erfolg hatte. Es kommt nur darauf an, dass durch die Bewerbung Kosten entstanden sind.

Abziehbar sind die Kosten für

- Beglaubigungen, Stellenanzeigen, Fotokopien,
- Porto, E-Mails und Telefongespräche,
- Vorstellungsreisen,
- Verpflegungsmehraufwand wie bei Dienstreisen → Reisekosten,
- Übernachtungen bei Vorstellungsreisen,
- Übersetzungen, Urkunden,
- Bewerbungsbilder sowie
- Bewerbungsmappen.

Das FG Köln ließ die Kostenermittlung bei einem Steuerpflichtigen, der 350 Bewerbungen glaubhaft gemacht hatte, im Schätzungswege zu und setzte die Kosten für jede Bewerbungsmappe mit 8,70 € an (FG Köln, Urteil v. 7.7.2004, 7 K 932/03).

Stehen den Aufwendungen wegen ganzjähriger Arbeitslosigkeit keine Einnahmen gegenüber, so ist der dadurch entstandene Verlust nach § 10d EStG auf das vorangegangene Jahr rücktragsfähig.

Telefonkosten

Bei privater und beruflicher Verwendung eines Telefons in der Wohnung oder eines eigenen Mobiltelefons einschließlich des Internets und sonstiger Onlineverbindungen sind die Telefongrund- und -gesprächsgebühren in einen privaten und einen beruflichen Anteil aufzuteilen. Die auf den beruflichen Anteil entfallenden Kosten sind als Werbungskosten abziehbar.

Die Aufteilung hat durch Schätzung zu erfolgen, wenn geeignete Unterlagen und Aufzeichnungen fehlen. Aufzeichnungen über einen Zeitraum von drei Monaten werden als ausreichend angesehen.

4 Abzugsbeschränkungen

Vertiefend siehe → Arbeitszimmer, → Doppelte Haushaltsführung und → Reisekosten.

Bewirtungskosten im Rahmen von Arbeitsverhältnissen

Bewirtungsaufwendungen können im Einzelfall Werbungskosten sein. Im Wesentlichen ist auf den Anlass der Bewirtung abzustellen. Dabei ist anhand der gesamten Umstände des Einzelfalles (u. a. Ort der Veranstaltung, Veranstalter, Teilnehmer, Modalitäten bei der Durchführung) zu ermitteln, ob die Veranstaltung eher einen beruflichen oder privaten Charakter hat.

Für eine berufliche Veranlassung spricht:

- Geschäftsräume als Ort der Bewirtung
- als Gäste sind Geschäftspartner, Kollegen, Mitarbeiter, Angehörige des öffentlichen Lebens, nicht aber Bekannte und Freunde geladen
- Arbeitgeber als Einladender

Die Art der Bezüge (erfolgsabhängig oder nicht) spielt keine entscheidende Rolle mehr.

Liegt sowohl eine berufliche als auch eine private Veranlassung vor, ist eine Aufteilung der Kosten vorzunehmen.

Abzugsfähig sind i. d. R. nur 70 % der Kosten, die restlichen 30 % unterliegen der Abzugsbeschränkung gem. § 4 Abs. 5 Satz 1 Nr. 2 EStG. Die Kürzung kommt nicht zum Zuge, wenn nur Mitarbeiter eingeladen werden. Eine derartige Bewirtung ist mit der betrieblich veranlassten Bewirtung von Arbeitnehmern durch einen Unternehmer vergleichbar, für die ebenfalls keine Abzugsbeschränkung gilt (BFH, Urteil v. 18.9.2007, I R 75/06).

Werden allerdings auch andere Personen bewirtet, sind nur 70 % der gesamten Kosten abzugsfähig (R 4.10 Abs. 7 EStR). Ebenfalls ohne Abzug abzugsfähig sind Bewirtungskosten, die der Arbeitnehmer übernimmt, obwohl es sich um ein Fest des Arbeitgebers handelt.

5 Vergebliche Aufwendungen

Aufwendungen, die Werbungskosten darstellen, sich aber nachträglich als vergeblich herausstellen, z. B. für eine Bewerbung, die zu keiner Anstellung führt, sind trotzdem abzugsfähig.

Muss ein Arbeitnehmer wegen vorzeitigen Ausscheidens z. B. nach erfolgter Ausbildung eine Vertragsstrafe zahlen, ist diese als Werbungskosten bzw. Betriebsausgabe abzugsfähig (BFH, Urteil v. 22.6.2006, VI R 5/03). Das kann auch für eine Schadensersatzzahlung gelten, die anlässlich einer Vertragsaufhebung z. B. bei einem Grundstückskaufvertrag geleistet wird (BFH, Urteil v. 7.6.2006, IX R 45/05).

6 Werbungskostenpauschbeträge/-pauschalen

Ein pauschaler Abzug lohnt sich immer dann, wenn die Pauschbeträge/Pauschalen höher sind als die tatsächlich angefallenen Aufwendungen.

Werbungskostenpauschbeträge

Soweit nicht höhere Aufwendungen geltend gemacht werden, erhalten Sie automatisch folgende Werbungskostenpauschbeträge:

- wenn Sie eine Rente, Pension oder Unterhaltszahlungen erhalten haben, 102 €,
- Arbeitnehmer mit Lohnsteuerkarte unabhängig von der Beschäftigungsdauer und der Anzahl der Beschäftigungsverhältnisse 1.000 € (Arbeitnehmer-Pauschbetrag).

Pauschbeträge dürfen allerdings nicht zu negativen Einkünften führen.

Pauschalen

Grundsätzlich sind nur tatsächliche Aufwendungen, die nachweisbar bzw. glaubhaft sind, als Werbungskosten abzugsfähig. Im Einzelfall lässt das Finanzamt auch pauschale Abzüge zu, sofern nicht ohnehin die Werbungskostenpauschbeträge zum Abzug kommen oder höhere Kosten nachgewiesen werden. Für Kontoführungsgebühren können Sie als Arbeitnehmer, Rentner, Pensionär oder als Vermieter (pro Objekt) jährlich pauschal 16 € als Werbungskosten geltend machen, für Arbeitsmittel 110 €. Zum Thema Trinkgelder siehe → Reisekosten.

7 Pauschale Betriebsausgaben (BA)

Bestimmte Berufsgruppen können einen pauschalen Betriebsausgabenabzug in Anspruch nehmen, wobei der Nachweis höherer BA unbenommen bleibt. Vertiefend siehe → Einnahmenüberschussrechnung und → Ehrenamt.

8 Einkünfte aus Ehrenämtern

Alles, was ehrenamtlich Tätige (z. B. Übungsleiter, Vereinsvorstände, Ratsmitglieder) interessiert, haben wir im Stichwort → Ehrenamt zusammengestellt.

Zusatzeinkünfte

Das Finanzamt ist an Ihren Zusatzeinkünften interessiert. Ob Steuern davon zu bezahlen sind, hängt von zahlreichen Faktoren ab.

§§ 15, 18, 19 EStG

1 Lohnt sich Schwarzarbeit?

Eine Vielzahl von Nebentätigkeiten wird „schwarz" vorgenommen. Man sollte sich jedoch von vornherein darüber im Klaren sein, dass Schwarzarbeit erhebliche Risiken mit sich bringt.

Neben der Steuernachzahlung kann es zur Festsetzung einer nicht unerheblichen Geldbuße oder Geldstrafe kommen. Und ein böser Nachbar oder geschiedener Ehegatte war schon häufig Anlass für ein Steuerstrafverfahren.

2 Wie ist meine Nebentätigkeit steuerlich zu behandeln?

Tätigkeit als Arbeitnehmer

- **Lohnsteuerpflichtige Tätigkeit:** Wenn Sie mit Ihrem Arbeitgeber eine lohnsteuerpflichtige Beschäftigung vereinbart haben, ist er verpflichtet, Steuern und Abgaben abzuführen. Für das zweite und jedes weitere Dienstverhältnis gilt dann die Steuerklasse VI. Da sämtliche Freibeträge schon bei der ersten Steuerkarte berücksichtigt werden, ist der Abzug sehr hoch. Der Arbeitslohn sowie ggf. anfallende Werbungskosten sind auf der Anlage N aufzuführen.

- **Behandlung als Aushilfslohn:** In bestimmten Fällen kann eine Aushilfslohnbesteuerung durchgeführt werden. Vertiefend siehe → Minijobs.

Sie sind selbstständig tätig. Welche Einkunftsart liegt vor?

Wenn Sie „auf eigene Faust und Rechnung" tätig sind, handelt es sich entweder um

- Einkünfte aus Gewerbebetrieb (z. B. Tätigkeit als Handwerker, Verkauf von Produkten, Vermittlungsgeschäfte) oder um
- Einkünfte aus selbstständiger Tätigkeit (z. B. schriftstellerische, unterrichtende oder wissenschaftliche Tätigkeit).

TIPP

Ebay & Co.

Auch mit Privatverkäufen (z. B. bei einer Internetplattform) kann man zum Unternehmer werden. Denn auch Privatverkäufe können unter Umständen Umsatzsteuer auslösen, wenn eine intensive und auf Langfristigkeit angelegte Verkaufstätigkeit vorliegt. Im entschiedenen Fall wurde in drei Jahren bei mehr als 1.200 Verkäufen ein Umsatz von 20.000 € bis 30.000 € jährlich erzielt (BFH, Urteil v. 26.4.2012, V R 2/11).

Auch sollte beachtet werden, dass Umsätze aus Verkäufen über Ebay der Person zuzurechnen sind, unter deren Nutzernamen die Verkäufe ausgeführt wurden (FG Baden-Württemberg, Urteil v. 26.10.2017, 1 K 2431/17).

Ähnliche Steuerfallen lauern z. B. auf einen Pokerspieler, der regelmäßig über Jahre hinweg erfolgreich an namhaften, mit hohen Preisen dotierten Turnieren teilnimmt. Die Gewinne unterliegen der Einkommensteuer (BFH, Urteil v. 16.9.2015, X R 43/12; so auch FG Münster v. 12.10.2018, 14 K 799/11 E,G). Auch ein Pflegevertrag, der als Gegenleistung die Übertragung eines Wohnhauses vorsieht, kann zu einer steuerpflichtigen gewerblichen Tätigkeit führen, wenn die Gründe nicht in familiären Beziehungen zu suchen sind (BFH, Urteil v. 20.3.2013, X R 15/11). Selbst eine Hausfrau, die Schmuckstücke und andere Gegenstände über das Internet bzw. über Zeitungsanzeigen verkauft, wird sowohl unternehmerisch als auch gewerblich tätig (FG Köln, Urteil v. 27.8.2014, 7 K 3561/10).

Einnahmen aus Kinderbetreuung

Betreut die Tagespflegeperson ein Kind in dessen Familie, ist sie i. d. R. Arbeitnehmer.

In allen anderen Fällen sind Einnahmen aus der **Kindertagespflege,** unabhängig von der Anzahl der betreuten Kinder und von der Herkunft der vereinnahmten Mittel (z. B. von den Eltern oder vom Jugendamt), steuerpflichtige Einnahmen aus freiberuflicher Tätigkeit.

Soweit Aufwendungen für eine Unfallversicherung oder zur Alterssicherung erstattet werden, gehören diese zu den steuerpflichtigen Einnahmen.

Die Steuerbefreiungsvorschriften des § 3 Nr. 11 und Nr. 26 EStG sind nicht anwendbar.

Steuerfrei nach § 3 Nr. 11 EStG sind dagegen

- Pflegegeld und Beihilfe bei einer Vollzeitpflege nach § 33 SGB VIII (Ausnahme: Es werden mehr als sechs Kinder gleichzeitig im Haushalt aufgenommen.) sowie
- Geldleistungen der Jugendämter für die spezialisierte Tagespflege nach § 32 SGB VIII.

Ebenfalls bis zur Höhe der Leistungen nach SGB XII steuerfrei ist das Betreuungsentgelt, das an Gastfamilien im Rahmen des betreuten Wohnens behinderter Menschen gezahlt wird (§ 3 Nr. 10 EStG). Dies gilt unabhängig davon, ob die Geldleistungen vom Sozialleistungsträger oder vom behinderten Menschen selbst getragen werden.

Betriebsausgaben

Anstelle der tatsächlichen Betriebsausgaben können bei einer Betreuungszeit von acht Stunden und mehr pro Kind und Tag aus Vereinfachungsgründen 300 € je Kind und Monat pauschal als Betriebsausgaben abgezogen werden. Sie sind bei geringerer Betreuungszeit anteilig zu kürzen. Findet die Betreuung im Haushalt der Sorgeberechtigten oder in unentgeltlich zur Verfügung gestellten Räumlichkeiten als selbstständige Tätigkeit statt, kann die Betriebsausgabenpauschale nicht abgezogen werden. Die Betriebsausgabenpauschale darf nur bis zur Höhe der Betriebseinnahmen abgezogen werden. Soweit tatsächlich höhere Aufwendungen nachgewiesen werden, können diese angesetzt werden (BMF, Schreiben v. 11.11.2016, IV C 6-S 2246/07/10002:005). **Andere Betreuer**, z. B. vom Betreuungsgericht bestellte ehrenamtliche Betreuer nach § 1835a, erzielen Einkünfte, die nach § 3 Nr. 26b EStG steuerfrei sind. Vertiefend siehe → Ehrenamt.

Muss ich Umsatzsteuer an das Finanzamt bezahlen?

TIPP

Nullbesteuerung

Die Nullbesteuerung können Sie anwenden, wenn Ihr Vorjahresumsatz nicht über 17.500 € liegt und der voraussichtliche Umsatz des laufenden Jahres weniger als 50.000 € beträgt.

In diesem Fall müssen Sie keine Umsatzsteuer an das Finanzamt abführen. Sie erhalten aber auch die in Kostenrechnungen enthaltenen Umsatzsteuerbeträge nicht als Vorsteuer vom Finanzamt erstattet.

ACHTUNG

Umsatzsteuerausweis

Sie dürfen in diesem Fall unter keinen Umständen auf Ihren Rechnungen Umsatzsteuer ausweisen (z. B. „1.000 € zzgl. 190 € Umsatzsteuer" oder „im Betrag sind 19 % Umsatzsteuer enthalten"). Sonst schulden Sie die Umsatzsteuerbeträge.

Kommt die Nullbesteuerung nicht in Betracht, muss Umsatzsteuer an das Finanzamt abgeführt werden. Andererseits werden die von anderen Unternehmern in Rechnung gestellten Umsatzsteuerbeträge vom Finanzamt als Vorsteuer erstattet.

Wenn die Regelbesteuerung zum Zuge kommt, müssen Sie eine Umsatzsteuererklärung abgeben.

3 Einnahmenüberschussrechnung

Wichtiges zum Thema Einnahmenüberschussrechnung finden Sie auch auf http://mybook.haufe.de unter „Weiterführende steuerliche Informationen".

Eine weitergehende ausführliche Darstellung der verschiedenen Gewinnermittlungsarten, der umsatzsteuerlichen Vorschriften sowie Tipps zur Verwendung des amtlichen Vordrucks erhalten Sie in unserem Steuerratgeber „Steuer 2020 für Unternehmer, Selbstständige und Existenzgründer".

4 Einkünfte aus Ehrenämtern

Alles, was ehrenamtlich Tätige interessiert, haben wir im Stichwort → Ehrenamt zusammengestellt.

5 Einnahmen aus Fernsehshows

Anders als Gewinne aus Wetten, Lotterien und anderen Glücksspielen, soweit sie außerhalb einer betrieblichen und beruflichen Tätigkeit ausgeübt werden, sind Preisgelder für die Teilnahme an Unterhaltungssendungen, die nahezu ausschließlich von der Mitwirkung der Kandidaten leben, nach § 22 Nr. 3 EStG steuerpflichtig (BFH, Urteil v. 28.11.2007, IX R 39/06). Teilnehmer an einer Dokutainment-Sendung, deren Haus kostenlos renoviert wird, müssen die Renovierungen als geldwerten Vorteil versteuern (FG Köln, Beschluss v. 28.2.2019, 1 V 2304/18).

Anhang

Online-Portal

Einfach unter **http://mybook.haufe.de** den Buchcode eingeben. Diesen finden Sie auf der zweiten Seite dieses Buches.

CHECKLISTE A = Arbeitnehmer R = Rentner U = Unternehmer

Die wichtigsten Einkommensteuertipps auf einen Blick

Abschreibungen/Arbeitsmittel A R U

Haben Sie Arbeitsmittel angeschafft, die weniger als 952 € (netto 800 €) gekostet haben?
Diese können Sie im Jahr der Anschaffung als Werbungskosten oder Betriebsausgabe geltend machen. Auch wenn Sie einen privat angeschafften Gegenstand beruflich nutzen, können Sie den Restwert ab dem Zeitpunkt der beruflichen Nutzung abschreiben. Beträgt der zum Zeitpunkt der erstmaligen beruflichen Nutzung noch nicht abgesetzte Teil der AK (Restwert) nicht mehr als 952 €, können Sie diesen sofort in voller Höhe zum Abzug bringen.

Arbeitskleidung A U

Wird Ihre Arbeitskleidung steuerlich anerkannt?
Wenn Sie „typische Berufskleidung" tragen, deren Anschaffung steuerlich abzugsfähig ist, können Sie auch die Reinigungskosten geltend machen. In der Regel wird ein pauschaler Betrag von 110 € nicht beanstandet.

Arbeitszimmer A U

Nutzen Sie ein Zimmer sowohl beruflich als auch privat?
Machen Sie den teilweisen Abzug der Aufwendungen geltend. Lehnt das Finanzamt den Abzug ab, erheben Sie Einspruch und beantragen das Ruhen des Verfahrens.

Vermietung an den Arbeitgeber
Wenn Sie auf Wunsch des Arbeitgebers zu Hause arbeiten, sprechen Sie mit ihm, ob er das Arbeitszimmer anmietet. Das kann für beide Seiten interessant sein.

Wollen Sie Ihr Haus verkaufen?
Unter Umständen kann das Arbeitszimmer als Privatvermögen behandelt werden, sodass der anteilige Wert bei einem Verkauf des Hauses nicht versteuert werden muss.

CHECKLISTE

A = Arbeitnehmer R = Rentner U = Unternehmer

Behinderte Menschen

A R U

Sind Sie oder ein von Ihnen betreuter Mensch in der Pflegestation eines Seniorenheims untergebracht?
Die Aufwendungen können wie Krankenhauskosten als außergewöhnliche Belastung ohne Anrechnung der Haushaltsersparnis berücksichtigt werden.

Haben Sie Ihr Fahrzeug behindertengerecht umgerüstet?
Die Aufwendungen sind neben dem Behinderten-Pauschbetrag in voller Höhe abziehbar.

Sind Sie behindert, haben aber keinen Schwerbehindertenausweis beantragt?
Holen Sie dies schleunigst nach! Der amtliche Ausweis ist maßgeblich für den Steuerfreibetrag. Entscheidend ist der Zeitpunkt des Eingangs beim Versorgungsamt.

Werden Sie wegen Ihrer Behinderung von Ihrem Ehegatten zu Ihrer ersten Tätigkeitsstätte gebracht und abgeholt?
Dann können Sie pro Tag zwei Hin- und Rückfahrten abrechnen.

Ist Ihr Kind behindert, aber ohne eigene Einkünfte?
Der Freibetrag kann auf Sie übertragen werden.

Betreuen Sie einen Angehörigen nur zeitweise (z. B. am Wochenende) in Ihrer Wohnung?
Auch dann können Sie den Pauschbetrag beanspruchen.

Berufsausbildung

A

Hatten Sie im Jahr 2019 Aufwendungen für die eigene Berufsausbildung?
Dann können Sie diese bis zum Höchstbetrag von 6.000 € als Sonderausgaben geltend machen. Im Einzelfall können auch unbeschränkt abzugsfähige Werbungskosten vorliegen, wenn Sie z. B. Ausbildungsbezüge erhalten.

CHECKLISTE

A = Arbeitnehmer R = Rentner U = Unternehmer

Dienstwagen/Firmenwagen
A U

Müssen Sie Ihrem Arbeitgeber einen Zuschuss bei der Anschaffung des nächsten Firmenwagens zahlen (z. B. für Sonderausstattung)?
Der Zuschuss kann über die voraussichtliche Gesamtdauer des Nutzungsrechts abgeschrieben werden. Die Abschreibung stellt Werbungskosten dar.

Hat Ihr Arbeitgeber die 1 %-Regelung angewendet, obwohl Sie ein Fahrtenbuch geführt haben?
Dann können Sie in der Einkommensteuererklärung den Bruttoarbeitslohn korrigieren!

Fahren Sie ein Elektro- oder Hybridelektrofahrzeug?
Dann beachten Sie die Sonderregelungen zur Berechnung des Privatanteils.

Doppelte Haushaltsführung
A U

Ist Ihre doppelte Haushaltsführung auf Dauer angelegt?
Überlegen Sie, ob Ihr Ehegatte an Ihrem Arbeitsort eine Wohnung kaufen kann, die Sie anschließend anmieten. Hier ergibt sich ein doppelter steuerlicher Vorteil: durch die Werbungskosten aus der doppelten Haushaltsführung und den Verlust aus V+V.

Ehrenamt
A R U

Sind Sie im gemeinnützigen, mildtätigen oder kirchlichen Bereich ehrenamtlich oder nebenberuflich tätig?
Dann können Sie sowohl den Freibetrag für nebenberufliche Tätigkeiten im gemeinnützigen, mildtätigen oder kirchlichen Bereich als auch den Übungsleiterfreibetrag (für zwei verschiedene Tätigkeiten) erhalten, soweit die Voraussetzungen erfüllt sind.

Haben Sie mit Ihrer Tätigkeit Verluste erzielt?
Auch ein Verlust kann steuerlich geltend gemacht werden, sofern die Tätigkeit mit Einkünfteerzielungsabsicht ausgeübt wird.

CHECKLISTE

A = Arbeitnehmer R = Rentner U = Unternehmer

Entfernungspauschale A

Sind Sie daran interessiert, dass Ihr Arbeitgeber ein Jobticket kostenlos bzw. vergünstigt zur Verfügung stellt?
Werden diese Zuschüsse oder das Jobticket zusätzlich zum geschuldeten Arbeitslohn gezahlt, sind diese steuerfrei.

Fachbücher A U

Wollen Sie Kosten für Literatur steuerlich als Werbungskosten oder Betriebsausgaben geltend machen?
Abzugsfähig sind nur Ausgaben für Fachliteratur. Lassen Sie sich von Ihrem Buchhändler Quittungen mit dem genauen Titel des Buches geben. Ab 100 € sollte auch der Name des Käufers auf der Quittung stehen.

Fahrtkosten A U

Nutzen Sie Ihren Pkw nahezu ausschließlich (zu mehr als 90 %) beruflich?
Der Pkw ist in diesem Fall ein Arbeitsmittel. Damit sind alle Aufwendungen (AfA, Zinsen, Kraftstoffe, Versicherungen etc.) als Werbungskosten abzugsfähig.

Finanzierungskosten A R U

Haben Sie ein Mietobjekt verkauft oder wollen Sie dies in Zukunft tun?
Auch nachträglich gezahlte Zinsen können noch Werbungskosten sein.

Planen Sie den Bau oder Erwerb eines teilweise vermieteten, teilweise selbst genutzten Gebäudes?
Lassen Sie im Vertrag eine angemessene Aufteilung des Kaufpreises vornehmen. Bezahlen Sie die zu vermietende Einheit ausschließlich durch Darlehen, setzen Sie Ihr Eigenkapital nur für den selbst genutzten Teil ein.

Ausbildung und Studium A U

Absolvieren Sie zurzeit Ihre Erstausbildung?
Ob das (rückwirkende) gesetzliche Verbot des Werbungskostenabzugs für die Kosten einer ersten Berufsausbildung verfassungsgemäß ist, wird zzt. vom BVerfG geprüft (z. B. 2 BvL 23/14–27/14). Machen Sie deshalb auch die Kosten der Erstausbildung (rückwirkend bis 2014, sofern bisher noch keine Steuererklärung abgegeben wurde) als Werbungskosten geltend.

CHECKLISTE

A = Arbeitnehmer R = Rentner U = Unternehmer

Fortbildung/Fachtagungen A U

Haben Sie an Fachtagungen teilgenommen?
Bitten Sie den Veranstalter ggf. um Teilnahmebestätigungen oder heben Sie Ihre Aufzeichnungen auf.

Haben Sie den Besuch einer Fachtagung z. B. mit einer Urlaubsreise verbunden?
Auch bei einer gemischten Veranlassung kann zumindest ein Teil der Ausgaben steuerlich berücksichtigt werden.

Benötigen Sie für Ihre Tätigkeit Sprachkenntnisse?
Auch Sprachkurse, die nur Grundkenntnisse vermitteln, können abgesetzt werden. Auch ein (Intensiv-)Sprachkurs im EU-Ausland kann abzugsfähig sein.

Haushaltsnahe Dienstleistungen A R U

Haben Sie die Kosten für die haushaltsnahe Dienstleistung überwiesen?
Haushaltsnahe Dienstleistungen sind nur begünstigt, wenn sie durch Überweisung bezahlt werden. Barzahlungen werden nicht akzeptiert.

Enthält die Abrechnung Ihrer Hausverwaltung auch haushaltsnahe Aufwendungen?
Dies können z. B. Aufwendungen für den Hausmeister, die Putzfrau oder für Handwerker sein. Lassen Sie sich die Aufwendungen gesondert bescheinigen.

Haben Sie Handwerkerrechnungen, die Lohn- und Materialkosten nicht getrennt ausweisen?
Lassen Sie sich eine Rechnung geben, in der Arbeitslohn, Maschinen- und Fahrtkosten gesondert ausgewiesen sind. Eine ggf. prozentuale Aufteilung in Arbeits- und Materialkosten muss vom Rechnungsaussteller vorgenommen worden sein.

Investitionsabzugsbetrag U

Durch die Bildung eines Investitionsabzugsbetrags können Sie Ihren Gewinn noch vor Anschaffung eines Wirtschaftsguts mindern.

CHECKLISTE

A = Arbeitnehmer R = Rentner U = Unternehmer

Kassensysteme U

Vereinnahmen Sie in Ihrem Betrieb in nicht unerheblichem Umfang Bareinnahmen, sollten Sie sich über die erforderlichen Aufzeichnungen informieren, damit Sie dem Finanzamt keinen Anlass zu Hinzuschätzungen geben.

Kapitalanlagen A R U

Wollen Sie die Veranlagungsoption oder die Günstigerprüfung im Rahmen der Einkommensteuererklärung nutzen?
In diesem Fall müssen Sie dies unbedingt durch ein Kreuz in der Anlage KAP beantragen. Nur dann führt das Finanzamt die Prüfung durch! Außerdem sollten Sie Ihren Steuerbescheid daraufhin besonders kontrollieren.

Kennen Sie die Neuerungen bei der Fondsbesteuerung?
Die Besteuerung von Investmentfonds hat sich grundlegend geändert. Informieren Sie sich in unserem Buch.

Kinder A U

Wurde Ihr Kind im Einkommensteuerbescheid steuerlich berücksichtigt und haben Sie bisher kein Kindergeld erhalten?
Beantragen Sie das Ihnen zustehende Kindergeld noch nachträglich bei der zuständigen Familienkasse, allerdings nur rückwirkend für sechs Monate.

Betreut ein Verwandter Ihre minderjährigen Kinder?
Schließen Sie einen schriftlichen Vertrag wie unter Fremden. Dann können Sie die Betreuungskosten steuerlich geltend machen. Das gilt z. B. auch für Fahrtkosten, die Sie der Betreuungsperson erstatten.

Beschäftigen Sie ein Au-pair?
Die Aufwendungen werden zur Hälfte als Betreuungskosten angerechnet.

Ist Ihr Kind im Internat untergebracht?
Die Unterbringungskosten (ohne Verpflegung) in einem Internat sind vom FG Thüringen (Urteil v. 25.10.2016, 2 K 95/15) als Betreuungskosten anerkannt worden.

CHECKLISTE

A = Arbeitnehmer R = Rentner U = Unternehmer

Krankheitskosten A R U

Leiden Sie an einer typischen Berufskrankheit?
Dann können die Krankheitskosten Werbungskosten oder Betriebsausgaben sein.

Fahren Sie mit dem eigenen Pkw zum Arzt oder lassen Sie sich bringen?
Auch diese Aufwendungen sind als Krankheitskosten abziehbar.

Kur A R U

Haben Sie im vergangenen Jahr einen Kuraufenthalt absolviert oder planen Sie eine Kur?
Kosten am Kurort werden auch anerkannt, wenn die Notwendigkeit der Kur nicht nachgewiesen wurde.

Pflegekosten/Heimunterbringung A R U

Leben Sie in einem Seniorenheim?
Schon ab Pflegegrad I können Sie unterschiedliche steuerliche Vergünstigungen in Anspruch nehmen.

Reisekosten A U

Haben Sie eine Reise unternommen, deren Zweck sowohl beruflich als auch privat war?
Liegt eine private Mitveranlassung vor, scheidet ein Abzug nach neuer Rspr. nicht in vollem Umfang aus.

Übernachten Sie auf Dienstreisen und erhalten dafür keine Rechnung?
Sie dürfen Ausgaben für Übernachtungen sachgerecht schätzen, wenn ein Einzelnachweis nicht möglich ist (z. B. Lkw-Fahrer 5 € für die Übernachtung in einer Schlafkabine).

Reparaturen A U

Haben Sie innerhalb von drei Jahren nach Anschaffung eines Objekts größere Aufwendungen getätigt?
Beachten Sie die 15 %-Grenze für „anschaffungsnahe Aufwendungen“.

CHECKLISTE

A = Arbeitnehmer R = Rentner U = Unternehmer

Hat Ihre Baumaßnahme für ein vermietetes Gebäude oder eine vermietete Wohnung weniger als 4.000 € netto (4.760 € brutto) gekostet?
Diese Kosten können Sie aus Vereinfachungsgründen immer als Reparatur behandeln, es sei denn, es handelt sich um Aufwendungen, die der erstmaligen endgültigen Fertigstellung des Gebäudes dienen.

Wollen Sie ein bisher vermietetes Objekt selbst nutzen?
Lassen Sie anstehende Reparaturen möglichst ausführen, solange die Wohnung noch vermietet ist.

Hat ein anderer Reparaturrechnungen, die Sie schuldeten, für Sie bezahlt oder Reparaturen in Auftrag gegeben und bezahlt?
In diesem Fall sind die Aufwendungen bei Ihnen als Werbungskosten abzugsfähig.

Wurden aus der Instandhaltungsrücklage Reparaturen bezahlt?
Der anteilige „Verbrauch der Instandhaltungsrücklage" ist als Werbungskosten abzugsfähig, nicht jedoch die Zahlung in die Instandhaltungsrücklage.

Solaranlagen und Co. — A R U

Betreiben Sie eine Solar-/Fotovoltaikanlage?
Überschüsse hieraus können zur Kürzung von Renten oder anderen Sozialleistungen führen. Überlegen Sie, ob Sie die Anlage (mit Wirkung für die Zukunft) entgeltlich oder unentgeltlich auf den Ehegatten oder andere Familienmitglieder übertragen, um die Kürzungen zu vermeiden.

Sonderausgaben — A R U

Haben Sie mehr als 2,75 % bis 4 % des z. v. E. als Kirchensteuer gezahlt?

Dann prüfen Sie, ob Sie bei ihrer Kirche einen Antrag auf Kappung der Kirchensteuer stellen können.

Spenden — A R U

Spenden Sie auch an der Haustür oder in der Kirche?
Lassen Sie sich für jede Spende eine Spendenquittung geben, auch wenn eine gemeinnützige Organisation an der Haustür sammelt. Beachten Sie die Erleichterungen zum Nachweis!

CHECKLISTE

A = Arbeitnehmer R = Rentner U = Unternehmer

Steuerberatungskosten A U

Haben Sie Steuerberatungskosten bezahlt?
Die Abzugsfähigkeit ist stark eingeschränkt. Informieren Sie sich in unserem Buch, was noch möglich ist.

Unterhaltszahlungen A U

Zahlen Sie Ihrem geschiedenen Ehegatten Unterhalt?
Dann sollten Sie versuchen, die Zustimmung zu bekommen, dass er den Unterhalt versteuert und Sie diese Beträge steuermindernd gelten machen können.

Tragen Sie den Unterhalt für eine Person, die in Ihrem Haushalt lebt?
Sie brauchen keine Kosten nachzuweisen. Das Finanzamt geht von Aufwendungen in Höhe des Abzugshöchstbetrags (9.168 €) aus.

Vermietung/Immobilien A R U

Telefonieren Sie gelegentlich von Ihrem privaten Telefonanschluss für berufliche Zwecke oder wegen Ihres Mietshauses?
Sie können bis zu 20 % des Rechnungsbetrags, höchstens 20 € monatlich, als Aufwendungen ansetzen.

Wollen Sie Ihre Wohnung oder Ihr Haus an Angehörige vermieten?
Dann vereinbaren Sie eine Miete von mind. 66 % der üblichen Miete. So können Sie alle Werbungskosten geltend machen. Schließen Sie den Mietvertrag schriftlich und wie mit einem fremden Mieter ab. Lassen Sie sich die Miete und alle Nebenkosten überweisen (keine Barzahlung!).

Studiert Ihr Kind außerhalb?
Überprüfen Sie, ob es sich nicht lohnt, eine Wohnung zu kaufen und an das Kind zu vermieten. Die Mietzahlung kann auch aus dem von Ihnen zu zahlenden Unterhalt geleistet werden.

Versicherungen A R U

Deckt Ihre Haftpflichtversicherung sowohl private als auch berufliche Risiken ab?
Sie können die Beiträge aufteilen: Der Privatanteil ist Sonderausgabe, der berufliche Anteil ist Betriebsausgabe oder gehört zu den Werbungskosten.

CHECKLISTE A = Arbeitnehmer R = Rentner U = Unternehmer

Können Sie die Beiträge zur privaten Basiskranken- und Pflegepflichtversicherung für mehrere Jahre im Voraus bezahlen?
Das kann sich sehr vorteilhaft auf die abzugsfähigen Sonderausgaben auswirken.

Haben Sie als Versicherungsnehmer Versicherungsbeiträge für eine unterstützte Person gezahlt?
Sie können diese als eigene Sonderausgaben geltend machen.

Werbungskosten A

Sind Ihnen Werbungskosten entstanden, ohne dass Sie Einnahmen hatten?
Dann machen Sie diese auf jeden Fall geltend. Entsteht dadurch ein Verlust, kann sich dieser zukünftig auswirken! Auch vorab entstandene Werbungskosten können unter bestimmten Umständen geltend gemacht werden, z. B. Aufwendungen für Bewerbungen.

Studieren Sie und haben keine Einnahmen?
Die Kosten des Studiums können abzugsfähig sein.

Zusatzeinkünfte A R U

Haben Sie einen Verlust im Rahmen Ihrer Nebentätigkeit erzielt?
Will das Finanzamt den Verlust nicht anerkennen, müssen Sie die Gewinnerzielungsabsicht deutlich machen. Argumentieren Sie mit einer Investitions- bzw. Anlaufphase, in der üblicherweise Verluste erzielt werden.

Verkaufen Sie häufiger private Gegenstände im Internet?
Passen Sie auf, dass Sie mit Ihren Privatverkäufen nicht zum Unternehmer werden. Denn auch Privatverkäufe können u. U. Einkommen- und/oder Umsatzsteuer auslösen. Außerdem sollten Sie beachten: Die Umsätze werden der Person zugerechnet, unter deren Nutzernamen die Verkäufe ausgeführt wurden.

2019

Name ....

Steuernummer ....

Arbeitszimmer

Allgemeine Angaben

1. Anteil des Arbeitszimmers an der Wohnung (bei eigenen Mehrfamilienhäusern)

eigene Wohnfläche × 100	______	qm
Gesamtwohnfläche	______	qm
= % der Wohnfläche	______	%

bei Einfamilienhäusern, Eigentums- und Mietwohnungen immer 100 %

2. Anteil des Arbeitszimmers an der eigenen Wohnung

Wohnfläche – Arbeitszimmer × 100	______	qm
Wohnfläche der eigenen Wohnung	______	qm
= % der Wohnfläche	______	%

Abzugsfähige Kosten

3. Laufende Kosten des gesamten Hauses/der Eigentumswohnung/der Mietwohnung

Bei eigenem Haus oder Eigentumswohnung			gesamt €	Arbeitszimmer €
— Schuldzinsen			______	
— Abschreibung des Gebäudes			______	
— Grundsteuer/Straßenreinigung/Abwasser			______	
— Müllabfuhr			______	
— Schornsteinfeger			______	
— Wohngebäudeversicherung			______	
— bei Eigentumswohnungen:				
Umlagen/Wohngeld	______			
abzgl. Instandhaltungsrücklage	______			
zzgl. tatsächliche Gebäudereparaturen	______		______	
Allgemeine Kosten			______	
Heizung/Strom/Wasser (soweit nicht auf Wohnungen aufgeteilt)			______	
Renovierungskosten			______	
Reinigung (ggf. pauschal)			______	
Sonstige Nebenkosten			______	
Gesamt			______	
davon entfallen auf die eigene Wohnung[1]	______	%	______	______
davon entfällt auf das Arbeitszimmer[2]	______	%		______

4. Laufende Kosten der eigenen Wohnung

Miete ohne Garage			______	
Heizung/Strom/Wasser			______	
Hausratversicherung			______	
Reinigung (ggf. pauschal)			______	
Sonstige Nebenkosten			______	
Renovierungskosten eigene Wohnung			______	
Gesamt			______	
davon entfällt auf das Arbeitszimmer	______	%		______

5. Direkt zuzuordnende Kosten des Arbeitszimmers
Renovierungskosten Arbeitszimmer ______
Gardinen, Bodenbeläge ______
Sonstiges ______
Gesamt ______

6. Einrichtungsgegenstände, soweit keine Arbeitsmittel[3]
Anschaffung im Jahr 2019 ______
— unter 800 € netto[4] ______

— über 800 € netto[5]	Ak/€	ND/Jahre	AfA/€

AfA für Anschaffungen aus Vorjahren[5] — AfA/€ ______

7. Sonstige Kosten des Arbeitszimmers
lt. Aufstellung ______

Zwischensumme I

8. Arbeitsmittel[3]
Anschaffung im Jahr 2019 ______
— unter 800 € netto /952 € brutto[4] ______

— über 800 € netto[5]	Ak/€	ND/Jahre	AfA/€

AfA für Anschaffungen aus Vorjahren[5] — AfA/€ ______

Zwischensumme II

Gesamtbetrag aus Zwischensumme I + II

[1] Zu entnehmen aus Berechnung zu 1. (Allgemeine Angaben – Anteil der eigenen Wohnung)
[2] Zu entnehmen aus Berechnung zu 2. (Allgemeine Angaben – Anteil des Arbeitszimmers)
[3] Zu den Arbeitsmitteln gehören Einrichtungsgegenstände, die ausschließlich oder fast ausschließlich der beruflichen Nutzung dienen (Schreibtisch, Bürostuhl, PC, Bücherschrank etc.).
[4] Der Betrag von 800 € ist bei den Überschussarten als Werbungskosten sofort abzugsfähig. Im betrieblichen Bereich gilt hier alternativ die Grenze von 250 €.
[5] ggf. eine gesonderte Abschreibungsliste nach folgendem Muster anlegen und weiterführen:

Bezeichnung	ND/Jahre	AK bzw. Restwert Vorjahr	AfA lfd. Jahr	Restwert

2019

....
Name

....
Steuernummer

Arbeitszimmer – Abschreibungsübersicht für Einrichtungsgegenstände und Arbeitsmittel

Anschaffungen 2019

Selbstständig nutzbare, bewegliche Gegenstände mit Anschaffungskosten (incl. Umsatzsteuer) bis zu max. 952 € (sog. geringwertige Wirtschaftsgüter)

Gegenstand	Kaufdatum	Anschaffungskosten incl. USt. €
in voller Höhe abzugsfähig	Summe 1	

(Gilt auch für Gegenstände, die vor 2019 gekauft wurden und erst ab 2019 beruflich genutzt werden (Umwidmung), wenn der Restwert 2019 weniger als 952 € beträgt.)

Gegenstände mit Anschaffungskosten > 952 € und geringwertige Wirtschaftsgüter, deren Anschaffungskosten verteilt werden sollen

Gegenstand	Kaufdatum	Anschaffungskosten incl. USt. €	Nutzungsdauer	AfA 2019 €	Restwert 31.12.2019 €
Abzug nur über die AfA			Summe 2		

AfA-Berechnung
Anschaffungskosten : Nutzungsdauer = Jahres-AfA
zeitanteilig ab dem Anschaffungsmonat (×/12)

(Nutzungsdauer: Möbel: 13 Jahre; PC, Monitor, Drucker, Standardsoftware: 3 Jahre)

Anschaffungen aus früheren Jahren

(soweit am 1.1.2019 noch ein Restwert vorhanden ist)

Gegenstand	Kaufdatum	Restwert am 1.1.2019 €	AfA 2019 €	Restwert 31.12.2019 €
Abzug nur über die AfA		Summe 3		

AfA-Berechnung
Jahres-AfA des Vorjahrs bzw.
niedrigerer verbleibender Restwert

Zusammenfassung

Geringwertige Wirtschaftsgüter	(Summe 1 in €)	________
AfA für 2019 angeschaffte Gegenstände	(Summe 2 in €)	________
AfA für vor 2019 angeschaffte Gegenstände	(Summe 3 in €)	________

abzugsfähiger Betrag (Eintragung Anlage N, Zeilen 42, 43)

2019

Name ....

Steuernummer ....

Bewerbungskosten

Allgemeine Angaben[1]

Datum	Bewerbung bei der Firma
____________ 2019	____________

1. Fahrtkosten

Pkw-Kosten[2]	Öffentliche Verkehrsmittel	Summe in €
____ km × 0,30 € = ________ €	________ €	→

2. Bewerbungskosten[3]

	Bewerbung a)	Bewerbung b)	Bewerbung c)	
Telefon/Porto	€	+ €	+ €	
Stellenanzeigen	€	+ €	+ €	
Kopien/Fotos	€	+ €	+ €	
Briefpapier	€	+ €	+ €	
Parkgebühren	€	+ €	+ €	
Beglaubigungen	€	+ €	+ €	
sonstige Kosten	€	+ €	+ €	→

3. Verpflegungs-/Übernachtungskosten

Verpflegungsmehraufwendungen[4] Dauer / Pauschbetrag	Übernachtungskosten	
Std. €	€	→

→

Gesamtaufwand =

./. Ersatz durch Arbeitsamt und Arbeitgeber

Abziehbare Werbungskosten =

Hinweise zum Vordruck

1 Fügen Sie Kopien Ihrer Bewerbungen (Anschreiben) bei.

2 Statt des km-Pauschbetrags können Sie Ihre tatsächlichen km-Kosten berechnen und einsetzen.

3 Fügen Sie möglichst Kostenbelege bei, z. B. Postquittung für Briefmarkenkauf, Aufzeichnungen über Telefonate (Datum, Dauer, Gesprächspartner, genaue oder ungefähre Kosten).

4 Verpflegungsmehraufwendungen können Sie pauschal abziehen. Ihre Höhe ist von der Dauer der Reise abhängig.

5 Bei mehr als drei Bewerbungen erweitern Sie den Vordruck entsprechend oder fertigen Sie mehrere.

6 Die Übernachtungskosten dürfen das Frühstück nicht enthalten. Kürzen Sie den entsprechenden Betrag. Wenn nur ein Gesamtbetrag (einschließlich Frühstück) ausgewiesen ist, ziehen Sie bei Inlandsreisen pro Frühstück 4,80 € ab.

Gesamtstichwortverzeichnis